Deutsches, Europäisches und
Vergleichendes Wirtschaftsrecht

herausgegeben von
Prof. Dr. iur. Werner F. Ebke, LL.M.

Band 45

Guido A. Jestädt

Niederlassungsfreiheit und Gesellschaftskollisionsrecht

Nomos

Gedruckt mit freundlicher Unterstützung des Vereins zur Förderung des Deutschen, Europäischen und Vergleichenden Wirtschaftsrechts e.V.

Die Deutsche Bibliothek – CIP-Einheitsaufnahme

Die Deutsche Bibliothek verzeichnet diese Publikation in der Deutschen Nationalbibliografie; detaillierte bibliografische Daten sind im Internet über http://dnb.ddb.de abrufbar.

Zugl.: Konstanz, Univ., Diss., 2005

ISBN 3-8329-1388-2

1. Auflage 2005

Meinen Eltern

Geleitwort des Herausgebers

Das Internationale Gesellschaftsrecht der Bundesrepublik Deutschland befindet sich im Umbruch. Die deutsche Rechtsprechung hat das Personalstatut (Gesellschaftsstatut) einer juristischen Person traditionell mit Hilfe der Sitztheorie bestimmt. Danach beurteilt sich die Rechtsfähigkeit (und die Parteifähigkeit, § 50 Abs. 1 ZPO) einer Kapitalgesellschaft nach dem Recht desjenigen Staates, in dem die Gesellschaft ihren effektiven Verwaltungssitz (*siège réel* oder *real seat*) hat. Infolge der Entscheidung des *EuGH* in der Rechtssache *Überseering* ist das auf der Sitztheorie ruhende Gebäude des deutschen Internationalen Gesellschaftsrechts für Kapitalgesellschaften, die in einem Mitgliedstaat der EU gegründet wurden, aber eingestürzt. Nach *Überseering* muss einer in einem anderen EU-Mitgliedstaat wirksam gegründeten und fortbestehenden Kapitalgesellschaft die Rechtsfähigkeit zuerkannt werden, die sie nach ihrem Gründungsrecht (*lex societatis*) hat, und nicht lediglich eine vom Niederlassungsstaat ausgestaltete Rechtsfähigkeit. Ein Statutenwechsel, wie ihn die deutsche Version der Sitztheorie traditionell für den Fall der Verlegung des effektiven Verwaltungssitzes aus dem Gründungsstaat in das Inland (Zuzug) fordert, ist danach jedenfalls im Hinblick auf Gesellschaften im Sinne des Art. 48 EG mit der europarechtlich gewährleisteten Niederlassungsfreiheit nicht vereinbar. In der Rechtssache *Inspire Art* hat der EuGH dem Versuch des niederländischen Gesetzgebers, Normen des niederländischen Gesellschaftsrechts (z.B. das Mindestkapitalerfordernis) im Wege der Sonderanknüpfung auf sog. Scheinauslandsgesellschaften (*formeel buitenlandse vennootschappen* oder *pseudo-foreign corporations*) anzuwenden, einen Riegel vorgeschoben.

An Gesellschaften, die außerhalb der Europäischen Union (z.B. in den USA) gegründet wurden, sind die Entwicklungen nicht spurlos vorbei gegangen. Mehrere Zivilsenate des BGH haben aus Art. XXV Abs. 5 S. 2 des Freundschafts-, Handels- und Schiffahrtsvertrages zwischen der Bundesrepublik Deutschland und den USA (FHSV) die Pflicht deutscher Gerichte abgeleitet, die Rechtsfähigkeit einer in einem der 50 US-Bundesstaaten wirksam gegründeten und fortbestehenden Kapitalgesellschaft (*corporation*) anzuerkennen (BGH WM 2005, 147; BGH RIW 2004, 787; BGHZ 153, 353; für eine Kommanditgesellschaft New Yorker Recht bereits BGH WM 2002, 1186). Der VIII. Zivilsenat des BGH hat seine primär auf Art. XXV Abs. 5 S. 2 des FHSV gestützte Ansicht mit dem Hinweis auf die durch Art. VII Abs. 1 FHSV gewährleistete Niederlassungsfreiheit untermauert. Die Richter verweisen in diesem Zusammenhang ausdrücklich auf die Entscheidung des EuGH in *Überseering*.

Die vorliegende Arbeit analysiert die Auswirkungen der europarechtlichen Niederlassungsfreiheit auf das Gesellschaftskollisionsrecht der Bundesrepublik Deutschland. Die

Arbeit geht darüber hinaus der Frage nach, ob und inwieweit Deutschland im Verhältnis zu Drittstaaten an der Sitztheorie festhalten darf bzw. sollte. Der Verfasser hat ein eindrucksvolles Werk vorgelegt, dem angesichts des grundlegenden Wandels des Internationalen Gesellschaftsrechts innerhalb der Europäischen Union wegleitende Bedeutung zukommt. Die Arbeit besticht durch ihre klar strukturierte Analyse, die differenzierte Argumentation und die überzeugenden Ergebnisse. Dem Verfasser gelingt es, mit verbreiteten Fehlvorstellungen (z.B. bezüglich des angeblichen „kollisionsrechtlichen Gehalts" der Art. 43 und 48 EG) aufzuräumen. Durch die strikte Trennung der europarechtlichen Vorgaben von den nationalen (Kollisions-)Normen entwickelt er ein klares und verlässliches System, das der Sitztheorie, aber auch der Überlagerungstheorie niederlassungsrechtlich einen Riegel vorschiebt und der Gründungstheorie dort Raum schafft, wo sie sich zu entwickeln hat. Der Verfasser gibt auch zuverlässige Antworten auf die kollisionsrechtliche Behandlung des Wegzugs von Kapitalgesellschaften mittels Verlegung des effektiven Verwaltungssitzes bzw. des Satzungssitzes von Deutschland in das Ausland. Die Zulässigkeit von Sonderanknüpfungen im Verhältnis zu ausländischen Kapitalgesellschaften mit effektivem Verwaltungssitz in Deutschland nimmt ebenfalls breiten Raum ein. Versuchen einiger Autoren, mit Hilfe von „Umqualifizierungen" Regeln des deutschen Rechts gegen ein ausländisches EU-Gesellschaftsstatut durchzusetzen, gebietet der Verfasser souverän und überzeugend Einhalt. Seine Ausführungen zur kollisionsrechtlichen Behandlung von Kapitalgesellschaften aus (völkervertraglich nicht privilegierten) Drittstaaten sind überzeugend.

Die vorliegende Monografie wird die Entwicklung des neuen Internationalen Gesellschaftsrechts Deutschlands innerhalb der Europäischen Union und darüber hinaus nachhaltig befruchten.

Heidelberg, im Februar 2005

Werner F. Ebke

Vorwort

Die vorliegende Arbeit entstand während meiner Tätigkeit als wissenschaftlicher Mitarbeiter am Lehrstuhl von Prof. Dr. Werner F. Ebke, LL.M. Die Arbeit wurde im Wintersemester 2004/2005 vom Fachbereich Rechtswissenschaft der Universität Konstanz als Dissertation angenommen. Die mündliche Doktorprüfung fand am 18. Februar 2005 statt. Literatur und Rechtsprechung wurden für die Veröffentlichung bis Oktober 2004 berücksichtigt. Später veröffentlichte Literatur und Rechtsprechung konnte ohne Anspruch auf Vollständigkeit bis zum Februar 2005 berücksichtigt werden.

Mein besonderer Dank gilt meinem Doktorvater Herrn Prof. Dr. Werner F. Ebke, LL.M., der meine juristische Ausbildung wesentlich gefördert und geprägt hat. Herr Prof. Dr. Werner F. Ebke, LL.M. hat die Wahl dieses Themas angeregt und die Bearbeitung beispielhaft betreut. Meine Tätigkeit am Lehrstuhl Ebke und die damit verbundene Möglichkeit zum Austausch mit meinem Doktorvater hat die Entstehung der Arbeit nachhaltig gefördert. Großen Dank schulde ich gleichfalls Herrn Prof. Dr. Rheinhold Thode, Richter am Bundesgerichtshof a.D., für dessen zügige Erstellung des Zweitgutachtens. Herr Prof. Dr. Reihnhold Thode war als Mitglied des VII. Zivilsenats des BGH an dem *Überseering*-Verfahren maßgeblich beteiligt und damit für die Erstellung des Zweitgutachtens prädestiniert. Herr Prof. Dr. Jörg Eisele, Herr Prof. Dr. Hans Christian Röhl und Herr Prof. Dr. Werner F. Ebke, LL.M. wirkten freundlicherweise als Referenten in der mündlichen Doktorprüfung. Ferner gilt mein Dank dem Verein zur Förderung des Deutschen, Europäischen und Vergleichenden Wirtschaftsrechts e.V., der die Drucklegung überaus großzügig gefördert hat.

Bei den Mitarbeiterinnen und Mitarbeitern des Lehrstuhls Ebke möchte ich mich für die überaus angenehme Atmosphäre und die ständige Hilfsbereitschaft bedanken; insbesondere bei meinen Kollegen Herrn PD Dr. Oliver Fehrenbacher, Dipl.-Finanzwirt (FH) und Herrn Dr. Boris Paal, M.Jur. bedanke ich mich für die stets vorhandene Diskussionsbereitschaft.

Mein herzlicher Dank gebührt nicht zuletzt meinen Eltern, Simone und meiner Schwester Caroline. Sie haben mein Promotionsvorhaben während der gesamten Entstehensphase in jeder Hinsicht vorbildlich unterstützt und damit wesentlich zum Gelingen der Arbeit beigetragen.

Konstanz, im Februar 2005

Guido A. Jestädt

Inhaltsverzeichnis

Abkürzungsverzeichnis

a.A.	anderer Ansicht
ABl.EG	Amtsblatt der Europäischen Gemeinschaften
Abs.	Absatz
A.C.	Appeal Cases (House of Lords)
AcP	Archiv für die civilistische Praxis
a.F.	alte Fassung
AG	Aktiengesellschaft / Die Aktiengesellschaft
All E.R.	All England Reports
Am. J. Comp. L.	American Journal of Comparative Law
Anh.	Anhang
Anm.	Anmerkung
AöR	Archiv des öffentlichen Rechts
ARGE	Arbeitsgemeinschaft
Art.	Artikel
Aufl.	Auflage
AWD	Außenwirtschaftsdienst (des Betriebs-Beraters)
BayObLG	Bayrisches Oberstes Landesgericht
BayObLGZ	Entscheidungen des bayrischen Oberlandesgerichts in Zivilsachen
BB	Betriebs-Berater
Bd.	Band
Begr.	Begründer / Begründung
Beil.	Beilage
BerDtGesVR	Berichte der deutschen Gesellschaft für Völkerrecht
Beschl.	Beschluss
Bekl.	Beklagte
BetrVG	Betriebsverfassungsgesetz
BFHE	Entscheidungen des Bundesfinanzhofs
BGB	Bürgerliches Gesetzbuch
BGBl.	Bundesgesetzblatt
BGH	Bundesgerichtshof(s)
BGHZ	Entscheidungen des Bundesgerichtshofes in Zivilsachen
B.C.L.C.	Butterworth Company Law Cases
BMJ	Bundesministerium der Justiz
Brook. J. Int'l L.	Brooklyn Journal of International Law
BStBl	Bundessteuerblatt
BT-Drucks.	Drucksachen des Deutschen Bundestags
BuW	Betrieb und Wirtschaft
BV	Besloten Vennootschap
BVerfG	Bundesverfassungsgericht
BVerfGE	Entscheidungen des Bundesverfassungsgerichts
bzgl.	bezüglich

C	Mitteilungen und Bekanntmachungen (Communications et informations)
Cass.	Cour de Cassation
com.	chambre commerciale
crim.	chambre criminelle
CDDA	Companies Directors Disqualification Act 1986
C.h.	Chancery Division
c.i.c.	culpa in contrahendo
C.L.J.	Cambridge Law Journal
CMLRev.	Common Market Law Review
Colum. J. Eur. L.	Columbia Journal of European Law
Comp. Law.	Company Lawyer
DB	Der Betrieb
DBA	Doppelbesteuerungsabkommen
ders.	derselbe
d.h.	das heißt
DGB	Deutscher Gewerkschaftsbund
dies.	dieselbe / dieselben
DNotZ	Deutsche Notar-Zeitschrift
Drucks.	Drucksache
DStR	Deutsches Steuerrecht
DTI	Department of Trade and Industry
DVBl.	Deutsches Verwaltungsblatt
DZWiR	Deutsche Zeitschrift für Wirtschafts- und Insolvenzrecht
EBLR	European Business Law Review
EBOR	European Business Organisation Law Review
EFTA	European Fair Trade Association
EG	Europäische Gemeinschaft / Vertrag zur Gründung der Europäischen Gemeinschaft
EGBGB	Einführungsgesetz zum Bürgerlichen Gesetzbuch
EGMR	Europäischer Gerichtshof für Menschenrechte
Einl.	Einleitung
ELR	European Law Reporter
ELRev.	European Law Review
ERPL	European Review of Private Law
EU	Europäische Union / Vertrag über die Europäische Union
EuG	Europäisches Gericht erster Instanz
EuGH	Gerichtshof der Europäischen Gemeinschaften
EuGVÜ	Europäisches Übereinkommen über die gerichtliche Zuständigkeit und die Vollstreckung gerichtlicher Entscheidungen in Zivil- und Handelssachen
EuGV-VO	Verordnung über die gerichtliche Zuständigkeit und die Anerkennung und Vollstreckung von Entscheidungen in Zivil- und Handelssachen
EuIns-VO	Europäische Insolvenzverordnung

EuR	Europarecht
EuZW	Europäische Zeitschrift für Wirtschaftsrecht
EWG	Europäische Wirtschaftsgemeinschaft
EWR	Europäischer Wirtschaftsraum
EWiR	Entscheidungen zum Wirtschaftrecht
EWIV-VO	Verordnung über das Statut der Europäischen Wirtschaftlichen Interessenvereinigung
EWS	Europäisches Wirtschafts- und Steuerrecht
f.	folgende
ff.	fortfolgende
FAZ	Frankfurter Allgemeine Zeitung
FGG	Gesetz über die Angelegenheiten der freiwilligen Gerichtsbarkeit
FHSV	Freundschafts-, Handels-, und Schiffahrtsvertrag
Fn.	Fußnote
Fordham J. Corp. & Fin. L.	Fordham Journal of Corporate & Financial Law
FR	Finanz-Rundschau
FS	Festschrift
FT	Financial Times
GA	Generalanwalt
GATS	General Agreement on Trade in Services
GATT	General Agreement on Tariffs and Trade
GbR	Gesellschaft bürgerlichen Rechts
GewArch	Gewerbe Archiv
GG	Grundgesetz
GLJ	German Law Journal
GmbH	Gesellschaft mit beschränkter Haftung
GmbHR	GmbH-Rundschau
GPR	Zeitschrift für Gemeinschaftsprivatrecht
GVG	Gerichtsverfassungsgesetz
Harv. L. Rev.	Harvard Law Review
HLGCLE	High Level Group of Company Law Experts
h.L.	herrschende Lehre
h.M.	herrschender Meinung
Hrsg.	Herausgeber
IA	Insolvency Act 1986
IAS	International Accounting Standards
ICCLR	International Company and Commercial Law Review
ICLQ	International and Comparative Law Quarterly
i.E.	im Ergebnis
InsO	Insolvenzordnung
IntGesR	Internationales Gesellschaftsrecht
Int'l Law.	The International Lawyer
IPR	Internationales Privatrecht
IPRax	Praxis des Internationalen Privat- und Verfahrensrechts

IPRspr.	Die deutsche Rechtsprechung auf dem Gebiet des Internationalen Privatrechts
i.S.d.	im Sinne des
i.S.v.	im Sinne von
i.V.m.	in Verbindung mit
IntGesR	Internationales Gesellschaftsrecht
IStR	Internationales Steuerrecht
JA	Juristische Arbeitsblätter
JCP	La Semaine Jurisdique Édition Générale
JORF	Journal officiel 'Lois et Decrets'
JR	Juristische Rundschau
JuS	Juristische Schulung
JZ	Juristen Zeitung
KG	Kammergericht / Kommanditgesellschaft
KOM	Mitteilung der Kommission
KStG	Körperschaftsteuergesetz
KTS	KTS Zeitschrift für Insolvenzrecht
L	Rechtsvorschriften (Législation)
LG	Landgericht
lit.	litera / Buchstabe
Ltd.	Private Limited Company
MDR	Monatsschrift für Deutsches Recht
MJSL	Mountbatten Journal of Legal Studies
MitbestG	Mitbestimmungsgesetz von 1976
MittBl. DAV	Mitteilungsblatt Deutscher Anwaltverein
MontanMitbestG	Montanmitbestimmungsgesetz von 1956
MünchKomm	Münchener Kommentar
MünchHandbArbeitsR	Münchener Handbuch für Arbeitsrecht
m.w.N.	mit weiteren Nachweisen
n.F.	neue Fassung
Nr.	Nummer
NJ	Neue Justiz
NJW	Neue Juristische Wochenschrift
NVwZ	Neue Zeitschrift für Verwaltungsrecht
NZG	Neue Zeitschrift für Gesellschaftsrecht
NZI	Neue Zeitschrift für Insolvenzrecht
OECD	Organisation for Economic Co-operation and Development
OHG	Offene Handelsgesellschaft
OLG	Oberlandesgericht
OLGR	OLG Rechtsprechungsreport
östOGH	österreichischer Obergerichtshof
o.V.	ohne Verfasser
para.	paragraph
RabelsZ	Rabels Zeitschrift für ausländisches und internationales Privatrecht
RdW	Recht der Wirtschaft

Rdn.	Randnummer
Rev.	Revue
RG	Reichsgericht
RGZ	Entscheidungen des Reichsgerichts in Zivilsachen
RIW	Recht der Internationalen Wirtschaft
RL	Richtlinie
RNotZ	Rheinische Notarzeitschrift
Rs.	Rechtssache
Rspr.	Rechtsprechung
S.	Seite / Satz
s.	siehe
sec.	section(s)
SA	Société Anonyme
SE	Societas Europaea
SE-VO	Verordnung über das Statut der Europäischen Aktiengesellschaft
Sitzverlegungs-RL	Sitzverlegungsrichtlinie
Slg.	Sammlung
S.L.T.	Scottish Law Times
Spiegelstr.	Spiegelstrich
SZIER	Schweizer Zeitschrift für Internationales und Europäisches Recht
SZW	Schweizerische Zeitschrift für Wirtschaftsrecht
Syst. Darst.	Systematische Darstellung
Tz.	Teilzeichen
u.a.	unter anderem
UmwG	Umwandlungsgesetz
Urt.	Urteil
U.S.	United States Supreme Court Reports
USA	United States of America / Vereinigte Staaten von Amerika
v.	vom / von / versus
Va.	Virginia Law Reports
verb.	Verbundene
VerfO	Verfahrensordung
VO	Verordnung
WCC	Wet conflictenrecht corporaties
WFBV	Wet ob de formeel buitenlandse vennootschappen
vgl.	vergleiche
WM	Wertpapier Mitteilungen
WTO	World Trade Organization
WuB	Entscheidungssammlung zum Wirtschafts- und Bankrecht
z.B.	zum Beispiel
ZEuP	Zeitschrift für Europäisches Privatrecht
ZfRV	Zeitschrift für Rechtsvergleichung

ZHR	Zeitschrift für das gesamte Handels- und Wirtschaftsrecht
ZinsO	Zeitschrift für das gesamte Insolvenzrecht
ZIP	Zeitschrift für Wirtschaftsrecht
ZPO	Zivilprozessordnung
ZVglRWiss	Zeitschrift für vergleichende Rechtswissenschaft
ZweigN	Zweigniederlassung
ZweigN-RL	Zweigniederlassungsrichtlinie

Einleitung

Der Einfluss des Gemeinschaftsrechts auf die mitgliedstaatlichen Rechtsordnungen ist heute in nahezu allen Rechtsgebieten spürbar[1]. Es liegt dabei in der Natur der Sache, dass es im Falle nebeneinander anwendbarer Rechtsordnungen zu Kollisionen kommt. Das gilt insbesondere dann, wenn die Kompetenzverteilung zwischen beiden Rechtssystemen nicht immer zweifelsfrei geregelt ist oder es kollisionsrechtlich mehrere Anknüpfungsmöglichkeiten gibt. Im Verhältnis zwischen mitgliedstaatlichem und europäischem Recht sind auftretende Interessenkonflikte auf der Grundlage und am Maßstab des supranationalen Rechts zu lösen. Beurteilungsmaßstab sind die im EG-Vertrag niedergeschriebenen Ziele (Art. 2, Art. 3 Abs. 1, Art. 14 EG)[2]. Den Grundstein für einen funktionsfähigen Binnenmarkt (Art. 3 Abs. 1 lit. c EG) legen die im EG-Vertrag gewährleisteten Grundfreiheiten[3]. Die unmittelbare Anwendbarkeit des Europarechts[4], der richterrechtlich entwickelte Anwendungsvorrang des Gemeinschaftsrechts[5], sowie die vom EuGH bei Auslegung der europäischen Verträge stets angestrebte praktische Wirksamkeit (*effet utile*) des Europarechts verhelfen der Durchsetzung gemeinschaftlicher Interessen zum Erfolg[6]. Um die „Wahrung des Rechts" zu gewährleisten, sind allein der EuGH und der EuG zur Auslegung der geltenden Verträge der Europäischen Gemeinschaften befugt (Art. 220 EG)[7].

Die nachstehende Untersuchung beschäftigt sich schwerpunktmäßig mit dem Verhältnis mitgliedstaatlichen Gesellschaftskollisionsrechts zur Niederlassungsfreiheit von Gesellschaften (Art. 43, 48 EG). Auf nationaler Ebene hat das BVerfG bereits entschieden, dass die durch das IPR ausgelösten Rechtsfolgen mit dem höherrangigen Recht, *in*

---

1 *Everling*, in: FS Lutter, S. 31, 45 m.w.N.

2 *Ebke*, in: Aufbruch nach Europa, S. 197, 202; *ders.*, RabelsZ 62 (1998), 220-224. Zur Charakterisierung des Begriffs „Gemeinsamer Markt" s. EuGH, Urt. v. 5.5.1982 Rs. 15/81 (*Schul/Inspecteur der Invoerrechten en Accijnzen*), Slg. 1982, 1413 (Tz. 33). Zum Verhältnis der Begriffe „Gemeinsamer Markt" (Art. 2 EG) und „Binnenmarkt" (Art. 14 EG) vgl. *Herdegen*, Rdn. 272 ff. m.w.N.

3 Vgl. *Streinz*, in: Streinz Art. 3 EGV, Rdn. 12-16.

4 Grundlegend EuGH, Urt. v. 5.2.1963 Rs. 26/62 (*N.V. Algemene Transport- en Expeditie Onderneming Van Gend & Loos/Niederländische Finanzverwaltung*), Slg. 1963, 3; zur Begründung der unmittelbaren Anwendbarkeit des Gemeinschaftsrechts aus verfassungsrechtlicher Sicht vgl. BVerfG NJW 1993, 3047, 3052 („Maastricht-Urteil"); BVerfGE 31, 145, 173 ff.; BVerfGE 73, 339, 347 f. Das BVerfG entnimmt, anders als der EuGH, die unmittelbare Geltung des Gemeinschaftsrechts dem innerstaatlichen Rechtsanwendungsbefehls der Zustimmungsgesetze zu den Gemeinschaftsverträgen i.V.m. Art. 23 I GG.

5 Grundlegend EuGH, Urt. v. 15.7.1964 Rs. 6/64 (*Costa/ENEL*), Slg. 1964, 1269 (Tz. 8). Der Vertrag über eine Verfassung für Europa v. 29.10.2004 enthält erstmals eine Kodifizierung des Anwendungsvorrangs (ABl.EG 2004 C 164 v. 19.7.2003 Art. I-10 = Art. I-6 der konsolidierten Fassung v. 13.10.2004).

6 S. dazu *Streinz*, in: Streinz Art. 249 EGV, Rdn. 40 ff.

7 *Streinz*, Rdn. 330; *Altmeppen/Wilhelm*, DB 2004, 1083.

casu den Grundrechten, vereinbar sein müssen[8]. Ob und inwieweit sich die Rechtsfolgen mitgliedstaatlichen Kollisionsrechts darüber hinaus an den Gewährleistungen der Niederlassungsfreiheit Art. 43, 48 EG messen lassen müssen, ist Gegenstand dieser Arbeit. Das Gesellschaftskollisionsrecht, auch Internationales Gesellschaftsrecht genannt, bestimmt das auf eine Gesellschaft anwendbare Recht. Die Gesamtheit aller Sachnormen, die das gesellschaftsrechtliche „Leben" einer Gesellschaft von der Gründung über das aktive Leben bis zur Liquidation prägen, bezeichnet man als das Gesellschaftsstatut (*lex societatis*)[9]. In der EU bestimmt sich bei Vorliegen eines grenzüberschreitenden Sachverhalts die *lex societatis* nach einer von zwei Kollisionstheorien.

Die vornehmlich in den angelsächsischen Staaten beheimatete Gründungstheorie (*state-of-incorporation doctrine*) verweist auf das im Gründungsstaat der Gesellschaft geltende Recht[10]. Die im kontinentaleuropäischen Raum vorherrschende Sitztheorie (*real seat doctrine*) bestimmt die *lex societatis* nach dem am Verwaltungssitz der Gesellschaft geltenden Recht[11]. Als tatsächlichen Verwaltungssitz (*siège réel, central office, corporate domicile*) bezeichnet man den Ort, an dem grundlegende Entscheidungen der Unternehmensleitung durch die hierfür bestellten Organe einer juristischen Person in laufende Geschäftsführungsakte umgesetzt werden (*Sandrock*'sche Formel)[12].

---

8 Vgl. BVerfG, Urt. v. 4.5.1971 (*Spanier*-Entscheidung), BVerfGE 31, 58; s. zum Einfluss der Grund- und Menschenrechte auf das IPR *Looschelders*, RabelsZ 65 (2001), 463-491, insbesondere 473 f.

9 Zur dogmatisch richtigen Verwendung der heute oft synonym verwendeten Begriffe *Gesellschaftsstatut* und *lex societatis* vgl. *v. Bar/Mankowski*, IPR Bd. I § 1, Rdn. 18 f.

10 Zum kollisionsrechtlichen Anknüpfungspunkt der Gründungstheorie vgl. *J. Hoffmann*, ZVglRWiss 101 (2002), 283-308. Der Gründungstheorie folgen u.a.: England, Irland, Finland, Schweden, die Niederlande; Dänemark, Japan, die USA; grundsätzlich auch die Schweiz und Italien sowie einige osteuropäische Staaten (vgl. Nachweise bei *Großfeld*, in: Staudinger IntGesR, Rdn. 156 ff.; *Kindler*, in: MünchKomm IntGesR, Rdn. 266 f.; *Zimmer*, RabelsZ 67 [2003], 298, 302-306; *v. Halen*, S. 33 dort Fn. 71-76; *Cerioni*, 10 Colum. J. Eur. L. 117, 118 dort Fn. 4 [2003]).

11 Der Sitztheorie folgen u.a.: Belgien, Deutschland, Frankreich, Griechenland (vgl. dazu *Thoma*, 11 ERPL 545,550-552 [2003]), Luxemburg, Österreich, und Spanien (s. Nachweise bei *Großfeld*, in: Staudinger IntGesR, Rdn. 153 ff.; *Zimmer*, RabelsZ 67 [2003], 298, 302-306; *v. Halen*, S. 30 dort Fn. 37-42). In Italien und in Portugal gilt ein Mischsystem. Für nationale Gesellschaften gilt die Gründungstheorie; für im Ausland gegründete Gesellschaften die Sitztheorie. In Deutschland hat die Sitztheorie als Kollisionsnorm im EGBGB keine gesetzliche Bestimmungen erfahren. Der Gesetzgeber hat auf gesetzgeberische Maßnahmen bewusst verzichtet, weil er den Bestrebungen, das Internationale Gesellschaftsrecht auf der Ebene der Europäischen Gemeinschaft zu harmonisieren, nicht vorgreifen wollte (BT-Drucks. 10/504, S. 29 [1983]; vgl. *Ebke*, in: 50 Jahre BGH, 799, 802 f.; *Schanze/Jüttner*, AG 2003, 30, 30; Heldrich, in: Palandt Anh. zu Art. 12 EGBGB, Rdn. 1). Hierbei hatte der Gesetzgeber insbesondere das auf Art 293 Spiegelstr. 3 Fall 1 EG gestützte völkerrechtliche Übereinkommen der Mitgliedstaaten über die gegenseitige Anerkennung von Gesellschaften und juristischen Personen v. 29.2.1968 im Blick (BGBl. 1972 II, S. 369); abgedruckt bei *Lutter*, Unternehmensrecht, S. 695-701. Vgl. insbesondere Art. 6 zur Anerkennung der Rechts-, Geschäfts- und Handlungsfähigkeit.

12 *Sandrock*, BerDtGesVR 18, 169, 237 f.; *ders.*, in: FS Beitzke, S. 669, 683. Die *Sandrock*'sche Formel wurde von der Rspr. übernommen: Vgl. BGHZ 97, 269, 272 = NJW 1986, 2194, 2195 = RIW 1986, 822; OLG Frankfurt IPRspr. 1984 Nr. 21; OLG München NJW 1986, 2197, 2198;

Die grenzüberschreitende Verlegung des Verwaltungssitzes einer inländischen Gesellschaft führt nach der Sitztheorie zu einem Wechsel des auf die Gesellschaft anwendbaren Rechts (Statutenwechsel). Bei einer im Ausland gegründeten Gesellschaft, die ihren Verwaltungssitz ins Inland verlagert, tritt folglich ebenfalls ein Statutenwechsel ein[13]. Dagegen bleibt die Gesellschaft bei Anknüpfung der *lex societatis* an den Gründungsakt (Gründungstheorie) selbst bei Verlegung sämtlicher Geschäftsaktivitäten in einen anderen Staat aus der Sicht des Gründungsrechts *als solche* erhalten. Wie die wegziehende Gesellschaft im Niederlassungsstaat (Aufnahmestaat) behandelt wird, hängt dagegen vom dort geltenden Gesellschaftskollisionsrecht ab.

In Europa wird seit Jahrzehnten um den im Internationalen Gesellschaftsrecht vorzugswürdigen Anknüpfungspunkt heftig gestritten. Dieser Streit hat durch die im EG-Vertrag gewährleistete Niederlassungsfreiheit (Art. 43, 48 EG) an Bedeutung gewonnen. Sollte die Sitztheorie aufgrund des von ihr ausgehenden Neugründungszwangs für zuziehende Auslandsgesellschaften gegen das Gemeinschaftsrecht verstoßen, wäre ihr Abschied jedenfalls innerhalb der EU besiegelt. Entsprechendes gilt für die Auflösungssanktion der Sitztheorie im Falle der Verlegung des effektiven Verwaltungssitzes ins Ausland. Im Schrifttum wurden die Auswirkungen der Niederlassungsfreiheit auf das mitgliedstaatliche Kollisionsrecht bereits Ende der sechziger Jahre aufgegriffen und ihre Auswirkung kontrovers diskutiert. Auslöser der Debatte war damals das auf Art. 220 Spiegelstr. 3 EWG-Vertrag (Art. 293 Spiegelstr. 3 EG n.F.) gestützte Abkommen über die gegenseitige Anerkennung von Handelsgesellschaften und juristischen Personen[14]. *Beitzke* zweifelte schon damals an der Erforderlichkeit eines solchen Abkommens[15]. Nach Ansicht von *Beitzke* hat die Niederlassungsfreiheit selbst „die volle Anerkennung von Rechts- und Parteifähigkeit mit zum Inhalt"[16].

BayObLGZ 1985, 272, 279 = IPRax 1986, 161; *Kindler*, in: MünchKomm IntGesR, Rdn. 316 m.w.N.

13 Vgl. zu den Rechtsfolgen der Sitztheorie unten S. 37 ff.

14 „Übereinkommen über die gegenseitige Anerkennung von Gesellschaften und juristischen Personen" v. 29.2.1968 (BGBl. 1972 II, S. 369). Vgl. dazu auch oben Fn. 11.

15 Das Übereinkommen wurde paraphiert, ist aber aufgrund fehlender Ratifizierung durch die Niederlande bis heute nicht in Kraft getreten. Ebenfalls steht die Ratifizierung der seit 1968 beigetretenen Staaten aus. Das Anerkennungsübereinkommen gilt seit langem als gescheitert. Eine Wiederbelebung des Abkommens ist nach der *Überseering*-Entscheidung unwahrscheinlicher denn je. Vgl. *Ebke*, JZ 2000, 203, 204; *ders.*, 36 Int'l Law. 1015, 1018 (2002); *Sonnenberger/Großrichter*, RIW 1999, 721 732, *Grothe*, S. 154 f., *Ebenroth/Eyles*, DB 1989, 413 417 f.; *Sandrock/Austmann*, RIW 1989, 249 252; für eine Wiederbelebung dagegen *Drury*, 57 C.L.J. 165, 181 f., 194 (1998). Aus dem Zustimmungsgesetz v. 18.5.1972 (BGBl.1972 II, S. 369) zum Anerkennungsübereinkommen lassen sich kollisionsrechtlich keine Rechtsfolgen ableiten: *Großfeld*, in: Staudinger IntGesR, Rdn. 137 hinweisend auf KG NJW 1989, 3100 = IPRspr. 1989 Nr. 29, 66; *Ebke*, 36 Int'l Law. 1015, 1018 (2002); *ders.*, in: 50 Jahre BGH, 799, 803; s. auch *Kindler*, in: MünchKomm IntGesR, Rdn. 43 f.

16 *Beitzke*, in: FS Luther, S. 1, 11 f.; *ders.*, ZHR 127 (1964/65), 1, 2; *ders.* AWD 1968, 91, 93 f.

In den späten achtziger Jahren des vergangenen Jahrhunderts schienen die Zweifel an der Europarechtskonformität der Sitztheorie durch die Entscheidungen *Daily Mail*[17] und *Factortame*[18] zunächst verflogen[19]. Neu entfacht wurde der vornehmlich in Deutschland geführte Streit um die Vereinbarkeit der Sitztheorie mit dem Gemeinschaftsrecht zehn Jahre danach durch die *Centros*-Entscheidung[20]. Aber auch die *Centros*-Entscheidung brachte nicht die erhoffte Klarheit. Insbesondere war zweifelhaft geblieben, welche Auswirkungen die Entscheidung in *Centros* auf Staaten hat, die anders als die am *Centros*-Rechtsstreit beteiligten Mitgliedstaaten international-gesellschaftsrechtlich der Sitztheorie folgen[21].

Rechtssicherheit bezüglich der kollisionsrechtlichen Bestimmung von Rechts- und Parteifähigkeit brachte erst die *Überseering*-Entscheidung[22]. Das revolutionäre EuGH-Urteil hat die Gesellschaftsrechtslandschaft in Europa entscheidend verändert. Weiteren Aufschluss zum Umfang der niederlassungsrechtlich ausgelösten Anerkennungsverpflichtung ausländischer Gesellschaften brachte die nur ein Jahr später ergangene Entscheidung in der Rechtssache *Inspire Art*[23]. Allerdings sind nach *Überseering* und *Inspire Art* noch viele Fragen offen. Diese sollen im Rahmen dieser Arbeit erörtert werden. Die Entschlossenheit des EuGH zur Umsetzung der Binnenmarktziele zeigt sich einmal mehr in den *Golden Shares*-Entscheidungen zur Kapitalverkehrsfreiheit[24]. Diese spielen für den Marktzugang im grenzüberschreitenden Kapitalverkehr eine ähnlich bedeutsame Rolle, wie die Entscheidungen *Centros*, *Überseering* und *Inspire Art* für die Grenzüberschreitung von Gesellschaften.

---

17 EuGH, Urt. v. 27.9.1988 Rs. 81/87 (*The Queen/H.M. Treasury and Commissioners of Inland Revenue, ex parte: Daily Mail and General Trust PLC*) = („*Daily Mail*"), Slg. 1988, I-5483.

18 EuGH, Urt. v. 25.7.1991 Rs. 221/89 (*The Queen/Secretary of State for Transport, ex parte: Factortame Ltd. u.a.*) = („*Factortame II*"), Slg. 1991, I-3905, insbesondere I-3962 ff. (Tz. 13-17), I-3967 f. (Tz. 34-36); s. auch EuGH, Urt. v. 6.6.1996 Rs. C-101/94 (*Kommission/Italien*), Slg. 1996, I-2719; EuGH, Urt. v. 5.6.1997 Rs. 56/96 (*VT 4 Ltd.*), Slg. 1997, I-3143.

19 *Merkt*, RabelsZ 59 (1995), 545, 562. In der deutschen Rspr. kam die Frage der Gemeinschaftsrechtskonformität der Sitztheorie in den *Landshuter Druckhaus*-Entscheidungen auf. S. dazu BayObLGZ 1985, 272 = RIW 1986, 295; BayOLGZ 1986, 61 = RIW 1986, 548 vgl. dazu *Ebke*, ZGR 16 (1987), 245-270; BayObLGZ 1986, 351 = RIW 1987, 52.

20 EuGH, Urt. v. 9.3.1999 Rs. C-212/97 (*Centros*), Slg. 1999, I-1459. S. eine Auswahl der nicht mehr überschaubaren Anzahl von Veröffentlichungen, die nach der *Centros*-Entscheidung verfasst wurden bei *v. Halen*, S. 60 dort Fn. 221; *Stork*, S. 8 dort Fn. 37.

21 Vgl. dazu *v. Halen*, S. 97-118.

22 EuGH, Urt. v. 5.11.2002 Rs. C-208/00 (*Überseering*), Slg. 2002, I-9919.

23 EuGH, Urt. v. 30.9.2003 Rs. C-167/01 (*Inspire Art*), Slg. 2003, I-10155.

24 EuGH, Urt. v. 4.6.2002 Rs. C-503/99 (*Kommission/Belgien*), Slg. 2002, I-4809; EuGH, Urt. v. 4.6.2002 Rs. C-483/99 (*Kommission/Frankreich*), Slg. 2002, I-4781; EuGH, Urt. v. 4.6.2002 Rs. C-367/98 (*Kommission/Portugal*), Slg. 2002, I-4731; EuGH, Urt. v. 13.5.2003 Rs. C-463/00 (*Kommission/Spanien*), Slg. 2003, I-4581; vgl. *Ebke/Traub*, EWS 2002, 335-338; *Grundmann/Möslein*, ZGR 32 (2003), 317-366.

Ziel und Gang der Untersuchung

Die nachfolgende Untersuchung wird sich in erster Linie mit den Auswirkungen der EuGH-Entscheidungen *Überseering* und *Inspire Art* auf die Bestimmung der *lex societatis* mitgliedstaatlicher Kapitalgesellschaften beschäftigen[25]. Zudem soll untersucht werden, ob sich aus dem europarechtlichen Verständnis der Niederlassungsfreiheit Auswirkungen bezüglich der kollisionsrechtlichen Behandlung von Gesellschaften ergeben, die nach dem Recht eines Nicht-EU-Staats (Drittstaats) gegründet sind. Im Zusammenhang mit der international-gesellschaftsrechtlichen Behandlung solcher Gesellschaften im Inland wird überprüft, ob sich dem EWR-Abkommen, der EMRK[26] und den bilateral geschlossenen Freundschafts- und Assozierungsverträgen für die nationalen Gerichte verbindliche Vorgaben zur Anknüpfung der *lex societatis* entnehmen lassen. Übergeordnetes Ziel der Arbeit ist es, herauszuarbeiten, welche Vorgaben sich dem höherrangigen EG-Recht in Bezug auf die mitgliedstaatlichen Gesellschaftskollisionsrechte entnehmen lassen.

Für diesen Zweck wird nach einem einleitenden Kapitel, in dem die niederlassungsrechtlich bedenklichen Rechtsfolgen der Sitztheorie bei Verwaltungssitzverlegungen ins In- und Ausland dargestellt werden, die Bedeutung der *Überseering*-Entscheidung auf die Anerkennungspraxis von EU-ausländischen Gesellschaften besprochen. Der Blick wird hierbei zentral darauf gerichtet, wie nach mitgliedstaatlichem Recht gegründete Gesellschaften im Niederlassungsstaat zu behandeln sind (Zuzugsfälle). Im Mittelpunkt der Diskussion steht dabei die rechtliche *Anerkennung* ausländischer Gesellschaften im Inland. Im dritten Kapitel wird die Rechtsprechung des Gerichtshofs fortgezeichnet und untersucht, welche weiteren - bisher noch nicht entschiedene - Anwendungsfälle das Urteil *Überseering* haben kann. Insbesondere wird zu klären sein, ob sich inländische Gesellschaften gegenüber ihrem Herkunftsstaat in gleicher Weise auf die Art. 43, 48 EG berufen können (Wegzugsfälle), wie Auslandsgesellschaften gegenüber dem Niederlassungsstaat (Zuzugsfälle). Zudem werden Fragen zum anfänglichen Auseinanderfallen von Verwaltungs- und Satzungssitz und zur Satzungssitzverlegung erörtert. Im vierten Kapitel wird schließlich untersucht, wie weit die im zweiten Kapitel diskutierte Anerkennungsverpflichtung EU-ausländischer Gesellschaften im Inland reicht. Während Inhalt der *Überseering*-Entscheidung allein

25 Hinsichtlich Personengesellschaften werden die Auswirkungen der *Überseering*-Entscheidung weitgehend dieselben sein. Das ergibt sich aus Art. 48 Abs. 2 EG, der zwischen Personengesellschaften und juristischen Personen keine Unterscheidung vornimmt. So i.E. *Terlau*, S. 126 ff., 181; *Wertenbruch*, NZG 2003, 618, 619; *Paefgen*, WM 2003, 561, 565; a.A. *Leible/Hoffmann*, RIW 2002, 925, 933 f.. S. vertiefend zum Gesellschaftskollisionsrecht von Personengesellschaften *Walden*, S. 1, 211 ff. Vgl. auch unten S. 307 ff.

26 Die EMRK wurde in Deutschland durch Gesetz v. 4.11.1952 ratifiziert (BGBl. 1952 II, S. 683 und 953) und trat am 3.9.1953 in Kraft (Bekanntmachung v. 15.12.1953, BGBl. 1954 II, S. 14).

die Verpflichtung zur Anerkennung der Rechts- und Parteifähigkeit ist, zeichnet das Urteil *Inspire Art* die Rechtsprechung fort, indem es die für die Gesellschaft maßgebliche Haftungsverfassung vorgibt. Das vierte Kapitel hat zum Ziel, eine europarechtskonforme Gesellschaftskollisionsnorm zu entwickeln und wird sich daher schwerpunktmäßig mit der Entscheidung *Inspire Art* beschäftigen. Im fünften Kapitel wird unter Berücksichtigung des europäischen Verständnisses von Niederlassungsfreiheit ausgelotet, inwieweit sich aus völkervertraglichen Abkommen mit Drittstaaten Auswirkungen auf das Internationale Gesellschaftsrecht Deutschlands ergeben. Abschließend wird im sechsten Kapitel die Rechtfertigung von Beschränkungen der Niederlassungsfreiheit skizziert. Eingangs werden die Anforderungen des Gemeinschaftsrechts an eine Rechtfertigung von Grundfreiheitsbeschränkungen durch mitgliedstaatliches Recht beleuchtet. Im Anschluss daran wird die Rolle des Missbrauchs im Bereich der Niederlassungsfreiheit von Gesellschaften erörtert. Aufgrund der erheblichen Bedeutung für die Praxis wird abschließend die Anwendbarkeit der deutschen unternehmerischen Mitbestimmung auf zuziehende Auslandsgesellschaften behandelt.

Erstes Kapitel: Gesellschaftskollisionsrecht und EU-Recht

Um den Einfluss der Niederlassungsfreiheit (Art. 43, 48 EG) auf das nationale Gesellschaftskollisionsrecht darzustellen, ist eine Schilderung der in Deutschland bis zur *Überseering*-Entscheidung des VII. Zivilsenats des BGH geltenden Rechtslage unerlässlich. Erläutert werden dabei vornehmlich die Rechtsfolgen bei grenzüberschreitenden Verwaltungssitzverlegungen ins In- und Ausland.

§ 1: Gesellschaftsstatut

Aufgabe des Internationalen Gesellschaftsrechts ist es, zu bestimmen, nach welchem Sachrecht sich die gesellschaftsrechtlichen Verhältnisse bei Sachverhalten mit Auslandsbezug beurteilen. Es geht demnach um das Auffinden der Rechtsordnung, die Entstehung, Leben und Vergehen einer Gesellschaft regelt (Gesellschaftsstatut)[27]. Sowohl die Sitz- als auch die Gründungstheorie bestimmten die *lex societatis* einheitlich nach dem Sachrecht nur *einer* Rechtsordnung (Einheitslehre)[28]. Gesellschaften unter-

---

27 BGHZ 25, 134, 144.

28 Vgl. dazu *Großfeld*, in: Staudinger IntGesR, Rdn. 16, 64 ff. Im Vorlagebeschluss des BGH (BGH ZIP 2000, 967, 968) deutet der VII. Zivilsenat an, an der einheitlichen Bestimmung des Gesellschaftsstatuts festhalten zu wollen, da Außen- und Innenbeziehungen „erst im Zusammenspiel ein sinnvolles Ganzes" ergeben. Einen „Normenmix", wie ihn die Differenzierungslehre und die Überlagerungstheorie hervorrufen, soll zur Wahrung der Rechtssicherheit vermieden werden. Die Differenzierungslehre, die Innen- und Außenrecht unterschiedlichen Rechtsordnungen unterstellt (vgl. *Grasmann*, Rdn. 622 ff., Rdn. 850 ff.), erinnert an die US-amerikanische *internal affairs doctrine* (§ 302 Restatement [Second] of Conflict of Laws). S. zur *internal affairs doctrine* CTS Corp. v. Dynamics Corp. of America, 481 U.S. 69, 90 (1987); *Buxbaum*, in: FS Kegel (1987), S. 75-94 verweisend auf *Bank of Marietta v. Pindall* 23 Va. 394, 396 f. (1824); *Ebke*, RabelsZ 62 (1998), 194, 214-216; *ders.*, 31 Int'l Law. 961, 967 (1997); *Reher*, S. 68-77; *Kersting*, 28 Brook. J. Int'l L. 1-36 (2002). Ähnlich, aber weniger ausgeprägt verhält es sich i.E. mit der von *Sandrock* begründeten Überlagerungstheorie [*Sandrock*, BerDtGesVR 18, 169-261; *ders.*, in: FS Beitzke, S. 669-696; in jüngerer Vergangenheit *v. Halen*, S. 258-273; *Höfling*, S. 242-332]. Die Überlagerungstheorie bestimmt die Rechts- und Parteifähigkeit einer Gesellschaft nach dem Recht des Gründungsstaats. Für die Innen- und Außenbeziehungen ist grundsätzlich ebenfalls das Inkorporationsrecht maßgeblich. Das Gründungsstatut soll aber von zwingenden Normen des Verwaltungssitzstaats überlagert werden. *Sandrock*, Begründer der Überlagerungstheorie, hat sich von der Überlagerungstheorie auf einem Symposium in Münster (Internationales Gesellschaftsrecht im Wandel) am 17.12.02 distanziert (vgl. *Sandrock* zitiert nach Rehberg, IPRax 2003, 175, 178; zurückhaltender *Sandrock*, ZVglRWiss 102 (2003), 447-504 („Die Schrumpfung der Überlagerungstheorie"); a.A. heute *ders.*, BB 2004, 897, 901: „Die Sitztheorie ist tot. An ihre Stelle ist die eingeschränkte Gründungstheorie oder die Überlagerungstheorie getreten."; *ders.*, S. 33, 88). Die von *Zimmer* ins Leben gerufene Kombinationstheorie (*Zimmer*, S. 232-240, *ders.*, in: FS Lutter, S. 231, 247) bestimmt das Gesellschaftsstatut dagegen wie Sitz- und Gründungstheorie einheitlich. Ob der Verwaltungssitz oder der Gründungsakt als Anknüpfungspunkt herangezogen wird, beurteilt sich nach der Kombinationstheorie danach, wie die Beziehungen der Gesellschaft zu ihrem Gründungsstaat ausgestaltet sind. Weist die Gesellschaft außer ihrem Satzungssitz keine Verbindung zum Inkorporationsstaat auf (*pseudo-foreign-corporation*), beurteilt sich das Gesellschaftsstatut nach dem Recht am Verwaltungssitz. Andernfalls ist das Gründungsrecht Gesellschaftsstatut.

liegen hiernach umfänglich der Rechtsordnung, die anhand des in der Gesellschaftskollisionsnorm enthaltenen Anknüpfungspunkts ermittelt wird. Das Ergebnis kollisionsrechtlicher Prüfung bezeichnet man heute im IPR abhängig vom jeweiligen Sachzusammenhang (Anknüpfungs*punkt* oder Anknüpfungs*gegenstand*) als das anwendbare Statut oder die maßgebliche *lex*[29]. Gesellschaftsstatut sind die auf einen gesellschaftsrechtlich gelagerten (und daher gesellschaftsrechtlich zu qualifizierenden) Sachverhalt anwendbaren Sachnormen. Ausgenommen vom Gesellschaftsstatut sind daher all diejenigen Vorschriften, die die konkreten vertraglichen, deliktischen, insolvenz- aber auch sachenrechtlichen Beziehungen zwischen Gesellschaften und dem Rechtsverkehr regeln[30].

§ 2: Gesellschaftskollisionsrecht in Deutschland

Um die Anknüpfung des Gesellschaftsstatuts wird seit langem gestritten. Hinter dem Streit verbirgt sich ein die gesamte Rechtsordnung durchziehender „Kampf" zwischen „Freiheit und Gleichheit"[31]. In Deutschland wurde bis zur *Überseering*-Entscheidung des VII. Zivilsenats des BGH uneingeschränkt die Sitztheorie zur Bestimmung der *lex societatis* angewandt. Die Sitztheorie ist ein international-gesellschaftsrechtliches Instrument zur Absicherung nationaler Wertvorstellungen, die uns „lieb und bisweilen auch teuer"[32] geworden sind[33]. Den Gleichlauf zwischen materiell-gesellschaftsrechtlichen und gesellschaftskollisionsrechtlichen Wertungen[34] erreicht die Sitztheorie, indem sie als Anknüpfungspunkt zur Festlegung des Gesellschaftsstatuts den effektiven Verwaltungssitz[35] einer Gesellschaft bestimmt[36]. Damit kommt das Recht des am meist betroffenen Staats zum Zuge.

---

29 Vgl. zu den Begriffen *v. Bar/Mankowski*, IPR Bd. I § 1, Rdn. 18 f.

30 *Behrens*, in: Hachenburg Einl., Rdn. 131. Vgl. dazu S. 206 ff.

31 *Ebke*, in: 50 Jahre BGH, S. 799 804; *ders.*, 36 Int'l Law. 1015, 1027-1029 (2002).

32 *Ebke*, in: FS Thode, S. 595, 603.

33 *Ebke*, 48 Am. J. Comp. L. 623, 624 f. (2000); *ders.*, in: 50 Jahre BGH, 799, 804; *ders.*, 36 Int'l Law. 1015, 1027-1034 (2002); vgl. *Kindler*, in: MünchKomm IntGesR, Rdn. 313 f.

34 *Großfeld*, in: Staudinger IntGesR, Rdn. 39; *Ebke*, in: 50 Jahre BGH, 799, 804.

35 Der sich nach der *lex fori* beurteilende tatsächliche Verwaltungssitz ist der Ort, an dem nach außen erkennbar „die grundlegenden Entscheidungen der Unternehmensleitung effektiv in laufende Geschäftsführungsakte umgesetzt werden." Vgl. dazu BGHZ 97, 269, 272; OLG Hamm RIW 1997, 236, 237; OLG Düsseldorf IPRax 1996, 128; in Anlehnung an *Sandrock*, BerDtGesVR 18, 169, 237 f.; *ders.*, in: FS Beitzke, S. 669, 683.

36 BGHZ 53, 181, 183; BGH WM 1979, 692, 693; BGH IPRax 1985, 221, 223; BGHZ 78, 318, 334; BGHZ 97, 269, 271 = DB 1986, 2019; BGHZ 25, 134, 144 = DB 1957, 747: „Das Sitzrecht bestimmt unter welchen Voraussetzungen die juristische Person entsteht, lebt, und vergeht."; BGH ZIP 2000, 967; BGHZ 151, 204 = WM 2002, 1929; a.A. OLG Frankfurt a.M. RIW 1999, 783: „Die Gründungstheorie ist anzuwenden, wenn die im Ausland tätige Kapitalgesellschaft überhaupt keinen tatsächlichen Verwaltungssitz hat." (vgl. zu dieser Entscheidung *Borges*, RIW 2000, 167-178). Die Entscheidungen des RG werden hinsichtlich des hierin verwandten Anknüpfungspunkts unterschiedlich bewertet. Vgl. *Ebke*, in: 50 Jahre BGH, S. 799, 806; *ders.*, 36 Int'l Law. 1015, 1021 f. (2002); *Kindler*, in: MünchKomm IntGesR, Rdn. 264 dort Fn. 342; *Borges*, RIW 2000,

Die Sitztheorie wird nach h.M. als allseitige Kollisionsnorm verstanden[37]. Über das auf eine Gesellschaft anwendbare Gesellschaftsrecht (*lex societatis*) entscheidet danach immer die Rechtsordnung am effektiven Verwaltungssitz der Gesellschaft. Wird die Gesellschaft im Verwaltungssitzstaat anerkannt, wird sie auch in Deutschland (Forumstaat) als rechtsfähige Gesellschaft des Gründungsstaats anerkannt. Die Sitztheorie führt bei einem grenzüberschreitenden Auseinanderfallen von Verwaltungs- und Satzungssitz daher dann nicht zu einem Anerkennungsverlust im Forumstaat, wenn sich der Verwaltungs- und der Satzungssitz einer Gesellschaft in einem der Gründungstheorie folgenden Staaten befinden[38]. In solchen Fällen hat die Gesellschaft nach dem im Verwaltungssitzstaat geltenden Verweisungsrecht das „richtige" Gründungsrecht gewählt. Der Verwaltungssitzstaat ist nicht schutzbedürftig. Befindet sich der Verwaltungssitz dagegen in einem Sitztheoriestaat, gilt die Gesellschaft als nach „falschem" Recht gegründet und ist damit im Forumstaat nicht anerkennungsfähig. Ist die Gesellschaft hingegen nach dem durch die Sitztheorie bestimmten Gesellschaftsrecht wirksam gegründet, erkennt das nationale Recht die Auslandsgesellschaft *als solche* an[39].

Wie *Großfeld* im einzelnen darlegt, tritt die Sitztheorie einer Rechtswahlfreiheit im Gesellschaftsrecht skeptisch gegenüber[40]. Sie verhindert einen Wettbewerb der Rechtsordnungen, von dessen Auswirkungen gemeinhin ein Absinken des Stakeholder-Schutzniveaus (*race to the bottom*) befürchtet wird[41]. Ob diese Bedenken zu Recht bestehen, wird vor allem am Beispiel der USA seit langem diskutiert[42]. Fest steht, dass

---

167, 169; dagegen *Knobbe-Keuk*, ZHR 154 (1990), 325, 339 f.; *Meilicke*, GmbHR 2003, 793, 795; differenzierend *Zimmer*, S. 29 dort Fn. 11. Zur Geschichte der Sitztheorie s. *Großfeld*, in: FS Westermann, S. 199, 203 ff.

37 *Großfeld*, in: Staudinger IntGesR, Rdn. 98 ff; *Ebke*, ZGR 16 (1987), 245, 255; *Kindler*, in: MünchKomm IntGesR, Rdn. 312, 406; *Hausmann*, in: GS Blomeyer, S. 580, 592; a.A. *Wiedemann*, S. 792.

38 Vgl. *Hausmann*, in: GS Blomeyer, S. 580, 592. Beispiel: Eine nach dem Recht des Staats A gegründete Gesellschaft mit Satzungssitz im Staat A und Verwaltungssitz im Staat B würde in Deutschland nicht anerkannt, sofern der Verwaltungssitzstaat seinerseits der *Sitztheorie* folgt. Vgl. hierzu OLG Hamburg RIW 1988, 816 (englische Limited mit Verwaltungssitz in der Schweiz wird aufgrund der in der Schweiz und England geltenden Gründungstheorie auch in Deutschland anerkannt); OLG Frankfurt NJW 1990, 2204; RG IPRspr. 1934 Nr. 12, 23.

39 *Großfeld*, in: Staudinger IntGesR, Rdn. 97, 167.

40 *Großfeld*, in: Staudinger IntGesR, Rdn. 39.

41 BGH ZIP 2000, 967, 968; mit gleicher Befürchtung ("race of laxity") *Justice Brandeis* in seiner *dissenting opinion* zur Entscheidung des US *Supreme Court*: „Companies were early formed to provide charters for corporations in states where the cost was lowest and the laws least restrictive. The states joined in advertising their wares. The race was one of diligence but of laxity." S. *Liggett Co. v. Lee*, 288 U.S. 517, 558 f. (1933).

42 *Ebke*, in: Unternehmenskontrolle, 7-35; *ders.*, RabelsZ 62 (1998), 195, 207-215 m.w.N.; *Reher*, S. 132 ff.; *Kersting*, 28 Brook. J. Int'l L. 1, 11-13 (2002); *Merkt*, RabelsZ 59 (1995), 545, 549-554; *Grundmann*, ZGR 30 (2001), 783-832; *Eidenmüller*, ZIP 2002, 2233, 2235 m.w.N. Fn. 19; *Eidenmüller/Rehm*, ZGR 33 (2004), 159, 161; *Kieninger*, ZGR 28 (1999), 724, 749 m.w.N. Fn.

Staaten aufgrund struktureller Unterschiede unterschiedliche wirtschafts- und gesellschaftspolitische Ziele verfolgen, die sich letztlich auch in den jeweiligen Gesellschaftsrechtsordnungen niederschlagen[43]. Durch die Anknüpfung an den effektiven Verwaltungssitz wird diesem Umstand Rechnung getragen[44]. Zur Geltung gelangt ungeachtet des Gesellschafterwillens das Recht des Staats, der von den Aktivitäten der Gesellschaft am meisten betroffen ist[45]. Damit ermöglicht die Sitztheorie eine Absicherung der Interessen der Stakeholder durch das nationale Gesellschaftsrecht[46]. Dahinter steckt folgender Gedanke: Wer hauptsächlich den heimischen Markt für seine Geschäftstätigkeit nutzbar machen möchte, hat das inländische Gesellschaftsrecht zu beachten. Gleichzeitig wird damit ein „*level playing field*" geschaffen. Der Umgang mit ausschließlich bekannten Rechtsformen fördert das Vertrauen des heimischen Rechtsverkehrs. Inwieweit die durch die Sitztheorie abgesicherte Durchsetzung von inländischen Schutzinteressen („Schutztheorie"[47]) in einer zunehmend globalisierten Welt noch zeitgemäß und vor dem Hintergrund völkerrechtlicher Verträge durchsetzbar sind, ist eine andere Frage.

132; *Schön*, ZHR 160 (1996), 221-249. Bei der Diskussion wird u.a. zu Recht darauf hingewiesen, dass die amerikanischen Marktverhältnisse mit denen innerhalb der EU nicht vergleichbar seien. Vgl. *Merkt*, RabelsZ 59 (1995), 545, 554-567; *Wouters*, 37 CMLRev. 257, 287-289 (2000); *Holst*, 8 Colum. J. Eur. L. 323, 332-337 (2002). In den zwischen den US-amerikanischen Bundesstaaten bestehenden Wettbewerb der Gesellschaftsrechtsordnungen wird durch ein ausgeprägtes einheitliches Anlegerschutz- und Kapitalmarktrecht (*federal securities regulation*) eingegriffen (s. dazu *v. Bonin*, S. 209 f.). In Europa existiert ein derart umfangreiches staatenübergreifendes Kapitalmarktrecht allerdings (noch) nicht [vgl. *Ebke*, RabelsZ 62 (1998), 195, 233 f., 241; *Wouters*, 37 CMLRev. 257, 287-289 (2000); zum Wettbewerb der Gesellschaftsrechtsordnungen in Europa vgl. auch *Grundmann*, ZIP 2004, 2401-2412]. *Roe* geht noch einen Schritt weiter. Er ist der Ansicht, dass u.a. aufgrund des für alle Bundesstaaten geltenden Kapitalmarktrechts (*federal securities regulation*) ein Wettbewerb („*pure interstate race*") zwischen den Gesellschaftsrechtsordnungen nie bestand (*Roe*, 117 Harv. L. Rev. 588, 634-644 [2003]). Andere Stimmen aus dem jüngeren amerikanischen Schrifttum vertreten, dass aufgrund der gewachsenen Vormachtstellung von *Delaware* im Bereich des Gesellschaftsrechts der Wettbewerb zumindest heute deutlich abgeflacht ist. S. dazu Nachweise bei *Ebke*, 38 Int'l Law 813, 852 dort Fn. 314 (2004).

43 Vgl. *Westermann*, GmbHR 2005, 4, 6.

44 Insbesondere soll durch die Sitztheorie, die in Deutschland geltende unternehmerische Mitbestimmung sowie das Kapitalaufbringungs- und Kapitalerhaltungsrecht abgesichert werden. Vgl. *Großfeld/Jasper*, RabelsZ 53 (1989), 52, 56 („stärkstes Argument für die Sitztheorie"); *Großfeld*, in: Staudinger IntGesR, Rdn. 133, 510 ff.; vgl. auch *Davies*, S. 125.

45 *Ebke*, in: 50 Jahre BGH, S. 799, 804.

46 *Großfeld*, in: Staudinger IntGesR, Rdn. 41; *Schmidt*, ZGR 28 (1999), 20, 22 f.: „Für diese Anknüpfung sprechen vernünftige Gründe, die nichts mit provinzieller Abwehrhaltung gegen ausländische Rechtsträger zu tun haben. [...] Als Schutztheorie ist sie schwer zu entbehren, solange die Normativbestimmungen von Land zu Land unterschiedlich sind, und im Ergebnis führt sie nicht zur Diskriminierung, sondern Gleichbehandlung zugezogener mit inländischen Gesellschaften."; *Merkt*, RabelsZ 59 (1995), 545, 561.

47 BayObLG JZ 1993, 372, 373.

Beispielhaft wird im Folgenden die Bestimmung der Rechts- und Parteifähigkeit einer Gesellschaft nach der Sitztheorie herausgegriffen. Die Rechtsfähigkeit einer ausländischen Gesellschaft im Inland beurteilt sich in Deutschland nach ihrem Gesellschaftsstatut[48]. Das zuständige nationale Gericht ist von Amts wegen verpflichtet, bei Fällen mit Auslandberührung das maßgebliche Recht zu ermitteln (§ 293 ZPO)[49]. Sind die Gründungsvoraussetzungen nach der kollisionsrechtlich bestimmten Rechtsordnung

48 Nach a.A. stellt die Anerkennung der Rechtsfähigkeit ausländischer Gesellschaften ein kollisionsrechtliches Sonderproblem dar, was eine vom Gesellschaftsstatut gesonderte Anknüpfung der Rechtsfähigkeit (Rechtsfähigkeitsstatut) erforderlich mache. Die Gruppe derjenigen Vertreter, die die „Anerkennungsfrage" (Anerkennung der rechtlichen Existenz einer ausländischen Gesellschaft) als ein vom Übrigen Gesellschaftsstatut losgelöstes kollisionsrechtliches Sonderproblem erachten, ist ihrerseits gespalten. Während ein Teil dieser Lehre für die Anerkennungsfrage, das gleiche Anknüpfungsmerkmal für Rechtsfähigkeitsstatut und Gesellschaftsstatut verwendet und somit i.E. nur eine theoretische Trennung vornimmt (vgl. *Drobnig*, ZHR 129 [1966/67], 93, 108; *Schwander*, SZIER 2002, 57, 60 f.: „Von daher scheint es methodisch richtig zu sein, für die *Anerkennung* der Rechtspersönlichkeit *und* für das *Gesellschaftsstatut* [d.h. für die Antwort auf die Frage, welchem Recht die Gesellschaft hinsichtlich Organisation, Vertretung usw. untersteht] ein und dieselbe Kollisionsregel zu haben.") knüpfen die Vertreter der Differenzierungslehre und Überlagerungstheorie Gesellschafts- und Rechtsfähigkeitsstatut unterschiedlich an (vgl. hierzu *Wiedemann*, in: FS Kegel [1977], 187, 198 f.; *Großfeld*, in: Staudinger IntGesR, Rdn. 185 ff.; *Bungert*, ZVglRWiss 93 [1994], 117, 139-146). Zu unterscheiden hiervon ist die Lehre, die der Anerkennungsfrage ausländischer Gesellschaften rein fremdenrechtlichen Charakter beimisst. Neben der kollisionsrechtlichen Anerkennung ist in einigen Jurisdiktionen ein hiervon getrennter fremdenrechtlicher Anerkennungsakt bezüglich ausländischer Gesellschaften im Inland erforderlich. Die Frage, ob eine nationale oder ausländische Gesellschaft vorliegt, kann jedoch allein das Kollisionsrecht selbst treffen und ist der Frage vorgeschaltet, in welcher *Form* die Anerkennung vollzogen wird. Existiert eine rechtsfähige Gesellschaft nach der Rechtsordnung, auf die verwiesen wird, stellt sich als nächstes die Frage, in welcher Form die Anerkennung verliehen werden muss (vgl. dazu *Beitzke*, S. 50 ff.). In manchen Ländern (z.B. in Frankreich) wird die Anerkennung durch ein Sondergesetz oder einen besonderen Verwaltungsakt verliehen (zur Anerkennung von Gesellschaften in Frankreich s. *Pohlmann*, S. 100 ff.). Anerkennung im international-gesellschaftsrechtlich verstandenen Sinne ist daher das Ergebnis (Produkt) kollisionsrechtlicher Anknüpfung. In Deutschland bedarf es neben der kollisionsrechtlichen Anerkennung keines besonderen staatlichen Anerkennungsakts mehr („Prinzip der automatischen Anerkennung", seit RGZ 92, 73, 76). Eine nach der *lex fori* gesellschaftskollisionsrechtlich existente Gesellschaft besitzt ohne einen weiteren förmlichen Anerkennungsakt im Inland Realität (vgl. *Großfeld*, in: Staudinger IntGesR, Rdn. 162 ff., 167 ff., 189 ff.; *Drobnig*, ZHR 129 [1966/67], 93, 117 f.; *Ebenroth/Eyles*, DB 1988, Beil. 2/88, 1, 3 f.; zum „Anerkennungsbegriff" vgl. *Beitzke*, S. 45-55, 63-66; *ders.*, in: FS Luther, S. 1 f.; *Ebke/Neumann*, JZ 1980, 652 f.; *Walden*, S. 44 ff.; *Großfeld*, RabelsZ 38 [1974], 344-371; *Niebel*, S. 103-107; *Leible*, in: Michalski Syst. Darst. 2, Rdn. 58-60; *Zimmer*, ZHR 168 [2004], 355-358). Die „fremdenrechtliche" Bedeutung von Anerkennung kommt allerdings für einige Autoren im Zusammenhang mit dem Gewährleistungsgehalt von Art. 43, 48 EG und anderen Vorschriften in völkerrechtlichen Verträgen wie z.B. Art. XXV Abs. 5 S. 2 des deutsch-amerikanischen FSHV zum Tragen (vgl. hierzu S. 246 ff.). Es wird vertreten, dass Art. 43, 48 EG nur die Gleichbehandlung von In- und Ausländern gewährleisten, d.h. die Anwendung *fremdenrechtlicher* (diskriminierender) Normen auf international-gesellschaftsrechtlich anerkennungsfähige Gesellschaften ausschließen. Die national geltenden Anforderungen des Internationalen Gesellschaftsrechts würden dagegen nicht überwunden (so früher *Ebenroth/Eyles*, DB 1988, Beil. 2/88, 10-13).

49 BGH NJW 1996, 54; BGH WM 2002, 1186.

erfüllt und die Gesellschaft hiernach rechtsfähig, wird ihre Rechtsfähigkeit auch vom Forumstaat anerkannt.

Innerhalb der Sitztheorie ist dagegen umstritten, nach welcher Rechtsordnung sich die Parteifähigkeit einer Gesellschaft richtet. Eine Ansicht in Rechtsprechung[50] und Literatur[51] zieht zur Bestimmung der Parteifähigkeit die *lex fori*, d.h. das Recht des Gerichtsstaats heran. Nach dieser Auffassung wird die Fähigkeit, Partei eines Prozessrechtsverhältnisses sein zu können, nach dem Prozessstatut (§ 50 Abs. 1 ZPO) ermittelt[52]. Für grenzüberschreitend gelagerte Sachverhalte enthält § 50 Abs. 1 ZPO hiernach eine (versteckte) Kollisionsnorm. Die h.M. im Schrifttum und in der Rechtsprechung[53] qualifiziert die Parteifähigkeit dagegen als Teil des Gesellschaftsstatuts[54].

C. *Kritik an der Sitztheorie*

Die Sitztheorie offenbart Schwächen, die durch die Anknüpfung der *lex societatis* an den Gründungsakt vermieden werden. Unbestritten ist die durch die Sitztheorie verursachte Mobilitätsfeindlichkeit[55]. Hiervon betroffen sind nicht zuletzt auch die nationalen

---

50 Zuletzt BGH NZG 2003, 431; LG Nürnberg DB 2003, 2765.

51 So z.B. *Grasmann*, Rdn. 856; *Wertenbruch*, NZG 2003, 618, 619; s. *Kindler*, in: MünchKomm IntGesR, Rdn. 448 m.w.N.

52 Vgl. zu dieser Frage *v. Bar/Mankowski*, IPR Bd. I § 5, Rdn. 86 f.

53 BGHZ 51, 27, 28; BGHZ 53, 383, 385; zuletzt BGH DB 2003, 810, 811; BGH WM 2002, 1186.

54 *Großfeld*, in: Staudinger IntGesR, Rdn. 292; *Walden*, EWS 2001, 256, 258; *Kropholler*, IPR, S. 567; *Kindler*, MünchKomm IntGesR, Rdn. 448; *Leible*, in: Michalski Syst. Darst. 2, Rdn. 89. Einen andern Weg scheint *Altmeppen* zu beschreiten, der die Parteifähigkeit losgelöst von der Frage der Rechtsfähigkeit nach der Gründungsrechtsordnung bestimmen will (s. *Altmeppen*, DStR 2000, 1061, 1062 f.; kritisierend *Walden*, EWS 2001, 256, 258). Nach Ansicht von *Altmeppen* hat die Frage der Parteifähigkeit unabhängig von dem nach der Sitztheorie berufenen Sachrecht zu erfolgen. Dieser Ansatz vermag zumindest bei gleichzeitigem Bekenntnis zur Sitztheorie nicht zu überzeugen. Denn entweder man bestimmt die Parteifähigkeit nach § 50 Abs. 1 ZPO (Prozessstatut); dann muss aber zuvor die Frage der Rechtsfähigkeit geklärt sein. Hierzu muss bei einem grenzüberschreitenden Sachverhalt zunächst das Internationale Gesellschaftsrecht nach dem auf die Gesellschaft anwendbaren Sachrecht befragt werden. Aber auch für den Fall, dass man die Parteifähigkeit nach dem Gesellschaftsstatut bestimmt, ist konsequenter Weise zunächst, das Gesellschaftsstatut zu qualifizieren. Eine vollkommene Loslösung der Parteifähigkeit vom Gesellschaftskollisionsrecht ist theoretisch nur dann vorstellbar, wenn man die Rechtsfähigkeit einer Gesellschaft vom Gesellschaftsstatut gesondert anknüpft. Vgl. auch *Altmeppen*, NJW 2003, 97, 99 f. (anzuerkennen seien nur die ausländischen Gründungsvoraussetzungen).

55 Vgl. *v. Bar*, IPR Bd. II, Rn. 623; *Leible*, in: Michalski Syst. Darst. 2, Rdn. 6; *Ahrens*, DNotZ 2003, 32, 33 („umzugsfeindlich"). Die Mobilitätsfeindlichkeit der Sitztheorie und das früh erkannte Spannungsverhältnis zur europäischen Niederlassungsfreiheit hat Ende der achtziger Jahre die Vertreter der Sitztheorie bewegt, „im Hinblick auf Europa" über Alternativen nachzudenken und Lösungsansätze zu entwickeln, wie eine „identitätswahrende", (zum Begriff der „Identität" s. S. 96 ff.) grenzüberschreitende Sitzverlegung durchgeführt werden könnte (vgl. hierzu *Großfeld/Jasper*, RabelsZ 53 [1989], 52, 58-62; *Großfeld/König*, RIW 1992, 433, 437). Es wurde überlegt, eine Sitzverlegung auf sachrechtlicher Ebene mittels einer Umwandlung entsprechend §§ 362–393 AktG a.F. zu vollziehen (*Großfeld/Jasper*, RabelsZ 53 [1989], 52, 60; zustimmend *Stieb*, GmbHR

Gesellschaftsformen, was im Zuge der *Überseering*-Entscheidung zunehmend als Wettbewerbsnachteil deutscher Gesellschaften kritisiert wird[56]. Gerechtfertigt wird die Schwäche der Sitztheorie gemeinhin mit dem durch die Sitztheorie verfolgten Ziel, die Interessen der mit der Gesellschaft in Kontakt tretenden Stakeholder sowie die Interessen des am meist betroffenen Staats zu schützen.

I. Mobilitätsfeindlichkeit (Zuzugsfälle)

Die Verlegung des tatsächlichen Verwaltungssitzes einer ausländischen Kapitalgesellschaft ins Inland löst nach der Sitztheorie einen Statutenwechsel aus[57]. Die Rechtsfolge ist, dass die im Ausland gegründete Gesellschaft nunmehr nach nationalem Gesellschaftsrecht zu beurteilen ist.

1. Auslandsgesellschaft als nationale Kapitalgesellschaft

Neben den Gründungsvoraussetzungen fehlt es in solchen Fällen regelmäßig an der im deutschen Kapitalgesellschaftrecht konstitutiv wirkende Eintragung ins Handelsregister. Der Statutenwechsel verhindert demnach die Qualifizierung als deutsche Kapitalgesellschaft ebenso wie die Anerkennung als ausländische Kapitalgesellschaft. Denn das

---

1992, R 25; *Ebke*, WuB 1992, II C. § 3 GmbHG 1.92, S. 1293, 1296; *Lutter* ZGR 21 [1992], 435, 448; *Behrens*, RIW 1986, 590, 594; zuletzt diesen Ansatz auch nach der *Überseering*-Entscheidung für gemeinschaftsrechtskonform erachtend *Zimmer*, BB 2003, 1, 6 f.). Eine Umwandlung setze aber voraus, dass sowohl das Recht des Wegzugsstaats als auch das des Aufnahmestaats eine rechtsformumwandelnde Sitzverlegung zulasse (*Ebenroth/Auer*, JZ 1993, 374, 375). Eine Einschränkung sollte hierbei für solche nationalen Gesellschaften erfolgen, die „die Schwelle der unternehmerischen Mitbestimmung" überschritten haben. Dadurch sollte der Umzug in einen „mitbestimmungsfreien Raum", gemeint ist wohl die Umwandlung in eine mitbestimmungsfreie Rechtsform, verhindert werden (*Großfeld/König*, RIW 1992, 432, 437).

56 *Lutter*, BB 2003, 7, 10; *ders.*, ZGR 21 (1992), 435, 448 f.; *Bayer*, BB 2003, 2357, 2363.

57 *Behrens* hingegen verneint bei Verlegung des Verwaltungssitzes einen „echten" Statutenwechsel. Die Sitztheorie treffe lediglich die Aussage, dass die ausländische Gesellschaft mit Verwaltungssitz im Niederlassungsstaat nach „falschem Recht" gegründet sei (*Behrens*, IPRax 2003, 193, 195 f., 199; *ders.*, RabelsZ 52 [1988], 499 516; ähnlich *Knobbe-Keuk*, DB 1990, 2576, 2578; *dies.*, ZHR 154 [1990], 325, 338-342 [Die Sitztheorie sei eine fremdenrechtliche „Nichtanerkennungstheorie"]; *Meilicke*, DB 1999, 627). Es sei aber gerade Wesensgehalt eines Statutenwechsels, dass das neu bestimmte Recht auch aktiv angewandt werde. Deshalb werde nur die modifizierte Sitztheorie, die zu einer Klassifizierung als inländische Personengesellschaft gelangt, dem Charakter einer Kollisionsnorm gerecht. Dem ist zu widersprechen. Die Nichtanerkennung resultiert nicht unmittelbar aus dem Statutenwechsel, sondern ist Folge des Nichtvorliegens der Normativbestimmungen des anwendbaren Rechts. Die Sitztheorie bestimmt wie jede Kollisionsnorm nur das anwendbare Recht und ist mithin der materiell-rechtlichen Prüfung vorgelagert (*Kindler*, NJW 1999, 1993, 1994). Im Rahmen der materiellen Prüfung kommt man dann regelmäßig zu dem Ergebnis, dass weder die Gründungsvoraussetzungen einer nationalen Kapital- noch die einer inländischen Personengesellschaft gegeben sind.

Gründungsrecht ist aufgrund des eingetretenen Statutenwechsels aus Sicht des Verwaltungssitzstaats nicht mehr anwendbar. Praktisch bedeutet der Statutenwechsel, dass die Gesellschaft sich im Inland als deutsche Gesellschaft neu gründen muss[58]. Dagegen wird vorgebracht, dass die Mobilitätsbeschränkung letztlich nicht durch die Anknüpfungsnorm (Sitztheorie) selbst ausgelöst werde, sondern auf der Ebene des Sachrechts wurzele[59]. Dem ist nur bedingt zuzustimmen[60]. Richtig ist, dass die Nichtanerkennung der Rechtsfähigkeit einer zuziehenden Gesellschaft unmittelbare Folge des durch die Kollisionsnorm zur Anwendung gebrachten Sachrechts ist. Die Auslandsgesellschaft erfüllt die nationalen materiell-rechtlichen Gründungsvoraussetzungen nicht. Ebenso verhält es sich mit dem Entzug der mit Gründung verliehenen Rechtsfähigkeit einer inländischen Gesellschaft bei Verwaltungssitzverlegung ins Ausland. Die sachrechtlichen Folgen können aber nicht losgelöst von der kollisionsrechtlichen Ebene betrachtet werden. Vielmehr bedingt das Kollisionsrecht das Sachrecht[61]. Auslöser für die materiell-rechtlichen Konsequenzen ist das Gesellschaftskollisionsrecht. Der durch nationales Kollisionsrecht angeordnete Statutenwechsel entzieht der ausländischen Gesellschaft im Inland das Gründungsstatut und damit ihre Existenzgrundlage[62]. Für eine Auslandsgesellschaft bedeutet der eingetretene Statutenwechsel nicht nur, dass diese *nunmehr* im Inland als nach „falschem Recht" gegründet angesehen wird. Zugleich wird einem aus der Sicht des Gründungsstaats bestehenden Rechtsträger die Existenz im Inland aberkannt. Letzteres gilt allerdings nur für die Fälle, in denen der Zuzug aus einem Gründungstheoriestaat erfolgt.

Der Verweis der Sitztheorievertreter, die Gesellschaft könne sich nach dem Recht des Niederlassungsstaats neu gründen, überzeugt unter Berücksichtigung der Niederlassungsfreiheit von Gesellschaften (Art. 43, 48 EG) nicht. Die Möglichkeit der Neugründung im auserwählten Mitgliedstaat betrifft die Niederlassungsfreiheit der *Gesellschafter* und nicht das Niederlassungsrecht der aus Sicht des Zuzugsstaats nicht (mehr) existierenden *Gesellschaft*[63]. In der deutschen Rechtsprechung schlug sich die Diskussion

---

58 BayObLG DB 1998, 2318 = NJW-RR 1999, 401; OLG Zweibrücken WM 1990, 1298; nach der *Centros* Rspr. des EuGH LG Potsdam ZIP 1999, 2021, 2022; vgl. hierzu *Hausmann*, in: GS Blomeyer, S. 580, 583 f.; a.A. LG München ZIP 1999, 1680.

59 *Behrens*, IPRax 1999, 323, 329 f.; *ders.*, RIW 1986, 590-594; *ders.*, ZGR 23 (1994), 1, 24; *Jaeger*, NZG 2000, 918, 919 f.; *Schwarz*, NZG 2001, 613; *Kruse*, EWS 1998, 444, 445; ausführlich dazu *Lüer*, in: Liber Amicorum Kegel, S. 83, 84-107.

60 Ebenso *W.-H. Roth*, ZGR 29 (2000), 311, 330 f.

61 *W.-H. Roth*, in: FS Lüderitz, S. 635, 641.

62 So jetzt *Behrens*, IPRax 2003, 194, 195: „Die Destruktion der ausländischen Gesellschaft folgt unmittelbar aus der Sitztheorie, weil sie der Gesellschaft das an den Satzungssitz anknüpfende Gründungsstatut entzieht, dass allein ihre rechtliche Existenz garantieren kann, solange nicht der Satzungssitz wirksam in den Geltungsbereich der Rechtsordnung des Niederlassungsstaats verlegt worden ist."; a.A. noch *ders.*, IPRax 1999, 323, 329 f.; *ders.*, ZGR 23 (1994), 1, 24.

63 *Walden*, S. 244; *Knobbe-Keuk*, ZHR 154 (1990), 325, 345; *dies.*, DB 1990, 2574, 2578 f.; *Behrens*, IPRax 1989, 354, 360; *Kruse*, S. 67 f.; *Schnichels*, S. 42; *v. Halen*, S. 138 f.

um die Europarechtskonformität der Sitztheorie erstmals in den *Landshuter Druckhaus Ltd.* Entscheidungen des BayObLG nieder[64].

2. *Auslandsgesellschaft als nationale Personengesellschaft*

Die Einordnung als deutsche Personengesellschaft bei Verlegung des Verwaltungssitzes ins Inland lässt die Sitztheorie nach ihrem klassischem Verständnis ebenfalls nicht zu, da es auch insoweit an einem wirksamen Gründungsakt nach dem anwendbaren Gesellschaftsstatut fehlt. Der nach dem Inkorporationsrecht erfolgte Gründungsakt wird dabei nicht als angemessenes Äquivalent angesehen[65]. Zu einem anderen Ergebnis gelangt eine im Vordringen befindliche Meinung in der Literatur[66], die sich jüngst auch der II. Zivilsenat des BGH zu eigen gemacht hat[67]. Nach dieser Ansicht beurteilt sich die ausländische Kapitalgesellschaft mit Verwaltungssitz im Inland als deutsche Personengesellschaft. Begünstigt wurde diese Entscheidung durch eine zuvor ergangene Entscheidung des II. Zivilsenats, in der einer GbR-Außengesellschaft die Fähigkeit zugesprochen wurde, Träger von Rechten und Pflichten zu sein (Teilrechtsfähigkeit)[68]. Ein Statutenwechsel findet also auch nach dem modifizierten Verständnis der Sitztheorie statt. Der Unterschied zum herkömmlichen Verständnis der Sitztheorie besteht allein

---

64 BayOLGZ 1985, 272 = RIW 1986, 295 (Landshuter Druckhaus I); BayObLGZ 1986, 61 = RIW 1986, 548 (Landshuter Druckhaus II) (Zulassung einer „ausländischen juristischen Person & Co. KG" unter der Voraussetzung, dass die Rechtsfähigkeit der ausländischen Komplementärgesellschaft im Inland international-gesellschaftsrechtlich anzuerkennen ist): „Wegen seiner EWG-Zugehörigkeit würde eine Beteiligungsunfähigkeit im Ausland der Niederlassungsfreiheit in den Art. 52, 58 EWG-Vertrag entgegenstehen." (vgl. BayObLG RIW 548, 550). Offengelassen hat das BayObLG jedoch die Frage nach der Europarechtskonformität des nationalen internationalen Gesellschaftsrechts, vgl. hierzu *Ebke*, ZGR 16 (1987), 245, 265-270 (damals noch von einer Rechtfertigung der durch die Sitztheorie ausgelösten Niederlassungsfreiheitsbeschränkung ausgehend; ebenso *Niebel*, S. 144-166; a.A. *Blaurock*, ZEuP 1998, 460, 482 f.) *Ebenroth/Eyles*, DB 1988, Beil. 2/88, 1, 15-19; an der Europarechtskonformität des nationalen IPR zweifelnd BayObLGZ 1986, 351 = RIW 1987, 52 (Landshuter Druckhaus III); vgl. hierzu LG Stuttgart RIW 1993, 848, 850.

65 BGHZ 53, 183; BGHZ 97, 271 f.; LG Aurich IPRspr. 1968/69 Nr. 14 („nicht existente Rechtsperson"); ebenso OLG München NJW-RR 1995, 703, 704 („rechtlich inexistent"); *Lutter*, Unternehmensrecht, S. 44 (inexistent); *Ahrens*, RNotZ 2003, 32, 33; vgl. *Sandrock*, S. 33, 82, 84; m.w.N. *Triebel/v. Hase*, BB 2003, 2409, 2411 dort Fn. 28; *Großfeld*, in: Staudinger IntGesR, Rdn. 427 ff. *Großfeld* plädiert hinsichtlich der *Haftungsfolgen* für die Anwendung nationalen Personengesellschaftsrechts als „Ersatzrecht" für das rechtlich nicht existente aber tatsächlich vorhandene Gebilde. „Für das Innenverhältnis kann eine materiell-rechtliche Verweisung auf das Gründungsrecht vorliegen; [...]." (vgl. *Großfeld*, in: Staudinger IntGesR, Rdn. 435 ff., 436, 441; *Hammen*, WM 1999, 2487, 2491; *Schmidt*, S. 27-29).

66 Vgl. *Schmidt*, ZGR 28 (1999), 20, 22-35.

67 BGHZ 151, 204 = WM 2002, 1929 = DStR 2002, 1678; zustimmend *Hausmann*, in: GS Blomeyer, S. 580, 584, 593 f.

68 BGH WM 2001, 408 („ARGE-Weißes Ross") = BGH ZIP 2001, 330 = BGH DStR 2001, 310.

darin, dass die Gründungsvoraussetzungen einer deutschen Personengesellschaft als gegeben erachtet werden.

Aber auch nach dem modifizierten Verständnis der Sitztheorie, muss man sich insbesondere aus europarechtlicher Sicht vergegenwärtigen, dass die ausländische Gesellschaftsform *als solche* nicht *anerkannt* wird. Der Zuzug wird, wie nach dem herkömmlichen Verständnis der Sitztheorie, mit Nichtanerkennung der Auslandsgesellschaft *als solcher* sanktioniert. Statt der Anerkennung der zuziehenden Gesellschaft entsteht neben der nach ihrem Gründungsrecht fortexistierenden Auslandsgesellschaft ein weiterer Rechtsträger (Personengesellschaft nationalen Rechts)[69]. Die modifizierte Sitztheorie hat demnach eine rechtlich nicht in den Griff zu bekommende Verdopplung der Rechtspersönlichkeit zur Folge[70]. Anders als die von *Großfeld* vorgeschlagene partielle Anwendung nationalen Rechts („Ersatzrecht") auf eine nicht anerkannte Auslandsgesellschaft[71], kreiert die modifizierte Sitztheorie einen von der Gründungsgesellschaft losgelösten Rechtsträger. Aus diesem Grund ist es auch zweifelhaft, allein der modifizierten Sitztheorie echten Kollisionsnormcharakter zuzusprechen. Eine solche Auffassung wird verschiedentlich mit der Begründung vertreten, dass nur im Falle einer Behandlung der Auslandsgesellschaft als inländische Personengesellschaft von einem „echten" Statutenwechsel die Rede sein könne[72]. Das ist aber ein Trugschluss. Schließlich wandelt sich auch nach der modifizerten Sitztheorie nicht das Rechtskleid einer bestehenden Gesellschaft (Statuten*wechsel*). Vielmehr entsteht neben der fortbestehenden ausländischen Gesellschaft, auf deren Existenz die nationale Rechtsordnung keinerlei Einfluss nehmen kann, eine weitere Gesellschaft nationalen Rechts (Statuten*verdopplung*)[73]. Im Ergebnis findet keine „Umwandlung"[74], sondern eine Neugründung statt[75].

69 A.A. wohl *Hausmann*, in: GS Blomeyer, S. 580, 585. *Hausmann* spricht von einer „Umqualifizierung".

70 Grundlegend *Walden*, EWS 2001, 256, 258-263; *Ebke*, 48 Am. J. Comp. L. 623, 653 f. (2000); *ders.*, JZ 2003, 927, 928; *Behrens*, IPRax 2003, 193, 199-201; *Halbhuber*, ZEuP 2003, 418, 430 f.; *Heidenhain*, NZG 2002, 1141, 1143; *Gronstedt*, BB 2002, 2033, 2034. Zu den zivil- und gesellschaftsrechtlichen Folgeproblemen der modifizierten Sitztheorie *Eidenmüller/Rehm*, ZGR 26 (1997), 89-114.

71 *Großfeld*, in: Staudinger IntGesR, Rdn. 435 ff.

72 *Behrens*, IPRax 2003, 193, 199. Vgl. dazu oben Fn. 57.

73 *Behrens*, IPRax 2003, 193, 200. Dieser Gedanke wird vertieft auf S. 94 ff.

74 So z.B. *Kieninger*, ZEuP 2004, 685, 689.

75 Aus rein nationaler Perspektive betrachtet kann man diesen Vorgang freilich auch anders bewerten, was an anderer Stelle noch zu erörtern sein wird.Vgl. dazu S. 92 ff.

Der durch die Sitztheorie ausgelöste Statutenwechsel beim Wegzug einer Gesellschaft in das Ausland tritt konsequenterweise auch bei inländischen Gesellschaften ein, wenn diese ihren Verwaltungssitz ins Ausland verlegen. Ein auf die Verwaltungssitzverlegung abzielender Gesellschafterbeschluss wird nach h.M. als Auflösungsbeschluss i.S.v. § 262 Abs. 1 Nr. 2 AktG ausgelegt, der die Abwicklung der Gesellschaft zur Folge hat[76]. Einer dahingehenden Auslegung wird zutreffend entgegengehalten, dass die Auflösung der Gesellschaft von den Gesellschaftern gerade nicht gewollt sei[77]. Ein auf die Verwaltungssitzverlegung ins Ausland gerichteter Gesellschafterbeschluss sei vielmehr nach § 241 Nr. 3 AktG nichtig und damit auch nicht eintragungsfähig[78]. Beiden Ansichten ist entgegen zu halten, dass sie *faktische* Verwaltungssitzverlegungen, d.h. Fälle in denen sich eine Verwaltungssitzverlegung unbewusst vollzieht, nicht befriedigend lösen können. Überdies spricht dogmatisch einiges dafür, auf den Statutenwechsel selbst abzustellen. Materiell-gesellschaftsrechtlich muss der Statutenwechsel als ungeschriebener Auflösungsgrund i.S.v. § 262 Abs. 1 AktG verstanden werden[79]. Diese Lösung hat den Vorteil, dass die materiellrechtliche Liquidation immer dann unterbleibt, wenn die Verwaltungssitzverlegung in einen Gründungstheoriestaat erfolgt. Nach h.L. wird in solchen Fällen die Auflösung und Abwicklung der Gesellschaft nämlich zu Recht für nicht notwendig erachtet[80]. Kollisionsrechtlich tritt aufgrund der Gesamtnormverweisung (Art. 4 Abs. 1 S. 1 EGBGB) eine Rückverweisung nach Art. 4 Abs. 1 S. 2 EGBGB ein.

---

76 RGZ 107, 94, 97; BGHZ 25, 134, 144 = NJW 1957, 1433; BayObLGZ 1985, 272, 279; BayObLGZ 1992, 113, 116 = BayObLG WM 1992, 1371, 1372 = BayObLG JZ 1993, 372, 373; OLG Hamm ZIP 1997, 1696; OLG Hamm NZG 2001, 562 = ZIP 2001, 791; OLG Düsseldorf NZG 2001, 506 = ZIP 2001, 790 = DB 2001, 901; offenlassend BayObLG BB 2004, 570, 571; *Großfeld*, in: Staudinger IntGesR, Rdn. 630 ff. Die vorgenannten Urteile unterscheiden allerdings nicht konsequent zwischen Verwaltungs- und Satzungssitzverlegung, was diese Ansicht deutlich schwächt. Vielmehr ging es in den meisten Fällen um die parallele Verlegung von Verwaltungs und Satzungssitz (*Kruse*, S. 278 ff.; *Großfeld*, in: Staudinger IntGesR, Rdn. 631); *Hausmann*, in: GS Blomeyer, S. 580, 588 f.

77 *Hüffer*, § 262 AktG, Rdn. 10 und § 5, Rdn. 12; *Kruse*, S. 34 ff.; *Bechtel*, S. 51 f.; *Stieb*, GmbHR 2004, 492, 494.

78 *Hüffer*, § 5 AktG, Rdn. 12; *Bechtel*, S. 51 f.; *Leible*, in: Michalski Syst. Darst. 2, Rdn. 133; *Triebel/v. Hase*, BB 2003, 2409, 2415.

79 Grundlegend dazu *Trost*, S. 288 ff.; s. weiterführende Überlegungen zum „Status" der Gesellschaft nach einem Statutenwechsel und dem hierdurch bedingtem Vorliegen eines materiellen Auflösungsgrunds bei *Trost*, S. 295 ff.; a.A. BayObLG, WM 1992, 1371; *Hausmann*, in: GS Blomeyer, S. 580, 587-590.

80 *Weitnauer*, EWS 1992, 165, 166; ebenso bei Verbleib des Satzungssitzes und Geschäftstätigkeit in Deutschland *Ebenroth/Auer* JZ 1994, 374, 375; *Ebenroth/Wilken*, JZ 1991, 1014, 1019 f.; eingehend *Hausmann*, in: GS Blomeyer, S. 580, 587-590; a.A. *Großfeld*, in: Staudinger IntGesR, Rdn. 629. Die Durchsetzung bestehender Rechte bei Verwaltungssitz im Ausland sei erschwert. Zudem wisse man nicht, ob die Rückverweisung auf das deutsche Recht von Bestand ist. Ebenso BayObLG WM 1992, 1371, 1372.

Ausgelöst durch das Gesellschaftskollisionsrecht im neuen Verwaltungssitzstaat bleibt ein Statutenwechsel aus[81].

Abschließend sei zu den Rechtsfolgen der Sitztheorie angemerkt: Die Mobilitätseinbuße von zuzugswilligen Auslandsgesellschaften lässt sich mit dem Anliegen der Sicherstellung nationaler Schutzstandards zugunsten von Stakeholdern rechtfertigen. Für nationale Gesellschaften (Wegzugsfall) überzeugt die Anordnung eines Statutenwechsels hingegen nicht. Ohne den durch die Sitztheorie ausgelösten Wechsel des Gesellschaftsstatuts würde das deutsche Gesellschaftsrecht mitsamt der hierin verankerten Schutzmechanismen anwendbar bleiben. Ob sich die mit dem Statutenwechsel verbundene Auflösung der Gesellschaft allein mit etwaigen Durchsetzungshemmnissen deutschen Rechts im Ausland rechtfertigen lässt[82], ist zumindest für das europäische Ausland zweifelhaft[83].

III. Weitere Kritikpunkte

Auf weitere Kritikpunkte, die sich nicht auf das Verhältnis von Art. 43, 48 EG und mitgliedstaatlichem Gesellschaftskollisionsrecht niederschlagen, wird nachfolgend nur kurz eingegangen. Die Ausführungen hierzu werden später an entsprechender Stelle vertieft. Relevant werden die an der Sitztheorie geäußerten Schwächen vor allem im Zusammenhang mit der kollisionsrechtlichen Behandlung von Gesellschaften, die nach drittstaatlichem Recht gegründet werden. Im Zuge einer Entscheidung der französischen *Cour de Cassation* hatte als erster *Meilicke* einen Verstoß der Sitztheorie gegen Art. 6 Abs. 1 EMRK in den Raum gestellt[84]. In der deutschen Literatur wird eine dahingehende Friktion der Sitztheorie bislang überwiegend verneint[85]. Ferner wird im Schrifttum darauf hingewiesen, dass die Sitztheorie nicht gegenüber Staaten zur Anwendung gebracht werden könne, mit denen im Rahmen von Freundschaftsverträgen die Nieder-

---

81 *Ebke*, ZGR 16 (1987), 245, 255; *Hausmann*, in: GS Blomeyer, S. 580, 589; *W.-H. Roth*, in: GS Heinze, S. 709, 710.

82 Mit dieser Begründung *Großfeld*, in: Staudinger IntGesR, Rdn. 628 f.

83 Vgl. dazu vertiefend *Kieninger*, ZEuP 2004, 685, 694 f.

84 *Meilicke*, RIW 1992, 578 f. unter Bezugnahme auf *Cour de Cassation (crim.)*, Urt. v. 12.11.1990 = Rev. des Sociétés 1992, 39; *ders.*, BB 1995 Beil. 9 zu Heft 31, 1, 8-14; ebenso Schlussanträge GA *Colomer* v. 4.12.2001 Rs. C-208/00 (*Überseering*), Slg. 2002, I-9938 f. (Tz. 57-60) verweisend auf EGMR, Urt. v. 21.2.1975 (*Golder*), Serie A, Nr. 18; sowie EuGH, Urt. v. 15.5.1986 Rs. 222/84 (*Johnston/Chief Constable of the Royal Ulster Constabulary*), Slg. 1986, 1682 (Tz. 18); EuGH, Urt. v. 15.10.1987 Rs 222/86 (*UNECTEF/Heylens*), Slg. 1987, I-4117 (Tz. 14) (Anerkennung des Rechts auf einen gerichtlichen Rechtsschutz in der Gemeinschaft); offenlassend *Ebke*, 36 Int'l Law. 1015, 1019 (2002); *ders.*, RabelsZ 62 (1998), 195, 212 f.; für die Anerkennung der Rechts- und Parteifähigkeit einer Gesellschaft aus dem EMRK-Raum *Ebke*, in: Gesellschaftsrecht, S. 101, 114 f.

85 Vgl. *Ebenroth/Auer*, RIW 1992, 998, 1001; *dies.*, GmbHR 1994, 16, 21; *Großfeld/Boin*, JZ 1993, 370, 370-372; *Großfeld*, in: Staudinger IntGesR, Rdn. 142 ff.; *Bungert*, EWS 1993, 17-22.

lassungsfreiheit bzw. die Anerkennung völkerrechtlich vereinbart ist. Entsprechendes gelte gegenüber Gesellschaften, die nach dem Recht eines EWR-Mitgliedstaats gegründet sind[86]. In derartigen Fällen gingen die jeweiligen Vertragsbestimmungen dem geltenden Kollisionsrecht vor (Art. 3 Abs. 2 EGBGB)[87]. Dadurch entstehe eine kaum mehr zu durchschauende Gemengenlage.

Weitere Kritik setzt an der Wirkungsweise der Sitztheorie selbst an. Sie sei ungeeignet, die mit ihr verfolgten Schutzinteressen wirksam sicher zu stellen[88]. Von einem geeigneten Schutz inländischer Gesellschaftsgläubiger könne keine Rede sein, wenn die ausländische Gesellschaft aufgrund der Nichtanerkennung ihrer nach ausländischem Recht verliehenen Rechtsfähigkeit nicht in der Lage sei, bestehende Ansprüche gerichtlich durchzusetzen (aktive Parteifähigkeit § 50 Abs. 1 ZPO)[89]. Damit verbunden ist der zuletzt von GA *Colomer* erhobene Vorwurf, dass sich die Sitztheorie als Kollisionsnorm widerspreche[90]. Widersprüchlich sei es, einer nicht rechts- und parteifähigen Gesellschaft aus Gläubigerschutzerwägungen die passive Parteifähigkeit zuzusprechen[91]. Schließlich wird die Schwierigkeit der Verwaltungssitzbestimmung global agierender Gesellschaften bemängelt[92]. Dieser Umstand hat die Rechtsprechung in Deutsch-

---

86 Vgl. dazu unten S. 235 ff.

87 Insbesondere wird auf Art. XXV Abs. 5 S. 2 des deutsch-amerikanischen Freundschafts-, Handels- und Schifffahrtsvertrags (FHSV) v. 29.10.1954 (BGBl. 1956 II, S. 487) hingewiesen. Vgl. dazu unten S. 246 ff.

88 *Behrens*, IPRax 2003, 193, 195; *Eidenmüller*, ZIP 2002, 2233, 2235-2237; *Meilicke*, BB 1995 Beil. 9 zu Heft 31, 1, 2-19; a.A. *Großfeld/Boin*, JZ 1993, 370-372; *Schmidt*, ZGR 28 (1999), 20, 22 f.; *Ebenroth/Auer*, JZ 1993, 374, 376; *Merkt*, RabelsZ 59 (1995), 545, 561.

89 *Behrens*, IPRax 2003, 193, 195; *Kieninger*, ZEuP 2004, 685, 688.

90 Vgl. Schlussanträge GA *Colomer* v. 4.12.2001 Rs. C-208/00 (*Überseering*), Slg. 2002, I-9934 f. (Tz. 46-48).

91 Kritisierend insoweit Schlussanträge GA *Colomer* v. 4.12.2001 Rs. C-208/00 (*Überseering*), Slg. 2002, I-9938 (Tz. 46-48). Das LG Düsseldorf hatte die Überseering BV in einem anderen Verfahren dazu verurteilt, Honorare für die an der Durchführung der Baumaßnahmen beteiligten Architekten zu zahlen. Ebenso verweist GA *Colomer* darauf, dass der vorlegende VII. Zivilsenat des BGH in seinem Vorlagebeschluss (BGH ZIP 2000, 967) die Klägerin als Eigentümerin eines Gebäudes in Deutschland bezeichnet habe. Die Eigentümerstellung setze aber auch die Rechtsfähigkeit der Überseering BV voraus. Im Vorlagebeschluss hat der Senat indes anders formuliert: „Das Grundbuch weist sie [Überseering BV] als Eigentümerin eines Grundstücks in D aus, [...].“ Der Grundstückserwerb durch die Überseering BV erfolgte im Jahre 1990, zu einer Zeit, in der die Gesellschaft auch international-gesellschaftsrechtlich als niederländische Gesellschaft anerkannt wurde, da der Verwaltungssitz zu dieser Zeit im Gründungsstaat belegen war. Vgl. zu der an der Sitztheorie geäußerten Kritik S. 251 ff.

92 Vgl. eingehend zu den Schwierigkeiten bei der Verwaltungssitzbestimmung in der Rspr. *Zimmer*, in: Liber Amicorum Buxbaum, S. 655-667; in einem vom OLG Frankfurt a.M. zu entscheidenden Sachverhalt war nach Ansicht des entscheidenden Gerichts kein Verwaltungssitzstaat feststellbar, woraufhin das Gericht zur Bestimmung der Rechtsfähigkeit die Gründungstheorie anwandte (vgl. OLG Frankfurt a.M. RIW 1999, 783 mit Anm. *Borges*, RIW 2000, 167-178). Vgl. zur Verwaltungssitzbestimmung *Sandrock*, in: FS Beitzke, S. 669, 671-688; *Borges*, RIW 2000, 167, 170-174.

land bisweilen dazu bewegt, die Belegenheit des Verwaltungssitzes bis zum Beweis des Gegenteils im Gründungsstaat zu vermuten[93].

D. *Bewertung*

Zusammenfassend lässt sich festhalten: Die Sitztheorie hat vornehmlich die Absicherung der im nationalen Gesellschaftsrecht verankerten Schutzmechanismen zugunsten der Arbeitnehmer, Gläubiger und sonstiger Stakeholder im Auge. Sie verhindert den Zuzug ausländischer Gesellschaftsformen, indem sie die Rechtsfähigkeit solcher Gesellschaften nicht anerkennt. Von der Sanktion der Nichtanerkennung geht zugleich eine erhebliche Präventionswirkung aus. Mit der Nichtanerkennung wird auch der Wegzug inländischer Gesellschaften sanktioniert. Nach der Gründungstheorie werden dagegen in- und ausländische Gesellschaften unabhängig von der Lokalisierung ihres geschäftlichen Schwerpunkts anerkannt. Als Kollisionsnorm schützt und bewahrt sie im Gegensatz zur Sitztheorie die Identität der Gesellschaft bei grenzüberschreitend gelagerten Sachverhalten. In der mobilitätsfeindlichen Rechtsfolge der Sitztheorie liegt niederlassungsrechtlich zugleich ihre entscheidende Schwäche. Die Einschränkung der Bewegungsfreiheit ist nach Ansicht der Sitztheorievertreter innerhalb der Binnenmarktgrenzen daher auch nur solange rechtfertigungsfähig, wie die in den Rechtsordnungen verankerten Stakeholderschutzniveaus noch wettbewerbsverzerrende Gefälle aufweisen[94].

Die Sitztheorie verschließt sich einem Wettbewerb der Rechtsordnungen damit nicht grundsätzlich. Vielmehr begreift sie sich innerhalb der EU als „Theorie auf Zeit“[95]. Dafür sprachen bisher gute Gründe: Der EuGH hatte in seiner *Daily Mail*-Entscheidung ausdrücklich auf den *„derzeitigen Stand des europäischen Gemeinschaftsrechts“*[96] hingewiesen, und damit mittelbar die unterschiedlichen gesellschaftskollisionsrechtlichen Anknüpfungsregeln der Mitgliedstaaten zur Grundlage seiner Entscheidung gemacht[97]. Die Sitztheorie geht von einer abnehmenden Wirkungsintensität des

---

93 Zur Darlegungs- und Beweislast bei Bestimmung des Verwaltungssitzes s. *Travers*, 1 ff., 226 ff. (Zusammenfassung); *Großfeld*, in: Staudinger IntGesR, Rdn. 236 ff.; *Zimmer*, RabelsZ 67 (2003), 298, 312 (es spräche eine Vermutung für die Übereinstimmung von Hauptverwaltung und Satzungssitz). Vgl. zur Vermutung des Verwaltungssitzes im Gründungsstaat, die eine Beweislasterleichterung nach sich zieht, im Anschluss an BGHZ 97, 269, 273; OLG München NJW 1986, 2197, 2198; OLG Hamm DB 1995, 137, 139; ähnlich OLG Jena DB 1998, 1178 = IPRax 1998, 364; OLG Oldenburg NJW 1990, 1422.

94 Vgl. *Ebke*, 31 Int'l Law. 961, 971 (1997); *ders.*, 22 Int'l Law. 191, 203 (1988); *ders.*, JZ 2003, 927, 928.

95 *Großfeld*, in: Staudinger IntGesR, Rdn. 124; *Ebke*, 36 Int' Law. 1015, 1037 (2002); *ders.*, JZ 1999, 656, 661; *Ebenroth/Eyles*, DB 1988, Beil. 2/88, 1, 13.

96 EuGH, Urt. v. 27.9.1988 Rs. 81/87 (*Daily Mail*), Slg. 1988, I-5512 (Tz. 25).

97 Vgl. EuGH, Urt. v. 27.9.1988 Rs. 81/87 (*Daily Mail*), Slg., 1988, I-5512 (Tz. 23). Diese Aussage wurde früher weithin so verstanden, als seien die Folgen der Sitztheorie derzeit noch mit dem Pri-

angestammten Gläubigerschutzsystems bei grenzüberschreitender Geschäftsverlagerung aus[98]. Zur Legitimation ihrer generalpräventiven[99] Rechtsfolgen genügt der Sitztheorie die abstrakte Gefährdung des inländischen Rechtsverkehrs. Die zunehmende Harmonisierung im Gesellschaftsrecht hat aber bereits dazu geführt, dass heute der Gläubigerschutz sowie die unternehmerische Mitbestimmung als stärkstes verbleibendes Argument für die Absicherung nationaler Wertungen genannt wird[100].

§ 3: Einfluss des Gemeinschaftsrechts auf das Gesellschaftskollisionsrecht

Auf europäischer Ebene hat eine Angleichung der mitgliedstaatlichen Gesellschaftskollisionsrechte bisher nicht statt gefunden. Von der Harmonisierungsbefugnis des IPR, die dem Rat im Vertrag von Amsterdam nach Art. 65 Lit. b EG an die Hand gegeben worden ist, ist bislang kein Gebrauch gemacht worden[101]. Aufgrund fehlender nationaler Kodifizierung des Internationalen Gesellschaftsrechts obliegt es traditionell in Deutschland der Rechtsprechung, die Regeln des Gesellschaftskollisionsrechts herauszubilden und fortzuentwickeln[102]. Die autonom mitgliedstaatliche Bestimmung des maßgeblichen Anknüpfungskriteriums im Gesellschaftskollisionsrecht, wird indes zunehmend durch die Rechtsprechung des EuGH zur Niederlassungsfreiheit beeinflusst. Aufgabe des EuGH ist es, über die Konformität nationaler Rechtsnormen und deren Auswirkungen mit dem Gemeinschaftsrecht zu wachen. Ersten Stellungnahmen zum *Überseering*-Urteil ist indes der Vorwurf zu entnehmen, der EuGH habe erstmals unmittelbar in das Gesellschaftskollisionsrecht der Mitgliedstaaten eingegriffen, wozu nach weit verbreiteter Ansicht kein Anlass bestanden habe[103]. Im weiteren Verlauf dieser Arbeit wird zu klären sein, ob der EuGH mit seiner *Überseering*-Entscheidung tatsächlich ein kollisionsrechtliches Anknüpfungskriterium unmittelbar vorgegeben hat oder aber lediglich festgestellt hat, dass die Rechtsfolge der deutschen Kollisionsnorm mit der europäischen Niederlassungsfreiheit unvereinbar ist.

---

märrecht vereinbar. Vgl. *Ebke*, JZ 1999, 656, 661; *Lutter*, ZGR 21 (1992), 435, 449; BayObLG JZ 1993, 372, 374.

98 *Kindler*, in: MünchKomm IntGesR, Rdn. 314.

99 *Großfeld*, in Staudinger IntGesR, Rdn. 43.

100 *Großfeld*, in Staudinger IntGesR, Rdn. 133 ff.

101 *Ebke*, 36 Int'l Law. 1015, 1019 (2002); *Basedow*, in: Systemwechsel, S. 19, 38; vgl. hierzu *Kersting*, 28 Brook. J. Int'l Law 1, 66-73 (2002). *Kersting* entnimmt Art 65 lit. b EG eine mögliche Kompetenznorm der EU zur Verabschiedung einer Richtlinie über die gegenseitige Anerkennung von Gesellschaften und erachtet die Verabschiedung einer dahingehenden Richtlinie als die aussichtsreichste Lösung; vgl. *Sandrock*, BB 1999, 1337, 1345 m.w.N.: „Der Vertrag von Amsterdam hat die Kompetenz zum Erlass von Vorschriften auf dem Gebiet des Internationalen Privatrechts auf den Rat der Europäischen Union übertragen."

102 Zur Bedeutung des Internationalen Gesellschaftsrechts *Schanze/Jüttner* AG 2003, 30; zur Entwicklung der Rspr. in Deutschland und den USA vgl. *Ebke*, in: 50 Jahre BGH, S. 799-824.

103 S. nur *Leible/Hoffmann*, RIW 2002, 925, 928 f.

Der EuGH hat in der Rechtssache *Überseering* das Erfordernis eines Binnenmarkts ohne Marktzugangshindernisse über die Bedenken im Hinblick auf unterschiedliche Regelungsniveaus innerhalb der Gemeinschaft gestellt. Über die Beweggründe, die den EuGH zur bedingungslosen Gewährleistung der Niederlassungsfreiheit motiviert haben mögen, wird innerhalb der Literatur unterschiedlich spekuliert. Nach Auffassung von *Großfeld* war für den EuGH ausschlaggebend, dass sich die in den mitgliedstaatlichen Gesellschaftsrechten herrschenden Unterschiede in den letzten Jahren weitgehend abgeschliffen haben[104]. Diese Annahme harmoniert mit dem Verständnis der Sitztheorie als einer „Theorie auf Zeit". *Großfeld* verweist insbesondere auf die Fortschritte beim Zusammenwachsen Europas in den Bereichen des Bilanz- und Insolvenzrechts[105]. Ferner hätten die Euro Einführung und die Schaffung der SE das Bewusstsein und das Vertrauen in einen gemeinsamen Markt weiter geschärft. *Zimmer* zieht hingegen den entgegengesetzten Schluss. Dem *Überseering*-Urteil sei eine Äußerung des Unmuts über eine nur sehr zögerlich voranschreitende Harmonisierung auf dem Gebiet des Gesellschafts- und Unternehmensrechts zu entnehmen[106]. Der EuGH habe durch sein Urteilsspruch verdeutlicht, dass eine kompromisslose Umsetzung der Grundfreiheiten, die eine negativ-harmonisierende Wirkung zur Folge hat, nicht von einer legislativen Harmonisierung abhängig gemacht werde. Mittelbar werde hierdurch der Angleichungsdruck auf die Mitgliedstaaten erhöht[107]. Für die Vertreter der Gründungstheorie stellt die *Überseering*-Entscheidung dagegen nichts weiter als eine konsequente Fortentwicklung der Rechtssachen *Centros*[108] und *Segers*[109] dar.

A. *Kollisionsrechtliche Vorgaben des Primärrechts*

Nach h.M. üben die Art. 43, 48 EG seit jeher Einfluss auf das mitgliedstaatliche Recht aus[110]. Allerdings ging man bis zur *Überseering*-Entscheidung gemeinhin davon aus, dass die Niederlassungsfreiheit von Gesellschaften allein die *Standortfreiheit*, nicht aber die *Rechtswahlfreiheit* gewährleistet[111]. Aus diesem Grund hielten die Vertreter der Sitztheorie eine teleologische Reduktion des unmittelbaren Anwendungsbereichs auf die

---

104 *Großfeld*, RIW 2002 Heft 12 „Die erste Seite".

105 Vgl. auch *Drygala*, ZEuP 2004, 337, 339.

106 *Zimmer*, „Neuer Schub für die Richtlinie zur Sitzverlegung" FAZ v. 3.4.2003, S. 14; vgl. *Lutter*, ZGR 21 (1992), 435, 449: „Es steht ihm [dem EuGH] daher nach Vollendung des Binnenmarktes und nach Maastricht jede Tür offen, die Lösung doch noch selbst in die Hände zu nehmen."

107 *Ebke*, JZ 2003, 927, 933; *Bayer*, BB 2003, 2357.

108 EuGH, Urt. v. 9.3.1999 Rs. C-212/97 (*Centros*), Slg. 1999, I-1459.

109 EuGH, Urt. v. 10.7.1986 Rs. 79/85 (*Segers/Bedrijfsvereniging voor Bank- en Verzekeringswezen, groothandel en vrigi beroepen*) = („*Segers*"), Slg. 1986, 2375.

110 Zurückhaltender *Zimmer*, RabelsZ 67 (2003), 298, 307 f.

111 Vgl. *Kieninger*, ZGR 28 (1999), 724, 728-735; *W.-H. Roth*, in: GS Knobbe-Keuk, S. 727, 736.

sekundäre Niederlassungsfreiheit für geboten. Nur auf diese Weise könne sicher gestellt werden, dass die Niederlassungsfreiheit nicht zur *Rechtswahlfreiheit* „verkommt“[112]. Bei Annahme alleiniger Gewährleistung der Standortfreiheit besteht kein kollisionsrechtlicher Anpassungsbedarf innerhalb der mitgliedstaatlichen Gesellschaftskollisionsrechte. Ferner ist in der Literatur bis heute umstritten, wie das Zusammenspiel von Niederlassungsfreiheit auf der einen und nationalem Kollisionsrecht auf der anderen Seite zu verstehen ist. Ein beachtlicher Teil des Schrifttums entnimmt Art. 48 EG eine das nationale IPR verdrängende (versteckte) Kollisionsnorm. Diese Ansicht gelangt zu dem Ergebnis, dass Art. 43, 48 EG für in EU-Staaten gegründete Gesellschaften die Gründungstheorie zwingend vorschreiben[113]. Anders fiel herkömmlicherweise die Bewertung von Vertretern der Sitztheorie aus. Sie wollten in Art. 48 Abs. 1 EG eine „Niederlassungsfreiheitsresistenz“ hinsichtlich der Gesellschaftskollisionsrechte erkennen[114]. Bis zur *Überseering*-Entscheidung lautete der Tenor der Sitztheorievertreter, dass die Niederlassungsfreiheit das nationale Gesellschaftskollisionsrecht ausspare („Bereichsausnahme“)[115].

Andere Stimmen in der Literatur verneinen dagegen zu Recht einen kollisionsrechtlichen Charakter der Art. 43, 48 EG[116]. Nach diesem Verständnis wirkt sich die Niederlassungsfreiheit allein dadurch auf die nationalen Gesellschaftskollisionsrechte aus, dass sie die sachrechtlichen Folgen für gemeinschaftsrechtswidrig erklärt[117]. Die vom mitgliedstaatlichen Recht ausgehenden Beschränkungen seien daher am vierstufigen Rechtfertigungsstandard (nachfolgend „Vier-Faktoren-Test“) des EuGH zu überprüfen[118]. Den erstmals für die Warenverkehrsfreiheit entwickelten Rechtfertigungstest hat der EuGH in der Rechtssache *Centros* auf die Niederlassungsfreiheit von Gesell-

112 S. hierzu *Kieninger*, ZGR 28 (1999), 724, 730; kritisch *Halbhuber*, S. 87-91.

113 Vgl. nur *Behrens*, IPRax 1999, 323, 329 f.

114 *Kindler*, NJW 1999, 1993, 1997; *ders.*, RIW 2000, 649, 651; *Sonnenberger/Großerichter*, RIW 1999, 721, 726; *Klinke* ZGR 22 (1993), 1, 7; mit anderer Begr. *W.-H. Roth*, ZGR 29 (2000), 311, 323-327, 338.

115 *W.-H. Roth*, ZGR 29 (2000), 311, 323-326. Die sachrechtliche Reichweite des Verbotstatbestands wird konkretisiert. Die primäre Niederlassungsfreiheit von Gesellschaften sei wegen Art. 293 Spiegelstr. 3 EG nicht unmittelbar anwendbar; mit anderer Begr. *Kindler*, NJW 1999, 1993, 1996-2000.

116 Vgl. *Stork*, S. 41 ff., 44.

117 Vgl. dazu vertiefend unten S. 83 ff.

118 Für die Übertragung des im Rahmen der Rspr. zur Warenverkehrsfreiheit (EuGH, Urt. v. 20.2.1979 Rs. 120/78 [*REWE/Bundesmonopolvereinigung für Branntwein*] = [„*Cassis de Dijon*“], Slg. 1979, 664 [Tz. 14]) entwickelten Rechtfertigungstests auf die Niederlassungsfreiheit von Gesellschaften bereits *Ebke*, ZGR 16 (1987), 245, 258-264. Beschränkungen sind danach niederlassungsrechtlich nur dann unbedenklich, wenn sie (1) in nichtdiskriminierender Weise angewandt werden, (2) zwingenden Gründen des Allgemeininteresses entsprechen, (3) zur Erreichung des verfolgten Ziels geeignet sind und (4) über das die Erreichung des Zieles Erforderliche nicht hinausgehen (*Ebke*, JZ 2003, 927, 931 dort Fn. 68). Die Übertragung der Rechtfertigungskriterien auf die Niederlassungsfreiheit ist die Konsequenz aus dem Verständniswandel der Art. 43, 48 EG hin zu einem Beschränkungsverbot.

schaften übertragen[119]. Den Grundsatz der einheitlichen Auslegung von Grundfreiheiten hatte der Gerichtshof bereits in seinem *Gebhard*-Urteil aufgestellt[120]. Nach der in *Überseering* durch den EuGH festgestellten uneingeschränkten Geltung von primärer und sekundärer Niederlassungsfreiheit[121] rückt deren Reichweite (Umfang) zunehmend in den Vordergrund. Schließlich müssen sich Niederlassungsvorgänge, die nicht von Art. 43, 48 EG erfasst sind, auch nicht an ihr messen lassen.

B. Kollisionsrechtliche Vorgaben des Sekundärrechts

Im Gegensatz zu den noch zu analysierenden Auswirkungen des primären Gemeinschaftsrechts lassen sich dem Sekundärrecht keine Vorgaben für einen bestimmten Anknüpfungspunkt im Internationalen Gesellschaftsrecht entnehmen[122]. Dem Gerichtsstands- und Vollstreckungsabkommen (EuGV-VO)[123], der Nachfolgeverordnung des Europäischen Übereinkommens über die gerichtliche Zuständigkeit und die Vollstreckung gerichtlicher Entscheidungen in Zivil- und Handelssachen (EuGVÜ), lässt sich kein zwingender Anknüpfungspunkt entnehmen[124]. Art. 22 Nr. 2 EuGV-VO verweist für die Gerichtszuständigkeit bestimmter Klagen auf den Sitz der juristischen Person, dessen Feststellung sich wiederum nach den Vorschriften „seines internationalen Privatrechts" beurteilen soll[125]. Nach Art 2 Abs. 1 i.V.m. Art. 60 Abs. 1 EuGV-VO (Internationale Zuständigkeit) begründen der Satzungssitz, die Hauptverwaltung und die Hauptniederlassung einen Wohnsitz der Gesellschaft, an dem eine Gesellschaft verklagt werden kann (allgemeiner Gerichtsstand). Mithin lässt sich der EuGV-VO keine Vorgabe für den Anknüpfungspunkt im Gesellschaftskollisionsrecht entnehmen[126]. Darüber

---

119 EuGH, Urt. v. 9.3.1999 Rs. C-212/97 (*Centros*), Slg. 1999, I-1495 (Tz. 34); zur Übertragung des Rechtfertigungstests auf die Niederlassungsfreiheit natürlicher Personen vgl. EuGH, Urt. v. 30.11.1995 Rs. C-55/94 (*Gebhard*), Slg. 1995, I-4197 f. (Tz. 37); EuGH, Urt. v. 31.3.1993 Rs. C-19/92 (*Kraus*), Slg. 1993, I-1663, 1697 (Tz. 32); s. zur Entwicklung *Ebke*, JZ 2003, 927, 931 dort Fn. 68.

120 Zur einheitlichen Auslegung der Grundfreiheiten vgl. grundlegend EuGH, Urt. v. 30.11.1995 Rs. C-55/94 (*Gebhard*), Slg. 1995, I-4197 f. (Tz. 37).

121 S. zur unmittelbaren Anwendbarkeit der Art. 43, 48 EG vgl. S. 71 ff.

122 *Ebke*, 36 Int'l Law. 1015, 1019 f. (2002); *v. Bar/Mankowski*, Bd. I § 7, Rdn. 34; a.A. *Kindler*, NJW 2003, 1073, 1074; tendenziell auch *Zimmer*, RabelsZ 67 (2003), 298, 308-310.

123 VO Nr. 44/2001 v. 22.12.2000 (ABl.EG 2001 L 12 v. 16.1.2001, S. 1).

124 *Ebke*, 36 Int'l Law. 1015, 1019 f. (2002); *Zimmer*, RabelsZ 67 (2003), 298, 308 f.; a.A. wohl *ders.*, ZHR 168 (2004), 355, 361 f.

125 Vgl. hierzu *Altmeppen/Wilhelm*, DB 2004, 1083, 1086 f., 1089 (der Satzungssitz ist entscheidend, weil nur der Gründungsstaat über das Innenrecht - z.B. die Auflösung einer Gesellschaft - entscheiden kann).

126 *Zimmer*, RabelsZ 67 (2003), 298, 309; vgl. auch *Altmeppen/Wilhelm*, DB 2004, 1083, 1086 f.

hinaus ist nicht einsichtig, weshalb etwaige Bestimmungen im angeglichenen Internationalen Zivilprozessrecht auf das Internationale Gesellschaftsrecht ausstrahlen sollten[127].

Schützenhilfe für die Gemeinschaftsrechtskonformität der Sitztheorie entnehmen einige ihrer Verfechter aber auch den Verordnungen zur Gründung europäischer Gesellschaftsformen[128]. Richtig ist insoweit, dass sowohl die EWIV-VO[129] als auch die SE-VO[130] den Gleichlauf von Verwaltungs- und Satzungssitz vorschreiben[131]. Dieses Erfordernis, als Festschreibung der Sitztheorie auf europäischer Ebene zu verstehen, überzeugt aber nicht. Zumal auch sekundärrechtliche Vorschriften bei Unvereinbarkeit mit dem Primärrecht keine Geltungskraft für sich in Anspruch nehmen können[132]. Aus diesem Grund überrascht es kaum, dass im Zuge der *Überseering*-Entscheidung erste Stimmen laut werden, die in Art. 7, 8 SE-VO und den entsprechenden Regelungen innerhalb der EWIV-VO einen Verstoß gegen das Primärrecht (Art. 43, 48 EG) erblicken[133]. Parallel wird seit der *Centros*-Rechtsprechung die Diskussion um die Ver-

---

127 Vgl. *Altmeppen/Wilhelm*, DB 2004, 1083, 1087, 1089; a.A. *Zimmer*, ZHR 168 (2004), 355, 361 f.

128 *Kindler*, NJW 2003, 1073, 1074; *Ahrens*, RNotZ 2003, 32, 35 f.; *Zimmer*, RabelsZ 67 (2003), 298, 309 f.; *Zimmer*, ZHR 168 (2004), 355, 363 f.; *Thoma*, 11 ERPL 545, 554 (2003); a.A. *Davies*, S. 123.

129 Verordnung über das Statut der Europäischen Wirtschaftlichen Interessenvereinigung des Rates Nr. 2137/85/EWG v. 25.7.1985 (ABl.EG Nr. 1 L 199, S. 1); mit deutschem Ausführungsgesetz v. 14.4.1988 (BGBl I, S. 514).

130 Verordnung über das Statut der Europäischen Aktiengesellschaft des Rates Nr. 2157/2001 v. 8.10.2001 (ABl.EG Nr. L 294, S. 1), die am 8.10.2004 in Kraft getreten ist. S. NZG-Sonderheft Beil. zu Heft 1/2002, S. 3.

131 *Kindler*, NJW 2003, 1073, 1074. Der EWIV-VO lässt sich dieses Erfordernis ausdrücklich aus Art. 12 S. 2 EWIV-VO entnehmen. Aber auch Art. 7 S. 1 SE-VO lässt sich eine Notwendigkeit des Zusammenfallens von Verwaltungs- und Satzungssitz mittelbar entnehmen. Die SE-VO sieht insoweit ein gestuftes Anknüpfungsmodell vor (*Zimmer*, RabelsZ 67 [2003], 298, 310). Angeknüpft wird an den Satzungssitz. Dieser muss sich aber im Staat der Hauptverwaltung befinden. Das genannte Erfordernis des Gleichlaufs lässt sich aus Art. 7 S. 1 SE-VO für die Gründung und i.V.m. Art. 8 SE-VO auch für die Verlegung von Satzungs- und Verwaltungssitz entnehmen.

132 Prominentes Beispiel hierfür ist die Tabakwerbe-RL, vgl. hierzu EuGH, Urt. v. 5.10.2000 C-376/98 (*Deutschland/Parlament und Rat*), Slg. 2000, I-8419; *Koppensteiner*, in: FS Lutter, 141, 144: „Bei Aussagen darüber, was der EG Vertrag beinhaltet, ist der EuGH an Sekundärrecht nicht gebunden."

133 Vgl. *Wymeersch*, 40 CMLRev. 661, 690-695 (2003): „Therefore, that provision of the Regulation seems incompatible with the Treaty's freedom provsions."; *Jaecks/Schönborn*, RIW 2003, 254, 256 Die Autoren schließen einen Verstoß von Art. 7, 64 SE-VO gegen Art. 43 und 48 EG nicht aus. Zudem zweifeln *Jaecks/Schönborn* an einer gewollten Festlegung auf die Sitztheorie in Europa. Der 27. Erwägung lasse sich ein dahingehender Wille gerade nicht entnehmen. „In Anbetracht des spezifischen und gemeinschaftlichen Charakters der SE lässt die in dieser Verordnung für die SE gewählte Regelung des tatsächlichen Sitzes die Rechtsvorschriften der Mitgliedstaaten unberührt und greift der Entscheidung bei anderen Gesellschaftstexten im Bereich des Gesellschaftsrechts nicht vor." (27. Erwägung); *Wooldridge*, 14 EBLR 227, 235 (2003); a.A. *Teichmann*, ZGR 32 (2003), 367, 399-401. Das Gründungsrecht der SE ist die SE-VO. Da die Wegzugsfreiheit, so *Teichmann*, auch nach der *Überseering*-Entscheidung als nicht gewährleistet angesehen werden könne, bestünden im Hinblick auf die Konformität der die Satzungssitzverlegung regelnden Artikel mit Art. 43, 48 EG keine Bedenken. Die Kompetenzen des europäischen Gesetzgebers stünden denen der nationalen Gesetzgeber nicht nach. Ähnlich *Eidenmüller*, JZ 2004, 24 dort Fn. 6, 31. Vgl. dazu auch *Garcia-Riesta*, 15 EBLR 1295-1323 (2004).

einbarkeit sekundärrechtlicher Regelungen mit dem primären Gemeinschaftsrecht in Bezug auf die geplante Sitzverlegungs-RL geführt[134]. Ferner ist darauf hinzuweisen, dass die Ausführungen des EuGH zur Reichweite der Niederlassungsfreiheit nicht in die Entwurfsphase der SE-VO einfließen konnten. Entsprechendes gilt für die bereits 1985 in Kraft getretene EWIV-VO; einer Zeit in der gemeinhin kein Zweifel dahingehend bestand, dass auch der EuGH die Rechtsfolgen der Sitztheorie als mit der Niederlassungsfreiheit vereinbar erachtet[135]. In diesem Zusammenhang zeigt sich ein zwischen der europäischen Rechtssetzung und der Rechtsprechung des EuGH herrschender Dualismus. Während die Gesetzgebung vom politischen Einfluss der vorherrschenden Sitztheoriestaaten geprägt ist, ist der EuGH allein dem EG-Vertrag verpflichtet. Schließlich lässt sich auch der das Internationale Insolvenzrecht harmonisierenden EuIns-VO[136] kein maßgeblicher Anknüpfungspunkt für die Bestimmung des Gesellschaftsstatuts entnehmen (Art. 3 Abs. 1 S. 1, Art. 2 EuIns-VO)[137].

---

134 Vgl. *Koppensteiner*, in: FS Lutter, S. 141-156; *Meilicke*, GmbHR 1999, 896, 897. Entscheidend für das weitere Schicksal einer an die primärrechtlichen Erfordernisse angepassten 14. Sitzverlegungs-RL wird sein, ob sich die Gesellschaften gegenüber ihrem Gründungsstaat ebenso auf die Niederlassungsfreiheit berufen können (*Wegzugsfreiheit*) wie gegenüber dem Niederlassungsstaat (*Zuzugsfreiheit*). Von diesem Umstand wird auch abhängen, ob die SE-VO hinsichtlich ihrer Regelung zur Sitzverlegung angepasst werden muss. Vgl. auch unten S. 145 ff.

135 Erste Zweifel kamen erst im Anschluss an die *Segers*-Entscheidung auf. Vgl. EuGH, Urt. v. 10.7.1986 Rs. 79/85 (*Segers*), Slg. 1986, 2375.

136 VO Nr. 1346/2000 v. 29.5. 2000 (ABl.EG 2000 L 160 v. 30.6.2000, S. 1).

137 *Zimmer*, RabelsZ 67 (2003), 298, 310.

Zweites Kapitel: Die Bedeutung des Überseering-Urteils

Im folgenden Kapitel werden die unmittelbaren Auswirkungen des *Überseering*-Urteils auf die mitgliedstaatliche Rechtspraxis besprochen. Im Mittelpunkt der Besprechung stehen die Anforderungen der Niederlassungsfreiheit von Gesellschaften (Art. 43, 48 EG) an die Behandlung zuziehender Auslandsgesellschaften.

§ 4: Die Überseering-Entscheidung des EuGH

Die nach niederländischem Recht gegründete und im Handelsregister für Amsterdam und Haarlem eingetragene Überseering BV (*Besloten Vennootschap met beperkte aansprakelijkheid*) erwarb im Oktober 1990 ein Grundstück in Düsseldorf. In einem 1992 geschlossenen Vertrag wurde die NCC GmbH zur Sanierung zweier auf dem Grundstück belegener Gebäude verpflichtet. Im Jahre 1995 forderte die Überseering BV die NCC GmbH erfolglos zur Beseitigung entstandener Mängel auf. Daraufhin erhob die Überseering BV Klage in Höhe von 1.163.657, 77 DM nebst Zinsen als Kostenaufwand für die Beseitigung der Mängel und der daraus entstandenen Schäden. Zwischenzeitlich waren zum Jahreswechsel 1994/95 sämtliche Geschäftsanteile der Klägerin auf zwei deutsche Staatsangehörige mit Wohnsitz in Düsseldorf übertragen worden. Die Geschäfte der Überseering BV wurden fortan ausschließlich von Düsseldorf aus betrieben. Nach den Feststellungen der Instanzgerichte war mit unterschiedlichen Begründungen der effektive Verwaltungssitz von den Niederlanden nach Deutschland verlegt worden[138]. Nach der für deutsche Gerichte maßgeblichen Sitztheorie führte der damit eingetretene Statutenwechsel zum Verlust der Rechts- und Parteifähigkeit (§ 50 Abs. 1 ZPO)[139]. Das LG Düsseldorf[140] und das OLG Düsseldorf[141] wiesen die Klage der Überseering BV als unzulässig ab.

---

138 Für das LG Düsseldorf war für die Annahme einer Verwaltungssitzverlegung der Erwerb sämtlicher Geschäftsanteile der Überseering BV durch zwei deutsche Staatsangehörige mit Wohnsitz in Düsseldorf entscheidend (LG Düsseldorf Urt. v. 5.11.1997 - 5 O 132/96 [nicht veröffentlicht]). Das OLG Düsseldorf stellt dagegen maßgeblich auf die Verlagerung der Verwaltung und der Geschäftsführung nach Deutschland ab (OLG Düsseldorf JZ 2000, 203).

139 Zu weiteren Einzelheiten s. EuGH, Urt. v. 5.11.2002 Rs. C-208/00 (*Überseering*), Slg. 2002, I-9947 f. (Tz. 6-12).

140 LG Düsseldorf Urt. v. 5.11.1997 - 5 O 132/96 (nicht veröffentlicht).

141 OLG Düsseldorf JZ 2000, 203 mit Anm. *Ebke*, JZ 2003, 203 f.

A. *Vorlagebeschluss und Tenor*

Der mit der Revision befasste VII. Zivilsenat des BGH hegte Zweifel an der Vereinbarkeit der Rechtsfolge der Sitztheorie mit der Niederlassungsfreiheit. Im Rahmen eines Vorabentscheidungsverfahrens (Art. 234 EG) befasste der Senat[142] daher den EuGH sinngemäß mit der Frage, ob Art. 43, 48 EG der auf der Sitztheorie gründenden Rechtsfolge entgegenstehen[143]. Für den Fall, dass diese Frage vom EuGH bejaht würde, wollte der VII. Zivilsenat weiter wissen, ob es die Niederlassungsfreiheit von Gesellschaften gebietet, die Rechtsfähigkeit und die Parteifähigkeit nach dem Recht des Gründungsstaats zu beurteilen[144]. Der EuGH bejahte die erste Frage und stellte hinsichtlich der zweiten Vorlagefrage fest, dass die Mitgliedstaaten nach Art. 43, 48 EG verpflichtet sind, die Rechtsfähigkeit und damit die Parteifähigkeit zu achten, die eine Gesellschaft nach dem Recht ihres Gründungsstaats besitzt[145].

B. *Wesentliche Aussagen der Überseering-Entscheidung*

Im Folgenden werden die für vorliegende Zwecke relevant werdenden Aussagen des *Überseering*-Urteils kurz zusammengefasst. Im weiteren Verlauf der Arbeit werden die Aussagen des Gerichtshofs im Lichte der Vorjudikatur näher beleuchtet.

---

142 Vgl. BGH ZIP 2000, 967; die Vorlage ohne Grund kritisierend *Henze*, DB 2003, 2159, 2164: „Eine gezielte Steilvorlage des VII. Zivilsenats an den EuGH, mit der der endlich ersehnte Torerfolg erzielt und die ungeliebte Sitztheorie außer Funktion gesetzt werden soll.“

143 1. Sind Art. 43 und Art. 48 EG dahin auszulegen, dass es im Widerspruch zur Niederlassungsfreiheit für Gesellschaften steht, wenn die Rechtsfähigkeit und die Parteifähigkeit einer Gesellschaft, die nach dem Recht eines Mitgliedstaats wirksam gegründet worden ist, nach dem Recht des Staats beurteilt werden, in den die Gesellschaft ihren tatsächlichen Verwaltungssitz verlegt hat, und wenn sich aus dessen Recht ergibt, dass sie vertraglich begründete Ansprüche dort nicht mehr gerichtlich geltend machen kann?

144 2. Sollte der Gerichtshof diese Frage bejahen: Gebietet es die Niederlassungsfreiheit für Gesellschaften (Art. 43 und 48 EG), die Rechtsfähigkeit und die Parteifähigkeit nach dem Recht des Gründungsstaats zu beurteilen?

145 1. Es verstößt gegen die Artikel 43 EG und 48 EG, wenn einer Gesellschaft, die nach dem Recht eines Mitgliedstaats, in dessen Hoheitsgebiet sie ihren satzungsmäßigen Sitz hat, gegründet worden ist und von der nach dem Recht eines anderen Mitgliedstaats angenommen wird, dass sie ihren tatsächlichen Verwaltungssitz dorthin verlegt hat, in diesem Mitgliedstaat die Rechtsfähigkeit und damit die Parteifähigkeit vor seinen nationalen Gerichten für das Geltendmachen von Ansprüchen aus einem Vertrag mit einer in diesem Mitgliedstaat ansässigen Gesellschaft abgesprochen wird.
2. Macht eine Gesellschaft, die nach dem Recht des Mitgliedstaats gegründet worden ist, in dessen Hoheitsgebiet sie ihren satzungsmäßigen Sitz hat, in einem anderen Mitgliedstaat von ihrer Niederlassungsfreiheit Gebrauch, so ist dieser andere Mitgliedstaat nach den Artikeln 43 EG und 48 EG verpflichtet, die Rechtsfähigkeit und damit die Parteifähigkeit zu achten, die diese Gesellschaft nach dem Recht ihres Gründungsstaats besitzt.

Die in Art. 48 Abs. 1 EG an die Niederlassungsfreiheit von Gesellschaften gestellten Voraussetzungen[146] sah der EuGH im Fall *Überseering* als gegeben an. Daher sei an der Eröffnung des personellen Anwendungsbereichs der Art. 43, 48 EG nicht zu zweifeln[147]. Das Vorbringen der spanischen Regierung, nach dem das Allgemeine Programm[148] für die Inanspruchnahme der Niederlassungsfreiheit eine im Fall *Überseering* nicht vorliegende tatsächliche und dauerhafte Verbindung mit der Wirtschaft eines Mitgliedstaats voraussetze[149], wies der EuGH zurück. Die spanische Regierung hatte zwar eingeräumt, dass das Allgemeine Programm seinem Wortlaut nach nur die sekundäre Niederlassungsfreiheit (Art. 43 I S. 2 EG) betreffe, dass diese Regelung zur Wahrung der Homogenität der Anknüpfungsvoraussetzungen aber auf die primäre Niederlassungsfreiheit zu übertragen sei[150]. Ohne auf diesen Aspekt näher einzugehen, wies der EuGH das Vorbringen der spanischen Regierung zurück. Wie sich aus dem Wortlaut des Allgemeinen Programms ergebe, werde eine tatsächliche und dauerhafte Verbindung der Gesellschaft zu *einem* Mitgliedstaat allein in den Fällen erforderlich, in denen eine Gesellschaft nur *ihren satzungsmäßigen Sitz* innerhalb der Gemeinschaft unterhält. Die Überseering BV beheimate hingegen ihren Satzungs- *und* ihren Verwaltungssitz innerhalb der EU[151].

---

146 Gemäß Art. 48 Abs. 1 EG ist eine Gesellschaft i.S.v. Art. 43 EG niederlassungsberechtigt, wenn sie nach dem Recht eines Mitgliedsstaats gegründet ist *und* ihren satzungsmäßigen Sitz, ihre Hauptverwaltung oder ihre Hauptniederlassung innerhalb der Gemeinschaft hat. Vgl. dazu S. 64 ff.

147 EuGH, Urt. v. 5.11.2002 Rs. C-208/00 (*Überseering*), Slg. 2002, I-9964 (Tz. 56-57).

148 „Allgemeines Programm zur Aufhebung der Beschränkungen der Niederlassungsfreiheit" v. 18.12.1961 (ABl.EG 1962 v. 15.1.1962, Nr. 2 [36/62], Abschnitt I, Spiegelstr. 4).

149 Ob das Allgemeine Programm ein über den Wortlaut von Art. 48 Abs. 1 EG hinausgehendes ungeschriebenes Kriterium („tatsächliche und dauerhafte Verbindung mit der Wirtschaft eines Mitgliedstaats") enthält, ist umstritten: Dafür z.B. *Bleckmann*, Rdn. 1619; *Troberg/Tiedje*, in: v.d.Groeben/-Schwarze Art 48 EG, Rdn. 11 f. (allerdings nur bezogen auf die sekundäre Niederlassungsfreiheit), ähnlich *Randelzhofer/Forsthoff*, in: Grabitz/Hilf Art. 48 EG, Rdn 22 f. *Randelzhofer/-Forsthoff* entnehmen dem Ansässigkeitserfordernis im „Allgemeinen Programm" die gleiche Bedeutung, wie dem in Art. 43 Abs. 1 S. 2 EG enthaltenen. Sinn und Zweck des Ansässigkeitserfordernisses sei es, ausschließlich solche Gesellschaften von Art. 43, 48 EG auszugrenzen, die nur oder überwiegend in EU fremden Volkswirtschaften integriert sind. Ein derartiges Szenario könne eintreten, weil für die Niederlassungsfreiheitsträgerschaft nach Art. 48 Abs. 1 EG die Gründung nach dem Recht eines Mitgliedstaats und die Etablierung des statutarischen Sitzes innerhalb der EU ausreichten. Ebenso Schlussanträge GA *La Pergola* Rs. C-212/97 (*Centros*), Slg. 1999, I-1468 (Tz. 12). Folge dieses Verständnisses ist es, dass bei fehlender Berührung mit Drittstaaten eine Gesellschaft *per se* ansässig im Sinne von Art. 43 Abs. 1 S. 2 EG ist.

150 EuGH, Urt. v. 5.11.2002 Rs. C-208/00 (*Überseering*), Slg. 2002, I-9956 f. (Tz. 32-35).

151 EuGH, Urt. v. 5.11.2002 Rs. C-208/00 (*Überseering*), Slg. 2002, I-9969 (Tz. 75).

Ferner stellt der Gerichtshof zu Beginn seiner rechtlichen Würdigung ausdrücklich fest, dass auch die von den Instanzgerichten angenommene Verwaltungssitzverlegung in den Anwendungsbereich der Art. 43, 48 EG fällt[152] und *aus Sicht des Niederlassungsstaats* von dieser gewährleistet wird[153]. Implizit bejaht der EuGH damit das Vorliegen eines europarechtsrelevanten Sachverhalts (räumlicher Anwendungsbereich)[154]. Eine nähere

---

152 EuGH, Urt. v. 5.11.2002 Rs. C-208/00 (*Überseering*), Slg. 2002, I-9969 (Tz. 77); EuGH, Urt. v. 13.4.2000 C-251/98, (*Baars*), Slg. 2000, I-2814 f. (Tz. 21-22). Die Kapitalverkehrsfreiheit Art. 56 EG (Art. 73 b EGV a.F.) kommt hingegen bereits dann zur Anwendung, wenn die Beteiligung aufgrund ihrer Höhe einen Einfluss auf die „Gründung und Leitung" des Unternehmens i.S.v. Art. 43 Abs. 1 EG ausübt. Grundsätzlich sind Niederlassungsfreiheit und Kapitalverkehrsfreiheit nebeneinander anwendbar, EuGH, Urt. v. 1.6.1999 Rs. C-302/97 (*Konle*), Slg. 1999, I-3131 (Tz. 22), wobei die Kapitalverkehrsfreiheit eine weite Bandbreite von Vermögenstransfers umfasst, die von der Niederlassungsfreiheit nicht umfasst sind. Zur kumulativen Anwendung beider Freiheiten hat der EuGH in den *Golden-Shares*-Urteilen entschieden: „[...] soweit die angegriffenen Regelungen die Niederlassungsfreiheit beschränkten, sei dies Folge der bereits vorstehend geprüften Hindernisse für den freien Kapitalverkehr, mit denen sie untrennbar verbunden ist. Da eine Verletzung von Artikel 56 EG festgestellt worden ist, brauchen die fraglichen Maßnahmen nicht gesondert im Licht der Vorschriften des Vertrages über die Niederlassungsfreiheit geprüft zu werden." S. dazu EuGH, Urt. v. 13.5.2003 Rs. C-463/00 (*Kommission/Spanien*), Slg. 2003, I-4638 (Tz. 85-86); EuGH, Urt. 4.6.2002 Rs. C-483/99 (*Kommission/Frankreich*), Slg. 2002, I-4808 (Tz. 55-56); EuGH, Urt. v. 4.6.2002 Rs. C-367/98 (*Kommission/Portugal*), Slg. 2002, I-4776 f. (Tz. 55-56). Vgl. auch EuGH, Urt. v. 4.6.2002 Rs. C-503/99 (*Kommission/Belgien*), Slg. 2002, I-4836 (Tz. 58-60). S. zur EuGH-Rspr. *Ebke/Traub*, EWS 2002, 335, 338; *Schön*, in: GS Knobbe-Keuk, S. 743, 749-756.

153 EuGH, Urt. v. 5.11.2002 Rs. C-208/00 (*Überseering*), Slg. 2002, I-9963 (Tz. 52). Der *Daily Mail* Entscheidung des EuGH (EuGH, Urt. v. 27.9.1988 Rs. 81/87 [*Daily Mail*], Slg. 1988, I-5483) wurde dagegen gemeinhin entnommen, dass die Verlegung des Verwaltungssitzes von der Niederlassungsfreiheit nicht umfasst oder insoweit zumindest nicht unmittelbar anwendbar sei. Vgl. *Hammen*, WM 1999, 2487, 2490; *Lange*, DNotZ 1999, 599, 603; *Dyrberg*, ELRev. 2003, 527, 531, 535.

154 Im *Centros*-Urteil hatte der EuGH zum Vorliegen eines grenzüberschreitenden Sachverhalts noch explizit Stellung bezogen (EuGH, Urt. v. 9.3.1999 Rs. C-212/97 [*Centros*], Slg. 1999, I-1490 [Tz. 17]). Die dänische Regierung sah aufgrund der dänischen Staatsangehörigkeit der *Gründer* und der ausschließlich in Dänemark entfalteten Geschäftstätigkeit einen rein nationalen Sachverhalt für gegeben. Ebenso *Koppensteiner*, in: FS Lutter, 141, 144 f., *Kindler*, RIW 2000, 649, 651; *Kieninger*, ZGR 28 (1999), 724, 728-735, *Kruse*, S. 66. Die Autoren entnehmen der Niederlassungsfreiheit zwar die Möglichkeit, eine *Verlagerung* des Verwaltungssitzes grenzüberschreitend vorzunehmen, die *Verlagerung* setze aber notwendigerweise zunächst eine tatsächliche Existenz in Ausgestaltung eines Standorts im Gründungsland voraus (vgl. dazu auch *Kieninger*, ZEuP 2004, 385, 692 f.). Der Satzungssitz alleine begründe einen solchen Standort nicht. Hierin liege ein wesentlicher Unterschied zur Niederlassungsfreiheit natürlicher Personen, die notwendigerweise immer einen tatsächlichen Standort hätten. Eine solche Argumentation legt die Vermutung nahe, dass maßgeblich auf die Niederlassungsfreiheit der *Gründer* und nicht die der Centros Ltd. abgestellt wird. Die Gründer hätten ihren Standort in Dänemark und müssten sich daher dänischer Rechtsformen bedienen, s. dazu *Kieninger*, ZGR 28 (1999), 724, 730-734; vgl. auch *dies.*, ZEuP 2004, 385, 692 f.; tendenziell *Mülbert/Schmolke*, ZVglRWiss 100 (2001), 233, 251. *Kieninger* räumt zugleich ein, dass sich das vorbeschriebene Verständnis von Niederlassungsfreiheit dem *Centros*-Urteil nicht entnehmen lasse, was sie bedauert, da nach ihrer Auffassung die Art. 43, 48 EG nur die „freie Standortwahl" nicht hingegen eine „Rechtswahlfreiheit" beinhalten. Hintergrund der Argumentation ist letztlich der Versuch, *pseudo-foreign-corporations*, die außer ihrem

Konkretisierung des Vorgangs unter die *primäre* oder *sekundäre* Niederlassungsfreiheit lässt das Urteil indes vermissen. Tatsächlich handelt es sich bei der Verlagerung des Verwaltungssitzes um einen Vorgang, der unter die *primäre* Niederlassungsfreiheit von Gesellschaften fällt[155]. Aus gemeinschaftsrechtlicher Sicht beurteilt, liegt die Errichtung einer primären Niederlassung nach Art. 43 Abs. 1 S. 1 EG vor[156]. Unter Niederlassung im Sinne dieser Vorschrift versteht der EuGH die „tatsächliche Ausübung einer wirtschaftlichen Tätigkeit mittels einer festen Einrichtung in einem anderen Mitgliedstaat auf unbestimmte Zeit"[157]. Die (Erst-)Errichtung einer Gesellschaft ist dagegen ein Niederlassungsvorgang, der die Niederlassungsfreiheit natürlicher Personen betrifft[158]. Begründet wird das vorangestellte Ergebnis im weiteren Verlauf der Entscheidungsgründe damit, dass die von der Bundesrepublik Deutschland und anderen Staaten als Rechtssetzungsvorbehalte bezeichneten Vorschriften innerhalb des EG-Vertrags nicht eingriffen[159]. Im Anschluss hieran verwirft der EuGH das ebenfalls von der Bundes-

---

Satzungssitz keine Verbindung zum Gründungsstaat aufweisen, die Anerkennung im Inland versagen zu können. Das entspricht auch dem Anliegen der von *Zimmer* entwickelten Kombinationstheorie (s. dazu *Zimmer*, S. 232-240). Dem EuGH reichte dagegen die in England registrierte und damit wirksam gegründete Gesellschaft aus, um einen grenzüberschreitenden Sachverhalt festzustellen. Nach Ansicht des Gerichtshofs ergibt sich das zwingend aus dem Wortlaut des Art. 48 Abs. 1 EG (EuGH, Urt. v. 9.3.1999 Rs. C-212/97 [*Centros*], Slg. 1999, I-1490 [Tz. 17]): „Eine Sachlage, in der eine nach dem Recht eines Mitgliedstaats, in dem sie ihren satzungsmäßigen Sitz hat, gegründete Gesellschaft eine Zweigniederlassung in einem anderen Mitgliedstaat gründen will, fällt unter das Gemeinschaftsrecht." (so bereits EuGH, Urt. v. 10.7.1986 Rs. 79/85 [*Segers*], Slg. 1986, 2388 [Tz. 16]). Der Ansicht des EuGH ist zuzustimmen. Es ist ausschließlich auf die Niederlassungsfreiheit der Centros Ltd. abzustellen. Diese besitzt mit Registrierung und Satzungssitz in England die englische „Staatszugehörigkeit" und nicht die dänische (EuGH, Urt. v. 29.4.1999 Rs. C-311/97 [*Bank of Scotland plc/Elliniko Dimosio*], Slg., 1999, I-2672 [Tz. 23]; EuGH, Urt. v. 10.7.1986 Rs. 79/85 [*Segers*], Slg. 1986, 2387 [Tz. 13]: „Bei Gesellschaften dient der Sitz im genannten Sinn [Satzungssitz], ebenso wie die Staatsangehörigkeit bei natürlichen Personen, dazu, ihre Zugehörigkeit zur Rechtsordnung eines Staats zu bestimmen." Mit Eintragung ist die Centros Ltd. Trägerin der Niederlassungsfreiheit, die ihr u.a. die Gründung von Zweigniederlassungen in den Mitgliedstaaten eröffnet). Auf die Staatsangehörigkeit der *Gründer* kommt es dabei nicht an. Vgl. hierzu auch *Walden*, S. 230 f.; *v. Halen*, S. 142 ff.; *Schön*, in: FS Wiedemann, S. 1271, 1292.

155 *Walden*, S. 228; *Kruse*, S. 66; *Schnichels*, S. 42 f.; *Geyrhalter/Gäßler*, DStR 2003, 2167, 2170.

156 *Koch/Köngeter*, Jura 2003, 692, 694.

157 EuGH, Urt. v. 25.7.1991 Rs. C-221/89 (*Factortame II*), Slg. 1991, 3965 (Tz. 20). Gleichzeitig wird an dieser Stelle deutlich, dass im Falle des Antrags der Gesellschaft *Überseering* auf Eintragung einer Zweigniederlassung im Handelsregister des Niederlassungsstaats Deutschland, die sekundäre Niederlassungsfreiheit betroffen wäre. So lag der Fall *Centros* mit dem Unterschied, dass hier von Beginn an sämtliche Geschäftsaktivitäten vom Zweigniederlassungsstaat ausgingen. Die Zuordnung der Niederlassungsvorgänge von Gesellschaften in die Kategorien *primäre* oder *sekundäre* Niederlassungsfreiheit hängt damit letztlich vom Willen der Gesellschaft ab, wodurch die Grenzen verschwimmen (in diese Richtung *Wymeersch*, 40 CMLRev. 661, 680 dort Fn. 86 [2003]; Schlussanträge GA *Colomer* v. 4.12.2001 Rs. C 208/00 [*Überseering*], Slg. 2002, I-9931 [Tz. 36 dort Fn. 17]). Unrichtig wäre es, dagegen nur die Satzungssitzverlegung, die einen Wechsel der Staatszugehörigkeit einer Gesellschaft nach sich zieht (grenzüberschreitende Umwandlung), als einen Akt primärer Niederlassungsfreiheit anzusehen (vgl. zur grenzüberschreitenden Umwandlung S. 154 ff).

158 *v. Halen*, S. 138 f.

159 EuGH, Urt. v. 5.11.2002 Rs. C-208/00 (*Überseering*), Slg. 2002, I-9963 ff. (Tz. 52-60).

republik Deutschland ins Feld geführte Argument, wonach es die Sachverhaltsparallelen in den Fällen *Daily Mail* und *Überseering* erforderten, eine rechtliche Gleichbehandlung der beiden Sachverhalte vorzunehmen[160].

1. Art. 293 und 44 Abs. 2 lit. g EG kein Rechtssetzungsvorbehalt

Nach Ansicht der Beklagten NCC GmbH stellt Art. 293 Spiegelstr. 3 EG einen Rechtssetzungsvorbehalt zugunsten der Mitgliedstaaten dar[161]. Dieser Ansicht tritt der EuGH in seiner Entscheidung entgegen: „Diese Vorschrift fordert die Mitgliedstaaten zwar auf, Verhandlungen einzuleiten, u.a. um die Lösung der Probleme zu erleichtern, die sich aus der Unterschiedlichkeit der Rechtsvorschriften über die gegenseitige Anerkennung von Gesellschaften über die Aufrechterhaltung ihrer Rechtspersönlichkeit bei grenzüberschreitender Sitzverlegung ergeben, dies aber nur, *soweit erforderlich*, also für den Fall, dass die Bestimmungen des EG-Vertrags nicht die Erreichung der Vertragsziele ermöglichen[162].“ Der zu begutachtende Sachverhalt komme indes mit den Bestimmungen der Niederlassungsfreiheit aus, weshalb auch keine weiteren Rechtssetzungsakte erforderlich seien[163]. Insbesondere wird vom Gerichtshof darauf hingewiesen, dass Rechtssetzungsakte die Verwirklichung der Niederlassungsfreiheit erleichtern können, das Gebrauchmachen der Niederlassungsfreiheit aber nicht von dem Abschluss solcher Übereinkommen abhängen kann[164]. Das gleiche gelte im Übrigen für die in Art. 44 EG enthaltene Rechtsangleichungsermächtigung. Die Inanspruchnahme der Art. 43, 48 EG setze vielmehr zwingend die Anerkennung von Gesellschaften durch alle Mitgliedstaaten voraus[165]. Der EuGH schließt sich damit der in den Schlussanträgen von GA *Colomer* vertretenen Auffassung[166] an und unterstreicht die vorbehaltlose und umfängliche Anwendbarkeit der Niederlassungsfreiheit von Gesellschaften[167].

---

160 EuGH, Urt. v. 5.11.2002 Rs. C-208/00 (*Überseering*), Slg. 2002, I-9965 ff. (Tz. 61-73).

161 EuGH, Urt. v. 5.11.2002 Rs. C-208/00 (*Überseering*), Slg. 2002, I-9953 f. (Tz. 25-26).

162 EuGH, Urt. v. 5.11.2002 Rs. C-208/00 (*Überseering*), Slg. 2002, I-9964 (Tz. 54).

163 Der EuGH weicht damit nicht von seiner *Daily Mail* Rspr. ab. *Daily Mail* betraf den Wegzug einer Gesellschaft und somit Art. 293 Spiegelstr. 3 Fall 2 EG (Beibehaltung der Rechtspersönlichkeit) und nicht wie im Fall *Überseering* Art. 293 Spiegelstr. 3 Fall 1 EG (Anerkennung). A.A. *Dubovizkaja*, GmbHR 2003, 694, 696. Die Frage, ob sich ein derartiges *distinguishing* in Zu- und Wegzug aufrecht erhalten lässt, wird im Zusammenhang mit den „Wegzugsfällen“ zu klären sein (vgl. dazu S. 130 ff.).

164 EuGH, Urt. v. 5.11.2002 Rs. C-208/00 (*Überseering*), Slg. 2002, I-9964 (Tz. 55).

165 EuGH, Urt. v. 5.11.2002 Rs. C-208/00 (*Überseering*), Slg. 2002, I-9965 (Tz. 59); so bereits *Beitzke*, in: FS Luther, S. 1, 11 f.

166 Schlussanträge GA *Colomer* v. 4.12.2001 Rs. C-208/00 (*Überseering*), Slg. 2002, I-9933 (Tz. 42).

167 EuGH, Urt. v. 5.11.2002 Rs. C-208/00 (*Überseering*), Slg. 2002, I-9965 (Tz. 60). Bzgl. der *sekundären* Niederlassungsfreiheit von Gesellschaften ist die unmittelbare Anwendbarkeit in der Rspr. des EuGH schon lange anerkannt EuGH, Urt. v. 27.9.1988 Rs. 81/87 (*Daily Mail*); Slg. 1988, I-5510 f. (Tz. 15-17); EuGH, Urt. v. 28.1.1986 Rs. 270/83 (*Kommission/Frankreich*), Slg.

2. *Differenzierung in Zu- und Wegzugsfälle*

Im weiteren Verlauf der Entscheidungsgründe grenzt der Gerichtshof die Entscheidungen *Daily Mail* und *Überseering* voneinander ab, indem er in Zu- und Wegzugsfälle unterscheidet. Durch eine derartige Differenzierung (*distinguishing*) gelingt es dem Gerichtshof, die bereits im Zuge der *Centros*-Entscheidung angenommene Widersprüchlichkeit zum *Daily Mail*-Urteil zu entschärfen[168]. Die Entscheidung *Daily Mail*, so der EuGH, betraf die Beziehungen zwischen einer Gesellschaft und dem Gründungsstaat. Hingegen handele es sich im Fall *Überseering* um die Anerkennung einer nach dem Recht eines Mitgliedstaats gegründeten Gesellschaft, die in einem anderen Mitgliedstaat von ihrer Niederlassungsfreiheit Gebrauch mache[169]. Scheiterte die grenzüberschreitende Sitzverlegung in der Rechtssache *Daily Mail* an der Rechtsordnung des Gründungsstaats, so liege im Gegensatz dazu im Fall *Überseering* das Hindernis in der Rechtsordnung des Niederlassungsstaats begründet. Der EuGH resümiert: Selbst wenn man den Ausgangsstreit - wie von den Instanzgerichten angenommen - so versteht, als ginge es in der Rechtssache *Überseering* um eine grenzüberschreitende Verlegung des tatsächlichen Verwaltungssitzes[170], ist die Übertragung der *Daily Mail* Grundsätze auf die *Überseering* Konstellation keinesfalls zwingend[171].

1986, 304 (Tz. 18); EuGH, Urt. v. 10.7.1986, Rs. 79/85 (*Segers*), Slg. 1986, 2387 f. (Tz. 12-14, 16); EuGH, Urt. v. 9.3.1999 Rs. C-212/97 (*Centros*), Slg. 1999, I-1493 Tz. (27-28). Vgl. auch *Knapp*, DNotZ 2003, 85, 87 (entnimmt Tz. 27, 28 des *Centros*-Urteils eine Aussage hinsichtlich der primären Niederlassungsfreiheit).

168 EuGH, Urt. v. 5.11.2002 Rs. C-208/00 (*Überseering*), Slg. 2002, I-9965 ff. (Tz. 61 ff.). Kritisch zum nachträglichen *distinguishing W.-H. Roth*, IPRax 2003, 117, 127; zur Entwicklung der Rspr.-praxis des EuGH s. *Everling*, EuR 29 (1994), 127-143.

169 Die vom EuGH vorgenommene Differenzierung der Fälle *Überseering* und *Daily Mail* in Zu- und Wegzugskonstellationen dient sogleich als Begründung dafür, weshalb sich das Urteil *Centros* mit keiner Silbe mit dem Urteil *Daily Mail* auseinandersetzt. So bereits *Zimmer*, ZHR 164 (2000), 11, 27; *Dautzenberg*, FR 1999, 451, 452; *Goettsche*, DStR 1999, 1403, 1405; *Schön*, in: FS Lutter, S. 685, 702; *Schurig*, in: Liber Amicorum Kegel, S. 199, 213; *Koblenzer*, EWS 1999, 418, 419; *Forsthoff*, EuR 35 (2000), 167, 182; *Halbhuber*, S. 72; implizit *Freitag*, EuZW 1999, 267, 269; in Betracht ziehend aber ablehnend GA *Colomer* (Schlussanträge GA *Colomer* v. 4.12.2001 Rs. C-208/00 [*Überseering*], Slg. 2002, I-9932, [Tz. 37]).

170 EuGH, Urt. v. 5.11.2002 Rs. C-208/00 (*Überseering*), Slg. 2002, I-9965 f., 9968 (Tz. 62, 72). Der EuGH distanziert sich an dieser Stelle von der durch die Instanzgerichte angenommenen Verwaltungssitzverlegung durch Abtretung sämtlicher Gesellschaftsanteile an in Deutschland ansässige natürliche Personen (mit dieser Begründung jedenfalls das LG Düsseldorf [LG Düsseldorf, Urt. v. 10.9.1998 - 5 U 1/98]). Im Gegensatz zu *Daily Mail*, der ein förmlicher Sitzverlegungsbeschluss zugrunde lag, trat im Fall *Überseering* eine faktische Verwaltungssitzverlegung ein.

171 EuGH, Urt. v. 5.11.2002 Rs. C-208/00 (*Überseering*), Slg. 2002, I-9966 f. (Tz. 64, 66); EuGH, Urt. v. 30.9.2003 Rs. C-167/01 (*Inspire Art*), Slg. 2003, I-10155.

III. Beschränkung der Niederlassungsfreiheit

Sodann prüft der Gerichtshof, ob in der Nichtanerkennung der Rechtsfähigkeit einer nach mitgliedstaatlichem Recht gegründeten Gesellschaft eine Beschränkung der Niederlassungsfreiheit zu sehen ist[172]. Der EuGH führt hierzu aus, dass die Überseering BV in den Niederlanden wirksam gegründet worden ist und dort ihren satzungsmäßigen Sitz hat. Nach Art. 43, 48 EG habe sie daher das Recht, *als Gesellschaft niederländischen Rechts* in Deutschland von ihrer Niederlassungsfreiheit Gebrauch zu machen. Insoweit sei es unbeachtlich, dass nach Gründung dieser Gesellschaft, deren Gesellschaftsanteile von in Deutschland ansässigen deutschen Staatsangehörigen erworben wurden. Schließlich habe dieser Umstand offenbar nicht zum Verlust der Rechtspersönlichkeit geführt, die ihr die niederländische Regierung zuerkennt[173]. Die Existenz, so der Gerichtshof, hängt vielmehr untrennbar mit ihrer Eigenschaft als Gesellschaft niederländischen Rechts zusammen, da eine Gesellschaft, wie bereits in *Daily Mail*[174] ausgeführt, jenseits der nationalen Rechtsordnung, die ihre Gründung und ihre Existenz regelt, keine Realität hat[175]. Das Erfordernis, *dieselbe* Gesellschaft in Deutschland neu zu gründen, komme daher einer *Negierung* der Niederlassungsfreiheit gleich[176].

IV. Rechtfertigung der Beschränkung

Danach folgen knappe Ausführungen zur Rechtfertigungsmöglichkeit von Beschränkungen. Im Fall *Überseering* waren diese nach Ansicht des Gerichtshofs aufgrund der Negierung der Niederlassungsfreiheit ausnahmslos ausgeschlossen. Der EuGH konstatiert insoweit: „Es lässt sich nicht ausschließen, dass zwingende Gründe des Gemeinwohls, wie der Schutz der Interessen der Gläubiger, der Minderheitengesellschafter, der Arbeitnehmer oder auch des Fiskus, unter bestimmten Umständen und unter Beachtung bestimmter Voraussetzungen Beschränkungen der Niederlassungsfreiheit rechtfertigen

172 EuGH, Urt. v. 5.11.2002 Rs. C-208/00 (*Überseering*), Slg. 2002, I-9970 ff. (Tz. 78 ff.).

173 EuGH, Urt. v. 5.11.2002 Rs. C-208/00 (*Überseering*), Slg. 2002, I-9970 (Tz. 80).

174 EuGH, Urt. v. 27.9.1988 Rs. 81/87 (*Daily Mail*); Slg. 1988, I-5511 (Tz. 19).

175 EuGH, Urt. v. 5.11.2002 Rs. C-208/00 (*Überseering*), Slg. 2002, I-9971 (Tz. 81). Deutlicher wird diese Passage in der englischen Urteilsübersetzung. Dort ist zu lesen: „[...] a company exists only by virtue of the national legislation which determines its incorporation and functioning."

176 EuGH, Urt. v. 5.11.2002 Rs. C-208/00 (*Überseering*), Slg. 2002, I-9971 (Tz. 81). Nach Ansicht des EuGH liegt in dem Zwang einer Gesellschaft, sich im Zuzugsstaat neu zu gründen keine *Beschränkung*, sondern eine *Negierung* der Niederlassungsfreiheit. Missverständlich ist allerdings die Wortwahl des EuGH. Denn dieselbe Gesellschaftsrechtsform steht in einer anderen Jurisdiktion gerade nicht zur Verfügung. Klarstellend insoweit EuGH, Urt. v. 5.11.2002 Rs. C-208/00 (*Überseering*), Slg. 2002, I-9971 (Tz. 82 a.E.) „[...], es sei denn, dass sie sich nach dem Recht dieses Aufnahmestaats neu gründet."

können[177]. Solche Ziele können es jedoch nicht rechtfertigen, dass einer Gesellschaft, die in einem anderen Mitgliedstaat ordnungsgemäß gegründet worden ist und dort ihren satzungsmäßigen Sitz hat, die Rechtsfähigkeit und damit die Parteifähigkeit abgesprochen wird. Eine solche Maßnahme kommt nämlich der Negierung der den Gesellschaften in den Art. 43 und 48 EG zuerkannten Niederlassungsfreiheit gleich[178]."

§ 5: Zuzugsfälle (Anerkennung)

Vor allem in Deutschland wurde die *Überseering*-Entscheidung mit Spannung erwartet. Man erhoffte sich vom EuGH klärende Worte zum Verhältnis zwischen nationalem Gesellschaftskollisionsrecht und der Niederlassungsfreiheit von Gesellschaften. Bereits im Anschluss an die Entscheidung des OLG Düsseldorf[179] prophezeite *Ebke*, dass dieser Rechtsstreit das Potenzial habe, „Kollisionsrechtsgeschichte" zu schreiben[180]. Der Vorlagebeschluss (Art. 234 EG) des VII. Zivilsenat des BGH v. 30.3.2000 hat schließlich eine nicht mehr enden wollende Flut an Beiträgen aus der Literatur ausgelöst. Mit großem Interesse wurden die Schlussanträge von GA *Colomer*, das *Überseering*-Urteil des EuGH sowie die Revisionsentscheidung des BGH beobachtet und kommentiert. Für erhebliche Verunsicherung hinsichtlich der Vereinbarkeit der Sitztheorie mit dem Europarecht hatte der EuGH bereits drei Jahre zuvor mit seiner *Centros*-Entscheidung gesorgt[181]. War der weit überwiegende Teil des Schrifttums und auch die Rechtsprechung nach der *Daily Mail*-Entscheidung noch von der Europarechtskonformität der Sitztheorie ausgegangen, so ließ das *Centros*-Urteil hieran begründete Zweifel aufkommen. Letzte Klarheit brachte diese Entscheidung im Gegensatz zur nunmehr vorliegenden *Überseering*-Entscheidung nicht. Die Ausstrahlungswirkung von *Überseering* auf die mitgliedstaatlichen Gerichte ist, auch wenn Vorabentscheidungen grundsätzlich nur *inter partes* gelten[182], enorm[183]. Denn faktisch entfalten EuGH-Entscheidungen Wirkung *erga omnes*[184]. Zum einen sind mitgliedstaatliche Gerichte im Falle einer beabsichtigten Abweichung von der EuGH-Rechtsprechung dazu verpflichtet, dem Gerichtshof erneut vorzulegen[185]. Zum anderen sind erneute Vorlagen bei gleichgelagerten Sach-

---

177 EuGH, Urt. v. 5.11.2002 Rs. C-208/00 (*Überseering*), Slg. 2002, I-9974 (Tz. 92).

178 EuGH, Urt. v. 5.11.2002 Rs. C-208/00 (*Überseering*), Slg. 2002, I-9974 (Tz. 93).

179 OLG Düsseldorf JZ 2000, 203.

180 *Ebke*, JZ 2000, 203.

181 Vgl. eine ausführliche Besprechung des *Centros*-Urteils bei *v. Halen*, S. 54 ff.

182 *Herdegen*, Rdn. 223.

183 *Eidenmüller*, ZIP 2002, 2233, 2238; *Rehberg*, IPRax 2003, 175, 181 dort Fn. 13.

184 *Craig/De Búrca*, S. 449 f.; *Bleckmann*, Rdn. 992-1004; *Borchardt*, Rdn. 511 („erhebliche Präjudizwirkung"); *ders.*, in: GS Grabitz, S. 29-43; *Streinz*, Rdn. 566; *Eidenmüller*, ZIP 2002, 2233, 2238; *Herdegen*, Rdn. 223; vgl. *Forsthoff*, EuR 35 (2000), 167, 195.

185 Vgl. die EuGH-Rspr. zur Vorlagepflicht i.S.v. Art. 234 EG (EuGH, Urt. v. 27.3.1963 verb. Rs. 28, 29, und 30/62 [*Da Costa/Nederlandse Belastingadministratie*], Slg. 1963, 63; EuGH, Urt. v.

verhalten nach der „*acte clair*“-Theorie[186] nicht erforderlich[187]. Vielmehr sind die zu entscheidenden Rechtsfragen stets im Lichte der EuGH-Rechtsprechung zu lösen. Dieser Umstand unterstreicht die faktische Bindungswirkung von EuGH-Urteilen. Schließlich kann die Negierung der Rechtsprechung durch mitgliedstaatliche Gerichte zu einer Staatshaftung führen, wie es der Gerichtshof in seiner Entscheidung *Köbler* jüngst klargestellt hat[188].

A. *Bewertung der Aussagen des EuGH*

Im Folgenden werden die Kernaussagen des *Überseering*-Urteils bewertet. Unerlässlich für die Begutachtung ist es dabei, die Vorjudikatur des Gerichtshofs in die Betrachtung mit einzubeziehen. Das gebietet schon die vom *case law* geprägte Auslegung der Grundfreiheiten durch den EuGH.

I. *Reichweite der Niederlassungsfreiheit*

Der Gerichtshof stellt in *Überseering* klar, dass die Verlegung des tatsächlichen Verwaltungssitzes in den Anwendungsbereich der Niederlassungsfreiheit fällt[189]. Hierbei distanziert er sich jedoch von der durch die Instanzgerichte getroffenen Feststellung, nach der im Fall *Überseering* eine Verwaltungssitzverlegung stattgefunden habe. Der EuGH weist in seinen Entscheidungsgründen insoweit wiederholt darauf hin, dass die Verlegung des Verwaltungssitzes durch die Gesellschaft nicht gewollt war[190]. Das legt die

---

6.10.1982 Rs. 283/81 [*CILFIT/Ministero della sanitá*], Slg. 1982, 3415). Zur Entwicklung vgl. *Wattel*, 41 CMLRev. 177-190 (2004); *Craig/De Búrca*, S. 449 f.

186 Vgl. dazu *Bleckmann*, Rdn. 926 ff.; *Craig/De Búrca*, S. 445 ff.

187 EuGH, Urt. v. 27.3.1963 verb. Rs. 28, 29, und 30/62 (*Da Costa/Nederlandse Belastingadministratie*), Slg. 1963, 63.

188 Zur Staatshaftung der Mitgliedstaaten für Schäden, die auf der Nichtbeachtung europäischer Rspr. beruhen, vgl. zuletzt EuGH, Urt. v. 30.9.2003 Rs. C-224/01 (*Köbler*), Slg. 2003, I-10310 (Tz. 50): „Nach alledem ist der Grundsatz, dass die Mitgliedstaaten zum Ersatz von Schäden verpflichtet sind, die einem Einzelnen durch ihnen zuzurechnende Verstöße gegen das Gemeinschaftsrecht entstehen, auch dann anwendbar, wenn der fragliche Verstoß in einer Entscheidung eines letztinstanzlichen Gerichts besteht.“ Tz. 56: „Ein Verstoß gegen das Gemeinschaftsrecht ist jedenfalls dann hinreichend qualifiziert, wenn die fragliche Entscheidung die einschlägige Rechtsprechung des Gerichtshofes offenkundig verkennt (vgl. in diesem Sinne Urteil Brasserie du Pêcheur und Factortame, Randnr. 57).“ S. grundlegend zur Staatshaftung für die nicht fristgerechte Umsetzung von RL, EuGH, Urt. v. 19.11.1991 verb. Rs. C-6/90 und C-9/00 (*Francovich u.a.*), Slg. 1991, 5357; EuGH, Urt. v. 5.3.1996 verb. Rs. C-46/93 und C-48/93 (*Brasserie du Pêcheur und Factortame III*), Slg. 1996, I-1029. Kritisch zur Entwicklung *Wattel*, 41 CMLRev. 177-190 (2004).

189 EuGH, Urt. v. 5.11.2002 Rs. C-208/00 (*Überseering*), Slg. 2002, I-9963 (Tz. 52); a.A. wohl *Frenz/Grande*, GewArch 2003, 177, 181.

190 EuGH, Urt. v. 5.11.2002 Rs. C-208/00 (*Überseering*), Slg. 2002, I-9965 (Tz. 62), Slg. 2002, I-9971 (Tz. 82).

Vermutung nahe, dass nach dem Verständnis des Gerichtshofs für Verwaltungssitzverlegungen ein voluntatives Element der Gesellschaft, wie im Fall *Daily Mail*, erforderlich ist. Ferner könnte die Tatsache, dass das LG Düsseldorf die Verwaltungssitzverlegung mit der Anteilsübertragung auf in Deutschland ansässige deutsche Staatsangehörige begründet hatte[191], beim EuGH auf Unverständnis gestoßen sein[192]. Möglicherweise lässt sich die auf Seiten des Gerichtshofs bestehende Zurückhaltung aber auch darauf zurückzuführen, dass sich die Zulässigkeit einer „Verwaltungssitzverlegung" einzig nach der Gründungsrechtsordnung beurteilen kann. Dem Niederlassungsstaat verbleibt dagegen als rein „faktisch" an der Verwaltungssitzverlegung beteiligte Rechtsordnung, über die Anerkennung einer durch einen anderen Staat (Gründungsstaat) verliehenen Rechtsfähigkeit zu entscheiden.

Eine dahingehende Differenzierung lässt sich auch Art. 293 Spiegelstr. 3 EG entnehmen. Während Art. 293 Spiegelstr. 3 Fall 1 EG die *Anerkennung* durch den Niederlassungsstaat betrifft, regelt Art. 293 Spiegelstr. 3 Fall 2 EG die *Beibehaltung der Rechtspersönlichkeit bei Verlegung des Sitzes*. Die *Beibehaltung der Rechtspersönlichkeit* kann als existenzverleihende Rechtsordnung aber nur die Gründungsrechtsordnung gewährleisten. Bedenkt man, dass es um die *Beibehaltung* der von der Gründungsrechtsordnung verliehenen Rechtspersönlichkeit geht. Nur diese Rechtspersönlichkeit existiert zum Zeitpunkt der Grenzüberschreitung und kann daher *beibehalten* werden. Die Frage der *Anerkennung* der Rechtspersönlichkeit auf fremden Hoheitsgebiet betrifft dagegen den Niederlassungsstaat und zwar unabhängig davon, ob von der *primären* oder *sekundären* Niederlassungsfreiheit Gebrauch gemacht wird. In beiden Fällen ist die Anerkennung des Niederlassungssubjekts zwingende Voraussetzung der Niederlassungsfreiheit. Eine Zweigniederlassung wurde bis zur *Überseering* Entscheidung nicht eingetragen, wenn die Registergerichte den Verwaltungssitz in Deutschland feststellten und die Gesellschaft daher nicht anerkannten[193].

1. Daily Mail

Vor *Überseering* hatte der EuGH lediglich in seiner Entscheidung *Daily Mail* Aussagen zur identitätswahrenden Verwaltungssitzverlegung und deren Gewährleistung durch die Niederlassungsfreiheit getroffen. Nach Ansicht des EuGH kam diesen Aussagen in der *Überseering* Konstellation jedoch keine präjudizierende Wirkung zu. Anlass zu gesellschaftskollisionsrechtlichen Aussagen des EuGH in *Daily Mail* bestand nämlich nicht.

---

191 *Eidenmüller*, ZIP 2002, 2233; *Behrens*, IPRax 2000, 384, 387.

192 EuGH, Urt. v. 5.11.2002 Rs. C-208/00 (*Überseering*), Slg. 2002, I-9963, 9966 (Tz. 52, 63); vgl. auch *Stoller*, JuS 2003, 846, 847.

193 *Hammen*, WM 1999, 2487, 2491.

Kern der *Daily Mail*-Entscheidung war die Zulässigkeit einer Wegzugsbesteuerung bei Verlegung des steuerrechtlich relevanten Sitzes der Geschäftsführung[194] vom Inkorporationsstaat England in die Niederlande. Gesellschaftskollisionsrecht war in dieser Konstellation nicht von Bedeutung, da die beteiligten Staaten der Gründungstheorie folgen. Im Rahmen eines *obiter dictums*[195] hatte der EuGH gleichwohl dargelegt, dass aufgrund der bestehenden Unterschiede in den Rechtsordnungen der Mitgliedstaaten bei der Verlegung des Verwaltungssitzes Probleme aufträten, die durch die Bestimmungen zur Niederlassungsfreiheit (Art. 43, 48 EG) nicht gelöst würden[196]. Der Anwendungsbereich der Niederlassungsfreiheit greift nach den Urteilsgründen der *Daily Mail*-Entscheidung nur für solche Sachverhalte nicht ein, in denen sich eine Gesellschaft für Zwecke einer Verwaltungssitzverlegung *gegenüber ihrem Gründungsstaat* auf die Niederlassungsfreiheit beruft. Gleichzeitig, so der EuGH im *Überseering*-Urteil, lässt sich der *Daily Mail*-Entscheidung aber nicht entnehmen, dass die Niederlassungsfreiheit es auch dem *Niederlassungsstaat* frei stellt, eine zuziehende Gesellschaft im Inland *anzuerkennen*[197].

Die feinsinnige Unterscheidung in Weg- und Zuzugsfälle - mag sie auch bereits im *Daily Mail*-Urteil tatsächlich beabsichtigt gewesen sein[198] - lässt sich dem Wortlaut der *Daily Mail*-Entscheidung allerdings nicht ohne weiteres entnehmen[199]. Der EuGH fasst seine vorangestellten Erwägungen in folgender Aussage zusammen: „Somit gewähren die Artikel 52 und 58 EWG-Vertrag *beim derzeitigen Stand des Gemeinschaftsrechts* einer Gesellschaft, die nach dem Recht eines Mitgliedstaats gegründet ist und in diesem ihren satzungsmäßigen Sitz hat, nicht das Recht, den Sitz ihrer Geschäftsleitung in einen anderen Mitgliedstaat zu verlegen[200]." Aus dieser Aussage ergibt sich jedenfalls

---

194 Der steuerrechtlich bedeutsame Sitz der Geschäftsführung wird regelmäßig mit dem kollisionsrechtlichen Verwaltungssitz deckungsgleich sein.

195 A.A. mit beachtlichem Argument *Halbhuber*, S. 30-32, insbesondere Fn. 33. *Halbhuber* ist der Ansicht: Die überwiegend als *obiter dictum* verstandene Aussage des EuGH sei Teil einer Argumentationskette („Größenschluss") in *Daily Mail.* Da die identitätswahrende Sitzverlegung durch Art. 43, 48 EG nicht gewährleistet sei, sei auch eine Liquidation der Gesellschaft bei Wegzug konform. Damit sei aber zugleich auch eine steuerrechtliche Wegzugsbeschränkung „als ein Weniger" zur zwingenden Auflösung europarechtskonform. Der GA in der Rs. *Daily Mail Darmon* hatte das „*a majore ad minus*" Argument zur Begründung der Rechtmäßigkeit der Wegzugsbesteuerung in seinen Schlussanträgen herangezogen (Schlussanträge GA *Darmon* v. 7.6.1988 Rs. 81/87 [*Daily Mail*], Slg. 1988, I-5501 [Tz. 13]). Vgl. hierzu eine ausführliche Auseinandersetzung bei *Brödermann*, Rdn. 229 ff. Es sei daher naheliegend, dass sich der EuGH, ohne dies deutlich herauszustellen, der Argumentationslinie des GA angeschlossen hat (vgl. *Brödermann*, Rdn. 233). Bei einer solchen Begründung muss aber hinterfragt werden, ob eine rein steuerrechtliche Wegzugsbeschränkung für die Praxis tatsächlich ein „Weniger" zur materiell-rechtlichen Auflösung und den damit verbundenen steuerrechtlichen Auswirkungen darstellt, vgl. dazu *Brödermann*, Rdn. 229 dort Fn. 474.

196 EuGH, Urt. v. 27.9.1988 Rs. 81/87 (*Daily Mail*),Slg. 1988, I-5512 (Tz. 23).

197 EuGH, Urt. v. 5.11.2002 Rs. C-208/00 (*Überseering*), Slg. 2002, I-9967 (Tz. 66).

198 Hierfür spricht die Aussage eines an der *Daily Mail*-Entscheidung beteiligten Richters. Vgl. *Everling*, DB 1990, 1853, 1856 dort Fn. 24 („Auswanderungsfreiheit").

199 Vgl. *Straube/Ratka*, ÖZW 2003, 34, 41.

200 EuGH, Urt. v. 27.9.1988 Rs. 81/87 (*Daily Mail*), Slg. 1988, I-5512 (Tz. 24).

nicht zwingend, dass der EuGH allein auf die Wegzugsfreiheit von Gesellschaften Bezug genommen hat und allein diese als nicht von Art. 43, 48 EG umfasst ansieht[201]. Vielmehr sprach nach *Daily Mail* einiges dafür, dass die Verwaltungssitzverlegung, die zumindest in tatsächlicher Hinsicht einen einheitlichen Lebenssachverhalt darstellt, insgesamt *beim derzeitigen Stand des Gemeinschaftsrechts* nicht durch Art. 43, 48 EG gewährleistet wird[202]. Ein dahingehendes Verständnis wurde durch eine weitere missverständlich formulierte Erwägung in *Daily Mail* bestärkt. In Tz. 19 stellt der EuGH fest, dass eine Gesellschaft *jenseits* der nationalen Rechtsordnung, die ihre Gründung und Existenz regelt, keine Realität hat. Dem Wort *jenseits* wurde in der Literatur überwiegend eine räumliche Bedeutung beigemessen, so dass der Schluss nahe lag, eine ausländische Gesellschaft habe auf dem Boden eines anderen Staats unabhängig von ihrer Anerkennung im Niederlassungsstaat *per se* keine Realität[203].

2. *Verwaltungssitzverlegung und Anerkennung*

Es wird deutlich, dass die Verwaltungssitzverlegung und die Anerkennung ausländischer Gesellschaften im Inland zwar grundsätzlich verschiedene Dinge sind, die gleichzeitig aber auch einander bedingen. Die grenzüberschreitende Verlagerung des Entscheidungszentrums berührt *per se* zwei Rechtskreise. Ihr Gelingen setzt die Anerkennung der Gesellschaft nach vollzogener Verwaltungssitzverlegung im Zuzugsstaat voraus. Für den Zuzugsstaat stellt sich also allein die Frage, inwiefern er den Zuzug auf nationales Territorium duldet, d.h. die durch eine fremde Rechtsordnung verliehene Rechtsfähigkeit (Existenz) anerkennt[204]. Das ist ausschließlich eine Frage der Anerkennung. Das Recht des Gründungsstaats klärt indes, ob die Verwaltungssitzverlegung unter Beibehaltung der von ihm gewährten Rechtspersönlichkeit zulässig ist. Eine erfolgreiche Verwaltungssitzverlegung fußt daher auf zwei Bedingungen, wobei der EuGH ausschließlich die letztgenannte Voraussetzung als Verwaltungssitzverlegung im rechtlichen Sinne zu verstehen scheint. Das erklärt auch, weshalb sich der EuGH in *Überseering* von der Annahme einer Verwaltungssitzverlegung durch die deutschen Gerichte distanziert hat. Aus gemeinschaftsrechtlicher Sicht ist es daher geboten, von einer Verwaltungssitzverlegung nur dann zu sprechen, wenn es um das Verhältnis der Gesellschaft zum

---

201 A.A. implizit EuGH, Urt. v. 5.11.2002 Rs. C-208/00 *(Überseering)*, Slg. 2002, I-9963 (Tz. 52 a.E.): „[...], die Regeln, die der zweite Mitgliedstaat [Zuzugsstaat] auf diese Gesellschaft anwendet, *beim gegenwärtigen Stand des Gemeinschaftsrechts* nicht aus dem Anwendungsbereich der Gemeinschaftsvorschriften über die Niederlassungsfreiheit fallen." Der EuGH räumt in *Überseering* aber seine missverständliche Wortwahl im *Daily Mail*-Urteil ein („Ungeachtet des allgemein gehaltenen Wortlauts der Randnummer 23 des Urteils Daily Mail and General Trust [...]") Tz. 72.

202 Mit diesem Verständnis z.B. *Eyles*, S. 353.

203 Vgl. hierzu *Brödermann*, Rdn. 215 ff.

204 Zum Zusammenspiel von „Existenz" und „Anerkennung" s. *Beitzke*, S. 47.

Gründungsstaat geht („Wegzugsfall"). Dagegen sollte von Anerkennung die Rede sein, wenn das Verhältnis der Gesellschaft zum Niederlassungsstaat betroffen ist („Zuzugsfall"). Entscheidend ist demnach die weiterführende Frage nach der niederlassungsrechtlichen Pflicht zur Anerkennung EU-ausländischer Gesellschaften im Inland.

II. Niederlassungsfreiheit setzt Anerkennung von Gesellschaften voraus

Die folgenden Ausführungen setzen sich mit der Reichweite der Niederlassungsfreiheit von Gesellschaften auseinander, die die Gesellschaften gegenüber anderen Mitgliedstaaten genießen („Zuzugsfälle").

1. Personeller Anwendungsbereich der Niederlassungsfreiheit

Die Niederlassungsfreiheitsträgerschaft von Gesellschaften beurteilt sich nach Art. 48 Abs. 1 EG, der in seiner Rechtsfolge auf die Niederlassungsfreiheit natürlicher Personen verweist (Art. 43 EG). Die Voraussetzungen, Träger der Niederlassungsfreiheit zu sein, ergeben sich nach Auffassung des EuGH ausschließlich aus den in Art. 48 Abs. 1 EG genannten Tatbestandsvoraussetzungen. Danach muss die Gesellschaft zum einen nach dem Recht eines Mitgliedstaats wirksam gegründet worden sein (erste Voraussetzung) und zum anderen innerhalb der Gemeinschaft den satzungsmäßigen Sitz, die Hauptverwaltung oder die Hauptniederlassung beheimaten (zweite Voraussetzung)[205]. Der vermeintlich klar formulierte Art. 48 Abs. 1 EG hat in der Vergangenheit zu den unterschiedlichsten Auslegungen geführt. Wenngleich auch hinsichtlich der Tatbestands-

---

205 EuGH, Urt. v. 5.11.2002 Rs. C-208/00 (*Überseering*), Slg. 2002, I-9964 (Tz. 56). In den ausländischen Fassungen von Art. 48 Abs. 1 EG wird das Erfordernis kumulativen Vorliegens beider Voraussetzungen noch deutlicher. Anders als im deutschen Text, der eine Verknüpfung durch einen Relativsatz herstellt, findet sich in den ausländischen Texten an dieser Stelle die sprachlich deutlicher Verknüpfung mit „und" („et", „e", „en", „og", „and", „y", „e", „kai"). *Müller-Graff*, in: Streinz Art. 48 EG, Rdn. 7 f.; a.A. neuerdings *Meilicke*, GmbHR 2003, 793, 798: „Nach dem *ausdrücklichen Wortlaut* des Art. 48 EGV steht das Niederlassungsrecht nicht nur nach dem Recht eines Mitgliedstaats gegründeten Gesellschaften, die also ihren satzungsmäßigen Sitz in dem Mitgliedstaat haben, *sondern auch nach dem Recht anderer Staaten errichteten Gesellschaften* zu, wenn sie ihre Hauptverwaltung oder ihre Hauptniederlassung innerhalb der Gemeinschaft haben."; a.A. noch *ders.*, RIW 1990, 449, 450; missverständlich sind insoweit auch die Ausführungen von *Ahrens*, RNotZ 2003, 388, 390: „Gemäß Art 48 II EG ist es so, dass die Niederlassungsfreiheit von Gesellschaften in Anspruch genommen werden kann, wenn sie ihren Sitz (Der EG spricht insoweit von Hauptverwaltung) in einem EG-Staat inne haben, aber auch nach dem Recht eines EG-Mitgliedstaats gegründet worden sind."; *Craig/De Búrca*, S. 793: "It is clear that, so long as a company is formed in accordance with the law of a Member State and has its registered office there *and* its principal place of business somewhere in the Community, it will be established in the first Member State within the meaning of the Treaty."; *Ebenroth/Eyles*, DB 1988, Beil. 2/88, 1, 13 f.; aufgreifend *Frenz/Grande*, GewArch 2003, 177, 180.

voraussetzungen selbst verschiedene Ansichten bestehen, geht es in der Diskussion doch hauptsächlich um den Normcharakter an sich. Ein Teil des Schrifttums entnimmt Art. 48 Abs. 1 EG kollisionsrechtlichen Gehalt. Welcher Normcharakter Art. 48 Abs. 1 EG tatsächlich zugrunde liegt, wird unter Berücksichtigung der *Überseering*-Rechtsprechung noch Gegenstand der Erörterung sein[206].

2. *Anerkennung als Voraussetzung von Niederlassungsfreiheit*

Für das Funktionieren einer identitätswahrenden Verwaltungssitzverlegung ist aus Sicht des Zuzugsstaats die *Anerkennung* der im Ausland gegründeten Gesellschaft entscheidend. Fraglich war jedenfalls bis zur Entscheidung *Überseering*, ob die Anforderungen an eine *Anerkennung* vom Gemeinschaftsrecht diktiert werden oder aber die mitgliedstaatlichen Rechte die Anerkennungsvoraussetzungen *autonom* festlegen können. Grund zur Annahme, dass die Anerkennungsfrage bis auf Weiteres den nationalen Rechtsordnungen überlassen bleibt, bot Art. 293 Spiegelstr. 3 Fall 1 EG. Hierin werden die Mitgliedstaaten aufgefordert, auf völkervertraglicher Ebene die gegenseitige Anerkennung von Auslandsgesellschaften zu regeln. In Deutschland entscheidet über die Anerkennung von ausländischen Gesellschaften allein das Internationale Gesellschaftsrecht. Ist die Gesellschaft nach der durch die Sitztheorie bestimmten Rechtsordnung rechtsfähig, so wird sie im Inland *als solche* anerkannt. Eines zusätzlichen staatlichen Anerkennungsakts fremdenrechtlicher Natur bedürfen Auslandsgesellschaften im Inland anders als beispielsweise in Frankreich nicht[207]. Auf welchem Verständnis der in Art. 293 Spiegelstr. 3 Fall 1 EG verwandte Begriff der „Anerkennung" beruht, kommt es aber dann nicht entscheidend an, wenn sich die Verpflichtung zur kollisions- und fremdenrechtlichen (Gleichbehandlung von in- und ausländischen Gesellschaften) Anerkennung bereits aus der Niederlassungsfreiheit (Art. 43, 48 EG) ergibt[208]. In diesem Fall wäre ein selbständiger Anwendungsbereich von Art. 293 Spiegelstr. 3 Fall 1 EG nicht eröffnet[209]. Der EuGH hat in der Entscheidung *Überseering* die Anerkennungsfrage eindeutig geklärt. Eine Pflicht zur Anerkennung ergäbe sich bereits aus dem Primärrecht (Art. 43, 48 EG). Ein Abkommen i.S.v. Art 293 Spiegelstr. 3 1. Fall EG sei daher nicht erforderlich. Der diesbezüglich entscheidende Satz des Urteils lautet: „Die Inanspruch-

---

206 Vgl. dazu S. 75 ff.

207 *Großfeld*, in: Staudinger IntGesR, Rdn. 167.

208 So bereits *Beitzke*, in: FS Luther, S. 1, 11 f.; *Deville*, RIW 1986, 298, 299; *Behrens*, RabelsZ 52 (1988), 498, 506 f.

209 *Beitzke*, in: FS Luther, S. 1, 11 f., *Drobnig*, in: Gemeinschaftsrecht, S. 185, 189-191, 201; *ders.*, ZHR 129 (1966/67), 93, 117-120.

nahme der Niederlassungsfreiheit setzt zwingend die Anerkennung dieser Gesellschaften durch alle Mitgliedstaaten voraus, in denen sie sich niederlassen wollen[210]."

3. *Revolution oder Altbekanntes?*

Fraglich ist indessen, ob diese zentrale Aussage des Gerichtshofs nicht bereits den zuvor ergangenen Urteilen des EuGH zur Niederlassungsfreiheit von Gesellschaften entnommen werden könnte. In diesem Fall wäre der Bedeutungsgehalt der von einigen Autoren als revolutionär bezeichneten *Überseering*-Entscheidung erheblich geschmälert.

a) *Kommission/Frankreich*

In der Rechtssache *Kommission/Frankreich* ging es nicht um die Versagung der Anerkennung ausländischer Gesellschaft im Inland[211]. Vielmehr wurden nach dem in Frankreich geltenden Finanzgesetz[212] Versicherungsgesellschaften mit Satzungssitz in Frankreich Steuervorteile eingeräumt. Zweigniederlassungen oder Agenturen von nach ausländischem Recht gegründeten Versicherungsgesellschaften kamen hingegen nicht in den Genuss dieser Steuervergünstigung. Der EuGH sah hierin eine nicht gerechtfertigte Beschränkung der sekundären Niederlassungsfreiheit. Die durch die Niederlassungsfreiheit gewährleisteten Sekundärniederlassungsformen (Agenturen, Zweigniederlassungen und Tochtergesellschaften) stünden gleichberechtigt nebeneinander. Das französische Steuerrecht, so der Gerichtshof, privilegiert indes ausschließlich Tochtergesellschaften (Tochtergesellschaften haben wegen der in Frankreich damals geltenden Sitztheorie [*siège réel*] zwangsläufig eine französische Rechtsform) ausländischer Versicherungsgesellschaften. Daher seien ausländische Gesellschaften unter Berücksichtigung des im Niederlassungsstaat geltenden Steuerrechts in ihrer Wahl der Niederlassungsform faktisch beschränkt[213].

---

210 EuGH, Urt. v. 5.11.2002 Rs. C-208/00 (*Überseering*), Slg. 2002, I-9965 (Tz. 59); so schon *Deville*, RIW 1988, 298, 299; a.A. auch nach *Überseering* noch *Kindler*, NJW 2003, 1073, 1075.

211 EuGH, Urt. v. 28.1.1986 Rs. 279/83 (*Kommission/Frankreich*), Slg. 1986, 273.

212 Art. 15 der Loi de Finances (Finanzgesetz) 1978 (Nr. 77-1467 v. 30.12.1977 = JORF 1977, S. 6316).

213 EuGH, Urt. v. 28.1.1986 Rs. 279/83 (*Kommission/Frankreich*), Slg. 1986, 305 (Tz. 22); vgl. auch EuGH, Urt. v. 29.4.1999 Rs. C-311/97 (*Royal Bank of Scotland*), Slg. 1999, I-2651 (Tz. 29-30); EuGH, Urt. v. 21.9.1999 Rs. C-307/97 (*Saint Gobain ZN*), Slg. 1999, I-6161 (Tz. 44); zur denkbaren Beschränkung der Wahlmöglichkeit sekundärer Niederlassungsformen durch das Steuerrecht im Staat der primären Niederlassung vgl. Schlussanträge GA *Maduro* v. 7.4.2005 Rs. 446/03 (*Marks & Spencer plc*), (Tz. 42-50).

b) *Segers*

In der Entscheidung *Segers* ging es ebenfalls nicht um die Anerkennung ausländischer Gesellschaften im Niederlassungsstaat[214]. In dieser Rechtssache hatte der Gerichtshof vielmehr über Frage zu entscheiden, ob der Geschäftsleiter (*director*) einer nach englischem Recht gegründeten Gesellschaft mit Zweigniederlassung in den Niederlande krankenversicherungsrechtlich anders als ein Geschäftsleiter einer niederländischen Kapitalgesellschaft behandelt werden darf. Nach dem niederländischen Krankenversicherungsrecht (*Ziektewet*) hätte der niederländische Staatsangehörige *Segers* als Geschäftsleiter nur dann als Arbeitnehmer eingestuft werden können, wenn die Gesellschaft ihren Satzungssitz in den Niederlande gehabt hätte, d.h. nach niederländischem Recht inkorporiert worden wäre. Der Gerichtshof sah, wie bereits zuvor in der Rechtssache *Kommission/Frankreich*, in der unterschiedlichen Behandlung von Auslandsgesellschaften einen Verstoß gegen die Niederlassungsfreiheit der englischen *Gesellschaft* begründet. Durch die Diskriminierung des Personals einer nach Art. 48 Abs. 1 EG niederlassungsberechtigten Gesellschaft werde mittelbar auch die Gesellschaft diskriminiert[215].

Nach Einbringung des Geschäftsbetriebs einer niederländischen Handelsgesellschaft in eine in England inkorporierte Gesellschaft (*Ltd.*) erfolgte die Eintragung einer Zweigniederlassung im niederländischen Handelsregister, über die sämtliche Geschäfte abgewickelt wurden. Fragen gesellschaftsrechtlicher Natur hatte der EuGH indes nicht zu klären, weil die englische Gesellschaft aufgrund der in den Niederlande geltenden Gründungstheorie in ihrer Gründungsgestalt anerkannt wurde[216]. Es war demnach nicht klärungsbedürftig, ob die Anerkennung ausländischer Gesellschaften im Inland durch die Niederlassungsfreiheit gewährleistet wird. Rückblickend lässt sich leicht vertreten, dass der EuGH bereits in *Segers* die Anerkennung ausländischer Gesellschaften als nach Art. 43, 48 EG gewährleistet ansah[217]. Der EuGH hatte das der Niederlassungsfreiheit immanente Anerkennungserfordernis *in casu* aber nicht auszusprechen[218]. Argumentieren ließe sich allenfalls wie folgt: Wenn bereits die krankenversicherungsrechtliche

---

214 *Ebke*, ZGR 16 (1987), 244, 250, 254; *ders.*, 22 Int'l Law. 191, 197 (1988); *Höfling*, S. 57-59; *Behrens*, RabelsZ 52 (1988), 498, 504, 520; *Ebenroth/Eyles*, DB 1988, Beil. 2/88, 1, 11; a.A. *Meilicke*, RIW 1990, 449, 450 dort Fn. 15; *Timmermans*, in: European Business, S. 129, 135; *Halbhuber*, S. 76-86; *ders.*, 38 CMLRev. 1385, 1387-1389 m.w.N. Fn. 5 (2001).

215 EuGH, Urt. v. 10.7.1986 Rs. 79/85 (*Segers*), Slg. 1986, 2387 f. (Tz. 14 f.) Der EuGH bezieht sich insofern auf das Allgemeine Programm v. 18.12. 1961 (Abl.EG Nr. 2 v. 15.1.1962, S. 6). Beschränkungen der Niederlassungsfreiheit stellen auch solche Vorschriften und Praktiken dar, die „das Recht auf Teilnahme an den Einrichtungen der sozialen Sicherheit, vor allem der Kranken-[versicherung] [...] verwehren oder beschränken." Vgl. zur *Segers*-Entscheidung *Wattel*, 32 CMLRev. 1263, 1264 (1995).

216 *Ebke*, JZ 1999, 656, 660.

217 Vgl. *Halbhuber*, S. 76 ff.

218 *Meilicke*, RIW 1990, 449, 450 dort Fn. 15.

Ungleichbehandlung des Organs einer ausländischen Kapitalgesellschaft mit Zweigniederlassung im Inland gegen die Niederlassungsfreiheit verstößt, dann gewährleistet die Niederlassungsfreiheit erst recht die Anerkennung der ausländischen Gesellschaft. Zwingend ist dieser Schluss allerdings nicht. So lässt sich vertreten, dass nur bei international-gesellschaftsrechtlicher Anerkennung ausländischer Gesellschaften die Anerkennung (Gleichbehandlung) dann auch in jedweder Hinsicht gewährleistet werden muss.

c) Daily Mail

Wie bereits erwähnt, gibt auch die Rechtssache *Daily Mail* keinen weiteren Aufschluss darüber, ob eine Auslandsgesellschaft aufgrund der Niederlassungsfreiheit im Inland zwingend anerkannt werden muss[219]. *Daily Mail* betraf ausschließlich das Verhältnis zwischen Gesellschaft und Gründungsstaat. Das Erfordernis der Anerkennung durch den Zuzugsstaat, *in casu* die Niederlande, war mithin nicht Streitgegenstand. Der EuGH artikuliert in seiner 21. Erwägung: „In Artikel 220 EWG-Vertrag ist, soweit erforderlich, der Abschluss von Übereinkommen unter den Mitgliedstaaten erforderlich, *um unter anderem die Beibehaltung der Rechtspersönlichkeit der Verlegung des Sitzes von einem Mitgliedstaat in einen anderen sicherzustellen*[220]." Damit nimmt der Gerichtshof ausdrücklich auf Art. 293 Spiegelstr. 3 Fall 2 EG und nicht Art. 293 Spiegelstr. 3 Fall 1 EG Bezug, der die *Anerkennung* ausländischer Gesellschaften beinhaltet[221]. Art. 293 Spiegelstr. 3 Fall 2 EG, der die „*Beibehaltung* der Rechtspersönlichkeit bei Verlegung des Sitzes von einem Staat in einen anderen" beinhaltet, regelt den Wegzugsfall[222].

---

219 *Drobnig*, in: Gemeinschaftsrecht, S. 185, 206; *Halbhuber*, S. 27-38; *Schanze/Jüttner*, AG 2003, 30, 33.

220 EuGH, Urt. v. 27.9.1988 Rs. 81/87 (*Daily Mail*), Slg. 1988, I-5512 (Tz. 21).

221 Dies übersehen *Ebenroth/Eyles*, DB 1989, 363, 372; *Knobbe-Keuk*, ZHR 154 (1990), 325, 332; *W.-H. Roth*, in: Systemwechsel, S. 47, 62; *Frenz/Grande*, GewArch 2003, 177, 181; *Rehberg*, The European Legal Forum 2004, 1 dort Fn. 9; *Kindler*, NJW 2003, 1073, 1074; offenbar auch *Behrens*, IPRax 2004, 20, 21; LG Stuttgart NJW-RR 2002, 463, 465.

222 Vgl. dazu oben S. 63 ff. Es lässt sich nicht überzeugend argumentieren, der EuGH habe indirekt die Versagung der Anerkennung durch den Zuzugsstaat mit der Niederlassungsfreiheit für vereinbar gehalten. Argumentieren ließe sich dahingehend aber wie folgt: Die identitätswahrende Verwaltungssitzverlegung ist als einheitlicher Niederlassungsvorgang anzusehen, der die Rechtsordnungen zweier Staaten betrifft. Aus der Aussage des EuGH - die Niederlassungsfreiheit Art. 43, 48 EG gewährt nationalen Gesellschaften nicht das Recht den Sitz ihrer Geschäftsführung unter Bewahrung ihrer Eigenschaft als Gesellschaft des Mitgliedstaats ihrer Gründung in einen anderen zu verlegen - könnte man schließen, dass weder der Wegzugsstaat die Beibehaltung der Rechtspersönlichkeit sicher zu stellen hat noch der Aufnahmestaat dazu verpflichtet ist, die Gesellschaft anzuerkennen. Eine solche Sicht liefe darauf hinaus, dass Art. 293 Spiegelstr. 3 Fall 2 EG den Art. 293 Spiegelstr. 3 1. Fall EG mitumfasst. Das widerspricht aber dem Aufbau von Art. 293 Spiegelstr. 3 EG. Der in seinen Fällen 1 und 2 den tatsächlich einheitlichen Vorgang der „Verwaltungssitzverlegung" rechtlich in zwei Verhältnisse unterteilt. In *Daily Mail* hatte sich der EuGH

d) *Centros*

Schließlich lässt sich auch dem *Centros*-Urteil nicht mit letzter Sicherheit entnehmen, ob die Niederlassungsfreiheit das Erfordernis der Anerkennung durch den jeweiligen Niederlassungsstaat zwingend voraussetzt[223]. Die beteiligten Mitgliedstaaten Großbritannien und Dänemark knüpfen nämlich das Gesellschaftsstatut nach der Gründungstheorie an. Damit war die Anerkennung der zuziehenden englischen Gesellschaft durch das Gesellschaftskollisionsrecht Dänemarks gewährleistet, was Rückschlüsse auf eine Fallkonstellation mit Beteiligung eines Sitztheoriestaats offen ließ[224].

e) *Stellungnahme*

Das niederlassungsrechtliche Erfordernis der Anerkennung EU-ausländischer Gesellschaften im Inland ist vor der Entscheidung *Überseering* in Ermangelung einer zwingenden Erforderlichkeit höchstrichterlich nicht eindeutig geklärt worden. In den Zuzugsfällen *Centros* und *Segers* wurde die Anerkennung bereits aufgrund geltendem Kollisionsrecht der betroffenen Niederlassungsstaaten gewährleistet. Vom Gerichtshof war lediglich zu entscheiden, ob die Anerkennung in einem vom Zuzugsstaat behaupteten Missbrauchsfall versagt werden kann (*Centros*) und inwiefern die Organe einer ausländischen Gesellschaft Geschäftsleitern inländischer Kapitalgesellschaften gleichzustellen sind (*Segers*). Zur Verunsicherung führte zudem die unglückliche Formulierung der 19. Erwägung im *Daily Mail*-Urteil: „Im Gegensatz zu natürlichen Personen werden Gesellschaften aufgrund einer Rechtsordnung, beim gegenwärtigen Stand des Gemeinschaftsrechts aufgrund einer nationalen Rechtsordnung, gegründet. *Jenseits* der jeweiligen Rechtsordnung, die ihre Gründung und ihre Existenz regelt, haben sie keine Realität.“ Selbst wenn man, wie *Brödermann* überzeugend darlegt, das Wort „*jenseits*“ nicht räumlich zu verstehen hat[225] und die Existenz einer Gesellschaft damit nicht unweiger-

---

nur mit dem Verhältnis zwischen dem Inkorporationsstaat und der Gesellschaft zu kümmern. Die beiden bereits angesprochenen Perspektiven einer Verwaltungssitzverlegung werden durch Art. 293 Spiegelstr. 3 Fall 1 EG (Anerkennung [„Zuzug“]) und Art. 293 Spiegelstr. 3 Fall 2 EG (Beibehaltung der Rechtspersönlichkeit [„Wegzug“]) dargestellt (vgl. hierzu auch die Erwägungen von *Halbhuber*, S. 38).

223 A.A. *Behrens*, IPRax 2000, 384, 387.

224 *Ebke*, JZ 1999, 656, 658 f.; *Kindler*, NJW 1999, 1993, 1996 f.; *ders.*, NJW 2003, 1073, 1074; *Görk*, GmbHR 1999, 793, 796; *Sonnenberger/Großerichter*, RIW 1999, 721, 726; zweifelnd *Schwarz*, NZG 2001, 613, 614; *Hofstötter*, ELR 2002, 450, 452; *Brand*, JR 2004, 89, 90; ebenso *Menjucq*, JCP II 10032 (2003), 362, 364 f.; *Davies*, S. 122; LG Potsdam IPRax 2001, 134; a.A. mit eingehender Begr. *v. Halen*, S. 97-118; *Zimmer*, ZHR 164 (2000), 23, 30-34; LG Kassel, Beschl. v. 23.8.2002 - 13 T 5/02 (nicht veröffentlicht); östOGH RIW 2000, 378 = IPRax 2000, 418 = EuZW 2000, 156.

225 *Brödermann*, Rdn. 213 ff.

lich an der Landesgrenze endet, darf der Einfluss des Niederlassungsstaats auf den Status der zugezogenen Gesellschaft (freilich auf sein Hoheitsgebiet begrenzt) nicht außer Betracht bleiben. Die Formulierung im *Daily Mail*-Urteil konnte durchaus so verstanden werden, dass für die Fortexistenz der ausländischen Gesellschaft mit Verwaltungssitz im Inland gleichsam zwei Bedingungen eintreten müssen: Die Gesellschaft muss einerseits nach ihrem Gründungsrecht fortbestehen und andererseits vom Recht des Aufnahmestaats anerkannt werden[226]. Der EuGH hat diese Unsicherheit offenbar erkannt und den Fall *Überseering* zum Anlass genommen, das Erfordernis der Anerkennung *durch alle Mitgliedstaaten* in unverrückbarer Deutlichkeit auszudrücken[227]. Hinzu kommt, dass der EuGH in *Daily Mail* in der Sache allein über die Europarechtskonformität von Unternehmensbesteuerungen zu entscheiden hatte und nur *obiter* zu im Fall nicht streitentscheidenden international-gesellschaftsrechtlichen Aspekten Stellung bezogen hat.

Als ein weiteres Argument, dass gegen eine unmittelbar aus Art. 43, 48 EG resultierende Anerkennungverpflichtung sprach, wurde die Existenz der nunmehr bedeutungslos gewordenen Regelung in Art. 293 Spiegelstr. 3 Fall 1 EG ins Feld geführt[228]. Vor der *Überseering*-Entscheidung bestand daher durchaus Grund dazu, die Nichtanerkennung als Beschränkung der Niederlassungsfreiheit am „Vier-Faktoren-Test" des EuGH zu messen[229]. Andere Stimmen in der Literatur erachteten hingegen die gemeinschaftsrechtliche Rechtfertigung unter der Prämisse der nicht vorbehaltlos geltenden primären Niederlassungsfreiheit für nicht erforderlich[230].

---

226 Eingeräumt wird dieser Aspekt auch von *Halbhuber*, 38 CMLRev. 1385, 1393 (2001). Dieses Verständnis von Existenz lag auch der Entscheidung *Paul v. Virginia* aus dem Jahre 1868 zugrunde. „The corporation being the mere creation of local law, can have no legal existence beyond the limits of the sovereignty where created [...]. Having no absolute right of recognition in other States, but depending for such recognition [...] upon their assent, it follows, as a matter of course, that such assent may be granted upon such terms and conditions as those States may think proper to impose."(*Paul v. Virginia*, 75 U.S. 168, 181 [1868]); ebenso der US-amerikanische Supreme Court 1839 in: *Bank of Augusta v. Earle*, 38 U.S. 518, 588 (1839): "[...] a corporation can have no legal existence out of the boundaries of the sovereingnty by which it is created. It exsists only in contemplation of law and by force of the law; and where that law ceases to operate, and is no longer obligatory, the corporation can have no legal exsistence." Die Anerkennung sei ein "voluntary act of the nation by which it is offerd." *Bank of Augusta v. Earle*, 38 U.S. 518, 589 (1839).

227 A.A. dennoch *Kindler*, NJW 2003, 1073, 1075.

228 *Freitag*, EuZW 1999, 267, 269; vgl. aus heutiger Sicht *Großerichter*, in: FS Sonnenberger, S. 369, 376 f.; a.A. *v. Halen*, S. 80; *Koch/Köngeter*, Jura 2003, 692, 695.

229 So früher schon *Ebke*, ZGR 16 (1987), 245, 256-264; *Ebenroth/Eyles*, DB 1988, Beil. 2/88, 1, 15; *Schanze/Jüttner*, AG 2003, 30, 32; *Schindler*, RdW 2003, 122, 123.

230 So früher *W.-H. Roth*, ZGR 29 (2000), 311, 323-326. Vgl. weitere Nachweise unten Fn. 234.

Der EuGH hat mit seinem in *Überseering* zum Ausdruck gebrachten Niederlassungsfreiheitsverständnis *uno actu* damit auch den in der Literatur seit langem währenden Streit zum Verhältnis zwischen Art. 43, 48 EG und Art. 293 Spiegelstr. 3 Fall 1 EG entschieden. Wenn die unmittelbar geltende Niederlassungsfreiheit die Anerkennung im Niederlassungsstaat zwingend voraussetzt, besteht kein Anlass mehr dazu, Art. 293 Spiegelstr. 3 EG beim derzeitigen Stand des Gesellschaftsrechts als Rechtssetzungsvorbehalt zu begreifen (Einschränkung der Geltung der Niederlassungsfreiheit). Noch kann Art. 293 Spiegelstr. 3 Fall 1 EG als Indiz dafür herangezogen werden, dass die Anerkennung von der Niederlassungsfreiheit nicht mit umfasst ist (Einschränkung der Reichweite der Niederlassungsfreiheit). Aufhänger des Streits war der Bedeutungsgehalt von Art. 293 EG[231]. Art. 293 EG fordert die Mitgliedstaaten *„soweit erforderlich"* u.a. dazu auf, die gegenseitige Anerkennung von Gesellschaften völkervertraglich sicherzustellen (Art. 293 Spiegelstr. 3 Fall 1 EG). Bis zur *Überseering*-Entscheidung waren die Meinungen darüber geteilt, was unter dem Tatbestandsmerkmal *„soweit erforderlich"* zu verstehen ist. Die Vertreter der Sitztheorie haben Art. 293 EG als Rechtfertigung für die Fortgeltung der mobilitätsfeindlichen Rechtsfolgen ihrer Kollisionsnorm herangezogen. Für die Vertreter der Gründungstheorie hatte Art. 293 EG dagegen stets die Bedeutung einer ergänzenden Norm, die die volle Entfaltung der Niederlassungsfreiheit keinesfalls hemmt. Mithin ging es bei dem geführten Streit erneut um den mitgliedstaatlichen Einfluss auf den Integrationsprozess im Binnenmarkt.

1. Meinungsstand in der Literatur

Eine stark vertretene Ansicht wies Art. 43, 48 EG zwar einen die Anerkennung umfassenden Gewährleistungsgehalt zu, machte dessen Geltung bezüglich Niederlassungsvorgängen *primärer* Natur aber von dem Abschluss eines Abkommens i.S.v. Art. 293 Spiegelstr. 3 Fall 1 EG abhängig[232]. *Erforderlich* sei ein derartiges Abkommen deshalb,

---

231 *Ebke*, ZGR 16 (1987), 250, 252.

232 *Großfeld* IPRax 1986, 351, 353; *Wymeersch*, in: Liber Amicorum Buxbaum, S. 629, 648-652; *Schwarz*, NZG 2001, 613, 615; *Ebenroth/Eyles*, DB 1988, Beil. 2/88, 1, 11-13; zweifelnd *Ebke*, ZGR 16 (1987), 250, 251 (*Ebke* legt seiner weiteren Analyse eine vorbehaltlose Anwendbarkeit der Art. 43, 48 EG zugrunde); *ders.*, 48 Am. J. Comp. L. 623, 639 (2000); *ders.*, JZ 1999, 656, 658. Klarstellend sei darauf hinzuweisen, dass es bei der Diskussion nicht um die „unmittelbare Anwendbarkeit", „unmittelbare Geltung" oder „unmittelbare Wirksamkeit" (die Begrifflichkeiten werden vom EuGH synonym verwandt) der Grundfreiheiten geht. (S. hierzu bereits EuGH, Urt. v. 5.2.1963 Rs. 26/62 [*N.V. Algemene Transport- en Expeditie Onderneming Van Gend & Loos/-Niederländische Finanzverwaltung*], Slg. 1963, 3; zur Niederlassungsfreiheit von natürlichen Personen vgl. EuGH, Urt. v. 21.6.1974 Rs. 2/74 [*Reyners*], Slg. 1974, 652 [Tz. 29-31]), sondern um einen Rechtssetzungsvorbehalt hinsichtlich der Niederlassungsfreiheit von Gesellschaften.

weil die strukturellen Unterschiede der mitgliedstaatlichen Rechtssysteme im Bereich des Gesellschaftsrechts *beim derzeitigen Stand des Gemeinschaftsrechts* noch zu groß seien[233]. Nach dieser Auffassung stellt die Regelung in Art. 293 EG einen Rechtssetzungsvorbehalt dar. Was zur Folge habe, dass sich die beschränkenden Wirkungen der Sitztheorie nicht an der Niederlassungsfreiheit messen lassen müssten[234]. Zum gleichen Ergebnis gelangen diejenigen, die die Anerkennungspflicht als nicht von der Reichweite der Niederlassungsfreiheit erfasst ansehen und schon deshalb ein Abkommen auf mitgliedstaatlicher Ebene für *erforderlich* erachten[235].

Die entgegengerichtete Ansicht hält dagegen die Niederlassungsfreiheit trotz Art. 293 EG für uneingeschränkt anwendbar. Zwischen Art. 293 und Art. 43, 48 bestehe kein Spezialitätsverhältnis. Art. 293 EG habe einen rein ergänzenden Charakter und wolle das Harmonisierungziel hinsichtlich der nationalen Gesellschaftsrechte definieren[236]. Die in Art. 293 Spiegelstr. 3 EG angeregten Abkommen sollten die Niederlassungsfreiheit nicht einschränken, sondern dort unterstützen, wo Art. 43, 48 EG an ihre Grenzen stoßen[237]. Nach diesem Verständnis geht der Angleichungsdruck von der uneingeschränkt geltenden Niederlassungsfreiheit aus[238].

---

233 *Ebke*, RabelsZ 62 (1998), 195, 208-210; *Görk*, GmbHR 1999, 793, 797; *Ebenroth/Eyles*, DB 1988, Beil. 2/88, 1, 12.; ähnlich *W.-H. Roth*, ZEuP 1994, 5, 19, 22 (fehlende unmittelbare Anwendbarkeit aufgrund der *Daily Mail*-Rspr.).

234 *Basedow*, in: Systemwechsel, S. 19, 36-38; *Eyles*, S. 353, 354: „Aus dieser Grundsatzentscheidung [Daily Mail] ist indes zu folgern, daß der Gerichtshof bezüglich der korporativen Niederlassungsfreiheit primärer Form, den mit der *„Reyners“* Entscheidung eingeschlagenen Weg derzeit noch nicht zu beschreiten gedenkt.“; *W.-H. Roth*, ZGR 29 (2000), 311, 322-326; *ders.*, in: Systemwechsel, S. 47, 62; *Großfeld* IPRax 1986, 351, 353; *Ebenroth/Eyles*, DB 1989, 413-417; differenzierend *Ebke*, RabelsZ 62 (1998), 195, 208 (Beschränkungen müssen den europäischen Rechtfertigungstest bestehen); so bereits *Ebke*, ZGR 16 (1987), 245, 256-258.

235 Zu diesem Ergebnis gelangen i.E. all diejenigen, die einen Vorrang des nationalen Gesellschaftskollisionsrechts gegenüber der Niederlassungsfreiheit postulieren. S. z.B. *Kindler*, NJW 2003, 1073, 1074; *ders.* IPRax 2003, 41, 43; *ders.* NJW 1999, 1993, 1996 f.; *Sonnenberger/Großerichter*, RIW 1999, 721, 726 f.; *Klinke* ZGR 22 (1993), 1, 7 („Niederlassungsfreiheitsresistenz“).

236 *Schwartz*, in: v.d.Groeben/Thiesing/Ehlermann Art. 220 EGV, Rdn. 6-8, 41 ff.: „Er [Art. 220 EG] kann daher weder die Reichweite oder die unmittelbare Anwendbarkeit der Grundfreiheiten noch die Ermächtigung der Organe zur Rechtsangleichung einschränken.“; *Timmermans*, RabelsZ 48 (1984), 1, 12-20; *Behrens*, RabelsZ 52 (1988), 499, 505-507; *Beitzke*, in: FS Luther, S. 1, 11 f.: „Soweit Niederlassungsfreiheit vereinbart ist, kommt einer zusätzlichen Anerkennungsregelung keine selbstständige Bedeutung, sondern vorzugsweise eine Bestätigungs- und Hilfsfunktion zu, vor allem um den Rahmen der anzuerkennenden Gesellschaften und juristischen Personen genauer abzustecken.“; *Drobnig*, ZHR 129 (1966/1967), 101, 104 f.; *Randelzhofer/Forsthoff*, in: Grabitz/Hilf Art. 48 EGV, Rdn. 31; *Terlau*, S. 160 ff.; *Kruse*, S. 73 ff.; *Freitag*, EuZW 1999, 267, 269; *Koppensteiner*, in: FS Lutter, S. 141, 144; *Schön*, in: FS Lutter, 685, 695 f.; (unter Hinweis auf den *effet utile*); *ders.*, ZHR 160 (1996), 221, 244 f.

237 *Timmermans*, RabelsZ 48 (1984), 1, 38; *Knobbe-Keuk*, DB 1990, 2573, 2579 f.; *Schön*, in: FS Lutter, S. 685, 701: „Auch sollen die Abkommen nach Art. 293 EG die umittelbare Wirkung der Niederlassungsfreiheit nicht einschränken, sondern unterstützen.“; *Eidenmüller*, ZIP 2002, 82, 83; *Drobnig*, in: Gemeinschaftsrecht, S. 185, 186; nach *Überseering*: *Großerichter*, DStR 2003, 159, 164; *Leible/Hoffmann*, RIW 2002, 925, 927; *Leible*, in: Streinz Art. 293 EGV, Rdn. 17.

238 A.A. *Eyles*, S. 354.

Die *Überseering*-Entscheidung basiert auf dem von den Vertretern der Gründungstheorie vorgetragenen Verständnis[239]. Die Verwirklichung der Niederlassungsfreiheit, so der EuGH, ist weder von dem Abschluss eines Anerkennungsübereinkommens i.S.v. Art 293 Spiegelstr. 3 Fall 1 EG noch von einer in Art. 44 EG vorgesehenen Harmonisierungsrichtlinie abhängig[240]. Ein Übereinkommen nach Art 293 EG sei nur in Fällen *erforderlich*, in denen die Bestimmungen des EG-Vertrags nicht selbst die Erreichung der Vertragsziele ermöglichten[241]. Die Niederlassungsfreiheit gewährleiste das Recht zur Aufnahme und Ausübung selbstständiger Erwerbstätigkeiten sowie zur Errichtung von Unternehmen, wobei Gesellschaften i.S.v. Art. 48 EG ebenso von der Niederlassungsfreiheit profitierten[242]. Damit stehe aber zugleich fest, dass die niederlassungsrechtlich ausgelöste Anerkennungsverpflichtung weder von einem Anerkennungsabkommen der Mitgliedstaaten i.S.v. Art. 293 Spiegelstr. 3 Fall 1 EG noch von RL der Kommission i.S.v. Art. 44 EG abhängig gemacht werden könne.

Den zuvor ergangenen Entscheidungen zur Niederlassungsfreiheit von Gesellschaften lässt sich ein dahin gehender Schluss, wie bereits zur Frage der Anerkennung, nicht mit der hierfür wünschenswerten Klarheit entnehmen. In der Entscheidung *Kommission/Frankreich*[243] hatte sich der EuGH mit der Bedeutung von Art. 293 Spiegelstr. 2 EG für die Niederlassungsfreiheit zu beschäftigen[244]. Der EuGH ließ die Niederlassungsfreiheit trotz mangelnder Angleichung im Steuerrecht in ihrem Anwendungsumfang unberührt[245]. Zudem war es nach Ansicht des Gerichtshofs mit der Niederlassungsfreiheit unvereinbar, eine steuerliche Ungleichbehandlung von Zweigniederlassungen ausländischer Gesellschaften auf ein von Frankreich und anderen Mitgliedstaaten unterzeichnetes DBA zu stützen[246].

Das *Daily Mail*[247] Urteil beschäftigt sich inhaltlich ausschließlich mit Art. 293 Spiegelstr. 3 Fall 2 EG, der ein Abkommen über die *Beibehaltung der Rechtspersönlichkeit* bei Verlegung des Sitzes von einem Staat in den anderen Mitgliedgliedsstaat anregt[248]. Hinweise zum Bedeutungsgehalt von Art. 293 Spiegelstr. 3 Fall 1 EG lassen

239 EuGH, Urt. v. 5.11.2002 Rs. C-208/00 (*Überseering*), Slg. 2002, I-9963 ff. (Tz. 53-60); vgl. auch EuGH, Urt. v. 11.7.1985 Rs. 137/84 (*Ministère public/Robert Heinrich Maria Mutsch*), Slg. 1985, 2694 (Tz. 11).

240 EuGH, Urt. v. 5.11.2002 Rs. C-208/00 (*Überseering*), Slg. 2002, I-9964 (Tz. 55).

241 EuGH, Urt. v. 5.11.2002 Rs. C-208/00 (*Überseering*), Slg. 2002, I-9964 (Tz. 54).

242 EuGH, Urt. v. 5.11.2002 Rs. C-208/00 (*Überseering*), Slg. 2002, I-9964 (Tz. 56).

243 EuGH, Urt. v. 21.8.1986 Rs. 270/83 (*Kommission/Frankreich*), Slg. 1986, 273.

244 Hierzu ausführlich *Ebke*, ZGR 16 (1987), 244, 250-253.

245 EuGH, Urt. v. 21.8.1986 Rs. 270/83 (*Kommission/Frankreich*), Slg. 1986, 305 f. (Tz. 23-24).

246 EuGH, Urt. v. 21.8.1986 Rs. 270/83 (*Kommission/Frankreich*), Slg. 1986, 307 (Tz. 26).

247 EuGH, Urt. v. 27.9.1988 Rs. 81/87 (*Daily Mail*), Slg. 1988, I-5483.

248 Das übersehen *Ebenroth/Eyles*, DB 1989, 363, 372: „Hinzu komme, daß derzeit weder ein Übereinkommen nach Art. 220 3. Spiegelstr. über die Anerkennung und Sitzverlegung bei Gesellschaf-

sich daher weder in die eine noch die andere Richtung entnehmen. In der Rechtssache *Centros*[249] blieb Art. 293 Spiegelstr. 3 EG gänzlich unerwähnt, was neben der fehlenden Bezugnahme auf die Entscheidung *Daily Mail* zu den unterschiedlichsten Deutungen in der Literatur führte[250]. Man könnte nun argumentiern, dass der Gerichtshof in *Centros* nicht über Anerkennungsfragen zu befinden hatte und daher eine Auseinandersetzung mit dem Bedeutungsgehalt von Art. 293 Spiegelstr. 3 Fall 1 EG nicht notwendig war. Gleichwohl weist der Gerichtshof in seiner 28. Erwägung darauf hin, dass die Gewährleistungen der Niederlassungsfreiheit nicht von einem „voll harmonisierten“ Gesellschaftsrecht abhängig gemacht werden können[251]. Diese Aussage kann als Indiz für eine rein ergänzende Bedeutung von Art. 293 Spiegelstr. 3 Fall 1 EG angesehen werden, zumal Art. 293 EG in *Centros* vom EuGH überhaupt keine Erwähnung fand. Da die Entscheidungen *Centros* und *Segers* die *sekundäre* Niederlassungsfreiheit betrafen, lag jedenfalls die Erklärung nahe, nur diese sei ohne ein weiteres Abkommen gewährleistet[252]. Aber auch für den Fall, dass man *Centros* Aussagen zur Gewährleistung primärer

---

ten existiere, [...].“; *Knobbe-Keuk*, ZHR 154 (1990), 325, 332; wohl auch *Basedow*, in: Systemwechsel, S. 19, 38; *Frenz/Grande*, GewArch 2003, 177, 181.

249 EuGH, Urt. v. 9.3.1999 Rs. C-212/97 (*Centros*), Slg. 1999, I-1459.

250 In der Wissenschaft haben sich im wesentlichen drei Lösungswege entwickelt, die versuchen den vermeintlichen Widerspruch der beiden Entscheidungen aufzulösen. (1) *Daily Mail* lag ein Sachverhalt primärer Niederlassungsfreiheit zugrunde. Hingegen sah der EuGH in *Centros* die sekundäre Niederlassungsfreiheit als einschlägig: so etwa *Ebke*, JZ 1999, 656, 658; *Zimmer*, ZHR 164 (2000), 1, 33 f.; *Steindorff*, JZ 1999, 1140, 1141; *v. Halen*, S. 164; *Schwarz*, NZG 2001, 613, 614; *Koppensteiner*, in: FS Lutter, S. 141, 142; unentschieden *W.-H. Roth*, ZGR 29 (2000), 311, 326 f. (2) *Daily Mail* betraf die Möglichkeit der Niederlassungsfreiheitsbeschränkung durch den Herkunftsstaat, *Centros* hingegen die Beschränkung durch den Aufnahmestaat: vor der *Centros* Entscheidung so *Everling*, DB 1990, 1853, 1856 Fn 24; *Meilicke*, RIW 1990, 449, 450; nach der *Centros* Entscheidung: *Schön*, in: FS Lutter, 685, 702 f.; *Forsthoff*, EuR 35 (2000), 167, 182; *Dautzenberg*, FR 1999, 451, 452; *Goettsche*, DStR 1999, 1403, 1405; *Halbhuber*, 38 CMLRev. 1385, 1395-1399 (2001); *Meilicke*, DB 1999, 627, 628; *Hammen*, WM 1999, 2487, 2492; OLG Hamm NZG 2001, 562; OLG Düsseldorf NZG 2001, 506. Diese Ansicht wird von GA *Colomer* in den Schlussanträgen zur Rechtssache *Überseering* explizit abgelehnt und als verfehlt dargestellt (vgl. Schlussanträge GA *Colomer* v. 4.12.2001 Rs. C-208/00 [*Überseering*], Slg. 2002, 9931 f. [Tz. 36-38]). (3) Schließlich wurde dem *Centros*-Urteil ein verdecktes *overruling* der *Daily Mail*-Entscheidung entnommen. *Craig/De Búrca*, S. 799; *Kieninger*, ZGR 28 (1999), 724, 738 f.; *Behrens*, IPRax 1999, 323, 326, 330; *Freitag*, EuZW 1999, 267, 269; *Sandrock*, BB 1999, 1337, 1340 f.

251 EuGH, Urt. v. 9.3.1999 Rs. C-212/97 (*Centros*), Slg. 1999, I-1493 (Tz. 28); s. hierzu *Ebke*, JZ 1999, 656, 661; *Knapp*, DNotZ 2003, 85, 87; so bereits der EuGH zur Niederlassungsfreiheit natürlicher Personen (EuGH, Urt. v. 21.6.1974, Rs. 2/74 [*Reyners*], Slg. 1974, 652 [Tz. 29-31]).

252 *Ebke*, JZ 1999, 656, 658; *Brödermann*, Rdn. 268; *Wymeersch*, in: Liber Amicorum Buxbaum, S. 629, 650 f.; *Eyles*, S. 354; *Görk*, GmbHR 1999, 793, 796 f. Bei vorbehaltsloser Gewährung sekundärer Niederlassungsfreiheit, müsste dann aber im Zuge der *Centros*-Entscheidung auch eine Zweigniederlassung eingetragen werden, die nach nationalem Verständnis den Verwaltungssitz der Gesellschaft darstellt. Die Nichtanerkennung der Rechtsfähigkeit einer von der sekundären Niederlassungsfreiheit Gebrauch machenden Gesellschaft würde die vorbehaltlos eingeräumte sekundäre Niederlassungsfreiheit beschneiden, wenn man, wie es der EuGH in *Überseering* zum Ausdruck gebracht hat, die Anerkennung als Voraussetzung der Niederlassungsfreiheit begreift [vgl. hierzu *Kieninger*, ZGR 28 (1999), 721, 738; a.A. *Walden*, S. 254 f.].

Niederlassungsfreiheit entnehmen will[253], war damit noch nicht geklärt, ob sich die im *Centros*-Urteil getroffenen Aussagen auf den gesamten EU-Bereich übertragen lassen[254]. Schließlich war die Centros Ltd. mit Eintragung im englischen Handelsregister vom IPR beider Staaten aus betrachtet wirksam als nach englischem Recht gegründete Gesellschaft entstanden und damit auch ohne Abkommen anerkennungsfähig[255].

B. Folge: Das nationale IPR ist nicht „niederlassungsfreiheitsresistent"

Aus dem niederlassungsrechtlichen Erfordernis vorbehaltloser Anerkennung ausländischer Gesellschaften im Inland lassen sich auch Schlussfolgerungen hinsichtlich des dogmatischen Gehalts der in Art. 48 EG enthaltenen „Verweisungsnorm" ableiten, die im nachstehenden Abschnitt näher erörtert werden sollen.

I. Art. 48 Abs. 1 EG (erste Voraussetzung)

Die *Daily Mail*-Entscheidung wird in der Literatur vielfach als Bekräftigung dafür angeführt, dass es sich bei Art. 48 Abs. 1 EG um eine gemeinschaftsrechtliche, rangkollisionsrechtliche Gesamtnormverweisung auf das Recht im Forumstaats handele. Das im Forumstaat geltende Recht entscheide darüber, welches Sachrecht über das Vorliegen einer wirksam gegründeten Gesellschaft i.S.v. Art. 48 EG entscheide. Dagegen wird von den Vertretern der Gründungstheorie dem Art. 48 Abs. 1 EG verschiedentlich eine international-privatrechtliche Gesamtnormverweisung auf das Recht des Gründungsstaats entnommen. Hiernach wäre immer das Gesellschaftskollisionsrecht des Gründungsstaats für das auf eine Gesellschaft anwendbare Sachrecht maßgeblich[256]. Darüber hinaus besteht innerhalb der letztgenannten Gruppierung Streit darüber, ob es sich bei Art. 48 Abs. 1 EG um eine Gesamtverweisung auf das Recht des Gründungsstaats allein

---

253 *Mülbert/Schmolke*, ZVglRWiss 100 (2001), 233, 242; *Goettsche*, DStR 1999, 1403, 1406. Andere Autoren formulieren zurückhaltender und sprechen vom faktischen Vorliegen einer primärer Niederlassung so z.B. *Leible*, NZG 1999, 300, 301; *Zimmer*, ZHR 164 (2000), 23, 33 f.; *Thorn*, IPRax 2001, 102, 105; *Höfling*, S. 65-67; *Freitag*, EuZW 1999, 267, 269.

254 *Ebke*; JZ 1999, 656, 658; *W.-H. Roth*, 52 ICLQ 177, 190 (2003); *Habersack*, Rdn. 13; *Kindler*, NJW 1999, 1993, 1996-1999; *Lange*, DNotZ 1999, 599, 606 f.; *Görk*, GmbHR 1999, 793, 796; mit Bedenken *Schurig*, in: Liber Amicorum Kegel, S. 199, 210 f.: „Ob der EuGH dieses Schlupfloch lange offen lassen wird, ist - bei aller Sympathie für diesen Ansatz - mehr als fragwürdig."; a.A. *Forsthoff*, EuR 35 (2000), 167, 181. *Forsthoff* hält einer unterschiedlichen gemeinschaftsrechtlichen Würdigung des Sachverhalts („Gründung einer Zweigniederlassung") je nach dem, ob die beteiligten Staaten der Gründungs- oder Sitztheorie folgen, den Grundsatz der einheitlichen Tragweite des Gemeinschaftsrechts entgegen; *v. Halen*, S. 119-126; *Halbhuber*, S. 62-64.

255 *Görk*, GmbHR 1999, 793, 796; a.A. *Mülbert/Schmolke*, ZvglRWiss 100 (2001), 233, 250-252.

256 Vgl. *Drobnig*, in: Gemeinschaftsrecht, S. 192-196; *Behrens*, IPRax 1999, 323, 329 f.; *ders.* IPRax 2003, 193, 201; *Leible/Hoffmann*, RIW 2002, 925, 930-934.

bezüglich der Frage der wirksamen *Gründung* (so der Wortlaut) oder aber auch bezüglich des *Bestehens* (Fortexistenz) handelt[257]. Schließlich wird Art. 48 Abs. 1 EG eine Verweisung auf die im Gründungsstaat geltenden Gründungsvoraussetzungen entnommen (Sachnormverweisung)[258]. Kern der geführten Diskussion ist letztlich die Frage, wann eine *nach dem Recht eines Mitgliedstaats gegründete Gesellschaft* i.S.v. Art. 48 Abs. 1 EG (erste Voraussetzung) vorliegt, d.h. welche Rechtsordnung hierüber zu befinden hat.

1. Gesamtnormverweisung

Die Einordnung von Art. 48 Abs. 1 EG als Gesamtnormverweisung hat zur Folge, dass kollisionsrechtlich bestimmt wird, ob eine *nach mitgliedstaatlichem Recht gegründete Gesellschaft* vorliegt. Ein Teil dieser Auffassung begreift Art. 48 Abs. 1 EG dabei als eine Verweisung auf das Kollisionsrecht des Gerichtsstaats (rangkollisionsrechtliche Gesamtnormverweisung). Von Gründungstheorieverfechtern wird Art. 48 Abs. 1 EG dagegen eine Gesamtverweisung auf das Recht des Gründungsstaats entnommen (international-privatrechtliche Gesamtnormverweisung)[259].

a) Rangkollisionsrechtliche Verweisung

Die „Unantastbarkeit"[260] des nationalen Gesellschaftskollisionsrechts ergibt sich für *Kindler* in einem ersten Schritt daraus, dass das Gemeinschaftsrecht „hinkende"[261] Gesellschaften hinnehme. Hinkende Gesellschaften sind solche, die in einigen Mitgliedstaaten als existent, in anderen hingegen als Folge ihrer Nichtanerkennung im Inland als inexistent erachtet werden[262]. Es sei Aufgabe des mitgliedstaatlichen IPR, darüber zu

257 S. dazu *Behrens*, IPRax 1999, 323, 330; a.A. *Randelzhofer/Forsthoff*, in: Grabitz/Hilf Art. 48 EGV, Rdn. 11 f.; *Forsthoff*, EuR 35 (2000), 167, 173 f.

258 *Brödermann*, Rdn. 121-152 (*alternative* Sachnormverweisung); *Randelzhofer/Forsthoff*, in: Grabitz/Hilf Art 48 EGV, Rdn. 18; *Forsthoff*, EuR 35 (2000), 167, 174, 178 f.

259 S. zum Meinungstand *Brödermann*, Rdn. 119 ff., 123.

260 *W.-H. Roth* ZGR 29 (2000) 311, 327; *ders.*, in: Systemwechsel, S. 47, 62, *W.-H. Roth* sieht die Immunität der Anknüpfungspunkte gegen die Niederlassungsfreiheit nicht, wie z.B. *Kindler*, im Charakter von Art. 48 Abs. 1 EG begründet, sondern durch die Aussagen des EuGH in *Daily Mail* (Slg. 1988, I-5512 [Tz. 21 S. 2]). Hieraus ergebe sich, dass die primäre Niederlassungsfreiheit von Gesellschaften keine unmittelbare Anwendung finde; vgl. auch *W.-H. Roth*, in: GS Lüderitz, S. 635, 638-646; *ders.*, ZEuP 1994, 5, 19, 22.

261 *Großfeld*, in: Staudinger IntGesR, Rdn. 55.

262 *Kindler* NJW 2003, 1073, 1074; IPRax 2003, 41, 43; *ders.* NJW 1999, 1993, 1996 f; a.A. *Randelzhofer/Forsthoff*, in: Grabitz/Hilf Art. 48 EGV, Rdn. 18; vgl. zum Grundsatz der einheitlichen Tragweite des Gemeinschaftsrechts vgl. *Nettesheim*, in: GS Grabitz, S. 447-468.

entscheiden, ob ein Gebilde überhaupt Träger der Niederlassungsfreiheit ist[263]. Eine Gesellschaft, die nach dem kollisionsrechtlich berufenem Sachrecht nicht besteht, sei nicht Niederlassungsfreiheitssubjekt[264]. Die Frage nach welchem Sachrecht sich die Gründung einer Gesellschaft beurteilt, werde dem Gesellschaftskollisionsrecht des Mitgliedstaats anheim gestellt, gegenüber dem sich die Gesellschaft auf die Niederlassungsfreiheit berufe. Diese Ansicht beruht auf einem rangkollisionsrechtlichen Verständnis des Internationalen Gesellschaftsrechts[265]. Hiernach bestimmt das nationale IPR über die Staatszugehörigkeit einer Gesellschaft und hat somit entscheidenden Einfluss darauf, ob eine wirksam gegründete Gesellschaft i.S.v. Art. 48 Abs. 1 EG vorliegt[266].

Zusammenfassend lässt sich die Aussage treffen, dass die Eröffnung des personellen Anwendungsbereichs der Niederlassungsfreiheit von Gesellschaften unter dem Vorbehalt ihrer kollisionsrechtlicher Anerkennung steht. Art. 48 Abs. 1 EG stellt nach diesem Verständnis weder eine das nationale Gesellschaftskollisionsrecht verdrängende Kollisionsnorm dar noch beeinflusst sie das nationale Gesellschaftskollisionsrecht in irgend einer Weise. Die Niederlassungsfreiheit kann nach diesem Verständnis ausschließlich fremdenrechtliche Bedeutung haben. Als fremdenrechtliche Norm könnte sie besondere aufsichts- oder eingriffsrechtliche Regelungen des Niederlassungsstaats für Auslandsgesellschaften untersagen[267]. Diese Meinung war seither zu Recht Kritik ausgesetzt[268]. Sie missachtet nämlich den *Vorrang* des Gemeinschaftsrechts vor dem nationalen Kollisionsrecht.

---

263 *Kindler* NJW 2003, 1073, 1074; *ders.*, IPRax 2003, 41, 43; *ders.*, NJW 1999, 1993, 1996 f.: „Internationales Gesellschaftsrecht geht vor Niederlassungsfreiheit."; *ders.*, RIW 2000, 649, 651; *Frenz/Grande*, GewArch 2003, 177, 178: „Die Anerkennung von Gesellschaften bestimmt sich nach dem IPR des Aufnahmestaats."; *Ebert*, BB 2003, 1854, 1858: „Das nationale Kollisionsrecht der Mitgliedstaaten geht (noch) der gemeinschaftsrechtlichen Niederlassungsfreiheit vor."; *Merkt*, RabelsZ 59 (1995), 545, 563; *Mülbert/Schmolke*, ZvglRWiss 100 (2001), 233, 250-252; zweifelnd *Sonnenberger/Großerichter*, RIW 1999, 721, 725 f. *De lege ferenda* nehmen die Autoren von dem gefundenen Ergebnis Abstand, da es nicht rechtmäßig sein könne, dass „der liberalere Gesetzgeber bestraft, der reglementierende dagegen belohnt" werde; *Ebenroth/Eyles*, DB 1988 Beil. 2/88, 1, 10-13; implizit auch BayObLGZ 1998, 195 = NZG 1998, 936 = DB 1998, 2318, 2319; BayObLGZ 1992, 113.

264 Kritisierend *Zimmer* ZHR 164 (2000), 23, 31-34; *v. Halen*, EWS 2002, 107, 113.

265 S. zum Rangkollisionsrecht zwischen staatlichem und supranationalem Recht *Klinke*, in: Liber Amicorum Kegel, S. 1-15.

266 *Kindler* NJW 1999, 1993, 1997; *Merkt*, RabelsZ 59 (1995), 545, 563; bedauernd *v. Bar*, IPR Bd. II, Rdn. 633.

267 Vgl. *Ebenroth/Eyles*, DB 1988, Beil. 2/88, 1, 10.

268 *Drobnig*, ZHR 129 (1966/67), 93, 102, 117: „Tatsächlich kann es nicht in der Absicht des Vertrages liegen, den Vertragsstaaten autonome Regeln über die Anerkennung in der Hand zu lassen, mit denen sie die gemeinschaftsrechtlich geordnete Niederlassungsfreiheit für Gesellschaften indirekt aus den Angeln heben könnten. Der Vertrag hat vielmehr in diesem Punkte die traditionellen Regeln der nationalen Kollisionsrechte außer Kraft gesetzt; er weicht nicht etwa vor ihnen zurück."; *Schön*, in: FS Lutter S. 685, 701; *Knobbe-Keuk*, ZHR 154 (1990), 325, 342-345; *Brödermann*, Rdn. 139, Rdn. 127: „Mit Hilfe des IPR können Gesellschaften allenfalls „aner-

b) *International-privatrechtliche Gesamtnormverweisung*

Im Zuge der *Centros*-Entscheidung entnimmt *Behrens* Art. 48 Abs. 1 EG (erste Voraussetzung) ein dem oben vorgestellten Normverständnis gegenläufigen Inhalt. Bei Art. 48 Abs. 1 EG handele sich um eine international-gesellschaftsrechtliche Anerkennungsnorm. Diese zwinge die Mitgliedstaaten, die nach dem Recht eines anderen Mitgliedstaats gegründeten Gesellschaften, als Rechtssubjekt im Inland anzuerkennen[269]. Art. 48 Abs. 1 EG verweise auf das Gesellschaftskollisionsrecht des Gründungsstaats, dass seinerseits über das anwendbare Sachrecht zu befinden habe[270]. Art. 48 Abs. 1 EG enthalte aber nicht nur eine Verweisung für die Frage der *Gründung*. Zudem werde auch für die Frage der *Fortexistenz* der Gesellschaft auf das Gründungsrecht verwiesen[271]. Diesem Verständnis folgend wäre Art. 48 Abs. 1 EG wie folgt zu lesen: „Für die Anwendung dieses Kapitels stehen die nach den Rechtsvorschriften eines Mitgliedstaats gegründeten [*und bestehenden*] Gesellschaften, die ihren satzungsmäßigen Sitz, ihre Hauptverwaltung oder ihre Hauptniederlassung innerhalb der Gemeinschaft haben, den natürlichen Personen gleich, die Angehörige der Mitgliedstaaten sind."

Wegen des niederlassungsrechtlichen Erfordernisses, alle gesellschaftsrechtlichen Belange nach dem Recht des Inkorporationsstaats zu beurteilen, müsse Art. 48 Abs. 1 EG umfassende kollisionsrechtliche Bedeutung zugewiesen werden[272]. Nur mit Hilfe einer umfassenden Verweisung auf das Gründungsrecht könne sichergestellt werden, dass der gesamte Lebenszyklus juristischer Personen allein den Vorschriften des Gründungsstaats unterliegt. Nach Ansicht von *Behrens* verdrängt Art. 48 Abs. 1 EG das nationale Kollisionsrecht für die Beurteilung EU-ausländischer Gesellschaften vollkommen[273]. Art. 48 Abs. 1 EG ist nach diesem Verständnis *selbst* eine Kollisionsnorm[274].

---

kannt", nicht aber „gegründet" werden."; *Randelzhofer/Forsthoff*, in: Grabitz/Hilf Art. 48 EGV, Rdn. 18 f.; *Forsthoff*, EuR 35 (2000), 167, 177-188.

269 *Behrens* IPRax 1999, 323, 329 f.; *Eidenmüller*, ZIP 2002, 2233, 2241 („kollisionsrechtliches Herkunftslandprinzip"); *Dautzenberg*, FR 1999, 451, 452; *Forsthoff*, EuR 35 (2000), 167, 189 f.; zuvor schon *Timmermans*, RabelsZ 48 (1984), 1, 38 f.; *Drobnig*, in: Gemeinschaftsrecht, S. 185, 192-196. Teilweise bringen die Autoren nicht hinreichend klar zum Ausdruck, ob Art. 48 EG das nationale Kollisionsrecht verdrängt oder aber nur kollisionsrechtliche Wirkungen entfaltet, die wiederum eine Anpassung des Internationalen Gesellschaftsrechts erforderlich machen; *Straube/Ratka*, ÖZW 2003, 34, 42.

270 *Behrens* IPRax 1999, 323, 330.

271 *Behrens*, IPRax 1999, 323, 330: „Dies ergibt sich daraus, daß der EuGH Art. 48 [ex Art. 58] EG nunmehr klar als internationalgesellschaftsrechtliche Anerkennungsnorm interpretiert, d.h. als Kollisionsnorm, die für die Frage der Existenz einer Gesellschaft auf das Recht des Gründungsstaats verweist."; *Halbhuber*, S. 214; dagegen *Forsthoff*, EuR 35 (2000), 167, 173 f.; *Randelzhofer/Forsthoff*, in: Grabitz/Hilf Art. 48 EGV, Rdn. 11 f.; *Brödermann*, Rdn. 255.

272 *Behrens* IPRax 1999, 323, 329 f.

273 Ähnlich nach *Überseering*: *Leible/Hoffmann*, RIW 2002, 925, 930-934, *dies.*, NZG 2003, 259, 260; *dies.*, ZIP 2003, 925, 926; *Straube/Ratka*, ÖZW 2003, 34, 42: „Art. 48 EG ist als gemeinschaftsrechtliche Kollisionsnorm zu verstehen, die dem nationalen IPR vorgeht."

Konsequenz hieraus ist aber, dass das nationale IPR bei Verlegung des Verwaltungssitzes einer Gesellschaft ins Ausland weiterhin einen Statutswechsel anordnen kann. Eine identitätswahrende Verlegung des Verwaltungssitzes von Gesellschaften könnte danach vom Gründungsrecht sanktionslos verhindert werden, ohne dabei mit Art. 43, 48 EG in Berührung zu treten[275]. Hinsichtlich der Gründungsvoraussetzungen und der damit einhergehenden Frage, „*was für die Gründung der Gesellschaft an Verknüpfung mit dem Staat erforderlich ist*“[276], behalten die Mitgliedstaaten, so die Ansicht von *Behrens*, auch nach *Centros* Autonomie[277].

2. *Sachnormverweisung*

Eine beachtliche Mindermeinung begreift Art. 48 Abs. 1 EG indes als Sachnormverweisung, die als Gründungsrecht die Inkorporationsrechtsordnung zwingend vorschreibe[278]. Dagegen verweise Art. 48 Abs. 1 EG nicht auf das Kollisionsrecht des Gründungsstaats. Nach der Feststellung, dass die Gesellschaft nach dem im Gründungsstaat geltenden Recht wirksam gegründet ist, müsse diese als Trägerin der Niederlassungsfreiheit anerkannt werden[279]. Erst im Rahmen eines zweiten Schritts werde dann durch das nationale Gesellschaftskollisionsrecht bestimmt, ob die Gesellschaft auch aus Sicht des Gerichtsstaats besteht bzw. bei Verwaltungssitzverlegung ins Inland fortbesteht. Allerdings muss sich hierbei im Gegensatz zum rangkollisionsrechtlichen Gesamtnormverständnis die durch das Kollisionsrecht getroffene Rechtsfolge auf Niederlassungsfreiheitskonformität hin überprüfen lassen. Art 48 Abs. 1 EG strahle durch seine Rechtsfolgenbestimmung auf das nationale Kollisionsrecht aus und könne zur Unvereinbarkeit des nationalen Kollisionsrechts mit der Niederlassungsfreiheit führen[280]. Eine „Niederlassungsfreiheitsresistenz“ lässt nach dieser Ansicht weder für das im Gründungsstaat noch für das im Forumstaat geltende Gesellschaftskollisionsrecht begründen[281]. Es ist festzuhalten: Ein Niederlassungsfreiheitssubjekt liegt vor, sofern die

---

274 Zum Verständnis der Grundfreiheiten als Kollisionsnormen, vgl. *Drasch*, S. 209-366; *Basedow*, RabelsZ 55 (1995), 1, 13-19.

275 *Behrens* IPRax 1999, 323, 330; a.A. noch *ders.*, RabelsZ 52 (1988), 499, 521 f.

276 EuGH, Urt. v. 27.9.1988 Rs. 81/87 (*Daily Mail*), Slg. 1988, I-5511 (Tz. 20).

277 *Behrens* IPRax 1999, 323, 330.

278 *Randelzhofer/Forsthoff*, in: Grablitz/Hilf Art 48 EGV, Rdn. 16 ff.; *Forsthoff*, EuR 35 (2000), 167, 171-175 (nur insoweit, dass Art. 48 Abs. 1 EG auf das Gründungsrecht verweist, stellt sie eine „Kollisionsnorm“ dar.); differenzierend *Brödermann*, Rdn. 121-152 (*alternative* Sachnormverweisung); *Mankowski*, ZHR 167 (2003), 732, 735.

279 *v. Halen*, S. 120; *Wymeersch*, in: Liber Amicorum Buxbaum, S. 629, 634, 638; *Kieninger*, ZGR 28 (1999), 724, 730.

280 So auch Schlussanträge GA *Colomer*, v. 4.12.2001 Rs. C-208/00 (*Überseering*), Slg. 2002, I-9941 (Tz. 69).

281 *Forsthoff*, EuR 35 (2000), 167, 179.

Gesellschaft nach dem Recht des Gründungsstaats wirksam gegründet wurde. Gleichwohl bleibt das Internationale Gesellschaftsrecht des Gerichtstaats mit der Maßgabe anwendbar, dass die Rechtsfolgen mit Art. 43, 48 EG vereinbar sind.

3. Überseering

In der Entscheidung *Überseering* hat der Gerichtshof klargestellt, dass die Niederlassungsfreiheit die Anerkennung der ausländischen Gesellschaft in allen Mitgliedstaaten zwingend voraussetzt[282]. Damit hat der EuGH der Auffassung eine Absage erteilt, die Art. 48 Abs. 1 EG als rangkollisionsrechtliche Gesamtnormverweisung versteht. Eine Gesellschaft, die nach dem Recht des Gründungsstaats existiert, ist Niederlassungsfreiheitssubjekt. Die Existenz und damit verbundene Eigenschaft, Träger der Niederlassungsfreiheit zu sein, bemisst sich nach dem Gründungsrecht und nicht nach dem Recht im Niederlassungsstaat. Wie zuvor noch in *Daily Mail* missverständlich ausgedrückt, wiederholt der EuGH in *Überseering* sein *gesellschaftsrechtliches* Verständnis, nach dem allein der Gründungsstaat „Herr" über „Gründung und Existenz", der nach seinem Recht entstandenen Gesellschaften ist[283]. Die Existenz der Gesellschaft hänge dabei *untrennbar* mit ihrer Eigenschaft als Gesellschaft des Gründungsstaats zusammen[284]. Der Gerichtshof hat nach Ansicht von *Leible/Hoffmann* damit auch dem Verständnis von Art. 48 Abs. 1 EG als Sachnormverweisung den Boden entzogen[285]. Mithin scheint auf den ersten Blick einiges für die von *Behrens* vorgenommene Qualifizierung als international-privatrechtliche Gesamtnormverweisung zu sprechen[286]. Der zustimmungswürdigen Aussage des Gerichtshofs, dass allein der Gründungsstaat „Herr" über „Gründung und Existenz" seiner Gesellschaften ist, widerspricht es aber nicht, dass sich der Existenzentzug eines bestehenden Niederlassungsfreiheitssubjekts an Art. 43, 48 EG messen lassen muss. Ein solches Vorgehen stellt die Existenzgebungsbefugnisse eines Mitgliedstaats nicht in Frage, erlaubt sich vielmehr lediglich, die Rechtsfolgen nationalen Rechts einer Überprüfung am Gemeinschaftsrecht zu unterziehen. Das gebieten bereits der Anwendungs*vorrang* und *effet utile* der Grundfreiheiten. Die Ansicht von *Behrens* verschließt sich aber einer Überprüfung mitgliedstaatlichen Rechts an der Niederlassungsfreiheit. Die Gemeinschaftsrechtsverträglichkeit dieser Auffassung steht

---

282 EuGH, Urt. v. 5.11.2002 Rs. C-208/00 (*Überseering*), Slg. 2002, I-9965 (Tz. 59).

283 *Zimmer*, BB 2003, 1, 2.

284 A.A. tendenziell *Altmeppen*, NJW 2004, 97, 100; *Kegel/Schurig*, S. 572.

285 So *Leible/Hoffmann*, RIW 2002, 925, 931: „Es bedarf vielmehr einer Prüfung, ob die Verweisung vom Gründungsrecht angenommen wird oder aber das Kollisionsrecht des Gründungsstaats der Gesellschaft ihr Statut entzogen hat."; *Hausmann*, in: GS Blomeyer, S. 580, 586.

286 *Eidenmüller*, ZIP 2002, 2233, 2241; weitaus zurückhaltender nunmehr *Eidenmüller/Rehm*, ZGR 33 (2004), 159, 164-166; mit einem kollisionsrechtlichen Verständnis von Art. 48 EG wohl auch *Horn*, NJW 2004, 893, 896.

und fällt deshalb damit, ob eine Gesellschaft i.S.v. Art. 48 EG ihren Verwaltungssitz unter Beibehaltung der ihr zuerkannten Rechtspersönlichkeit in einen anderen Mitgliedstaat verlegen darf[287].

4. *Bewertung: Art. 48 Abs. 1 EG (erste Voraussetzung)*

Aber selbst für den Fall, dass Art. 48 Abs. 1 EG in das nationale Kollisionsrechtssystem eingepasst werden könnte, ohne dabei niederlassungsrechtliche Bedenken aufzuwerfen, muss man sich fragen, ob sich die Grundfreiheiten überhaupt in das nationale Kollisionsrechtssystem eingliedern lassen. Schließlich haben wir in Europa nicht eine, sondern 25 verschiedene IPR-Rechtsordnungen. Aus diesem Grund wird nachstehend u.a. der Frage nachzugehen sein, inwiefern sich das Gemeinschaftsrecht in nationale dogmatische Strukturen übertragen lässt.

a) Gesamtnormverweisung auf das Recht im Forumstaat

Das *Überseering*-Urteil erfordert die Anerkennung solcher Gesellschaften in *allen* Mitgliedstaaten, die die Voraussetzungen von Art. 48 EG erfüllen. Hiermit ist das Normverständnis von Art. 48 Abs. 1 EG als Gesamtnormverweisung mit rangkollisionsrechtlichem Charakter nicht vereinbar. Es widerspricht dem in Art. 3 Abs. 1 lit. c EG enthaltenen Integrationsziel[288]. Das europäische Verständnis von Niederlassungsfreiheit wird dieser Ansicht folgend bereits im Keime erstickt, indem es dem nationalen Gesellschaftskollisionsrecht den Vorrang gegenüber höherrangigem EG-Recht einräumt.

b) Gesamtnormverweisung auf das Recht des Gründungsstaats

Die Einordnung als international-privatrechtliche Gesamtnormverweisung überzeugt ebensowenig. Verstünde man Art. 48 Abs. 1 EG als (versteckte) Gesamtnormverweisung könnten sich nach drittstaatlichem Recht gegründete Gesellschaften gegenüber EU-Staaten auf Art. 43, 48 EG berufen, sobald sie ihren Verwaltungssitz oder die Hauptniederlassung [Art. 48 Abs. 1 EG (zweite Voraussetzung)] auf dem Gebiet eines der Gründungstheorie folgenden Mitgliedstaaten unterhalten[289]. Nach der Gründungstheorie, zu deren Anwendung der betroffene Niederlassungsstaat wegen der Gesamtver-

287 Vgl. S. 118 ff.
288 *Wymeersch*, in: Liber Amicorum Buxbaum, S. 629, 632.

weisung verpflichtet wäre, ist eine solche Gesellschaft *als wirksam nach dem Recht eines Mitgliedstaats* gegründet anzusehen. „*Nach den Rechtsvorschriften eines (Gründungstheorie) Mitgliedstaats*", der für die Frage der wirksamen Gründung einer Gesellschaft auf das materielle Gesellschaftsrecht des Drittstaats verweist, ist eine Gesellschaft gegründet, wenn sie die drittstaatlichen Gründungsvoraussetzungen erfüllt[290]. Die hieraus zu ziehende Konsequenz wäre, dass sich eine in einem Drittstaat gegründete Gesellschaft mit Verwaltungssitz oder Hauptniederlassung in einem EG-Gründungstheoriestaat *gegenüber anderen Mitgliedstaaten* auf die Niederlassungsfreiheit berufen könnte. Das entspricht aber nicht Sinn und Zweck von Art. 48 Abs. 1 EG, der die Niederlassungsvoraussetzungen für *europäische* Gesellschaften beinhaltet und daher eine nach dem Sachrecht eines Mitgliedstaats gegründete Gesellschaft voraussetzt[291].

Daneben entstehen weitere Probleme, wenn man, wie *Behrens*, Art. 48 Abs. 1 EG als Gesamtnormverweisung auf das Recht des Gründungsstaats über die Gründungsphase hinaus versteht. Die Anwendbarkeit der Niederlassungsfreiheit steht bei dieser Ansicht unter dem zweifachen Vorbehalt der wirksamen Gründung und der Fortexistenz der Gesellschaft zum Zeitpunkt ihrer Geltendmachung. Gegen das Existenzerfordernis ist als solches nichts einzuwenden. Eine nicht bestehende Gesellschaft kann ohnehin nicht Träger der Niederlassungsfreiheit sein. Allein die Implementierung in Art. 48 Abs. 1 EG stört. Denn die Gründungsstaatsvorschriften, die einer wirksam gegründeten Gesellschaft bei Verlegung des Verwaltungssitzes ins Ausland die Existenz entziehen, sind dann nicht an Art. 43, 48 EG überprüfbar. Bei der Behandlung nationaler Gesellschaften (Wegzugsfälle) ergeben sich vielmehr die gleichen Probleme, wie bei dem Verständnis einer Gesamtnormverweisung mit rangkollisionsrechtlichem Charakter für die Anerkennung ausländischer Gesellschaften (Zuzugsfälle). Das nationale Kollisions- und Sachrecht wäre unter Annahme einer Gesamtverweisung auf das Gründungsrecht „niederlassungsfreiheitsresistent"[292]. Ein Ergebnis, das sich mit dem Inhalt der Niederlassungsfreiheit nicht vereinbaren lässt[293]. Letztlich führt auch diese Ansicht zu einer Verletzung des gemeinschaftsrechtlichen Anwendungs*vorrangs*.

---

289 *Brödermann*, Rdn. 144; *Randelzhofer/Forsthoff*, Grabitz/Hilf Art. 48 EGV, Rdn. 16; vgl. dazu auch *Schurig*, in: Liber Amicorum Kegel, S. 199, 217.

290 *Brödermann*, Rdn. 144. Schwachstelle dieses Arguments ist aber, dass es nicht plausibel zu erklären vermag, weshalb gerade das Gesellschaftskollisionsrecht zum Zuge kommen soll, indem sich der Verwaltungssitz oder die Hauptniederlassung der nach drittstaatlichem Recht gegründeten Gesellschaft befindet.

291 *Radelzhofer/Forsthoff*, in: Grabitz/Hilf Art. 48 EGV, Rdn. 16.

292 *Forsthoff*, EuR 35 (2000), 167, 173.

293 Vgl. dazu S. 122 ff.

c) *Sachnormverweisung auf das Recht des Gründungsstaats*

Für eine reine Sachnormverweisung spricht der Wortlaut von Art. 48 Abs. 1 EG. Hierin wird die *Gründung* einer Gesellschaft nach den Rechtsvorschriften eines Mitgliedstaats vorausgesetzt. Maßgeblich ist richtigerweise das Gesellschaftsrecht des Gründungsstaats[294]. Würde man unter Einbeziehung des Gesellschaftskollisionsrechts des Niederlassungsstaats prüfen, ob die in Rede stehende Gesellschaft wirksam gegründet ist, käme man hinsichtlich des Vorliegens eines Niederlassungssubjekts je nachdem, wie der Zuzugsstaat anknüpft, zu unterschiedlichen Ergebnissen. Das widerspricht dem Wortlaut, nach dem die Gesellschaft nach den Rechtsvorschriften *eines* Mitgliedstaats wirksam gegründet sein muss, um gemeinschaftsrechtlich existent zu sein[295]. Das Fortbestehen einer Gesellschaft zum Zeitpunkt des Niederlassungsvorgangs als eine nicht in Art. 48 Abs. 1 EG enthaltene Anforderung, wird nach nicht unumstrittener Meinung vorausgesetzt[296]. Die Qualifizierung als Sachnormverweisung krankt aber daran, dass die Gesellschafts*gründung* und auch das *Fortbestehen* nicht ohne Kollisionsrecht auskommen[297]. Denn das Gesellschaftskollisionsrecht bestimmt bei Vorliegen eines grenzüberschreitenden Sachverhalts die sachrechtlichen Gründungsvorschriften.

d) *Europarecht und mitgliedstaatliches IPR*

Zusammenfassend ist festzuhalten: Entgegen einer weit verbreiteten Ansicht im Schrifttum[298], ist ein kollisionsrechtliches Verständnis von Art. 48 Abs. 1 EG abzulehnen[299].

---

294 *Koppensteiner*, S. 114 f.; *Forsthoff*, EuR 35 (2000), 167, 174; a.A. *Brödermann*, Rdn. 152.

295 Vgl. *Zimmer*, ZHR 164 (2000), 23, 32.

296 Implizit *Forsthoff*, EuR 35 (2000), 167, 190; a.A. wohl *Wymeersch*, 40 CMLRev. 661, 682, 687 (2003).

297 I.E. *Hausmann*, in: GS Blomeyer, S. 580, 586; a.A. *Forsthoff*, EuR 35 (2000), 167, 174.

298 *Leible/Hoffmann*, RIW 2002, 925, 930-933; *Straube/Ratka*, ÖZW 2003, 34, 42; *Leible*, ZGR 33 (2004), 531, 534; *Behrens*, IPRax 1999, 323, 329; zurückhaltender *ders.* EuZW 2002, 737 „Editorial"; IPRax 2003, 193, 201 „eher dogmatische Frage"; gänzlich umschwenkend nunmehr wohl *ders.*, IPRax 2004, 20, 23; *Horn*, NJW 2004, 893, 896; *Basedow*, RabelsZ 59 (1995), 1, 13 f. zustimmungswürdig relativierend im Fazit: „Die skizzierte gemeinschaftsrechtliche Kollisionsnorm ist vielmehr *als ein Maßstab zu betrachten*, den wir nun an die Verweisungsnormen des IPR der Mitgliedstaaten anzulegen haben, und zwar eingedenk des Vorrangs des Gemeinschaftsrechts."; *Halbhuber*, S. 214; a.A. *W.-H. Roth*, RabelsZ 55 (1991), 623, 631 (zur Warenverkehrsfreiheit); *ders.*, in: FS Lüderitz, S. 635, 642-645; i.E. auch *Sonnenberger*, MünchKomm IPR Einl., Rdn. 136 f.

299 So schon *Note*, 74 Harv. L. Rev. 1429, 1450 (1960); *Wymeersch*, in: Liber Amicorum Buxbaum, S. 629, 632-638; *Ebke*, JZ 1999, 656, 657; *Kruse*, S. 197-220; *Dietrich*, S. 113 f.; für die Waren- und Dienstleistungsfreiheit auch *W.-H. Roth*, in: Systemwechsel, S. 47, 53-56, 63, *ders.*, in: FS Lüderitz, S. 635, 642-645, 657 (offenlassend aber für die Niederlassungsfreiheit S. 643); im Hinblick auf die Niederlassungsfreiheit tendenziell auch *Halbhuber*, ZEuP 2003, 418, 428 f.; *Spindler/Berner*, RIW 2004, 7, 10; *Schanze/Jüttner*, AG 2003, 661, 665; *Schulz*, NJW 2003, 2705, 2706; *Kindler*, NJW 2003, 1073, 1076 f.; *Ulmer*, NJW 2004, 1201, 1205; *Brand*, JR 2004, 89;

Nationales Kollisionsrecht auf der einen und Europarecht auf der anderen Seite sind zwei voneinander zu trennende Ebenen. Eine Verknüpfung findet allein dahingehend statt, dass sich die mitgliedstaatlichen kollisionsrechtlich ausgelösten Ergebnisse an den Vorgaben höherrangigen Gemeinschaftsrechts messen lassen müssen. Das Europarecht dient mithin als Maßstab für das nationale Recht. Den Grundfreiheiten lassen sich daher insgesamt keine das nationale Kollisionsrecht verdrängende Kollisionsnormen entnehmen. Vielmehr statuieren die Grundfreiheiten Schranken für die nationale Kollisionsrecht[300]. Dass sich vorliegend europarechtskonforme Zustände allein mit Hilfe der Anknüpfung an den Gründungsakt einer Gesellschaft realisieren lassen, bedeutet nicht zugleich, dass Art. 48 Abs. 1 EG selbst eine das nationale IPR verdrängende Kollisionsnorm darstellt. Das heute sämtliche Grundfreiheiten durchziehende Beschränkungsverbot führt damit nicht unweigerlich zu ihrer Interpretation als versteckte Kollisionsnormen.

Wenn sich auch aus nationalem kollisionsrechtlichen Verständnis betrachtet eine solche Interpretation auf den ersten Blick aufdrängen mag, muss doch zur Einordnung des Charakters der Grundfreiheiten ein europäischer Blickwinkel eingenommen werden. Zumal das IPR anderer Mitgliedstaaten völlig anders ausgestaltet sein kann. Die ehemals als reine Diskriminierungsverbote gedachten und als solche auch formulierten Grundfreiheiten können *per se* den Charakter einer Verweisung auf das Recht des Herkunftslands nicht erfüllen. Die Auslegung der Grundfreiheiten erfolgt durch den Gerichtshof aus gemeinschaftsrechtlicher Perspektive und lässt sich nicht in uns vertraute dogmatische Formen gießen[301]. Treffen hier doch zwei nicht ohne weiteres miteinander kompatible Rechtssysteme aufeinander. Es ist daher Zeit, sich im Hinblick auf

---

neuerdings wohl auch *Behrens*, IPRax 2004, 20, 23; *Eidenmüller/Rehm*, ZGR 33 (2004), 159, 166; *Martin-Ehlers*, S. 1, 13-15; *Bitter*, WM 2004, 2190, 2192; *Großerichter*, in: FS Sonnenberger, S. 369, 373-375 m.w.N. Fn. 19, 377f., 388.

300 *Brand*, JR 2004, 89; vgl. *Bälz/Baldwin*, 3 GLJ D. I. 1. [22, 23] (2002).

301 Vgl. *Everling*, in: FS Lutter, S. 31, 45: „Die Mitgliedschaft in der Gemeinschaft verlangt von allen Beteiligten in allen Mitgliedstaaten, sich auf die Urteile einzulassen und sich um ihr Verständnis zu bemühen, nicht aber sie seinen eigenen tradierten Denkgewohnheiten zu unterstellen."; ähnlich *ders.*, EuR 29 (1994), 127, 142 f. vgl. zur Auslegung der EuGH-Rspr. *Borchardt*, in: GS Grabitz, S. 29, 43: „Dies kann nicht dadurch geschehen, daß die Rechtsprechung des EuGH lediglich durch die „nationale Brille" betrachtet wird, sondern sie muß in ihrem Kontext, d.h. in Zusammenhang mit den Zielen und Aufgaben der Gemeinschaft/Union gesehen werden." Als weiteres Beispiel sei die im Zusammenhang mit der *Centros*-Entscheidung geführte Diskussion um das Zweigniederlassungsverständnis genannt. Eine Zweigniederlassung setzt nach europäischem Verständnis eben keine Erstniederlassung voraus. Vielmehr können über die Zweigniederlassung sämtliche Geschäftsaktivitäten abwickelt werden (EuGH, Urt. v. 10.7.1986 Rs. 79/85 [*Segers*], Slg. 1986, 2388 [Tz. 16]; EuGH, Urt. v. 9.3.1999 Rs. C-212/97 [*Centros*], Slg. 1999, I-1494 [Tz. 29]; EuGH, Urt. v. 30.9.2003 Rs. C-167/01 [*Inspire Art*], Slg. 2003, I-10155). Dies ergibt sich aus dem Wortlaut von Art. 48 Abs. 1 i.V.m. 43 Abs. 1 S. 2 EG. Die hierin enthaltenen gleichrangigen „Lokalisierungskriterien" lassen den Satzungssitz in einem Mitgliedstaat ausreichen, um in den Genuss der Niederlassungsfreiheit zu gelangen. Zu den Auslegungsmethoden des EuGH s. auch *Bleckmann*, NJW 1982, 1177-1182.

das Gemeinschaftsrecht vom Streben nach einer aus dem heimischen gewohnten dogmatischen Klarheit zu verabschieden. Europarecht ist in weiten Teilen *case law* und damit dynamisch. Das EG-Recht ist als supranationales Recht weder auf Kollisionsrecht angewiesen, noch denkt der EuGH bei seinen Entscheidungen in kollisionsrechtlichen Kategorien[302]. Fest steht allein: Entscheidungen des Gerichtshofs sind geprägt vom Streben nach der Verwirklichung des Europäischen Binnenmarkts. Es ist daher sehr wahrscheinlich, dass der EuGH bei nächster Gelegenheit entgegen dem Verständnis von Art. 48 Abs. 1 EG als international-privatrechtliche Gesamtnormverweisung entscheiden wird, indem er den Wegzug als von der Niederlassungsfreiheit umfasst anerkennt. Alle Anstrengungen, die Niederlassungsfreiheit in nationale dogmatische Strukturen einzubinden, werden dann mit einem Schlag zur Makulatur[303].

II. Art. 48 Abs. 1 EG (zweite Voraussetzung)

Ein weiterer im Schrifttum vertretender Ansatz entnimmt die „Niederlassungsfreiheitsresistenz" mitgliedstaatlicher Gesellschaftskollisionsrechte aus Art. 48 Abs. 1 EG (zweite Voraussetzung). Aus den in Art 48 Abs. 1 EG alternativ genannten Lokalisierungskriterien[304] ergebe sich für die Mitgliedstaaten eine Wahlfreiheit, welchen der drei genannten „Anknüpfungspunkte" sie ihrem Gesellschaftskollisionsrecht zugrunde legen[305]. Anlass zu dieser verqueren Ansicht hat dabei einmal mehr die Entscheidung

302 Ebenso *Halbhuber*, ZEuP 2003, 418, 429: „Der Gerichtshof scheint seinen Überlegungen in Überseering (wie schon in Daily Mail) weniger kollisionsrechtliche Begriffe als vielmehr eine Vorstellung der juristischen Person als rechtliche Geschöpfe der jeweiligen nationalen Rechtsordnung, die ihre Gründung und Existenz regelt."; neuerdings so auch *Eidenmüller/Rehm*, ZGR 33 (2004), 159, 166; vgl. *Klinke*, in: Liber Amicorum Kegel, S. 1, 26: „Man [der EuGH] denkt in den Kategorien von Verbot (des Rechts des Empfangslandes) und Rechtfertigung (der Anwendung eben diesen Rechts)."

303 So jetzt wohl auch *Eidenmüller/Rehm*, ZGR 33 (2004), 159, 166.

304 Der Begriff stammt von *Mülbert/Schmolke*, ZVglRWiss 100 (2001), 233, 248.

305 *W.-H. Roth*, ZGR 2000, 311, 329; *Lange*, DNotZ 1999, 599, 605; *Jaeger*, NZG 2000, 918, 921; *Kindler*, NJW 1999, 1996, 1997; *ders.*, NJW 2003, 1073, 1074; *ders.*, NZG 2003, 1086, 1088; *Ahrens*, RNotZ 2003, 32, 36; *Wernicke*, EuZW 2002, 758, 760; mit anderer Begründung *Ebenroth/Eyles*, DB 1989, 413, 415 f.; *Ebenroth/Eyles*, DB 1988, Beil. 2/88, S. 1, 13; *Eyles*, S. 356-360 (keine Gleichrangigkeit der aufgeführten Lokalisierungskriterien) diesen Ansatz aufgreifend *Frenz/Grande*, GewArch 2003, 177, 180; dagegen *Grothe*, S. 179 f.; vgl. auch Schlussanträge GA *Colomer*, v. 4.12.2001 Rs. C-208/00 (*Überseering*), Slg. 2002, I-9941 (Tz. 69) (Solange die praktischen Auswirkungen mit dem Gemeinschaftsrecht vereinbar sind): „Hinsichtlich der Möglichkeit der Mitgliedstaaten, den gesellschaftsrechtlich entscheidenden Anknüpfungspunkt zu bestimmen, ergäbe sich der Grundsatz der Neutralität des Vertrags auch aus der Verordnung (EG) Nr. 2157/2001 des Rates vom 8. Oktober 2001 über das Statut der Europäischen Gesellschaft (SE) (ABl. L 294, S. 1). Siehe insbesondere die 27. Begründungserwägung dieser Verordnung." (Tz. 69 dort Fn. 49); ähnlich *v. Halen*, EWS 2002, 107, 112.

Daily Mail gegeben[306]. Hingegen ziehen die Vertreter der Gründungstheorie aus dem Wortlaut von Art. 48 Abs. 1 EG den entgegengesetzten Schluss, nämlich die Festschreibung der Gründungstheorie[307]. Der verschiedentlich gezogene Schluss, nachdem aufgrund der Gleichrangigkeit der in Art. 48 Abs. 1 EG genannten Lokalisationskriterien auch die unterschiedlichen kollisionsrechtlichen Anknüpfungspunkte innerhalb der Mitgliedstaaten bezüglich in- und ausländischer Gesellschaften niederlassungsrechtlich anerkannt seien, entbehrt einer logischen Verknüpfung. Zu dieser Auffassung tragen die Formulierungen des Gerichtshofs in der *Daily Mail*-Entscheidung wesentlich bei. Hierin konstatiert der EuGH, dass „der satzungsmäßige Sitz, die Hauptverwaltung und die Hauptniederlassung einer Gesellschaft *als Anknüpfung gleich geachtet*" werden[308]. Der EuGH hat dabei Art. 48 Abs. 1 EG (zweite Voraussetzung) systematisch falsch angewandt, was unmittelbar mit der Natur des *Daily Mail*-Sachverhalts (Wegzugsfall) zusammen hängt. In den vorangegangen Entscheidungen *Segers* und *Kommission/Frankreich* wie auch den Folgeentscheidungen *Centros*, *Überseering* und *Inspire Art*, die allesamt Zuzugskonstellationen (Anerkennung) betrafen, konnte ein derartiger Anwendungsfehler nicht unterlaufen.

An späterer Stelle wird zudem aufgezeigt werden, dass der EuGH in seiner *Überseering*-Entscheidung versucht, dass in *Daily Mail* unterlaufene „Missgeschick" auszubügeln[309]. Konzeptionell muss Art. 48 EG (Verweisungsnorm) als eine an Art. 43 EG angelehnte Norm verstanden werden. Um natürlichen Personen niederlassungsrechtlich gleichgestellt zu werden, knüpft Art. 48 Abs. 1 EG an Gesellschaften zwei Bedingungen. Art. 43 EG beinhaltet dem Wortlaut und seinem ursprünglichen Verständnis als Diskriminierungsverbot folgend allein die Niederlassungsfreiheit natürlicher Personen gegenüber *anderen* Mitgliedstaaten (Zuzugsfreiheit). Der EuGH hat nun aber in seiner *Daily Mail*-Entscheidung dem nur auf Zuzugsfälle (Anerkennungsfälle) zugeschnittenen Art. 48 Abs. 1 EG kollisionsrechtliche Vorgaben im Verhältnis zwischen Gesellschaften und ihrem Gründungsstaat entnommen. Der EuGH hat *in casu* die *zweite Voraussetzung* von Art. 48 Abs. 1 EG herangezogen, um inhaltlich die *erste* Voraussetzung (*„nach den Rechtsvorschriften eines Mitgliedstaat gegründeten Gesellschaft*") auszufüllen[310]. Das

---

306 EuGH, Urt. v. 27.9.1988 Rs. 81/87 (*Daily Mail*), Slg. 1988, I-5512 (Tz. 21 S. 2): „[...], in Artikel 58 EWG werden der satzungsmäßige Sitz, die Hauptverwaltung und die Hauptnieder-lassung einer Gesellschaft *als Anknüpfung gleich geachtet.*"

307 *Deville*, RIW 1986, 298, 299; *Schnyder*, SZW 1993, 9, 10 f.

308 EuGH, Urt. v. 27.9.1988 Rs. 81/87 (*Daily Mail*), Slg. 1988, I-5512 (Tz. 21 S. 2) ("connecting factors", „lien de rattachement"); *W.-H. Roth*, in: Systemwechsel, S. 47, 62 entnimmt dieser Aussage, dass sowohl für die Frage der *Anerkennung* ausländischer, als auch die *Gründung* nationaler Gesellschaften, die Mitgliedstaaten frei in der Bestimmung des Anknüpfungspunkts sind.

309 Vgl. dazu eingehend S. 130 ff.

310 A.A. *Brödermann*, Rdn. 236 ff. Der Gebrauch des Wortes „Anknüpfung" („connecting factor"; lien de rattachment") deute nicht *eo ipso* darauf hin, „dass der Gerichtshof in Satz 2 der 21. Erwägung eine internationalprivatrechtliche Aussage getroffen habe." (Rdn. 237). Die Aussage des EuGH sei *sachrechtlich* zu verstehen und auf die zweite Voraussetzung von Art. 48 Abs. 1 EG bezogen. Dies

Ergebnis des EuGH („der satzungsmäßige Sitz, die Hauptverwaltung und die Hauptniederlassung einer Gesellschaft [werden] *als Anknüpfung gleich geachtet*") gründet auf zwei einander bedingenden Fehlern.

Erstens sind die Lokalisierungskriterien in Art. 48 Abs. 1 EG nur für den Zuzug von Bedeutung, d.h. für die Frage der niederlassungsrechtlichen Anerkennungspflicht EU-ausländischer Gesellschaften im Inland. Fälschlicherweise hat der EuGH in *Daily Mail* den Lokalisierungskriterien aber auch für die *Gründung* nationaler Gesellschaften Bedeutung beigemessen. Den Lokalisierungskriterien in Art. 48 Abs. 1 EG entnimmt der EuGH die Freiheit, für die *Gründung* und die *Fortexistenz* nationaler Gesellschaften beliebig anzuknüpfen. Diese Freiheit ergibt sich, was die *Gründung* betrifft (über die *Fortexistenz* wird noch zu sprechen sein), aber nicht aus dem Gemeinschaftsrecht, sondern aus der Autonomie des zu diesem Zeitpunkt allein anwendbaren nationalen Gesellschaftsrechts[311]. Die Entstehung einer Gesellschaft ist als Voraussetzung der Niederlassungsfreiheitsträgerschaft der Niederlassungsfreiheit vorgelagert. Die *Gründung* fällt demnach nicht in den Anwendungsbereich der Niederlassungsfreiheit. Welche kollisionsrechtlichen Verknüpfungen für *Gründung* und *Fortexistenz* an Gesellschaften gestellt werden dürfen, kann nicht auf solche Auslandsgesellschaften übertragen werden, die sich im Inland niederlassen wollen[312]. Klar zum Ausdruck gebracht hat dies der EuGH nunmehr in seiner *Überseering*-Entscheidung[313].

Zweitens haben die in Art. 48 Abs. 1 EG aufgeführten Lokalisierungskriterien keine kollisionsrechtliche Bedeutung. Bei den Lokalisierungskriterien handelt es sich *nicht* um Anknüpfungsmerkmale, die alternativ für die Bestimmung des anwendbaren Gesellschaftsrechts zur Wahl stehen[314]. Die noch näher zu untersuchende Anknüpfungsfreiheit gegenüber nationalen Gesellschaften spiegelt sich ausschließlich in der ersten Voraussetzung von Art. 48 Abs. 1 EG wider („*nach dem Recht eines Mitgliedstaats*

---

ergäbe sich aus Tz. 20 S. 1, das auf Tz. 21 S. 2 Bezug nehme. Dieses Ergebnis ist aber fragwürdig. In Tz. 20 S. 1 beschäftigt sich der EuGH doch mit den Voraussetzungen, die ein Staat an die Gründung einer nationalen Gesellschaft stellen kann, mithin der *ersten* Voraussetzung. Es geht um Fragen der Gründung und Fortexistenz einer nationalen Gesellschaft.

311 Vgl. dazu S. 151 ff.

312 Der insoweit relevanten Formulierung in *Daily Mail* (Tz. 21 S. 2) lässt sich eine derartige Differenzierung nur im Zusammenhang mit Tz. 20 S. 1 entnehmen.

313 EuGH, Urt. v. 5.11.2002 Rs. C-208/00 (*Überseering*), Slg. 2002, I-9965 (Tz. 59).

314 I.E. mit anderer Begründung auch *v. Halen*, S. 152; *Stork*, S. 44 f. mit Verweis auf EuGH, Urt. v. 17.6.1997 Rs. 70/95 (*Sodomare*), Slg. 1997, I-3395, (Tz. 25 a.E.); *Behrens*, IPRax, 1999, 323, 326, 330; a.A. nunmehr wohl *ders.*, IPRax 2004, 20, 23, 25 *Behrens* gerät bei der Qualifizierung der Lokalisierungskriterien von Art. 48 Abs. 1 EG als (kollisionsrechtliche) Anknüpfungsmerkmale in Schwierigkeiten und argumentiert entgegen dem eindeutigen Wortlaut der Vorschrift, gegen eine Gleichrangigkeit der dort aufgeführten Kriterien (gegen die Gleichrangigkeit argumentierend bereits *Ebenroth/Eyles*, DB 1988 Beil. 2/88, 1, 13 f.; *Eyles*, S. 356-360: Aus kollisionsrechtlichen Aspekten seien die alternativen Anknüpfungen nicht gleich. Sie müssten sich „jeweils hinsichtlich ihrer Auswirkungen an der Niederlassungsfreiheit messen lassen."

gegründete Gesellschaft"), die die Staatszugehörigkeit einer Gesellschaft bestimmt[315]. Die zweite Voraussetzung von Art. 48 Abs. 1 EG fordert dagegen allein eine tatsächliche Verbindung einer nach dem Recht eines Mitgliedstaats gegründeten Gesellschaft im Gebiet der Gemeinschaft. Wie es der Gerichtshof in seinen Urteilen zur Niederlassungsfreiheit apodiktisch wiederholt, reicht für diese Zwecke der Satzungssitz aus[316]. Mithin lässt sich keinem der beiden in Art. 48 Abs. 1 EG genannten Tatbestandsmerkmale eine versteckte Kollisionsnorm entnehmen.

C. Nichtanerkennung bedeutet Negierung der Niederlassungsfreiheit

Bei der Suche nach innerstaatlichen Vorschriften, die die Niederlassungsfreiheit beschränken, enthält die Bedeutung, die der Gerichtshof dem Gründungsrecht zuschreibt, einen entscheidenden Hinweis. Der EuGH beschreibt in *Überseering*, wie zuvor bereits in *Daily Mail*, das Gründungsrecht als das Recht, das „Gründung und Existenz" einer Gesellschaft regelt[317]. Wenn das Gründungsrecht neben den Gründungsvoraussetzungen das Funktionieren einer Gesellschaft ausschließlich regelt, liegt eine Beschränkung der Niederlassungsfreiheit grundsätzlich immer dann vor, wenn das Recht des Niederlassungsstaats in das Gründungsrecht eingreift[318]. Wodurch die materiell-rechtlichen Beschränkungen ausgelöst werden, hat gemeinschaftsrechtlich betrachtet keine Bedeutung[319]. Entscheidend ist vielmehr allein das Ergebnis. Nachdem fest steht, dass die Niederlassungsfreiheit die Anerkennung einer aus Sicht des Gründungsstaats existierenden Gesellschaft zwingend voraussetzt, liegt ein Verstoß der Sitztheorie gegen die Niederlassungsfreiheit nahe.

I. Niederlassungsfreiheit als Beschränkungsverbot

Ursprünglich sollte nach dem Verständnis der Väter des EG-Vertrags die Niederlassungsfreiheit wie im Übrigen auch die anderen Grundfreiheiten allein die Verpflichtung

---

315 A.A. *Eyles*, S. 358.

316 EuGH, Urt. v. 28.1.1986 Rs. 270/83 (*Kommission/Frankreich*), Slg. 1986, 304 (Tz. 18); EuGH, Urt. v. 10.7.1986 Rs. 79/85 (*Segers*), Slg. 1986, 1387 (Tz. 13); EuGH Urt. v. 13.7.1993 Rs. C-330/91 (*Commerzbank*), Slg. 1993, I-4043 (Tz. 13); EuGH, Urt. v. 16.7.1998 Rs. C-264/96 (*ICI*), Slg. 1998, I-4721 (Tz. 20), EuGH, Urt. v. 9.3.1999 Rs. C-212/97 (*Centros*), Slg. 1999, I-1491 (Tz. 20); EuGH, Urt. v. 30.9.2003 Rs. C-167/01 (*Inspire Art*), Slg. 2003, I-10224 (Tz. 97).

317 EuGH, Urt. v. 27.9.1988 Rs. 81/87 (*Daily Mail*), Slg. 1988, I-5511 (Tz. 19); EuGH, Urt. v. 5.11.2002 Rs. C- 208/00 (*Überseering*), Slg. 2002, I-9967 (Tz. 67). Vgl. auch den in diesem Punkt deutlicher ausfallenden Wortlaut der französischen und englischen Fassung: „*la constitution et le fonctionnement*" beziehungsweise „*incorporation and functioning*".

318 S. hierzu vertiefend S. 202 ff.

319 *Großerichter*, DStR 2003, 159, 163.

zur Gleichbehandlung von In- und Ausländern aufstellen[320]. Zu diesem Zweck wurde die Niederlassungsfreiheit als ein gegenüber Art. 12 EG spezielleres Diskriminierungsverbot ausgestaltet[321]. Diesem Verständnis ist zunächst auch die Rechtsprechung des EuGH gefolgt[322]. Als Regelungsprinzip des Wirtschaftsvölkerrechts hat die Inländergleichbehandlung die Verwirklichung des Binnenmarkts zum Ziel[323]. Trotz des weiten Verständnisses von Inländergleichbehandlung, die auch versteckte Diskriminierungen erfasst[324], ist sie in ihrer Liberalisierungswirkung im zwischenstaatlichen Wirtschaftsverkehr nur begrenzt tauglich. Dadurch, dass die Inländergleichbehandlung die nationalen Rechtsordnungen unberührt lässt, geht von den Grundfreiheiten *per se* kein Harmonisierungsdruck aus[325]. Gewährleistet wird durch die Inländergleichbehandlung allein die Marktgleichheit, nicht hingegen die Freiheit des Marktzugangs[326]. Das integrationspolitische Defizit hat den Gerichtshof im Rahmen seines Auslegungsmonopols dazu bewogen, der Niederlassungsfreiheit ein über das Diskriminierungsverbot hinausgehendes Beschränkungsverbot zu entnehmen[327].

---

320 *W.-H. Roth*, in: GS Knobbe-Keuk, S. 729, 730 f.; *Kruse*, S. 82 m.w.N.

321 *Ebke*, ZGR 16 (1987), 245, 249; *Ebenroth/Eyles*, DB 1988 Beil. 2/88, 1, 10; *Epiney*, S. 159 f.; *Thömmes*, in: GS Knobbe-Keuk, S. 795, 799.

322 EuGH, Urt. v. 21.6.1974 Rs. 2/74 (*Reyners*), Slg. 1974, 652 (Tz. 24/28); EuGH, Urt. v. 6.11.1984 Rs. 182/83 (*Fearson/Irish Land Commission*), Slg. 1984, 3685 (Tz. 7); EuGH, Urt. v. 12.2.1987 Rs. 221/85 (*Kommission/Belgien*), Slg. 1987, 737 (Tz. 11); EuGH, Urt. v. 3.7.1993 Rs. C-330/91 (*Commerzbank*), Slg. 1993, I-4044 (Tz. 21). Nicht anders ist der Wortlaut von Art. 43 Abs. 2 a.E. zu verstehen: „[...] nach den Bestimmungen des Aufnahmestaats für seine eigenen Angehörigen."

323 *Behrens*, EuR 27 (1992), 145, 148.

324 EuGH, Urt. v. 12.2.1974 Rs. 152/73 (*Sotgiu/Deutsche Bundespost*), Slg. 1974, 164 (Tz. 11): „Die Vorschriften über die Gleichbehandlung sowohl des Vertrages als auch des Art. 7 der Verordnung Nr. 1612/68 verbieten nicht nur offensichtliche Diskriminierungen aufgrund der Staatsangehörigkeit sondern auch alle versteckten Formen der Diskriminierung, die durch die Anwendung anderer Unterscheidungsmerkmale tatsächlich zu dem gleichen Ergebnis führen."; EuGH, Urt. v. 23.5.1996 Rs. C-237/94 (*John O'Flynn/Adjudication Officer*), Slg. 1996, I-2617 (Tz. 18); EuGH, Urt. v. 28.4.1977 Rs. 71/76 (*Thieffry*), Slg. 1977, 765 (Tz. 13); EuGH, Urt. v. 4.10.1991 Rs. C-93/89 (*Kommission/Irland*), Slg. 1991, I-4569; EuGH, Urt. v. 10.7. 1986 Rs. 79/85 (*Segers*), Slg. 1986, 2375.

325 *Behrens*, EuR 27 (1992), 145, 148; vgl. *Ebke*, in: Aufbruch nach Europa, S. 197, 198.

326 *W.-H. Roth*, in: GS Knobbe-Keuk, S. 729, 737; *Troberg*, in: v.d.Groeben/Thiesing/Ehlermann, Art. 52 EGV, Rdn. 59; *Höfling*, S. 55-57; *Müller-Graff*, in: Streinz Art. 43 EGV, Rdn. 58.

327 EuGH, Urt. v. 31.3.1993 Rs. C-19/92 (*Kraus*), Slg. 1993, I-1663, 1697 (Tz. 32). Hiernach steht Art 43 auch einer nichtdiskriminierenden nationalen Regelung entgegen, die „geeignet ist, die Ausübung der durch den EWG-Vertrag garantierten grundlegenden Freiheiten durch die Gemeinschaftsangehörigen einschließlich der Staatsangehörigen des Mitgliedstaats, der die Regelung erlassen hat, zu behindern oder weniger attraktiv zu machen."; EuGH, Urt. v. 30.11.1995 Rs. C-55/94 (*Gebhard*), Slg. 1995, I-4197 (Tz. 37); zur Niederlassungsfreiheit von Gesellschaften: EuGH, Urt. v. 17.6.1997 Rs. C-70/95 (*Sodemare u.a.*), Slg. 1997, I-3395 (Tz. 33); EuGH, Urt. v. 15.5.1997 Rs. C-250/95 (*Futura Participations und Singer*), Slg. 1997, I-2471; EuGH, Urt. v. 9.3.1999 Rs. C-212/97 (*Centros*), Slg. 1999, I-1492 (Tz. 22); EuGH, Urt. v. 11.5.1999 Rs. C-255/97 (*Pfeiffer*), Slg. 1999, I-2860 (Tz. 18-19): „Nationale Maßnahmen, die Gesellschaften aus anderen Mitgliedstaaten gegenüber Gesellschaften des Niederlassungsmitgliedstaats tatsächlich oder rechtlich benachteiligen, sind als Beschränkung des Zugangs zu diesen Tätigkeiten im Niederlassungsmitgliedstaat anzu-sehen. Eine solche Beschränkung verstößt gegen Artikel 52 EG-Vertrag in Verbindung mit Artikel 48 EG, selbst wenn sie in nicht diskriminierender Weise

Seither sind auch unterschiedslos geltende nationale Bestimmungen, die die Ausübung der Grundfreiheiten weniger attraktiv gestalten, bei Vorliegen eines grenzüberschreitenden Sachverhalts der gemeinschaftsrechtlichen Kontrolle zugänglich[328]. Nachdem der EuGH das Beschränkungsverbot auf die Niederlassungsfreiheit von Gesellschaften erstreckt hatte, hat auch der Streit um die diskriminierende Wirkung der Rechtsfolgen der Sitztheorie vehement an Bedeutung eingebüßt[329]. Denn eine beschränkende Wirkung der Sitztheorie ist unbestritten[330]. Unklar war aber weiterhin, ob die beschränkenden Wirkungen der Sitztheorie einer Rechtfertigung durch zwingende Allgemeinwohlgründe zugänglich sind[331]. Den Rechtfertigungstest umgehen hingegen diejenigen Vertreter im Schrifttum, die dem Internationalen Gesellschaftsrecht Vorrang vor dem Europarecht einräumen oder aber wegen Art. 293 Spiegelstr. 3 EG die vorbehaltlose Anwendbarkeit der (primären) Niederlassungsfreiheit von Gesellschaften verneinen[332].

II. Rechtfertigung von Niederlassungsfreiheitsbeschränkungen

Zur Rechtfertigungsmöglichkeit von Beschränkungen lässt der EuGH in der *Überseering*-Entscheidung verlauten, dass es sich nicht ausschließen lässt, dass zwingende Gründe des Allgemeinwohls unter bestimmten Voraussetzungen Beschränkungen der Niederlassungsfreiheit rechtfertigen können[333]. In eine sachverhaltsbezogene Rechtfer-

---

angewandt wird, es sei denn, daß sie aus zwingenden Gründen des Gemeinwohls gerechtfertigt ist, geeignet ist, die Verwirklichung des ver-folgten Zieles zu gewährleisten, und nicht über das hinausgeht, was zur Erreichung dieses Zieles erforderlich ist." EuGH Urteile, die auf ein Beschränkungsverbot bereits hindeuteten: EuGH, Urt. v. 12.7.1984 Rs. 107/83 (*Ordre des avocats au barreau de Paris/Klopp*); Slg. 1984, 2971; EuGH, Urt. v. 30.4.1986, Rs. 96/85, (*Kommission/-Frankreich*) Slg. 1986, 1475, EuGH, Urt. v. 7.5.1991 Rs. C-340/89 (*Vlassopoulou*), Slg. 1991, I-2383 (Tz. 15).

328 Vgl. zur Warenverkehrsfreiheit EuGH, Urt. v. 20.2.1979, Rs. 120/78 (*Cassis de Dijon*), Slg. 1979, 694 (Tz. 14); in diese Richtung nach heutiger Lesart bereits EuGH, Urt. v. 11.7.1974 Rs. 8/74 (*Dassonville*), Slg. 1974, 837. Die Rspr. hat jedenfalls für die Warenverkehrsfreiheit zur Etablierung des „Herkunftslandprinzips" geführt. Vgl. wegweisend zur Dientsleistungsfreiheit EuGH, Urt. v. 25.7.1991 C-76/90 (*Säger/Dennemeyer*), Slg. 1991, I-4421 (Tz. 12).

329 S. zum damaligen Meinungsstand *Ebke*, ZGR 16 (1987), 245, 253-256, *Walden*, S. 249 ff.; *Behrens*, RabelsZ 52 (1988), 498, 517-521; *ders.*, ZGR 23 (1994), 1, 18 f.; *Knobbe-Keuck*, DB 1990, 2573, 2580 f.; *Grothe*, S. 157 ff.; *Ebenroth/Eyles*, DB 1988 Beil. 2, 1, 14 f.; *Bechtel*, S. 65 ff. Vgl. BFH GmbHR 2003, 722, 724. Der BFH bejaht unter steuerrechtlichen Gesichtspunkten eine Diskriminierung der Sitztheorie gegenüber zuziehenden Auslandsgesellschaften.

330 *Walden*, S. 250.

331 Grundlegend *Ebke*, ZGR 16 (1987), 245, 256-264; diesem folgend *Ebenroth/Eyles*, DB 1988, Beil. 2/88, 1, 15; *Walden*, S. 250 f.; *Behrens*, RabelsZ 52 (1988), 498, 521 f.; *Niebel*, S. 144-166.

332 Vgl. S. 71 ff.

333 EuGH, Urt. v. 5.11.2002 Rs. C-208/00 (*Überseering*), Slg. 2002, I-9974 (Tz. 92).

tigungsprüfung ist der Gerichtshof im Fall *Überseering* allerdings nicht eingestiegen[334]. Hierzu bestand auch kein Anlass, denn in der Nichtanerkennung der Rechts- und Parteifähigkeit einer in einem anderen Mitgliedstaat wirksam gegründeten Gesellschaft sieht der EuGH eine Negierung der Art. 43, 48 EG[335]. Eine *Negierung* lasse sich im Gegensatz zu einer *Beschränkung* aber unter keinen Umständen rechtfertigen[336]. Der Gerichtshof sieht in dem Erfordernis, eine ausländische Gesellschaft im Inland anzuerkennen, vielmehr eine zwingende Voraussetzung dafür, überhaupt erst in den Genuss der Niederlassungsfreiheit zu gelangen[337]. Die Nichtanerkennung führe daher nicht nur zur Beschränkung eines bestehenden Niederlassungsfreiheitssubjekts, sondern zur vollkommenen Negierung seiner Existenz. Die Nichtanerkennung verhindert damit die Möglichkeit, von der Niederlassungsfreiheit Gebrauch zu machen, indem der Gesellschaft die Eröffnung des Anwendungsbereichs der Niederlassungsfreiheit abgesprochen wird.

Gleichwohl kann auch im Falle der Negierung von einer „Beschränkung" der Niederlassungsfreiheit die Rede sein[338]. Die Negierung durch Nichtanerkennung setzt nur bereits in einem früheren Stadium ein, als eine klassische Beschränkung der Grundfreiheiten. Die Nichtanerkennung verhindert im Gegensatz zu einer bloßen Beschränkung das Fortbestehen eines Niederlassungsfreiheitsträgers im Inland. Zwischen Beschränkung und Negierung besteht mithin ein qualitativer Unterschied, der auch die kategorische Versagung der Rechtfertigungsmöglichkeit erklärt[339]. Der EuGH

---

334 Geklärt wird durch den EuGH zudem nicht, welche Form der „Beschränkung" (Diskriminierung und/oder Beschränkung) von der Sitztheorie ausgeht. Vgl. EuGH, Urt. v. 5.11.2002 Rs. 208/00 (*Überseering*), Slg. 2002, I-9970 f. (Tz. 78-82). GA *Colomer* geht in seinen Schlussanträgen von einer beschränkenden, nicht aber diskriminierenden Wirkung der Sitztheorie aus (Schlussanträge GA *Colomer* v. 4.12.2001 [*Überseering*], Slg. 2002, I-9935 [Tz. 49]).

335 EuGH, Urt. v. 5.11.2002 Rs. C-208/00 (*Überseering*), Slg. 2002, I-9971 (Tz. 81).

336 EuGH, Urt. v. 5.11.2002 Rs. C-208/00 (*Überseering*), Slg. 2002, I-9974 (Tz. 93); zustimmend *Stieb*, GmbHR 2002, R 474; a.A. Schlussanträge GA *Colomer* v. 4.12.2001 Rs. C-208/00 (*Überseering*), Slg. 2002, I-9935 ff. (Tz. 47 ff.). Ausgehend von einer Beschränkung verneint GA *Colomer* in seinem Rechtfertigungstest die *Geeignetheit* und die *Erforderlichkeit*. So auch die Einschätzung der *HLGCLE*, S. 102; *Koch/Köngeter*, Jura 2003, 692, 697.

337 A.A. *Forsthoff*, DB 2002, 2471, 2472. Die Notwendigkeit der Anerkennung sei eine Frage der Reichweite der Niederlassungsfreiheit und nicht bereits durch Eröffnung des Anwendungsbereichs beantwortet. Dem ist aus folgendem Grund zu widersprechen: Die Anerkennung einer niederlassungsberechtigten Gesellschaft ist Voraussetzung für das „Gebrauchmachen" von jedweder Niederlassungsform. Einer Gesellschaft, deren Verwaltungssitz im Inland liegt, würde nach der Sitztheorie die Anerkennung versagt (vgl. *Hammen*, WM 1999, 2487, 2491). Die Eintragung einer Zweigniederlassung wäre nicht möglich, weil die Gesellschaft als nach „falschen Recht" gegründet gilt und damit aus den Augen des Niederlassungsstaats nicht existiert.

338 Kritisierend *Stoller*, JuS 2003, 846, 847. *Stoller* hält die Differenzierung von Beschränkung und Negierung fälschlicherweise für überflüssig: „Damit schafft der EuGH ohne Not eine neue Kategorie des Verstoßes, dessen Konturen er nicht benennt; auch der grundsätzliche Ausschluss der Rechtfertigung wirft sogleich die Frage auf, welche Ziele eine Rechtfertigung dennoch zuließen."; ähnlich *Müller-Graff*, in: Streinz Art. 48 EGV, Rdn. 21 (Negierung stellt keine neue Rechtsfigur dar).

339 So wohl auch *Schanze/Jüttner*, AG 2003, 30, 32.

hat seiner Betrachtung die Rechtslage zugrunde gelegt, die ihm vom VII. Zivilsenat des BGH im Vorlagebeschluss dargelegt wurde. Hiernach wird eine ausländische Gesellschaft mit Verwaltungssitz in Deutschland als rechtliches *nullum* angesehen. Zu erörtern sein wird noch die Frage, ob der EuGH eine *Negierung* auch dann angenommen hätte, wenn eine ausländische Gesellschaft in Deutschland als rechtsfähige inländische Personengesellschaft behandelt wird[340].

D. Gemeinschaftsrechtliches Verständnis von „Anerkennung"

Die Entscheidung des EuGH in der Rechtssache *Überseering* stellt nunmehr eindeutig fest, dass eine rechtsfähige Gesellschaft, die nach der Rechtsordnung eines Mitgliedstaats gegründet worden ist, auch nach Verlegung ihres effektiven Verwaltungssitzes in einen anderen Mitgliedstaat - *in casu* die Bundesrepublik Deutschland - als eine mit Rechts- und Parteifähigkeit ausgestattete Gesellschaft angesehen werden muss. Insoweit scheint heute auch in der Rechtsprechung und der Literatur Einigkeit zu herrschen. Mit dieser niederlassungsrechtlichen Vorgabe wird allerdings nicht immer zugleich die Verpflichtung zur Anerkennung der Auslandsgesellschaft *als Gesellschaft des Gründungsstaats* verbunden. Schließlich ging es in der *Überseering*-Entscheidung allein um die Gewährleistung der Geltendmachung erworbener Rechte vor Gerichten des Niederlassungsstaats. Anlass zu Zweifeln in der Literatur hat die Formulierung des EuGH innerhalb der Urteilsformel hervorgerufen. Hiernach ist „die Rechts- und Parteifähigkeit *zu achten*, die diese Gesellschaft nach dem Recht ihres Gründungsstaats besitzt." Es wird folglich argumentiert, dass *„achten"* qualitativ etwas anders sei, als *„anerkennen"*[341]. Nach national kollisionsrechtlichem Verständnis versteht man unter dem schillernden Begriff der Anerkennung die Frage nach Bestehen und Rechtsfähigkeit einer im Ausland gegründeten Gesellschaft im Inland[342]. Mit Anerkennung im internationalgesellschaftsrechtlichen Sinne ist daher das Ergebnis kollisionsrechtlicher Anknüpfung gemeint, bei dem man zur Existenz einer ausländischen Rechtspersönlichkeit auch im

---

340 Vgl. dazu S. 103 ff.

341 *Wernicke*, EuZW 2002, 758, 760; *Großerichter*, DStR 2003, 159, 166; *Zimmer*, BB 2003, 1, 4; *W.-H. Roth*, IPRax, 2003, 117, 120; *Knapp*, DNotZ 2003, 85, 88; *Thoma*, 11 ERPL 545, 552 (2003); anders *Haack*, MDR 2003, 96, 98 Das Verb *„achten"* bedeute in diesem Zusammenhang nur, dass es inländischen Gerichten versagt bleibe, zu überprüfen, ob eine Gesellschaft nach dem Gründungsrecht wirksam besteht. Bei Verwendung des Verbs „beurteilen" wäre dies möglich gewesen. Vor der Wortlautauslegung in Urteilsübersetzungen zu Recht warnend *Everling*, EuR 29 (1994), 127, 140.

342 Vgl. *Beitzke*, S. 45 f.; *Großfeld*, in: Staudinger IntGesR, Rdn. 162 ff.; *Kindler*, in: MünchKomm IntGesR, Rdn. 227 ff.; unklar sind die Ausführungen von *Stoller*, JuS 2003 846, 848; *Ebert*, BB 2003, 1854, 1858.

Inland gelangt[343]. Bei der Ermittlung des auf die Gesellschaft anwendbaren Rechts und die Anerkennug handelt es sich demnach nicht um zwei verschiedene Fragen[344]. Fremdenrechtlich spielt die Anerkennung dagegen - jedenfalls in Deutschland - keine Rolle mehr[345]. Es wird daher genauer zu klären sein, ob mit dem vom EuGH verwandten Wort „achten" allein „anerkennen" gemeint sein kann. Nachfolgend wird geprüft, ob das EG-rechtliche Verständnis von Anerkennung mit dem nationalen übereinstimmt[346].

I. Identitätsverlust führt zum Existenzverlust einer Gesellschaft

Einigkeit herrscht darüber, dass der Identitätsverlust einer Gesellschaft zu ihrem Existenzverlust führt. Der Ausgangspunkt nachstehender Erörterungen ist daher folgender: Unter den in Art. 48 Abs. 1 EG genannten Voraussetzungen gewährleistet es die Niederlassungsfreiheit Gesellschaften, ihre Geschäftsaktivitäten in einen anderen Mitgliedstaat zu verlagern[347]. Die Niederlassungsfreiheit wird demnach infolge der Nichtanerkennung im Niederlassungsstaat nicht nur beschränkt, sondern negiert. Die Rechtfertigung eines Existenzverlusts ist niederlassungsrechtlich ausgeschlossen. Wenn nun aber der Identitätsverlust einer Gesellschaft gleichbedeutend mit einem nicht zu rechtfertigenden Existenzverlust ist, dann rückt damit zugleich das Identitätsverständnis des EuGH von Gesellschaften als der Dreh- und Angelpunkt in den Vordergrund. Die Antwort auf die Frage nach dem Umfang der gesellschaftsrechtlichen Identität wird Klarheit darüber schaffen, inwiefern der oft zu lesende Vorwurf - Art. 43, 48 EG werde auch durch die „Behandlung"[348] der zuziehenden Gesellschaft als Gesellschaft deutschen Rechts genüge getan - berechtigt ist. Die Untersuchung der identitätsprägenden Faktoren wird zudem darüber Aufschluss geben, ob der Gerichtshof in seiner *Überseering*-Entscheidung tatsächlich eine direkte kollisionsrechtliche Vorgabe getroffen hat[349].

343 *Beitzke*, S. 45 f.; a.A. wohl *Kindler*, in: MünchKomm IntGesR, Rdn. 229: „Mit der h.M. ist daher unter der Anerkennung einer Gesellschaft die Bestimmung ihres Personalstatuts zu verstehen."

344 So schon *Drobnig*, ZHR 129 (1967), 93.

345 S. dazu Fn. 48.

346 Verneinend *Kindler*, IPRax 2003, 41, 43 f.

347 EuGH, Urt. v. 5.12.2002 Rs. C-208/00 (*Überseering*), Slg. 2002, I-9963 (Tz. 52).

348 Der Begriff der „Anerkennung" ist hier rechtstechnisch fehl am Platz, wie sich aus den folgenden Ausführungen ergeben wird.

349 Erste Stellungnahmen zur *Überseering*-Entscheidung werfen dem EuGH vor, er habe direkt in das Kollisionsrecht eingegriffen und damit einer materiell-rechtlichen Lösung den Weg versperrt. S. hierzu *Leible/Hoffmann*, RIW 2002, 925, 928: „Der EuGH hat mit ihr die bisher verfolgte Linie verlassen, dem nationalen Recht zwar das Ergebnis vorzugeben, ihm aber die Wahl des Weges zum Erreichen des Geforderten zu überlassen."; *Zimmer*, BB 2003, 1, 6 f.

1. *Duplizierung der Rechtspersönlichkeit*

Anders als natürliche Personen, die ihre Identität durch die Geburt erhalten, sind juristische Personen Schöpfungen einer Rechtsordnung. Die Rechtsordnungen fungieren gleichsam als Existenzgeber[350]. Mit Gründung vermitteln die Rechtsordnungen den Rechtsfiktionen ein bestimmtes Wesen (Identität). Unabhängig davon, auf welche Weise ein Rechtsträger geboren wird, ist ihm kraft Natur der Sache immanent, dass er nur eine Identität haben kann. Für natürliche Personen ist das selbstverständlich. Daran ändert auch eine etwaige doppelte Staatsangehörigkeit nichts. Das gleiche muss aber auch für juristische Personen gelten. Behandelt man, wie im Schrifttum vorgeschlagen und vom II. Zivilsenat des BGH in jüngster Vergangenheit übernommen[351], die ausländische Gesellschaft in Deutschland als inländische Personengesellschaft, so schafft man neben ihrer ursprünglichen durch die Gründungsrechtsordnung vermittelten Identität eine weitere. Bei dieser weiteren Identität agiert die deutsche Rechtsordnung als Existenzgeber. Das Ergebnis ist folgendes: Es existieren nunmehr zwei Gesellschaften, die „Gewächse" zweier Rechtskreise sind, da die ausländische Gesellschaft weiterbesteht, so ihr der Gründungsstaat ihre Existenz aufgrund des Niederlassungsvorgangs nicht entzieht.

Entgegen vielfacher Behauptungen bleibt damit bei Verwaltungssitzverlegung ins Inland eine Umwandlung *ex lege* aus[352]. Statt dessen tritt eine Duplizierung der Rechtspersönlichkeit ein[353]. Eine Identitätsverdopplung kann und ist hingegen nicht eingetreten. Die Identität einer Gesellschaft ist einzigartig. Ihre Spaltung ist ebenfalls unmöglich. Mithin kann zumindest dann, wenn man sich von der nationalen Betrachterperspektive löst, keine Identität zwischen der Gesellschaft in Gestalt ihres Gründungsstatuts und der durch den Niederlassungsstaat ins Leben gerufenen Rechtspersönlichkeit vorliegen[354]. Deutlich wird an dieser Stelle die Notwendigkeit eines Perspektivenwechsels hin zu einer supranationalen Sicht („Vogelperspektive"). Aus rein nationaler Sicht betrachtet besteht freilich nur eine Gesellschaft. Es handelt sich um diejenige, die im Ausland gegründet wurde und der nach Verwaltungssitzverlegung ein neues Rechtskleid übergeworfen werden soll. Aber genau hierin liegt der Denkfehler eines solchen

---

350 Die Existenzerlangung einer Kapitalgesellschaft erfolgt heute in Deutschland kraft Eintragung ins Handelsregister. Die Eintragung hat bei Erfüllung der normierten Voraussetzungen zu erfolgen (*System der Normativbestimmungen*). Früher wurde die Rechtsfähigkeit kraft hoheitlichen Akts verliehen (*Konzessionssystem*), vgl. dazu *Beitzke*, S. 50 f.; *Schmidt*, S. 192-195.

351 BGHZ 151, 204 = ZIP 2002, 1763; *Paefgen* bezeichnet diese Vorgehensweise des II. Zivilsenats treffend als „Wechselbalg"-Theorie (*Paefgen*, EWiR 2003 Art. 48 EG 1/03, S. 571).

352 A.A. z.B. *Kieninger*, ZEuP 2004, 685, 689.

353 *Walden*, EWS 2001, 256, 259-263; *Ebke*, JZ 2003, 927, 928; *Halbhuber*, ZEuP 2003, 418, 430 f.; *Behrens*, IPRax 2003, 193, 200; *Spindler/Berner*, RIW 2003, 949, 951.

Modells. Von „außen“ betrachtet findet keine Rechtsformumwandlung statt. Denn eine Umwandlung zeichnet sich gerade dadurch aus, dass *vor* und *nach* der Umwandlung nur ein Rechtsträger existiert. Eine solche Sachlage tritt aber bei Verlassen der nationalen Perspektive gerade nicht ein. Vielmehr wird mit der Verlegung des Verwaltungssitzes ins Inland ohne entsprechenden Willen der Gesellschafter eine neue Gesellschaft nationalen Rechts geschaffen (Neugründung), die dann neben der Ursprungsgesellschaft besteht[355]. Von einem solchen Verständnis scheint auch der Gerichtshof auszugehen. Der EuGH verweist in seiner *Überseering*-Entscheidung ausdrücklich auf den Fortbestand der Überseering BV. Gegenstand von Auflösungsmaßnahmen nach niederländischem Recht sei die Überseering BV nie geworden[356]. Dass die Ursprungsgesellschaft ein *aliud* zu der deutschen Gesellschaft darstellt, lässt sich wohl auch von den Sympathisanten eines „Umwandlungsmodells“ nicht ernsthaft leugnen. Diese verkennen offenbar das Problem der Verdopplung der Rechtspersönlichkeit insgesamt oder aber gehen implizit von einer Ermächtigung des Niederlassungsstaats aus, die Gesellschaft auch mit Wirkung im Gründungsstaat in eine nationale Gesellschaftsform umwandeln zu dürfen[357].

2. *Zusammenfassung*

Die Frage nach der Identität zwischen einer englischen *Ltd.* und einer deutschen GbR oder OHG stellt sich demnach nur dann, wenn man entweder den Niederlassungsvorgang ausschließlich aus nationaler Perspektive betrachtet oder aber dem Niederlassungsstaat die Befugnis einräumt, die zugezogene ausländische Gesellschaft „global“ in eine Rechtsform nationalen Rechts umzuwandeln[358]. Die Rechtsmacht, die zuziehende Gesellschaft in eine nationale Gesellschaftsform umwandeln zu können, würde gleichzeitig dem Gründungsstaat die Freiheit absprechen, über Existenz und Fortexistenz der von ihm ins Leben gerufenen Gesellschaften zu bestimmen[359]. Auf einer ähnlichen Prämisse gründet auch die Überlagerungstheorie. Das „Hineinregieren“ des Verwaltungssitzstaats in das Normgefüge des Gründungsstaats wird als Voraussetzung für das Funk-

---

354 *Leible/Hoffmann*, ZIP 2003, 925, 927; wohl auch *Stoller*, JuS 2003, 847, 848: „Mit der Neugründung entsteht ein neues Rechtssubjekt, z.B. eine „Überseering GmbH“, das aber nicht mit der Überseering B.V. identisch ist.“

355 Vgl. auch oben S. 39 ff.

356 EuGH, Urt. v. 5.11.2002 Rs. C-208/00 (*Überseering*), Slg. 2002, I-9966 (Tz. 63).

357 Vgl. zum „Rechtsformzwangsmodell“ und seinen Folgen die ausführliche Bearbeitung von *Trost*, S. 137 ff.

358 So z.B. *W.-H. Roth*, 52 ICLQ 2003, 177, 207: “Most important there is no need for a reincorporation: the German *offene Handelsgesellschaft* or *Gesellschaft Bürgerlichen Rechts* are regarded as being identical with the company, formerly governed by foreign law (provided it is not wound up).”

359 So *Walden*, S. 246: „Bildlich gesprochen übernimmt der Zuzugs- vom Wegzugsstaat die Funktion, dem faktisch bestehenden Gebilde seine rechtliche Existenz zu vermitteln.“

tionieren eines Überlagerungsmodells ins Feld geführt[360]. Um das oben beschriebene Phänomen der Bildung „einer Art“ Spaltgesellschaft zu verhindern, muss auch der Gründungsstaat die vom Recht des Sitzstaats zur Anwendung gebrachten Regelungen respektieren und auf die eigenen verzichten. Das hat aber auch zur Folge, dass das durch den Niederlassungsstaat zur Anwendung gebrachte Recht exterritoriale Wirkung entfalten würde[361]. Eine wirkliche Spaltgesellschaft bewirkt die Überlagerungstheorie aber nicht, weil sie den ausländischen Rechtsträger als solchen anerkennt. Sie begnügt sich, anders als die modifizierte Sitztheorie, vielmehr mit der Anwendung vereinzelter nationaler Vorschriften auf die ausländische Gesellschaft; sie bringt bestimmte Normen des nationalen Gesellschaftsrechts gegen das ausländische Gesellschaftsstatut zur Geltung.

3. Identität und Gesellschaftsstatut

Die Bestimmung des Umfangs der Gesellschafts*identität* wird mithin nur dann bedeutsam, wenn sich der Niederlassungsstaat Einfluss auf die Existenz der im Ausland gegründeten Gesellschaft zuschreibt. In diesen Fall könnte der Zuzugsstaat in der Tat die ausländische Gesellschaft „global“ im Wege einer grenzüberschreitenden Umwandlung in eine nationale Gesellschaftsform transformieren. Allein von diesem Verständnis ausgehend würde das Entstehen einer Spaltgesellschaft (Duplizierung der Rechtspersönlichkeit) vermieden. Nur dann wäre auch die modifizierte Sitztheorie praktisch überhaupt handhabbar[362]. Ob bei einem grenzüberschreitenden Rechtsformwechsel noch von einer „Identitätswahrung“ als Voraussetzung der niederlassungsrechtlich gewährleisteten Existenzwahrung gesprochen werden kann, gilt es im weiteren Verlauf zu klären.

a) Meinungsstand in der Literatur

In der Literatur herrscht die Ansicht vor, dass die Identität einer Gesellschaft die Rechtsform und damit ihr Gesellschaftsstatut nicht umfasst[363]. Diskutiert wird die Frage

---

360 *Sandrock*, ZVglRWiss 102 (2003), 447, 449.

361 *Sandrock*, ZVglRWiss 102 (2003), 447, 449 dort Fn. 2.

362 Anzumerken ist ferner, dass nur bei Annahme einer *grenzüberschreitenden Umwandlung* gleichzeitig gesichert wäre, dass die nunmehr inländische Gesellschaft, Ansprüche, die ihr als ausländische Gesellschaft erwachsen sind, von ihr (als Rechtsnachfolgerin) geltend machen kann. Bei Duplizierung der Rechtspersönlichkeit wäre dies ohne eine vorherige Abtretung der Ansprüche auf die inländische Gesellschaft unmöglich.

363 *Leible/Hoffmann*, RIW 2002, 925, 929: „Es ist vielmehr eine Frage des materiellen Gesellschaftsrechts, ob die Rechtsfähigkeit und Rechtspersönlichkeit (Identität) der zugezogenen Gesellschaft auf Grund des Statutenwechsels endet oder erhalten bleibt.“; a.A. *dies.*, ZIP 2003, 925, 927;

indirekt im Zusammenhang mit dem Gewährleistungsgehalt der Art. 43, 48 EG. Hierbei geht es darum, ob die Niederlassungsfreiheit eine „Verwaltungssitzverlegung" unter Wahrung der Rechtsform oder bloß rechtsträgerwahrend garantiert. Wie bereits erläutert, geht es damit im Kern um den Inhalt der Niederlassungsfreiheit hinsichtlich der Anerkennung EU-ausländischer Gesellschaften im Niederlassungsstaat. Eine weit verbreitete Ansicht, die die Identität einer Gesellschaft nicht mit ihrer Gründungsrechtsform verbindet, nimmt eine Identitätswahrung bei grenzüberschreitenden Verwaltungssitzverlegungen bereits dann an, wenn der Rechtsträger fortbesteht. Schließlich werde in diesem Fall keine Auflösung und Neugründung erforderlich[364]. Als ein Beispiel für die Kontinuität des Rechtsträgers wird die grenzüberschreitende Umwandlung einer ausländischen juristischen Person in eine inländische teilrechtsfähige Personengesellschaft genannt[365]. Diese Erkenntnis entnimmt *Bechtel* aus § 202 Abs. 1 Nr. 1 UmwG. Das UmwG gehe bei einem Rechtsformwechsel von der Wahrung der Identität aus, weil das Vermögen der Ursprungsgesellschaft nicht rechtsgeschäftlich auf einen anderen Rechtsträger übertragen werden muss. Vielmehr bleibe der Rechtsträger während des gesamten Umwandlungsvorgangs fortbestehen[366]. Vergleichbar wird in der Literatur hinsichtlich der Frage argumentiert, ob eine (Vor-) Kapitalgesellschaft mit der durch die Eintragung ins Handelsregister errichteten Kapitalgesellschaft *identisch* ist[367].

Zimmer, BB 2003, 1, 6: „Ließen die beteiligten nationalen Rechte eine identitätswahrende grenzüberschreitende Umwandlung in eine Rechtsform des Zielmitgliedstaats zu, so wäre die Gesellschaft auch nach einem solchen Statutenwechsel zu einer Realisierung ihrer Rechte im Stande."; ähnlich *Behrens*, EuZW 2000, Heft 13, „Editorial", 385 „Die Frage, ob ein durch die Sitzverlegung ausgelöster Statutenwechsel unter Wahrung der Identität möglich ist, hängt von den materiellrechtlichen Vorschriften der beteiligten Rechtsordnungen ab."; *Schmidt*, ZGR 28 (1999), 20, 24 f.; *Drobnig*, in: Gemeinschaftsrecht, S. 185, 196 f.; *Bechtel*, 34 ff.; *Kruse*, S. 68: „Identitätswahrung bedeutet nur, dass die Rechtspersönlichkeit nicht verloren geht."; *dies.*, EWS 1998, 444, 445; implizit *Walden*, S. 245: „Aus der begriffsnotwendigen Wahrung der Identität bei der Sitzverlegung allein ergibt sich jedenfalls nicht, daß auch das Gesellschaftsstatut das gleiche bleiben muss."; implizit auch *W.-H. Roth*, ZEuP 1994, 5, 19 („Rechtsfähigkeit und damit ihre Identität"); *Dietrich*, S. 121 ff.; *Schlenker*, S. 40 f., 137 („Identität bedeutet wirtschaftliche Kontinuität." „Wirtschaftlicher Kontinuität entspricht die rechtliche Identität."); *Großerichter*, in: FS Sonnenberger, S. 369, 377-380; differenzierend *Trost*, S. 28 ff., 35, 168-181; *Mülbert/Schmolke*, ZVglRWiss 100 (2001), 233, 244; *Schindler*, RdW 2003, 122, 123; zweifelnd *Seifert*, GewArch 2003, 18, 19; *Großerichter*, DStR 2003, 159, 167; *Lüer*, in: Liber Amicorum Kegel, S. 83, 96.

364 *Bechtel*, S. 34 ff.: „Aus diesem Blickwinkel muss entscheidend auf das Schicksal des personellen und vermögensmäßigen Substrats des Unternehmensträgers abgestellt werden und nicht etwa auf das Schicksal seines gesellschaftsrechtlichen Kleides."; *Schindler*, RdW 2003, 122, 123.

365 *De lege lata* ist eine grenzüberschreitende Umwandlung aufgrund des auf nationale Gesellschaftsformen begrenzten Anwendungsbereichs von § 1 UmwG nicht möglich. Zur Konformität von § 1 UmwG mit der Niederlassungsfreiheit Art. 43, 48 EG, vgl. dazu S. 156 ff.

366 Eine Differenzierung sei nach der Gesetzesbegründung auch in den Fällen der Umwandlung einer juristischen Person in eine Personengesellschaft nicht indiziert. Deshalb empfehle sich aus Gründen des Gleichlaufs mit dem UmwG für die Frage der Identitätswahrung einer zuziehenden Gesellschaft diese auch dann anzunehmen, wenn diese als Personengesellschaft in Deutschland fortexistiert (vgl. *Bechtel*, S. 35).

367 In diesem Zusammenhang stehen sich zwei Theorien gegenüber. Die juristische Person sei ein von der Gesamthand der Gesellschaftsgründer unterschiedliches Rechtssubjekt (*Theorie der Gesamt-*

Aber auch *Bechtel* lässt die Notwendigkeit der Wahrung der Rechtsform als Identitätserhaltungserfordernis nicht völlig außer Betracht. Dabei nimmt *Bechtel* die Rechtsform aber schon dann als gewahrt an, wenn der Gesellschaft eine der ausländischen Gesellschaftsform entsprechende inländische Rechtsform ‚übergestülpt' werde. Dieser Gedanke wird in seiner Arbeit allerdings schnell wieder verworfen, weil die Notwendigkeit der Rechtsformwahrung „eine etwas formalistische Betrachtungsweise" sei[368]. *Trost* differenziert zwischen „Identitätswahrung im weiteren Sinne", die wie nach dem weitverbreiteten Identitätsverständnis schon bei Erhaltung der Rechtsträgerschaft vorliegen soll. „Identität im engeren Sinn" erfordere hingegen die Wahrung der Gesellschaftseigenschaft (Kapitalgesellschaft), nicht hingegen auch die Gründungsrechtsform[369]. *Trost* ist der Auffassung: „All diese organisations-, haftungs- und steuerrechtlichen Aspekte wären zunächst einmal nur bei einer Wahrung der Identität als Kapitalgesellschaft gesichert, nicht dagegen bei einem Formwechsel in eine Gesamthandsgesellschaft[370]." Man kann aber auch bei Erhaltung des Merkmals „juristische Person" nicht von einer Identitätswahrung sprechen. Eine niederländische Aktiengesellschaft ist eben keine deutsche AG. Beide Rechtsformen folgen unterschiedlichen Rechtsordnungen, die ihrerseits auf den national vorherrschenden gesellschaftspolitischen Wertvorstellungen gründen und sich in der Rechtskultur des Gründungsstaats entfalten. Die Haftungsbeschränkung auf das Gesellschaftsvermögen als gemeinsamer Nenner aller juristischen Personen reicht nicht aus, die Rechtsformen sämtlicher mitgliedstaatlicher Kapitalgesellschaften als äquivalent zu bewerten.

b) *Stellungnahme*

Den dargelegten Ansichten ist im Zusammenhang grenzüberschreitender Verwaltungssitzverlegungen zu widersprechen[371]. Für die Frage nach dem Umfang der Identität, ist

---

rechtsnachfolge). Gesamthand und juristische Person sind ein und derselbe Rechtsträger (*Identitätstheorie*). Vgl. hierzu *Hüffer*, § 41 AktG, Rdn. 16 m.w.N.

368 *Bechtel*, S. 34.

369 *Trost*, S. 31 ff.

370 *Trost*, S. 33.

371 Ebenso *Thode* zitiert nach Rehberg, IPRax 2003, 175, 178: „Das entscheidende Problem sei die Erhaltung der Identität der einmal unter einer anderen Rechtsordnung begründeten Rechtssubjektivität einer juristischen Person, die durch den EuGH hinsichtlich ihrer Niederlassungsfreiheit mit natürlichen Personen gleichgesetzt wurde."; implizit *Ebke*, JZ 1999, 656, 658: „[...]; in einem solchen Fall tritt nämlich ein Statutenwechsel ein, der zum Identitätsverlust führt."; *Halbhuber*, ZEuP 2003, 418, 431; *Koch/Köngeter*, Jura 2003, 692, 698; *Merkt*, RIW 2003, 458, 459: „Dies verdient Zustimmung, weil originäre und substitutive Rechtspersönlichkeit bei genauerer Betrachtung nicht identisch sind."; *Eidenmüller*, ZIP 2002, 2233, 2241; implizit *ders.*, JZ 2003, 526, 528: „Ansonsten wäre es nämlich nicht die gegründete Gesellschaft, sondern eine ganz andere Gesellschaft, die sich niederlassen könnte."; zurückhaltender, einen Identitätsverlust nur im Hinblick auf die Firmierung erkennend *Wertenbruch*, NZG 2003, 618, 619: „Die Gesellschaft würde mit der

für die hier interessierenden Fälle ein europäischer Maßstab anzulegen[372]. Für die Herausarbeitung des europäischen Verständnisses von Identität taugt die Annäherung über ein nationales Gesetz (UmwG) jedenfalls nicht. In der hier zu analysierenden Sachverhaltskonstellation geht es um grenzüberschreitende Verwaltungssitzverlegungen bzw. die Anerkennung ausländischer Gesellschaften im Inland. Gegenstand der Untersuchung ist nicht die Rechtsformumwandlung nationaler Gesellschaften. Zu bedenken ist, dass bei nationalen Umwandlungsvorgängen die Initiative, fortan in einer anderen Rechtsform zu firmieren, auf die Gesellschaft bzw. deren Gesellschafter zurückzuführen ist. Bei grenzüberschreitenden Verwaltungssitzverlegungen erfolgt der Rechtsformwandel nach der modifizierten Sitztheorie dagegen automatisch im Wege eines Statutenwechsels und damit ohne den Willen der Gesellschaft und ihrer Gesellschafter. Das neue Gesellschaftsstatut wird der zuziehenden Gesellschaft oktroyiert. Eine Orientierung am Identitätsbegriff des nationalen UmwG verkennt die europäische Dimension, d.h. den Einfluss der Grundfreiheiten auf den zu bewertenden Sachverhalt. Zumal der Identitätsbegriff im UmwG nicht einmal national Ausdruck eines allgemeingültigen Rechtsgedankens ist. Das folgt schon aus §§ 190 Abs. 2, 191 Abs. 1 UmwG[373]. Hiernach sind die GbR und der nicht eingetragene Verein keine formwechselnden Rechtsträger. Eine „identitätswahrende“ Umwandlung einer GbR in eine Kapitalgesellschaft nationalen Rechts kann demnach nicht vollzogen werden.

Die Identität einer Gesellschaft, d.h. ihre Gesellschaftsstruktur, die Funktionsweise des Gesellschaftslebens wie auch die Haftungsverfassung werden einer Gesellschaft einzig durch ihr Gesellschaftsstatut vermittelt. *Schanze/Jüttner* sprechen in diesem Zusammenhang treffend von Subjekteigenschaften einer Gesellschaft[374]. Ein Wechsel des Gesellschaftsstatuts führt unweigerlich zu einer Veränderung in der Gesellschaftsstruktur, die ihrerseits Einfluss auf das „Innen- und Außenrecht“ einer Gesellschaft hat. Besonders plastisch werden uns die Strukturveränderungen bei der Umwandlung einer juristischen Person in eine Personengesellschaft vor Augen geführt. Durch den Wegfall der Haftungsbeschränkung auf das Gesellschaftsvermögen werden die Gesellschaftervermögen in die Haftungsmasse miteinbezogen. Einschneidende Veränderungen werden ferner durch das Prinzip der Selbstorganschaft hervorgerufen. Diese

---

Zwangsauswechselung der Rechtsform einen wesentlichen Teil der Firma und damit einen Teil ihrer Identität verlieren.“ „[...]; die Auswechselung der Rechtsform führt aber ebenso wie bei der juristischen Person zu einem Identitätsverlust: Die „Miller Partnership“ und die „Miller GbR“ erscheinen jedenfalls nach außen als verschiedene Gesellschaften.“; *Rehberg*, IPRax, 2003, 175, 180; *Leible/Hoffmann*, ZIP 2003, 925, 927; *Drygala*, ZEuP 2004, 337, 342, 345, 349; vgl. *Schulz*, NJW 2003, 2705, 2706; *Schuster/Binder*, WM 2004, 1665, 1673 (gesellschaftsrechtliche Identität); a.A. *Sandrock*, S. 33, 77 f., 80, 89, 94, 96.

372 Gleiches gilt im Übrigen für den Zweigniederlassungsbegriff, der im europäischen Zusammenhang auch gemeinschaftsrechtlich verstanden werden muss. Vgl. hierzu *Ebke*, JZ 1999, 656, 658; *Holst*, 8 Colum. J. Eur. L. 323, 329 (2002).

373 S. hierzu *Hüffer*, § 41 AktG, Rdn. 16 a.

Konsequenzen erkennt *Bechtel*, wiegelt sie aber mit dem kaum überzeugenden Argument ab, dass die Veränderungen nur auf der „obersten Ebene der Geschäftsführung" statt finden[375]. Dieser Umstand ist aber gerade ein Argument für die Annahme eines Identitätsverlusts. Nimmt man einen Statutenwechsel an, unterliegt die Gesellschaft nunmehr einer anderen Rechtsordnung, die ihr ein komplett neues „Wesen" auferlegt. Von einer Identitätswahrung kann auch bei Wahrung des Charakters einer juristischen Person keine Rede sein. Wenn dagegen einzig die Kontinuität der Rechtsträgerschaft für die Identität einer Gesellschaft maßgeblich sein soll, so muss man sich doch die Frage gefallen lassen, ob alle mit Rechtsfähigkeit ausgestatteten Gesellschaften im In- und Ausland letztlich identisch sind. Wohl kaum! Die Entscheidung für eine bestimmte gesellschaftsrechtliche Form liegt allein bei den Gesellschaftsgründern. Ihre Wahl wird durch die Niederlassungsfreiheit (Art. 43, 48 EG) respektiert.

Schließlich kann auch das gemeinschaftsrechtlich fokussierte Argument - bei niederlassungsrechtlich implizierten Zwang zur Wahrung der Rechtsform „bei *allen* Sitzverlegungstatbeständen" werde auch die Gründungstheorie der Niederlassungsfreiheit nicht gerecht[376] - nicht überzeugen[377]. Einer dahingehenden Argumentation wird unterstellt, dass Art. 43, 48 EG auch die *rechtsformwahrende* Satzungssitzverlegung gewährleisten. Wie noch zu erörtern sein wird, ist die Niederlassungsfreiheit aber hierzu nicht im Stande[378]. Wenn überhaupt können es Art. 43, 48 EG gewährleisten, den Satzungssitz *rechtsformwechselnd* zu verlegen (grenzüberschreitender Rechtsformwechsel)[379].

II. Identitätsverständnis des EuGH

Im *Überseering* Urteil vermeidet der EuGH den Terminus „Identität". Indessen spricht der Gerichtshof von der niederlassungsfreiheitsberechtigten Gesellschaft Überseering BV, die *als Gesellschaft niederländischen Rechts* von Art. 43, 48 EG Gebrauch machen könne[380]. Mittelbar bestätigt der EuGH damit die hier vertretene Ansicht, nach der die Identität einer Gesellschaft ihre spezifische Rechtsform mit einschließt. Daher führt die Behandlung der ausländischen Kapitalgesellschaft als inländische Personen- oder (Vor-) Kapitalgesellschaft dazu, dass die Identität der ausländischen Gesellschaft nicht gewahrt

374 *Schanze/Jüttner*, AG 2003, 661, 666.
375 *Bechtel*, S. 35.
376 So aber *Walden*, S. 247 ff.; mit anderer Begründung *Ebenroth/Eyles*, DB 1988, Beil. 2/88, 1, 13 f.
377 Zumal kann eine potentielle Gemeinschaftsrechtswidrigkeit der Gründungstheorie nicht als Argumentation für die Konformität der Sitztheorie mit Art. 43, 48 EG ins Feld geführt werden.
378 Vgl. S. 154 ff.
379 Vgl. S. 156 ff.
380 EuGH, Urt. v. 5.11.2002 Rs. C-208/00 (*Überseering*), Slg. 2002, I-9970 (Tz. 80).

bleibt. Dieser Umstand zieht wiederum eine Verletzung der Niederlassungsfreiheit nach sich.

Entscheidend ist das gesellschaftsrechtliche Verständnis des EuGH, nach dem die Existenz einer Gesellschaft „untrennbar mit ihrer Eigenschaft als Gesellschaft niederländischen Rechts [Gründungsgesellschaft] zusammen" hängt, „da eine Gesellschaft [...] *jenseits* der nationalen Rechtsordnung, die ihre Gründung und Existenz regelt, keine Realität hat"[381]. Hierbei wird deutlich, dass die Existenz einer Gesellschaft einzig von der Gründungsrechtsordnung abhängt, was ein „Hineinregieren" des Niederlassungsstaats *per se* und das auch bei Domizilierung des Verwaltungssitzes im Inland verbietet. In anderen Rechtsordnungen ist die niederländische *BV* als Gesellschaftsform im inländischen Gesellschaftsrecht unbekannt. In den jeweiligen Mitgliedstaaten haben nur die Rechtsformen „Realität", die in den heimischen Rechtsordnungen verankert sind. Das hängt damit zusammen, dass Gesellschaften als Zuordnungsobjekte von Rechten und Pflichten anders als natürliche Personen, die eine grenzüberschreitende „Realität" besitzen, künstliche Kreaturen sind, die im Wege einer Rechtsfiktion entstehen[382]. Als künstliche Gebilde sind Gesellschaften dann natürlich auch nur für die Rechtsordnung reell, der sie entstammen. Einfluss auf die Existenz einer Gesellschaft kann deshalb nur die *Rechtsordnung* haben, die sie geschaffen hat[383]. Die „Realität" einer Gesellschaft ist indes nicht *räumlich* auf das Gebiet des Geltungsbereichs einer Rechtsordnung begrenzt, wie es verschiedentlich dem Wort „*jenseits*" im *Daily Mail*-Urteil entnommen wurde, sondern auf die Rechtsordnung bezogen, der die Gesellschaft entstammt[384]. Aus der Sicht der Gründungsrechtsordnung eines Gründungstheoriestaats besteht eine Gesellschaft auch außerhalb ihres Territoriums weiter[385]. Weitere Voraussetzung für die Existenz der Gesellschaft außerhalb ihres Gründungsstaats ist aber, dass die Gesellschaft als fremde Gesellschaft im Niederlassungsstaat anerkannt wird. Der EuGH unterstreicht seine Ansicht, indem er im Hinblick auf die Existenz der Überseering BV auf die

381 EuGH, Urteil v. 5.11.2002 Rs. C-208/00 (*Überseering*), Slg. 2002, I-9971 (Tz. 81); EuGH, Urt. v. 27.9.1988 Rs. 81/87 (*Daily Mail*), Slg. 1988, I-5511 (Tz. 19).

382 EuGH, Urt. v. 27.9.1988 Rs. 81/87 (*Daily Mail*), Slg. 1988, I-5511 (Tz. 19); Schlussanträge GA *Colomer* v. 4.12.2001 Rs. 208/00 (*Überseering*), Slg. 2002, I-9928 (Tz. 23).

383 Zu trennen ist hier, zwischen Existenz einer Gesellschaft und deren Anerkennung im Ausland. Die Anerkennung einer Gesellschaft kann durch einen anderen Staat begrenzt auf dessen Hoheitsgebiet grundsätzlich versagt werden, womit die Gesellschaft im *Niederlassungsstaat* nicht existent ist. Die Existenz einer Gesellschaft insgesamt kann der *Niederlassungsstaat* hingegen nicht beeinflussen.

384 Vgl. *Brödermann*, Rdn. 213 ff.; *Halbhuber*, S. 33-35.

385 Ein solches Verständnis war den Übersetzungen des *Daily Mail* Urteils [EuGH, Urt. v. 27.9.1988 Rs. 81/87 (*Daily Mail*), Slg., 1988, I-5511 (Tz. 19) in die englische und französische Sprache deutlicher zu entnehmen: "*They* [Companies] *exist only by virtue of the varying legislation* which determines their incorporation and functioning." „*Elles n'ont d'existence qu'à travers les différentes législations nationales* qui en déterminent la constitution et le fonctionnement." In einer nicht amtlichen deutschen Übersetzung ist entsprechend zu lesen: „*Ihre einzige Existenzgrundlage sind die verschiedenen nationalen Rechtsordnungen*, die für die Errichtung und Funktionsweise maßgeblich sind.", vgl. EuGH DB 1989, 269, 270 = JZ 1989, 384, 385.

niederländische Rechtsordnung verweist. Nach dieser sei die Überseering BV nicht Gegenstand von Auflösungsmaßnahmen niederländischen Rechts geworden. Infolgedessen würde nach dem Verständnis des EuGH bei Behandlung der Überseering BV als inländische Personengesellschaft eine Duplizierung der Rechtspersönlichkeit und keine grenzüberschreitende Umwandlung eintreten. Es wurde bereits geschildert, dass zwischen den beiden Gesellschaften keine Identität bestehen kann[386].

III. Bewertung

Aus dem Zusammenspiel des Verständnisses des EuGH von Identitäts und Existenz einer wirksam gegründeten Gesellschaft und der Verpflichtung anderer Mitgliedstaaten zur Anerkennung ausländischer Gesellschaften aufgrund der Niederlassungsfreiheit gelangt man zu dem Schluss, dass das EG-rechtliche Verständnis von Anerkennung mit dem nationalen übereinstimmt. Zudem wird deutlich, dass in der Beantwortung der zweiten Vorlagefrage keine unmittelbare Vorgabe zur Anknüpfung der *lex societatis* in den Mitgliedstaaten zu sehen ist. Vielmehr lässt sich die Antwort des Gerichtshofs mit dem Phänomen erklären, dass Gesellschaften heute größtenteils noch Schöpfungen *einer* Rechtsordnung sind[387]. Ihre Identität wird ihnen von der Gründungsrechtsordnung verliehen und gegebenenfalls auch wieder entzogen. Eine weit verbreitete Auffassung in der Literatur spricht dagegen bereits bei Erhaltung der Rechtspersönlichkeit von einer identitätswahrenden Sitzverlegung. Nach diesem Verständnis wäre eine Umwandlung in eine nationale Gesellschaft niederlassungsfreiheitskonform. Die Umwandlung in ein nationales Rechtssubjekt bewirkt aber gerade keine Anerkennung der Auslandsgesellschaft im Inland. Folgt man dem Identitätsverständnis des EuGH, hat die Anerkennung der EU-ausländischen Gesellschaften im Inland als eine solche des Gründungsstaats zu erfolgen. Unter Zugrundelegung eines derartigen Anerkennungsverständnisses wird deutlich, dass der EuGH mit seiner *Überseering*-Entscheidung nur *mittelbar* auf das nationale Gesellschaftskollisionsrecht eingewirkt hat. Das gemeinschaftsrechtliche Erfordernis der Anerkennung EU-ausländischer Gesellschaften im Inland kann auf kollisionsrechtlicher Ebene nur im Wege der Anknüpfung an den Gründungsakt sicher gestellt werden.

---

386 Vgl. dazu oben S. 94 ff.

387 *Halbhuber*, ZEuP 2003, 418, 429.

IV. Beurteilung im Schrifttum

Das weit überwiegende deutsche Schrifttum entnimmt den Entscheidungsgründen des EuGH, dass eine Anerkennung der Rechts- und Parteifähigkeit der *ausländischen Gesellschaft* zu erfolgen hat[388]. Gleichwohl ist einigen Stellungnahmen zu entnehmen, dass sie das Identitätsverständnis des EuGH nicht teilen[389].

1. Falsche Prämisse des EuGH unbeachtlich

Folge eines anderen Verständnisses von Gesellschafts*identität* ist es, dass zahlreiche Stellungnahmen in der *Überseering*-Entscheidung eine falsche Prämisse erblicken und hieran anknüpfend die Bedeutung der Entscheidung für die geltende Rechtslage im Inland zumindest in Frage stellen[390]. Dem ist aber nur in beschränktem Umfang zuzu-

---

388 *Ebke*, JZ 2003, 927, 928 f.; *Schanze/Jüttner* AG 2003, 30, 34 f.; *Deininger*, IStR 2003, 214 f.; *Menjucq*, JCP II 10032 (2003), 362, 364 f.; *Eidenmüller* ZIP 2002, 2233, 2241; *Halbhuber*, ZEuP 2003, 418, 431; kritisch aber den Wortlaut des Urteils für eindeutig erachtend *Leible/Hoffmann*, RIW 2002, 925, 929; *Lutter* BB 2003, 7, 9; *Zimmer* BB 2003, 1, 4 f.; *Heidenhain*, NZG 2002, 1141, 1143; *v. Halen*, WM 2003, 571, 575 f.; *Kersting*, NZG 2003, 9, 9; so bereits *Behrens* IPRax 2000, 384, 388; *Forsthoff* DB 2002, 2471, 2474; *Müller-Bonanni*, GmbHR 2003, 1235, 1236; unentschieden *Knapp*, DNotZ 2003, 85, 88; *Großerichter*, DStR 2003, 159, 166; *Bayer*, BB 2003, 2357, 2362; a.A. *Kindler*, NJW 2003, 1073, 1076; *ders.* IPRax 2003, 41, 43 f.; *Wernicke*, EuZW 2002, 758, 760; *Neye*, EWiR 2003, Art. 43 EG 1/02, 1003, 1004; tendenziell auch *Hirte*, EWS 2002, 573. Die Frage, ob die Gesellschaften „auch *als Kapitalgesellschaft* im Inland anzuerkennen sind", war nicht Gegenstand des Streits. Es sei aber europarechtlich geboten, dies so zu sehen. Das habe zur Folge, dass die Ausgestaltung des Gläubigerschutzes zur Schlüsselfrage werde; ähnlich *W.-H. Roth*, IPRax 2003, 120, 121 aufgrund der falschen Prämisse stelle es der EuGH den Mitgliedstaaten weiterhin frei, „den die Niederlassungsfreiheit beeinträchtigenden Zustand entweder auf der Ebene des Sachrechts oder durch Kollisionsrecht zu bereinigen.", die Frage, ob der von der Sitztheorie vorgesehene Statutenwechsel mit Art. 43, 48 EG vereinbar ist, sei nicht präjudiziert, da so nicht vorgelegt. *W.-H. Roth* räumt aber den Aussagen in Tz. 72, 80, 81 mögliche kollisionsrechtliche Bedeutung ein und stellt fest, dass eine Umwandlung in eine OHG bzw. GbR eine unverhältnismäßige Beschränkung der Niederlassungsfreiheit darstelle.

389 *Kindler*, NJW 2003, 1073, 1075, 1077; *ders.*, IPRax 2003, 41, 43 f.; *Wernicke*, EuZW 2002, 758, 760; *Großerichter*, DStR 2003, 159, 166; *ders.*, in: FS Sonnenberger, S. 369, 378-380; *Zimmer*, BB 2003, 1, 6; *Eidenmüller*, ZIP 2002, 2233, 2234, 2239, *Hirte*, EWS 2002, 573; *W.-H. Roth*, IPRax 2003, 117, 120 f.; *ders.*, 52 ICLQ 177, 207 (2003); wohl auch *Leible/Hoffmann*, RIW 2002, 925, 929. Die Autoren bedauern, dass der EuGH über die Schlussanträge des GA hinausgeht, indem er das Kollisionsrecht für niederlassungsfeindlich erklärt und nicht nur das Ergebnis, welches materiell-rechtlich lösbar sei. *Leible/Hoffmann* hegen den Verdacht, dass das Urteil auf einem „Missverständnis" des EuGH von der geltenden Rechtslage beruhe (a.A. *dies.*, ZIP 2003, 925, 925 f.; *dies.*, NZG 2003, 259, 260; *dies.*, BB 2003, 543); *Ahrens*, RNotZ 2003, 32, 35; *Heiss*, ZfRV 2003, 90, 93; zweifelnd *Cerioni*, 11 Colum. J. Eur. L. 117, 125-129, 131 f. (2003); *Hirte*, „Der Anfang vom Ende der GmbH droht", FAZ v. 22.1.2003, S. 19; vgl. auch Schlussanträge GA *Colomer* v. 4.12.2001 Rs. C-208/00 (*Überseering*), Slg. 2002, I-9933 ff. (Tz. 43, 46, 62, 70).

390 *Eidenmüller*, ZIP 2002, 2233, 2234, 2239, *Hirte*, EWS 2002, 573; *Roth*, IPRax 2003, 117, 120, 121; *ders.*, 52 ICLQ 177, 207 (2003); *Kindler*, NJW 2003, 1073, 1075; *Leible/Hoffmann*, RIW 2002, 925, 929; *Ahrens*, RNotZ 2003, 32, 35; *W.-H. Roth*, IPRax, 2003, 117, 120 f.; *Teichmann*, 4

stimmen. Der EuGH geht in seinem Urteil davon aus, dass eine ausländische Gesellschaft bei Verlegung ihres tatsächlichen Verwaltungssitzes nach deutschem Recht nicht anerkennungsfähig ist. Eine Nichtbeachtung deutscher Gründungsvoraussetzungen führt, so der EuGH, zur Behandlung als rechtliches „*nullum*" in der Bundesrepublik Deutschland[391]. Damit sei die Gesellschaft dem Zwang der Neugründung nach dem Recht des Niederlassungsstaats unterworfen. Diese Darstellung entspricht dem Vortrag des VII. Zivilsenats des BGH im Vorlagebeschluss und war daher für den Gerichtshof bindend[392]. Aufgabe des EuGH ist es nicht, nationales Recht auszulegen oder gar vorzugeben. Hierzu ist der EuGH nicht befugt[393]. Vielmehr würdigt der Gerichtshof die ihm vorgetragenen Fragen im Lichte des Gemeinschaftsrechts.

Richtig ist in diesem Zusammenhang, dass die Rechtsauffassung des EuGH zumindest nicht die geltende Ansicht des II. Zivilsenats des BGH spiegelt[394]. *Kindler* vertritt daher die Auffassung, dass sich den Entscheidungsgründen des Gerichtshofs basierend auf der nicht aktuellen Widerspiegelung des nationalen Rechts eine unzutreffende Schlussfolgerung entnehmen ließe, die in Tz. 81 des *Überseering*-Urteils zum Ausdruck gebracht werde[395]. Hierin stellt der EuGH fest, dass die Existenz der Gesellschaft *Überseering* „untrennbar mit ihrer Eigenschaft als Gesellschaft niederländischen Rechts zusammen hänge." Jenseits der nationalen Rechtsordnung, die ihre Gründung und Existenz regelt, hat die Überseering BV keine Realität[396]. Die Auffassung von *Kindler* gründet auf einem unzutreffenden Verständnis darüber, was unter Existenz und Identität einer Gesellschaft zu verstehen ist[397]. Wenn der EuGH von der Existenz der Gesellschaft spricht, dann versteht er hierunter ihre einzige Existenz, nämlich die *als niederländische BV*. Die Existenz und damit ihre Identität *als niederländische BV* kann ihr nur der niederländische Staat verleihen und wieder nehmen. Das deutsche Gesellschaftskollisionsrecht in welcher Form auch immer hat auf die Existenz der auslän-

---

GLJ 309, 314 (2003); *Großerichter*, in: FS Sonnenberger, S. 369, 378-380; a.A. *Halbhuber*, ZEuP 2003, 418, 431; *Forsthoff*, DB 2002, 2471, 2474.

391 EuGH, Urt. v. 5.11.2002 Rs. C-208/00 (*Überseering*), Slg. 2002, I-9947, 9970 f. (Tz. 5, 79, 81); vgl. Schlussanträge GA *Colomer* v. 4.12.2001 (*Überseering*), Slg. 2002, I-9934 (Tz. 46).

392 *W.-H. Roth*, IPRax, 2003, 117, 120 dort Fn. 46; *Weller*, IPRax 2003, 324, 326.

393 Vgl. *Streinz*, Rdn. 559.

394 BGHZ 151, 204 = ZIP 2002, 1763.

395 *Kindler*, NJW 2003, 1073, 1075; in diesem Sinne auch *Großerichter*, in: FS Sonnenberger, S. 369, 377-380; vgl. *Ahrens*, RNotZ 2003, 32, 35.

396 EuGH, Urt. v. 5.11.2002 Rs. C-208/00 (*Überseering*), Slg. 2002, I-9971 (Tz. 81) mit Verweis auf EuGH, Urt. v. 27.9.1988 Rs. 81/87 (*Daily Mail*), Slg., 1988, I-5511 (Tz. 19).

397 Ähnlich wie *Kindler* argumentiert *Großerichter*, in: FS Sonnenberger, S. 369, 377: „Der begründende Hinweis des Gerichtshofs auf die angeblich notwendige Verknüpfung der Existenz der Gesellschaft mit der sie konstituierenden Rechtsordnung, jenseits derer die Gesellschaft „keine Realität" habe, ist zum Ersten nicht richtig, da eine Gesellschaft nach einem Grenzübertritt - die Existenz eines „umwandelnden" Sachrechts vorausgesetzt - auch (nur) aus Sicht des Aufnahmestaats existieren kann."

dischen Gesellschaft keinerlei Einfluss. Selbst dann nicht, wenn sich die Gesellschaft schwerpunktmäßig auf nationalem Territorium niederlässt. Das ist nicht Ausdruck des europäischen Verständnisses von Niederlassungsfreiheit, sondern liegt unmittelbar im Gesellschaftsrecht begründet. Der Niederlassungsstaat kann allenfalls reagieren, indem er der Gesellschaft im Inland die Anerkennung versagt. Die Versagung der Anerkennung stellt aber gegenüber europäischen Gesellschaften einen Verstoß gegen Art. 43, 48 EG dar. Mithin ist festzuhalten, dass der EuGH zwar von einer unzutreffenden Prämisse ausgegangen ist. Diese hat sich aber nicht auf die Entscheidung ausgewirkt[398]. Denn die Behandlung einer ausländischen Kapitalgesellschaft als deutsche Personengesellschaft führt ebenso wenig zur niederlassungsrechtlich gebotenen Anerkennung des Niederlassungsfreiheitssubjekts wie nach klassischem Verständnis der Sitztheorie[399].

2. *Identitätsverständnis im Schrifttum*

Die Ansicht in der Literatur, nach der die Rechtsform kein identitätsprägendes Merkmal ist, könnte von folgender Überlegungen getragen sein. Die Rechtsfähigkeit eines Rechtssubjekts unterscheidet sich isoliert betrachtet nicht von anderen Gesellschaftsformen. Vielmehr ist die Rechtsfähigkeit ein allen Kapitalgesellschaften anhaftendes Wesensmerkmal. Man könnte deshalb auch vertreten, dass sich die Teilrechtsfähigkeit einer deutschen Personengesellschaft von der einer niederländischen Kapitalgesellschaft nicht unterscheidet[400]. Kollisionsrechtlich ist das freilich nicht gedacht, weil dabei die Existenz der Gründungsgesellschaft völlig ausgeblendet wird. Identität liegt aber, wenn überhaupt, nur bei isolierter Betrachtung der Rechtsfähigkeit vor. Die Identität einer Gesellschaft geht aber über die Rechtsfähigkeit eines „künstlich" geschaffenen Subjekts weit hinaus. Sie ist geprägt von sämtlichen Regelungen, die wir als Gesellschaftsstatut bezeichnen. Hinzu kommt, dass die Rechtsfähigkeit mit dem Gesellschaftsstatut untrennbar verbunden ist. Das Privileg rechtsfähig zu sein, wird von den Rechtsordnungen an bestimmte im materiellen Gesellschaftsrecht verhaftete Regelungsmechanismen geknüpft[401]. Isolieren lässt sich die Rechtsfähigkeit daher nicht[402]. Aufgrund der Art. 43, 48 EG ist eine Gesellschaft auch nicht dazu verpflichtet, veränderte Bedingungen für die Beibehaltung des Rechtsträgerschaft zu akzeptieren.

---

398 Ähnlich *Binz/Mayer*, GmbHR 2003, 249, 255; wohl auch *Horn*, MittBl. DAV 2/2003, 23, 25; zurückhaltender *Henze*, DB 2003, 2159, 2165; a.A. *Neye*, EWiR 2002 Art. 43 EG 1/02, S. 1003, 1004.

399 S. Dazu oben S. 39 ff.

400 Vgl. z.B. *Henze*, DB 2003, 2159, 2165.

401 *Wiedemann*, in: FS Kegel (1977), S. 187, 198.

402 So schon *Wiedemann*, in: FS Kegel (1977), S. 187, 198.

3. *Stellungnahme*

Die Literaturmeinung, die es mit der Niederlassungsfreiheit vereinbar hält, einer ausländischen Gesellschaft das Gewand einer deutschen Personengesellschaft überzuwerfen, leugnet letztlich das durch den EuGH unmissverständlich zum Ausdruck gebrachte Erfordernis der Anerkennung. Eine solche Ansicht weist dem EG-rechtlichen Verständnis von Anerkennung einen vom nationalen Anerkennungsverständnis unterschiedlichen Bedeutungsgehalt zu[403]. *Kindler* wirft dem EuGH in der 59. Erwägung („[...] setzt zwingend die Anerkennung dieser Gesellschaften durch alle Mitgliedstaaten voraus,[...]") gar eine missverständliche Wortwahl vor[404]. Dass das nationale Verständnis von dem des EuGH abweiche, könne anhand der Urteilsformel belegt werden, die nicht das Verb *„beurteilen"* oder *„anerkennen"* sondern *„achten"* verwende[405]. Übersehen wird dabei,

403 *Henze*, DB 2003, 2159, 2165: „Beide Entscheidungen [EuGH, Urt. v. 5.11.2002 Rs. C-208/00 (*Überseering*), Slg. 2002, I-9919 und BGHZ 154, 204] *erkennen* die Rechts- und Parteifähigkeit der Scheinauslandsgesellschaften an."; *Ebert*, ICCLR 2003, 51, 52: „The state of European Law on November 5, 2002 would still at the most allow for the *recognition* of a foreign company like Überseering B.V. as a partnership in the "real seat" jurisdiction. [...] Strictly speaking, the free movement of companies throughout the Internal Market *has not* been substantially enhanced by the Überseering ruling."; *dies.*, BB 2003, 1854, 1858: „Der Zuzugsstaat hatte das zuziehende Gebilde zunächst nur in der rechtlichen Verfassung anzuerkennen, in der es im Zuzugsstaat ankam. Zum anderen steht es dem Zuzugsstaat weiterhin offen, die zuziehende Gesellschaft (nur) als rechtsfähige *Personengesellschaft* anzuerkennen." „Das nationale Kollisionsrecht der Mitgliedstaaten geht (noch) der gemeinschaftsrechtlichen Niederlassungsfreiheit vor."; *Ahrens*, RNotZ 2003, 32, 36; *Kindler*, NJW 2003, 1073, 1076; *Zimmer*, BB 2003, 1, 4.

404 *Kindler*, NJW 2003, 1071, 1075 dort Fn. 39. Zudem überzeugt die Herleitung des EG-rechtlichen Anerkennungsverständnisses aus Art. 293 Spiegelstr. 3 EG nicht. *Kindler* entnimmt dem Begriff der Anerkennung i.S.v. Art. 293 Spiegelstr. 3 Fall 1 EG ein *„Mehr"* gegenüber Art. 293 Spiegelstr. 3 Fall 2 EG, der nur von Beibehaltung der Rechtspersönlichkeit spreche. Dagegen beschreibt Art. 293 Spiegelstr. 3 Fall 1 und 2 EG den Zu- und Wegzugsfall (vgl. dazu oben S. 63 ff.). Nur aus der Perspektive des Zuzugsstaats betrachtet, ist die Terminologie *„Anerkennung"* richtig. Eine ausländische Gesellschaft, die nach dem deutschen *numerus clausus* der Gesellschaftsformen keine Realität hat, ist gleichwohl im Inland anerkennungsfähig. Beim *Wegzug* einer inländischen Gesellschaft ins Ausland (Art. 293 Spiegelstr. 3 Fall 2 EG) geht es dagegen um die Beibehaltung der *zuerkannten* Rechtsform, nicht aber um *Anerkennung*. So auch EuGH, Urt. v. 5.11.2002 Rs. C-208/00 (*Überseering*), Slg. 2002, I-9967 (Tz. 70); unentschieden dagegen *Forsthoff*, DB 2002 2471, 2472 dort Fn. 23: „Was der EuGH mit dem Begriff „Anerkennung" in diesem Zusammenhang meint, ist nicht eindeutig. Es wird wohl davon auszugehen sein, dass er hiermit lediglich die Anerkennung der Rechtsfähigkeit einer ausländischen Gesellschaft im Inland versteht, und nicht die Frage der Anerkennung gleichsetzt mit der Bestimmung des Personalstatuts der Gesellschaft, wie dies die der herrschenden Meinung in Deutschland entspricht." Diese Konsequenz will *Forsthoff* erst Tz. 80 des *Überseering*-Urteils entnehmen. Ähnlich auch *Knapp*, DNotZ 2003, 85, 88; *Hirte*, EWS 2002, 573; *Neye*, EWiR 2003 Art. 43 EG 1/02, 1003, 1004; *Ebert*, BB 2003, 1854, 1858.

405 *Wernicke* EuZW, 2002, 758, 760. *Wernicke* bewertet den Wortlaut der deutschen Urteilsfassung dahingehend, dass der EuGH wie auch zuvor GA *Colomer* in seinen Schlussanträgen lediglich das Ergebnis vorgibt (ebenso *Großerichter*, DStR 2003, 159, 166. [der Aufnahmestaat darf nichts tun, was die ausländische Rechtsfähigkeit negiert]); *Zimmer*, BB 2003, 1, 4 (den Wortlaut keineswegs für eindeutig erachtet i.E. aufgrund Tz. 80 der Urteilsgründe aber von der Anerkennung als niederländische Gesellschaft ausgehend); *W.-H. Roth*, IPRax, 2003, 117, 120 (Wortlaut nicht

dass es nicht darum geht, eine von der Rechtsordnung des Niederlassungsstaats ausgestaltete Rechtsfähigkeit *zu achten*, sondern die, die der Gesellschaft durch die ausländische Rechtsordnung verliehen wurde[406]. Nochmals sei an dieser Stelle wiederholt: Der EuGH geht nicht von der Notwendigkeit der Anerkennung der ausländischen Gesellschaft im Inland *als solche* aus, weil er dies im Hinblick auf das deutsche Internationale Gesellschaftsrecht als einzige Möglichkeit erkennt, die Niederlassungsfreiheit zu gewährleisten[407]. Der EuGH setzt vielmehr die Anerkennung *als solche* voraus, weil nur so die Identität und damit die Existenz der ausländischen Gesellschaft gewahrt bleibt. Die Existenzwahrung bei grenzüberschreitender Geschäftsentfaltung ist wiederum eine Gewährleistung der Art. 43, 48 EG.

a) Gesamtbetrachtung des Urteils

Zuzugeben ist allerdings, dass sich dieser Schluss nicht bereits zwingend aus der Formulierung der Urteilsformel (§ 63 EuGH-VerfO) entnehmen lässt. Das gilt insbesondere für den hierin enthaltenen Relativsatz („[...] zu achten, *die diese nach dem Recht ihres Gründungsstaats besitzt*“). Durch den Relativsatz wird lediglich zum Ausdruck gebracht, dass die Rechtsfähigkeit einer Auslandsgesellschaft im Inland nur dann „zu achten“ ist, wenn die Gesellschaft nach der ausländischen Rechtsordnung mit Rechtsfähigkeit versehen wurde und darüber hinaus weiterhin rechtsfähig ist[408]. Das Erfordernis der Anerkennung einer nach mitgliedstaatlichem Recht gegründeten Gesellschaft im Inland ergibt sich erst aus den Entscheidungsgründen. Die Gesamtbetrachtung der Urteilsgründe, die allesamt in Rechtskraft erwachsen[409], gebietet es, dem in der Urteilsformel verwandten Verb „*achten*“ das deutsche international-gesellschaftsrechtliche

---

eindeutig); so tendenziell auch *Knapp*, DNotZ 2003, 85, 88; *Thoma*, 11 ERPL 545, 552 (2003); *Großerichter*, in: FS Sonnenberger, S. 369, 378-380; anders *Haack*, MDR 2003, 96, 98 (vgl. oben Fn. 389).

406 *Lutter*, BB 2003, 7, 9. *Lutter* interpretiert die Formulierungen in Tz. 95 des Urteils *Überseering*, die Wortgleich, mit denen der Urteilsformel sind, dahingehend, dass es nicht um die Achtung Rechts- und Parteifähigkeit an sich geht, sondern um jene, die ihr nach dem Gründungsrecht verliehen wurde; ebenso *Eidenmüller*, ZIP 2002, 2233, 2238; a.A. *Großerichter*, DStR 2003, 159, 166.

407 So offenbar aber *Eidenmüller*, ZIP 2002, 2233, 2239: „*Gerade weil der EuGH eine andere Möglichkeit nicht im Blick hat*, ist die einschlägige Passage seines Urteil nicht anders deutbar.“; *ders.*, JZ 2003, 526, 527.

408 Ebenso *Großerichter*, DStR 2003, 159, 166: „Der Relativsatz, [...], ist schon sprachlich keine normative Vorgabe, sondern die Beschreibung einer *Voraussetzung* der ersten Aussage, [...].“; *ders.*, in: FS Sonnenberger, S. 369, 379; a.A. *Müller*, NZG 2003, 414, 416; wohl auch *Binz/Mayer*, GmbHR 2003, 249, 255.

409 Zur Bindungswirkung von EuGH-Urteilen *Bleckmann*, Rdn. 992-1004.

Verständnis von „anerkennen" gleichzusetzen. Nur hierdurch wird das Verständnis des Gerichtshofs von Niederlassungsfreiheit richtig reflektiert[410].

b) *Statutenwechsel löst Negierung der Niederlassungsfreiheit aus*

Dogmatisch ergibt sich das die Niederlassungsfreiheit *negierende* Element aus dem *Statutenwechsel* selbst und nicht erst aus den materiell-rechtlichen Rechtsfolgen[411]. Der Statutenwechsel führt zur Nichtanerkennung des bestehenden Niederlassungsfreiheitsträgers im Inland. Der Gesellschaft wird durch den Statutenwechsel die niederlassungsrechtlich gewährleistete Anerkennung versagt. Nach der modifizierten Sitztheorie wird der Gesellschaft gar eine von den Gesellschaftern nicht gewählte Rechtsform oktroyiert. Aus diesem Grund überzeugt auch das Argument von *Kindler* nicht, der in der Anordnung der persönlichen Haftung der Gesellschafter keine Niederlassungsbeschränkung *der Gesellschaft*, sondern eine ihrer *Gesellschafter* sieht. Aus Sicht der Gesellschaft sei es bedeutungslos, ob sie direkt von ihren Gläubigern oder erst im Wege des Regresses durch ihre Gesellschafter in Anspruch genommen werde (§§ 110 Abs. 1 HGB, 713, 670 BGB)[412]. Anerkennung bedeutet, die Existenz einer Gesellschaft, die ihrerseits untrennbar mit der Gründungsrechtsordnung verknüpft ist, aus Sicht einer fremden Jurisdiktion

---

410 A.A. *Thoma*, 11 ERPL 545, 552 (2003); *Großerichter*, in: FS Sonnenberger, S. 369, 377-380; zur Auslegung von EuGH-Urteilen vgl. *Everling*, in: FS Lutter, S. 31, 38-40 (Urteile können „nur insgesamt in den Blick genommen werden."); *ders.*, EuR 29 (1994), 127-143. Zudem wird bei der Reduzierung der Auslegung auf den deutschen Wortlaut übersehen, dass in anderen Übersetzungen der *Überseering*-Urteilsformel von „anerkennen" die Rede ist. Das Verb *„anerkennen"* findet sich z.B in der englischen (*recognise*), spanischen, schwedischen, dänischen und niederländischen Urteilsübersetzung. Das Wort *„achten"* ist hingegen z.B. in der deutschen, französischen (*respecter*), italienischen und portugiesischen Urteilsfassung zu lesen. Allerdings dürfte bei einer Wortlautauslegung dem französischen Urteilstext eine herausgehobene Bedeutung zukommen, weil französisch die Sprache des Gerichtshofs ist (vgl. *Everling*, EuR 29 [1994], 127, 140).

411 *Ebke*, in: FS Thode, 595, 601; *ders.*, in: Gesellschaftsrecht, S. 101, 103; *Schanze/Jüttner*, AG 2003, 30, 32; wohl auch *Behrens*, IPRax 2003, 193, 205 a.A. *v. Halen*, S. 153-160 („Zuzug"), S. 171-173 („Wegzug"); *ders.*, WM 2003, 571, 576; *Kersting/Schindler*, 4 GLJ 1277, 1288 (2003); *Großerichter*, in: FS Sonnenberger, S. 369, 381; anders *Mülbert/Schmolke*, ZVglRWiss 100 (2001), 233, 244 f.; *Grundmann/Möslein* und *Heiss* sehen das europarechtswidrige Element in der pauschalen Anordnung eines Statutenwechsels bei Verwaltungssitzverlegung, d.h. in der Art und Weise wie ein Statutenwechsel ausgelöst wird (*Heiss*, ZfRV, 2003, 90, 92; *Grundmann/Möslein*, ZGR 32 [2003], 317, 344; *Forsthoff*, EuR 35 [2000], 167, 189 f.; *Eidenmüller*, JZ 2003, 526, 528. *Eidenmüller* zieht dieses Argument nur zusätzlich heran. Den Statutenwechsel erachtet er schon wegen des in *Überseering* eingeführten Herkunftslandprinzips für nicht praktikabel). Nach richtiger Auffassung des EuGH kommt eine Rechtfertigung des Statutenwechsels indes nie in Betracht, weil hierdurch die Niederlassungsfreiheit nicht nur beschränkt, sondern negiert wird. Eine Rechtfertigung damit *per se* ausgeschlossen (vgl. dazu oben S. 88 ff.).

412 Zuletzt *Kindler*, NJW 2003, 1073, 1078; offenlassend, *Leible/Hoffmann*, DB 2002, 2203, 2207; a.A. *dies.*, ZIP 2003, 925, 928; *Gronstedt*, BB 2002, 2033, 2034; s. hierzu auch *Micheler*, 52 ICLQ 521, 527-529 (2003).

zu akzeptieren[413]. Aus dem gleichen Grund scheidet auch die Behandlung als (Vor-)Kapitalgesellschaft deutschen Rechts aus, die zumindest nach Eintragung im Handelsregister die Haftungsbeschränkung sicherstellen würde[414]. Der *Statutenwechsel* macht eine EG-rechtlichen Anfordernungen genügende Anerkennung unmöglich, weil eine inländische Kapitalgesellschaft nicht mit der ausländischen Gründungsgesellschaft identisch ist. Auf die mannigfaltigen Konsequenzen eines Statutenwechsels und vor allem diejenigen, die aus der Duplizierung der Rechtspersönlichkeit resultieren, muss deshalb nicht mehr eingegangen werden[415].

V. Die Überseering-Entscheidung des BGH

In einem vor der *Überseering*-Entscheidung ergangenen Urteil des II. Zivilsenats des BGH[416] behandelt dieser, eine auf der Kanalinsel *Jersey* gegründete (und damit nicht vom Anwendungsbereich der Art. 43, 48 EG erfasste[417]) Gesellschaft als rechtsfähige[418] GbR (§ 705 BGB)[419]. Die Gesellschaft hatte nach Auffassung des entscheidenden Senats ihren Verwaltungssitz unter Beibehaltung ihres Satzungssitzes auf den Kanalinseln nach Deutschland verlegt und in der Folgezeit vor deutschen Gerichten Ansprüche geltend macht. Eine Stellungnahme zu dieser Rechtsprechung ist in den Entscheidungs-

---

413 A.A. *Kindler*, NJW 2003, 1073, 1075; *Großerichter*, in: FS Sonnenberger, S. 369, 377-380.

414 Für die „Umwandlung" in eine Kapitalgesellschaft *Zimmer*, BB 2003, 1, 6 f.; *Bechtel*, S. 22 ff.; *ders.*, NZG 2001, 21, 22 f.

415 S. zur Duplizierung der Rechtspersönlichkeit und den Folgeproblemen *Walden*, EWS 2001, 256, 259 f.; *Ebke*, 48 Am. J. Com. L. 623, 654 (2000); *Meilicke*, GmbHR 2003, 793, 799 ff.; *Behrens*, IPRax 2003, 193, 200; ungelöst sind ferner: Die Behandlung ausländischer Einpersonengesellschaften (s. hierzu, *Trost*, S. 254 ff.); die Vereinbarkeit mit Art. 19 Abs. 3 GG (s. dazu *Meilicke*, GmbHR 2003, 793, 799; *Mülbert/Schmolke*, ZVglRWiss 100 [2001], 233, 246); die Änderung in den Vertretungsverhältnissen (Selbstorganschaft); die sich hieraus ergebende potentielle Haftung der Geschäftsführer (§ 179 BGB analog); die Umstellungskosten (s. hierzu *Eidenmüller*, ZIP 2002, 2233, 2240) und schließlich die mangelnde Grundbuchfähigkeit der GbR (BayObLG ZIP 2002, 2175).

416 BGHZ 151, 204; s. hierzu *Leible/Hoffmann*, DB 2002, 2203-2207; *Ebke*, JZ 2003, 927, 928; *Kindler*, IPRax 2003, 41-44; *Gronstedt*, BB 2002, 2033, 2033 f.; *Behrens*, IPRax 2003, 193, 199-201.

417 Vgl. Art. 299 Abs. 6 lit. c EG i.V.m. dem Protokoll Nr. 3 Art. 2 (ABl.EG L 1972 v. 27.3.1972, S. 164) betreffend die *Kanalinseln* und die Insel *Man* zur Beitrittsakte Großbritanniens von 1972 (BGBl. 1972 II, S. 1338); *Herdegen*, Rdn., 62; *Davies*, S. 104; s. zum völkerrechtlichen Status der Kanalinsel *Jersey* die Schlussanträge GA *La Pergola* v. 16.7.1998 Rs. C-171/96 (*Pereira Roque*), Slg. 1998, I-4610; EuGH, Urt. v. 10.7.1980 Rs. 32/79 (*Kommission/Vereinigtes Königreich*), Slg. 1980, 2444.

418 BGH BB 2001, 374 („ARGE Weißes Ross") = DStR 2001, 310.

419 Der zweite II. Zivilsenat des BGH hat sich im Zuge der *Überseering*-Entscheidungen des EuGH und des VII. Zivilsenats des BGH von dieser Rspr. zumindest für niederlassungsrechtlich relevante Sachverhalte verabschiedet (vgl. BGH DStR 2003, 1451, 1452): „Der Senat kann - wie das Berufungsgericht - unterstellen, dass zu Lasten der Bekl. nicht die „Sitztheorie" gilt [...]." (Vgl. dazu *Schanze/Jüttner*, AG 2003, 661, 664).

gründen des EuGH in der Rechtssache *Überseering* nicht zu finden. Spekuliert wird daher im Schrifttum, dass der EuGH zum Entscheidungszeitpunkt in der Rechtssache *Überseering* von diesem Rechtsprechungswandel in Deutschland keine Kenntnis gehabt habe [420]. Aus den oben beschriebenen Gründen bestand jedenfalls kein Anlass für den EuGH, das Urteil des II. Zivilseants in der Entscheidung *Überseering* zu erwähnen[421]. Zumal der Gerichtshof nur die durch das Vorlagegericht vorgetragene Rechtslage zu berücksichtigen und auf Konformität mit dem Gemeinschaftsrecht hin zu überprüfen hat[422].

1. *Keine Vorlagepflicht*

Heftig umstritten war in der Literatur bereits die Frage nach der Vorlageverpflichtung des VII. Zivilsenats des BGH. In der Literatur wird vertreten, dass die Vorlage bei Behandlung der Überseering BV als nationale Personengesellschaft hätte vermieden werden können[423]. Seit der *Centros*-Entscheidung bestehen aber berechtigte Zweifel an der Vereinbarkeit der Sitztheorie mit Art. 43, 48 EG. Daher ist ein Sachverhalt, in dem die Rechtsfolge der Sitztheorie entscheidungserheblich wird, dem EuGH vorzulegen[424]. Erhebliches Echo hat auch die Revisionsentscheidung des VII. Zivilsenats erfahren. Bereits im Vorfeld der Entscheidung hatte *Kindler* den VII. Zivilsenat dazu aufgefordert, im Falle eines geplanten Richtungswechsels im Internationalen Gesellschaftsrecht dem Großen Senat vorzulegen (§ 132 Abs. 2 GVG)[425]. Eine Vorlage sei deshalb geboten, weil sämtliche Zivilsenate des BGH und der BFH der Sitztheorie folgten. Eine Vorlagepflicht bestand jedoch nicht, weil aufgrund der klaren Aussagen der EuGH-

---

420 *Eidenmüller*, ZIP 2002, 2233, 2239; *ders.*, JZ 2003, 525, 527; *Henze*, DB 2003, 2159, 2166.

421 Vgl. dazu oben S. 103 ff.

422 *W.-H. Roth*, IPRax 2003, 117, 120 dort Fn. 46; *Weller*, IPRax 2003, 324, 326; *Meilicke*, GmbHR 2003, 793, 796.

423 Die Vorlagefragen insgesamt für überflüssig erachtend: *Altmeppen*, DStR 2000, 1061-1063; *Goette*, DStR 2002, 1679, 1680; *Forsthoff*, DB 2000, 1109, 1110; *ders.*, BB 2003, 318, 321; *Hirte*, NJW 2003, 1090, 1091; *Bechtel*, NZG, 2001, 21, 23; *W.-H. Roth*, ZIP 2000, 1597, 1599-1602; *Kindler*, RIW 2000, 649, 652; *Lüer*, in: Liber Amicorum Kegel, S. 83, 93-97; vorsichtiger *Zimmer*, DB 2000, 1361, 1363 f.; *Behrens*, IPRax 2000, 384, 387 f. (unglücklich formuliert); nur die zweite Vorlagefrage kritisierend: GA *Colomer*, Schlussanträge v. 4.12.2001 Rs. C-208/00 (*Überseering*), Slg. 2002, I-9940 (Tz. 64 ff.); *v. Halen*, EWS 2002, 107, 111 f.; die Vorlage des VII. BGH-Senats begrüßend: *Ebke*, JZ 2000, 203, 203 f.; *Walden*, EWS 2001, 256, 257; *Meilicke*, GmbHR 2000, 693, 696.

424 Vgl. EuGH, Urt. v. 6.10.1982 Rs. 283/81 (*CILFIT/Ministero della sanitá*), Slg. 1982, 3415; EuGH, Urt. v. 27.3.1963 verb. Rs. 28, 29, und 30/62 (*Da Costa/Nederlandse Belastingadministratie*), Slg. 1963, 63; *Kieninger*, ZGR 28 (1999), 724, 747; *Leible*, NZG 1999, 300, 302; *Forsthoff*, EuR 35 (2000) 167, 195; a.A. *Kindler*, NJW 1999, 1993, 1998.

425 *Kindler*, NJW 2003, 1073, 1077; *ders.*, BB 2003, 812, „evident verstoßen"; *ders.* zitiert nach Rehberg, IPRax 2003, 175, 177; wohl auch *Rehberg*, IPRax 2003, 175, 180 f.

Entscheidung keine andere Möglichkeit bestand, als die Rechtsfähigkeit der Überseering BV nach ihrem Gründungsrecht zu beurteilen[426].

2. *Entscheidungsgründe*

Der VII. Zivilsenat entnimmt dem *Überseering*-Urteil das Erfordernis, die Rechtsfähigkeit der Überseering BV anzuerkennen. Prägnant formuliert der Senat, die Klägerin habe nicht „*als Personengesellschaft ihre Rechte geltend gemacht und geklagt, sondern als niederländische BV.*" Die Gewährleistung, entstandene Rechte (auch nach Verlagerung des Verwaltungssitzes) gerichtlich im Niederlassungsstaat durchzusetzen, sei Bestandteil der EG-rechtlichen Niederlassungsfreiheit. Das zwinge dazu, „*die Rechtsfähigkeit der Klägerin als niederländische BV zu achten*[427]." Kollisionsrechtlich impliziere dies, die Klägerin „hinsichtlich ihrer *Rechtsfähigkeit* dem Recht des Staats zu unterstellen, in dem sie gegründet worden ist[428]." Vornehmlich begründet der BGH seine Entscheidung damit, dass die Überseering BV ihre Rechte *als niederländische Gesellschaft* vor deutschen Gerichten durchsetzen wolle und nicht *als deutsche Personengesellschaft.* Der BGH folgt damit dem EG-rechtlichen Verständnis von Anerkennung. Das ist auch notwendig, wenn man bedenkt, dass die niederländische *BV* mit einer nationalen

---

426 *Ebke*, JZ 2003, 927, 929. *Ebke* weist mit Blick auf die Entscheidung des II. Zivilsenats v. 1.7.2002 (BGHZ 151, 204) darauf hin, dass die Entscheidung „keine nach Art. 43, 48 EG niederlassungsberechtigte Gesellschaft betrifft."; *Eidenmüller*, JZ 2003, 526, 528; *Haack*, MDR 2003, 96, 97; *Forsthoff*, DB 2003, 979 m.w.N. Fn. 12 unter Hinweis auf EuGH, Urt. v. 9.3.1978 Rs. 106/77 (*Simmenthal*), Slg. 1978, 629]; nicht überzeugend dagegen *Meilicke*, GmbHR 2003, 793, 797: „In Wahrheit hätte der II. Zivilsenat gar nicht wie geschehen entscheiden dürfen, da er von der Entscheidung des VII. Zivilsenats abwich und deshalb nach § 132 Abs. 2 GVG die Entscheidung des Großen Senats für Zivilsachen hätte einholen müssen."

427 BGH NZG 2003, 431, 432 (unter Bezugnahme auf Tz. 80 und Tz. 95 des *Überseering* Urteils des EuGH).

428 Auch der BFH hat für die Anknüpfung im Internationalen Steuerrecht eine Wende hin zur Gründungstheorie vollzogen (BFH GmbHR 2003, 722 = BB 2003, 1210; s. hierzu *Wagner*, GmbHR 2003, 684-693; *Sedemund*, BB 2003, 1362-1364; vgl. zur steuerrechtlichen Einordnung der nach dem Recht der Bundesstaaten der USA gegründeten Ltd. Company BMF - Schreiben v. 19.3.2004 - IVB4 - S. 1301 USA - 22/04 - abgedruckt in DB 2004, 901-904). „Das Steuerrecht kann mit der Sitztheorie nicht leben, weil ihre Anwendung Gestaltungsmöglichkeiten eröffnet, die die Steuererhebung in den Bereich der Beliebigkeit verweisen.", vgl. *Wassermeyer*, EuZW 2003, Heft 9, „Editorial", 257. Das Internationale Steuerrecht ist daher eigene Wege gegangen. So wurde zuziehenden ausländischen Kapitalgesellschaften, zwar entsprechend der zivilrechtlichen Vorgaben, die Rechtsfähigkeit abgesprochen, für die steuerrechtliche Behandlung, eine körperschaftliche Gestalt indes angenommen (vgl. BFHE 168, 28, BStBl II 1992, 972; BFHE 185, 460, BStBl II 1998, 650 = DStR 1998, 1045). Streitig war zwischen den Senaten des BFH, ob zuziehende Gesellschaften als nicht rechtsfähige Vereine i.S.v. § 1 Abs. 1 Nr. 5 KStG (so der IX. Senat) oder als Kapitalgesellschaft nach § 1 Abs. 1 Nr. 1 KStG (so der I. Senat) einzuordnen sind, vgl. hierzu *Sedemund*, IStR 2002, 816 f.; *Wassermeyer*, EuZW 2003, Heft 9, „Editorial", 257.; *Deininger*, IStR 2003, 214, 215. Im Zuge der *Überseering*-Entscheidung hat gegenüber niederlassungsberechtigten zuziehenden Kapitalgesellschaften eine Einordnung nach § 1 Abs. 1 Nr. 1 KStG zu erfolgen (*Wassermeyer*, EuZW 2003, Heft 9, „Editorial", 257; *Schön*, IStR 2004, 289, 298).

Personengesellschaft nicht identisch ist[429]. Hieraus ergibt sich, dass eine inländische Gesellschaft die Rechte der niederländischen *BV* jedenfalls nicht ohne vorherige Abtretung geltend machen kann. Wie ein großer Teil im Schrifttum begründet der VII. Zivilsenat seine Entscheidung im weiteren Verlauf damit, dass die Gesellschaft bei „Anerkennung" als deutsche Personengesellschaft „in eine andere Gesellschaftsform mit besonderen Risiken, wie z.B. Haftungsrisiken, gedrängt wird.[430]" Eine derartige Verweisung stelle *ebenfalls* einen Verstoß gegen Art. 43, 48 EG dar. Dieser weiteren Begründung, die die sachrechtlichen Folgen eines Statutenwechsels aufzeigt, hätte es gar nicht mehr bedurft[431]. Mittlerweile haben auch andere deutsche Zivilgerichte die *Überseering*-Urteile von EuGH und BGH zum Anlass genommen, Entscheidungen von Registergerichten aufzuheben[432]. Die Eintragung von Zweigniederlassungen ausländischer Kapitalgesellschaften ins Handelsregister hatten die Registergerichte regelmäßig mit der Begründung verweigert, dass Auslandsgesellschaften wegen ihres Verwaltungssitzes im Inland nicht anerkennungsfähig seien. Nur wenige Gerichte fühlten sich bereits durch die *Centros*-Entscheidung zur Anerkennung verpflichtet[433].

VI. Anerkennungspflicht unter dem Vorbehalt der „Ansässigkeit"?

Um in den Genuss sekundärer Niederlassungsfreiheit zu gelangen, müssen natürliche Personen nach dem Wortlaut von Art. 43 Abs. 1 S. 2 EG im Hoheitsgebiet eines Mitgliedstaats *ansässig* sein. Für gleichgestellte Gesellschaften i.S.v. Art. 48 EG gilt diese Voraussetzung grundsätzlich ebenso[434]. Praktisch relevant wurde die Ansässigkeitsvoraussetzung für Gesellschaften in der Rechtsprechung des EuGH aber noch nie. In den bisherigen Sachverhaltsgestaltungen ist der Gerichtshof über diese Voraussetzung regelmäßig *en passent* hinweggegangen. Anlass zur Stellungnahme des EuGH hätte aber in der Rechtssache *Centros* bestanden. Zum Zeitpunkt des Eintragungsbegehrens einer Zweigniederlassung war die Centros Ltd. zwar wirksam nach englischem Recht entstan-

429 Vgl. dazu oben S. 94 ff.

430 BGH NZG 2003, 431, 432.

431 Vgl. *Weller*, IPRax 2003, 324, 326.

432 BayObLGZ 2002, 413; OLG Celle IPRax 2003, 245 (a.A. zuvor noch AG Lüneburg, IPRax 2003, 266); OLG Naumburg GmbHR 2003, 533; OLG Düsseldorf, Beschl. v. 6.11.2002 3 Wx 111/02 (nicht veröffentlicht); LG Meiningen, Beschl. v. 10.3.2003 HK T 3/02 (nicht veröffentlicht); LG Dessau, Beschl. v. 8.1.2003 5 T 11/02 (nicht veröffentlicht); LG Lüneburg, Beschl. v. 10.12.2002 9 W 168/01 (nicht veröffentlicht); KG DB 2003, 2695, 2696 = NZG 2004, 49, 51; a.A. noch LG Frankentahl BB 2003, 542, mittlerweile aufgehoben durch OLG Zweibrücken DB 2003, 1264, ZIP 2003, 849; AG Hamburg NJW 2003, 2835, 2836; LG Nürnberg DB 2003, 2765.

433 LG Kassel, Beschl. v. 23.8.2002 13 T 5/02 (nicht veröffentlicht); LG Magdeburg, Beschl. v. 14.8.2002 31 T 7/02 (003) (nicht veröffentlicht); offenlassend LG Stuttgart NJW-RR 2002, 463, 464-466.

434 *Randelzhofer/Forsthoff*, in: Grabitz/Hilf Art. 48 EGV, Rdn. 23; *Müller-Graff*, in: Streinz Art. 48 EGV, Rdn. 23; eingehend *Looijestijn-Clearie*, 5 EBOR 389, 405-408.

den, aber noch nicht tatsächlich präsent. Es sei denn, man sähe die Ansässigkeit bereits in dem Augenblick als erfüllt an, wenn eine Gesellschaft mit einem beliebigen der in Art. 48 Abs. 1 EG genannten Lokalisierungskriterien im EG-Raum vertreten ist. Eine nach mitgliedstaatlichem Recht wirksam gegründete Gesellschaft hat *per se* ihren Satzungssitz (*registered office*) innerhalb der Gemeinschaft - nämlich im Gründungsstaat - und erfüllt damit die niederlassungsrechtlichen Gleichstellungsvoraussetzungen von Art. 48 Abs. 1 EG. In einem solchen Fall würde bereits die Belegenheit des Satzungssitzes der Centros Ltd. in England „Ansässigkeit" i.S.v. Art. 43 Abs. 1 S. 2 EG begründen. Hiergegen spricht aber, dass der Satzungssitz nur die Staatszugehörigkeit einer Gesellschaft zu einem Mitgliedstaat begründet[435]. Art. 43 Abs. 1 S. 2 EG erfordert für die Geltendmachung der sekundären Niederlassungsfreiheit indes für natürliche Personen neben einer mitgliedtaatlichen Staatsangehörigkeit, eine tatsächliche Verbindung mit dem Gebiet *eines* Mitgliedstaats. Abgestellt wird dabei auf den Tätigkeitsort natürlicher Personen[436]. Demnach ist bei Übertragung des Ansässigkeitserfordernisses auf Gesellschaften der Satzungssitz, der im englischen Recht u.a. als Zustelladresse dient, alleine nicht ausreichend, um Ansässigkeit i.S.v. Art. 43 Abs. 1 S. 2 EG zu begründen[437]. Im Zuge der *Centros*-Entscheidung wurde daher spekuliert, dass das Ansässigkeitserfordernis für den EuGH nur in Fällen mit Drittstaatenbezug bedeutsam werde[438]. Also etwa für den Fall, dass eine nach mitgliedstaatlichem Recht gegründete Gesellschaft außer ihrem Satzungssitz nichts mit der EU verbindet, und sich im Zuge einer Zweigniederlassungseröffnung in Europa auf die Niederlassungsfreiheit nach Art. 43, 48 EG beruft.

---

435 Vgl. z.B. EuGH, Urt. v. 10.7.1986 Rs. 79/85 (*Segers*), Slg. 1986, 2387 (Tz. 13).

436 *Randelzhofer/Forsthoff*, in: Grabitz/Hilf Art. 43 EGV, Rdn. 50.

437 Vgl. dazu *Looijestijn-Clearie*, 5 EBOR 389, 406-408 (2004).

438 Nach dem Wortlaut von Art 43 Abs. 1 S. 2 EG muss die Ansässigkeit nicht zu dem Staat bestehen in dem die Gesellschaft gegründet wurde. Ansässigkeit kann zu einem beliebigen Mitgliedstaat bestehen („im Hoheitsgebiet *eines* Mitgliedstaats ansässig sind"), vgl. dazu *Wymeersch*, 40 CMLRev. 661, 681 (2003); *Looijestijn-Clearie*, 5 EBOR 389, 406-408 (2004); *Randelzhofer/-Forsthoff*, in: Grabitz/Hilf Art. 43 EGV, Rdn. 54. Die Centros Ltd. war aber *vor* Einrichtung der „Zweigniederlassung" in Dänemark in keinem Mitgliedstaat tätig und damit auch nicht ansässig. Mangels Drittstaatenproblematik, ist der EuGH auf das Ansässigkeitserfordernis nicht näher eingegangen. Hierin wird eine teleologische Reduktion des Ansässigkeitserfordernisses bei Sachverhalten mit ausschließlichem EU-Bezug gesehen, vgl. z.B.: *Troberg*, in: v.d.Groeben/Schwarze Art. 48 EG, Rdn. 12 dort Fn. 4, *Koppensteiner*, S. 115 f.; *Kieninger*, ZGR 28 (1999), 724, 736 f.; *Randelzhofer/Forsthoff*, in: Grabitz/Hilf Art. 43 EGV, Rdn. 52 ff., Art. 48 EGV, Rdn. 22 f.; *v. Halen*, S. 71 ff. Sinn und Zweck des Ansässigkeitserfordernisses sei es, ausschließlich solche Gesellschaften von Art. 43, 48 EG auszugrenzen, die nur oder überwiegend in EU fremden Volkswirtschaften integriert seien. Ein derartiges Szenario kann eintreten, da für die Niederlassungsfreiheitsträgerschaft die Gründung nach dem Recht eines Mitgliedstaats sowie das Bestehen des statutarischen Sitzes innerhalb der EU ausreichen. Ebenso Schlussanträge GA *La Pergola* v. 16.7.1998 Rs. C-212/97 (*Centros*), Slg. 1999, I-1468 (Tz. 12); so schon *Behrens*, RabelsZ 52 (1988), 498, 519. Folge dieses Verständnisses ist, dass bei fehlender Berührung mit Drittstaaten eine Gesellschaft *per se* als ansässig i.S.v. Art. 43 Abs. 1 S. 2 EG gilt. Für die Versagung der sekundären Niederlassungsfreiheit bei fehlender Ansässigkeit in der Europäischen Gemeinschaft *Müller-Graff*,

Das „Allgemeine Programm zur Aufhebung der Beschränkungen der Niederlassungsfreiheit"[439] enthält im Abschnitt I ebenfalls eine Regelung für die Gründung von Agenturen, Zweigniederlassungen oder Tochtergesellschaften. Hiernach muss die Tätigkeit einer nach dem Recht eines Mitgliedstaats gegründeten Gesellschaft, die allein ihren Satzungssitz innerhalb der Gemeinschaft hat, in tatsächlicher und dauerhafter Verbindung mit der Wirtschaft eines Mitgliedstaats stehen. Ob das Allgemeine Programm eine ungeschriebene Tatbestandsvoraussetzung von Art. 48 Abs. 1 EG darstellt[440], oder aber als Ausgestaltung des in Art. 43 Abs. 1 S. 2 EG enthaltenen Ansässigkeitskriteriums zu begreifen ist[441], kann hier dahin stehen. Beide Regelungen betreffen zumindest ihrem Wortlaut nach nur die sekundäre Niederlassungsfreiheit. Deshalb ist es bemerkenswert, dass sich der Gerichtshof im Fall *Überseering* überhaupt mit der durch die spanische Regierung eingebrachten Argumentation auseinandergesetzt hat. Grund hierfür könnte gewesen sein, dass sich auch ohne nähere Auseinandersetzung darüber, ob eine Übertragung auf die *primäre* Niederlassungsfreiheit geboten erscheint, eine abweisende Begründung auf der Hand lag. Die Überseering BV hatte nämlich bereits *vor* Verwaltungssitzverlegung nach Deutschland sowohl ihren Verwaltungs- als auch ihren Satzungssitz innerhalb der EU. Damit wies das Unternehmen von Beginn an eine ausreichende tatsächliche und dauerhafte Verbindung zu *einem* Mitgliedstaat auf. Die Begründung des EuGH stützt zugleich die Auffassung nach der das Ansässigkeitserfordernis nur dann relevant wird, wenn eine Gesellschaft außer ihrem Satzungssitz keine Bezüge zu einem der Mitgliedstaaten aufweist.

Mit einer extensiven Auslegung des im „Allgemeinen Programm" enthaltenen Ansässigkeitserfordernisses, ist nicht zu rechnen. Dogmatisch ließe sich die Erstreckung auf primäre Niederlassungsvorgänge nur dadurch verwirklichen, dass man das „Allgemeine Programm" als ungeschriebenes Tatbestandsmerkmal von Art. 48 Abs. 1 EG begreift. Gegen ein derartiges Verständnis spricht aber die Rechtsprechungspraxis des EuGH. Als Verbindung zu einem Mitgliedstaat lässt der Gerichtshof dem Wortlaut von Art. 48 Abs. 1 EG folgend den Satzungssitz ausreichen, um niederlassungsrechtlich existent zu sein[442]. Unbeachtet bleibt dabei die Tatsache, dass allein der Satzungssitz (*registered office*), dessen Hauptbedeutung neben der Individualisierungsfunktion im

---

in: Streinz Art. 48 EG, Rdn. 23; *Troberg/Tidje*, in: v.d.Groeben/Schwarze Art. 48 EG, Rdn. 11 ff.; *v. Halen*, S. 72 f.

439 ABl.EG Nr. 2 v. 15.1.1962, S. 36.

440 *Bleckmann*, Rdn. 1619; *Troberg/Tiedje*, in: v.d.Groeben/Schwarze Art 48 EGV, Rdn. 11 f. (allerdings nur bezogen auf die sekundäre Niederlassungsfreiheit, was dogmatisch fraglich ist).

441 So wohl *Grothe*, S. 179; *Randelzhofer/Forsthoff*, in: Grabitz/Hilf Art. 48 EGV, Rdn. 23; *Müller-Graff*, in: Streinz Art. 43 EGV, Rdn. 32; *Koppensteiner*, S. 114.

442 S. Nachweise oben Fn. 205.

Verfahrensrecht liegt[443], keine zusätzliche tatsächliche Beziehung zur Gemeinschaft vermittelt[444]. Wie bereits erläutert, geht es bei der Ansässigkeit von Gesellschaften oder natürlichen Personen um ein über die Staatszugehörigkeit respektive Staatsangehörigkeit hinausgehendes Kriterium. Deshalb ist die Einordnung des im „Allgemeinen Programm" enthaltenen Ansässigkeitserfordernisses als ungeschriebenes Tatbestandsmerkmal i.S.v. Art. 48 Abs. 1 EG nicht überzeugend[445]. Geht man dennoch von einem ungeschriebenen Tatbestandsmerkmal aus, so wäre dieses Erfordernis von allen Gesellschaften ohne tatsächlichen EU-Bezug unabhängig davon zu erfüllen, ob sie sich auf die *sekundäre* oder die *primäre* Niederlassungsfreiheit berufen[446]. Das ergibt sich aus dem Verweisungscharakter des Art. 48 EG.

2. *Ansässigkeitserfordernis (Art. 43 Abs. 1 S. 2 EG)*

Entnimmt man dem „Allgemeinen Programm" dagegen eine Ausgestaltung des durch den EuGH nur stiefmütterlich behandelten Ansässigkeitskriteriums in Art. 43 Abs. 1 S. 2 EG, ist eine Übertragung dieses Erfordernisses auf die primäre Niederlassungsfreiheit dogmatisch nicht zu bewerkstelligen[447]. Hiergegen spricht der insoweit eindeutige Wortlaut der Vorschrift. Ansässigkeit wird nur im Zusammenhang mit der sekundären Niederlassungsfreiheit gefordert[448]. Zudem besteht aus teleologischen Gesichtspunkten kein Anlass dazu, die primäre Niederlassungsfreiheit von einer weiteren Bedingung abhängig zu machen[449]. Zumindest *nach* Verlagerung des Schwerpunkts einer Gesellschaft in einen Mitgliedstaat, ist die Gesellschaft dort auch ansässig. Es drängt sich nicht auf, weshalb schon *vor* dem Niederlassungsvorgang eine über den Satzungssitz hinausgehende tatsächliche Verbindung zur Wirtschaft der EU bestehen sollte. Das vom Ansässigkeitskriterium verfolgte Ziel ergibt vielmehr nur für die sekundäre Niederlas-

---

443 Vgl. *Heider*, in: MünchKomm AktG § 5, Rdn. 6 ff. Im *Common Law*-Rechtskreis dient der „*registered office*" nur als inländische Zustelladresse (vgl. *Leible/Hoffmann*, RIW 2002, 925, 932).

444 *Leible/Hoffmann*, RIW 2002, 925, 932.

445 Ebenso *Leible/Hoffmann*, RIW 2002, 925, 932; a.A. *Höfling*, S. 243-249. Nach Ansicht von *Höfling* ist es mit Art. 43, 48 EG vereinbar zu fordern, dass eine Gesellschaft über den Satzungssitz und die Gründung nach dem Recht eines Mitgliedstaats hinaus, ihre Hauptniederlassung/Verwaltungssitz innerhalb der EU/EWR unterhält. Es würde dem Sinn und Zweck des Ansässigkeitskriteriums widersprechen, dass eine nach mitgliedstaatlichem Recht gegründete Gesellschaft mit Verwaltungssitz in einem Drittstaat, in der EU wegen fehlender Ansässigkeit keine sekundäre Niederlassung gründen könnte. Andererseits aber niederlassungsrechtlich befugt wäre, ihren Verwaltungssitz in den EU-Raum zu verlegen.

446 A.A. *Troberg/Tiedje*, in: v.d.Groeben/Schwarze Art 48 EGV, Rdn. 11 f.

447 Vgl. *Leible/Hoffmann*, RIW 2002, 925, 932.

448 *Leible/Hoffmann*, RIW 2002, 925, 932; *Grothe*, S. 177; a.A. wohl *Beitzke*, ZHR 127 (1964/65), 1, 12.

449 A.A. *Höfling*, S. 243-249.

sungsfreiheit einen Sinn[450]. Abschließend muss über diese Frage für vorliegende Zwecke aber nicht entschieden werden. Denn kollisionsrechtliche Auswirkungen ergeben sich bei Verortung des Ansässigkeitserfordernisses in Art. 43 EG nicht. Schließlich ist die Anerkennung einer Auslandsgesellschaft niederlassungsrechtlich gewährleistet, sobald die Voraussetzungen von Art. 48 Abs. 1 EG erfüllt sind.

VII. Anerkennung setzt Existenz voraus

Nachdem geklärt wurde, dass sich die EG-rechtliche und die nationale Bedeutung von „Anerkennung" decken, beantwortet sich die Frage, ob die Anerkennung die Existenz der Gesellschaft voraussetzt, von selbst. Ist die Gesellschaft nach der für ihre Existenz maßgebenden Rechtsordnung erloschen, so ist dieser Status auch für den Niederlassungsstaat verbindlich[451]. Es mangelt dann bereits an einem Anerkennungssubjekt[452]. Mit dem Entzug der Rechtsträgerschaft durch den Gründungsstaat fehlt es an einem Träger der Niederlassungsfreiheit[453]. Verliert die Gesellschaft ausgelöst durch einen vom Gründungsstaat angeordneten Statutenwechsel an der Landesgrenze ihre Existenz, bleibt es dem Recht des Zuzugsstaats überlassen, das tatsächlich vorhandene Gebilde in ein rechtliches Fundament zu gießen. Hierbei ist er auf die im nationalen Recht

---

450 *Behrens*, RabelsZ 52 (1988), 498, 519.

451 Vgl. dazu schon *Beitzke*, S. 47: „Die Anerkennung setzt allerdings voraus, daß nach dem ausländischen Recht, auf welches verwiesen wird, eine J.P. vorliegt, also existiert."; plastisch *Geimer*, S. 27: „Es gibt also nichts, was Gegenstand der Anerkennung nach der Übersee-Doktrin sein könnte; [...]." AG Duisburg IStR 2003, 853 = NZG 2003, 1167.

452 Implizit EuGH, Urt. v. 5.11.2002 Rs. C-208/00 (*Überseering*), Slg. 2002, I-9970, (Tz. 80 a.E.): „[...], denn dieser Umstand hat offenbar nicht zum Verlust der Rechtspersönlichkeit geführt, *die ihr* [Überseering BV] *die niederländische Rechtsordnung zuerkennt.*", Slg. 2002, I-9974 (Tz. 95): [...], die diese Gesellschaft nach dem Recht ihres Gründungsstaats besitzt."; *Schön*, in: FS Lutter, 2000, S. 685, 702 f.; *Dubovizkaja*, GmbHR 2003, 694, 696; *Hausmann*, in: GS Blomeyer, S. 580, 583, 586; wohl auch *Schurig*, in: Liber Amicorum Kegel, S. 199, 215 f.; *Eidenmüller*, ZIP 2002, 2233, 2241; a.A. wohl *Wymeersch*, 40 CMLRev. 661, 682, 687 (2003): „But it is now beyond doubt that the host state cannot deny this company its legal existence, and oblige it to reincorporate. The company will exist in the host state, even if in the home state it would no longer be recognized as a company resident in that state. This consequence of the application of the free movement rules clearly goes beyond the incorporation theory."; *v. Halen*, S. 171, 173: „Dass die Verlegung des Verwaltungssitzes nach der Sitztheorie einen Statutenwechsel zur Folge hat, stellt für sich genommen aber keinen Verstoß gegen die Niederlassungsfreiheit dar, *weil der Zuzugsstaat die zuziehende Gesellschaft unabhängig vom Kollisionsrecht des Gründungsstaats anerkennen muss.*"; offenlassend OLG Düsseldorf DB 2004, 128, 129.

453 *Behrens*, IPRax 1999, 323, 330; *Leible/Hoffmann*, RIW 2002, 925, 930, 932: „Macht der Gründungsstaat hiervon durch die Gestaltung seines materiellen Rechts oder seines Kollisionsrechts Gebrauch, lässt er keine Rechtspersönlichkeit bestehen, die der Zuzugsstaat anerkennen müsste." „[...]: Im Ergebnis bedeutet dies, dass die Verpflichtung zur Anerkennung der ausländischen Rechtspersönlichkeit praktisch nur gegenüber den Gesellschaften aus Gründungtheoriestaaten besteht."; *Dautzenberg*, FR 1999, 451, 452; *Horn*, NJW 2004, 893, 897; implizit *Schindler*, RdW 2003, 122, 123; *Cerioni*, 10 Colum. J. Eur. L. 117, 126 f. dort Fn. 35 (2003).

existenten Rechtformen (*numerus clausus*) begrenzt[454]. Rechtlich ist ein solcher Vorgang als Neugründung zu klassifizieren. Bei Existenzentzug durch den Gründungsstaat kommt auch eine rechtsformwechselnde Umwandlung nicht in Betracht, weil ein existierender Rechtsträger, der in einen nationalen umgewandelt werden könnte, nicht (mehr) besteht. Gegen ein derartiges Verständnis spricht auch Art. 48 Abs. 1 EG (erste Voraussetzung) nicht, obgleich hiernach für die Geltendmachung der Niederlassungsfreiheit nur die *Gründung* nach dem Recht eines Mitgliedstaats vorgesehen ist. Art. 48 Abs. 1 EG stellt die Voraussetzungen an eine Gesellschaft auf, um erstmalig in den Genuss der Niederlassungsfreiheit zu gelangen. Um niederlassungsberechtigt zu bleiben, muss selbstverständlich auch die Rechtsträgerschaft aufrecht erhalten bleiben. Die Existenz einer Gesellschaft ist daher eine von Art. 48 Abs. 1 EG losgelöste zwingende Voraussetzung für die Geltendmachung der Art. 43, 48 EG.

E. *Etablierung des Herkunftslandprinzips*

Der Gerichtshof hat mit dem *Überseering*-Urteil geklärt, was nach der *Centros*-Entscheidung noch heftig umstritten war: Die Einführung des von gegenseitiger Anerkennung getragenen Herkunftslandprinzips für den Bereich der Niederlassungsfreiheit von Gesellschaften[455]. Grenzen weisen dem Herkunftslandprinzip nunmehr allein noch die geschriebenen (Art. 46 EG) und ungeschriebenen Beschränkungsmöglichkeiten (*Cassis de Dijon*[456]) auf[457]. Das Herkunftslandprinzip bringt es mit sich, dass nunmehr auch Gesellschaftsformen im Bereich der EU „zirkulationsfähig“ sind. Entgegen der in der Literatur vertretenen Auffassung, dass das Herkunftslandprinzip auf dem Charakter von Art. 48 Abs. 1 EG als kollisionsrechtlicher Verweisungsnorm beruhe[458], ist das Herkunftslandprinzip Folge des auch für die Niederlassungsfreiheit von Gesellschaften geltenden uneingeschränkten Beschränkungsverbots[459]. Die Pflicht zur Anerkennung der Gesellschaft in ihrer Gründungsgestalt resultiert aus dem Identitätsverständnis des EuGH. Die Wahrung der Identität ist ihrerseits Inhalt der Art. 43, 48 EG. Dieser Gewährleistungsinhalt macht die Niederlassungsfreiheit aber nicht gleichzeitig zu einer das nationale IPR verdrängenden Kollisionsnorm.

---

454 Missverständlich *Weller*, IPRax 2003, 324, 327.

455 *Eidenmüller*, ZIP 2002, 2233, 2241 (Hinsichtlich der Rechts- und Parteifähigkeit); *Stoller*, JuS 2003, 846, 847; *Knapp*, DNotZ 2003, 85, 89; *Spindler/Berner*, RIW 2003, 949, 954 f.; *v. Hase*, BuW 2003, 944, 944; *Straub/Ratka*, ÖZW 2003, 34, 43; so bereits im Zuge der *Centros*-Entscheidung unter Bezugnahme auf die *Cassis de Dijon*-Rspr. *Werlauff*, ZIP 1999, 867, 867, 875; *Brand*, JR 2004, 89, 91.

456 EuGH, Urt. v. 20.2.1979 Rs. 120/78 (*Cassis de Dijon*), Slg. 1979, 662 (Tz. 8).

457 Vgl. dazu S. 258 ff.

458 *Behrens*, IPRax 1999, 323, 329 f.; siehe auch *Klinke*, in: Liber Amicorum Kegel, S. 1, 22.

459 Ähnlich *W.-H. Roth*, in: GS Lüderitz, S. 635, 642-645.

Drittes Kapitel: Mögliche weitere Anwendungsfälle von Überseering

Im dritten Kapitel der vorliegenden Untersuchung sollen bisher offen gebliebene Rechtsfragen geklärt werden. Der EuGH hatte in der *Überseering*-Entscheidung weder über das Verhältnis zwischen Gesellschaften und ihrer Gründungsrechtsordnung zu befinden (Wegzugsfälle), noch hatte er zu klären, ob eine niederlassungsrechtliche Verpflichtung zur Anerkennung (Zuzugsfall) bzw. zur Beibehaltung der Rechtspersönlichkeit (Wegzugsfall) besteht, wenn Verwaltungs- und Satzungssitz bereits im Zuge der Gründung auseinanderfallen. Beide Aspekte sind zentrale Fragen, die es im nächstehenden Kapitel zu klären gilt.

§ 6: Wegzugsfälle (Beibehaltung der Rechtspersönlichkeit)

Anknüpfend an die niederlassungsrechtlichen Vorgaben zur Behandlung zuziehender EU-Auslandsgesellschaften, wird im Folgenden untersucht, welche Auswirkungen sich der *Überseering*-Entscheidung zur Niederlassungsfreiheit von Gesellschaften gegenüber dem Gründungsstaat entnehmen lassen. Im Vordergrund steht dabei die Frage, ob eine nach Art. 48 Abs. 1 EG niederlassungsberechtigte Gesellschaft bei Verlegung des Verwaltungssitzes mit einem *Statutenwechsel* belegt werden darf. Unter deutschen kollisionsrechtlichen Gesichtspunkten betrachtet findet ein Statutenwechsel schon deshalb nicht statt, weil Gesellschaften im Zuge von *Überseering* in anderen Mitgliedstaaten anerkannt werden müssen. Kollisionsrechtlich sind die Mitgliedstaaten daher in Zuzugsfällen zur Anknüpfung an den Gründungsakt verpflichtet[460]. Damit tritt bei Verständnis der Sitztheorie als Gesamtnormverweisung nach h.M. eine Rückverweisung nach Art. 4 Abs. 1 S. 2 EGBGB ein. Das hat zur weiteren Folge, dass ein Statutenwechsel nicht stattfindet[461]. Die Zulassung eines *Renvoi* ist in derartigen Konstellationen freilich nicht unumstritten[462]. Im folgenden Abschnitt geht es darum, die niederlassungsrechtlichen Auswirkungen auf die „Wegzugsfälle" zu untersuchen. Ist bereits aus Gründen der Niederlassungsfreiheit (Art. 43, 48 EG) die Anordnung eines Statutenwechsels unzulässig, muss über die Zulässigkeit eines *Renovi* nicht entschieden werden. Alle Mitgliedstaaten wären in diesem Fall gemeinschaftsrechtlich dazu verpflichtet, nationale Gesellschaften auch nach Verwaltungssitzverlegung als inländische Gesellschaften anzuerkennen.

---

460 *Kieninger*, ZEuP 2004, 685, 695.

461 S. dazu *Kieninger*, ZEuP 2004, 685, 695; *Sandrock*, S. 33, 91.

462 Vgl. *Großfeld*, in: Staudinger IntGesR, Rdn. 608 ff.

A. *Ohne Wegzug kein Zuzug*

Durch den Gerichtshof war in der Entscheidung *Überseering* nicht ausdrücklich zu entscheiden, inwieweit die durch die Sitztheorie ausgelösten materiell-rechtlichen Folgen (Auflösung) in Bezug auf nationale Gesellschaften mit Art. 43, 48 EG vereinbar sind[463]. Ausgangspunkt der Untersuchung ist erneut die Reichweite der Niederlassungsfreiheit. Auch wenn das Verhältnis zwischen Gesellschaft und Gründungsstaat nicht Gegenstand der *Überseering*-Entscheidung war, so lassen sich den Entscheidungsgründen dennoch Anhaltspunkte entnehmen, wie der EuGH einen „Wegzugsfall" entscheiden wird.

I. *Einleitende Überlegungen*

Es lassen sich vier Aspekte anführen, die niederlassungsrechtlich eine unterschiedliche Behandlung von Zu- und Wegzugsfällen rechtfertigen könnten. (1) Zunächst muss geprüft werden, ob die Art. 43, 48 EG grundsätzlich auch auf Inländer anwendbar ist. Zu klären gilt, ob sich Gesellschaften grundsätzlich gegenüber ihrem Gründungsstaat auf die Niederlassungsfreiheit berufen können. Diese Frage hat der EuGH bereits mehrfach positiv beschieden[464]. (2) Zudem erfordert die Berufung auf die Grundfreiheiten nach herrschender Ansicht das Vorliegen eines grenzüberschreitenden Sachverhalts[465]. Bei

---

463 Von der Auflösung werden nach h.L. Gesellschaften verschont, die ihren Verwaltungssitz in einen Gründungstheoriestaat verlegen. Ein Statutenwechsel findet aufgrund Art. 4 Abs. 1 EGBGB (*Renvoi*) nicht statt. Vgl. *Kindler*, in: MünchKomm IntGesR, Rdn. 378 ff; *Ebke*, ZGR 16 (1987), 245, 255; a.A. *Großfeld*, in: Staudinger IntGesR, Rdn. 629 ff.: „Denn die Gesellschaft wird einem fremden Recht unterstellt, niemand weiß, ob die Rückverweisung auf das deutsche Recht von Bestand ist. Die Durchsetzung der an sich bestehenden Rechte ist bei Verwaltungssitz im Ausland erschwert; das soziale und das kulturelle Umfeld ist ein anderes."; *v. Bar*, IPR Bd. II, Rdn. 624. *v. Bar* argumentiert, dass die Kapitalgesellschaft durch den Wegzug ins Ausland *ex lege* ihre Rechtspersönlichkeit verliere. Eine darauf folgende Rückverweisung könne dies nicht rückgängig machen, da die Gründungsvoraussetzungen nicht erfüllt seien, eine „Wiederbelebung" demnach ausscheide. Die Argumentation überzeugt nicht. Gesellschaften werden sachrechtlich, nicht kollisionsrechtlich aufgelöst. Der materielle Auflösungsgrund „Statutenwechsel" entfällt bei Vorliegen einer Rückverweisung aber gerade, weil das fremde Recht das nationale Recht als Gesellschaftsstatut bestimmt. Das ist Folge des Verständnisses der Sitztheorie als Gesamtverweisung.

464 Vgl. EuGH, Urt. v. 27.9.1988 Rs. 81/87 (*Daily Mail*), Slg. 1988, I-5505 (Tz. 16); EuGH, Urt. v. 16.7.1998 Rs. C-296/96 (*ICI*), Slg. 1998, I-4721 (Tz. 21), EuGH, Urt. v. 18.11.1999 Rs. C-200/98 (*x und y*), Slg. 1999, I-8285 (Tz. 26); EuGH, Urt. v. 13.4.2000 Rs. C-251/98 (*Baars*), Slg. 2000, I-2817 (Tz. 28); zuletzt EuGH, Urt. v. 11.3.2004 Rs. C-9/02 (*Hughes de Lasteyrie du Saillant/Ministère de l'Èconomie, des Finances et de l'Industrie*) (Tz. 42) = DB 2004, 686, 687.

465 Vgl. hierzu EuGH, Urt. v. 8.12.1987 Rs. 20/87 (*Gauchard*), Slg. 1987, 4896 (Tz. 11 ff.); EuGH, Urt. 20.4.1988 204/87 (*Bekaert*), Slg. 1988, 2039 (Tz. 11 ff.). Oft werden die oben genannten Aspekte (1) und (2) miteinander verknüpft. Die Niederlassungsfreiheit kann dieser Ansicht nach schon deshalb nicht für Inländer Wirkung entfalten, weil bei Berufung eines Inländers gegenüber seinem Herkunftsstaat immer „nur" ein innerstaatlicher Sachverhalt begründet sei (so etwa *Randelzhofer/Forsthoff*, in: Grabitz/Hilf Art. 43 EGV, Rdn. 10 ff.). So lässt sich aber nur dann

Vorliegen eines reinen Inlandssachverhalts kommt der Anwendungsvorrang des Gemeinschaftsrechts nicht zum Tragen. Folge ist das Entstehen von Inländerdiskriminierungen. (3) Denkbar ist aber auch, dass der Gründungsstaat durch sein Gesellschaftsrecht die Eröffnung des persönlichen Anwendungsbereichs von Art. 48 Abs. 1 EG bei Grenzüberschreitung verhindern kann, indem es dem Niederlassungsfreiheitsträger die Subjekteigenschaft entzieht. Selbst bei einer unterstellten Gewährleistung des Niederlassungsvorgangs durch die Art. 43, 48 EG, könnte die Niederlassungsfreiheit in einem solchen Fall nicht eingreifen. Infolgedessen könnten nationale Wegzugsbeschränkungen nicht an dem von der Rechtsprechung entwickelten „Vier-Faktoren-Test" überprüft werden. Eine solche Rechtsfolge ist die Konsequenz, wenn man Art. 48 Abs. 1 EG (erste Voraussetzung) als international-privatrechtliche Gesamtnormverweisung versteht[466]. (4) Schließlich ist der Gewährleistungsgehalt (Reichweite) der Niederlassungsfreiheit zu untersuchen. Es ist *a priori* nicht auszuschließen, dass die Niederlassungsfreiheit in ihrem Regelungsgehalt in Bezug auf den Aufnahmestaat und den Herkunftsstaat unterscheidet.

II. Sinn und Zweck der Niederlassungsfreiheit

Bei der Diskussion um die Gewährleistung der Art. 43, 48 EG gegenüber dem Herkunftsstaat sollte man stets im Hinterkopf behalten: Sinn und Zweck der Niederlassungsfreiheit realisieren sich erst mit der Gewährleistung von Zuzug (Anerkennung) und Wegzug (Beibehaltung der anerkennungsfähigen Rechtspersönlichkeit). Was hilft einer Gesellschaft die Zuzugsfreiheit, wenn der Gründungsstaat den Wegzug blockiert[467]. *Drobnig* spricht in diesem Zusammenhang anschaulich von *passiver* und *aktiver* Niederlassungsfreiheit[468]. Die Aktivität, den Verwaltungssitz zu verlegen, sei er nun ausdrück-

---

argumentieren, wenn bzgl. des grenzüberschreitenden Bezugs ausschließlich auf die Staatsangehörigkeit einer natürlichen oder juristischen Person abgestellt würde. Die Ansicht verquickt das Vorliegen eines „grenzüberschreitenden Elements" mit der Prüfung: „Anwendbarkeit der Grundfreiheit auf Inländer". Die Anwendbarkeit lässt diese Ansicht am fehlenden europäischen Bezug scheitern. Es sind jedoch zwei voneinander unabhängige Fragen zu beantworten. 1.) Die Anwendbarkeit der Niederlassungsfreiheit auf Inländer; und 2.) liegt ein grenzüberschreitender Sachverhalt vor. Beide Voraussetzungen müssen *kumulativ* vorliegen. So auch *Epiney*, S. 159-164; *Bleckmann*, Rdn. 1760 mit Verweis auf EuGH, Urt. v. 7.2.1979 Rs. 115/78 (*Knoors/Staatssekretär für Wirtschaft*), Slg. 1979, 399; wohl auch *Graig/DeBúrca*, S. 787 ff., 799.

466 Vgl. dazu S. 78 ff., 81 ff.

467 Im Hinblick auf eine effektive Entfaltungsmöglichkeit der Freizügigkeit natürlicher Personen ist in der Freizügigkeits-RL ausdrücklich das Zuzugs- und Wegzugsrecht gewährleistet. S. dazu Art. 4 und Art 5 der Richtlinie über das Recht der Unionsbürger und ihrer Familienangehörigen, sich im Gebiet der Mitgliedstaaten frei zu bewegen und aufzuhalten ABl.EG L 158 v. 30.4.2004, S. 77)

468 *Drobnig*, in: Gemeinschaftsrecht, S. 185, 195: „Wenn Gesellschaften deutschen Rechts in anderen Mitgliedstaaten die Ausübung von Tätigkeiten und Niederlassung beanspruchen können, muss ihnen nach Sinn und Zweck der beiden Freiheiten dies auch durch ihren Heimatstaat erlaubt wer-

lich beschlossen oder aber rein faktisch vollzogen, geht räumlich betrachtet stets vom Inkorporationsstaat aus. Der Aufnahmestaat (Niederlassungsstaat) „agiert“ nur *passiv*, indem er den Umzug in Form von Anerkennung gestattet. Hieraus folgt: Sollte der *Wegzug* durch die Art. 43, 48 EG nicht garantiert sein, nützt der Gesellschaft auch die der Niederlassungsfreiheit zugrunde liegende Anerkennungsverpflichtung des gewählten Niederlassungsstaats nicht weiter. Das widerspricht dem *effet utile* des Gemeinschaftsrechts. Die Anerkennung setzt ein anerkennungsfähiges Rechtssubjekt voraus[469]. Die Niederlassungsfreiheit läuft dann leer. Gesellschaften hingen demnach von der Gunst ihres Gründungsrechts ab[470]. Hält man daher zur Realisierung von Sinn und Zweck der Niederlassungsfreiheit den Gleichlauf von *passiver* und *aktiver* Niederlassungsfreiheit für unabdingbar und begreift das Wegzugsrecht als ein notwendiges Annexrecht zum ausdrücklich gewährleisteten Zuzugsrecht[471], wirkt die vom EuGH vorgenommene Differenzierung in Zu- und Wegzugsfälle befremdlich. Sie spaltet einen tatsächlich einheitlichen Vorgang künstlich auf[472]. Die Unterscheidung in Zu- und Wegzugsfälle ergibt daher nur in rein rechtlicher Hinsicht einen Sinn. Die Unterscheidung veranschaulicht allein die unterschiedlichen Perspektiven zweier an der Verwaltungssitzverlegung beteiligter Staaten. Bei der in der Diskussion stets vorgenommenen Differenzierung in „Zu- und Wegzugsfälle“ sollte man daher nicht das hinter Art. 43, 48 EG stehende Anliegen übersehen. Die Niederlassungsfreiheit hat nicht Zu- und Wegzug, sondern die Gewährleistung grenzüberschreitender Tätigkeit zum Ziel[473].

---

den. Das *passive* Niederlassungsrecht impliziert also das *aktive.*“; vgl. ebenso *Wymeersch*, in: FS Buxbaum, S. 629, 651; *Drygala*, ZEuP 2004, 337, 350.

469 Vgl. dazu S. 116 ff.

470 Nicht zu leugnen ist allerdings ein hiervon ausgehender Wettbewerbsdruck auf solche Staaten, die den Wegzug nationaler Gesellschaften nicht zulassen. Für Unternehmensgründer kann die Wegzugsfreiheit entscheidende Wirkung haben. Vom Gedanken des Wettbewerbs der Mitgliedstaaten getragen sein, mag auch die unterschiedliche Auslegung des EuGH von Art. 28 und 29 EG (vgl. S. 136 ff.). Einfuhrbeschränkungen lassen sich hiernach schwerer rechtfertigen als Ausfuhrbeschränkungen. Vgl. ablehnende Ansicht von *Leible*, in: Grabitz/Hilf Art. 29 EGV, Rdn. 4; *Schröder*, in: Streinz Art. 29 EGV, Rdn. 5.

471 So offenbar auch das Verständnis des EuGH in Daily Mail, vgl. EuGH, Urt. v. 27.9.1988 Rs. 81/87 (*Daily Mail*), Slg. 1988, I-5505 (Tz. 16).

472 GA *Colomer* hat in seinen Erwägungen im Rahmen der Schlussanträge eine nunmehr vollzogene Differenzierung in Zu- und Wegzugsfälle zwar angedacht, aber aus den hier genannten Gründen wieder verworfen, vgl. Schlussanträge, GA *Colomer* v. 4.12.2001 Rs. C-208/00 (*Überseering*), Slg. 2002, I-9932 (Tz. 37).

473 Vgl. Schlussanträge GA *La Pergola* v. 16.7.1998 Rs. C-212/97 (*Centros*), Slg. 1999, I-1477 (Tz. 20): „Diese Freiheit [Niederlassungsfreiheit] umfasst mit Sicherheit das Recht, eine Gesellschaft nach den Rechtsvorschriften zu gründen, um in diesem und *zugleich in jedem andern Mitgliedstaat* tätig zu werden. Anders gesagt: die neu gegründete Gesellschaft ist berechtigt, sich nach ihrem Belieben in der Gemeinschaft niederzulassen - mit einer Haupt- oder gegebenenfalls auch mit einer Zweigniederlassung.“

B. Wegzugsfälle sind nicht „niederlassungsfreiheitsresistent“

Gleichwohl wird der deutschen Sitztheorie in Bezug auf nationale Gesellschaften von vielen kein niederlassungsrechtliches Beschränkungspotenzial zugesprochen. Häufig liest man in diesem Zusammenhang, dass die Auflösung nationaler Gesellschaften an der Landesgrenze als eine Form der Inländerdiskriminierung[474] zulässig sei [475]. Das Ergebnis dieser Ansicht kann dogmatisch auf drei Überlegungen gründen. Unterstellt wird dabei die heute in der Literatur keineswegs mehr unumstrittene Zulässigkeit von Inländerdiskriminierungen[476]. Die Vertreter dieser Ansicht negieren die Anwendbarkeit

---

474 S. eine umfassende Darstellung der verschiedenen Entstehungsmöglichkeiten umgekehrter Diskriminierungen bei *Epiney*, S. 22 ff.; *Graser*, EuR 33 (1998), 571-574; *Nachbaur*, S. 98 ff., 105 ff.; vgl. *Streinz*, in: Streinz Art. 12 EGV, Rdn. 58 ff. Im Gegensatz zu *Epiney* begreifen die letztgenannten Autoren unter Inländerdiskriminierungen nur benachteiligende Ungleichbehandlungen eigener Staatsangehöriger gegenüber EU-Ausländern, wenn die Schlechterbehandlung der Inländer im Verhältnis zu EG-Ausländern im Geltungsbereich *einer* nationalen Rechtsordnung stattfindet. Den Begriff umgekehrte Diskriminierung verwenden u.a. *Epiney*, S. 1 ff.; *Bleckmann*, RIW 1985, 917 ff. »Umgekehrt« sind die Diskriminierungen deshalb, weil die Mitgliedstaaten traditionell bestrebt sind, ihre Staatsangehörigen besser und nicht schlechter zu behandeln. Hieraus wird auch das ursprüngliche Ziel des Gemeinschaftsrechts deutlich nämlich In- und Ausländer gleichzustellen, indem in vielen Vorschriften des EG-Vertrags Diskriminierungsverbote verankert sind.

475 So u.a. *Göttsche*, DStR 1999, 1403, 1405; *Freitag*, EuZW 1999, 267, 269; *Hirte*, EWS 2002, 573, 574; *v. Hase*, BuW 2003, 944, 945: „Wegzugsbeschränkungen bleiben - wie schon im „Daily Mail“ - Urteil entschieden - zulässig, da europäisches Recht eine Inländer-Diskriminierung nicht verbietet.“

476 Vgl. zur EuGH Rspr.: EuGH, Urt. v. 8.12.1987 Rs. 20/87 (*Gauchard/Ministère public*) Slg. 1987, 4896 (Tz. 12); EuGH, Urt. v. 28.3.1979 Rs. 175/78 (*Saunders*), Slg. 1979, 1135 (Tz. 11); EuGH, Urt. v. 28.1.1992 Rs. C-332/90 (*Steen*), Slg. 1992, I-356 f. (Tz. 9); EuGH, Urt. v. 22.9.1992 Rs. C-153/91 (*Petit*), Slg. 1992, I-4994 (Tz. 8); EuGH, Urt. v. 16.12.1992 Rs. 206/91 (*Koua/Poirrez*), Slg. 1992, I-6706 (Tz. 10 f.); EuGH, Urt. v. 26.1.1993 Rs. C-112/91 (*Werner*), Slg. 1993, I-469 (Tz. 13 ff.). Nach Ansicht des EuGH kann der „umgekehrten Diskriminierung“ nur mit Mitteln des nationalen Rechts abgeholfen werden; vgl. EuGH, Urt. v. 16.6.1994 Rs. C-132/93 (*Steen II*), Slg. 1994, I-2724 (Tz. 10) mögliche Wende in EuGH, Urt. v. 9.8.1994, verb. Rs. C-363/93, C-407/93, C-408/93, C-409/93, C-410/93 und C-411/93 (*Lancry*), Slg. 1994, I-3957 [s. dazu *Graser*, EuR 33 (1998), 571, 574-579]. Vgl. zum Meinungsstand in der Literatur: Inländerdiskriminierungen für zulässig erachtend, *Randelzhofer/Forsthoff*, in Grabitz Art. 43 EG Rdn. 64 f.; *Fastenrath*, JZ 1987, 170, 172; *Knobbe-Keuk*, DB 1990, 2573, 2576 f.; *Frenz/Grande*, EWS 2002, 555, 557; a.A. *Borchardt*, Rdn. 687 mit Verweis auf auf EuGH, Urt. v. 12.5.1998 Rs. C-85/96 (*Martínez Sala*), Slg. 1998, I-2691; *ders.*, NJW 2000, 2057, 2059; vgl. zur Bedeutung der Unionsbürgerschaft *Spaventa*, 41 CMLRev. 743, 756-764 (2004). Die Einführung der Unionsbürgerschaft (Art. 18 EG) habe bewirkt, dass nunmehr nicht nur die Mitgliedstaaten der EU durch das Recht verbunden sind, sondern auch deren Staatsangehörige selbst (vgl. in diesem Sinne EuGH, Urt. v. 17.9.2002 Rs. C-413/99 (*Baumbast und R/Secretary of State for the Home Department*), Slg. 2002, I-7091 (Tz. 94). Dies habe wiederum zur Folge, dass eine Schlechterbehandlung der eigenen Staatsangehörigen gegenüber Unionsbürgern aus anderen Staaten gänzlich ausgeschlossen ist. Diese Begründung läuft letztlich darauf hinaus, dass eine umgekehrte Diskriminierung deshalb nicht mehr möglich ist, weil es keine rein innerstaatlichen Sachverhalte mehr gibt. Die Unionsbürgerschaft liefert in diesem Fall den Gemeinschaftsbezug. Diese Überlegungen lassen sich auch auf Gesellschaften übertragen. Eine in einem Mitgliedstaat gegründete Gesellschaft ist gleichzeitig auch eine europäische mit den Rechten des EG-Vertrags ausgestattete Gesellschaft. Mit anderer Begründung *Herdegen*, Rdn. 100 (*Herdegen* bezweifelt, ob derartige Diskriminierungen im Hinblick auf die Wettbewerbsbenachteiligung der Inländer mit dem hypothetischen Willen des Gesetzgebers vereinbar sind); *Streinz*,

der Art. 43, 48 EG auf Inländer generell oder aber sie bestreiten das Vorliegen eines grenzüberschreitenden Sachverhalts. Schließlich kann sich eine Inländerdiskriminierung aus dem Verständnis von Art. 48 Abs. 1 EG als international-privatrechtliche Gesamtverweisung ergeben[477].

I. Anwendbarkeit der Art. 43, 48 EG auf inländische Gesellschaften

Ausgehend vom Wortlaut des Art. 43 Abs. 1 EG ließe sich durchaus vertreten, dass sich Niederlassungsfreiheitsträger nur gegenüber dem Niederlassungsstaat („*im Hoheitsgebiet eines anderen Mitgliedstaats*") auf die Grundfreiheit berufen können[478]. Diese Ansicht widerspricht gleichwohl dem Niederlassungsfreiheitsverständnis des EuGH. Der EuGH hat in seiner *Daily Mail*-Entscheidung die Anwendbarkeit der Niederlassungsfreiheit auf inländische natürliche und juristische Personen gegenüber ihrem Herkunftsstaat erstreckt und seitdem mehrfach bestätigt. „Zwar sollen diese Bestimmungen [Art. 43, 48 EG] ihrer Fassung nach insbesondere die Inländerbehandlung im Aufnahmemitgliedstaat sicherstellen, sie verbieten es aber auch dem Herkunftsstaat, die Niederlassung seiner Staatsangehörigen oder einer nach seinem Recht gegründeten, der Definition des Artikels 58 genügenden Gesellschaft in einem anderen Mitgliedstaat zu behindern"[479]. Eine Aushebelung durch nationale Vorschriften mit der Folge des „Leer-

---

Rdn. 685; differenzierend *Epiney*, S. 339-342, 526 ff. (*Epiney* spricht sich für den Vorrang des Europarechts auch gegenüber rein internen Sachverhalten aus, hält aber eine Benachteiligung durch Anwendung des nationalen Rechts im Einzelfall für rechtfertigungsfähig); *Behrens*, EuR 27 (1992), 145, 160-162; *Nachbaur*, S. 98-120; *Kewenig*, JZ 1990, 20, 23 f.; *Bleckmann*, RIW 1985, 917, 918 f.; einen Verstoß gegen nationales Verfassungsrecht (Art. 3 GG) für gegeben erachtend *Schilling*, JZ 1994, 8-17; *Osterloh*, in: Sachs Art. 3 GG, Rdn. 71, *Herdegen*, Rdn. 100; (Verhältnismäßigkeitsprüfung); *Streinz*, Rdn. 685 („neuer Rechtfertigungsdruck"). Die Frage der Anwendbarkeit des Art 3 Abs. 1 GG offenlassend, da die Beschränkung zumindest gerechtfertigt sei BGHZ 108, 342, 346 = EuZW 1997, 284; bejahend wohl BGH DB 1991, 2483, 2485. Vgl. BVerfG NVwZ 2001, 187. Das BVerfG ließ die Frage dahingestellt, ob die Anforderungen der Meisterprüfung angesichts geringerer Anforderungen an EU-Handwerker im Lichte des Art. 12 Abs. 1 GG noch gerechtfertigt sind.

477 Vgl. dazu oben S. 81 ff.

478 So grundsätzlich *Randelzhofer/Forsthoff*, in: Grabitz/Hilf Art. 43 EGV, Rdn. 10, 61 mit Ergebniskorrektur im Hinblick auf die *Daily Mail* Rspr. [EuGH, Urt. v. 27.9.1988 Rs. 81/87 (*Daily Mail*), Slg. 1988, I-5505 (Tz 16)].

479 EuGH, Urt. v. 27.9.1988 Rs. 81/87 (*Daily Mail*), Slg. 1988, I-5505 (Tz. 16); EuGH, Urt. v. 16.7.1998 Rs. C-296/96 (*ICI*), Slg. 1998, I-4721 (Tz. 21), EuGH, Urt. v. 18.11.1999 Rs. C-200/98 (*x und y*), Slg. 1999, I-8285 (Tz. 26); EuGH, Urt. v. 13.4.2000 Rs. C-251/98 (*Baars*), Slg. 2000, I-2817 (Tz. 28); zuletzt EuGH, Urt. v. 11.3.2004 Rs. C-9/02 (*Hughes de Lasteyrie du Saillant/-Ministère de l'Èconomie, des Finances et de l'Industrie*) (Tz. 42) = DB 2004, 686, 687. *v. Halen* schlägt im Zuge der *Centros* Entscheidung vor, den Wegzug einer inländischen Gesellschaft über eine Zweigniederlassung im Ausland zu gestalten (*v. Halen*, S. 131 f.). Diese Konstruktion wird aber die Gesellschaft nicht vor der Auflösung bewahren. Stellt ein Gericht fest, dass sich das Zentrum der Geschäftstätigkeit einer inländischen Gesellschaft im Ausland befindet - sei es auch in

laufens“ der Niederlassungsfreiheit soll gerade vermieden werden[480]. Damit korrigiert der EuGH, was zur Zeit der Gründung der Gemeinschaft offenbar nicht ins Kalkül gezogen wurde. Nämlich die bewusste Benachteiligung eigener Staatsangehöriger durch den Heimatstaat[481]. Der EuGH bestätigt damit letztlich im Wege der Auslegung, was für die Warenverkehrsfreiheit ausdrücklich in Art. 29 EG aufgenommen ist. In Art. 29 EG findet sich das Verbot „mengenmäßiger Ausfuhrbeschränkungen“ sowie aller „Maßnahmen gleicher Wirkung“ durch den Herkunftsstaat[482]. Wäre die generelle Anwendbarkeit der Art. 43, 48 EG auf inländische Gesellschaften damit geklärt, ist weiter zu prüfen, ob das Gemeinschaftsrecht im Fall einer grenzüberschreitender Verwaltungssitzverlegung anwendbar ist.

II. Grenzüberschreitendes Element

Dogmatisch ließe sich die Freiheit der Mitgliedstaaten, Verwaltungssitzverlegungen nicht zuzulassen, damit begründen, dass es sich hierbei um einen reinen innerstaatlichen Sachverhalt handelt. Ungeachtet der grundsätzlichen Anwendbarkeit der Art. 43, 48 EG, würde der Sachverhalt dann nicht vom Europarecht erreicht. Offensichtlich geht der Gerichtshof aber nicht von einem bloßen Inlandsachverhalt aus. Vielmehr geht der EuGH mit Bejahung der Niederlassungsfreiheit auf Inländer implizit von einem europarechtsrelevanten Sachverhalt aus[483]. Wenn nämlich die Verlegung des Verwaltungssitzes (Geschäftsführung) ins EU-Ausland keinen europarechtlichen Bezug aufwiese, liefe die in *Daily Mail* getroffene Feststellung jedenfalls hinsichtlich der primären Niederlassungsfreiheit leer. Die Gestaltung eines Sachverhalts mit einem grenzüberschreitenden Bezug wäre dann schlicht ausgeschlossen. Das ist ein merkwürdiges Ergebnis, scheint doch die Verlegung des Verwaltungssitzes über die nationale Grenze hinaus ein Paradebeispiel für einen *grenzüberschreitenden Bezug* darzustellen.

---

einer Zweigniederlassung „getarnt“ -, wird es die Gesellschaft nicht mehr als nationale Gesellschaft betrachten und sie daher schlussendlich aus dem Handelsregister löschen.

480 *Epiney*, S. 162 ff.

481 Hingegen lässt sich die Anwendbarkeit der Niederlassungsfreiheit auf inländische Gesellschaften nicht mit dem Wandel der Niederlassungsfreiheit vom Diskriminierungsverbot hin zu einem Beschränkungsverbot begründen. So aber wohl *Behrens*, RabelsZ 52 (1988), 498, 521 f; implizit *Sandrock*, BB 1999, 1337, 1337 f. Denn ist die Niederlassungsfreiheit erst gar nicht auf Inländer anwendbar, kann sie Inländer auch nicht vor beschränkenden Maßnahmen schützen.

482 Vgl. EuGH, Urt. v. 10.5.1995 Rs. C-384/93 (*Alpine Investments*), Slg., 1995, I-1179 (Tz. 43).

483 Implizit EuGH, Urt. v. 27.9.1988 Rs. 81/87 (*Daily Mail*), Slg. 1988, 5505 (Tz. 16). Schon aus der Tatsache, dass sich der EuGH in diesen Fällen zur Reichweite der Niederlassungsfreiheit geäußert hat, indiziert, dass er hinsichtlich des grundsätzlichen Anwendungsbereichs des Europarechts keine Bedenken hatte. Ebenso AG Heidelberg RIW 2000, 557, 558; *Nachbaur*, S. 91; a.A. *Graig/De Búrca*, EU Law, S. 796: "The *Daily Mail* case thus indicated that, apart from the 'wholly internal situation' context, […]."

Dennoch wird das Vorliegen eines europarechtsrelevanten Sachverhalts bei Verwaltungssitzverlegung in einen anderen Mitgliedstaat wohl teilweise bestritten[484]. Eine solche Sicht lässt sich den hierzu getroffenen Aussagen mittelbar u.a. daraus entnehmen, dass sie im Zusammenhang mit Wegzugsbeschränkungen stets von einer zulässigen Inländerdiskriminierung sprechen. Ein grenzüberschreitendes Element lässt sich jedenfalls nicht schon damit verneinen, dass sich eine *nationale Gesellschaft* gegenüber ihrem *Gründungsstaat* auf die Niederlassungsfreiheit beruft[485]. Eine solche Sicht würde dazu führen, dass hinsichtlich der Begründung eines Auslandsbezugs allein auf die Nationalität einer Gesellschaft abgestellt würde[486]. Bedeutung kommt der Staatszugehörigkeit von Gesellschaften dagegen nur für die Frage zu, ob sich Inländer grundsätzlich gegenüber ihrem Herkunftsstaat auf Art. 43, 48 EG berufen können. Diese Frage hat der EuGH für die Niederlassungsfreiheit, entgegen dem Wortlaut von Art. 43 Abs. 1 EG, bereits mehrfach positiv beschieden[487]. Nunmehr für die Frage des Vorliegens eines grenzüberschreitenden Elements erneut ausschließlich auf die Staatszugehörigkeit einer Gesellschaft abzustellen, wäre perplex, weil damit zugleich die Inländern grundsätzlich zugesprochene Niederlassungsfreiheit wieder entzogen würde[488].

Es erstaunt deshalb kaum, dass der EuGH im Fall *Knoors* für die Frage eines grenzüberschreitenden Sachverhalts der Staatsangehörigkeit gerade keine entscheidende Bedeutung beigemessen hat[489]. Im Gegenteil war in den „Rückkehrfällen“ (*U-turn-constructions*[490]) für die Anwendbarkeit des Europarechts stets entscheidend, dass sich Inländer zuvor in eine EU-Ausländern gleiche Ausgangssituation manövriert hatten. In

---

484 *Hirte*, EWS 2002, 573, 574; *Göttsche*, DStR 1999, 1403, 1405; *Freitag*, EuZW 1999, 267, 269; wohl auch *Knapp*, DNotZ 2003, 85, 92; *Horn*, NJW 2004, 893, 896; *Ahrens*, RNotZ 2003, 32, 37; *v. Hase*, BuW 2003, 944, 945; i.E. mit anderer dogmatischer Begründung *Kindler* zitiert nach Rehberg, IPRax 2003, 175, 177; *Behrens*, IPRax, 1999, 323, 326; zurückhaltender *ders.*, IPRax 2003, 193, 205 f.; a.A. *Sandrock*, BB 1999, 1337, 1337 f.; *Triebel/v. Hase*, BB 2003, 2409, 2410.

485 So aber z.B. *Horn*, NJW 2004, 893, 896; vgl. auch *Drygala*, ZEuP 2004, 337, 351.

486 Auf die Nationalität der Gesellschafter abstellend *Drygala*, ZEuP 2004, 337, 351.

487 S. oben Fn. 479.

488 Ebenso *Kjellgren*, 11 EBLR 179, 183 (2000): „The fact that *Knoors* was a national of the host State could not exclude him from the benefits of Communitiy Law.“

489 EuGH, Urt. v. 7.2.1979 Rs. 115/78 (*Knoors/Staatssekretär für Wirtschaft*), Slg. 1979, 410 (Tz. 24); EuGH, Urt. v. 28.6.1984 Rs. 180/83 (*Moser/Land Baden-Württemberg*), Slg. 1984, I-2547 (Tz. 14 ff.); EuGH, Urt. v. 27.6.1996 Rs. 107/94 (*Asscher*), Slg. 1996, I-3123 (Tz. 33); abweichend EuGH, Urt. v. 26.1.1993 Rs. 112/91 (*Werner*) EuGH, Slg. 1993, I-429 (Tz. 16 f.). In der privat motivierten grenzüberschreitenden Wohnsitzverlegung sah der EuGH allerdings keinen ausreichenden Gemeinschaftsbezug. Der EuGH stellte in diesem Fall entscheidend auf die Staatsangehörigkeit ab. Vgl. *Bleckmann*, Rdn. 1760; *Epiney*, S. 121; 272 ff.; a.A. *Randelzhofer/Forsthoff*, in: Grabitz/Hilf Art. 43 EG, Rdn. 10: „Die Grenzüberschreitung besteht für die Niederlassungsfreiheit grundsätzlich darin, dass sich der Niederlassungsberechtigte der Hoheitsgewalt eines Staats gegenübersieht, dessen Angehöriger er nicht ist.“

490 S. dazu *Kjellgren*, 11 EBLR 179, 183 f. (2000).

den „Wegzugsfällen" taugt ein solches Abgrenzungskriterium freilich nicht. Denn hier wollen inländische Gesellschaften nicht mit Gemeinschaftsrechten im Gepäck „zurückkehren", sondern aus dem Inland mit Hilfe der Niederlassungsfreiheit wegziehen[491]. Im Rahmen der Geltendmachung von Grundfreiheiten geht es nicht um die Staatszugehörigkeit. Vielmehr geht es um die Ausübung bestimmter wirtschaftlicher Tätigkeiten. Daher sollte auch bei der Bestimmung des europarechtlichen Bezugs an die von den Grundfreiheiten gewährleistete Tätigkeit angeknüpft werden. Zu fragen wäre demnach: Ist der *Tätigkeit* „Verwaltungssitzverlegung" ein grenzüberschreitendes Element zu entnehmen[492]?

2. *Verwaltungssitzverlegung ist grenzüberschreitend*

Es ließe sich also allenfalls argumentieren, die *Tätigkeit* „Verwaltungssitzverlegung ins Ausland" sei ein rein interner Sachverhalt[493]. Wie bereits angesprochen, handelt es sich bei der Verlegung des Verwaltungssitzes (Beibehaltung der Rechtspersönlichkeit) aus tatsächlicher Sicht um einen einheitlichen Lebenssachverhalt, der nicht etwa an der Landesgrenze in einen Zuzugsfall (Anerkennung) umschlägt. Aus der Sicht des Wegzugsstaats ist der gesamte Vorgang als „Wegzugsfall", aus Sicht des Zuzugsstaats als „Zuzugsfall" zu klassifizieren. Weshalb sollte aus der Perspektive des Zuzugsstaats ein Fall mit Gemeinschaftsbezug vorliegen aus Sicht des Wegzugsstaats hingegen ein reiner Binnensachverhalt[494]? Für die Errichtung einer Zweigniederlassung außerhalb des Gründungsstaats hat der EuGH in seinen Urteilen *Centros*[495] und *Inspire Art*[496] ausdrücklich die Anwendbarkeit des Europarechts bejaht. Für die *primäre* Niederlassungsfreiheit hat er dies in *Überseering* praktiziert. Freilich waren dies allesamt Zuzugskonstellationen und damit „Anerkennungsfälle". Nur greift für die Frage des *Vorliegens eines europäischen Bezugs* die vom EuGH in *Überseering* vorgenommene Differenzierung (*distinguishing*) zur *Daily Mail*-Entscheidung (Zu- und Wegzugsfall) nicht ein[497].

Ferner lässt sich eine Verwaltungssitzverlegung nicht zweiteilen, indem man dem Vorgang unterschiedliche zeitliche und räumliche Rahmen zuweist. Sicherlich geht der Anstoß einer Verlegung des Verwaltungssitzes vom Hoheitsgebiet des Wegzugsstaats aus. Von einem internen Sachverhalt kann gleichwohl keine Rede sein. Der „Wegzugsfall" beginnt im Gründungsstaat und endet im Zuzugsstaat. Damit sind zwei Rechtsord-

---

491 *Eyles*, S. 54 ff.
492 *Epiney*, S. 276.
493 In diese Richtung *Randelzhofer/Forsthoff*, in: Grabitz/Hilf Art. 43 EGV, Rdn. 61.
494 So zu Recht, *v. Halen*, S. 162.
495 EuGH, Urt. v. 9.3.1999 Rs. C-212/97 (*Centros*), Slg. 2002, I-1490 (Tz. 17).
496 EuGH, Urt. v. 30.9.2003 Rs. C-167/01 (*Inspire Art*), Slg. 2003, I-10223 (Tz. 95).

nungen involviert[498]. Aus der Sicht des Zuzugsstaats stellt derselbe Vorgang dagegen einen Zuzugsfall dar, der im Wegzugsstaat (*Gründungsstaat*) beginnt und auf dem eigenen Hoheitsgebiet seinen Abschluss findet. Dem zugrunde liegenden Lebenssachverhalt ist demnach typischerweise ein europarechtlicher Bezug immanent. Immerhin liegt aber zu Beginn der Verlegung des Verwaltungssitzes noch kein nach außen erkennbarer grenzüberschreitender Bezug vor[499]. Denn der zu verlegende Verwaltungssitz befindet sich (noch) im Gründungsstaat. Das ist aber nicht entscheidend. Abzustellen ist auf den Niederlassungsvorgang in seiner Gesamtheit[500].

Ferner liegen bei Verwaltungssitzverlegungen in der Regel keine Anhaltspunkte für einen Missbrauch vor. Ein Missbrauch könnte es gegebenenfalls rechtfertigen, die Anwendbarkeit des Europarechts trotz Vorliegens eines gemeinschaftsrechtlichen Bezugs zu versagen. Die Möglichkeit der Beschränkung des Anwendungsbereichs der Niederlassungsfreiheit hatte der EuGH in seiner Entscheidung *Knoors*[501] ausdrücklich angesprochen. Im zu entscheidenden Fall aber abgelehnt[502]. Der Gerichtshof hat zuletzt in der Entscheidung *Inspire Art* darauf hingewiesen, dass eine Berufung auf die Niederlassungsfreiheit selbst für den Fall nicht ausgeschlossen ist, dass es der Gesellschaft um die Umgehung strengerer Regelungen im Tätigkeitsstaat geht[503]. Ein Missbrauch muss dann aber erst Recht für den Wegzug ausgeschlossen sein, denn in diesem Fall bleibt das strengere Gründungsrecht mangels Statutenwechsels weiterhin anwendbar. Demnach können zwei der eingangs vorgenommenen Überlegungen, weshalb Art. 43, 48 EG

497 Vgl. dazu S. 57 ff. Zur Urteilspraxis des EuGH von früheren Entscheidungen abzurücken s. *Everling*, EuR 29 (1994), 127, 138.

498 Ähnlich *Epiney*, S. 274: „Keine Schwierigkeiten bereiten die Fallgestaltungen, bei denen eines der konstitutiven Elemente der jeweils betroffenen Freiheit in irgendeiner Form mitgliedstaatliche Grenzen überschreitet. So liegen etwa [...] oder bei der Verlegung der Niederlassung eines Marktteilnehmers in einen anderen Mitgliedstaat grenzüberschreitende Sachverhalte vor."

499 In der Literatur wird vorgeschlagen, den Gesellschafterbeschluss über die Verlegung des Verwaltungssitzes als grenzüberschreitendes Element heranzuziehen (*v. Halen*, S. 161). Was geschieht aber, wenn die Sitzverlegung, wie es häufig der Fall sein wird, unbewusst vollzogen wird? Vgl. hierzu *Behrens*, ZGR 23 (1994), 1, 9.

500 Wie sich im Rahmen eines Umkehrschlusses der Rechtssache *Moser* entnehmen lässt, reicht es zur Charakterisierung eines Sachverhalts als grenzüberschreitend bereits aus, wenn eine eingrenzbare und konkretisierbare Chance der Wahrnehmung vertraglicher Freiheiten besteht EuGH, Urt. v. 28.6.1984 Rs. 180/83 (*Moser*), Slg. 1984, I-2547 f., (Tz. 18-19); s. hierzu *Epiney*, S. 275 f.; *Nachbaur*, S. 92 f.

501 EuGH, Urt. v. 7.2.1979 Rs. 115/78 (*Knoors/Staatssekretär für Wirtschaft*), Slg.1979, 410 (Tz. 25): „Indessen darf nicht verkannt werden, dass ein Mitgliedstaat ein berechtigtes Interesse daran haben kann, zu verhindern, dass sich einige seiner Staatsangehörigen unter Missbrauch der durch den Vertrag geschaffenen Erleichterungen der Anwendung ihrer nationalen Berufsausbildungsvorschriften zu entziehen versuchen."; vgl. hierzu auch EuGH, Urt. v. 7.7.1992 Rs. 370/90 (*Singh*), Slg. 1992, I-4295 (Tz. 24).

502 Ablehnend, *Epiney*, S. 276 f.

503 EuGH, Urt. v. 30.9.2003 Rs. C-167/01 (*Inspire Art*), Slg. 2003, I-10234 f. (Tz. 137 ff.); EuGH, Urt. v. 9.3.1999 Rs. C-212/97 (*Centros*), Slg. 1999, I-1492 (Tz. 24-27).

im „Wezugsfall" nicht eingreifen könnten[504], ausgeschlossen werden. (1) Zum einen können sich auch inländische juristische Personen gegenüber ihrem Herkunftsstaat auf die Niederlassungsfreiheit berufen. (2) Zum anderen ist die Verlagerung der Geschäftsaktivitäten über die Grenze ein Sachverhalt, der einen europäischen Bezug aufweist.

III. Verständnis von Art. 48 Abs. 1 EG als Kollisionsnorm

Nachfolgend werden die Wegzugsfälle aus dem Blickwinkel derjenigen betrachtet, die Art. 48 Abs. 1 EG eine Kollisionsnorm entnehmen.

1. Verweisung hinsichtlich Gründung und Fortexistenz

Zu erörtern ist ferner, ob der Gründungsstaat einer Gesellschaft berechtigt ist, die Anwendbarkeit der Art. 43, 48 EG gänzlich zu vereiteln, indem er inländischen Gesellschaften durch Auflösung die Niederlassungsfreiheitsträgerschaft i.S.v. Art. 48 Abs. 1 EG entzieht. Hierzu ist zu sagen: Das „Leben" und damit auch das „Vergehen" einer Gesellschaft bestimmt sich zwar ausschließlich nach dem Recht des Gründungsstaats. Ausgeschlossen ist damit aber nicht zugleich, dass sich die Rechtsfolgen nationalen Rechts bei Vorliegen eines europarechtsrelevanten Sachverhalts an der Niederlassungsfreiheit messen lassen müssen. Das wird bei der Diskussion um die „Wegzugsfälle" häufig übersehen. Eine Überprüfung der Rechtsfolgen an Art. 43, 48 EG ist aber dann ausgeschlossen, wenn man Art. 48 Abs. 1 EG als eine über die *Gründungsphase* hinausgehende Verweisungsnorm begreift[505]. Wird in Art. 48 Abs. 1 EG neben *Gründung* der Gesellschaft auch die *Fortexistenz* hineingelesen, ergibt sich aufgrund des Verweisungscharakters von Art. 48 Abs. 1 EG eine „Niederlassungsfreiheitsresistenz" der Gesellschaftsrechtsordnungen im Hinblick auf nationale Rechtsträger[506]. Einer Gesellschaft, der aufgrund Statutenwechsels die Auflösung und Löschung aus dem Handelsregister verordnet wird, ist nicht mehr existent und damit auch keine niederlassungsberechtigte Gesellschaft i.S.v. Art. 48 Abs. 1 EG („*nach den Rechtsvorschriften*

---

504 Vgl. oben S. 119 f.

505 So *Behrens*, IPRax 1999, 323, 329 f. Es liege in der Kompetenz des Gründungsstaats darüber zu bestimmen, „unter welchen Voraussetzungen eine Gesellschaft überhaupt ihr Gesellschaftsstatut wechselt, d.h. welcher Vorgang einen Statutenwechsel auslöst."; die Konsequenzen des Verständnisses von Art. 48 EG als umfassende Kollisionsnorm für Gründungs- und Existenzfragen offenbar relativierend, *ders.*, IPRax 2003, 193 201: „Ob man so weit gehen will, in Art. 48 EG eine entsprechende primärrechtliche Kollisionsnorm zu erblicken, ist eine eher sekundärrechtliche dogmatische Frage."

506 S. oben S. 78 ff.

eines Mitgliedstaats gegründete Gesellschaft“)[507]. Der personelle Anwendungsbereich der Niederlassungsfreiheit ist damit schon nicht eröffnet. Die Gewährleistung der Niederlassungsfreiheit kann sich *a priori* nicht entfalten. Eine dahingehende Diktion entnehmen nicht wenige Vertreter des Schrifttums der *Überseering*-Entscheidung[508].

2. *Dogmatischer Hintergrund*

Aufzuzeigen ist an dieser Stelle die dogmatische Bedeutung der vorstehend erläuterten Ansicht. Die Verwaltungssitzverlegung einer Gesellschaft wird nach diesem Verständnis nicht dadurch vereitelt, dass man den Geltungsbereich der Niederlassungsfreiheit reduziert. Diese Ansicht verneint auch nicht das Vorliegen eines gemeinschaftsrechtlichen Sachverhalts. Vielmehr wird der Gesellschaft der mit Gründung eröffnete personelle Anwendungsbereich der Niederlassungsfreiheit nachträglich durch Auflösung wieder entzogen. Hierdurch könnten der Niederlassungsfreiheit widersprechende Rechtsfolgen sehenden Auges den vom EuGH entwickelten „Vier-Faktoren-Test“ umschiffen. Ein Ergebnis, dass mit Blick auf das den Urteilen des EuGH zu entnehmenden Drangs nach effektiver Umsetzung der Grundfreiheiten alles andere als überzeugt[509].

Das Ergebnis ist mit dem vergleichbar, dass einige Vertreter der Sitztheorie bezüglich des Zuzugs ausländischer Gesellschaften für richtig erachten. Sie wollen die Anerkennung ausländischer Gesellschaften ausschließlich vom nationalen Gesellschaftskollisionsrecht abhängig machen[510]. Eine kollisionsrechtlich nicht anerkannte Gesellschaft ist nicht Trägerin der Niederlassungsfreiheit auf die sie sich berufen könnte, lautet zusammengefasst die Argumentation. Wie bereits eingehend erörtert, ist eine derartige Interpretation von Art. 48 Abs. 1 EG (erste Voraussetzung) nach *Überseering* nicht mehr haltbar[511]. Im Zuge dessen fällt es schwer, einzusehen, weshalb im umgekehrten Fall etwas anderes gelten sollte. Kühn erscheint es, dem EuGH zu unterstellen, dass er sich jedweder Kontrollmöglichkeit nationaler Regelungen bei grenzüberschreitenden Sachverhalten begeben wolle. Nicht zu widersprechen ist der Ansicht, die eine umfängliche Verweisung auf das Gründungsrecht bejaht, dagegen in dem Punkt, dass eine Gesellschaft zum Zeitpunkt des Niederlassungsvorgangs noch bestehen muss.

---

507 Vgl. *Hausmann*, in: GS Blomeyer, S. 580, 586.

508 *Leible/Hoffmann*, RIW 2002, 925, 932; *Binge/Thölke*, DNotZ 2004, 21, 27 f.; offenlassend *Koch/Köngeter*, Jura 2003, 692, 698 f.; wenn auch bedauernd *Drygala*, ZEuP 2004, 337, 350; a.A. *Ebke*, JZ 2003, 927, 932; *Zimmer*, BB 2003, 1, 3; *Schulz/Sester*, EWS 2002, 545, 550; *Müller-Graff*, in: Streinz Art. 48 EGV Rdn. 17; unentschieden *Eidenmüller*, ZIP 2002, 2233, 2243.

509 *Eidenmüller*, ZIP 2002, 2233, 2343. *Eidenmüller* hält ein Festhalten an der Sitztheorie aber für gerechtfertigt.

510 Vgl. oben S. 76 ff.

511 Vgl. EuGH, Urt. v. 5.11.2002 Rs. C-208/00 (*Überseering*), Slg. 2002, I-9965 (Tz. 59). Vgl. dazu oben S. 80 ff.

Eine nicht mehr existierende Gesellschaft kann naturgemäß nicht Träger von Rechten also auch nicht der Niederlassungsfreiheit sein[512]. Diese Voraussetzung ist aber nicht von Art. 48 Abs. 1 EG umfasst. Art. 48 Abs. 1 EG bestimmt allein die Anforderungen, um *erstmalig* in den Genuss von Niederlassungsfreiheit zu gelangen. Mit der Frage, wodurch die Rechtsposition wieder erlischt, beschäftigt sich Art. 48 Abs. 1 EG nicht. Wichtig erscheint festzuhalten, dass zwischen der Aussage des EuGH, die Existenz einer Gesellschaft sei untrennbar mit ihrem Gründungsrecht verknüpft[513] und der europarechtlichen Vereinbarkeit der vom Gründungsrecht ausgehenden Rechtsfolgen zu unterscheiden ist[514]. Schließlich muss man berücksichtigen, dass mit Entstehung einer mitgliedstaatlichen Gesellschaft zugleich ein „gemeinschaftsrechtliches" Geschöpf erwächst[515]. Rechte und Pflichten einer Gesellschaft bestimmen sich fortan sowohl nach nationalem als auch nach europäischem Recht.

IV. Auswertung der EuGH Rechtsprechung

Im Folgenden soll die Niederlassungsfreiheit nationaler Gesellschaften gegenüber ihrem Heimatstaat anhand der Aussagen des EuGH in den Rechtssachen *Daily Mail* und *Überseering* diskutiert werden.

1. Daily Mail

Im *Daily Mail*-Urteil sind hinsichtlich der Wegzugsfreiheit zwei Erwägungen des Gerichtshofs hervorzuheben. Im Rahmen der 19. Erwägung stellt der EuGH klar, dass Gesellschaften im Gegensatz zu natürlichen Personen aufgrund nationaler Rechtsordnungen gegründet werden, die gleichzeitig ihre Existenz regeln[516]. Der beifallswürdigen Aussage lässt sich indes nicht entnehmen, dass der Existenzgeber in der Gestaltung seines nationalen Rechts den Art. 48 EG außer Betracht lassen darf.

---

512 Vgl. dazu oben S. 116 ff.

513 EuGH, Urt. v. 5.11.2002 Rs. C-208/00 (*Überseering*), Slg. 2002, I-9971 (Tz. 81).

514 Im Grundsatz ebenso *Eidenmüller*, ZIP 2002, 2233, 2243: "Der Gründungsstaat kann mit einer nach seinem Recht gegründeten Gesellschaft nicht einfach machen, was er will." *Eidenmüller* hält aber weitreichende Beschränkungen (einschließlich die eines Statutenwechsels) des Gründungsstaats für rechtfertigungsfähig. *Zimmer*, BB 2003,1, 3; *Geimer*, S. 15-17.

515 *Dubovizkaja*, GmbHR 2003, 694, 698.

516 EuGH, Urt. v. 27.9.1988 Rs. 81/87 (*Daily Mail*), Slg. 1988, I-5511 (Tz. 19).

a) *Entscheidende Aussage*

Gegenteiliges lässt sich aber den *obiter* getroffenen Feststellungen der 20. und 21. Erwägung entnehmen. Der EuGH konstatiert hierin wie folgt: „Hinsichtlich dessen, was für die Gründung einer Gesellschaft an Verknüpfung mit dem nationalen Gebiet erforderlich ist, wie hinsichtlich der Möglichkeit einer nach einem nationalen Recht gegründeten Gesellschaft, diese Verknüpfung nachträglich zu ändern, bestehen erhebliche Unterschiede im Recht der Mitgliedstaaten.“ Diesen Unterschieden trage der EWG-Vertrag Rechnung, indem er *„bei der Definition der Gesellschaften, denen die Niederlassungsfreiheit zugute kommt“*, satzungsmäßigen Sitz, die Hauptverwaltung und die Hauptniederlassung einer Gesellschaft *„als Anknüpfung gleich achte“*[517]. Der EuGH zieht hieraus den Schluss, dass die Art. 43, 48 EG den Gesellschaften kein Recht gewähren, den Sitz ihrer Geschäftsleitung *„unter Bewahrung ihrer Eigenschaft als Gesellschaften des Mitgliedstaats ihrer Gründung in einen anderen Mitgliedstaat zu verlegen“*[518]. Diese Einlassung kann nur so verstanden werden, dass die Mitgliedstaaten über die notwendigen kollisionsrechtlichen Verknüpfungsanforderungen autonom entscheiden können, um einen Niederlassungsfreiheitsträger entstehen und gegebenenfalls wieder vergehen zu lassen. Eine rechtfertigungsbedürftige Beeinträchtigung der Art. 43, 48 EG ist daher nicht zu befürchten[519]. Welcher Gedankenschritt liegt dieser Erwägung des EuGH zugrunde? Art. 43 EG regelt dem Wortlaut folgend nur die Niederlassungsfreiheit *in einem anderen Staat* (Anerkennung). Auf diesem Verständnis beruht konzeptionell auch die Verweisungsnorm (Art. 48 Abs. 1 EG), die Gesellschaften natürlichen Personen gleichstellt. Art. 48 Abs. 1 EG nimmt daher ausschließlich Bezug auf den Zuzugsfall (Anerkennung).

b) *Fehler im Detail*

Der Gerichtshof hat in seiner *Daily Mail*-Entscheidung Art. 48 Abs. 1 EG (zweite Voraussetzung) fälschlicherweise auf das Verhältnis zwischen Gründungsstaat und

517 EuGH, Urt. v. 27.9.1988 Rs. 81/87 (*Daily Mail*), Slg. 1988, I-5511 f. (Tz. 20-21).

518 EuGH, Urt. v. 27.9.1988 Rs. 81/87 (*Daily Mail*), Slg. 1988, I-5512 (Tz. 24).

519 Gleichwohl sollte nicht vergessen werden, dass diese Aussagen *obiter dicta* getroffen wurden (a.A. mit beachtlichem Argument *Halbhuber*, S. 30 f., vgl. dazu oben Fn. 195). In der Sache ging es um die Vereinbarkeit einer steuerlichen Wegzugsbeschränkung. Diese Tatsache macht die Aussagen zwar nicht ungeschehen, aber leichter angreifbar. Zum anderen kann sich der EuGH von *obiter dicta* leichter lösen. Vgl. hierzu *Ebke*, JZ 2003, 925, (932, Fn 81); *Dyrberg*, ELRev. 2003, 528, 536 f.: „In addition, there was a certain „smell“ of tax evasion in Daily Mail and the case was decided at a moment when the Court had not yet made it routine to make Community law incursions into national tax rules, holding amongst others that diminution of tax revenue is not a good ground for restricting free movement.“

Gesellschaft übertragen. Art. 48 Abs. 1 EG räume dem Inkorporationsstaat die Freiheit ein, einen der in Art. 48 Abs. 1 EG alternativ gewählten „Anknüpfungspunkte" frei zu wählen. Zugleich hat der EuGH damit den Lokalisierungskriterien in Art. 48 Abs. 1 EG (zweite Voraussetzung) aber auch kollisionsrechtliche Bedeutung beigemessen[520]. In der Tat sind die Staaten zumindest für die *Gründung* einer Gesellschaft frei, die Verknüpfungskriterien selbst aufzustellen. Nur ergibt sich dieser Umstand nicht aus Art. 48 Abs. 1 EG, sondern aus der Freiheit, „künstliche" Rechtssubjekte ins Leben zu rufen. Die Freiheit eines Mitgliedstaats, die Gründungsvoraussetzungen für nationale Gesellschaften vorzuschreiben, ergibt sich aus der Tatsache, dass zum Zeitpunkt der Gründung die Niederlassungsfreiheit noch nicht greift. Art. 48 Abs. 1 EG (zweite Voraussetzung) regelt diesen Fall mithin nicht[521]. Art. 48 Abs. 1 EG will im Gegenteil Gesellschaften eine möglichst freie Entfaltung der Geschäftstätigkeit innerhalb der Grenzen des Binnenmarkts garantieren und keine kollisionsrechtlichen Freiheiten der Mitgliedstaaten proklamieren. Zur Anknüpfungsfreiheit der Mitgliedstaaten hinsichtlich eigener Gesellschaften kann Art. 48 Abs. 1 EG keine Aussage entnommen werden, weil dieser angelehnt an Art. 43 Abs. 1 EG nur die Niederlassungsfreiheit *in einem anderen Mitgliedstaat* regelt. Es sprechen gute Gründe dafür, dass der Gerichtshof bereits in der *Daily Mail*-Entscheidung in den Kategorien von „Zu- und Wegzug" gedacht hat und *Daily Mail* zutreffend als Wegzugsfall eingeordnet hat[522]. Dabei ist dem EuGH aber offenbar nicht aufgefallen, dass 48 Abs. 1 EG nur auf den Zuzugsfall zugeschnitten ist. Inhaltlich passt Art. 48 Abs. 1 EG nicht auf den Wegzugsfall. Art. 48 Abs. 1 EG trifft allein eine Aussage darüber, unter welchen Voraussetzungen eine Gesellschaft niederlassungsberechtigt ist. Zugleich wirkt der EuGH seiner zu Beginn der Entscheidung gefundenen Erkenntnis[523] diametral entgegen, wenn er den Mitgliedstaaten aufgrund der vermeintlichen Ankiüpfungsfreiheit die Möglichkeit einräumt, die Niederlassung ihrer Gesellschaften in andere Mitgliedstaaten zu behindern. Der EuGH verzerrt Sinn und Zweck der in Art. 48 Abs. 1 EG alternativ genannten „Lokalisierungskriterien".

---

520 Vgl. oben S. 85 ff.

521 Vgl. in diesem Zusammenhang die Ausführungen eines an der Rechtssache *Daily Mail* beteiligten Richters *Everling*, in: GS Knobbe-Keuk, S. 607, 612 f.

522 Wichtig ist dabei, die Entscheidungsgründe nicht isoliert, sondern im Zusammenhang zu lesen. Natürlich lässt sich bei Herausreißen von Satz 2 der 21. Erwägung („*Bei der Definition der Gesellschaften, denen die Niederlassungsfreiheit zugute kommt*, in Artikel 58 EWG-Vertrag werden der satzungsmäßige Sitz, die Hauptverwaltung und die Niederlassung einer Gesellschaft *als Anknüpfung gleich geachtet*") argumentieren, die Mitgliedstaaten seien bezüglich aus- und inländischer Gesellschaften in der Bestimmung kollisionsrechtlicher Anknüpfungspunkte frei. Im Zusammenhang mit anderen Erwägungen wird aber deutlich, dass der EuGH seine Ausführungen ausschließlich auf inländische Gesellschaften bezieht.

523 Vgl. EuGH, Urt. v. 27.9.1988 Rs. 81/87 (*Daily Mail*), Slg. 1988, I-5510 (Tz. 16).

c) *Richtige Schlussfolgerung des EuGH*

Richtig ist (wenn auch auf einem falschen Verständnis von Art. 48 Abs. 1 EG beruhend) die vom EuGH gezogene Schlussfolgerung. Die sich aus den unterschiedlichen kollisionsrechtlichen Anknüpfungen in den Mitgliedstaaten ergebenden Probleme, so der EuGH, werden durch die Bestimmungen der Niederlassungsfreiheit nicht gelöst. Daher gewährten Art. 52, 58 EWG-Vertrag (Art 43, 48 EG n.F.) *„beim derzeitigen Stand des Gemeinschaftsrechts"*, nicht die Sitzverlegung in einen anderen Mitgliedstaat. Erforderlich sei deshalb eine Richtlinie zur Koordinierung des Gesellschaftsrechts gemäß Art. 54 Abs. 3 lit. g EWG Vertrag (Art. 44 Abs. 2 lit. g EG n.F.) oder aber ein zwischenstaatliches Abkommen auf Grundlage von Art. 293 Spiegelstr. 3 Fall 2 EG. Deutlich wird in diesem Zusammenhang nun auch, weshalb der EuGH auf Art. 293 Spiegelstr. 3 Fall 2 EG zurückgreifen musste. Bei unterstellter kollisionsrechtlicher Freiheit der Mitgliedstaaten bezüglich der eigenen Gesellschaften, ist wegen der unterschiedlichen Anknüpfungskriterien in den Mitgliedstaaten der Weg für eine identitätswahrende Verwaltungssitzverlegung oft *per se* versperrt. Hieran vermag dann auch die Niederlassungsfreiheit, die einen bestehenden Niederlassungsfreiheitsträger voraussetzt, nichts zu ändern. Aus diesem Grunde würde bei einer solchen Sicht ein Abkommen nach Art. 293 Spiegelstr. 3 Fall 2 EG zwingend *erforderlich*[524].

2. *Überseering*

Im Rahmen einer Abgrenzung legt der EuGH im *Überseering*-Urteil seine zuvor in der Rechtssache *Daily Mail* getroffenen Aussagen aus. Obgleich der EuGH bemüht wirkt, den Eindruck eines *overrulings* der fünfzehn Jahre zuvor getroffenen Feststellungen zu vermeiden, nimmt er in *Überseering* mehr als eine bloße „Akzentverschiebung[525]" jener Aussagen vor[526]. Der Gerichtshof gießt im Rahmen eines Zuzugsfalls ein neues Fundament für eine über kurz oder lang zu entscheidende Wegzugskonstellation. Eine offensichtliche Abkehr von einigen in *Daily Mail* getroffenen Erwägungen war in *Überseering* nicht erforderlich, war doch das Verhältnis zwischen Gründungsstaat und Gesellschaft nicht Gegenstand dieser Entscheidung[527]. Indem der Gerichtshof zunächst die

---

524 Vgl. zur Bedeutung von Art. 293 EG *Schön*, in: FS Lutter, S. 685, 701; vgl. oben S. 71 ff.

525 *Behrens*, IPRax 2003, 193, 205; ähnlich *W.-H. Roth*, IPRax 2003, 117, 121 f.

526 Vgl. *Schnitger*, IStR 2002, 818, 824; *Straube/Ratka*, ÖZW 2003, 34, 41: „Durch die kryptische Relativierung seiner Aussagen in ‚*Daily Mail*' lässt der EuGH somit offen, welche *Wegzugsbeschränkungen* [...] mit der Niederlassungsfreiheit vereinbar sein sollen."

527 In diese Richtung auch *Schnitger*, IStR 2002, 818, 824; *Eidenmüller/Rehm*, ZGR 33 (2004), 159, 176. Zur Urteilspraxis des EuGH und den Ursachen vgl. *Everling*, EuR 29 (1994), 127, 136-142: „Meist versucht er [EuGH] aber auch heute noch Formulierungen zu finden, mit denen er die

wegweisenden Aussagen des Falls *Daily Mail* zusammenfasst, um diese anschließend zu interpretieren, erweckt der EuGH beim Leser den Eindruck, die *Daily Mail*-Grundsätze gänzlich aufrecht erhalten zu wollen. Die Abschwächung des Bedeutungsgehalts erreicht der Gerichtshof dagegen durch Distanzierung von *obiter dicta* getroffenen Aussagen innerhalb des *Daily Mail*-Urteils. Der EuGH entfernt sich von der kollisionsrechtlichen Einordnung von Art. 48 Abs. 1 EG (zweite Voraussetzung). Der Gerichtshof bestätigt damit das bereits in anderen Entscheidungen zum Ausdruck gebrachte Verständnis, wonach es sich bei Art. 48 Abs. 1 EG um eine bloße Gleichstellungsnorm handelt[528]. Die entscheidende kollisionsrechtliche Aussage im *Daily Mail*-Urteil bleibt in der *Überseering*-Entscheidung unerwähnt. Den Satz: „*Bei der Definition der Gesellschaften, denen die Niederlassungsfreiheit zugute kommt*, in Artikel 58 EWG-Vertrag werden der satzungsmäßige Sitz, die Hauptverwaltung und die Niederlassung einer Gesellschaft *als Anknüpfung gleich geachtet*[529]", sucht man im *Überseering*-Urteil vergebens[530].

a) *Schleichender Rückzug*

Offenbar hat der EuGH erkannt, dass die von ihm vorgenommene Auslegung von Art. 48 Abs. 1 EG seinem mehrfach erklärten Ziel, die Niederlassungsfreiheit auch auf Inländer zu erstrecken, diametral entgegenwirkt. Der EuGH unterstreicht in *Überseering*, dass *Daily Mail* allein zum Inhalt hatte, dass Gesellschaften ausschließlich nationalen Rechtsvorschriften und damit auch den Rechtsfolgen unterfallen, die das nationale Recht an eine Verlegung des Sitzes knüpft. Der Gerichtshof bestätigt indes nicht, und das ist entscheidend, dass sich das Internationale Gesellschaftsrecht des Gründungsstaats nicht an der Niederlassungsfreiheit messen lassen muss. In diesem Punkt geht *Überseering* über eine bloße Differenzierung (*distinguishing*) zur Vorjudikatur hinaus. Die Aussage des EuGH kann nicht anders als ein verstecktes Abweichen (*overruling*) von *Daily Mail* verstanden werden[531]. Kerngehalt der *Daily Mail*-Entscheidungsgründe ist nach heutiger Lesart des EuGH folgende: Ein Mitgliedstaat hat die Möglichkeit,

---

vorangegangenen Urteile modifiziert und spezifiziert, ohne es zuzugestehen." (*Everling*, EuR 29 [1994], 127, 138).

528 Vgl. *Koch/Köngeter*, Jura 2003, 692, 695.

529 EuGH, Urt. v. 27.9.1988 Rs. 81/87 (*Daily Mail*), Slg. 1988, I-5512 (Tz. 21 S. 2).

530 Ebenso verzichtet der EuGH in *Überseering* auf sein in *Daily Mail* gezogenes Resümee, wonach die Art. 52 und 58 EWG-Vertrag den Gesellschaften nationalen Rechts kein Recht gewähren, den Sitz ihrer Geschäftsleitung „unter Bewahrung ihrer Eigenschaft als Gesellschaften des Mitgliedstaats ihrer Gründung in einen anderen Mitgliedstaat zu verlegen." (Tz. 24). Hierauf hinweisend *Schnitger*, IStR 2002, 818, 824.

531 Zur Urteilspraxis des EuGH vgl. *Everling*, EuR 29 (1994), 127, 138: „Meist versucht er [EuGH] aber auch heute noch Formulierungen zu finden, mit denen er die vorangegangenen Urteile modifiziert und spezifiziert, ohne es zuzugestehen."

„einer nach seiner Rechtsordnung gegründeten Gesellschaft *Beschränkungen* hinsichtlich der Verlegung des tatsächlichen Verwaltungssitzes aus seinem Hoheitsgebiet aufzuerlegen, damit sie die ihr nach dem Recht dieses Mitgliedstaats zuerkannte Rechtspersönlichkeit beibehalten kann[532]." Die Reichweite solcher Beschränkungen wird sogleich zu erörtern sein.

b) Zurück im Fahrwasser

Der EuGH befindet sich nach dieser Lesart wieder in gewohntem Fahrwasser. Die Rechtsfolgen mitgliedstaatlicher Rechtsordnungen müssen sich an der Niederlassungsfreiheit messen lassen, sofern sie beschränkende Wirkung ausstrahlen[533]. Das ist vor allem Folge der Anwendbarkeit der Art. 43, 48 EG auf inländische Gesellschaften, sowie des Wandels der Niederlassungsfreiheit von einem Diskriminierungs- zu einem Beschränkungsverbot[534]. Mit einem reinen Diskriminierungsverbot wäre inländischen Gesellschaften nicht geholfen, weil die Sitztheorie für inländische Kapitalgesellschaften unterschiedslos gilt. Mit dem in *Überseering* zugrunde gelegten Verständnis der Niederlassungsfreiheit als Beschränkungsverbot trägt der Gerichtshof der erst lange Zeit nach *Daily Mail* ergangenen Entscheidung *Gebhard* Rechnung[535].

Von der in *Daily Mail* getroffenen Aussage, nach der die Niederlassungsfreiheit *beim derzeitigen Stand des Gemeinschaftsrechts* einer europäischen Gesellschaft nicht das Recht gewährt, den Sitz in einen anderen Mitgliedstaat zu verlegen[536], ist in der *Überseering* keine Rede mehr. Für eine Bereichsausnahme im Gesellschaftskollisionsrecht ist sowohl für Zuzugs- als auch Wegzugsfälle kein Raum mehr. Fazit: Die in *Daily Mail* aufgestellten, unüberwindbaren Hürden, die allein mit Hilfe der Niederlassungsfreiheit nicht zu bewältigen waren, hat der EuGH in seiner *Überseering* Entscheidung still und heimlich wieder beseitigt. Hierzu mag den EuGH zum einem der von ihm selbst vollzogene Wandel der Niederlassungsfreiheit hin zu einem Beschränkungsverbot bewogen haben. Zum anderen hinterlässt das sich im Laufe der Zeit gewandelte Selbstverständnis des EuGH als „Integrationsmotor[537]" der Gemeinschaft in der *Überseering*-

---

532 EuGH, Urt. v. 5.11.2002 Rs. C-208/00 (*Überseering*), Slg. 2002, I-9967 (Tz. 70).

533 *Schulz/Sester*, EWS 2002, 545, 550; *Ebke*, JZ 2003, 927, 932; *Schulz/Dörrbecker*, BuW 2003, 990, 994: „Daraus folgt jedoch nicht, dass Wegzugsbeschränkungen nicht an den zur Niederlassungsfreiheit entwickelten Maßstäben zu messen sind."

534 Vgl. grundlegend zur Niederlassungsfreiheit natürlicher Personen EuGH, Urt. v. 30.11.1995 Rs. C-55/94 (*Gebhard*), Slg. 1995, I-4197 (Tz. 35-37). Die in den Grundfreiheiten enthaltenen Beschränkungsverbote untersagen es sowohl dem Aufnahme- als auch dem Herkunftsstaat ungerechtfertigte Beschränkungen aufzuerlegen (vgl. zur Dienstleistungsfreiheit EuGH, Urt. v. 10.5.1995 Rs. C-384/93 (*Alpine Investments*), Slg. 1995, I-1176 (Tz. 29-30).

535 Vgl. *Großerichter*, in: FS Sonnenberger, S. 369, 373-375.

536 EuGH, Urt. v. 27.9.1988 Rs. 81/87 (*Daily Mail*), Slg. 1988, 5512 (Tz. 25).

537 *Sedemund*, IStR 2002, 816.

Entscheidung deutliche Spuren[538]. Für die Schaffung eines identitätswahrenden Wegzugs war schließlich die Richtigstellung des Bedeutungsgehalts von Art. 48 Abs. 1 EG (zweite Voraussetzung) von erheblicher Bedeutung. Damit wäre auch der (3) oben genannte Aspekt geklärt, weshalb die Niederlassungsfreiheit im Verhältnis zwischen Gesellschaft und Gründungsstaat nicht greift[539].

V. Reichweite der Niederlassungsfreiheit

Die Niederlassungsfreiheit ist auch auf inländische Gesellschaften anwendbar, sofern Gesellschaften den Anforderungen von Art. 48 Abs. 1 EG genügen. Dass sich die Aussagen des Gerichtshofs dabei nur auf die Gewährleistung sekundärer Niederlassungsfreiheit beziehen, ist den EuGH-Entscheidungen nicht zu entnehmen[540]. Damit ist allerdings nicht zugleich beantwortet, ob die Niederlassungsfreiheit einer Gesellschaft gegenüber ihrem Herkunftsstaat auch inhaltlich mit der Zuzugsfreiheit übereinstimmt[541]. Dass der Gewährleistungsinhalt einer Grundfreiheit für Inländer hinter dem für ausländische Gesellschaften zurück bleiben kann, verdeutlicht ein Blick auf die Warenverkehrsfreiheit. So bleibt z.B. der Umfang der Warenverkehrsfreiheit zwar nicht nach dem Wortlaut, wohl aber nach der Rechtsprechung des EuGH für den Warenexport (Art. 29 EG) hinter dem des Warenimports (Art. 28 EG) zurück[542]. Unter die in Art. 29 EG genannten „Maßnahmen gleicher Wirkung" subsumiert der EuGH nur solche Maßnahmen, die spezifische Beschränkungen der Ausfuhrströme bezwecken oder bewirken[543]. Damit weicht der Gerichtshof von der im Zusammenhang mit Art. 28 EG entwickelten Definition von Maßnahmen gleicher Wirkung (*Dassonville*-Formel) ab. Denn nach *Dassonville* ist grundsätzlich jede Handelsregelung erfasst, „die geeignet ist, den innergemeinschaftlichen Handel unmittelbar oder mittelbar, tatsächlich oder potentiell zu

---

538 Vgl. *Merkt*, RIW 2004, 1, 4.

539 Vgl. oben S. 119 f.

540 Ähnlich *Richter*, IStR 2003, 157, 158.

541 *Eidenmüller*, ZIP 2002, 2233, 2243; *Eidenmüller/Rehm*, ZGR 33 (2004), 159, 177; *Weller*, DStR 2004, 1218, 1220.

542 EuGH, Urt. v. 8.11.1979 Rs. 15/79 (*Groenveld*), Slg. 1979, 3415, (Tz. 7); EuGH, Urt. v. 9.6.1992 Rs. C-42/90 (*Delhaize*), Slg. 1992, I-3708 (Tz. 12 ff.); EuGH, Urt. v. 14.7.1981 Rs. 155/80 (*Oebel*), Slg. 1981, 2009 (Tz. 15); EuGH, Urt. v. 25.6.1998 Rs. C-203/96 (*Dusseldorp u.a.*), Slg. 1998, I-4126, (Tz. 40); vgl. dazu *Craig/De Búrca*, S. 640 f.; eine Differenzierung unter Hinweis auf die gleichlautende Vorschrift von Art. 28 EG ablehnend *Schroeder*, in: Streinz Art. 29 EGV, Rdn. 5; *Leible*, in: Grabitz/Hilf Art 29 EGV, Rdn. 4.

543 Es spricht aber einiges dafür, dass der EuGH Art. 29 EG als Beschränkungsverbot versteht. Das lässt sich mittelbar der Entscheidung *Alpine Investments* entnehmen (EuGH, Urt. v. 10.5.1995 Rs. C-384/93 (*Alpine Investments*), Slg. 1995, I-1141 (Tz. 28, 35, 43). In *casu* sah der Gerichtshof in einer unterschiedslos angewandten nationalen Regelung eine Behinderung der Dienstleistungsfreiheit.

behindern[544]." Für die sich im Rahmen der vorliegenden Analyse stellende Frage nach der Reichweite der Niederlassungsfreiheit inländischer Gesellschaften ist trotz Einschränkung des Beschränkungsverbots im Bereich der Warenverkehrsfreiheit doch eines nicht zu vergessen: Inländer sind und bleiben bei grenzüberschreitenden Aktivitäten Träger der Warenverkehrsfreiheit. Bei einer etwaigen Auflösung der Gesellschaft „an der Landesgrenze" verliert diese dagegen die Eigenschaft, Trägerin der Niederlassungsfreiheit zu sein.

1. Kollisionsrechtliche Beschränkungen

Für vorliegende Zwecke stellt sich mithin konkret die Frage nach der Rechtfertigungsfähigkeit eines Statutenwechsels, der im Ergebnis einer Gesellschaft die Existenz und damit ihre *Identität* nimmt. Die durch den Statutenwechsel ausgelöste Aberkennung der Existenz als nationale Gesellschaft geht über eine bloße Beschränkung hinaus. Der Entzug der Niederlassungsfreiheitsträgerschaft kommt einer Negierung der Niederlassungsfreiheit gleich[545]. Die primäre Niederlassungsfreiheit von Gesellschaften gewährleistet es, die Geschäftstätigkeit grenzüberschreitend verlagern zu dürfen und zwar unter Beibehaltung *der ihr nach dem Recht des Gründungsstaats zuerkannten Rechtspersönlichkeit*[546]. Die Aberkennung der zuerkannten nationalen Rechtspersönlichkeit entspricht dabei spiegelbildlich der Nichtanerkennung einer ausländischen Gesellschaft im Inland. Ein Abkommen nach Art. 293 Spiegelstr. 3 Fall 2 EG ist bei richtiger Lesart von Art. 48 Abs. 1 EG (zweite Voraussetzung), ebenso wie Art. 293 Spiegelstr. 3 Fall 1 EG nicht *erforderlich*[547].

Die Negierung der Niederlassungsfreiheit durch Nichtanerkennung (Zuzug) oder Aberkennung der verliehenen Rechtspersönlichkeit (Wegzug) kann niemals durch zwingende Gründe des Allgemeinwohls gerechtfertigt sein. Das ist das Resümee des Gerichtshofs in *Überseering* für den Zuzugsfall[548]. Etwas anderes kann daher auch für den Wegzugsfall nicht gelten[549]. Im Rahmen der *Überseering*-Entscheidung spricht der EuGH ausdrücklich nur von der Möglichkeit, den Wegzug zu beschränken[550]. Dass

---

544 EuGH, Urt. v. 11.7.1974 Rs. 8/74 (*Dassonville*), Slg. 1974, 852 (Tz. 5).

545 Vgl. *Ebke*, JZ 2003, 927, 932, ders., in: FS Thode, S. 595, 602 f.; *Dubovizkaja*, GmbHR 2003, 694, 697.

546 Implizit EuGH, Urt. v. 5.11.2002 Rs. C-208/00 (*Überseering*), Slg. 2002, I-9967 (Tz. 70); a.A. EuGH, Urt. v. 27.9.1988 Rs. 81/87 (*Daily Mail*), Slg. 1988, 5512 (Tz. 24).

547 A.A. *Dubovizkaja*, GmbHR 2003, 694, 696.

548 EuGH, Urt. v. 5.11.2002 Rs. C-208/00 (*Überseering*), Slg. 2002, I-9974 (Tz. 93).

549 A.A. *Leible/Hoffmann*, ZIP 2003, 925, 929: „Aufgrund der Annahme des EuGH, dass jedenfalls der Gründungsstaat berechtigt ist, die Gesellschaft nach der Verlegung des tatsächlichen Sitzes aufzulösen, steht die Niederlassungsfreiheit diesen Mobilitätshindernissen nicht entgegen."; ebenso *Kersting/Schindler*, 4 GLJ 1277, 1282 f. (2003).

550 EuGH, Urt. v. 5.11.2002 Rs. C-208/00 (*Überseering*), Slg. 2002, I-9967 (Tz. 70).

damit auch nur *Beschränkungen*, nicht aber eine darüber hinaus reichende Negierung gemeint sein kann, ergibt sich aus der 70. Erwägung. Hiernach habe ein Mitgliedstaat die Möglichkeit, „einer nach seiner Rechtsordnung gegründeten Gesellschaft Beschränkungen hinsichtlich der Verlegung ihres tatsächlichen Verwaltungssitzes aus dem Hoheitsgebiet aufzuerlegen, *damit sie* die ihr nach dem Recht dieses Staats zuerkannte Rechtspersönlichkeit *beibehalten kann*"[551]. Die Zulässigkeit, eine Verwaltungssitzverlegung unter Beibehaltung der zuerkannten Rechtspersönlichkeit auszuschließen, lässt sich der Einlassung des Gerichtshofs nicht entnehmen[552]. Im Gegenteil: Der EuGH hält die Verlegung des Verwaltungssitzes aus dem Inkorporationsstaat heraus als Ausdruck der (primären) Niederlassungsfreiheit für grundsätzlich gewährleistet. Der Gerichtshof verdeutlicht durch diese Formulierung, dass *mit Beibehaltung der Rechtspersönlichkeit* i.S.v. Art. 293 Spiegelstr. 3 Fall 2 EG nicht bloß die Beibehaltung des Rechtsträgers gemeint sein kann. Einer solchen Anforderung könnte bereits durch eine grenzüberschreitende Umwandlung nachgekommen werden. Niederlassungsrechtlich gewährleistet ist überdies aber der Fortbestand der Rechtsform des Gründungsstaats[553]. Dies ist unter dem eingangs angesprochenen Gesichtspunkt des *effet utile* der Niederlassungsfreiheit auch erforderlich. Ohne Wegzug kein Zuzug! Der einheitliche Vorgang, der nur rechtlich aus zwei unterschiedlichen Perspektiven betrachtet werden muss, ist nur dann gewährleistet, wenn Art. 43, 48 EG beide Perspektiven abdecken. Die Niederlassungsfreiheit verbietet es den Mitgliedstaaten, ihren eigenen Geschöpfen aufgrund der Verlegung des Verwaltungssitzes die zuerkannte Rechts- und Parteifähigkeit zu entziehen. Auf mitgliedstaatlicher Ebene kann an der Sitztheorie daher auch für nationale Gesellschaften nicht festgehalten werden. Zugleich wäre damit auch der oben angesprochene Gesichtspunkt (4) geklärt[554].

2. *Sachrechtliche Beschränkungen*

Dagegen sind sachrechtliche Beschränkungen des Gründungsstaats nicht von vornherein ausgeschlossen. In den Wegzugsfällen wird im Gegenteil eine weiterreichende Beschränkungsmöglichkeit befürwortet als in den Zuzugsfällen. Eine erhöhte Beschrän-

---

551 EuGH, Urt. v. 5.11.2002 Rs. C-208/00 (*Überseering*), Slg. 2002, I-9967 (Tz. 70).

552 Ähnlich *Schnitger*, IStR 2002, 818, 824; a.A. *Hausmann*, in: GS Blomeyer, S. 580, 590.

553 Gestützt wird das Verständnis des EuGH im Hinblick auf die Auslegung von Art. 293 Spiegelstr. 3 Fall 2 EG auch durch den Wortlaut der englischen Fassung des EG-Vertrags. Dort liest man: „the *retention* of the *legal personality* in the event of transfer [...]" und nicht „the *retention* of the *legal capacity* in the event of transfer [...]." Hiernach muss nicht nur die Rechtsträgerschaft, sondern auch der Charakter als juristische Person durch den Gründungsstaat beibehalten werden. Dabei kann es sich nur um die juristische Person handeln, die durch den Gründungsstaat ins Leben gerufen worden ist.

554 Vgl. dazu oben S.119 ff.

kungsbefugnis wird damit gerechtfertigt, dass Gesellschaften Produkte nationaler Rechtsordnungen seien[555]. Praktisch relevant wird in diesem Zusammenhang die Besteuerung stiller Reserven bei Verlegung des Verwaltungssitzes über die Staatsgrenze hinaus. Trotz fehlender kollisionsrechtlicher Bedeutung soll auf diese Frage aufgrund der enormen Praxisrelevanz in der gebotenen Kürze eingegangen werden. Für Gesellschaften stellt die Besteuerung stiller Reserven zum Zeitpunkt der Verwaltungssitzverlegung ein erhebliches Wegzugshindernis dar[556]. Andererseits sind die Interessen des Herkunftsstaats ebenso klar, wie auch berechtigt: Für den Inkorporationsstaat besteht ein legitimes Interesse daran, im Inland erwirtschaftete Gewinne auch der inländischen Besteuerung zu unterstellen. Niederlassungsrechtlich ist indes fraglich, ob der Besteuerungsanspruch vom Gründungsstaat schon mit Verlegung des Verwaltungssitzes geltend gemacht werden kann, oder aber erst zum Zeitpunkt der Gewinnrealisierung fällig gestellt werden soll.

a) Wegzugsbesteuerung de lege lata

Zur Offenlegung stiller Reserven kommt es *de lege lata* in Deutschland, wenn eine Gesellschaft aufgelöst wird (§ 11 KStG) oder aber aus der *unbeschränkten* Steuerpflicht ausscheidet (§ 12 KStG i.V.m. §§ 2, 11 KStG)[557]. Im Falle des Wegzugs wird die Gesellschaft nach geltendem Recht aufgelöst. Verantwortlich hierfür ist der durch die Sitztheorie ausgelöste Statutenwechsel. Findet nun aber, wie im Falle der Anknüpfung an den Gründungsakt ein Statutenwechsel nicht statt, scheitert eine Auflösung mangels Auflösungsgrunds und damit zugleich die unmittelbare Anwendbarkeit von § 11 KStG[558]. Ferner findet bei einer statutswahrenden Verwaltungssitzverlegung auch kein Wechsel von der *unbeschränkten* in die *beschränkte* Steuerpflicht statt (§§ 1, 12 KStG i.V.m. § 11 KStG)[559]. Tritt international-gesellschaftsrechtlich kein Statutenwechsel ein, besteht die Gesellschaft als deutsche Kapitalgesellschaft mit Satzungssitz in Deutschland fort. Mithin gelangt man auch über § 12 KStG nicht zur Anwendung von § 11 KStG. Denn § 1 Abs. 1 KStG lässt den Satzungssitz im Inland als Voraussetzung *unbeschränkter* Körperschaftsteuerpflicht in Deutschland genügen[560]. Die Besteuerung stiller

555 *Eidenmüller*, ZIP 2002, 2233, 2243.
556 Zur Rechtfertigung bankaufsichtsrechtlicher Hemmnisse (insbesondere des Verlusts der aufsichtsrechtlichen Erlaubnis) bei grenzüberschreitender Verwaltungssitzverlegung von Finanzdienstleistern s. *Schuster/Binder*, WM 2004, 1665, 1667-1675.
557 Vgl. hierzu *Dietrich*, S. 72-82; *Stapperfend*, FR 2003, 165, 172.
558 Ebenso *Schnitger*, IStR 2002, 818, 824.
559 *Hausmann*, in: GS Blomeyer, S. 580, 589.
560 I.E. so auch *Wassermeyer*, EuZW 2003, Heft 9, „Editorial", 257; *Schnitger*, IStR 2002, 818, 824; *Meilicke*, GmbHR 2003, 793, 804, 809; *v. Hase*, BuW 2003, 944, 945; *Eidenmüller*, JZ 2004, 24, 29 f.; a.A. *Wagner*, GmbHR 2003, 684, 692.

Reserven bleibt damit *de lege lata* bei Geltung der Gründungstheorie jedenfalls zum Verlegungszeitpunkt verwehrt.

b) Wegzugsbesteuerung de lege ferenda

Eine Anpassung des KStG, die eine Aufdeckung und Besteuerung stiller Reserven zum Zeitpunkt der Verwaltungssitzverlegung ermöglichen könnte, muss sich ihrerseits am Beschränkungsverbot der Niederlassungsfreiheit messen lassen[561]. Im Hinblick auf die Erfolgsaussichten einer Rechtfertigung spielt die vor kurzem vom Gerichtshof entschiedene Rechtssache *Hughes de Lasteyrie du Saillant*[562] eine bedeutsame Rolle[563]. Der EuGH hat in dieser Entscheidung die Besteuerung von Wertsteigerungen von Gesellschaftsbeteiligungen bei Wohnsitzwechsel natürlicher Personen ins Ausland als Beschränkung der Niederlassungsfreiheit natürlicher Personen angesehen. Die Beschränkung sei im Übrigen nicht mit zwingenden Allgemeinwohlgründen zu rechtfertigen. Hieran vermochte auch die im französischen Steuergesetz enthaltene Möglichkeit eines Zahlungsaufschubs (Art. 167 II Code Général des Impôts) nichts zu ändern.

Der französische *Code Général des Impôts*[564] sieht in Art. 167 eine Besteuerung der Wertsteigerungen von Unternehmensbeteiligungen bei Wohnsitzwechsel vor, sobald eine natürliche Person zum Bezug von 25 % der Gewinne einer Gesellschaft berechtigt ist. Zwar betraf das Verfahren *Hughes de Lasteyrie du Saillant* die Niederlassungsfreiheit natürlicher Personen. Unter den in Art. 48 Abs. 1 EG genannten Voraussetzungen sind jedoch Gesellschaften natürlichen Personen gleichzustellen[565]. Ein *overruling* der

---

561 *Schnitger*, IStR 2002, 818, 824; den §§ 11, 12 KStG dagegen niederlassungsrechtlich Unbedenklichkeit bescheinigend *Stapperfend*, FR 2003, 165, 172 f.; *Deininger*, IStR 2003, 214, 215 f.

562 EuGH, Urt. v. 11.3.2004 Rs. C-9/02 (*Hughes de Lasteyrie du Saillant/Ministère de l'Èconomie, des Finances et de l'Industrie*) = DB 2004, 686 = ZIP 2004, 662; s. hierzu *Kraft/Müller*, RIW 2004, 366-371; *Schön*, IStR 2004, 289, 296-298; *Schindler*, IStR 2004, 300-310; vgl. auch Schluss-anträge GA *Mischo* v. 13.3.2003 Rs. C-9/02 (*Hughes de Lasteyrie du Saillant/Ministère de l'Èconomie, des Finances et de l'Industrie*); *Richter*, IStR 2003, 157-159.

563 Vgl. zur Europarechtskonformität nationaler Wegzugsbesteuerungen auch EuGH, Urt. v. 21.11.2002 Rs. C-436/00 (*X und Y*), Slg. 2002, I-10829 (Kohärenzanspruchsverlust durch Abschluss eines DBA); eingehend *Schön*, IStR 2004, 289, 295 f.

564 Zur Umsetzung von Art. 24 Finanzgesetz von 1999 (*Loi Nr. 98/1266 portant loi de finances pour 1999*) wurde per Dekret (Nr. 99-590 zur Durchführung von Art. 24 des Finanzgesetzes von 1999 über die Modalitäten der Besteuerung bestimmter Wertsteigerungen von Wertpapieren bei der Verlegung des steuerlichen Wohnsitzes ins Ausland) v. 6.7.1999 Art. 167 ins Allgemeine Steuergesetz eingefügt.

565 Ähnlich *Kleinert/Probst*, DB 2003, 2217, 2218; *Wachter*, GmbHR 2004, R 161, R 162; *Weller*, DStR 2004, 1218, 1219; implizit *Franz*, EuZW 2004, 270, 271; a.A. *Triebel/v. Hase*, BB 2003, 2409, 2410.

EuGH-Entscheidung *Daily Mail* gilt daher als wahrscheinlich[566]. Letztlich wird der Gerichtshof den Weg zu einem Steuerwettbewerb ebnen und somit sämtliche Entstrickungstatbestände auf den Prüfstand stellen[567]. Die Besteuerung zum Zeitpunkt der tatsächlichen Realisierung von Gewinnen dürfte dagegen auf keine niederlassungsrechtlichen Bedenken stoßen[568]. Weitaus schwieriger wird in diesem Zusammenhang allerdings die Besteuerungspraxis aussehen. Sinnvoll wäre die Feststellung der Höhe der stillen Reserven zum Zeitpunkt des Wegzugs. Der hieraus entstehende Steueranspruch müsste dann bis zur Gewinnrealisierung gestundet werden.

VI. Schrifttum

Der weit überwiegende Teil des Schrifttums sieht in der *Überseering*-Entscheidung eine Bestätigung der *Daily Mail*-Rechtsprechung[569]. Im Allgemeinen wird dem *Überseering*-

---

566 *Kleinert/Probst*, DB 2004, 673, 674; *Wachter*, GmbHR 2004, R 161, R 162 (bezugnehmend auf §§ 11, 12 KStG); *Schön*, IStR 2004, 289, 297; a.A. *Franz*, EuZW 2004, 270, 271 f. (steuerrechtliche Beschränkung sei gerechtfertigt). Zur Klärung der Frage nach der Europarechtskonformität einer international-gesellschaftsrechtlich vermittelten Wegzugsbeschränkung, trägt die Entscheidung allerdings nicht bei. Ebenso *Kleinert/Probst*, DB 2004, 673, 674; *Franz*, EuZW 2004, 270, 271: „Solange der EuGH aber die gesellschaftsrechtlichen Sanktionen bei der Sitzverlegung ins Ausland durch das Herkunftsland gemeinschaftsrechtlich hinnimmt, kann auch die mittelbare Folge der Liquidationsbesteuerung nicht beanstandet werden.“; a.A. *Wachter*, GmbHR 2004, R 161, R 162); *Mankowski*, RIW 2004, 481, 484. Versteht man Art. 48 Abs. 1 EG entgegen der hier vertretenen Ansicht als kollisionsrechtliche Gesamtverweisung, kann die Gesellschaft weiterhin durch Sitztheoriestaaten aufgelöst und bzgl. etwaiger stiller Reserven besteuert werden; vgl. auch *Meilicke*, GmbHR 2004, 511, 511 f.

567 So auch die Einschätzung von *Meilicke*, GmbHR 2004, 511, 512.

568 Bejahend *Schön*, IStR 2004, 289, 296: „Denn das Gemeinschaftsrecht verbietet es dem nationalen Fiskus im Ausgangspunkt nicht, die unter seiner Jurisdiktion entstandenen stillen Reserven steuerlich zu erfassen.“

569 *Eidenmüller* ZIP 2002, 2233, 2242: „Europarechtlich kann für den Wegzugsfall also an der Sitztheorie festgehalten werden.“; *ders.*, JZ 2003, 526, 528; *ders.*, JZ 2004, 24, 29; tendenziell auch *Behrens*, IPRax 2003, 193, 205 (erkennt aber eine „Akzentverschiebung“ des EuGH); *ders.*, IPRax 2004, 20, 26; *ders.* zitiert nach *Rehberg*, IPRax, 175, 177; vgl. aber auch *ders.*, RabelsZ 52 (1988), 498, 522; *Timmermans*, Wirtschaftsrecht Nr. 132, S. 17 f.; *W.-H. Roth*, IPRax 2003, 117, 121 f.; *Müller-Bonanni*, GmbHR 2003, 1235, 1236; *Forsthoff*, DB 2002, 2471, 2474 f.; *ders.*, DB 2003, 979, 980; *Heiss*, ZfRV 2003, 90, 92: „Daily Mail ist nach wie vor insoweit good law, als es um die Regelungen des Gründungs- und damit Wegzugsstaats geht.“; „Der Gründungsstaat entscheidet (autonom) über die Entstehung und den Erhalt der Rechtspersönlichkeit.“; *Hirte*, EWS 2002 573, 574; *Binge/Thölke*, DNotZ 2004, 21, 27 f.; *Leible/Hoffmann* RIW 2002, 925, 930; *dies.*, NZG 2003, 259, 260; *dies.*, EuZW 2003, 677, 682; *dies.*, ZIP 2003, 925, 929 f.; *Leible*, ZGR 33 (2004), 531, 536; *Wernicke*, EuZW 2002, 758, 760: „Kein Hinweis findet sich auch zu dem gesamten Bereich des Wegzugs einer Gesellschaft aus dem angestammten Rechtssystem [...].“; *Spindler/Berner*, RIW 2003, 949, 957; *Ebert/Levedag*, GmbHR 2003, 1337, 1346; *Herdegen*, Rdn. 318; *Kleinert/Probst*, MDR 2003, 1265, 1266; *Drygala*, EWiR Art. 43 EG 4/03, S. 1029, 1030; *ders.*, ZEuP 2004, 337, 350 f.; *Horn*, NJW 2004, 893, 896 f.; *ders.*, MittBl. 2/2003 DAV Internationaler Rechtsverkehr, 23, 25; *Schindler*, RdW 2003, 122, 123; *Geyrhalter/Gänßler*, DStR 2003, 2167, 2170; *dies.*, EWiR 2003 Art. 43 EG 2/03, 569; *Rehberg*, The European Legal Forum 2004, 1, 7; *Kersting/Schindler*, 4 GLJ 1277, 1282 f. (2003); *Wetzler*, GPR 2004, 84, 85 f.; *Eidenmüller/Rehm*,

Urteil in Bezug auf den Wegzug nationaler Gesellschaften folgender Inhalt entnommen: Die Niederlassungsfreiheit gewährleistet es mitgliedstaatlichen Gesellschaften nicht, ihren Verwaltungssitz unter Beibehaltung der durch den Gründungsstaat zuerkannten Rechtspersönlichkeit ins EU-Ausland zu verlegen[570]. Die meisten Autoren sehen das Ergebnis darin begründet, dass die Niederlassungsfreiheit es den Mitgliedstaaten einräumt, frei über Entstehung und Existenz nationaler Gesellschaften zu entscheiden.

ZGR 33 (2004), 159, 177 f.; *Riegger*, ZGR 33 (2004), 510, 528; *Cerioni*, 10 Colum. J. Eur. L. 117, 129 (2003); *Brand*, JR 2004, 89, 95; *Zimmer*, ZHR 168 (2004), 355, 360 f.; *Schön*, IStR 2004, 289, 297; *Thoma*, 11 ERPL 545, 549 (2003); *Hausmann*, in: GS Blomeyer, S. 580, 590-592; *Fischer*, ZIP 2004, 1477, 1485 f.; *Schuster/Binder*, WM 2004, 1665, 1667; zurückhaltender aus Sicht des *Commen Law* argumentierend *Dyrberg*, 28 ELRev. 527, 536 (2003): „However, one should, in my submission, be hesitant to read more into the ruling in Überseering than what was required for the judges to solve the case. [...] It was not necessary to decide whether *Daily Mail* was still valid as to the situation it concerns [...]. However, Centros and Überseering do cast into doubt whether Daily Mail is still good law."; ebenso *Hofstötter*, ELR 2002, 450, 452: „Ob *Überseering* aber ohne weiteres als *Bestätigung von Daily Mail* gelesen werden darf, ist zu bezweifeln."; offenlassend *Davies*, S. 122 f.; ebenso *Straube/Ratka*, ÖZW 2003, 34, 41; *Recq/-Hoffmann*, GmbHR 2004, 1070, 1071; a.A. *Schulz/Sester*, EWS 2002, 545, 550; *Ebke*, JZ 2003, 927, 932; *ders.*, in: Gesellschaftsrecht, S. 101, 106; *ders.*, in: FS Thode, 595, 602 f.; *Schnitger*, IStR 2002, 818, 824; *Heldrich*, in: Palandt Anh. zu Art. 12 EGBGB, Rdn. 7; *Wertenbruch*, NZG 2003, 618, 620: „Die Aussagen des „Überseering"-Urteils zur Abgrenzung gegenüber der *Daily-Mail* Entscheidung tragen den Entzug der Rechtsfähigkeit im Falle des Wegzugs nicht."; *Schulz/-Dörrbecker*, BuW 2003, 990, 994; *Müller-Graff*, ZHR 168 (2004), 1, 3; wohl auch *Baudenbacher/Buschle*, IPRax 2004, 26, 28; *Hirsch/Britain*, NZG 2004, 1100, 1101; *Schwark*, AG 2004, 173, 179; *Mankowski*, RIW 2004, 481, 484; *Kieninger*, ZEuP 2004, 685, 694-696; *Wetzler*, S. 180 f.; *Wachter*, GmbHR 2004, R 161, R 162. *Wachter* entnimmt die gesellschaftsrechtliche Wegzugsfreiheit der EuGH-Entscheidung *Hughes de Lasteyrie du Saillant*, GmbHR 2004, R 161, R 162; *Sandrock*, S. 33, 92-94; *Wooldridge*, 14 EBLR 227, 235 (2003); *Westermann*, GmbHR 2005, 4, 14.

570 Vor *Überseering*: *Schön*, in: FS Lutter, 685, 702 f.: „Wenn ein Mitgliedstaat seine eigenen ‚Geschöpfe' in ihrer zivilrechtlichen Rechtsfähigkeit beschneidet, muss dies vom Gemeinschaftsrecht im Grundsatz hingenommen werden. Anders ist die Lage, wenn ein anderer Mitgliedstaat die Anerkennung einer auf dem Gebiet der Gemeinschaft bereits wirksam gegründeten Gesellschaft in Frage stellt. Dieser Staat kann nicht mehr über den subjektiven Zugang zur Niederlassungsfreiheit entscheiden."; *Behrens*, IPRax 1999, 323, 329 f. Nach *Überseering*: *Kallmeyer*, DB 2002, 2521, 2522; *ders.*, DB 2004, 636, 636; *Paefgen*, WM 2003, 561, 567; *Forsthoff*, DB 2002, 2471, 2474 f.; *Halbhuber*, ZEuP 2003, 418, 429; *Wernicke*, EuZW 2002, 758, 760; *Zimmer*, NJW 2003, 3585, 3592 anders *ders.*, BB 2003, 1, 3; *Weller*, IPRax 2003, 324, 327; *Neye*, EWiR 2002, Art. 43 EG 1/02, 1003, 1004; bedauernd *Lutter*, BB 2003, 1, 10; zweifelnd *Maul/Schmidt*, BB 2003, 2297, 2300 („weiteres Urteil des Europäischen Gerichtshofs erforderlich"); *Birk*, IStR 2003, 469, 471-473; *Schindler*, RdW 2003, 122, 123; *Wachter*, GmbHR 2004, 88, 102; a.A. *Ebke*, JZ 2003, 927, 932; *Kruse*, EWS 1998, 444, 446; *Schulz/Sester*, EWS 2002, 545, 550; *Schulz/Dörrbecker*, BuW 2003, 990, 994 f.; *Dubovizkaja*, GmbHR 2003, 694, 696-698; *Triebel/Hase*, BB 2003, 2409, 2410-2413; *Noack*, „Das GmbH-Recht braucht eine Runderneuerung", FAZ v. 26.11.2003, S. 25; *Mankowski*, ZHR 167 (2003), 732, 735: „Zweitens ist die Sitztheorie in ihren Kernaussagen laut dem EuGH gemeinschaftsrechtswidrig und dürfte daher auch als IPR des Gründungsstaats keinen Bestand haben."; *ders.*, RIW 2004, 481, 484; *Stork*, S. 281 ff., 290; unentschieden *Eidenmüller*, ZIP 2002, 2233, 2243; *Schön*, ZHR 160 (1996), 221, 246; gegenteilig *ders.*, in: FS Lutter, S. 685, 702 f.; wohl auch *Meilicke*, GmbHR 2003, 793, 802 f.; *Wymeersch*, 40 CMLRev. 661, 677 (2003); *ders.*, Liber Amicorum Buxbaum, S. 629, 651 f.; *Ziemons*, ZIP 2003, 1913, 1919; *Dyrberg*, ELRev. 2003, 528, 536 f.; mit wenig überzeugender Begründung *Triebel/v. Hase*, BB 2003, 2409, 2410 f.

Die Niederlassungsfreiheit könne nicht mehr eingreifen, sobald dem Niederlassungsfreiheitsträger durch den Gründungsstaat die Existenz entzogen wird[571]. Dogmatisch verbirgt sich dahinter das dargestellte Verständnis, nach dem Art. 48 Abs. 1 EG eine Gesamtnormverweisung auf das Gründungsrecht hinsichtlich *Gründung* und *Fortexistenz* einer Gesellschaft enthält[572].

Im gleichen Atemzug wird die Rechtsprechung des EuGH in diesem Punkt aber auch bedauert[573]. Einher geht die Forderung an den nationalen Gesetzgeber auch inländischen Gesellschaften die Verwaltungssitzverlegung ins EU-Ausland zu ermöglichen. Damit sollen Wettbewerbsnachteile deutscher Unternehmen gegenüber in Gründungstheoriestaaten gegründeten Gesellschaften vermieden werden. Den diesbezüglichen Stellungnahmen lässt sich dabei nicht immer eindeutig entnehmen, ob sich die Wegzugsfreiheit aus dem Gewährleistungsgehalt der Niederlassungsfreiheit ergibt oder aber die Mitgliedstaaten aus Gründen der Herstellung gleicher „Chancen“ ihre nationalen Gesellschaftsrechte wegzugsfreundlich ausgestalten sollen[574].

VII. Reaktion der deutschen Rechtsprechung nach Centros und Überseering

Die OLG Entscheidungen, die im Zuge von *Centros* ergangen sind, weisen keinerlei Anzeichen auf, das Gesellschaftskollisionsrecht im Hinblick auf nationale Gesellschaften verändern zu wollen. Das OLG Düsseldorf[575] wie auch das OLG Hamm[576] hatten sich mit der Frage zu beschäftigen, inwieweit die Auflösung einer Gesellschaft bei Sitzverlegung ins Ausland mit der Niederlassungsfreiheit in Einklang zu bringen ist. Die

---

571 S. hierzu *Rehberg*, IPRax 2003, 175, 179; *ders.*, The European Legal Forum 2004, 1, 7; *Leible/Hoffmann*, RIW 2002, 925, 932; implizit *Kleinert/Probst*, DB 2004, 673, 674; *Drygala*, ZEuP 2004, 337, 350; *Hausmann*, in: GS Blomeyer, S. 580, 586; *Zimmer*, ZHR 168 (2004), 355, 360 f.; *Riegger*, ZGR 33 (2004), 510, 528.

572 Vgl. dazu S. 78 ff.

573 U.a. *Lutter*, BB 2003, 7, 10; *ders.*, BB 2004, Heft 1, „Die erste Seite“, *Forsthoff*, DB 2003, 2471, 2476; *Leible/Hoffmann*, RIW 2002, 925, 935; *dies.*, NZG 2003, 259, 260; *Drygala*, EWiR 2003, Art. 43 EG 4/03, 1029, 1030; *Bayer*, BB 2003, 2357, 2363; *Hausmann*, in: GS Blomeyer, S. 580. 591 f.; *Brand*, JR 2004, 89, 95; *Großerichter*, in: FS Sonnenberger, S. 369, 376 f.

574 *Triebel/v. Hase* leiten die Zulässigkeit der Verlegung des Verwaltungssitzes aus der Wegzugsfreiheit natürlicher Personen ab. Die Geschäftsführer einer Gesellschaft dürften nicht daran gehindert werden, die Gesellschaft vom Ausland aus zu steuern. Diese Begründung trägt nicht. Die Geschäftsführung einer Gesellschaft ist als Organ Teil der Gesellschaft und als solche zu behandeln. Die Niederlassungsfreiheit der dahinter stehenden *natürlichen* Personen spielt in ihrer Eigenschaft als Gesellschaftsorgan keine Rolle. Deshalb steht und fällt die Möglichkeit der Verlegung des Verwaltungssitzes mit der Reichweite der Niederlassungsfreiheit der *Gesellschaft* (a.A. *Triebel/v. Hase*, BB 2003, 2409, 2410 f.; ähnlich, den Wegzug aber mit der Niederlassungsfreiheit der Gesellschafter begründend *Drygala*, ZEuP 2004, 337, 351).

575 OLG Düsseldorf NZG 2001, 506; s. hierzu *Emde*, BB 2001, 902-904.

576 OLG Hamm NZG 2001, 562.

Gerichte äußerten im Hinblick auf Art. 43, 48 EG keine Bedenken[577]. Anzumerken ist aber, dass es in beiden OLG-Entscheidungen jeweils um die Verlegung von Satzungs- *und* Verwaltungssitz einer inländischen Gesellschaft ins Ausland ging[578]. Die Wahrung der Rechtsform ist aber bei einer Satzungssitzverlegung *a priori* ausgeschlossen[579]. Möglich ist es allein, diesen Vorgang rechtsträgerwahrend zu gestalten (grenzüberschreitender Rechtsformwechsel)[580]. Den rechtsträgerwahrenden Formwechsel gewährleistet aber nicht bereits die Niederlassungsfreiheit, sondern bleibt einem mitgliedsstaatlichen Abkommen oder einem sekundären Rechtssetzungsakt vorbehalten[581]. Aus diesen Gründen sind die OLG-Entscheidungen zumindest im Ergebnis richtig. Unabhängig hiervon sahen die Gerichte im Hinblick auf die *Centros*-Entscheidung aber auch keinen Anlass dazu, an der Gemeinschaftsrechtskonformität der Sitztheorie zu zweifeln. Beide Senate stützen sich im Ergebnis darauf, dass *Centros* mit den zu entscheidenden Sachverhalten nicht zu vergleichen sei. In den zugrunde liegenden Sachverhalten ging es um einen „Wegzug"; im Fall *Centros* dagegen um den „Zuzug" einer Gesellschaft. Das OLG Hamm hatte zusätzlich darauf hingewiesen, dass *Centros* einen Fall der sekundären Niederlassungsfreiheit betraf. Hingegen der im zu entscheidenden Fall vorliegende Sachverhalt die primäre Niederlassungsfreiheit betraf. Aus der Argumentation beider Senate wird deutlich, dass sie auch bei alleiniger Verlegung des Verwaltungssitzes eine Auflösung der Gesellschaft als Folge des Statutenwechsels für rechtmäßig erachtet hätten. Ein Festhalten an der Sitztheorie im Wegzugsfall wird insbesondere aus der OLG Hamm Entscheidung deutlich. Dort wird *obiter* festgestellt, dass bei alleiniger Verlegung des Verwaltungssitzes der Gesellschaft nach England aufgrund einer beachtlichen Rückverweisung (Art. 4 Abs. 1 S. 2 EGBGB), ein Statutenwechsel nicht eingetreten wäre. Dass damit auch die materiell-rechtliche Auflösung hinfällig wird, spricht der Senat hingegen nicht ausdrücklich aus. Aber auch in der Rechtsprechung nach *Überseering* setzt sich ein Wandel hinsichtlich der Freiheit nationaler Gesellschaften, den Verwaltungssitz identitätswahrend zu verlegen, (noch) nicht durch[582].

---

577 A.A. AG Heidelberg NZG 2000, 927.

578 So auch in der Entscheidung AG Heidelberg NZG 2000, 927. Zweifelnd hinsichtlich OLG Düsseldorf NZG 2001, 506 *Kieninger*, NZG 2001, 610, 610.

579 Vgl. dazu S. 154 ff.

580 *Behrens*, IPRax 2000, 384, 388 (formwechselnde Umwandlung); vgl. dazu S. 156 ff.

581 Vgl. dazu unten S. 156 ff.

582 Die Wegzugsfreiheit hinsichtlich des Verwaltungssitzes tendenziell verneinend, i.E. aber offenlassend, da es im Fall um die Verlegung von Verwaltungs- und Satzungssitz ging BayObLG BB 2004, 570, 572 (mit Anm. *Stieb*, GmbHR 2004, 492-494; *Weller*, DStR 2004, 1218-1220); offenlassend und zudem missverständlich formulierend auch OLG Düsseldorf DB 2004, 128, 129; a.A. LG Koblenz DB 2003, 2428: „Die Aufnahme einer solchen wirtschaftlichen Tätigkeit setzt voraus, dass *die Gesellschaft nicht gehindert wird, ihren Herkunftsstaat zu verlassen* und sich im Aufnahmestaat niederzulassen."; AG Heidelberg, NZG 2000, 927, 929; offenlassend BFH BB 2003, 1210 = GmbHR 2003, 722, 724; LG München BB 2004, 570, 571: „Diese Bestimmungen [Art. 43, 48 EG] regelten nur die tatsächliche Niederlassungsfreiheit, welche aber der Gesellschaft gewährleistet sei, weil sie - unter Beibehaltung ihres satzungsmäßigen Sitzes in Deutschland - z.B.

§ 7: Auswirkungen auf die 14. Sitzverlegungs-RL und die SE-VO

Mit Gewährleistung der identitätswahrenden Verwaltungssitzverlegung durch die Rechtsprechung des EuGH, hat die seit langem geplante Sitzverlegungs-RL[583] erheblich an Bedeutung eingebüßt. Die Entscheidung *Überseering* hat das Vorhaben, soweit es um die Verlegung des Verwaltungssitzes geht, überholt[584].

A. *Sitzverlegungs-RL*

Einer Sitzverlegungs-RL käme neben klarstellender Wirkung allerdings eine erhöhte Legitimationskraft zu, die für ihre Anerkennung innerhalb der Mitgliedstaaten sicher förderlich wäre[585]. Anderer Auffassung sind all diejenigen, die den Wegzug inländischer Gesellschaften als von der Niederlassungsfreiheit nicht umfasst ansehen[586]. Die Sitzverlegungs-RL könnte in jedem Fall aber die rechtsträgerwahrende Satzungssitzverlegung (grenzüberschreitende Umwandlung) einer Gesellschaft ermöglichen[587]. Diese ist vom Geltungsumfang der Niederlassungsfreiheit jedoch nicht umfasst[588]. Im Übrigen ergibt

---

ihre tatsächliche Geschäftstätigkeit nach Portugal verlegen könne."; implizit BayObLG NZG 2003, 290 = ZIP 2003, 398, 399. Die Sitztheorie sei für solche Gesellschaften aufzugeben, „die in einem Mitgliedstaat des EG-Vertrags wirksam gegründet wurden und dort weiterhin ihren satzungsmäßigen Sitz haben.", vgl. hierzu *Leible/Hoffmann*, NZG 259, 260.

583 Vgl. Entwurf (Stand: 22.4.1997) abgedruckt in ZIP 1997, 1721.

584 *Ebke*, JZ 2003, 927, 933; *Meilicke*, GmbHR 2003, 793, 806; *ders.*, GmbHR 1999, 896, 896 f.; differenzierend in Satzungs- und Verwaltungssitzverlegung *Koppensteiner*, in: FS Lutter, S. 141, 147 ff., 155 f.; *Drygala*, ZEuP 2004, 337, 349, 355; unentschieden *Bayer*, BB 2003, Heft 30, „Die erste Seite": „Die dringend angemahnte Sitzverlegungs-Richtlinie kann die EuGH-Rechtsprechung nur ergänzen, nicht dagegen modifizieren."; dagegen *ders.*, BB 2003, 2357, 2366: „Keineswegs hat sich das Problem durch die EuGH Rechtsprechung erledigt."; *Kleinert/Probst*, MDR 2003, 1265, 1268; *Cerioni*, 10 Colum. J. Eur. L. 117, 132-135 (2003); a.A. *Eidenmüller*, JZ 2004, 24, 31 f.; *Pluskat*, WM 2004, 601, 608; *Leible*, ZGR 33 (2004), 531-558.

585 Vgl. *Pluskat*, WM 2004, 601, 608.

586 *Zimmer*, „Neuer Schub für die Richtlinie zur Sitzverlegung" FAZ v. 3.4.2003, S. 14; mit einem konkreten Regelungsvorschlag *ders.*, RabelsZ 67 (2003), 298, 310-315; *Lutter*, BB 2003, 7, 10; *Leible/Hoffmann*, EuZW 2003, 677, 682; *dies.*, RIW 2002, 925, 936; *Leible*, ZGR 33 (2004), 531, 547; *Hülk/Timme*, JA 2003, 765, 768; *Horn*, NJW 2004, 893, 897; BMJ (Referat III A 1) in einer Stellungnahme der Bundesregierung im Juni 2002, Antwort auf Frage 24: „Artikel 48 EG-Vertrag kann unter keinen Umständen als ausreichende rechtliche Regelung der Sitzverlegung angesehen werden [...]."; *Straube/Ratka*, ÖZW 2003, 34, 42 f.; *HLGCLE*, Framework for Company Law in Europe, S. 101 f. (obgleich die *HLGCLE* Zu- und Wegzug durch Art. 43, 48 EG gewährleistet sieht, vgl. S. 103, 106).

587 *Kieninger*, ZEuP 2004, 685, 704.

588 Vgl. *Drygala*, ZEuP 2004, 337, 349 f. Dies scheint auch die Auffassung der Kommission zu sein, die beim geplanten Neuentwurf der Sitzverlegungs-RL die Verlegung von Verwaltungs- und Satzungssitz in getrennten Rechtsakten behandeln will und in der jetzigen Phase sich auf die Verlegung des *Satzungssitzes* beschränken will. Vgl. hierzu *Becker*, GmbHR 2004, R 145; *Zimmer*, ZHR 168 (2004), 355, 367 f.; *Leible*, ZGR 33 (2004), 531, 546-556; vgl. die öffentliche Konsultation der EU

sich schon aus dem allseits entnommenen Niederlassungsfreiheitsverständnis des EuGH ein nicht unerheblicher Anpassungsbedarf des Entwurfs zur Sitzverlegungs-RL aus dem Jahre 1997[589].

Dieser Entwurf sieht eine parallele Verlegung von Verwaltungs- und Satzungssitz vor[590]. Das hierin zum Ausdruck gebrachte Konnexitätserfordernis der Sitztheorie widerspricht aber Art. 43, 48 EG, nach denen eine Gesellschaft auch bei Auseinanderfallen von Verwaltungs- und Satzungssitz im Niederlassungsstaat anzuerkennen ist[591]. Unabhängig davon, dürften weitere Verhandlungen nicht von Erfolg gekrönt sein. Gründungstheoriestaaten werden gegenüber Sitztheoriestaaten nicht zu Zugeständnissen bereit sein. Mit Übernahme der Sitztheorie in die Sitzverlegungs-RL ist nicht zu rechnen. Für Gründungstheoriestaaten besteht jedenfalls kein Regelungsbedarf. Nationale Gesellschaften müssen in den Mitgliedstaaten nach *Überseering* anerkannt werden. Die Mobilität der eigenen Gesellschaften wird im Gegensatz zu Gesellschaften aus Sitztheoriestaaten durch das Internationale Gesellschaftsrecht sichergestellt.

B. SE-VO

Zweifel an der Europarechtskonformität ergeben sich aus gleichem Grund auch hinsichtlich der im SE- und EWIV-Statut enthaltenen Regelungen zur Sitzverlegung (Art. 7 SE-VO, Art. 12 EWIV-VO)[592]. Die Bedenken lösen sich allerdings in Luft auf, wenn man wie *Ulmer* die SE vom Kreis der niederlassungsberechtigten Gesellschaften nach Art 48 EG herausnimmt[593]. Die angeführten europäischen Gesellschaftsstatute sehen vor, dass die Verwaltungssitzverlegung nur unter gleichzeitiger Verlegung des Satzungssitzes möglich ist[594]. Ist aber, wie hier vertreten, die alleinige Verlegung des Ver-

---

http://www.europa.eu.int/comm/internal_market/company/seattransfer/2004consult_de.htm (Stand: Juli 2004); vgl. dazu *Sandrock*, S. 33, 79 f.; zur Satzungssitzverlegung vgl. S. 154 ff.

589 *Koppensteiner*, in: FS Lutter, S. 141, 147 ff., 155 f.

590 Aus Art. 3 des Entwurfs ergibt sich, dass die Wahrung der Rechtsform nicht gewährleistet ist: „[...] Die Sitzverlegung hat weder die Auflösung der Gesellschaft zur Folge noch die Gründung einer neuen juristischen Person; sie bewirkt allerdings mit Eintragung des neuen Sitzes im Gesellschaftsregister gemäß Art. 10 einen Wechsel des auf sie anwendbaren Rechts."

591 Vgl. zur Bindung des Gemeinschaftsgesetzgebers an Art. 43, 48 EG *Leible*, ZGR 33 (2004), 531, 539-544, 548; i.E. *Drygala*, ZEuP 2004, 337, 349; a.A. *Zimmer*, BB 2003, 1, 6 f.; *ders.*, „Neuer Schub für die Richtlinie zur Sitzverlegung", FAZ v. 3. 4.2003, S. 14; *ders.*, RabelsZ 67 (2003), 298, 310.

592 Vgl. *Wymeersch*, 40 CMLRev. 661, 690-693 m.w.N. Fn. 124 (2003): „Therefore, that provision of the Regulation seems incompatible with the Treaty's freedom provsions."; *Jaecks/Schönborn*, RIW 2003, 254, 256; *Wooldridge*, 14 EBLR 227, 235 (2003); *Kübler*, ZHR 167 (2003), 222, 228; *Ziemons*, ZIP 2003, 1913, 1918; eine Korrektur dieser Regelungen befürwortet auch die *HLGCLE*, Framework for Company Law in Europe, S. 102; a.A. *Zimmer*, ZHR 168 (2004), 355, 363 f.; *Schäfer*, NZG 2004, 785, 787 f.

593 *Ulmer*, NJW 2004, 1201, 1210; i.E. *Leible*, ZGR 33 (2004), 531, 548 dort Fn. 76 m.w.N.

594 S. dazu *Schindler*, RdW 2003, 122, 123 f.

waltungssitzes aus dem Gründungsstaat heraus ohne Statutenwechsel durch die Art. 43, 48 EG gewährleistet, sind auch die betroffenen Regelungen der SE- und EWIV-VO mit der Niederlassungsfreiheit unvereinbar[595].

§ 8: Anfängliche Divergenz von Verwaltungs- und Satzungssitz

Der EuGH hatte in seiner *Überseering*-Entscheidung den Fall des nachträglichen Auseinanderfallens von Satzungs- und Verwaltungssitz zu beurteilen. Anhand der bisherigen zu Art. 43, 48 EG ergangenen Urteile lässt sich allerdings die rechtliche Würdigung des EuGH im Falle anfänglicher Divergenz von Satzungs- und Verwaltungssitzes sicher prognostizieren. Zumal mit den Entscheidungen *Centros* und *Inspire Art* ein solcher Fall dem Grunde nach bereits judiziert worden ist. Zu differenzieren ist, wie im besprochenen Fall des nachträglichen Auseinanderfallens, zwischen Zu- und Wegzug einer Gesellschaft.

A. Anerkennung durch den Niederlassungsstaat (*Zuzug*)

Die Centros Ltd. wurde in England gegründet und in das dortige Handelsregister eingetragen. Damit war sie nach dem Gründungsrecht Englands wirksam entstanden. Einen Hauptverwaltungssitz hatte die Centros Ltd. im Herkunftsland nie gehabt[596]. Den Hauptverwaltungssitz etablierte die Centros Ltd. in Gestalt einer Zweigniederlassung in Dänemark. Eine Geschäftstätigkeit im Gründungsland England war zu keinem Zeitpunkt geplant. Den Einwand der dänischen Registerbehörden, diese Form der Gründung sei einzig für Zwecke der Umgehung dänischer Schutzvorschriften gewählt worden, ließ

---

595 A.A. *Timmermans*, Europäisches Wirtschaftsrecht Nr. 132, S. 1, 18 f.; *Eidenmüller*, JZ 2004, 24 dort Fn. 6, 30; *Schindler*, RdW 2003, 122, 124 f.; *Schäfer*, NZG 2004, 785, 787 f.; *Teichmann*, ZGR 32 (2003), 367, 399-401; *ders.*, 4 GLJ 309, 315 (2003). Die Auffassung von *Teichmann* gründet auf der Überlegung, dass der Statutengeber der SE (Rat der Europäischen Union), wie die nationalen Gesetzgeber die Voraussetzungen einer Sitzverlegung der von ihm geschaffenen Gesellschaft autonom festlegen darf. *Überseering* regele nur den Fall der Anerkennung durch den Niederlassungsstaat und präjudiziere nicht das Verhältnis zwischen Gründungsstaat und von diesem ins Leben gerufenen Gesellschaft. Die Argumentation überzeugt nur für den Fall, dass entgegen der hier vertretenen Ansicht die Niederlassungsfreiheit den Wegzug nicht gewährleistet.

596 *Kieninger*, ZGR 28 (1999), 724, 729; *Freitag*, EuZW 1999, 267, 269; *Leible*, NZG 1999, 300, 301; missverständlich *Leible/Hoffmann*, ZIP 2003, 925, 929: „Sowohl „Centros" als auch „Überseering" betrafen Wegzugsfälle: Die Gesellschaften waren in einem Mitgliedstaat der Gemeinschaft mit dortigen Verwaltungssitz gegründet worden und hatten ihre Hauptverwaltung erst nach der Gründung in einen anderen Mitgliedstaat verlegt."

der Gerichtshof nicht gelten. Die bloße Ausübung der gewährleisteten Niederlassungsfreiheit könne einen sanktionsfähigen Missbrauch nicht begründen[597].

Die Ansicht des EuGH bezieht sich zu Recht auf folgenden Sachverhalt: Eine nach englischem Recht wirksam gegründete und damit nach Art. 48 EG niederlassungsberechtigte Gesellschaft begehrt Eintragung einer Zweigniederlassung in einem anderen Mitgliedstaat. Die möglicherweise rechtsmissbräuchlichen Umstände, weshalb die Gesellschafter die Centros Ltd. in England gegründet haben, bezieht der Gerichtshof nicht in seine Beurteilung mit ein[598]. Gleichermaßen verhält es sich mit der erst kürzlich entschiedenen Rechtssache *Inspire Art*[599]. Die Gesellschaft Inspire Art Ltd. wurde nach englischem Recht gegründet, entfaltete aber von Beginn an ausschließlich in den Niederlande Geschäftstätigkeit. Abermals hat der EuGH diese Entscheidung zum Anlass genommen, in aller Deutlichkeit zu betonen, dass in solchen Konstruktionen kein Missbrauch der Niederlassungsfreiheit zu sehen ist[600]. Da die Niederlassungsfreiheit die Anerkennung zwingend voraussetzt, müssten auch solche Gesellschaften anerkennt werden, die bereits im Zuge ihrer Gründung ihre Geschäftstätigkeit ausschließlich im Niederlassungsstaat verrichteten. Für die Anwendbarkeit der Art. 43, 48 EG kommt es daher allein auf die wirksame Gründung einer Gesellschaft an[601]. Mit wirksamer Gründung sind Gesellschaften Träger der Niederlassungsfreiheit.

---

597 EuGH, Urt. v. 9.3.1999 Rs. C-212/97 (*Centros*), Slg. 1999, I-1493 (Tz. 26-27); EuGH, Urt. v. 30.9.2003 Rs. C-167/01 (*Inspire Art*), Slg. 2003, I-10234 f. (Tz. 137-138). Vgl. dazu unten S. 271 ff.

598 S. zu diesem Aspekt des Missbrauchs der Niederlassungsfreiheit vertiefend S. 271 ff.

599 S. hierzu Schlussanträge des GA *Albert* Rs. C-167/01 (*Inspire Art*), Slg. 2003, I-10181 (Tz. 99): „Die Wirkungen des ausländischen Rechts, aus dem sich die Existenz der Gesellschaft bereits ergibt, werden durch die WFBV negiert."

600 EuGH, Urt. v. 30.9.2003 Rs. C-167/01 (*Inspire Art*), Slg. 2003, I-10223 f., 10235 (Tz. 95-96, 139); zuvor schon EuGH, Urt. v. 9.3.1999 Rs. C-212/97 (*Centros*), Slg. 1999, I-14993 (Tz. 27); EuGH, Urt. v. 10.7.1986 Rs. 79/85 (*Segers*), Slg. 1986, 2388 (Tz. 16).

601 *Ebke*, JZ 2003, 927, 929; *Behrens*, IPRax 2000, 384, 387; *Weller*, IPRax 2003, 324, 327; *Robertson*, 24 Comp. Law. 184, 185 (2003); *Müller-Bonanni*, GmbHR 2003, 1235, 1236; *Leible/Hoffmann*, EuZW 2003, 677, 682; *dies.*, ZIP 2003, 925, 929; *dies.*, RIW 2002, 925, 928, 930 f.; *Eidenmüller*, ZIP 2002, 2233, 2244 (*Eidenmüller* weist darauf hin, dass in solchen Fällen auf das nicht gegebene Ansässigkeitserfordernis (Art. 43 Abs. 1 S. 2 EG) aus Zweckmäßigkeitserwägungen verzichtet werden könne.); *ders.*, JZ 2004, 24, 25; *Behrens*, IPRax 2000, 384, 387; *Hausmann*, in: GS Blomeyer, S. 580, 594; wohl auch *Ebert/Levedag*, GmbHR 2003, 1337; *Heldrich*, in: Palandt Anh. zu Art. 12 EGBGB, Rdn. 7; *Kanzleiter*, DNotZ 2003, 885; wohl auch *Hirte*, NJW 2003, 1090, 1092; die Rspr. des EuGH zu Art. 43, 48 EG als zu weitgehend kritisierend *Kieninger*, ZGR 28 (1999), 724, 728-735; *dies.*, ZEuP 2004, 685, 692 f.; a.A. *Binz/Mayer*, GmbHR 2003, 249, 256; *W.-H. Roth*, IPRax 2003, 117, 126 f.; *Forsthoff*, DB 2002, 2471, 2475; *Kindler*, NJW 2003, 1073, 1078; *Zimmer*, ZHR 164 (2000), 23, 40 f.; vgl. auch *Hirte*, EWS 2003, 521, 522; *v. Halen*, S. 140-142. *v. Halen* sieht in der Gründung einer ausländischen Gesellschaft mit Verwaltungssitz im Inland durch deutsche Staatsangehörige einen reinen Inlandssachverhalt, bei dem die Niederlassungsfreiheit dem deutschen Gesellschaftskollisionsrecht keine Vorgaben mache. Der EuGH hat indes in seiner *Centros*-Entscheidung das Vorliegen eines europäischen Sachverhalts ausdrücklich bejaht (EuGH, Urt. v. 9.3.1999 Rs. C-212/97 [*Centros*], Slg. 1999, I-1490 [Tz. 17]).

I. *Primäre und sekundäre Niederlassungsfreiheit*

Die Anerkennung als Niederlassungsfreiheitsvoraussetzung verbietet es zudem, bezüglich der Anerkennung zwischen primären und sekundären Niederlassungsvorgängen zu unterscheiden[602]. Das Gebot, den ausländischen Rechtsträger im Inland anzuerkennen, gilt für sämtliche Niederlassungsformen. Dieser Umstand hat zur Folge, dass einer ausländischen Gesellschaft nicht vorgegeben werden kann, ihren tatsächlichen Verwaltungssitz im Inland als Zweigniederlassung zu deklarieren[603]. Wie der EuGH bereits in seiner Entscheidung *Kommission/Frankreich* attestiert hat, kann einer ausländischen Gesellschaft keine bestimmte Form der sekundären Niederlassungsfreiheit aufgezwungen werden[604]. Vielmehr stehen Agentur, Zweigniederlassung und Tochtergesellschaft gleichrangig nebeneinander. Gleiches muss auch für die Wahl hinsichtlich *primärer* oder *sekundärer* Niederlassungsform gelten[605].

II. *Deutsche Rechtsprechung nach Überseering*

Der hier vertretenen Ansicht folgt im Anschluss an das *Überseering*-Urteil das OLG Frankfurt[606]. Das OLG Frankfurt hatte die Rechts- und Parteifähigkeit einer im Fürstentum Liechtenstein gegründeten Gesellschaft zu beurteilen, die bereits im Zuge ihrer Gründung ihren Verwaltungssitz in Deutschland genommen hatte. In einem ersten Schritt hat das OLG Frankfurt in begrüßenswerter Weise die Grundsätze des *Überseering*-Urteils auf den EWR übertragen und damit die Inhaltsgleichheit der Niederlassungsfreiheit von EG-Vertrag und EWR-Abkommen festgestellt[607]. Im weiteren Verlauf

---

602 Vgl. Schlussanträge des GA *Albert* v. 30.1.2003 Rs. C-167/01 (*Inspire Art*), Slg. 2003, I-10182 f. (Tz. 103): „Was für die ungewollte Verlegung der Hauptniederlassung in der Rechtssache Überseering entschieden worden ist, muss auch für die Gründung einer Zweigniederlassung gelten."

603 *Trost*, S. 340, 358-366; *Ebert/Levedag*, GmbHR 2003, 1337, 1338; (a.A. *dies.*, GmbHR 2004, 880, 882); *Kanzleiter*, DNotZ 2003, 885; implizit *Schulz/Dörrbecker*, BuW 2003, 990; zweifelnd *Hirte*, EWS 2003, 521, 522; a.A. *Binge/Thölke*, DNotZ 2004, 21, 24 f.; *Behrens*, IPRax 2004, 20, 24; *Hirsch/Britain*, NZG 2003, 1100, 1101; *Wachter*, GmbHR 2003, 1254-1257; *ders.*, GmbHR 2004, 88, 93; vgl. aus österreichischer Sicht, *Straube/Ratka*, ÖZW 2003, 34, 43.

604 EuGH, Urt. v. 28.1.1986 Rs. 270/83 (*Kommission/Frankreich*), Slg. 1988, 305 (Tz. 22).

605 Mögen für eine Eintragung als Zweigniederlassung gute Gründe (z.B. Seriositätssteigerung im Wirkungsstaat, Erleichterung der Teilnahme an öffentlichen Ausschreibungen, erleichterter Nachweis der Vertretungsmacht der für die Gesellschaft Handelnden vgl. dazu *Kögel*, DB 2004, 1763, 1764 f.) sprechen, so liegt die Entschei-dung bei der Gesellschaft. Mit der Eintragung verbunden sind schließlich auch Pflichten (vgl. dazu *Wachter*, GmbHR 2003, 1254-1257).

606 OLG Frankfurt IPRax 2004, 56, 58; mit zustimmender Anm. *Baudenbacher/Buschle*, IPRax 2004, 26, 29-31.

607 OLG Frankfurt IPRax 2004, 56, 58. S. zur inhaltsgleichen Auslegung der EWR-Freiheiten die Entscheidungen des EFTA Gerichtshof. *Baudenbacher/Buschle*, IPRax 2004, 26, 29 dort Fn. 44 (vgl. dazu auch unten S. 235 ff.). Mittlerweile hat sich auch der EuGH in einer Grundsatzentscheidung explizit für eine einheitliche Auslegung der Grundfreiheiten im gesamten EWR-Raum ausgespro-

der Entscheidungsgründe entwickelt das OLG Frankfurt das *Überseering*-Urteil fort. Zwar habe der EuGH in seiner Entscheidung nur über die nachträgliche Verwaltungssitzverlagerung zu befinden gehabt, den Entscheidungsgründen sei aber zu entnehmen, dass auch die anfängliche Divergenz von Verwaltungs- und Satzungssitz durch die Niederlassungsfreiheit gewährleistet werde. Schließlich setze Art. 48 Abs.1 EG nur die wirksame Gründung nach dem Recht eines Mitgliedstaats tatbestandlich voraus[608]. Ähnlich hatte zuvor bereits das BayObLG entschieden, auch wenn dieser Entscheidung formell ein Fall der sekundären Niederlassungsfreiheit zu Grunde lag[609]. Denn für die Frage der Anerkennung wirkt es sich nicht aus, ob die Gesellschaft von ihrer primären oder sekundären Niederlassungsfreiheit Gebrauch macht. Die Gesellschaft besaß, wie im Fall *Centros*, weder im Gründungsstaat noch an einem anderen Ort einen tatsächlichen Verwaltungssitz. Dieser wurde vielmehr erstmalig in Deutschland begründet und als Zweigniederlassung deklariert. Das BayObLG urteilte zutreffend, dass sich insbesondere aus den Erwägungen 80, 81, 92 der *Überseering*-Entscheidung ergebe, „dass das Diskriminierungsverbot der Art. 43, 48 EG auch die Fälle ergreift, in denen eine Gesellschaft wirksam nach dem Recht eines Mitgliedstaats gegründet wurde und dort Rechtsfähigkeit erlangt hat, ihren faktischen Sitz aber stets nur in Deutschland hatte[610]."

---

chen. „Zudem ist eines der Hauptziele des EWR-Abkommens die möglichst umfassende Verwirklichung der Freizügigkeit und des freien Waren-, Dienstleistungs- und Kapitalverkehrs im gesamten EWR, so dass der innerhalb des Gebietes der Gemeinschaft verwirklichte Binnenmarkt auf die EFTA-Staaten ausgeweitet wird. Im Hinblick darauf dienen mehrere Bestimmungen des genannten Abkommens dazu, eine möglichst einheitliche Auslegung des Abkommens im gesamten EWR sicherzustellen (vgl. Gutachten 1/92 vom 10. April 1992, Slg. 1992, I-2821). In diesem Rahmen ist es Sache des Gerichtshofes, darüber zu wachen, dass die Vorschriften des EWR-Abkommens, die im Wesentlichen mit denen des Vertrages identisch sind, innerhalb der Mitgliedstaaten einheitlich ausgelegt werden." (EuGH, Urt. v. 23.9.2003 Rs. C-452/01 [*Ospelt*], Slg. 2003, I-9799 [Tz. 29]).

608 OLG Frankfurt IPRax 2004, 56, 58 mit Verweis auf EuGH, Urt. v. 5.11.2002 Rs. C-208/00 (*Überseering*), Slg. 2002, I-9974 (Tz. 93).

609 BayObLG ZIP 2003, 398. Der Antrag auf Eintragung einer Zweigniederlassung ist die typische Sachverhaltskonstellation innerhalb derer es zur kollisionsrechtlichen Überprüfung der Rechtsfähigkeit einer im Ausland gegründeten Gesellschaft kommt. Dagegen dürfte ein wie in der Rs. *Überseering* gelagerter Sachverhalt, mit der Abweichung, dass sich der Verwaltungssitz bereits im Zuge der Gründung nicht im Gründungsstaat selbst befindet, die Gerichte seltener beschäftigen.

610 BayObLG ZIP 2003, 398. Vgl. auch OLG Celle, Beschl. v. 10.12.2002 9 W 168/01 (nicht veröffentlicht); OLG Naumburg, Beschl. v. 6.12.2002 7 Wx 3/02 (nicht veröffentlicht); OLG Düsseldorf, Beschl. v. 6.11.2002 3 Wx 111/02 (nicht veröffentlicht); LG Meiningen, Beschl. v. 10.3.2003 HK T 3/02 (nicht veröffentlicht); LG Dessau, Beschl. v. 8.1.2003 5 T 11/02 (nicht veröffentlicht); LG Lüneburg, Beschl. v. 10.12.2002 9 W 168/01 (nicht veröffentlicht); KG DB 2003, 2695, 2696; LG Trier NZG 2003, 778; a.A. unter Hinweis auf ein Schreiben des BMJ an die Landesjustizverwaltungen v. 18.11.2002 noch LG Frankentahl BB 2003, 542 mit ablehnender Anm. *Leible/Hoffmann*, BB 2003, 543 f. (aufgehoben durch OLG Zweibrücken BB 2003, 530); AG Hamburg NJW 2003, 2835 (Verweigerung der Anerkennung wegen Missbrauchs); KG DB 2003, 2695 (Ablehnung der Eintragung mangels ausreichendem Nachweises der Vertretungsbefugnis). Das KG versucht i.E. die Auswirkungen der Art. 43, 48 EG nicht mehr kollisionsrechtlich, sondern sachrechtlich zu „bekämpfen" (vgl. dazu *Mankowski*, EWiR 2004, § 13d HGB 1/04, 185 f.; *ders.*, RIW 2004, 481, 484; kritisch zur deutschen Rechtspraxis der Registergerichte betreffend der Eintragung von Zweigniederlassungen *Kögel*, DB 2004, 1763-1766). Dagegen erleichterte

Schwieriger ist indes die Beantwortung der Frage, inwiefern Art. 43, 48 EG auf die Gründung von Gesellschaften ausstrahlen und gegebenenfalls Auswirkungen für das nationale Gesellschaftskollisionsrecht nach sich ziehen. In der Gestaltung der materiellrechtlichen Gründungsvoraussetzungen sind die existenzgebenden Mitgliedstaaten frei. Dies hängt mit der dogmatischen Ausgestaltung von Art. 48 Abs. 1 EG zusammen. Die Gründungsvoraussetzungen sowie die Strukturen einer Gesellschaft sind niederlassungsrechtlich nicht angreifbar, weil Art. 43, 48 EG erst in dem Augenblick greifen, in dem eine nach dem Recht eines Mitgliedstaats gegründete Gesellschaft besteht[611]. Das nationale Recht lässt Gesellschaften entstehen, nicht die Niederlassungsfreiheit!

Fraglich ist indessen, welche Rolle das IPR bei der Gründung einer Gesellschaft spielt. Für die wirksame Gründung einer Gesellschaft kommt es nach h.M. im Schrifttum und in der Rechtsprechung nicht nur auf das Vorliegen der materiellen Gründungsvoraussetzungen an. Darüber hinaus muss sich der Verwaltungssitz bereits im Inland befinden bzw. die Absicht bestehen, diesen im Inland zu begründen. Denn die Belegenheit des Verwaltungssitzes im Inland ist international-gesellschaftsrechtlich die Voraussetzung, dass überhaupt deutsches materielles Gesellschaftsrecht und damit deutsche Gründungsvorschriften Anwendung finden[612]. Die international-privatrechtliche Frage - mag ihr auch nur bei Vorliegen eines Auslandsbezugs Bedeutung zukommen - ist konzeptionell der materiellen vorgelagert (Art. 3 Abs. 1 S. 1 EGBGB). Die Anwendbarkeit der deutschen Rechtsordnung ist bei Gründung einer Gesellschaft deutschen Rechts als Normativbestimmung zwar nicht festgeschrieben; sie ist aber zwingende Voraussetzung für die Erlangung der Rechtsfähigkeit als deutsche Gesellschaft. Das Internationale Gesellschaftsrecht ist bei geplanter oder bereits bestehender Domi-

---

Nachweisvoraussetzungen für Gründung und Existenz einer Auslandsgesellschaft aufstellend LG Berlin ZIP 2004, 2380 mit Anm. *Ries*, ZIP 2004, 2382 f.; *Wachter*, DB 2004, 2795, 2798-2803.

611 Vgl. *Koch/Köngeter*, Jura 2003, 692, 696: „Nur wenn sich ihre [die der Gesellschaft] Existenz auf das *innerstaatliche* Gesellschaftsrecht *dieses* Mitgliedstaats zurückführen lässt, kommt ihr nach Art. 48 I EG auch *gemeinschaftsrechtlich* normative Bedeutung zu."; a.A. *v. Halen*, S. 139 f.

612 *Großfeld*, in: Staudinger IntGesR, Rdn. 86 ff., 264 m.w.N.; *Kindler*, in: MünchKomm IntGesR, Rdn. 417 m.w.N.; *G. Roth*, in: Roth/Altmeppen § 4 a GmbHG, Rdn. 14, 17. Bei Verwaltungssitz in einem *Gründungstheoriestaat* wird allerdings auf deutsches Recht zurückverwiesen, so dass der wirksamen Entstehung nichts entgegensteht (*G. Roth*, in: Roth/Altmeppen § 4 a GmbHG, Rdn. 15); *Schurig*, in: Liber Amicorum Kegel, 198, 215; *Holst*, 8 Colum. J. Eur. L. 323, 330 (2002); *Weller*, DStR 2004, 1218; a.A. *Behrens*, in: Hachenburg Einl., Rdn. 135; *Koppensteiner*, S. 128; *Wiedemann*, S. 792; *Knobbe-Keuk*, ZHR 154 (1990), 325, 351 f. Die Gegenansicht argumentiert, dass § 5 Abs. 2 AktG nur den Satzungssitz im Inland bestimmt. Diese Auffassung differenziert nicht ausreichend zwischen Sach- und Kollisionsrecht. Art. 5 Abs. 2 AktG setzt die Anwendbarkeit deutschen Rechts voraus. Unter Geltung der Sitztheorie als allseitiger Kollisionsnorm, wäre die Anwendbarkeit des deutschen Rechts bei tatsächlicher oder geplanter Belegenheit des Verwaltungssitzes im Ausland nicht gegeben. In dieser Sachverhaltskonstellation, wäre wegen des bestehenden Auslandsbezugs das IPR auch zu beachten.

zilierung des Verwaltungssitzes im Ausland wegen des vorliegenden Auslandsbezugs auch beachtlich. Die Prüfung hat durch den Registerrichter zu erfolgen. Bei Nichtvorliegen der kollisionsrechtlichen Voraussetzung ist die Eintragung und damit das Entstehen der Kapitalgesellschaft ebenso zu verweigern[613] wie bei einem Verstoß gegen §§ 5 Abs. 2 AktG, 4 a GmbHG[614]. Bei Eintragung trotz Fehlens dieser wesentlichen Voraussetzung kommt es nach h.M. nicht zur Heilung. Statt dessen hat eine Löschung von Amts wegen nach § 142 Abs. 1 S. 1 FGG zu erfolgen[615].

Das Rechtsverständnis des EuGH, nach dem Gesellschaften ‚Kreaturen' von Rechtsordnungen sind und ihre Existenz untrennbar mit der Gründungsrechtsordnung zusammen hängt, stützt die vorbeschriebene Auffassung[616]. Das weitere Schicksal einer Gesellschaft bestimmt sich ebenfalls ausschließlich nach der existenzgebenden Rechtsordnung[617]. Übertragen auf die in Art. 48 Abs. 1 EG enthaltene Gleichstellungsvoraussetzung („*nach dem Recht eines Mitgliedstaats gegründete Gesellschaft*") lässt sich folgendermaßen argumentieren: Um überhaupt Existenz und damit eine Niederlassungsberechtigung zu erlangen, muss eine Gesellschaft neben den sachrechtlichen auch den kollisionsrechtlichen Anforderungen mitgliedstaatlichen Rechts genügen. Es ist also niederlassungsrechtlich unbedenklich, einer Gesellschaft als Voraussetzung wirksamer *Gründung* die Etablierung des Verwaltungssitzes im Inland aufzugeben[618].

C. Stellungnahme

Zu bedenken ist aber, dass sobald ein Niederlassungsträger einmal in der Welt ist, die Art. 43, 48 EG bei Vorliegen eines Auslandsbezugs Wirkung entfalten[619]. Die Verlegung des Verwaltungssitzes ins Ausland schafft den europäischen Bezug und wird zudem durch die Niederlassungsfreiheit statutswahrend gewährleistet[620]. Wie bereits näher ausgeführt, wird eine Gesellschaft auch nach deren Gründung weiterhin vom Gründungsrecht dominiert. Nur muss sich die jeweilige Rechtsordnung an Art. 43, 48 EG messen lassen, sobald ein grenzüberschreitender Bezug zu einem Niederlassungs-

---

613 BGHZ 19, 102, 105; BGHZ 29, 320, 328.

614 *Hüffer*, § 5 AktG, Rdn. 9.

615 *Großfeld*, in: Staudinger IntGesR, Rdn. 86, 264; *Kindler*, in MünchKomm IntGesR, Rdn 417; a.A. *G. Roth*, in Roth/Altmeppen § 4 a GmbHG, Rdn. 17.

616 EuGH, Urt. v. 27.9.1988 Rs. 81/87 (*Daily Mail*), Slg. 1988, I-5511 (Tz. 19); EuGH, Urt. v. 5.11.2002 Rs. C-208/00 (*Überseering*), Slg. 2002, I-9971 (Tz. 81).

617 *Binge/Thölke*, DNotZ 2004, 21, 27 f.

618 *Halbhuber*, ZEuP 2003, 419, 435; *Eidenmüller*, ZIP 2002, 2233, 2242 f.; *Binge/Thölke*, DNotZ 2004, 21, 27 f.; *Leible/Hoffmann*, ZIP 2003, 925, 929; *Hausmann*, in: GS Blomeyer, S. 580, 596; i.E. mit anderer Begründung auch *v. Halen*, S. 139 f.

619 Ebenso *Eidenmüller*, ZIP 2002, 2233, 2243; a.A. offenbar *Binge/Thölke*, DNotZ 2004, 21, 27 f.

620 Vgl. dazu oben S. 130 ff.

freiheitssubjekt besteht. Ab diesem Zeitpunkt wird das nationale Gesellschaftsrecht vom Gemeinschaftsrecht „überwacht“.

I. Kollisionsnorm nach Gründung europarechtswidrig

Das Gesellschaftskollisionsrecht in Deutschland versagt mithin in dem Augenblick, in dem die Gesellschaft eine Verlagerung des tatsächlichen Verwaltungssitzes vollzieht. Dann kann aus niederlassungsrechtlichen Erwägungen nicht länger am Verwaltungssitz als maßgeblichem Anknüpfungspunkt festgehalten werden[621]. Ein durch die Verlagerung des Anknüpfungspunkts ausgelöster Statutenwechsel *negiert* die Niederlassungsfreiheit[622]. Ist die Gesellschaft durch Eintragung entstanden und damit Niederlassungsfreiheitssubjekt, kann sie theoretisch nach Verstreichen einer juristischen Sekunde von Art. 43, 48 EG Gebrauch machen und ihren Verwaltungssitz grenzüberschreitend verlagern. Ein Wechsel des kollisionsrechtlichen Anknüpfungspunkts mit Entstehen einer Gesellschaft stellt einen Bruch der Gesellschaftskollisionsnorm dar. Folglich kann auch der Gründungsstaat die Gründung einer Gesellschaft nicht an die Domizilierung des tatsächlichen Verwaltungssitzes im Inland koppeln. Der Gründungsstaat muss kollisionsrechtlich vielmehr einen Anknüpfungspunkt wählen, der nicht nur im Gründungsstadium, sondern auch darüber hinaus europarechtskonform ist.

II. §§ 4 a GmbHG und 5 Abs. 2 AktG

Im gleichen Zusammenhang werfen die in §§ 4 a GmbHG und 5 Abs. 2 AktG enthaltenen materiell-gesellschaftsrechtlichen Voraussetzungen Probleme auf[623]. Hiernach hat der statutarische Sitz einer Gesellschaft „*in der Regel*“ den Ort zu bestimmen, an dem die Gesellschaft einen Betrieb hat, sich die Geschäftführung befindet oder die Verwaltung geführt wird. Weist eine Gesellschaft abgesehen von ihrem statutarischen Sitz mit dem Inland keine Verbindung auf, wäre die Eintragung zu verweigern. Bei bereits erfolgter Eintragung der Gesellschaft, wäre diese von Amts wegen zu löschen (§§ 262 Abs. 1 Nr. 5 AktG; 60 Abs. 1 Nr. 6 GmbHG i.V.m. 144 a FGG)[624]. Die sachrechtlichen Voraussetzungen sind jedenfalls für die Zeit nach Entstehen einer niederlassungsberechtigten Gesellschaft europarechtlich bedenklich. Die aufgezeigten kapitalgesellschaftsrechtlichen Anforderungen beschränken die Niederlassungsfreiheit insoweit, als

621 A.A. *v. Halen*, S. 139 f.
622 Vgl. dazu S. 88 ff.; S. 106 ff.; S. 137 ff.
623 Vgl. hierzu, *Triebel/v. Hase*, BB 2003, 2409, 2412 f.
624 *Hüffer*, § 5 AktG, Rdn. 9.

dass sie den Verbleib einer Betriebsstätte im Gründungsstaat fordern. Damit machen sie die Verlegung sämtlicher Geschäftsaktivitäten ins Ausland unter gleichzeitiger Wahrung der Identität als Gesellschaft des Gründungsstaats unmöglich. Die Beschränkung müsste daher gerechtfertigt sein.

Unabhängig vom Ausfall des Rechtfertigungstests wird im Hinblick auf die Wettbewerbsfähigkeit nationaler Gesellschaften angeregt, auf die nach §§ 4 a GmbHG, 5 Abs. 2 AktG bestehenden Voraussetzungen in europäisch gelagerten Sachverhalten zu verzichten. Auf diese Weise fände eine im jedem Fall gemeinschaftsrechtskonforme Auslegung statt. Ein Regel-Ausnahmeverhältnis ist in den genannten Vorschriften ohnehin angelegt, auch wenn man bei den Gesetzesausarbeitungen hiermit sicher nicht die Europarechtskonformität sicher stellen wollte. Sinnvollerweise sollten die §§ 4 a GmbHG, 5 Abs. 2 AktG bereits für die Gründung einer Gesellschaft keine Anwendung finden. Dann könnte eine deutsche Kapitalgesellschaft trotz geplanter ausschließlicher Geschäftstätigkeit außerhalb des Gründungsstaats wirksam entstehen. Welchen Sinn hätte ein Beharren auf diesen Voraussetzungen, wenn sie sich ohnehin nur für eine juristische Sekunde gegenüber dem Europarecht behaupten könnten. Hierbei wird allerdings unterstellt, dass die von §§ 4 a GmbHG, 5 Abs. 2 AktG ausgehende Beschränkung nicht zu rechtfertigen ist. Diesbezüglich verhalten sich kollisionsrechtliche und sachrechtliche Beschränkungen gleichermaßen. Als Entstehungsvoraussetzung sind sie niederlassungsrechtlich unbedenklich, weil die Art. 43, 48 EG mangels eines Niederlassungssubjekts noch nicht wirken können. Nach Gründung müssen sich allerdings sämtliche Beschränkungen den Gewährleistungen der Niederlassungsfreiheit stellen. Die kollisionsrechtliche Beschränkung durch einen Statutenwechsel ist in keinem Fall rechtfertigungsfähig. In Bezug auf die von §§ 4 a GmbHG, 5 Abs. 2 AktG ausgehenden sachrechtlichen Beschränkungen ist das Ergebnis derzeit noch offen.

§ 9: Grenzüberschreitende Umwandlungen

Im nachfolgenden Abschnitt werden die niederlassungsrechtlichen Auswirkungen der *Überseering*-Entscheidung auf die grenzüberschreitende Satzungssitzverlegung untersucht. Im Anschluss hieran soll der praktisch relevanten Frage nachgegangen werden, ob die Gewährleistung des in *Überseering* zum Ausdruck gebrachten Verständnisses von Niederlassungsfreiheit auch die grenzüberschreitende Verschmelzung umfasst.

A. *Rechtsformwahrende Satzungssitzverlegung*

Eine rechtsformwahrende Satzungssitzverlegung kann die Niederlassungsfreiheit nicht sicher stellen. Das ergibt sich aus der Natur des Satzungssitzes. Der Satzungssitz benennt einen Ort in dem Hoheitsgebiet eines Staats, nach dessen Recht die Gesellschaft gegründet wurde. Gleichzeitig legt der Satzungssitz das zuständige Registergericht und damit den Ort der Handelsregistereintragung fest[625]. Richtig ist, dass die Verlegung des Satzungssitzes nur nach der Gründungstheorie zu einem Statutenwechsel führt. Aber auch in Sitztheoriestaaten kann eine Gesellschaft bei Verlegung des Satzungssitzes aus dem Gründungsstaat heraus nicht in der Gründungsrechtsform fortbestehen. Denn eine Auflösung der Gesellschaft tritt unabhängig vom geltenden kollisionsrechtlichen Anknüpfungspunkt ein. Der Satzungssitz dient u.a. dazu, die Zugehörigkeit einer Gesellschaft zu einer bestimmten Rechtsordnung kenntlich zu machen. Damit weist der Satzungssitz ordnungsrechtlichen Charakter auf. Er bestimmt das zuständige Registergericht, was einerseits verfahrensrechtlich von Bedeutung ist[626]. Andererseits ergibt sich hieraus als weitere ungeschriebene Grenze der Satzungsautonomie, dass der Satzungssitz zwingend im Inland belegen sein muss[627]. Bei einem Satzungssitz im Ausland wäre die internationale Zuständigkeit nationaler Gerichte für die Eintragung der Gesellschaft nicht gegeben[628]. Die Gesellschaft könnte als deutsche Gesellschaft nicht (fort-)bestehen.

Infolgedessen ist der Satzungssitz untrennbar mit dem Rechtskreis verbunden, in dem die Gesellschaft durch Registereintragung wirksam entstanden ist[629]. Umgekehrt bedeutet dies aber auch, dass der Satzungssitz nur dann ins Ausland verlegt werden kann, wenn die Gesellschaft eine dem Zuzugsstaat bekannte Rechtsform annimmt. Die grenzüberschreitende Satzungssitzverlegung kommt mithin *ipso iure* nicht ohne einen Statutenwechsel aus[630]. Die nationale Gesellschaft begibt sich im Falle einer Satzungssitzverlegung nicht nur tatsächlich in einen anderen Rechtskreis, um dort tätig zu werden, sondern sie unterwirft sich mit Satzungssitzverlegung auch einer anderen Rechtsordnung. Die bisherige Rechtsform hat im *numerus clausus* der Gesellschaftsformen des Niederlassungsstaats aber keine Realität. Die Gesellschaft will und muss daher im Falle der Satzungssitzverlegung ihre Staatszugehörigkeit (durch Reinkorporation oder grenzüberschreitenden Rechtsformwechsel) ändern.

Die konstitutive Eintragung ins Handelsregister muss immer in dem Rechtskreis erfolgen, der der Gesellschaft ‚Realität' verschafft. Die deutsche Rechtsordnung kann naturgemäß eine ihr fremde Rechtsform nicht ins Leben rufen. Folglich kann auch eine ausländische Gesellschaftsform mit Satzungssitz in Deutschland nicht ins hiesige

---

625 BGHZ 19, 102, 105 f. = NJW 1956, 183; BGHZ 29, 320, 328 = NJW 1959, 1126.

626 *Hüffer*, § 5 AktG, Rdn. 5.

627 S. hierzu *Hüffer*, § 5 AktG, Rdn. 4 ff.

628 Vgl. BayObLG DStR 2004, 1224.

629 *Knobbe-Keuk*, ZHR 154 (1990), 325, 352; *Weller*, DStR 2004, 1218, 1219.

630 *Knobbe-Keuck*, ZHR 154 (1990), 325, 352 f.; *Triebel/v. Hase*, BB 2003, 2409, 2414; *Behrens*, IPRax 2000, 384, 388; *Weller*, DStR 2004, 1218, 1219; *W.-H. Roth*, in: GS Heinze, S. 709, 713 f.; a.A. *Eidenmüller*, JZ 2004, 24, 32.

Handelsregister eingetragen werden[631]. Eine Satzungssitzverlegung führt demnach auch in Sitztheoriestaaten zu einem Statutenwechsel[632]. Eine die Gesellschaftsidentität wahrende Satzungssitzverlegung ist mithin unmöglich und kann deshalb auch nicht Inhalt der Niederlassungsfreiheit sein[633]. Denn die Niederlassungsfreiheit kann die „Beweglichkeit" von Gesellschaften garantieren, günden kann sie Gesellschaften nicht.

B. Rechtsformwechselnde Satzungssitzverlegung

Es ist aber möglich, den Statutenwechsel rechtsträgerwahrend vorzunehmen. Ein solcher Vorgang ist als rechtsformwandelnde Satzungssitzverlegung (Formwechsel §§ 190-304 UmwG) zu qualifizieren, die nach derzeitiger Rechtsprechung in Deutschland nicht möglich ist[634]. Ob der grenzüberschreitende Formwechsel durch Art. 43, 48 EG gewährleistet wird, ist höchstrichterlich bis heute nicht geklärt. Da sich die vorliegende Arbeit übergeordnet mit den Auswirkungen der *Überseering*-Entscheidung auf das Gesellschaftskollisionsrecht beschäftigt, ist eine eingehende Auseinandersetzung nicht geboten. Gesagt sei nur so viel: Entscheidend wird sein, ob die Niederlassungsfreiheit nicht nur die *erstmalige* Rechtsformwahl und dieser folgend die *tatsächliche* Beweglichkeit innerhalb der EU umfasst, sondern darüber hinaus auch die nachträgliche Veränderung der Staatszugehörigkeit einer Gesellschaft. Der Wechsel der Staatszugehörigkeit ist von der primären Niederlassungsfreiheit nicht gedeckt und damit einem zwischenstaatlichen Abkommen vorbehalten, das die Interessen der Stakeholder entsprechend sicher stellen müsste[635]. Die Niederlassungsfreiheit von Gesellschaften geht parallel zu der natürlicher Personen von der Kontinuität der Staatszugehörigkeit aus. Art. 43, 48 EG

---

631 Vgl. *Riegger*, ZGR 33 (2004), 510, 514; a.A. wohl *Ebert/Levedag*, GmbHR 2003, 1337, 1339; *Paefgen*, DB 2003, 487, 490; *Eidenmüller*, JZ 2004, 24, 32 (Doppeleintragung im Gründungs- und Niederlassungsstaat).

632 *Bungert*, RIW 1999, 109, 113.

633 Treffend formuliert der *High Court of Justice* in seiner Entscheidung *Gasque v. Commissioners* of Inland Revenue, [1940] 2 KB 80: „A limited company is capable of having a domicile. Its domicile is the place of its registration and that domicile clings to it throughout its existence."

634 Vgl. BayObLG ZIP 1992, 842, 843; OLG Frankfurt NJW 1964, 2355; OLG Nürnberg, IPRax 1985, 342 = RIW 1985, 494; OLG München NJW 1986, 2197; OLG Zweibrücken IPRspr. 1990 Nr. 23 = IPRax 1991, 406; vgl. *Zimmer*, BB 2003, 1, 7; *Bayer*, BB 2003, 2357, 2359; a.A. im Zuge der *Überseering* Entscheidung des EuGH dagegen *Straube/Ratka*, ÖZW 2003, 34, 43.

635 I.E. ebenso *Triebel/v. Hase*, BB 2003, 2049, 2414 f.; wohl auch *Meilicke*, GmbHR 2003, 793, 806: „Sofern nach dem gegenwärtigen Stand des Gemeinschaftsrecht ein Recht zur identitätswahrenden Verlegung des Satzungssitzes über die Grenze noch nicht bestehen sollte, [...]."; bedauernd *Lutter*, BB 2003, 7, 10; *Stork*, S. 293 ff., 299 f.; *Dautzenberg*, FR 1999, 451, 453; *v. Halen*, S. 144 f.; *Großfeld*, in: Staudinger IntGesR, Rdn. 680; *Behrens*, ZGR 23 (1994), 1, 7, 9; *ders.*, IPRax 2000, 384, 389; *Leible*, ZGR 33 (2004), 531, 535; in diesem Sinne auch Schlussanträge GA *La Pergola* v. 16.7.1998 Rs. C-212/97 (*Centros*), Slg. 1999, I-1476 (Tz. 20); BayObLG GmbHR 2004, 490; a.A. *Drobnig*, in: Gemeinschaftsrecht, S. 185, 196; *Mülbert/Schmolke*, ZVglRWiss 100 (2001),

wollen nur die tatsächliche Bewegungsfreiheit sicher stellen[636]. Hieran ändert sich freilich auch dann nichts, wenn neben dem Satzungssitz auch der Verwaltungssitz verlegt werden soll[637]. Denn auch in diesem Fall kommt es kollisionsrechtsunabhängig zu einem Wechsel der Staatszugehörigkeit.

C. *Grenzüberschreitende Verschmelzung*

Eng verbunden mit der soeben aufgeworfenen Frage nach der Gewährleistung eines grenzüberschreitenden Formwechsels, ist die Frage, ob die Art. 43, 48 EG grenzüberschreitende Verschmelzungen (§§ 2-122 UmwG) erfassen. Für diesen Fall wäre § 1 Abs. 1 UmwG mit der Niederlassungsfreiheit unvereinbar, weil ausländische Gesellschaften durch § 1 Abs. 1 UmwG diskriminiert würden und eine Rechtfertigung nach Art. 46 EG nicht ersichtlich ist[638]. Das LG Koblenz will einen die grenzüberschreitende Verschmelzung umfassenden Gewährleistungsgehalt der Art. 43, 48 EG nach *Überseering* nicht mehr ausschließen. Das LG Koblenz hat daher dem EuGH die Frage nach der Vereinbarkeit von § 1 Abs. 1 UmwG mit Art. 43, 48 EG zur Vorabentscheidung (Art. 234 EG) vorgelegt[639]. Der östOGH hat im Zuge des *Überseering*-Urteils diesen Schritt bereits vollzogen und damit nach der *Centros*-Entscheidung erneut die Vorreiterrolle eingenommen[640]. Nach Ansicht des östOGH wird die „Herein"-Verschmelzung durch

---

232, 245 f.; *Behrens*, IPRax 2000, 384, 389 f.; *Becker*, GmbHR 2004, R 145, R 146; unentschieden *Lüer*, in: Liber Amicorum Kegel, S. 83, 96; *Steindorff*, JZ 1999, 1140, 1142.

636 Vgl. dazu Leible, ZGR 33 (2004), 531, 535. Das übersieht *Becker*, GmbHR 2004, R 145, R 146. *Becker* will der Niederlassungsfreiheit auch die Möglichkeit eines Satzungssitzwechsels mit einhergehendem Rechtsformwechsel entnehmen. Der Formulierung in Art. 43 Abs. 1 EG: „[...], nach den für die Staatsangehörigen geltenden Bestimmungen aufzunehmen und auszuüben [...]" lässt sich die Gewährleistung eines Wechsels der Staatsangehörigkeit aber nicht entnehmen. Gemeint ist hiermit vielmehr, dass natürliche und juristische Personen ausländischer Staatsange-hörigkeit bzw. Staatszugehörigkeit *als solche* unter dem für Inländer geltenden Verkehrsrecht tätig werden dürfen.

637 Ebenso *Stork*, S. 299 f.

638 *Eidenmüller*, JZ 2004, 24, 30; *Dorr/Stukenborg*, DB 2003, 647, 649; a.A. *Binge/Thölke*, DNotZ 2004, 21, 27 f.

639 LG Koblenz DB 2003, 2428 (im vom LG Koblenz zu entscheidenden Fall geht es um die Eintragung der Verschmelzung eines ausländischen Rechtsträgers auf einen deutschen Rechtsträger); ablehnende Haltung zur „Herein"- und „Heraus"-Umwandlung die bisherige Rspr. (vgl. zur „Herein"-Umwandlung: OLG Hamm ZIP 1997, 1696; OLG Zweibrücken NJW 1990, 3092; BayObLG NJW-RR 1999, 401; vgl. zur „Heraus"-Umwandlung: OLG Hamm ZIP 1997, 1696; BayObLG JZ 1993, 327; a.A. eine Hereinverschmelzung dagegen zugelassen AG Düsseldorf Verfügungen vom 5.3.2003 und 25.3.2002 (Verschmelzung einer italienischen *Società a Responsibilità Limitata con unico Socio* [S.r.l.] und *Societé Anonyme* (SA) auf eine deutsche GmbH). Die nicht veröffentlichten Entscheidungen werden berichtet von *Dorr/Stukenborg*, DB 2003, 647, 647 dort Fn. 7. Die Verschmelzungen waren nach italienischem und französischem Recht („Heraus"-Umwandlung) möglich (eingehend *Dorr/Stukenborg*, DB 2003, 647, 650-653).

640 Vgl. die im Zuge der *Centros*-Entscheidung ergangene Entscheidung, östOGH RIW 2000, 378 = IPRax 2000, 418 = EuZW 2000, 156.

Art. 43, 48 EG gewährleistet[641]. In seinen Urteilsgründen bezieht sich der östOGH dabei ausdrücklich auf die Entscheidung des EuGH in der Rechtssache *Überseering*[642].

Die Übertragung der *Überseering*-Rechtsprechung auf grenzüberschreitende Umwandlungsvorgänge ist aber nicht zwingend. Nach einer Verschmelzung besteht das von Art. 43, 48 EG Gebrauch machende Niederlassungsfreiheitssubjekt (die „aufgenommene" Gesellschaft) nicht fort. Die „aufgenommene" (übertragende) Gesellschaft „verzieht" nicht. Vielmehr begeht sie „*corporate suicide*"[643]. Hierin liegt ein qualitativer Unterschied zur grenzüberschreitenden Verwaltungssitzverlegung. Bei dieser besteht das Niederlassungsfreiheitssubjekt in seiner *Identität* fort[644]. Im Rahmen einer Satzungssitzverlegung (grenzüberschreitender Formwechsel) bleibt immerhin der Rechtsträger (in einem andern Rechtskleid) bestehen[645]. Wie im Falle einer grenzüberschreitenden Verwaltungssitzverlegung, sind grenzüberschreitende „Umwandlungsvorgänge" rechtlich aus zwei Perspektiven zu betrachten[646]. Eine erfolgreiche Verschmelzung einer ausländischen auf eine inländische Gesellschaft hängt von zwei Rechtsordnungen ab. Der EuGH hat im Zusammenhang mit Verwaltungssitzverlegungen das Verhältnis zwischen Niederlassungsfreiheitsubjekt und dem Niederlassungsstaat entschieden. Übertragen auf eine grenzüberschreitende Verschmelzung ist also die „aufnehmende" Rechtsordnung betroffen. Im weit überwiegenden Teil des Schrifttums und der Rechtsprechung haben die Erläuterungen des EuGH in *Überseering* dazu geführt, eine Differenzierung bezüglich der Reichweite der Niederlassungsfreiheit vorzunehmen[647], die nach hier vertretener Ansicht abgelehnt wird.

Inwiefern durch Art. 43, 48 EG „Herein"- und „Heraus"-Umwandlungen gewährleistet sind, hängt unabhängig davon, wie man zur Unterscheidung in „Herein"- und „Heraus"-Umwandlungen steht, von einem anderen Gesichtspunkt ab[648]. Entscheidend

---

641 ÖstOGH ZIP 2003, 1086 = ZfRV 2003, 194 („Verschmelzende" Umwandlung einer österreichischen GmbH auf eine deutsche GmbH); zustimmend *Horn*, NJW 2004, 893, 898; ablehnend *Paefgen*, GmbHR 2004, 463, 467 f., 475 f.

642 Die Verschmelzung auf einen ausländischen Rechtsträger ist nach österreichischem Recht erlaubt. Der östOGH vertritt in seinem Urteil unter Bezugnahme auf die *Überseering*-Entscheidung die Ansicht, dass die „Herein"-Umwandlung (Verschmelzung) - so stellt sich der Vorgang aus Sicht des „aufnehmenden" Rechts dar - durch Art. 43, 48 EG gewährleistet ist.

643 *Eyles*, S. 116 f.; *Paefgen*, IPRax 2004, 132, 133 f.; *ders.*, GmbHR 2004, 463, 467 f.

644 Mit beachtlichem Argument relativierend *Drygala*, ZEuP 2004, 337, 353; *Lutter/Drygala*, § 1 UmwG, Rdn. 14, 18.

645 Vgl. *Kindler*, in: MünchKomm IntGesR, Rdn. 651, 688; *Semler/Stengel*, in: Semler/Stengel Einl. A, Rdn. 114.

646 Implizit *Hirte/Mock*, EWiR 2003, § 2 öUmwG 1/03, 595, 596.

647 Vgl. dazu oben S. 141 ff.

648 Die Zulässigkeit der „Herein"-Umwandlung für niederlassungsfreiheitsrechtlich geboten erachtend *Großfeld/Jasper*, RabelsZ 53 (1989), 52, 62, 69; *Lutter*, ZGR 23 (1994), 87, 90-93; *Bälz/Baldwin*, 3 GLJ D. I. 3. [33] (2002); *Eidenmüller*, JZ 2004, 24, 30 f.; *Dorr/Stukenborg*, DB 2003, 647, 649 (Dis-kriminierung ausländischer Gesellschaften durch § 1 Abs.1 UmwG); *Beul*, IStR 2003, 737, 737 f.; *Straube/Ratka*, ÖZW 2003, 34, 42; *Dorr/Stukenborg*, DB 2003, 647-653; *Mankowski*, EWiR 2004, § 1 UmwG 1/04, 139 f.; *Horn*, MittBl. DAV 2/2003, 23, 25; differenzierend *Hirte/-*

dürfte der Ausgang, wie auch im Falle einer grenzüberschreitenden Satzungssitzverlegung, davon abhängen, ob die Niederlassungsfreiheit neben der „Mobilität" auch die „Einbürgerung" mit umfasst[649]. Ausschlaggebend ist somit die Reichweite von Art. 43, 48 EG. Im Ergebnis liegt im Falle einer grenzüberschreitenden Verschmelzung die Errichtung einer nationalen Gesellschaft vor, wobei die Errichtungsvoraussetzungen unbeeinflusst von der Niederlassungsfreiheit allein vom nationalen Recht festlegt werden können[650]. Zu bedenken gilt es aber auch, dass die nach dem Umwandlungsvorgang bestehende nationale Gesellschaft aus zwei Niederlassungsfreiheitsträgern hervorgeht, wobei die verschmolzene Gesellschaft ihre Niederlassungsberechtigung durch Existenzverlust verliert[651]. Daher sind die Art. 43, 48 EG grundsätzlich beachtlich, was aber noch nichts über deren Reichweite aussagt.

Sieht man den Wechsel der rechtsträgerwahrenden Staatszugehörigkeit von Art. 43, 48 EG umfasst, wären grenzüberschreitende Umwandlungsmaßnahmen in Form der Verschmelzung und des Formwechsels zuzulassen. Infolgedessen müsste § 1 UmwG europarechtskonform ausgelegt werden[652]. Ob der Inhalt der Niederlassungsfreiheit so weit reicht, ist aber fraglich. Der EuGH wird sich in Kürze damit auseinander zu setzen haben. In Fortschreibung seiner Rechtsprechung zur Niederlassungsfreiheit von Gesellschaften, ist ein solcher Schritt jedenfalls nicht auszuschließen[653]. Art. 293 Spiegelstr. 3 Fall 3 EG (Verschmelzung von Gesellschaften verschiedener Mitgliedstaaten) wird dabei jedenfalls keine unüberwindbare Hürde darstellen. Wie der EuGH bereits zur Frage der Anerkennung (Art. 293 Spiegelstr. 3 Fall 1 EG) ausdrücklich und implizit zur Frage der Beibehaltung der Rechtspersönlichkeit (Art. 293 Spiegelstr. 3 Fall 2 EG) festgestellt hat, wird ein Abkommen nach Art. 293 erst in dem Augenblick zwingend *erforderlich*, in dem Art. 43, 48 EG an ihre inhaltlichen Grenzen stoßen[654].

Für den Fall, dass der Gerichtshof der Niederlassungsfreiheit die Gewährleistung der grenzüberschreitenden Verschmelzung entnimmt, könnte die Rechtsprechung des

---

Mock, EWiR 2003, § 2 öUmwG 1/03, S. 595, 596: „Somit müssen zumindest „Herein"-Umwandlungen aus deutscher Sicht anerkannt werden, sofern das ausländische Umwandlungsrecht den Bestand des deutschen übernehmenden Rechtsträgers unberührt lässt."; *Mock/Westhoff*, DZWIR 2004, 23, 28; tendenziell auch *Grundmann*, DStR 2004, 232, 235 f.; *Wachter*, GmbHR 2004, 88, 102; *Paefgen*, GmbHR 2004, 463-476; „Hinein"- und „Heraus"-Umwandlungen für niederlassungsrechtlich geboten erachtend *Lutter/Drygala*, § 1 UmwG, Rdn. 18-25; *Drygala*, ZEuP 2004, 337, 353 f.; *Leisle*, The European Legal Forum 2004, 153-158; insbesondere die „Heraus"-Verschmelzung für niederlassungsrechtlich gewährleistet erachtend *Kallmeyer*, DB 2004, 636, 638; *Schwark*, AG 2004, 173, 179; a.A. *Semler/Stengel*, in: Semler/Stengel Einl. A, Rdn. 110 ff., 114; *Binge/Thölke*, DNotZ 2004, 21, 27 f.; *Kindler*, in: MünchKomm IntGesR, Rdn. 651, 688.

649 *Triebel/v. Hase*, BB 2003, 2409, 2415.

650 *Binge/Thölke*, DNotZ 2004, 21, 28.

651 Vgl. *Paefgen*, GmbHR 2004, 463, 467 f.

652 Zur Interpretation und analogen Anwendung von § 1 Abs. 1 UmwG auf den Inlandsrechtsträger s. *Dorr/Stukenborg*, DB 2003, 647, 648-649.

653 *Grundmann*, DStR 2004, 232, 235 f.

654 Zur Bedeutung von Art. 293 EG vgl. oben S. 71 ff.; *Leible*, in: Streinz Art. 293 EGV, Rdn. 15.

EuGH einmal mehr die derzeitigen Rechtsetzungsbemühungen des europäischen Gesetzgebers „überholen“[655]. Gemeinschaftsrechtliche Rechtssetzungsakte, wie die in Planung befindliche RL zur Satzungssitzverlegung[656] und Verschmelzung von Kapitalgesellschaften aus verschiedenen Mitgliedstaaten[657], hätten dann bei ihrem Inkrafttreten nur deklaratorische, allenfalls aber flankierende Bedeutung. Spannend wird insbesondere werden, ob die Implementierung eines Mitbestimmungssystems in die verschmolzene Gesellschaft, wie es Art. 14 des Kommissionsentwurfs zur Verschmelzungsrichtlinie vorsieht, mit Art. 43, 48 EG vereinbar ist[658]. Nach dem Richtlinienvorschlag soll die Mitbestimmung in der verschmolzenen Gesellschaft fortgeführt werden, sofern eine der beteiligten Gesellschaften bisher mitbestimmungsrechtlichen Regelungen unterworfen war. Die Implementierung soll nach dem Modell der Ergänzungs-RL zur SE erfolgen.

§ 10: Auswirkungen von Überseering auf die Bestimmung der lex societatis

Nachstehend werden die Auswirkungen der *Überseering*-Entscheidung auf die mitgliedstaatlichen Gesellschaftskollisionsrechte untersucht.

A. *Anknüpfung der Rechtsfähigkeit*

Der effektive Verwaltungssitz einer im EU-Ausland gegründeten und bestehenden Gesellschaft kann als Anknüpfungspunkt zur Bestimmung des für die Rechtsfähigkeit einer Gesellschaft maßgeblichen Sachrechts nicht mehr verwandt werden[659]. Die Rechtsfähigkeit einer Gesellschaft ist in Folge der *Überseering*-Entscheidung nach dem Recht des Gründungsstaats zu beurteilen. Ausländische Gesellschaften i.S.v. Art. 48 EG sind im Inland anzuerkennen. Und dies unabhängig davon, ob Satzungs- und Verwal-

---

655 Ähnlich *Mankowski*, EWiR 2004, § 1 UmwG 1/04, 139, 140: „Warten auf die Verschmelzungsrichtlinie [...] wird den EuGH daher nicht hindern, den primärrechtlichen Grundfreiheiten ihre volle Geltung zu verschaffen.“

656 Siehe zum Inhalt der geplanten RL http://www.europa.eu.int/comm/internal_market/company/seat-transfer/2004-consult_de.htm (Stand: Juli 2004).

657 Vorschlag der Kommission der Europäischen Gemeinschaften v. 18.11.2003 KOM (2003) 703. Bisherige Bemühungen um eine grenzüberschreitende Verschmelzungsrichtlinie waren auf europäischer Ebene bisher gescheitert (vgl. den Entwurf eines Abkommens über die internationale Verschmelzung von Aktiengesellschaften v. 20.12.1972 abgedruckt in RabelsZ [1975], 539-560 und Vorschlag einer 10. RL v. 8.1.1985 [Internationale Fusions-RL] abgedruckt bei *Lutter*, Unternehmensrecht, S. 261-265).

658 Bejahend *Dorr/Stukenborg*, DB 2003, 647, 649. Vgl. zur Europarechtkonformität der Überlagerung der deutschen Mitbestimmung unten S. 289 ff.

659 Diese Konsequenz zog der östOGH bereits im Zuge der *Centros*-Entscheidung (östOGH RIW 2000, 378 = IPRax 2000, 418 = EuZW 2000, 156).

bereits im Zuge der Gründung auseinanderfallen[660]. Für
...indungsstaat außer ihrer Gründung und Registrierung
Scheinauslandsgesellschaft (*pseudo-foreign-corpor-*
werden. Rechtlich sind Gesellschaften, die aus
als *pseudo-foreign-corporations* bezeichnet wer-
...gsfreiheit ausgestattete Gesellschaften. Hierfür sind
...schaftsrechts maßgeblich. Eine Unterscheidung zwischen
...*ions* und „normalen" Auslandsgesellschaften[661] würde nicht nur
. Für niederlassungsberechtigte Gesellschaften wäre die Bezeichnung
...alsch[662]. Damit ist ein Wandel des kollisionsrechtlichen Anknüpfungs-
... Deutschland und allen anderen Sitztheoriestaaten innerhalb der EU zumindest
die Bestimmung der Rechtsfähigkeit einer Gesellschaft erforderlich[663]. Die betroffene Gesellschaft ist als künstlich geschaffenes Gebilde nur im Rechtskreis der Gründung real. Die Beurteilung der Rechtsfähigkeit *dieser* Gesellschaft durch eine fremde Rechtsordnung ist folglich ausgeschlossen. Behandelt man die Auslandsgesellschaft im Inland als nationale Personengesellschaft, schafft man ein *neben* der Ursprungsgesellschaft bestehendes *aliud*. Es gilt aber zu bestimmen, ob die bestehende Auslandsgesellschaft rechtsfähig ist. Mithin ist die Rechtsfähigkeit einer Gesellschaft zwingend an den Gründungsakt anzuknüpfen.

B. Anknüpfung der Parteifähigkeit

Nach nationalem kollisionsrechtlichen Verständnis ist das Qualifikationsstatut der Parteifähigkeit entscheidend.

I. Kollisionsrechtlicher Blickwinkel

Handelt es sich bei der Parteifähigkeit um eine vom Gesellschaftsstatut losgelöste Eigenschaft in Form eines verselbständigten Prozessstatuts, dann ist eine Bestimmung

660 EuGH, Urt. v. 5.11.2002 Rs. C-208/00 (*Überseering*), Slg. 2002, I-9965 (Tz. 59).

661 So früher z.B. *Zimmer*, S. 219-240 („Kombinationslehre"); *Forsthoff*, EWS 2001, 59, 64: „Art. 46 Abs. 1 EG berechtigt die Mitgliedstaaten, auf Scheinauslandsgesellschaften in den Grenzen der Verhältnismäßigkeit inländisches und nicht ausländisches Recht anzuwenden."

662 *Ebke*, JZ 2003, 927, 930 dort Fn. 58; *Brand*, JR 2004, 89, 91; das erkennen wohl auch *Leible/-Hoffmann* ZIP 2003, 925, 925. Vormals als *pseudo-foreign-corporations* titulierte Gesellschaften bezeichnen sie nunmehr als „inländische Auslandsgesellschaft", was wenig hilfreich ist. Den Begriff der Scheinauslandsgesellschaft bedauerlicherweise immer noch verwendend z.B. *Ulmer*, NJW 2004, 1201-1210; *Hirte*, EWS 2003, 521, 522; *Weller*, DStR 2003, 1800; OLG Düsseldorf DB 2004, 128, 129.

nach § 50 Abs. 1 ZPO als (versteckte) Kollisionsnorm denkbar, aber keinesfalls zwingend. *Großfeld* bestimmt die Parteifähigkeit zwar nach einer eigenen (prozessualen) Kollisionsnorm. Maßgeblich für das Vorliegen von Parteifähigkeit ist nach seinem Verständnis dabei die Parteifähigkeit nach der durch das Gesellschaftsstatut bestimmten Rechtsordnung und nicht die nach § 50 Abs. 1 ZPO erforderliche Rechtsfähigkeit[664]. Im Ergebnis erreicht *Großfeld* damit trotz Annahme unterschiedlicher kollisionsrechtlicher Statute, dass sich Rechts- und Parteifähigkeit nach der gleichen Rechtsordnung bestimmen. Zu diesem Ergebnis gelangt man unmittelbar, wenn man die Parteifähigkeit als Bestandteil des Gesellschaftsstatuts ansieht[665]. Eine Bestimmung der Parteifähigkeit nach der *lex fori* (§ 50 Abs. 1 ZPO) wäre bei diesem Verständnis dogmatisch nur im Wege einer Sonderanknüpfung denkbar. Für die Qualifizierung der Parteifähigkeit als Bestandteil des Gesellschaftsstatuts sprechen gute Gründe. Die Fähigkeit, Rechte in einem Prozessrechtsverhältnis vor ausländischen Gerichten geltend machen zu können, ist eine wesentliche Voraussetzung für die grenzüberschreitende Handlungsfähigkeit. Damit prägt die Parteifähigkeit entscheidend das gesellschaftsrechtliche „Leben" einer Gesellschaft. Das spricht für eine Zuordnung der Parteifähigkeit zum Gesellschaftsstatut. Im Zusammenhang mit höherrangigem EG-Recht ist aber nicht das nationale kollisionsrechtliche Verständnis entscheidend. Vielmehr kommt es auf die Konformität kollisionsrechtlicher Ergebnisse mit Art. 43, 48 EG an.

II. Europäischer Blickwinkel

Zunächst ist festzustellen, dass die Bestimmung der Parteifähigkeit Gegenstand der *Überseering*-Entscheidung geworden ist[666]. Der VII. Zivilseant des BGH hat in seiner 2. Vorlagefrage ausdrücklich nach der Beurteilung der Rechts- *und* Parteifähigkeit gefragt[667]. In seiner Revisionsentscheidung geht der Senat indes ohne nähere Begründung von der Bestimmung der Parteifähigkeit nach der *lex fori* (§ 50 Abs. 1 ZPO) aus[668]. Anlass hierfür mögen die Wendungen des EuGH gewesen sein. Der Gerichtshof

---

663 A.A. z.B. *Heiss*, ZfRV 2003, 90, 93 insbesondere Fn. 43.

664 *Großfeld*, in: Staudinger IntGesR, Rdn. 292.

665 *Kindler*, in: MünchKomm IntGesR, Rdn. 448; *Thorn*, IPRax 2001, 102, 106; *Leible*, in: Michalski Syst. Darst. 2, Rdn. 89.

666 *Weller*, IPRax 2003, 324, 326 f.

667 Vgl. BGH GmbHR 2000, 715: „Gebietet es die Niederlassungsfreiheit für Gesellschaften (Art. 43 und 48 EG), die Rechtsfähigkeit *und* die Parteifähigkeit nach dem Recht des Gründungsstaats zu beurteilen?"

668 BGH NZG 2003, 431, 433 = JZ 2003, 525, 526 (VII. Zivilsenat); a.A. BGHZ 51, 27, 28; BGHZ 53, 383, 385; BGH BB 2003, 810, 811 (VIII. Zivilsenat); implizit BGH WM 2002, 1186 (XI Zivilsenat); wohl auch AG Hamburg NJW 2003, 2835, 2836; *Weller*, IPRax 2003, 324, 327. *Weller* hätte ein Festhalten am *lex fori* Prinzip begrüßt. Eine solche Sicht lasse sich aber aufgrund der klaren Aussagen des EuGH nun nicht mehr aufrecht erhalten.

verknüpft in der *Überseering*-Entscheidung durchweg die Rechts- und Parteifähigkeit mit der Formulierung „*und damit*". Das klingt zunächst einmal danach, als ziehe der EuGH für die Frage der Parteifähigkeit die *lex fori* heran[669]. Ein dahingehender Schluss ist aber nicht zwingend. Immerhin ist die Verknüpfung von Rechts- und Parteifähigkeit ein allgemeines Phänomen. Es liegt daher die Annahme nicht fern, der Gerichtshof habe mit seiner Verknüpfung „*und damit*" nur ein allgemeines Rechtsprinzip zum Ausdruck bringen wollen und gerade nicht die Bestimmung der Parteifähigkeit nach der *lex fori* festlegen wollen. Für eine solche Einschätzung spricht schließlich auch, dass der EuGH nicht kollisionsrechtlich, sondern europarechtlich argumentiert.

Unabhängig von der Beantwortung der Frage, ob die Parteifähigkeit Teil des Gesellschaftsstatuts ist, überzeugt die Beurteilung der Parteifähigkeit ausländischer Gesellschaften nach § 50 ZPO nicht. Denn das in § 50 Abs. 2 ZPO enthaltene Regel-Ausnahmeverhältnis greift gegenüber ausländischen Gesellschaften nicht. Aufgeführt ist in § 50 Abs. 2 ZPO ausschließlich der nichtrechtsfähige Verein (§ 54 BGB). Dieser Umstand verdeutlicht, dass der Norm ein auf deutsche Gesellschaftsformen beschränkter Geltungsanspruch immanent ist. Ausländische Gesellschaften, die nach ihrem existenzgebenden Recht nicht mit Rechtsfähigkeit ausgestattet sind, können nach dieser Rechtsordnung aber gleichwohl parteifähig sein. Das ist uns auch in Deutschland nicht fremd (vgl. § 124 HGB). In derartigen Fällen würden Auslandsgesellschaften bei Beurteilung der Parteifähigkeit nach § 50 ZPO schlechter gestellt und gleichzeitig in ihrer Niederlassungsfreiheit erheblich beschränkt. Zur Beurteilung der Parteifähigkeit muss daher auf die Gründungsrechtsordnung zurückgegriffen werden. Allein so wird sicher gestellt, dass eine im Herkunftsstaat parteifähige Gesellschaft auch außerhalb ihrer Rechtsordnung Rechte vor Gericht geltend machen kann[670]. Das gebietet die Niederlassungsfreiheit.

669 A.A. *Weller*, IPRax 2003, 324, 327: „Der EuGH bejahte denn auch explizit die Gründungsanknüpfung in Bezug auf die Parteifähigkeit und damit die Maßgeblichkeit der *lex societatis* und nicht diejenige der *lex fori*."

670 BGH BB 2003, 810, 811 = IPRax 2003, 265; *Eidenmüller*, ZIP 2002, 2233, 2238: „[...] - nur bedeuten, dass der VII. Senat Überseering als niederländische Kapitalgesellschaft behandeln und die Rechts- und Parteifähigkeit (auch letztere!) nach niederländischem Recht beurteilen muss."; *Weller*, IPRax 2003, 324, 326 f.; *Kegel/Schurig*, S. 578; offenlassend *Ebke*, JZ 2003, 927, 929 dort Fn. 30; a.A. *Wertenbruch*, NZG 2003, 618, 619.

Ob die Mitgliedstaaten niederlassungsrechtlich zur Anerkennung ausländischer Gesellschaften über deren Rechts- und Parteifähigkeit hinaus verpflichtet sind, hatte der EuGH in der Entscheidung *Überseering* nicht zu entscheiden[671]. Damit standen nach *Überseering* auch die aus der europäischen Niederlassungsfreiheit zu ziehenden kollisionsrechtlichen Konsequenzen noch nicht hinreichend fest. Allerdings steht nicht zu erwarten, dass der EuGH die Frage, wie weit die Anerkennungsverpflichtung einer ausländischen Gesellschaft reicht, abstrakt beantworten wird. Der Gerichtshof wird diese Frage vielmehr für jeden ihm vorgelegten Einzelfall entscheiden[672]. Der Wandel von der Sitztheorie zur Überlagerungstheorie war nach *Überseering* jedenfalls nicht *a priori* ausgeschlossen. Gleichwohl lassen die Urteile *Centros* und *Überseering* bereits eine Tendenz erkennen, wohin sich die Rechtsprechung des EuGH zur Niederlassungsfreiheit von Gesellschaften entwickeln wird[673]. Ziel der nachfolgenden Untersuchung ist es, die nach *Überseering* noch bestehende kollisionsrechtliche Rechtsunsicherheit anhand der später ergangenen Entscheidung *Inspire Art* zu beseitigen und die Vorgaben an eine gemeinschaftsrechtskonforme Gesellschaftskollisionsnorm zu erarbeiten.

C. *Inspire Art: Die Anknüpfung der lex societatis „im Übrigen“*

Im Urteil *Inspire Art*[674] hat der EuGH seine in *Überseering* eingenommene Rechtsposition konsequent fortgeführt. *Inspire Art* untermauert das in *Centros* und *Überseering* vorgetragene Verständnis von Niederlassungsfreiheit und beantwortet die bis dahin noch heftig umstrittene Frage nach der maßgeblichen Haftungsverfassung. Im Folgenden wird es darum gehen, die Auswirkungen der Niederlassungsfreiheit auf die Ermittlung des über die Rechts- und Parteifähigkeit hinausgehenden Gesellschaftsstatuts auszuloten. Zwingende Vorgabe an die Gesellschaftskollisionsrechte ist es, den niederlassungsfreiheitsrechtlichen Anforderungen zu genügen. Wenn die Niederlassungsfreiheit die Identitätswahrung einer Gesellschaft bei grenzüberschreitender Tätigkeit gewährleistet, dann steht zugleich auch das auf kollisionsrechtlicher Ebene zu erreichende Ergebnis zwingend fest. Erforderlich ist in diesem Fall die Anknüpfung aller *identitäts*bestimmenden Faktoren nach dem Inkorporationsrecht.

---

671 *Zimmer*, BB 2003, 1, 3 f.; *Brand*, JR 2004, 89, 90; *Micheler*, 52 ICLQ 521, 529 (2003): "What is unclear is the scope of this mutual recognition of companies."

672 *Micheler*, 52 ICLQ 521, 526 (2003): "Exactly which rules must be recognised when a company moves within the Community, however, has yet to be decided by the ECJ."

673 *Ebke*, JZ 2003, 927, 930 f.; *Leible/Hoffmann*, EuZW 2003, 677, 681; *Hirte*, NJW 2003, 1090, 1091 f. (Anerkennung der ausländischen Haftungsverfassung).

674 EuGH, Urt. v. 30.9.2003 Rs. C-167/01 (*Inspire Art*), Slg. 2003, I-10155.

Zunächst soll abstrakt bestimmt werden, welche Regelungen überhaupt unter das Gesellschaftsstatut fallen. Das ist erforderlich, weil in Deutschland mangels einer Kodifizierung des Gesellschaftskollisionsrechts auch dessen Geltungsumfang nicht bestimmt ist[675]. Plastisch ist in diesem Zusammenhang die von der Rechtsprechung entwickelte Formel. Hiernach bestimmt das Sitzrecht (Recht am Ort des Verwaltungssitzes) unter welchen Voraussetzungen die juristische Person „entsteht, lebt und vergeht“[676]. Hierunter fallen mithin alle Regelungsbereiche, die das Wesen und damit zugleich die Funktionsweise einer Gesellschaft im Rechtsverkehr determinieren[677]. Das Wesen einer Gesellschaft wird hauptsächlich durch ihre Unternehmensverfassung geprägt. Hinzu treten die von den Gesellschaftern auferlegten Regelungen innerhalb der Satzung (Gesellschaftsvertrag). Umfasst sind an erster Stelle alle Normen, die die Entstehungsvoraussetzungen einer bestimmten Gesellschaftsform aufstellen. Mit der Entstehung einer bestimmten Gesellschaftsform steht zugleich fest, wie die innere Verfassung der Gesellschaft ausgestaltet ist. An die Erteilung der Rechtsfähigkeit knüpfen Rechtsordnungen ein Regelwerk, nach dem die Gesellschaft zu leben hat. Unter der inneren Verfassung versteht man das Beziehungsgeflecht der Gesellschaft zu ihren Organen und Gesellschaftern. Hierzu zählen insbesondere die Rechte und Pflichten der Organe (z.B. Geschäftsführungsbefugnis), aber auch deren Besetzung und Funktionsweise. Von der Unternehmensverfassung umfasst ist schließlich das Verhältnis der Gesellschafter zur Gesellschaft.

Die Unternehmensverfassung regelt aber auch die Beziehungen der Gesellschaft gegenüber dem Rechtsverkehr. Kernbestand des Gesellschaftsstatuts sind die Regelungen, die die *gesellschaftsrechtlichen* Beziehungen einer Gesellschaft zum Rechtsverkehr bestimmen. Insbesondere ist hier die Außenhaftung von Gesellschaft, Organen und Gesellschaftern zu nennen, wenn der Haftungsgrund innerhalb des Gesellschaftsverhältnisses liegt[678]. Hinzu kommt das Auftreten der Gesellschaft im Rechtsverkehr (Firmenrecht)[679]. Das Gesellschaftsstatut ist weiterhin maßgeblich für die organschaftliche

675 Andere Rechtsordnungen, wie z.B. die schweizer, sind darum bemüht in diesem Punkt Rechtssicherheit zu schaffen (vgl. zum schweizer Gesellschaftskollisionsrecht *Schwander*, SZIER 2002, 57-78. S. zur Reichweite des Gesellschaftsstatuts in Deutschland *Leible*, in: Michalski Syst. Darst. 2, Rdn. 58-128; *v. Bar*, IPR Bd. II, Rdn. 634 ff.

676 BGHZ 25, 134, 144; vgl. *Großfeld*, in: Staudinger IntGesR, Rdn. 17 ff.

677 Zur Reichweite des Gesellschaftsstatuts s. *Leible*, in: Michalski Syst. Darst., Rdn. 58 ff.

678 Die Qualifizierung der Außenhaftung der Gesellschafter einer juristischen Person ist umstritten. Neben der gesellschaftsrechtlichen Qualifizierung, wird teilweise vertreten, die Durchgriffshaftung dem Insolvenz- oder Deliktsrecht zuzuweisen. S. hierzu *Weller;* IPRax 2003, 207, 209 f. Hiervon zu unterscheiden sind die deliktsrechtlichen Haftungstatbestände, die sich nach dem Deliktsstatut bestimmen (Art. 40 EGBGB). Vgl. dazu unten S. 208 ff.

679 *Leible*, in: Michalski Syst. Darst. 2, Rdn. 99-101, *v. Hase*, BuW 2003, 944; a.A. *Kindler*, in: MünchKomm IntGesR, Rdn. 145-149.

Vertretungsbefugnis juristischer Personen. Schließlich gehört auch die Auflösung einer Gesellschaft zum Zyklus einer Gesellschaft und bestimmt sich daher nach dem anwendbaren Gesellschaftsstatut. Verschiedentlich wird eine Aufspaltung der Subjekteigenschaften einer Gesellschaftsform in Innen- und Außenrecht vorgenommen[680]. Eindeutig lässt sich eine Zuordnung gesellschaftsrechtlicher Charaktereigenschaften zum Innen- und Außenrecht aber oft nicht vornehmen[681]. Beispielsweise sind Rechtsfähigkeit und Haftungsverfassung juristischer Personen in erster Linie Bestandteil der Unternehmensverfassung (Innenrecht). Zugleich spielen sie aber auch in den Rechtsverhältnissen der Gesellschaft gegenüber Dritten eine bedeutsame Rolle[682]. Für vorliegende Zwecke sind Gedanken über die Zuordnung gesellschaftsrechtlicher Wesensmerkmale zum Innen- oder Außenrecht und insbesondere über Sinn- und Zweckmäßigkeit einer gespaltenen Anknüpfung des Gesellschaftsstatuts aber erst dann angebracht, wenn feststeht, dass die Art. 43, 48 EG einer gespaltenen Anknüpfung überhaupt offen gegenüber stehen.

II. Zusammenspiel gesellschaftsrechtlicher Regelungen schafft Identität

Wenn zur Bestimmung des Umfangs des Gesellschaftsstatuts auf solche Eigenschaften der Gesellschaft abgestellt wird, die sie typisiert, dann muss man sich allerdings fragen, weshalb z.B. die Rechtsfähigkeit eine wesenstypische Eigenschaft darstellt. Im In- und Ausland gibt es zahlreiche Gesellschaftsformen, die die Eigenschaft aufweisen als rechtlich verselbständigte Zuordnungssubjekte, Träger von Rechten und Pflichten zu sein[683]. Die Rechtsfähigkeit einer Gesellschaft und die damit grundsätzlich verbundene Haftungsbeschränkung[684] ist eine zentrale Wesenseigenschaft, die vom Markt seit dem 19 Jahrhundert nachgefragt und entsprechend von den Rechtsordnungen der Industrieländer seither angeboten wird[685]. Die Definition des Gesellschaftsstatuts als Gesamtheit aller wesensbildenden Eigenschaften, könnte daher die im Schrifttum vertretene Ansicht unterstützen, die zwischen dem *Rechtsfähigkeits-* und dem *Gesellschaftsstatut* unterscheidet[686]. Auf den zweiten Blick lässt sich so aber nicht argumentieren. Denn auch die

---

680 *Grasmann*, Rdn. 849-952.

681 So auch *Behrens*, in: Hachenburg Einl., Rdn. 130; *Koppensteiner*, S. 110-114; a.A. *Bungert*, ZVglRWiss 93 (1994), 117, 139-146.

682 *Grasmann* weist Fragen der Rechts- und Geschäftsfähigkeit, die gesetzliche Vertretung durch die Organe, die Haftung sowie die Sicherung der Kapitalaufbringung und Kapitalerhaltung einer Gesellschaft dem Außenstatut zu (*Grasmann*, Rdn. 849-952; in diese Richtung ebenfalls *Beitzke*, S. 115-135; *Bungert*, ZVglRWiss 93 (1994), 117, 139-146); ablehnend *Behrens*, in: Hachenburg Einl., Rdn. 130.

683 Vgl.*Vagts*, ZGR 24 (1994), 227-231; vgl. *Ebke/Stadler*, RIW 1989, 413-145

684 Vgl. dazu *Schmidt*, S. 217 ff., insbesondere S. 225 f.

685 Zu den Gründen für die Einführung der beschränkten Haftung im 19. Jahrhundert *Vagts*, ZGR 24 (1994), 227, 229-231; vgl. *Ebke/Stadler*, RIW 1989, 413, 416 f.

686 Vgl. dazu oben Fn. 48.

Haftungsbeschränkung auf das *Gesellschafts*vermögen ist allen juristischen Personen immanent, gleich welcher Rechtsordnung sie entstammen. In dieser Eigenschaft unterscheidet sich eine niederländische *BV* nicht von einer deutschen AG. Die Frage der Gesellschaftshaftung ist aber eine originär gesellschaftsrechtliche Frage, die sich allein dem Gesellschaftsstatut zuordnen lässt. Eine isolierte Betrachtungsweise gemeinsamer Eigenschaften juristischer Personen führt daher auf der Suche nach den identitätsbildenden Faktoren nicht weiter. Die niederlassungsrechtlich beachtliche *Identität* einer jeden europäischen Gesellschaftsform wird nicht durch die Summe ihrer Einzeleigenschaften geprägt. Entscheidend kommt es vielmehr auf das Zusammenspiel aller Subjekteigenschaften an. Erst das Gesamtgefüge sämtlicher Vorschriften flankiert durch die im Wege der Rechtsfortbildung entstandenen Rechtsinstitute formt die *Identität* einer jeden Rechtsform.

1. Haftungsverfassung

Die angestellten Erwägungen sollen nunmehr am Beispiel der Haftungsverfassung juristischer Personen veranschaulicht werden. Juristische Personen haften nicht nur in Deutschland grundsätzlich allein mit ihrem Gesellschaftsvermögen. Das ist nach nicht unbestrittener Ansicht Ausfluss ihrer rechtlichen Verselbständigung (Rechtsfähigkeit)[687]. Gleichwohl wäre es verfehlt, von gleichartigen Haftungsverfassungen sämtlicher juristischer Personen zu sprechen[688]. Ein Blick auf die rechtlich interessanten Abweichungen von der Regel verdeutlicht dies. Die Rechtsprechung in Deutschland hat bereits früh erkannt, dass es ein effektiver Gläubigerschutz in ‚Extremfällen' erforderlich macht, Durchbrechungen des Trennungsprinzips (§ 13 Abs. 2 GmbHG) zuzulassen.

2. Durchgriffshaftung

Mit Sachverhalten, die eine Durchbrechung des Trennungsprinzips in Ausnahmefällen rechtfertigen können, hatte sich in jüngerer Vergangenheit der geschäftsplanmäßig für das Gesellschaftsrecht zuständige II. Zivilsent des BGH in den Entscheidungen „*Bremer Vulkan*“[689], „*Kindl Backwaren Vertriebs-GmbH (KBV)*“[690] und „*Ausfallhaftung*“[691] zu

687 Zum Verhältnis von Rechtsfähigkeit und Haftungsbeschränkung vgl. *Vagts*, ZGR 24 (1994), 227-236; *Wiedemann*, S. 202-204.

688 Zur Haftungsverfassung von Kapitalgesellschaften nach dem Recht von New York und Wisconsion *Ebke/Stadler*, RIW 1989, 413-423.

689 BGHZ 149, 10.

690 BGH JZ 2002, 1047 mit Anm. *Ulmer*, JZ 2002, 1049-1052.

691 BGH NJW 2002, 1803.

beschäftigen. Zugleich hat der Senat die Entscheidungen zum Anlass genommen, die sich im Fluss befindlichen Anforderungen an einen Durchgriff neu zu überdenken. Im Zuge dessen hat der BGH die Existenzvernichtungshaftung als neue Fallgruppe der Durchgriffshaftung geformt[692]. Gläubiger der juristischen Person können danach unmittelbar auf das Vermögen der Gesellschafter zugreifen, wenn die Gesellschaft aufgrund einer Pflichtverletzung der Gesellschafter nicht mehr in der Lage ist, ihren Verpflichtungen nachzukommen. Die Gesellschafter haften dann persönlich im Außenverhältnis für die Verbindlichkeiten der Gesellschaft. Selbst wenn die ausländischen Gesellschafts- oder Insolvenzrechte vergleichbare Rechtsinstitute aufweisen, wäre es verfehlt von allgemeiner Gleichartigkeit der Haftungsverfassungen juristischer Personen zu sprechen. Denn das sich im Fluss befindliche Institut der Durchgriffshaftung deutscher Prägung kennen andere Jurisdiktionen möglicherweise gar nicht oder knüpfen hieran jedenfalls andere Tatbestandsvoraussetzungen[693].

In diesem Zusammenhang sind ferner die Haftungstatbestände der Gesellschafter gegenüber der Gesellschaft (Innenhaftung) bei Verstößen gegen das Kapitalaufbringungs- oder Kapitalerhaltungsrecht der GmbH anzusprechen. Beide Institute sind eng miteinander verwoben. Für das Entstehen einer deutschen juristischen Person ist es erforderlich, dass zum Eintragungszeitpunkt der Gesellschaft das gesetzlich festgesetzte Mindestkapital zur freien Verfügung steht. In Jurisdiktionen ohne jedwede Mindestkapitalerfordernisse kann es mithin auch kein Kapitalerhaltungsrecht deutscher Prägung geben. Ebenso kann daher deutsches Kapitalerhaltungsrecht nicht auf solche Gesellschaften angewendet werden. Es lässt sich zusammenfassen: Juristische Personen unterschiedlicher Rechtskreise sind trotz zahlreicher grundlegender Gemeinsamkeiten nicht *identisch.* Identität erfährt eine Gesellschaft durch das Regelungswerk des existenzgebenden Gründungsrechts. Um feststellen zu können, ob die hier vertretene Ansicht vom Geltungsumfang des Gesellschaftsstatuts (nationale Ebene) dem niederlassungsrechtlichen Identitätsschutz Art. 43, 48 EG (europäische Ebene) gerecht wird, ist das den Urteilen *Überseering* und *Inspire Art* zugrunde liegende Identitätsverständnis näher zu untersuchen.

III. Niederlassungsfreiheit verbietet Spaltung des Gesellschaftsstatuts

Aufgabe der Mitgliedstaaten ist es, das Niederlassungsfreiheitsverständnis des EuGH in nationale kollisionsrechtliche Kategorien zu übersetzen.

---

692 Die dogmatische Grundlage des neuen Haftungsmodells ist sehr umstritten. Vgl. zu den verschiedenen Ansätzen *Haas*, WM 2003, 1929, 1938-1941; *Lutter/Banerja*, ZGR 32 (2003), 402-440; vgl. zudem *Wahl*, ZIP 2004, 994-999.

1. Überseering

Aufgrund des in *Daily Mail* und *Überseering* vom EuGH vorgetragenen gesellschaftsrechtlichen Verständnisses, ist es ausschließlich die Rechtsordnung des Gründungsstaats, die das Leben einer Gesellschaft gestaltet. Eine kollisionsrechtlich gespaltene Anknüpfung gesellschaftsrechtlicher Belange verträgt sich mit diesem gesellschaftsrechtlichen Verständnis nicht. Das Gesellschaftsstatut einer Gesellschaft kann sich nur nach der Rechtsordnung bestimmen, die der Gesellschaft ihre Existenz verleiht. Das Gründungsrecht beschreibt der EuGH in *Überseering* und *Daily Mail* als das Recht, das „*ihre Gründung und Existenz*" regelt[694]. In der französischen und englischen Fassung tritt das gesellschaftsrechtliche Verständnis des EuGH noch deutlicher zu Tage. Hier ist an entsprechender Stelle die Rede von „*la constitution et le functionement*" bzw. „*incorporation and functioning*". Da der EuGH selbst nie von einem Gesellschaftsstatut sprechen würde, müssen wir versuchen, seine Formulierungen in unser Statutsdenken zu überführen. Bezugnehmend auf die oben aufgeworfene Frage nach dem Umfang des Gesellschaftsstatuts fallen somit aus europäischem Blickwinkel alle Normen hinein, die Gründung und Funktionsweise einer Gesellschaft gestalten. Das Funktionieren einer Gesellschaft wird aber weit über das hinaus reichen, was wir heute gemeinhin unter das Gesellschaftsstatut subsumieren, weil damit potentiell alle Normen betroffen sind, die irgend einen Einfluss auf das Leben einer Gesellschaft ausüben können. Dass der EuGH das Funktionieren allein auf die *gesellschaftsrechtliche* Funktionsweise verstanden wissen will, ist aber wahrscheinlich[695]. Die Bestimmung aller gesellschaftsrechtlicher Belange nach dem Gründungsrecht ist bis zum etwaigen Ende einer Gesellschaft vorzunehmen. Hieran ändert auch die nachträgliche oder anfängliche Verlagerung des Verwaltungssitzes in eine andere Rechtsordnung nichts. Nach Ansicht des Gerichtshofs ist dieser Umstand Gewährleistungsinhalt der Niederlassungsfreiheit. Zudem weisen auch die knappen Erläuterungen des EuGH zur Rechtfertigung von Beschränkungen durch den Niederlassungsstaat den Weg dahin, die Gesellschaft umfänglich und nicht nur hinsichtlich ihrer Rechtsfähigkeit im Niederlassungsstaat anzuerkennen. Auf kollisionsrechtlicher Ebene indiziert dieser Umstand eine einheitliche Qualifikation des Gesellschaftsstatuts nach dem Recht des Gründungsstaats[696]. Einer vollständigen Überlagerung des ausländischen Rechtsträgers mit dem am Verwaltungssitz geltenden Gesellschaftsrecht, stehen die Ausführungen des Gerichtshofs in der Rechtssache *Überseering* klar entgegen. Lediglich die Frage nach der Möglichkeit partieller Über-

---

693 Grundlegend zur Durchgriffshaftung (Durchgriffslehre) *Serick*; *Drobnig*; *Müller-Freienfels*, AcP 156 (1957), 522-543; den Stand der Diskussion zusammenfassend *Schmidt*, S. 217 ff.

694 EuGH, Urt. v. 5.11.2002 Rs. C-208/00 (*Überseering*), Slg. 2002, I-9971 (Tz. 81); EuGH, Urt. v. 27.9.1988 (*Daily Mail*), Slg. 1988, I-5511 (Tz. 19).

695 Ebenso *Halbhuber*, S. 211 f. S. zur Reichweite des Beschränkungsverbots unten S. 202 ff.

lagerungen steht auch nach *Überseering* noch aus. Dabei stellt jede nationale Vorschrift eine Beschränkung dar, die in die Existenz oder das gesellschaftsrechtliche Funktionieren einer Gesellschaft eingreift.

2. *Inspire Art*

Die Entscheidung *Inspire Art* hat für die Frage der Reichweite der Verpflichtung zur Anerkennung von Gesellschaften i.S.v. Art. 48 EG große Bedeutung.

a) *Einführung in das niederländische Recht*

Die Niederlande folgen der Gründungstheorie. Gesellschaften, die nach ihrem Gründungsrecht wirksam entstanden sind, werden auch in den Niederlande anerkannt (Art. 2 *Wet conflictenrecht corporaties*, WCC[697]). Diese Form der Gesellschaftsstatutsbestimmung schafft die erforderliche Rechtssicherheit und ist in den Niederlande unumstritten. Die sich aus dem liberalen Kollisionsrecht ergebenden Gestaltungsmöglichkeiten wurden seit den achtziger Jahren rege genutzt. Das ließ die Zahl solcher Gesellschaften enorm ansteigen, die zwar nach ausländischem Recht gegründet werden, darüber hinaus aber keinerlei wirtschaftliche Beziehungen zu ihren Inkorporationsstaaten unterhalten[698]. Bei der Gründung wurden Gesellschaftsformen aus Rechtssystemen bevorzugt, die nicht zur Aufbringung eines bestimmten Mindestkapitals verpflichten[699]. Der niederländische Gesetzgeber befürchtete daher im Inland einen im Vergleich zur eigenen Rechtsordnung absinkenden Stakeholderschutz und versuchte der unwillkommenen Entwicklung entgegenzusteuern[700]. Zeitgleich mit dem WCC verabschiedeten die Niederlande ein Gesetz für formal ausländische Gesellschaften (*Wet ob de formeel buitenlandse vennootschappen,* WFBV[701]). Hiernach werden Auslandsge-

---

696 *Wachter*, GmbHR 2004, 88, 89; a.A. *Forsthoff*, DB 2003, 979, 980.

697 *Wet van 17 december 1997 houndende regel von internationaal privaatrecht met betrekking tot corporaties*, Staadsblad 1997, Nr. 699 (Gesetz v. 17.12.1997 betreffend die Regel des IPR in Bezug auf Körperschaften).

698 Vgl. zur Entwicklung der Scheinauslandsgesellschaften in den Niederlanden *Adensamer/Bervoets*, RdW 2003, 617 dort Fn. 10.

699 *Timmerman*, in: FS Lutter, 173, 183-185.

700 Zuvor hatte die niederländische Rspr. aufgrund geltenden Rechts die Anwendung nationalen Rechts auf Auslandsgesellschaften ablehnt. S. Nachweise aus der Rspr. bei *Adensamer/Bervoets*, RdW 2003, 617 dort Fn. 13.

701 *Wet van 17 december 1997 houdende regels met betrekking tot naar buitenlands recht opgerichte, rechtspersoonlijkheid bezittende kapitaalvennootschappen die hun werkzaamheid geheel of nagernoeg geheel in Nederland verrichten en geen werkelijke band hebben met de staat naar welks recht zij zijn opgericht*, Staadsblad 1997, Nr. 697 (Gesetz v. 17.12.1997 betreffend die Regel in Bezug auf nach ausländischem Recht gegründete, rechtsfähige Kapitalgesellschaften, die zur

sellschaften unter bestimmten Voraussetzungen unabhängig von ihrem Gesellschaftsstatut verpflichtet, nationale Standards zu erfüllen[702].

Von den in Art. 4 Abs. 1 WFBV enthaltenen Mindestkapitalbestimmungen befreit sind allerdings solche Gesellschaften, die unter die 2. RL[703] fallen (Art. 4 Abs. 5 WFBV). Der Gesetzgeber war sich demnach bereits bei Verabschiedung des WFBV über das Konfliktpotenzial eines solchen Gesetzes mit dem Gemeinschaftsrecht im Klaren[704]. Insbesondere den in *Inspire Art* festgestellte Verstoß gegen die 11. RL[705], hatte der niederländische Gesetzgeber mit ins Kalkül gezogen. Jedoch ging man insoweit davon aus, dass die 11. RL nicht abschließend im Sinne einer „Maximalregelung" konzipiert sei. Zudem dachte der niederländische Gesetzgeber daran, dass sich das Konfliktpotenzial des WFBV gegenüber Art. 43, 48 EG dadurch verringere, weil das WFBV auf tatsächliche Hauptniederlassungen und nicht auf Zweigniederlassungen abziele[706]. Diese Argumentation des niederländischen Gesetzgebers überzeugte Lehre und Rechtsprechung allerdings nicht. Seit Inkrafttreten des WFBV wurden Zweifel an der Konformität des Gesetzes mit Art. 43, 48 EG laut, die durch die *Centros*-Entscheidung neuen Auftrieb erhielten[707]. Bereits vor *Inspire Art* hatte das *Kantonengerecht te Groningen* den EuGH mit bestehenden Zweifeln an der Gemeinschaftsrechtskonformität des WFBV konfrontiert[708]. Die Vorlagefragen wurden allerdings wegen Erledigung der Rechtssache zurückgenommen. Erledigung war eingetreten, weil die *Challanger Trading Company Ltd.* noch vor der Entscheidung des Gerichtshofs aus dem *Company Register* gelöscht worden war.

Gänze in den Niederlanden tätig sind und keine tatsächliche Beziehung zu dem Staat, nach welchem Recht sie gegründet wurden, aufweisen).

702 Ähnlichen Schutz will das schweizerische Recht für inländische Gläubiger generieren. Art 159 IPRG unterstellt die Haftung ausländischer Gesellschaften, wenn die Geschäfte in der Schweiz oder von der Schweiz aus ausgeführt werden, dem schweizerischen Recht. Zur Vereinbarkeit der Überlagerung mit Art. 43, 48 EG s. *Schnyder*, SZW 1993, 9, 13 f.; *ders.*, in: FS Jayme. S. S. 823, 828 f., 832-834.

703 2. RL 77/191/EWG v. 13.12.1976 (ABl.EG L 26 v. 31.3.1977, S. 1).

704 Vgl. *Kamerstukken* 1994-1995, 24139 B.

705 11. RL 89/666/EWG v. 21.12.1989 (ABl.EG L 395 v. 30.12.1989, S. 36) über die Offenlegung von Zweigniederlassungen, die in einem Mitgliedstaat von Gesellschaften bestimmter Rechtsformen errichtet wurden, die dem Recht eines anderen Staats unterliegen.

706 Vgl. *Adensamer/Bervoets*, RdW 2003, 617, 618 mit Verweis auf die Gesetzgebungsmaterialien.

707 *Kieninger*, ZGR 28 (1999), 724, 746. Die Europarechtswidrigkeit des WFBV ergebe sich aus dem in der Rechtssache *Centros* zum Ausdruck kommenden Niederlassungsfreiheitsverständnis; ebenso *Timmerman*, in: FS Lutter, 173, 185; siehe weitere Nachweise aus der niederländischen Literatur bei *Looijestijn-Clearie*, 5 EBOR 389, 398 dort Fn. 32 (2004).

708 Vorlagebeschluss des *Kantonengerecht te Groningen* v. 19.10.1999 Rs. C-410/99 (*Challanger Trading*) = EWS 2000, 280; s. zum Verfahren *Ebke*, 48 Am. J. Com. L. 622, 644-646 (2000).

b) *Sachverhalt*

Der Rechtssache *Inspire Art*[709] lag folgender Sachverhalt zu Grunde: Die Inspire Art Ltd. ist eine *private company limited by shares* englischen Rechts mit Satzungssitz in *Folkestone* im Vereinigten Königreich. Sie entfaltet ihre Geschäftstätigkeit ausschließlich über eine Zweigniederlassung in den Niederlande. Die Errichtung erfolgte im Vereinigten Königreich wegen der Vorteile, die die englischen Rechtsvorschriften gegenüber den niederländischen Rechtsvorschriften bieten. Im Handelsregister der Handelskammer Amsterdam ist die Gesellschaft als Zweigniederlassung ohne den Zusatz eingetragen, dass es sich hierbei um eine formal ausländische Gesellschaft i.S.v. Art. 1 WFBV handelt. Die Handelskammer Amsterdam hielt diesen Zusatz aber für erforderlich und beantragte die Vervollständigung der Handelsregistereintragung durch den Vermerk „formal ausländische Gesellschaft". Ein derartiger Handelsregistereintrag zieht nach dem WFBV weitere Pflichten nach sich, wie z.B. der Nachweis eines Mindesthaftkapitals in Höhe von € 18000. Die Inspire Art Ltd. machte hiergegen geltend, dass sie die Voraussetzungen für das Vorliegen einer formal ausländischen Gesellschaft nach Art. 1 WFBV nicht erfülle. Hilfsweise trug sie vor, dass die WFBV insbesondere gegen Art. 43, 48 EG verstoße. Mithin sei ihre Eintragung im Handelsregister vollständig.

c) *Vorlagefragen des Kantonengerecht Amsterdam*

Das *Kantongerecht Amsterdam* stellte mit Beschluss vom 5.2.2001 fest, dass die Inspire Art Ltd. eine formal ausländische Gesellschaft ist, zweifelte aber an der Vereinbarkeit des WFBV mit dem Gemeinschaftsrecht und legte daher dem EuGH nach Art. 234 EG die Frage zur Vorabentscheidung vor, ob Art. 2 bis 5 WFBV mit Art. 43, 48 EG im Einklang stehen[710]. Hilfweise wollte das *Kantongerecht Amsterdam* wissen, ob die vom WFBV ausgehenden Beschränkungen nach Art. 46 EG gerechtfertigt sind[711].

---

709 EuGH, Urt. v. 30.9.2003 Rs. C-167/01 (*Inspire Art*), Slg. 2003, I-10155.

710 Sind die Artikel 43 EG und 48 EG so auszulegen, dass sie den Niederlanden untersagen, aufgrund der Wet op de formeel buitenlandse vennootschappen vom 17. Dezember 1997 zusätzliche Vorschriften wie die Artikel 2 bis 5 dieses Gesetzes für die Errichtung einer niederländischen Zweigniederlassung einer Gesellschaft zu erlassen, die in der alleinigen Absicht im Vereinigten Königreich errichtet worden ist, bestimmte Vorteile zu erlangen, die sich im Verhältnis zu einer Unternehmung ergeben, die nach niederländischem Recht errichtet worden ist, das für die Errichtung und die Volleinzahlung strengere Bestimmungen enthält als das Recht des Vereinigten Königreichs, wobei das niederländische Gesetz die genannte Absicht aus der Tatsache herleitet, dass die Gesellschaft ihre Tätigkeit vollständig oder nahezu vollständig in den Niederlanden ausübt und daneben keine tatsächliche Bindung an den Staat hat, in dem das Recht gilt, nach dem sie errichtet worden ist?

711 Muss, wenn die Auslegung dieser Artikel ergibt, dass die Regelung in der Wet op de formeel buitenlandse vennootschappen mit ihnen unvereinbar ist, Artikel 46 EG in der Weise ausgelegt

d) *Die Inspire Art-Entscheidung des EuGH*

Der EuGH folgt in seiner Entscheidung im Ergebnis den Schlussanträgen von GA *Alber*[712]. Die Hoffnung in der Literatur, der EuGH werde sich dem weitreichenden Niederlassungsfreiheitsverständnis des GA *Alber* nicht anschließen und Raum für Sonderanknüpfungen lassen[713], wurden enttäuscht. Der Gerichtshof stellt in seiner Entscheidung fest: Das WFBV verstößt hinsichtlich der hierin enthaltenen Publizitätsvorschriften gegen die *abschließend* geregelte 11. RL (ZweigN-RL)[714]. Die Verpflichtung zur Hinterlegung eines Mindesthaftkapitals und die damit verbundene Sanktionsandrohung für die Nichtbefolgung beschränkt dagegen das Primärrecht (Art. 43, 48 EG) und ist im Übrigen nicht rechtfertigungsfähig[715].

aa) *Anwendbarkeit der ZweigN-RL*

Auffällig ist zunächst, dass der EuGH abweichend von GA *Alber* die Vorschriften des WFBV an der ZweigN-RL prüft. Schließlich ist im WFBV von Zweigniederlassungen nicht die Rede. Im Gegenteil setzt das WFBV gerade voraus, dass eine Hauptniederlassung im Gründungsstaat nicht besteht. Womit nach nationalem Zeigniederlassungsverständnis auch keine Zweigniederlassung im Niederlassungsstaat existieren kann[716]. Diese Erwägungen hatte zuvor auch der niederländische Gesetzgeber angestellt und damit einen Verstoß des WFBV gegen die ZweigN-RL verneint[717]. Die Sichtweise des EuGH lässt sich meiner Auffassung nach aber damit erklären, dass der Gerichtshof die Rechtssache *Inspire Art* wie zuvor den Fall *Centros* als einen Fall sekundärer Niederlassungsfreiheit qualifiziert[718]. Der EuGH klassifiziert die einzige (tatsächliche) Niederlas-

---

werden, dass die Artikel 43 EG und 48 EG die Anwendbarkeit der niederländischen Regelung in der Wet op de formeel buitenlandse vennootschappen nicht beeinträchtigen, weil diese Regelung Vorschriften enthält, die aus den vom niederländischen Gesetzgeber genannten Gründen gerechtfertigt sind?

712 Vgl. Schlussanträge GA *Alber* v. 30.1.2003 Rs. C-167/01 (*Inspire Art*), Slg. 2003, I-10159.

713 So etwa *Forsthoff*, DB 2003, 979, 980 f.; *ders.*, DB 2003, Heft 9, „Editorial".

714 11. RL 89/666/EWG v. 21.12.1989 (ABl.EG L 395 v. 30.12.1989, S. 36). Ohne die Entscheidung zu erwähnen, greift der EuGH an dieser Stelle auf seine wegweisende Entscheidung zur Warenverkehrsfreiheit zurück. In der Rechtssache *Cassis de Dijon* hatte der EuGH judiziert, dass die Rechtfertigung von Beschränkungen der Warenverkehrsfreiheit mit zwingenden Allgemeinwohlgründen nur auf solchen Rechtsgebieten stattfinden könne, die nicht bereits durch EG-Sekundärrecht europaweit harmonisiert sind [EuGH, Urt. v. 20.2.1979 Rs. 120/78 (*Cassis de Dijon*), Slg. 1979, 662 (Tz. 8).

715 EuGH, Urt. v. 30.9.2003 Rs. C-167/01 (*Inspire Art*), Slg. 2003, I-10226, I-10233 f. (Tz. 104-105, Tz. 131-143); so schon *Kieninger*, ZGR 28 (1999), 724, 746; *Ebke*, 48 Am. J. Com. L. 623, 641 (2000).

716 *Leible/Hoffmann*, EuZW 2003, 677, 679.

717 Vgl. oben S. 170 f.

718 Vgl. *Ebke*, JZ 1999, 656, 658.

sung der Inspire Art Ltd. in den Niederlanden als Zweigniederlassung, weil sie formal als Zweigniederlassung im Handelsregister der Handelskammer Amsterdam eingetragen ist. Eine solche Betrachtung ist vor dem Hintergrund des Gemeinschaftsrechts überzeugend, denn die ZweigN-RL macht die Eintragung einer Zweigniederlassung nicht davon abhängig, dass die Gesellschaft an einem anderen Ort eine Hauptniederlassung unterhält[719]. Eine weitere im Schrifttum zu lesende Erklärung für das Vorgehen des EuGH lautet: Der Gerichtshof wende die ZweigN-RL ohne Rücksicht darauf an, ob dem Zuzug die Behauptung einer Verwaltungssitzverlegung (primäre Niederlassung) oder Errichtung einer Zweigniederlassung (sekundäre Niederlassung) zugrunde liege[720]. Hierzu ist anzumerken: Der EuGH legt den Begriff der *Zweig*niederlassung autonom gemeinschaftsrechtlich aus. In Deutschland wird der Begriff hingegen nach nationalen Auslegungsmethoden bestimmt. Der Wortlaut setzt nach nationalem Verständnis zwingend eine Hauptniederlassung voraus.

bb) Nationales und europarechtliches ZweigN-Verständnis

Beide Auslegungen haben ihre Berechtigung und auch ihre Richtigkeit. Sie befinden sich allerdings auf unterschiedlichen Ebenen. Dieser Umstand führt bisweilen auf nationaler Ebene offenbar zu Unverständnis. Fest steht jedenfalls, dass in europarechtsrelevanten Sachverhalten das durch Art. 43, 48 EG geprägte Zweigniederlassungsverständnis des EuGH vorrangig ist[721]. Der Gerichtshof entscheidet bei seiner Einordnung einzig danach, wie die Gesellschafter das Gebilde im Niederlassungsstaat bezeichnen. Die Bezeichnung ist letztlich Ausdruck von Niederlassungsfreiheit. Diese Beurteilung ist im Hinblick auf den Wortlaut von Art. 43 Abs. 1 S. 2 EG auch richtig. Von der Notwendigkeit einer Hauptniederlassung ist in Art. 43 EG keine Rede. Schließlich ist die Niederlassung der Inspire Art Ltd. als *Zweig*niederlassung im niederländischen Handelsregister eingetragen. Als Hauptniederlassung kann sich die englische *Ltd.* mit Satzungssitz in Cardiff in einem niederländischen Handelsregister nicht eintragen lassen[722]. Hierfür müssten die Gesellschafter die Gesellschaft in den Niederlanden nach niederländischem Recht „neu" gründen. Der Inspire Art Ltd. verbleibt demnach in den

---

719 ÖstOGH EuZW 2000, 156, 158: „Die Verpflichtung, eine Geschäftstätigkeit am Sitz der Gesellschaft offen zulegen (oder eine solche auszuüben), sieht die Richtlinie hingegen nicht vor."

720 Mit diesem Verständnis *Ziemons*, ZIP 2003, 1913, 1914; *Leible/Hoffmann*, EuZW 2003, 677, 679; *Geyrhalter/Gänßler*, DStR 2003, 2167 f.; wohl auch *Brand*, JR 2004, 89, 94.

721 Vgl. *Ebke*, JZ 1999, 656, 658; *ders.*, 48 Am. J. Comp. L. 623, 633 f. (2000); LG Trier NZG 2003, 778.

722 A.A. *Ebert/Levedag*, GmbHR 2003, 1337, 1339; *Paefgen*, DB 2003, 487, 490; *Eidenmüller*, JZ 2004, 24, 32. Die Autoren halten eine Eintragung einer ausländischen Rechtsform sowohl im Handelsregister des Gründungsstaats als auch im Register des Niederlassungsstaats für möglich. Das gewährleiste die Niederlassungsfreiheit. Vgl. hierzu oben S. 154 ff.

Niederlande die Möglichkeit der Nichteintragung (*Überseering*) oder aber die der Eintragung als *Zweig*niederlassung (*Centros*).

Das WFBV stellt dagegen allein auf die tatsächlichen Gegebenheiten des Sachverhalts ab. Wird die Geschäftstätigkeit einer Gesellschaft ausschließlich oder überwiegend im Inland vollzogen, kommt das WFBV unabhängig davon zur Anwendung, welchen formellen Status die Gesellschaft im Inland genießt. Mithin ist die Überprüfung des WFBV durch den EuGH am Maßstab der ZweigN-RL auch nicht widersprüchlich. Denn der EuGH bewertet das Vorliegen einer Zweigniederlassung lediglich anhand formaler Gesichtspunkte. Abzulehnen sind daher die Begründungen von *Ziemons*[723] und *Leible/-Hoffmann*[724], die die ZweigN-RL sowohl auf primäre als auch auf sekundäre Niederlassungsvorgänge anwenden wollen[725]. Wie sollte ein Verstoß gegen die ZweigN-RL zu begründen sein, wenn, wie in der Sachverhaltskonstellation *Überseering*, eine Eintragung als Zweigniederlassung im deutschen Handelsregister nicht erfolgt ist? Auf Gesellschaften, die von der primären Niederlassungsfreiheit Gebrauch machen, sind die Handelsregistervorschriften bezüglich Zweigniederlassungen ausländischer Kapitalgesellschaften nicht anwendbar[726]. In diesen Fällen greift aus europäischer Sicht allein der Publizitätsstandard der 1. und 2. RL ein.

cc) Kein Zwang zur Eintragung

Ein Zwang zur Deklarierung des inländischen Gesellschaftsgebildes als eintragungspflichtige Zweigniederlassung besteht nicht[727]. Die primäre Niederlassungsfreiheit würde im Falle einer Pflicht zur Eintragung als Zweigniederlassung negiert. Wenn aber

---

723 *Ziemons*, ZIP 2003, 1913, 1914.

724 *Leible/Hoffmann*, EuZW 2003, 677, 679.

725 *Ebert/Levedag*, GmbHR 2003, 1337, 1338; a.A. *dies.*, GmbHR 2004, 880, 882.

726 *Ebert/Levedag*, GmbHR 2003, 1337, 1338; implizit auch *Schwark*, AG 2004, 173, 177; a.A. *Borges*, ZIP 2004, 733, 736.

727 *Ebert/Levedag*, GmbHR 2003, 1337, 1338; (a.A. *dies.*, GmbHR 2004, 880, 882); *Trost*, S. 340, 358-366 (*Trost* plädiert *de lege fernenda* für eine Eintragungspflicht von Hauptniederlassungen, die sie mit Art. 43, 48 EG vereinbar erachtet. *Trost* verweist insoweit auf die in England bestehende Eintragungspflicht für *overseas companies.* Der Ansicht von *Trost* ist i.E. zuzustimmen. Eine solche nationale Regelung müsste im Falle der Beeinträchtigung der Niederlassungsfreiheit allerdings den Rechtfertigungsanforderungen des EG-Rechts genügen.); *Kanzleiter*, DNotZ 2003, 885; wohl auch *Recq/Hoffmann*, GmbHR 2004, 1070; implizit *Schulz/Dörrbecker*, BuW 2003, 990; *Cerioni*, 10 Colum. J. Eur. L. 117, 118 f. (2003); zweifelnd *Hirte*, EWS 2003, 521, 522; a.A. *Binge/Thölke*, DNotZ 2004, 21, 24 f.; *Behrens*, IPRax 2004, 20, 24; *Hirsch/Britain*, NZG 2003, 1100, 1101; *Wachter*, GmbHR 2003, 1254-1257; *ders.*, GmbHR 2004, 88, 93; *ders.*, MDR 2004, 611, 612; *ders.*, DB 2004, 2795, 2796; *Leible/Hoffmann*, EuZW 2003, 677, 680; *Riegger*, ZGR 33 (2004), 510, 512 f. (Wenn nach § 13 d Abs. 1 HGB Zweigniederlassungen ausländischer Gesellschaften eintragungspflichtig sind, dann gelte das erst recht, wenn sich der Verwaltungssitz im Inland befindet.); tendenziell auch *Zimmer*, NJW 2003, 3585, 3587; *ders.*, 41 CMLRev. 1127, 1134 (2004); vgl. aus österreichischer Sicht, *Straube/Ratka*, ÖZW 2003, 34, 43.

bereits das Wahlrecht der sekundären Niederlassungsformen nicht beschränkt werden darf[728], spricht einiges dafür, dass auch das Wahlrecht zwischen *primärer* und *sekundärer* Niederlassungsform nicht beschnitten werden darf.

dd) Entscheidung zur Anerkennung

Meiner Auffassung nach ist es nicht überzeugend zu vertreten, der EuGH habe in der Entscheidung *Inspire Art* gar nicht über die Anerkennung EU-ausländischer Gesellschaften im Inland entschieden[729]. *Inspire Art* treffe, so *Kindler*, wie zuvor die *Centros*-Entscheidung ausschließlich eine Aussage zur Reichweite sekundärer Niederlassungsfreiheit. Zudem werde die Anerkennung der Inspire Art Ltd. bereits durch das niederländische Gesellschaftskollisionsrecht gewährleistet. Daher lasse sich eine niederlassungsrechtliche Pflicht zur Anerkennung ausländischer Gesellschaften im Inland aus dem Urteil *Inspire Art* auch nicht ableiten[730]. Diese Ansicht verdrängt einerseits die eindeutigen Aussagen des EuGH zur mitgliedstaatlichen Anerkennungspflicht im Fall *Überseering* und übersieht zudem die Tatsache, dass das niederländische Recht das Gründungsrecht der nach englischem Recht gegründeten Inspire Art Ltd. jedenfalls nicht umfänglich und einschränkungslos anerkennt[731]. Mithin trifft die Entscheidung *Inspire Art* sehr wohl eine Aussage zur Anerkennung EU-ausländischer Gesellschaften im Inland. Wenngleich sich darüber streiten lässt, ob das WFBV das niederländische Gesellschaftskollisionsrecht (Gründungstheorie) durch Sonderanknüpfungen modelliert oder aber rein sachrechtliche Wirkung entfaltet, führt das WFBV doch im Ergebnis zu einer partiellen Abkehr vom liberalen Gesellschaftskollisionsrecht der Niederlande. Quasi durch die „Hintertür" wird durch das WFBV nationales Gesellschaftsrecht zur Anwendung gebracht, sobald die ausländische Gesellschaft die Eintragung einer Zweigniederlassung begehrt. Weitere Voraussetzung hierfür ist dabei, dass es sich um eine „formal ausländischen Gesellschaft" i.S.v. Art. 1 WFBV handelt. Damit entfaltet das WFBV in bestimmten Fällen zumindest die Wirkung einer Sonderanknüpfung[732].

---

728 EuGH, Urt. v. 28.1.1986 Rs. 270/83 (*Kommission/Frankreich*), Slg. 1986, 299.

729 *Kindler*, NZG 2003, 1086, 1088 f.

730 *Kindler*, NZG 2003, 1086, 1088 f.

731 Vgl. Schlussanträge GA *Albert* v. 30.1.2003 Rs. C-167/01 (*Inspire Art*), Slg. 2003, I-10181 f. (Tz. 99-100 a.E.): „Im Ergebnis versagt das niederländische Recht die vom Gemeinschaftsrecht geforderte Anerkennung der nach englischem Recht gegründeten Gesellschaft."; etwas zurückhaltender EuGH, Urt. v. 30.9.2003 Rs. C-167/01 (*Inspire Art*), Slg. 2003, I-10224 f. (Tz. 98-104, insbesondere Tz. 101). Die Vorschriften über das Mindestkapital und die daran anknüpfende Haftung der Geschäftsführer führt dazu, „dass die Ausübung der vom Vertrag anerkannten Niederlassungsfreiheit durch diese Gesellschaften behindert wird."; vgl. hierzu *Leible/Hoffmann*, EuZW 2003, 677, 681; *Brand*, JR 2004, 89, 91.

732 Ähnlich *Adensamer/Bervoets*, RdW 2003, 617, 620. Auf andere Weise wollte sich Dänemark im Fall *Centros* aus der Affäre ziehen und die Folgen der Gründungstheorie überwinden. Die Regie-

Von einer uneingeschränkten Anerkennung ausländischer Gesellschaften kann trotz Anwendung der Gründungstheorie in den Niederlanden jedenfalls nicht die Rede sein[733]. Im Ergebnis führt das WFBV dazu, dass entgegen dem im Kollisionsrecht geltenden Anknüpfungspunkt auf den Schwerpunkt der Geschäftstätigkeit einer Gesellschaft abgestellt wird[734]. Das niederländische Recht toleriert die Mindestkapitalregelungen einer englischen *Ltd.* nicht. Obendrein sanktioniert sie die Nichtbeachtung inländischer Anforderungen mit der persönlichen Haftung des Geschäftsleitungsorgans. Die Entscheidung *Inspire Art* richtet sich gegen das die Anerkennung ausländischer Gesellschaften beschränkende Recht der Niederlande und erklärt die Rechtsfolgen des WFBV als mit Art. 43, 48 EG unvereinbar.

ee) Reichweite der Anerkennung

Wie weit die Anerkennungverpflichtung ausländischer Gesellschaften reicht, soll unter Berücksichtigung der Entscheidung *Inspire Art* beleuchtet werden. Bereits aus dem *Überseering* Urteil lässt sich entnehmen, dass der EuGH die Wahrung der *Identität* einer Gesellschaft bei sämtlichen tatsächlichen grenzüberschreitenden Geschäftsaktivitäten als gewährleistet betrachtet[735]. Die Identitätswahrung ist aber nur dann gewährleistet, wenn der Niederlassungsstaat das die ausländische Gesellschaft konstituierende Regelwerk anerkannt wird und nicht durch nationale Normen überlagert wird[736]. Diese Linie setzt der EuGH im Fall *Inspire Art* fort, ohne dabei explizit auf die Reichweite der Anerkennung ausländischer Gesellschaften einzugehen. Das verwundert kaum, wenn man bedenkt, dass der EuGH seiner Aufgabenzuweisung folgend nur über die ihm vorgelegten Fragen befindet (Art. 234 EG). Dennoch stellt der EuGH eine umfängliche Anerkennungsverpflichtung des ausländischen Gesellschaftsstatuts auch im Urteil *Inspire Art* nicht in Abrede. Das verdeutlicht der Gerichtshof mittelbar in der 135. Erwägung: „Erstens ist zum Gläubigerschutz ohne weitere Prüfung, ob die Vorschriften über das Mindestkapital als solche einen geeigneten Schutzmechanismus bilden, festzustellen, dass die *Inspire Art* als Gesellschaft englischen Rechts und nicht als niederländische Gesellschaft auftritt. Ihre potentiellen Gläubiger sind hinreichend da-

---

rung argumentierte: Die Gesellschafter der Centros Ltd. könnten sich im konkreten Fall wegen Missbrauchs nicht auf ihre Niederlassungsfreiheit berufen. Vgl. hierzu S. 271 ff.

733 A.A. noch die niederländische, deutsche, italienische und österreichische Regierung im Verfahren *Inspire Art* [EuGH, Urt. v. 30.9.2003 Rs. C-167/01 (*Inspire Art*), Slg. 2003, I-10218 ff. (Tz. 74-89)]; tendenziell auch *Geyrhalter/Gänßler*, DStR 2003, 2167, 2168, 2170: „Dabei stellen die Regelungen des WFBV noch den geringeren Eingriff dar, da danach die Anerkennung nach den Bestimmungen des Gründungsstatuts nicht in Frage stand, sondern nur weitere Beschränkungen für diese Gesellschaften galten."; anders wohl *dies.*, EWiR 2003, Art. 43 EG 2/03, 569 f.

734 *Looijestijn-Clearie*, 5 EBOR 389, 403 (2004).

735 Vgl. dazu oben S. 88 ff.; 92 ff.

rüber unterrichtet, dass sie anderen Rechtsvorschriften als denen unterliegt, die in den Niederlanden die Gründung von Gesellschaften mit beschränkter Haftung regeln, *u.a.*, was die Vorschriften über das Mindestkapital und die Haftung der Geschäftsführer betrifft[737]."

Die äußerst knapp ausfallende Abhandlung zur Rechtfertigung der Rechtsfolgen des WFBV überrascht nicht. Folgt man dem Niederlassungsfreiheitsverständnis des EuGH, so dürften Eingriffe, die die Unternehmensverfassung einer Gesellschaft antasten, kaum zu rechtfertigen sein[738]. Zumindest für den bedeutsamen Fall eines Eingriffs in die Haftungsverfassung ist dies vom Gerichtshof in *Inspire Art* entschieden worden.

---

736 *Behrens*, IPRax 2003, 193, 206; vgl. auch oben S. 100 ff.

737 EuGH, Urt. v. 30.9.2003 Rs. C-167/01 (*Inspire Art*), Slg. 2003, I-10234 (Tz. 135); zustimmend *Weßling/Romswinkel*, GmbHR 2003, R 441, R 442. Ebenso argumentierte der EuGH bereits in *Centros* (EuGH, Urt. v. 9.3.1999 Rs. C-212/97 [*Centros*], Slg. 1999, I-1495 [Tz. 36]); s. hierzu insbesondere *Ebke*, 48 Am. J. Comp. L. 623, 646 f. (2000). Der EuGH sieht den Gläubigerschutz bereits durch die Publizität der Rechtsform innerhalb der Firma einer Gesellschaft für ausreichend berücksichtigt (kritisierend *Leible/Hoffmann*, EuZW 2003, 677, 680 f.). Dabei setzt der Gerichtshof die Kenntnis der Gläubiger hinsichtlich der Haftungsstrukturen europäischer Gesellschaften voraus. Die Gläubiger tragen nach Ansicht des EuGH selbst die Verantwortung dafür, mit wem sie Verbindlichkeiten eingehen. Schließlich bleibe es den Gläubigern unbenommen, sich vertragliche Sicherheiten einräumen zu lassen. Der EuGH ist so zu verstehen, dass eine vorherige Informationsbeschaffung u.a. über die Haftungsstrukturen und die Kapitalausstattung eines Schuldners Sache des Gläubigers ist. Gläubigerschutz werde durch Transparenz- und Publizitätsvorschriften hinreichend gewährleistet. Der EuGH folgt damit wie im übrigen auch der Gemeinschaftsgesetzgeber dem Konzept des Vorrangs der Informationsregel („Informationsmodell") vgl. dazu *Grundmann*, in: FS Lutter, S. 61-82; *ders.*, DStR 2004, 232-236; *ders.*, ZIP 2004, 2401, 2406-2408; *Martin-Ehlers*, S. 1, 23-31; EuGH, Urt. v. 20.2.1979 Rs. 120/78 [*Cassis de Dijon*], Slg. 1979, 664 [Tz. 13]; EuGH, Urt. v. 25.2.1988 Rs. 427/85 (*Kommission/Deutschland*), Slg. 1988, 1123 [Tz. 27]). Ohne sich mit der virulenten Frage der Geeignetheit von Mindestkapitalvorschriften auseinander zu setzen, verneint der Gerichtshof mittelbar die Erforderlichkeit einer Haftungsverfassung mit einer Mindestkapitalausstattung Der EuGH zieht damit den kapitalmarktrechtlichen Gläubigerschutz dem verbandsrechtlichen vor. Zustimmend *Spindler/Berner*, RIW 2003, 949, 953 f.; *Merkt*, AG 2003, 126, 135; *ders.*, RIW 2004, 1, 5-7. *Merkt* weist in diesem Zusammenhang zu Recht auf das Bedürfnis eines dem Informationsmodell gerecht werdenden Bilanzrechts hin. In der Bilanz müsse die tatsächliche Vermögens- und Ertragslage wiedergespiegelt werden. Die IAS-VO stelle dabei einen Schritt in die richtige Richtung dar. Als weiteres Argument führt der EuGH im *Centros*-Urteil ins Feld, dass bei Vorliegen einer Geschäftstätigkeit im Herkunftsland England die Eintragung der Zweigniederlassung in Dänemark ohne Weiteres erfolgt wäre. Die dänischen Gläubiger wären in diesem Fall aber ebenso durch die vermeintlich laxeren Gläubigerschutzbestimmungen gefährdet gewesen, wie bei ausschließlicher Tätigkeit in Dänemark (EuGH, Urt. v. 9.3.1999 Rs. C-212/97 [*Centros*], Slg. 1999, I-1495 [Tz. 35]). Das letztgenannte Argument lässt sich auch auf den Fall *Inspire Art* übertragen. Die Inspire Art Ltd. wäre aller Voraussicht nach bei Betreiben von Geschäftstätigkeit in England nicht als „formal ausländische Gesellschaft" eingestuft worden.

738 So in Bezug auf die unternehmerische Mitbestimmung *Meilicke*, GmbHR 2000, 793, 805.

ff) Versuch der Reichweitenbegrenzung von Inspire Art

Aus der Literatur wird vorgebracht, dass der EuGH durch seine Aussagen ausschließlich auf die Anerkennung der Unternehmensverfassung einer Gesellschaft abgehoben habe. Dagegen könne das Recht im Aufnahmestaat weiterhin Einfluss auf die „Tätigkeitsphase" einer Gesellschaft ausüben[739]. Die im WFBV vorgesehene Mindestkapitalausstattung reicht augenscheinlich aber über die Errichtungsphase der Gesellschaft hinaus. Nach Art. 4 Abs. 4 WFBV muss das Mindestkapital *auch während des Bestehens der Gesellschaft* erhalten bleiben[740]. Demzufolge hat der EuGH nicht nur zu den Errichtungsvoraussetzungen geurteilt. Vielmehr hat er im gleichen Zug auch die Möglichkeit versperrt, während der Wirkungsphase einer Gesellschaft Vorstellungen des Niederlassungsstaats in das Gesellschaftsstatut zu implementieren. Dem ist zuzustimmen. Die für eine Gesellschaftsgründung notwendige Kapitalausstattung (Entstehungsvoraussetzung) und die hiermit verbundenen Regelungen zur Kapitalaufbringung und Kapitalerhaltung (Wirkungsphase) sind Bestandteil der Unternehmensverfassung (*internal affairs*). Diese stehen mit Entstehung der Gesellschaft unverrückbar fest[741]. Eine Änderung der Unternehmensverfassung kann nur durch Rechtsformwechsel erfolgen. Einer früher vertretenen Ansicht zur kollisionsrechtlichen Unterscheidung in Innen- und Außenverhältnisse[742] ist durch *Inspire Art* ebenfalls der Weg versperrt. Nach dieser Ansicht werden Kapitalaufbringung und Kapitalerhaltung den Außenverhältnissen zugewiesen, die kollisionsrechtlich nicht zwangsläufig nach dem Gründungsrecht zu beurteilen sind. Anwenbar soll das „verkehrs- und drittgünstigste" Recht sein[743].

Zudem geht die Urteilsbegründung des Gerichtshofs über die Aussage zur Kapitalausstattung und Kapitalerhaltung weit hinaus. Der EuGH hat auch die persönliche Haftung der Geschäftsleiter als Sanktion der Nichtbeachtung von Art. 4 Abs. 4 WFBV

---

739 So z.B. *Weller*, DStR 2003, 1800, 1803 f. (Differenzierung in Errichtungs- und Tätigkeitsphase); i.E. *Altmeppen*, NJW 2004, 97-104; *Altmeppen/Wilhelm*, DB 2004, 1083, 1087 f.; a.A. *Spindler/Berner*, RIW 2003, 949, 953: „In die Sprache des Kollisionsrechts übersetzt bedeutet dies, dass im Sinne der Einheitslehre das Gründungsstatut für alle gesellschaftsrechtlichen Fragen berufen ist."

740 EuGH, Urt. v. 30.9.2003 Rs. C-167/01 (*Inspire Art*), Slg. 2003, I-10226 (Tz. 104): „Aus dem Vorstehenden folgt, dass die Bestimmungen der WFBV über das Mindestkapital (*sowohl zum Zeitpunkt der Gründung als auch während des Bestehens der Gesellschaft*) und über die persönliche Haftung der Geschäftsführer Beschränkungen der in den Artikeln 43 EG und 48 EG garantierten Niederlassungsfreiheit darstellen."

741 Vgl. zum Umfang der Unternehmensverfassung *Leible*, in: Michalski Syst. Darst. 2, Rdn. 104; a.A. *Grasmann*, Rdn. 930-942. *Grasmann* ordnet die Kapitalaufbringung und die Kapitalerhaltung dem Außenrecht zu.

742 Vgl. hierzu *Grasmann*, Rdn. 849 ff. (Außenverhältnisse), Rdn. 977 ff.

743 Vgl. *Grasmann*, Rdn. 743 ff., 930 ff. Wirkungs-, Vornahme- und Organisationsstatut greifen nach dieser Ansicht nebeneinander ein. Entscheidend sei letztlich das verkehrs- und drittgünstigste Recht (vgl. *Grasmann*, Rdn. 848).

für niederlassungsrechtlich unhaltbar erklärt[744]. Nach Art. 4 Abs. 4 WFBV haften die Geschäftsleiter neben der Gesellschaft *gesamtschuldnerisch* für alle getätigten Rechtsgeschäfte während der Zeit eines Verstoßes gegen Art. 4 Abs. 1 WFBV. Die *gesamtschuldnerische* Haftung drückt unmissverständlich eine Außenhaftung aus. Das WFBV greift also nicht nur in die Innenstrukturen einer zuziehenden Gesellschaft ein, sondern begründet zudem eine so im Gründungsrecht der Inspire Art Ltd. nicht existierende gesellschaftsrechtsbezogene Außenhaftung der Geschäftsleiter.

Deutlich wird an dieser Stelle, dass der EuGH zu einer differenzierten Anknüpfung von Innen- und Außenverhältnissen einer Gesellschaft ebenso wenig tendiert, wie zu einer Unterscheidung in Errichtungs- und Wirkungsphase einer Gesellschaft[745]. Das Gesellschaftsstatut bestimmt sich nach Auslegung des Urteils *Inspire Art* einheitlich nach der Gründungsrechtsordnung[746]. Bestehen Mindestkapitalvorschriften und eine hieran angelehnte persönliche Haftung der Geschäftsleiter nach dem Gründungsstatut nicht, kann eine solche auch nicht durch das Recht im Niederlassungsstaat kreiert werden. Schließlich lässt sich der 135. Erwägung des *Inspire Art* Urteils ein weiterer Hinweis darauf entnehmen, dass der EuGH zur Wahrung der Gesellschaftsidentität eine Anerkennung sämtlicher gesellschaftsrechtlicher Belange voraussetzt. Obgleich der Gerichtshof nur die für den zu entscheidenden Fall relevanten Unterschiede der englischen und niederländischen Rechtsordnungen hervorhebt, verdeutlicht er mit der Wendung *u.a.*, dass sich die Unterschiede der Rechtsordnungen keinesfalls in diesem Punkt erschöpfen[747]. Der EuGH gibt damit aber zugleich einen Hinweis darauf, dass die Unterschiede in den Gesellschaftsrechtsordnungen von den Mitgliedstaaten hinzunehmen sind[748]. Im Umkehrschluss bedeutet das, dass Gesellschaften i.S.v. Art. 48 EG in jeder Hinsicht nach dem Gesellschaftsrecht ihres Gründungsstaats behandelt werden müssen.

3. *Die Überseering-Entscheidung des BGH*

Die Entscheidungsgründe des VII. Zivilsenats des BGH[749] fallen hinsichtlich der Erforderlichkeit einer umfänglichen Qualifizierung des Gesellschaftsstatuts nach der Rechtsordnung des Herkunftslands eher neutral aus. Das ist nachvollziehbar, war doch

---

744 EuGH, Urt. v. 30.9.2003 Rs. C-167/01 (*Inspire Art*), Slg. 2003, I-10234 f. (Tz. 135, Tz. 141).

745 *Behrens*, IPRax, 2004, 20, 24.

746 *Spindler/Berner*, RIW 2003, 949, 953; a.A. *Binge/Thölke*, DNotZ 2004, 21, 26: „Die Anordnung der persönlichen Haftung der Geschäftsführer sei nur deshalb unvereinbar mit der Niederlassungsfreiheit, weil die Sanktion ihrerseits auf einer niederlassungsrechtlich nicht zu vereinbaren Regelung beruht."

747 EuGH, Urt. v. 30.9.2003 Rs. C-167/01 (*Inspire Art*), Slg. 2003, I-10234 (Tz. 135).

748 *Spindler/Berner*, RIW 2003, 949, 953.

749 BGH NZG 2003, 431.

ausschließlich über die Rechts- und Parteifähigkeit zu entscheiden. Möglicherweise wollte der Senat aber auch der zum Entscheidungszeitpunkt noch offenen Rechtssache *Inspire Art* nicht vorgreifen, die hinsichtlich der Anknüpfung der Haftungsverfassung Klarheit zu schaffen versprach. Gleichwohl lässt sich den Urteilsgründen andeutungsweise entnehmen, dass der VII. Zivilsenat auch nach dem notwendig gewordenen Wandel im Gesellschaftskollisionsrecht weiterhin einer einheitlichen Bestimmung des Gesellschaftsstatuts zuspricht. Der BGH formuliert: „Sie [die Gesellschaft] kann nicht auf ihre Möglichkeit als nach deutschem anerkannte Personengesellschaft verwiesen werden, weil sie damit in eine andere Gesellschaftsform mit besonderen Risiken, wie z.B. Haftungsrisiken, gedrängt wird.[750]" Der VII. Zivilsenat zieht damit die aus Sicht der Gesellschafter ungünstigen Haftungsfolgen eines Statutenwechsels als Begründung dafür heran, die Rechts- und Parteifähigkeit der Überseering BV anzuerkennen. Damit offenbart der VII. Zivilsenat aber implizit, dass er eine Oktroyierung der Haftungsverfassung einer nationalen Personengesellschaft auf eine niederländische BV aus niederlassungsrechtlichen Gründen für ausgeschlossen erachtet[751]. An diesem Punkt ist eine klare Tendenz erkennbar, auch künftig an der einheitlichen Bestimmung der *lex societatis* festhalten zu wollen[752]. Der VII. Zivilsenat bestätigt damit mittelbar seine bereits im Vorlagebeschluss geäußerten Bedenken gegenüber einer gespaltenen Anknüpfung der *lex societatis*[753]. Die Entscheidung des VII. Zivilsenats kann im Verhältnis zu Gesellschaften i.S.v. Art. 48 EG nicht anders als ein Abschied von der Sitztheorie verstanden werden[754].

---

750 BGH NZG 2003, 431, 432.

751 Der II. Zivilsenat des BGH teilt die Ansicht des VII. Zivilsenat (BGH ZIP 2004, 1549, 1550, s. dazu *Ebke*, RIW 2004, 740, 742-744). Der II. Zivilsenat hatte in seiner Entscheidung v. 5.7.2004 zu entscheiden, ob sich die Haftung der Gesellschafter für Geschäftsverbindlichkeiten einer im Bundesstaat Delaware gegrüneten „*Inc.*" mit Verwaltungssitz in Deutschland nach dem Gründungsrecht beurteilt. Aufgrund von Art. XXV Abs. 5 S. 2 FSHV sah er sich hierzu verpflichtet. *Obiter* merkt der II. Zivilsenat an, dass „hier ähnliches wie im Geltungsbereich der Niederlassungsfreiheit gem. Art. 43 und 48 EGV" gelte. „Die in einem Vertragsstaat nach dessen Vorschriften wirksam gegründete Gesellschaft ist in einem anderen Vertragsstaat - unabhängig von dem Ort ihres tatsächlichen Verwaltungssitzes - in der *Rechtsform* anzuerkennen, in der sie gegründet wurde."

752 *Hülk/Timme*, JA 2003, 765, 767; *Weller*, IPRax 2003, 324, 328; *Schulz*, NJW 2003, 2705, 2707 dort Fn. 30; a.A. noch *Leible/Hoffmann*, ZIP 2003, 925, 928 f. („*judicial self-restraint*"); AG Hamburg NJW 2003, 2835.

753 Unabhängig von den niederlassungsrechtlichen Vorgaben hält der VII. Zivilsenat zu Recht eine gespaltene Anknüpfung des Gesellschaftsstatuts für nicht praktikabel: „Die Regeln zum „Innen"- und zum „Außenverhältnis" ergeben erst im Zusammenspiel ein sinnvolles Ganzes; die Bedeutung etwa des Gesellschaftskapitals hängt unter anderem von den Anforderungen ab, die an einen Haftungsdurchgriff auf die Gesellschafter gestellt werden. Schließlich führt die Mischung von Normen aus unterschiedlichen Rechtsordnungen zu unlösbaren Anpassungsproblemen. Beispielsweise sei nicht erkennbar, wie die unternehmerische Mitbestimmung des deutschen Rechts in einer ausländischen Gesellschaft verwirklicht werden soll, die keinen Aufsichtsrat hat." (BGH DStR 2000, 1064, 1065).

754 A.A. *Hirte*, EWS 2003, 521, 522.

4. *AG Hamburg*

Das AG Hamburg entnimmt den Entscheidungen von Gerichtshof und BGH einen anderen Entscheidungsinhalt[755]. In einem insolvenzrechtlichen Verfahren versagte das AG Hamburg einer in England gegründeten *Ltd.* mit Verwaltungssitz in Deutschland die Haftungsbeschränkung auf das Gesellschaftsvermögen. Statt dessen nahm das AG Hamburg die persönliche Haftung der Gesellschafter an. Zudem sieht das AG Hamburg die *Jersey*-Entscheidung des II. Zivilsenats v. 1.7.2002[756] im Einklang mit Art. 43, 48 EG. Zutreffend stellt das AG Hamburg immerhin fest, dass sich die *Überseering*-Entscheidungen von EuGH und BGH in der Sache lediglich mit der Frage der Rechts- und Parteifähigkeit zu beschäftigen hatten. Falsch ist aber wiederum der hieraus gezogene Schluss. Den Urteilen lasse sich eine über die „Anerkennung“ der aktiven Parteifähigkeit hinausgehende Ausstrahlungswirkung nicht entnehmen. Daher könne „aus den ‚Überseering'-Entscheidungen keinesfalls gefolgert werden, dass zwangsläufig auch die Anerkennung der Haftungsbeschränkung anzunehmen ist[757].“ „Eine derartig weitreichende Implikation ist mit dem Begriff der Rechtsfähigkeit nicht verknüpft, [...][758].“ Die international gesellschaftsrechtlichen Ausführungen des AG Hamburg gehen fehl[759]. Das Gericht scheint selbst nicht von der gefundenen Falllösung überzeugt zu sein. Andernfalls hätte es das gefundene Ergebnis nicht auf den weiteren Gesichtspunkt stützen müssen, dass der zu entscheidende Sachverhalt durch „Rechtsmissbräuchlichkeit bzw. einen Verstoß gegen den deutschen ordre public“ gekennzeichnet sei[760]. Entgegen der Rechtsprechung des EuGH wird bereits die Verquickung von Haftungsbeschränkung auf das Gesellschaftsvermögen ohne Mindestkapitalanforderungen einer ausschließlich im Inland agierenden ausländischen Gesellschaft als Indiz für eine Rechtsmissbräuchlichkeit gewertet[761].

---

755 AG Hamburg NJW 2003, 2835 („Vierländer Bau Union Ltd.“); die Entscheidung kritisierend *Brenner*, EWiR 2003, 925; *Weller*, IPRax 2003, 520, 521-524; *Weßling/Romswinkel*, GmbHR 2003, R 441; *Mock/Schildt*, NZI 2003, 444, 444 f.; *Schanze/Jüttner*, AG 2003, 661, 664 dort Fn. 40.

756 BGH DStR 2002, 1678.

757 AG Hamburg NJW 2003, 2835, 2836.

758 AG Hamburg NJW 2003, 2835, 2836.

759 Ebenso *Weller*, IPRax 2003, 520, 521-524.

760 Zustimmend hinsichtlich des Vorliegens eines Missbrauchs *Sandrock*, ZVglRWiss 102 (2003), 447, 463 f.; KG DB 2695, 2697; a.A. *Weller*, IPRax 2003, 520, 523 f.

761 AG Hamburg NJW 2003, 2835, 2836.

IV. Schrifttum nach Überseering

In der Diskussion um die Vereinbarkeit von Überlagerungen des ausländischen Rechts wird im Schrifttum implizit auch die Frage nach dem Erfordernis einer einheitlichen Gesellschaftsstatutsbestimmung erörtert[762]. Überwiegend wird vertreten, bestimmten nationalen Regelungsbereichen könne mit Hilfe kollisionsrechtlicher Sonderanknüpfungen Geltung verschafft werden. Ausgelöst wurde das Wiederaufleben der Überlagerungstheorie durch den Hinweis des Gerichtshofs in *Überseering*, dass zwingende Gründe des Allgemeinwohls die Anwendbarkeit des Rechts des Niederlassungsstaats rechtfertigen können[763]. Die in Stellungnahmen unmittelbar nach *Überseering* zu lesende Ansicht, dass *allein* die Rechts- und Parteifähigkeit der ausländischen EU-Gesellschaften anzuerkennen seien[764] und damit der Weg für eine vollständige Überlagerung des Gesellschaftsstatuts frei sei, verstummte nach Erlass der *Inspire Art*-Entscheidung recht schnell.

1. Allgemeine Tendenzen im Zuge von Überseering

Im Zentrum der regen Diskussion steht die Vereinbarkeit der Anwendung deutscher Gläubigerschutzinstitute auf ausländische Gesellschaftsformen mit Art. 43, 48 EG. Nicht weniger intensiv wird über eine Überlagerung des ausländischen Gesellschaftsstatuts durch die inländischen Regeln über die Unternehmensmitbestimmung nachgedacht. Vor der *Inspire Art*-Entscheidung waren die Stellungnahmen in der Literatur eher zurückhaltend und vage formuliert. Klare Worte finden sich dagegen schon kurz nach Veröffentlichung der *Überseering*-Entscheidung bei dem Begründer der Überlagerungstheorie. Vor dem Hintergrund des europäischen Verständnisses von Niederlassungsfreiheit sah *Sandrock* für die von ihm begründete Überlagerungstheorie keine Zukunft mehr. Die Art. 43, 48 EG erfordere vielmehr eine umfängliche Anwendung des im Gründungsstaat geltenden Gesellschaftsrechts[765]. Eindeutig sind ferner die Stellungnahmen von *Behrens*[766], *Ebke*[767] und *Großfeld*[768]. Diese Autoren räumen der Überlage-

762 *Forsthoff*, DB 2002, 2471, 2476: „Die Frage, ob und in welchem Umfang Sonderanknüpfungen zwingender deutscher Vorschriften auf ausländische Gesellschaften zulässig sind, wird die deutsche Rechtsprechung noch viele Jahre beschäftigen."; *Group of German Experts on Corporate Law*, ZIP 2003, 863, 877.

763 EuGH, Urt. v. 5.11.2002 Rs. C-208/00 (*Überseering*), Slg. 2002, I-9974 (Tz. 92).

764 So z.B. *Forsthoff*, DB 2003, 979.

765 *Sandrock* zitiert nach Rehberg, IPRax 2003, 230, 235; zurückhaltender *ders.*, ZVglRWiss 102 (2003), 447-504 („Schrumpfung der Überlagerungstheorie").

766 *Behrens*, IPRax 2003, 193, 206; *ders.*, IPRax 2004, 20, 24 f.

767 *Ebke*, BB 2003, Heft 1/2, „Die erste Seite"; *ders.*, JZ 2003, 927, 930-932.

768 *Großfeld*, zitiert nach Rehberg, IPRax 2003, 175, 179; *ders.*, NZG 2003, 841, 843 f.; offenlassend *ders.*, RIW 2002, Heft 12, „Die erste Seite".

rungstheorie im Hinblick auf das neue Niederlassungsfreiheitsverständnis des Gerichtshofs ebenfalls keine Zukunft mehr ein[769]. Nicht ganz stimmig sind dagegen die Ausführungen von *Lutter*. Zunächst weist *Lutter* darauf hin, dass der EuGH ausdrücklich auf die Rechtsfähigkeit als *niederländische Gesellschaft* abstelle; das beinhalte zugleich auch die Anerkennung der Haftungsverfassung[770]. Am Ende seiner Ausführungen hält *Lutter* es dann aber für „europarechtlich nicht verboten", die Grundsätze der deutschen Durchgriffshaftung auf ausländische Gesellschaften anzuwenden[771].

Zimmer tendierte dagegen nach der *Überseering*-Entscheidung noch zu einem weitaus ausgeprägteren Überlagerungsmodell. Nach seiner Beurteilung lässt sich der Entscheidung keine Anordnung des Inhalts entnehmen, nach der europäische Gesellschaften „in anderen Mitgliedstaaten *in allen Hinsichten* einer Gründungsrechtsanknüpfung unterliegen[772]." Der EuGH habe seine Forderungen in der Urteilsformel ausdrücklich auf die Rechts- und Parteifähigkeit bezogen[773]. Sehr restriktiv bewertet auch *Kindler* die *Überseering*-Entscheidung. Das Haftungsregime sei von *Überseering* „natürlich" ausgenommen[774]. Eine ähnliche Tendenz weisen die Vorschläge der *HLGCLE* auf. In ihrem einen Tag vor der *Überseering*-Entscheidung veröffentlichten Bericht

---

769 Tendenziell so auch *Paefgen*, DB 2003, 487, 490; überzeugend *Schumann*, DB 2004, 743, 745-749; *Weller*, IPRax 2003, 324, 325-328; *ders.*, IPRax 2003, 520, 523 f.; *Kallmeyer*, GmbHR 2003, R 93; *ders.*, DB 2002, 2521, 2522; *Geyrhalter/Gänßler*, NZG 2003, 409, 411 f.; *Großerichter*, DStR 2003, 159, 169; *Leible/Hoffmann*, RIW 925, 929; *Meilicke*, GmbHR 2003, 793, 805; *Ebert/-Levedag*, GmbHR 2003, 1337, 1343; *Müller*, NZG 2003, 415, 417; zweifelnd *Merkt*, AG 2003, 126, 135; *Forsthoff*, DB 2003, 979, 981; (tendenziell a.A. *ders.*, DB 2002, 2471, 2477); a.A. *Hirte*, EWS 2003, 521, 522. *Hirte* geht offenbar davon aus, dass auch nach der BGH-Entscheidung des VII. Zivilsenats in Deutschland die *Sitztheorie* gilt, die „nur hinsichtlich einzelner Elemente überlagert" werde; *Wernicke*, EuZW 2002, 754, 760; *W.-H. Roth*, IPRax 2003, 117, 125; *Wilhelm*, ZHR 167 (2003), 520, 539-545; *v. Hase*, BuW 2003, 944, 947 (Eigenkapitalersatzrecht sei analog anwendbar); mit Einschränkungen *Eidenmüller*, ZIP 2002, 2233, 2242; *Altmeppen*, NJW 2004, 97, 103 [§§ 32 a, 32 b GmbHG; 39, 135 InsO; 172 a HGB und schließlich 30, 31 GmbHG (analog) seien auf ausländische Kapitalgesellschaften anwendbar; dagegen *Schumann*, DB 2004, 743, 745, 748]; *Altmeppen/Wilhelm*, DB 2004, 1083, 1088 f.; ebenso *Kindler*, NZG 2003, 1086, 1090; *ders.*, in: FS Jayme, S. 409, 418; früher noch *Ulmer*, JZ 1999, 662, 664 f. insbesondere Fn. 126; kritisierend *Trost*, S. 391-395; *Lutter*, BB 2003, 7, 10; LG Stuttgart NJW-RR 2002, 463, 466; vgl. auch *Schön*, EWS 2000, 281, 286 f., 290.

770 *Lutter*, BB 2003, 7, 9; a.A. *v. Halen*, WM 2003, 571, 577; *Wernicke*, EuZW 2002, 754, 760.

771 *Lutter*, BB 2003, 7, 10: „*Peter Ulmer* hat schon nach Centros auf die dann denkbaren Instrumente hingewiesen, wie die Durchsgriffshaftung der Gesellschafter oder gar - so wäre hinzuzufügen - die Außenhaftung der Geschäftsführer."; vgl. auch *Henze*, DB 2003, 2159, 2165; *Wilhelm*, ZHR 167 (2003), 520, 539-542; *Müller-Graff*, in: Streinz Art. 48 EGV Rdn. 22 (nur im Einzelfall bei Vorliegen eines Rechtfertigungsgrunds).

772 *Zimmer*, BB 2003, 1, 4.

773 *Zimmer*, BB 2003, 1, 3 f.; einschränkend nach *Inspire Art ders.*, NJW 2003, 3585, 3586-3592.; sehr restriktiv *Kindler*, NJW 2003, 1073, 1078 f.; *Altmeppen*, NJW 2004, 97-104; *Koch*, JuS 2004, 755, 756 f.

774 *Kindler*, zitiert nach Rehberg, IPRax 2003, 175, 177; für eine weitgehende Anwendung des deutschen Kapitalgesellschaftsrechts auch *Altmeppen*, NJW 2004, 97-104; zustimmend *Kornblum*, BB 2004 Heft 24, „Die erste Seite"; *Lipstein*, in: FS Jayme, S. 527, 529-531; die Ansicht von *Altmeppen* kritisierend *Ulmer*, NJW 2004, 1201-1210; *Sandrock*, BB 2004, 897-901; *Ebke*, in: FS Thode, S. 595, 605-607; *Riegger*, ZGR 33 (2004), 510, 524.

unterscheidet die *HLGCLE* zwischen der Innenverfassung („*internal governance of the company*") und dem Verhältnis einer Gesellschaft zu Dritten („*external requirements*")[775]. Die Auferlegung von Pflichten einer Gesellschaft gegenüber dem Rechtsverkehr („*external requirements*") lassen sich nach Meinung der *HLGCLE* leichter rechtfertigen als Eingriffe in die innere Verfassung einer Gesellschaft. Die vom Verwaltungssitzstaat auferlegten Beschränkungen müssten sich aber in jedem Fall einem Rechtfertigungstest unterziehen[776]. Die *HLGCLE* tendiert demzufolge wie *Grasmann*[777] und die „*internal affairs doctrine*" in den USA wegen der unterschiedlichen Interessenlage von Gesellschaft und Rechtsverkehr zu einer Trennung zwischen Innen- und Außenverhältnissen.

2. *Unterscheidung zwischen Errichtungs- und Tätigkeitsphase*

Im Schrifttum wird es weitgehend als mit Art. 43, 48 EG vereinbar angesehen, die Grundsätze der deutschen Existenzvernichtungshaftung anzuwenden. Die dogmatischen Begründungsansätze gehen allerdings weit auseinander[778]. Die Grundsätze dieses neuen Haftungsmodells sollen sich damit rechtfertigen lassen, dass der EuGH in *Centros* niederlassungsrechtlich zwischen der *Errichtungs-* und *Tätigkeitsphase* einer Gesell-

775 Ebenso *Lipstein*, in: FS Jayme, S. 527, 531.

776 *HLGCLE*, Framework for Company Law in Europe, S. 103.

777 *Grasmann*, Rdn. 615 ff.

778 *Hirte*, EWS 2002, 573, 574; *Weller;* IPRax 2003, 207, 209 f.; *Altmeppen*, NJW 2004, 97, 101; *Wachter*, GmbHR 2003, 1254, 1257; (knüpft Existenzvernichtungshaftung deliktisch an); ebenso *Schanze/Jüttner*, AG 2003, 661, 669 f. (sehen § 826 BGB als Grundlage der Existenzvernichtungshaftung und qualifizieren diese *deliktisch* Art. 40 EGBGB); zurückhaltender *Sandrock*, ZVglRWiss 102 (2003), 447, 484-486. Nur wenn das ausländische Gründungsrecht „keinen dem deutschen Sitzrecht ebenbürtigen Schutz gewährt, was zweifelhaft ist."; so auch *Paefgen*, DB 2003, 487, 491; *Henze*, DB 2003, 2159, 2165; *Eidenmüller*, ZIP 2002, 2233, 2242. (Eidenmüller spricht sich für eine gesellschaftsrechtliche Qualifizierung aus. Es handele sich aber um eine geeignetes und erforderliches Schutzinstrument und sei daher überlagerungsfähig.); *Schulz*, NJW 2003, 2705, 2708; *Forsthoff*, DB 2003, 980, 981; a.A. *Meilicke*, GmbHR 2003, 1271, 1272; *Ziemons*, ZIP 2003, 1913, 1917; *Mock/Schildt*, NZI 2003, 444, 445; *Schumann*, DB 2004, 743, 748 f.; *Brenner*, EWiR 2003, Art. 3 EuInsVO 4/03, 925, 926; tendenziell *Behrens*, IPRax 2004, 20, 25: „Beispielsweise kann ein Niederlassungsstaat auf Auslandsgesellschaften nicht generell seine Regeln zum Haftungsdurchgriff anwenden."; *Bayer*, BB 2003, 2357, 2365. Richtig ist, dass der EuGH beschränkende Maßnahmen des Aufnahmestaats überhaupt nur dann für zulässig erachtet, wenn dem Schutzziel nicht bereits durch Kontrolle des Herkunftsstaats genüge getan wird („*dual burden*") (vgl. EuGH, Urt. v. 4.12.1986 Rs. 205/84 [*Kommission/Deutschland*], Slg. 1986, 3803 [Tz. 27]). Selbst bei Vorliegen dieser Voraussetzung kann eine Überlagerung aus dem Grunde nicht gerechtfertigt sein, weil die deutsche Existenzvernichtungshaftung auf einem Fehlverhalten (Missbrauch der Gesellschafterstellung) der Gesellschafter gegenüber der Gesellschaft (Innenrecht) beruht. Die Verhaltenspflichten im Innenverhältnis bestimmt aber ausschließlich das anwendbare Gesellschaftsstatut. Ein Eingriff würde die *Identität* der Gesellschaft nicht respektieren. Zur Anwendung der Existenzvernichtungshaftung als Missbrauchsbekämpfungsmittel vgl. S. 280 ff.

schaft unterschieden habe[779]. Inhalt der Art. 43, 48 EG sei es, die *errichtete* Gesellschaftsstruktur zu schützen, nicht hingegen den *Betrieb* der Gesellschaft[780]. Nach dieser Auffassung wird hinsichtlich des beachtlichen Niederlassungsschutzes nicht nach Innen- und Außenverhältnissen, sondern in Zeitphasen unterschieden. Einen Schritt weiter geht *Altmeppen*. Aus niederlassungsrechtlichen Gesichtspunkten seien zwingend allein die Gründungsvoraussetzungen ausländischer Rechtsordnungen im Niederlassungsstaat zu akzeptieren[781].

3. *Stellungnahme*

Müsste man sich dieser Ansicht folgend dann nicht die Frage stellen, ob auch das Fortbestehen einer Gesellschaft dem Recht am Verwaltungssitzstaat unterstellt ist? Dass diese Frage nicht bejaht werden kann, liegt auf der Hand. Die Existenz einer Gesellschaft kann allein durch die Gründungsrechtsordnung verliehen und nur durch sie wieder entzogen werden[782]. Außerhalb der Gründungsrechtsordnung, so der Gerichtshof, hat eine Gesellschaft als „künstliches" Rechtsgebilde einer Rechtsordnung keine Realität[783].

779 EuGH, Urt. v. 9.3.1999 Rs. C-212/97 (*Centros*), Slg. 1999, I-1493 (Tz. 26): „Im Ausgangsfall sind die nationalen Vorschriften, denen sich die Betroffenen entziehen wollten, Vorschriften über die Errichtung von Gesellschaften, aber nicht Vorschriften über die Ausübung bestimmter beruflicher Tätigkeiten."

780 *Weller;* IPRax 2003, 207, 209; *ders.*, DStR 2003, 1800, 1803; so bereits *Werlauff*, ZIP 1999, 867, 875; unentschieden *Halbhuber*, ZEuP 2003, 418, 433: „Allerdings betrafen die in *Centros* in Frage stehenden dänischen Mindestkapitalvorschriften wieder die Gesellschaftsgründung; gesellschaftsrechtliche Vorschriften, die den laufenden Geschäftsbetrieb einer Gesellschaft regulieren (zu denken ist etwa an Sorgfalts- und Treuepflichten) fallen möglicherweise nicht in diese Kategorie und wären dann nicht unbedingt als Beschränkungen anzusehen."; *Höfling*, DB 1999, 1206, 1208; *Sandrock*, BB 1999, 1337, 1343; *Altmeppen*, NJW 2004, 97, 99 f. (nur „auf das Engste mit der Gründung der Kapitalgesellschaft im Sinne ihrer Entstehung und ihres Bestands" zusammenhängende Fragen würden durch das Gründungsrecht bestimmt); zustimmend *Kornblum*, BB 2004, Heft 25, „Die erste Seite"; *Binge/Thölke*, DNotZ 2004, 21, 25 f.; *Adensamer/Bervoets*, RdW 2003, 617, 620; *Koch*, JuS 2004, 755, 756 f.; *Bitter*, WM 2004, 2190, 2192 f.; a.A. mit überzeugender Begründung *Kieninger*, ZGR 28 (1999), 724, 743 f.; *dies.*, ZEuP 2004, 685, 690 f.; *Schulz*, NJW 2003, 2705, 2707.

781 *Altmeppen*, NJW 2004, 97-104; der Ansicht von *Altmeppen* entgegen tretend *Ulmer*, NJW 2004, 1201, 1202, 1205-1207; *Sandrock*, BB 2004, 897-901.

782 Ebenso *Altmeppen*, NJW 2004, 97, 100; *Altmeppen/Wilhelm*, DB 2004, 1083, 1087.

783 EuGH, Urt. v. 27.9.1988 Rs. 81/87 (*Daily Mail*), Slg. 1988, 5511 (Tz. 19); EuGH, Urt. v. 5.11.2002 Rs. C-208/00 (*Überseering*), Slg. 2002, I-9971 (Tz. 81).

a) *Keine Trennbarkeit möglich*

Hiervon abgesehen, lässt sich zwischen der *Errichtungs-* und *Tätigkeitsphase* einer Gesellschaft rechtlich nicht unterscheiden[784]. Mit Entstehung einer Gesellschaft ist nicht nur ihre Gesellschaftsstruktur, sondern zugleich auch das Funktionieren der Gesellschaft durch das Gründungsrecht bestimmt. Zum Entstehungszeitpunkt stehen bereits sämtliche Verhaltenspflichten von Organen und Gesellschaftern gegenüber der Gesellschaft, aber auch gegenüber Dritten fest. Ebenso verhält es sich mit den bei Missachtung von Verhaltenspflichten vorgesehenen Sanktionsmechanismen[785]. Beurteilt man die *Tätigkeitsphase* einer Gesellschaft nach dem am Verwaltungssitz geltenden Recht, kommt es zu einer Pflichtenverdopplung. Die sich aus dem Gründungsrecht ergebenden Pflichten lösen sich ja mit Verwaltungssitzverlegung nicht plötzlich auf[786]. Aus Sicht des Gründungsstaats existiert die Gesellschaft trotz Grenzüberschreitung in ihrer Ursprungsgestalt weiter. Hierauf macht auch der EuGH in seiner *Überseering*-Entscheidung wiederholt aufmerksam[787]. Das Gesellschaftsrecht, das der Gründungsstaat nationalen Gesellschaften auferlegt, lässt sich nicht - jedenfalls nicht ohne dessen Willen - verdrängen[788]. Eine Überlagerung führt im „Kleinen" zu den gleichen Problemen, die die modifizierte Sitztheorie durch Duplizierung der Rechtspersönlichkeit aufwirft. Die parallele Geltung nationaler Vorschriften des Niederlassungs- und des Gründungsstaats brächte bei nunmehr 25 Gesellschaftsrechtsordungen in der EU ein undurchschaubares Normengeflecht mit sich. Die Folge wäre eine enorme Rechtsunsicherheit. Geschäftsführungsorgane und Gesellschafter müssten sowohl den Pflichten der Gründungsrechtsordnung als auch denen des Niederlassungsstaats nachkommen.

---

784 *Kieninger*, ZGR 28 (1999), 724, 743 f. *Kieninger* verweist in diesem Zusammenhang treffend darauf hin, dass eine Trennung, „ebenso schwierig, um nicht zu sagen erfolglos" ist, „wie die berüchtigte Unterscheidung von produktbezogenen Vorschriften und Verkaufsmodalitäten nach der *Keck*-Rechtsprechung. Kapitalvorschriften und Mitbestimmung beeinflussen gleichermaßen die Errichtung der Gesellschaft wie ihre Tätigkeit."

785 Vgl. die überzeugenden Ausführungen zur Qualifizierung der Durchgriffshaftung bei *Kindler*, in: MünchKomm IntGesR 1999, Rdn. 487. „Denn über die Aufhebung der rechtlichen Trennung zwischen der juristischen Person und dem hinter ihr stehenden Gesellschafter kann primär nur diejenige Rechtsordnung entscheiden, die das Trennungsprinzip für den in Rede stehenden Korporationstyp vorsieht und dafür Bedingungen aufstellt."; vgl. BGHZ 78, 318, 334 = NJW 1981, 522.

786 Vgl. hierzu auch *Koppensteiner*, S. 111.

787 EuGH, Urt. v. 5.11.2002 Rs. C-208/00 (*Überseering*), Slg. 2002, I-9971 (Tz. 81 a.E.).

788 A.A. *Bayer*, BB 2003, 2357, 2365: „[...] in vorsichtiger Ergänzung oder auch Verdrängung des Gesellschaftsstatuts, d.h. des zunächst und vorrangig anzuwenden ausländischen Rechts, [...]." Von der Zulässigkeit einer *Verdrängung* des Gündungsrechts über die nationale Grenze hinaus geht die Überlagerungstheorie aus. Nur so kann eine partielle Verdopplung des Gesellschaftsstatuts erreicht werden (vgl. hierzu *Sandrock*, ZVglRWiss 102 [2003], 447, 449: „Nach der ursprünglichen Fassung der Überlagerungstheorie waren infolgedessen alle derartigen Eingriffe des Sitzstaats in das Normgefüge des Gründungsstatuts nicht nur vom Sitzstaat zu respektieren (wo dies selbstverständlich ist, weil er diese Regelungen selbst gesetzt hat), sondern auch vom Gründungsstaat, in dessen Normen der Sitzstaat einfach „hineinregiert"."

b) *Niederlassungsfreiheit gebietet Identitätswahrung*

Ferner missachtet der im Schrifttum entwickelte Ansatz die niederlassungsrechtlich gebotene Wahrung der Gesellschafts*identität.* Die Niederlassungsfreiheit verbietet es, dem Niederlassungsstaat, in eine fremde Gesellschaftsrechtsordnung hinein zu regieren. Wie sich der Entscheidung *Inspire Art* entnehmen lässt, schützt die Niederlassungsfreiheit nicht nur vor Beschränkungen während der Gründungsphase, sondern auch „*während des Bestehens einer Gesellschaft*"[789]. Der EuGH konstatiert hierzu im Rahmen seiner 104. Erwägung: „Aus dem Vorstehenden folgt, dass die Bestimmungen der WFBV über das Mindestkapital (*sowohl zum Zeitpunkt der Gründung als auch während des Bestehens der Gesellschaft*) und über die persönliche Haftung der Geschäftsführer Beschränkungen der in den Artikeln 43 EG und 48 EG garantierten Niederlassungsfreiheit darstellen"[790]. Die Ausführungen des Gerichtshofs an dieser Stelle legen den Schluss nahe, dass er den in Klammern gesetzten Zusatz aus wohlüberlegten Gründen vorgenommen hat.

c) *Beispiel Existenzvernichtungshaftung*

Die Existenzvernichtungshaftung weist den Vorteil auf, tatbestandlich keinen Mindestkapitalbezug vorauszusetzen. Damit wäre das Haftungsinstitut grundsätzlich auch für solche Gesellschaftsformen kompatibel, die ein Mindesthaftkapital nicht kennen[791]. Dennoch kommt ihre Anwendung auf ausländische Gesellschaften nicht in Betracht. Die Existenzvernichtungshaftung gründet auf gesellschaftsrechtlichen Grundsätzen[792]. Ob und in welchem Umfang ein Gesellschafter Gewinne aus seiner Gesellschaft abziehen oder aber welche nachteiligen Weisungen sie der Gesellschaft erteilen dürfen, richtet sich einzig und allein nach der Gründungsrechtsordnung[793]. Die Tatsache, dass es sich bei der Existenzvernichtungshaftung um eine Außenhaftung der Gesellschafter für Verbindlichkeiten der Gesellschaft handelt, ändert sich nichts an der Gesellschaftsbezogenheit dieser Haftung. Ausschlaggebend für die Haftung ist die Treuepflichtverletzung innerhalb der zwischen Gesellschafter und Gesellschaft bestehenden Sonderver-

---

789 Vgl. dazu *Behrens*, IPRax 2004, 20, 24; *Leible*, ZGR 33 (2004), 531, 534.

790 EuGH, Urt. v. 30.9.2003 Rs. C-167/01 (*Inspire Art*), Slg. 2003, I-10226 (Tz. 104).

791 Nach Ansicht von *Hirte* erweckt die „*Bremer-Vulkan*"-Rspr. des BGH den Anschein, „als ob der BGH seinen haftungsrechtlichen Paradigmenwechsel auch mit Blick auf die jetzt auftretende neue Konstellation vorgenommen hätte.", vgl. *Hirte*, EWS 2002, 573, 574.

792 *Altmeppen/Wilhelm*, DB 2004, 1083, 1088; *Paefgen*, ZIP 2004, 2253, 2260; vgl. *Schmidt*, ZHR 168 (2004), 493, 498.

793 *Meilicke*, GmbHR 2003, 1271, 1272; *Schumann*, DB 2004, 743, 748 f.; *Schön*, ZHR 168 (2004), 268, 292; vgl. zur Qualifizierung der Durchgriffshaftung allgemein *v. Bar*, IPR Bd. II, Rdn. 642.

bindung[794]. Damit stellt die Existenzvernichtungshaftung einen die *Identiät* der Gesellschaft prägenden Faktor dar. Eine Vergleichbarkeit zur Haftung wegen sittenwidriger Schädigung nach § 826 BGB besteht nicht[795]. Im Falle von § 826 BGB liegen Anspruch und Pflichtverletzung im gleichen Verhältnis begründet. Die Anwendung der Existenzvernichtungshaftung auf ausländische Gesellschaften wäre demnach unter kollisionsrechtlichen Gesichtspunkten nur durch eine Sonderanknüpfung zu erreichen. Die durch die Sonderanknüpfung ausgelöste Rechtsfolge müsste dann aber den im dritten Teil der Arbeit näher dargestellten Rechtfertigungstest bestehen[796].

4. *Zusammenfassung*

Trotz der teils weit auseinander fallenden Bewertungen der *Überseering*-Entscheidung im Schrifttum, lässt sich der weit überwiegenden Zahl von Beiträgen entnehmen, dass das niederlassungsrechtliche Anerkennungserfordernis mehr als die Achtung der Rechts- und Parteifähigkeit verlangt[797]. Andernfalls wäre es nicht erforderlich, Überlagerungen des Gründungsrechts mit schwerem Geschütz wie dem nationalen *ordre public* (Art. 6 EGBGB) oder zwingenden Allgemeinwohlgründen rechtfertigen zu müssen[798]. Nach *Überseering* wurde dagegen die Frage kontrovers diskutiert, in welchem Umfang die Art. 43, 48 EG Durchbrechungen des Gründungsstatuts zulassen.

V. *Schrifttum nach Inspire Art*

Von *Inspire Art* erhoffte man sich klärende Worte zu der nach *Überseering* für viele noch ungeklärten Frage nach der Vereinbarkeit eines Überlagerungsmodells mit Art. 43, 48 EG[799]. Aber auch das *Inspire Art*-Urteil brachte im Schrifttum erneut nicht die „erhoffte" Eindeutigkeit bezüglich der Frage, wie weit die Anerkennungspflicht und damit verbunden die kollisionsrechtlichen Auswirkungen reichen[800]. Das hängt aber nur zum Teil mit der Entscheidung selbst zusammen. Erheblichen Einfluss auf die Bewertung der Urteilsgründe scheinen vielmehr die von vielen Autoren verfolgten gesell-

794 Vgl. BGH JZ 2002, 1047, 1048; *Altmeppen*, NJW 2004, 97, 101 f.; *Schön*, ZHR 168 (2004), 268, 290-292; *Altmeppen/Wilhelm*, DB 2004, 1083, 1088; a.A. *Ulmer*, JZ 2002, 1049, 1050.

795 Vgl. BGHZ 151, 181 = NJW 2002, 304 = JZ 2002, 1047.

796 Vgl. dazu S. 261 ff.

797 A.A. auch nach *Inspire Art* noch *Kindler*, NZG 2003, 1086, 1089; *Altmeppen*, NJW 2004, 97, 99.

798 So etwa *Paefgen*, DB 2003, 487, 491; *Schulz*, NJW 2003, 2705, 2707; *Ulmer*, JZ 1999, 662, 665.

799 Für ein umfangreiches Überlagerungsmodell vermittelt durch Sonderanknüpfungen plädieren nach der *Centros*-Entscheidung z.B.: *v. Halen*, S. 258-274; *Höfling*, S. 242-332; s. auch *Kruse*, S. 348-419.

schaftspolitischen Interessen zu haben. Weit überwiegend setzt sich indes zunehmend die Einsicht durch, dass der Bereich für Sonderanknüpfungen „sehr eng geworden" ist[801]. Eine Sonderanknüpfung komme „nur in den seltensten Fällen in Betracht"[802]. Insbesondere bezüglich der Anwendbarkeit der deutschen Existenzvernichtungshaftung hat sich das Meinungsbild im Zuge der Entscheidung *Inspire Art* gewandelt[803]. Diejenigen, die an einer restriktiven Auslegung der Rechtsfolgen von *Überseering* und *Inspire Art* festhalten wollen, haben im Zuge der Entscheidung *Inspire Art* immerhin ihre Argumentationsweise geändert. Um sich dem Begründungsaufwand für Sonderanknüpfungen im Bereich des Gesellschaftsstatuts zu entziehen, wird vielfach angeregt, nationale Gläubigerschutzvorschriften deliktisch oder insolvenzrechtlich zu qualifizieren[804]. Ob sich dieser auf national kollisionsrechtlichen Überlegungen beruhende Ansatz

---

800 Z.B. *Paefgen*, GmbHR 2004, 463, 469; *Ulmer*, NJW 2004, 1201, 1205-1207; a.A. *Altmeppen*, NJW 2004, 97, 100-104; *Kindler*, NZG 2003, 1086, 1087-1090.

801 *Kleinert/Probst*, DB 2003, 2217, 2218; *Leible/Hoffmann*, EuZW 2003, 677, 683; *Schulz/-Dörrbecker*, BuW 2003, 990, 995 („nur noch wenig Raum für nationale Barrieren"); *Geyrhalter/-Gänßler*, EWiR 2003, Art. 48 EG 1/03, 569, 570; a.A. *Kegel/Schurig*, S. 575 f.; *Kindler*, NZG 2003, 1086-1090; *Altmeppen*, NJW 2004, 97-104.

802 *Ziemons*, ZIP 2003, 1913, 1917.

803 Die Anwendbarkeit auf Auslandsgesellschaften mit Verwaltungssitz in Deutschland verneinen: *Meilicke*, GmbHR 2003, 1271, 1272; *Ziemons*, ZIP 2003, 1913, 1917; *Mock/Schildt*, NZI 2003, 444, 445; *Spindler/Berner*, RIW 2004, 7, 11; *Behrens*, IPRax 2004, 20, 25; *Schumann*, DB 2004, 743, 748 f.; *Brand*, JR 2004, 89, 93; *Eidenmüller*, JZ 2004, 24, 28; *Riegger*, ZGR 33 (2004), 510, 530; *Sinewe*, „Amerikanisches Gesellschaftsrecht auf deutschem Boden", FAZ v. 27.10.2004, S. 23; *Altmeppen*, NJW 2004, 97, 101; *Ulmer*, KTS 2004, 302-304; grundsätzlich auch *Paefgen*, ZIP 2004, 2253, 2260; *Westermann*, GmbHR 2005, 4, 15 f.; a.A. *Weller*, DStR 2003, 1800, 1803 f.; *ders.*, IPRax 2004, 412, 414; s. vertiefend *ders.*, Europäische Rechtsformwahlfreiheit und Gesellschafterhaftung: zur Anwendung der Existenzvernichtungshaftung auf Scheinauslandsgesellschaften nach „Überseering" und „Inspire Art"; *Drygala*, ZEuP 2004, 337, 347; *Schön*, ZHR 168 (2004), 268, 290-297: „Die Durchsetzung der „Existenzvernichtungshaftung" gegenüber EU-Auslandsgesellschaften gründet sich nicht auf eine „kollisionsrechtliche Lösung", sondern auf den Vorbehalt, den Art. 44 Abs. 2 g EG für den Zugang von Auslandsgesellschaften formuliert."; *Kindler*, in: FS Jayme, S. 409, 415-418; *Fischer*, ZIP 2004, 1477, 1480 f.: „Dies rechtfertigt - als Annexkompetenz zum Insolvenzsta-tut - eine Sonderanknüpfung nach dem Verwaltungssitz."; vgl. *Altmeppen/-Wilhelm*, DB 2004, 1083, 1088 (deutsches Gläubigerschutzrecht ist grundsätzlich anzuwenden); *Bitter*, WM 2004, 2190, 2196 f.; vorsichtiger *Zimmer*, 41 CMLRev. 1127, 1135 f. (2004).

804 S. z.B. *Schanze/Jüttner*, AG 2003, 661, 669 f.; *Weller*, IPRax 2003, 207, 209 f.; *ders.*, IPRax 2003, 1800, 1804; *ders.*, IPRax 2004, 412, 414; *Hirte*, ZInsO 2003, 833, 837; sehr deutlich in diese Richtung tendierend *Zimmer*, NJW 2003, 3585, 3588: „Die neueren Entscheidungen des EuGH geben Anlass, über die Frage einer vom Gesellschaftsstatut ganz gelösten, gesonderten Anknüpfung von Durchgriffstatbeständen neu nachzudenken: Die Haftung wegen Vermögensverschiebung, krasser Unterkapitalisierung oder existenzvernichtenden Eingriffs muss nicht notwendigerweise als gesellschaftsrechtliches Institut verstanden werden." *Zimmer* erwägt diese Institute nunmehr als unerlaubte Handlungen zu qualifizieren. Zu Zeiten der Sitztheorie hatte *Zimmer* gläubigerschützende Mechanismen noch der Materie des Gesellschaftsrechts zugeordnet, vgl. dazu *Zimmer*, S. 292-296. Immerhin fordert *Zimmer*, dass von den angewandten nationalen Vorschriften ausgehende Beschränkungen gerechtfertigt sein müssen (*Zimmer*, NJW 2003, 3583, 3592; a.A. insoweit wohl *Weller*, DStR 2003, 1800, 1804).

gegenüber der Niederlassungsfreiheit behaupten kann, wird noch Gegenstand der Erörterung sein[805].

1. Differenzierung zwischen Errichtungs- und Tätigkeitsphase

Weller sieht in der *Inspire Art*-Entscheidung seine Ansicht gestärkt, wonach bei der Anwendung nationaler Vorschriften auf ausländische Gesellschaften zwischen *Errichtungs-* und *Tätigkeitsausübungsphase* zu differenzieren sei[806]. Die Überlagerung mit nationalen Bestimmungen sei in der *Tätigkeitsausübungsphase* möglich. Diese Erkenntnis will *Weller* mittelbar der Urteilsformel von *Inspire Art* entnehmen. Ausdrücklich habe der EuGH hierin auf die für *„die Gründung von Gesellschaften"* geltenden Regelungen abgestellt. Hierzu habe er festgestellt, dass sich eine Modifizierung der Gründungsvoraussetzungen einer Gesellschaft durch das Recht des Niederlassungsstaats nicht rechtfertigen lasse. Dieser Ansicht lässt sich entgegen halten, dass der EuGH in den Entscheidungsgründen ausdrücklich darauf hinweist, dass nicht nur die Kapitalaufbringung, sondern auch die Kapitalerhaltungspflicht die Niederlassungsfreiheit beschränkt[807]. Die Kapitalerhaltungspflicht wird man aber wohl kaum als Gründungsvoraussetzung verstehen können. Sowohl die Kapitalerhaltungspflicht als auch die angedrohte Geschäftsleiterhaftung bei einem Verstoß hiergegen sind der *Tätigkeitsphase* einer Gesellschaft zuzuschreiben[808]. Weiterhin geht *Weller* davon aus, dass *„nicht-gesellschaftsrechtliche Haftungsfiguren"* des Verwaltungssitzstaats auf ausländische Gesellschaften übertragen werden könnten. Hierbei scheint *Weller* auf das Rechtfertigungserfordernis gänzlich verzichten zu wollen[809].

2. Kritik an der Entscheidung Inspire Art

Aus Sicht des Gerichtshofs genügt für Zwecke des Gläubigerschutzes das Auftreten der Gesellschaft im Markt als Gesellschaft ausländischen Rechts. Die Eigenschaft, Auslandsgesellschaft zu sein, ergebe sich für den Rechtsverkehr unschwer aus dem in den

805 Vgl. dazu S. 198 ff.

806 *Weller*, DStR 2003, 1800, 1803 f.; in diese Richtung auch schon *Werlauff*, ZIP 1999, 867, 875; *Höfling*, DB 1999, 1206, 1208; *Sandrock*, BB 1999, 1337, 1343; heute auch *Altmeppen*, NJW 2004, 97, 97-104; *Geyrhalter/Gänßler*, DStR 2003, 2167, 2169; a.A. *Kieninger*, ZGR 28 (1999), 724, 743; *Halbhuber*, S. 211 f.

807 S. hierzu EuGH, Urt. v. 30.9.2003 Rs. C-167/01 (*Inspire Art*), Slg. 2003, I-10226 (Tz. 104); hierauf verweist *Behrens*, IPRax 2004, 20, 24 f.

808 *Behrens*, IPRax 2004, 20, 24 f.

809 *Weller*, DStR 2003, 1800, 1804; *Ulmer*, NJW 2004, 1201, 1207; *Fischer*, ZIP 2004, 1477, 1479. Vgl. zu dieser Ansicht S. 198 ff.

Niederlande nicht existierenden Rechtsformzusatz *Ltd.*[810]. *Leible/Hoffmann* bemängeln an dieser Begründung des EuGH zu Recht, dass die angesprochene Warnfunktion keineswegs in jeder Fallkonstellation eingreift. Was vornehmlich damit zusammen hängt, dass sich das Gründungsstatut einer Gesellschaft nicht aus der Firma entnehmen lässt[811].

a) Rechtsformzusatz und Gesellschaftsstatut

Die Erwähnung der Rechtsform als Bestandteil der Firma reicht für die Qualifizierung als im Ausland gegründete Gesellschaft nicht aus[812]. Man denke nur an den Rechtsformzusatz der Aktiengesellschaft („AG"), den es in dieser Form im gesamten deutschsprachigen Raum Europas gibt[813]. Ein deutscher Gläubiger wird daher allein durch den Rechtsformzusatz nicht zuverlässig darüber aufgeklärt, ob er mit einer in- oder einer ausländischen „AG" kontrahiert; geschweige denn, was sich hinter einer ausländischen AG verbirgt. Entsprechend verhält es sich mit einem französischen Gläubiger, der mit einer „SA" in Geschäftskontakt tritt. Selbst für den Fall, dass es sich aus nationaler Sicht eindeutig um eine ausländische Rechtsform handelt, weil die Rechtsform im inländischen Recht so nicht existiert, kann das Gesellschaftsstatut anhand der Firmierung nicht zweifelsfrei festgestellt werden. Ob es sich um eine englische, schottische oder irische Ltd. bzw. eine französische oder belgische SA handelt lässt sich dem Rechtsformzusatz „Ltd." bzw. „SA"nicht entnehmen.

Nach dem „Informationsmodell[814]" des EuGH scheint das aber auch nicht erforderlich zu sein[815]. Eine Verpflichtung zur Offenlegung des Gesellschaftsstatuts innerhalb der Zweigniederlassungsfirma lässt sich der 11. RL jedenfalls nicht entnehmen. Eine zusätzliche Anforderung an die Firmierung von Zweigniederlassungen ist daher aufgrund des abschließenden Charakters („Maximalregelung")[816] des bestehenden Publizitätskonzepts mit dem Sekundärrecht unvereinbar[817]. Dem deutschen Firmenrecht (§

---

810 EuGH, Urt. v. 30.9.2003 Rs. C-167/01 (*Inspire Art*), Slg. 2003, I-10234 (Tz. 135).

811 *Leible/Hoffmann*, EuZW 2003, 677, 680 f.; *Kersting/Schindler*, 4 GLJ 1277, 1284 f. (2003); *Eidenmüller/Rehm*, ZGR 33 (2004), 159, 183; *Bayer*, BB 2003, 2357, 2364; für die Publizierung des Gründungsrechts innerhalb der Firma plädieren *Borges*, ZIP 2004, 733, 736; vgl. *Martin-Ehlers*, S. 1, 23-25.

812 *Geyrhalter/Gänßler*, NZG 2003, 409, 412; *Kersting/Schindler*, RdW 2003, 621, 623; *Borges*, ZIP 2004, 733, 734; vgl. *Brand*, JR 2004, 89, 94.

813 Vgl. *Zimmer*, NJW 2003, 3583, 3587 dort Fn. 23.

814 Vgl. dazu oben Fn. 737

815 *Eidenmüller/Rehm*, ZGR 33 (2004), 159, 183; im Zuge der *Inspire Art*-Entscheidung jetzt auch *Paefgen*, ZIP 2004, 2253, 2256 dort Fn. 37; a.A. noch *ders.*, DB 2003, 487, 490.

816 Vgl. *Kieninger*, ZEuP 2004, 685, 690.

817 *Merkt*, RIW 2003, Heft 12, „Die erste Seite"; *ders.*, RIW 2004, 1, 6; i.E. auch *Zimmer*, NJW 2003, 3585, 3587 f. *Weller* weist in diesem Zusammenhang zu Recht darauf hin, dass eine Rechtfertigung von Beschränkungen hinsichtlich der *Firma einer Zweigniederlassung* aufgrund *zwingender Allgemeinwohlgründe* schon gar nicht in Betracht kommt, weil es um eine Beschränkung in einem

13 d Abs. 2 HGB) wird dagegen vereinzelt das Erfordernis entnommen, dass die Firma der Zweigniederlassung einer Auslandsgesellschaft mit einem Zusatz (z.B. „*private company limited by shares nach britischem Recht*") zu versehen ist[818].

b) Reichweite der ZweigN-RL

Im Hinblick auf eine etwaige Friktion mit dem Sekundärrecht ließe sich allenfalls einwenden, dass der im Sekundärrecht verankerte Publizitätsstandard das Firmenrecht gänzlich ausspart. Eine solche Sicht lässt sich auch nach *Inspire Art* nicht ausschließen. *Inspire Art* beschäftigt sich nicht mit dem Firmenrecht. Das WFBV ordnet in Art. 2 die Bezeichnung als „*formal ausländische Gesellschaft*" nur im Handelsregister[819] und auf Briefköpfen an[820] nicht aber für die Firma der Zweigniederlassung selbst[821]. Versteht man das Firmenrecht als einen von der ZweigN-RL nicht erfassten Regelungsbereich, wäre ein mitgliedstaatlich angeordneter firmenrechtlicher Zusatz im Falle beschränkender Wirkung an den Art. 43, 48 EG zu überprüfen[822].

Gleichwohl spricht einiges dafür, dass die ZweigN-RL auch hinsichtlich des Firmenrechts eine abschließende Regelung trifft. Folglich wäre die Rechtfertigung eines Firmenzusatzes bei Verständnis der ZweigN-RL als Maximalregelung *per se* ausgeschlossen. Nach Art. 2 Abs. 1 lit. d ZweigN-RL ist die Firma der Zweigniederlassung offen zu legen[823]. Das Firmenrecht wurde demnach in die ZweigN-RL miteinbezogen. Mangels weiterreichender firmenrechtlicher Bestimmungen gehen Vorschriften, welche

---

Rechtsgebiet geht, das sekundärrechtlich harmonisiert ist. Mithin besteht kein Raum für nationale Modifizierungen (*Weller*, DStR 2003, 1800, 1802; vgl. auch *Basedow*, RabelsZ 59 (1995), 1, 20 f.). In diesem Sinne EuGH, Urt. v. 20.2.1979 Rs. 120/78 (*Cassis de Dijon*), Slg. 1979, 662 (Tz. 8); mit dieser Begründung auch, *Spindler/Berner*, RIW 2003, 949, 953; *Zimmer*, NJW 2003, 3585, 3587 f.; *Gyerhalter/Gänßler*, NZG 2003, 409, 412; *Hirsch/Britain*, NZG 2003, 1100, 1102; *Paefgen*, ZIP 2004, 2253, 2256; a.A. *ders.*, DB 2003, 487, 490 dort Fn. 38; dagegen mitgliedstaatlich auferlegte Firmenzusätze für europarechtskonform erachtend *Ulmer*, JZ 1999, 662, 663; *v. Hase*, BuW 2003, 944, 947; *Eidenmüller/Rehm*, ZGR 33 (2004), 159, 183; *Kindler*, NJW 2003, 1073, 1079; *Borges*, ZIP 2004, 733, 736.

818 *Ulmer*, JZ 1999, 662, 663; *Kindler*, MünchKomm IntGesR, Rdn. 145 ff.; *Ebert/Levedag*, GmbHR 2003, 1337, 1338; a.A. *Wachter*, MDR 2004, 611, 614.

819 Zu Recht wird der Informationswert der im WFBV enthaltenen Regelung für den Rechtsverkehr in Frage gestellt, vgl. *v. Hase*, BuW 2003, 944, 947.

820 Auch das deutsche Gesellschaftsrecht kennt für bestimmte Rechtsformen die Verpflichtung, bestimmte Angaben in Geschäftsbriefen anzugeben (§ 35 a GmbHG, § 80 AktG und § 177 a HGB).

821 Vgl. *Adensamer/Bervoets*, RdW 2003, 617, 618; das übersehen wohl *Weller*, DStR 2003, 1800, 1802: „Der Zuzugsstaat darf keine Sonderfirmierung der ausländischen Gesellschaft als „formal ausländische Gesellschaft" bzw. als „Briefkastengesellschaft" verlangen."; *Veit/Wichert*, AG 2004, 14, 15.

822 Eine Rechtfertigung beschränkender firmenrechtlicher Bestimmungen ablehnend *Zimmer*, NJW 2003, 3585, 3587 f.

823 A.A. *v. Hase*, BuW 2003, 944, 947.

die Offenlegung des Gründungsrechts fordern, über das hinaus, was nach der ZweigN-RL möglich ist[824]. Der abschließende Umfang der ZweigN-RL zum Firmenrecht lässt sich im Umkehrschluss auch aus Art. 2 Abs. 2 ZweigN-RL entnehmen. In dieser Regelung wird den Mitgliedstaaten die Möglichkeit eingeräumt, weitere Offenlegungspflichten an Zweigniederlassungen zu stellen. Der zweite Absatz ist seinerseits abschließend formuliert und entält keine Regelung zur Firma der Zweigniederlassung[825]. Zur von *Leible/Hoffmann* eingebrachten Kritik an der Entscheidung des EuGH in der Rechtssache *Inspire Art* lässt sich daher abschließend feststellen: Die berechtigte Kritik ist an den falschen Adressaten gerichtet. Die Rechtsprechung des Gerichtshofs ist allein Folge lückenhafter Harmonisierung im Publizitätsbereich. Für diesen Zustand ist aber sicher nicht der EuGH verantwortlich. Der im Sekundärrecht abschließend verankerte Publizitätsstandard führt dazu, dass für eine Sonderanknüpfung im Firmenrecht von Zweigniederlassungen kein Raum besteht[826].

VI. Stellungnahme zur Reichweite der Anerkennungspflicht

Seit jeher hatten sich der Gesetzgeber, die Rechtsprechung und nicht zuletzt das juristische Schrifttum mit der Frage auseinander zu setzen, wie einer nach ausländischem Recht gegründeten Gesellschaft auf nationalem Territorium begegnet werden soll. Dass es einem souveränen Staat im Inland möglich sein muss, die in der nationalen Gesellschaftsrechtsordnung verankerten gesellschaftspolitischen Ziele und Wertvorstellungen durchzusetzen, wird man nicht ernsthaft bezweifeln können[827]. Diese Kompetenz und Erforderlichkeit der Umsetzung nationaler Wertvorstellungen wird im Übrigen auch von den Vertretern der Gründungstheorie nicht in Abrede gestellt. Innerstaatlich für zwingend erachtete Schutzanliegen sollen auch nach dieser Ansicht durch Überlagerung des ausländischen Gesellschaftsstatuts sichergestellt werden[828].

---

824 *Kindler*, NZG 2003, 1086, 1087.

825 Aber auch bezüglich der Gesellschaft selbst, ist ein Firmenzusatz nicht möglich, wenn man das Firmenrecht zum sekundärrechtlich geregelten Publizitätsstandard zählt. I.E. so auch *Schanze/Jüttner*, AG 2003, 661, 663; *Zimmer*, NJW 2003, 3585, 3587 f.

826 Ebenso unter Aufgabe ihrer in AG 2003, 30, 34 dort Fn. 52 vertretenen Ansicht *Schanze/Jüttner*, AG 2003, 661, 683; *Brand*, JR 2004, 89, 94; *Wachter*, MDR 2004, 611, 614; a.A. *Leible/Hoffmann*, EuZW 2003, 677, 681.

827 Überspitzt *Kegel*, EWS 1999, Heft 8, „Die erste Seite“.

828 S. z.B. *Knobbe-Keuk*, ZHR 154 (1990), 325, 345-349; *Sandrock*, in: FS Beitzke, S. 669-696.

1. Kritik an der Überlagerungstheorie

In der Rechtspraxis stößt das als liberal gepriesene Überlagerungsmodell allerdings auf erhebliche Widerstände. Wie beispielsweise die unternehmerische Mitbestimmung nationaler Prägung in eine *monistisch* verfasste Verwaltungsstruktur einer eingepasst werden soll, ist bis heute nicht einmal im Ansatz geklärt[829]. Sämtliche Überlagerungsmodelle weisen einen entscheidenden Nachteil auf. Mit der Überlagerung niederlassungsstaatlichen Rechts geht die Gefahr einher, ein geschlossenes, in sich ausgewogenes Gesellschaftsrechtssystem aus dem Gleichgewicht zu bringen. Das mag in den USA funktionieren, wo die Grundzüge des Gesellschaftsrechts - bei allen Unterschieden im Detail - von einem gleichen rechtskulturellen und rechtstechnischen Wertegleichklang geprägt sind. In der EU lässt sich die Überlagerung dogmatisch kaum bewerkstelligen[830]. Folge ist das Entstehen eines Mixes von Normen aus unterschiedlichen Gesellschaftsrechtsordnungen, die nur schwer miteinander vereinbar sind. Über die Anwendung unterschiedlicher Rechtsordnungen auf eine Gesellschaft hinaus führt das zur Verdopplung bzw., Verdrei-, Vervierfachung [...] der Pflichten der Gesellschaftsorgane und Gesellschafter, wenn jeder betroffene Staat seine zwingenden Normen auf eine Gesellschaft aus einem anderen EU-Staat anwenden darf. Aber auch für den Fall, dass nur der von der Gesellschaft am meisten betroffene Staat (Verwaltungssitzstaat) „überlagern" darf, bleibt es hinsichtlich der zu erfüllenden Pflichten der Gesellschaftsorgane und Gesellschafter bei einer Gemengenlage, weil der Gründungsstaat seine Gesellschaft weiterhin nach dem Gründungsrecht beurteilt. Eine durch den Niederlassungsstaat oktroyierte Strukturveränderung muss der Inkorporationsstaat - auch wenn die Überlagerungstheorie auf einer solchen Prämisse basiert[831] - nicht mittragen[832] Rechtsunsicherheit als Folge territorial begrenzter Hoheitskompetenzen ist für Gesellschaften, die in

---

829 S. hierzu *Gruber/Weller*, NZG 2003, 297-301. Vgl. zur Überlagerung der deutschen Unternehmensmitbestimmung S. 289 ff.

830 Vgl. dazu *Behrens*, in: Hachenburg Einl., Rdn. 127 ff. (Sonderanknüpfung). Für eine differenzierte Anknüpfung der Innen- und Außenverhältnisse einer Gesellschaft *Grasmann*, Rdn. 622 ff.; früher auch *Sandrock*, RabelsZ 42 (1978), 227, 246 f, 250-265. Ein solches Konzept sieht auch das bis heute nicht in Kraft getretene Abkommen zur Anerkennung ausländischer Gesellschaften v. 29.2.1968 vor (BGBl. 1972 II, S. 369); abgedruckt bei *Lutter*, Unternehmensrecht, S. 695-701. Den Entwurf zu Recht kritisierend *Drobnig*. ZHR 129 (1967/68) 93, 119: „Jedoch ist der vom EWG-Vertrag verwendete und vom Entwurf zugrunde gelegte Begriff der „Anerkennung" irreführend und zu eng. Vielmehr ist eine gemeinschaftsrechtliche Anknüpfung für das gesamte Personalstatut der Gesellschaften und juristischen Personen zu suchen. Die vom Entwurf vorgeschlagene Beschränkung auf die „*capacité*" der Organisation ist in sich unklar, zerreist ohne inneren Grund den zusammenhängenden Bereich des Personalstatuts und wird unweigerlich zu Meinungsverschiedenheiten über die Tragweite des Abkommens führen." Vgl. zur ‚Abkopplung' im Hinblick auf die unternehmerische Mitbestimmung *Zimmer*, S. 143-174.

831 S. hierzu *Sandrock*, ZVglRWiss 102 (2003), 447, 449.

832 Vgl. dazu oben S. 187.

Zeiten der Globalisierung zunehmend grenzüberschreitend agieren, jedenfalls nicht hinnehmbar.

2. *Sitztheorie erreicht konsequente Lösung*

Die durch die Überlagerungstheorie verursachte undurchsichtige Rechtslage vermeidet die Sitztheorie, indem sie sich für die Bestimmung der Gesellschaftsverhältnisse nur einer Rechtsordnung bedient[833]. Den Konflikt zwischen den beiden in Betracht zu ziehenden Jurisdiktionen löst die Sitztheorie zu Gunsten des von der Gesellschaft am stärksten betroffenen Staats. Aber auch bei dieser Theorie treten insbesondere auf der Rechtsfolgenseite erhebliche Schwächen zu Tage[834]. Die Sitztheorie vermag die Folgen eines tatsächlich erfolgten Zuzugs nicht befriedigend zu lösen. Aus diesem Grunde wird die Sitztheorie verschiedentlich auch als bloße „Abschreckungstheorie" tituliert[835].

3. *Einfluss der Niederlassungsfreiheit*

Bei den bisherigen Erwägungen ist der völkervertragliche Einfluss außen vor geblieben. Die Mitgliedstaaten haben zur Verwirklichung des Gemeinsamen Markts einen Teil ihrer Kompetenzen auf die EG übertragen. Damit haben die Mitgliedstaaten dem Gemeinschaftsrecht zugleich in weiten Teilen Vorrang eingeräumt[836]. Seither verbindet die Mitgliedstaaten ein europäisches Band, das unser nationales Recht bisweilen auf den Prüfstand stellt. Die *Überseering*-Entscheidung hat geklärt, dass die Niederlassungsfreiheit Gesellschaften i.S.v. Art. 48 EG eine über die freie *Standortwahl* hinausreichende *Rechtswahlfreiheit* gewährleistet. Diese Rechtswahlfreiheit wird durch die deutsche Sitztheorie versagt; durch die Überlagerungstheorie immerhin erheblich eingeschränkt. Der niederlassungsrechtlich garantierten Wahrung der Gesellschaftsidentität werden beide Kollisionstheorien nicht gerecht[837]. Denn nach dem hier vertretenen

---

833 *Ebke*, 36 Int'l Law. 1015, 1027 (2002).

834 Vgl. hierzu S. 251 ff.

835 Vgl. hierzu die Ausführungen bei *Behrens*, IPRax 2003, 193, 194-201.

836 Grundlegend EuGH, Urt. v. 15.7.1964 Rs. 6/64 (*Costa/ENEL*), Slg. 1964, 1251. Der Entwurf eines Vertrags über eine Verfassung für Europa in seiner konsolidierten Fassung v. 13.10.2004 enthält erstmals eine Kodifizierung des Anwendungsvorrangs (Art. I-6).

837 Vgl. *Kieninger*, ZEuP 2004, 685, 691: „*Inspire Art* verschließt die Möglichkeit durch *pseudo-foreign-corporation*-Gesetze oder theoretische Ansätze wie die Überlagerungstheorie oder die Kombinationslehre zwingendes Gesellschaftsrecht des tatsächlichen Sitzes zur Anwendung zu bringen oder zwischen der prinzipiellen Anerkennung der Gesellschaft (Gründungsanknüpfung) und dem Gesellschaftsstatut im Übrigen (Sitzanknüpfung) zu unterscheiden."; *Schulz*, NJW 2003 2705, 2707; *Schanze/Jüttner*, AG 2003, 30, 35 (auf die Haftungsverfassung beschränkt).

Identitätsverständnis setzt sich die Identität einer Gesellschaft aus sämtlichen gesellschaftsrechtlichen Bestimmungen ihres Gründungsstatuts zusammen[838].

a) *Bedeutung für das Gesellschaftskollisionsrecht*

Übersetzt man das niederlassungsrechtliche Gebot, die Identiät einer ausländischen Gesellschaft auch bei Verlagerung ihres Tätigkeitsschwerpunkts ins Inland uneingeschränkt anzuerkennen, hat das zur Folge, dass das Gesellschaftsstatut umfänglich nach der Gründungsrechtsordnung beurteilt werden muss. Dabei dürfte das herkömmliche Verständnis von der Reichweite des Gesellschaftsstatuts[839] mit dem für diese Zwecke allein maßgeblichen europarechtlichen Identitätsverständnis weithin deckungsgleich sein[840]. Vor diesem Hintergrund ist Zurückhaltung gegenüber den Stimmen geboten, die das Gesellschaftsstatut zunehmend „ausdünnen" wollen, um so bei der Anwendung nationaler Normen auf EU-ausländische Gesellschaften dem drohenden Konflikt mit Art. 43, 48 EG zu entgehen[841]. Alle gesellschaftsinternen Verhältnisse, aber auch die Haftung der Gesellschaft, ihrer Organe und Gesellschafter gegenüber Dritten müssen sich nach dem Gesellschaftsstatut (Gründungsrecht) beurteilen, wenn der Haftungsgrund für die Außenhaftung auf einem Pflichtverstoß im Gesellschaftsverhältnis wurzelt. Nur so wird man den Vorgaben der Art. 43, 48 EG gerecht. Deutsche Gläubigerschutzmechanismen können einem ausländischen Gesellschaftsstatut auch dann nicht aufgezwungen, wenn das Gesellschaftsstatut des Herkunftsstaats kein den nationalen Standards vergleichbares Instrument bereit hält. Für EU-ausländische Gesellschaften müssen wir das respektieren. Aber auch für den Fall, dass das Gesellschaftsstatut z.B. eine Durchgriffshaftung kennt, gebietet es das Identitätswahrungsgebot, die Tatbestandsvoraussetzungen des Gründungssstatus zu prüfen[842]. Beschränkungen zur Verwirklichung von Gesellschaftsgläubigerschutz werden sich darüber hinaus wohl auch nicht mit zwingenden Allgemeinwohlgründen rechtfertigen lassen[843].

---

838 A.A. *Altmeppen*, NJW 2004, 97, 100 (bezugnehmend auf *Kegel/Schurig*, S. 572): „Eine Kapitalgesellschaft hat als juristische Person kein „Heimatrecht."; kritisierend *Sandrock*, BB 2004, 897, 900: „Die These von *Kegel/Schurig* vom Fehlen eines „Heimatrechts" ist von Altmeppen wahrscheinlich missverstanden worden."; s. auch *Beitzke*, S. 74.

839 Vgl. dazu S. 165 ff.

840 *Eidenmüller*, JZ 2004, 24, 25.

841 Vgl. hierzu S. 198 ff.

842 *Mäsch*, EuZW 2004, „Editorial", 321; a.A. *Altmeppen*, NJW 2004, 97, 99, 101.

843 Vgl. dazu S. 263 ff.; S. 281 ff.

b) Stellungnahme

Das durchschlagende Argument gegen ein Überlagerungsmodell ist die Reichweite der Art. 43, 48 EG und nicht das Entstehen eines *Normenmixes*[844]. Die Niederlassungsfreiheit gewährleistet, dass eine Gesellschaft sowohl das sie konstituierende als auch das ihr Leben gestaltende Gründungsrecht in den Niederlassungsstaat „importieren“ darf.

4. Nicht-gesellschaftsrechtliche Normen

Aber auch nicht-gesellschaftsrechtliche Normen bedürfen grundsätzlich der Rechtfertigung, sofern sie das „Funktionieren“ einer ausländischen Gesellschaft im Niederlassungsstaat beschränken oder weniger attraktiv machen[845]. Diese Folge ist Ausfluss des Beschränkungsverbots[846].

a) Umgehung des Beschränkungsverbots durch „Umqualifizierung“?

Das nunmehr geltende gesellschaftsrechtliche Herkunftslandprinzip hält weite Teile des Schrifttums indes nicht von dem Versuch ab, nationale Gläubigerschutzmechanismen im Wege kollisionsrechtlicher (Um-)Qualifizierung vor dem strengen Rechtfertigungstest des EuGH zu bewahren[847]. Neben der vertretenen Beschränkung der Niederlassungsfreiheit auf die Gründungsvoraussetzungen einer Gesellschaft stellt die (Um-)Qualifizierung nationaler Schutzvorschriften - wie bereits erwähnt - eine weitere Spielart dar, die Rechtsfolgen der EuGH Entscheidungen *Überseering* und *Inspire Art* auf ein Minimum zu reduzieren. In der Literatur wird z.B. eine insolvenzrechtliche[848] oder eine deliktsrechtliche[849] Qualifizierung der vom II. Zivilsenat des BGH begründeten Exis-

---

844 *Behrens*, IPRax 2003, 193, 206; a.A. *Altmeppen*, NJW 2004, 97, 99 f.

845 *Spindler/Berner*, RIW 2003, 949, 955; *Eidenmüller*, JZ 2004, 24, 25; vgl. *N. Hoffmann*, S. 228-265; das übersehen *Weller*, DStR 2003, 1800, 1804; *Meilicke*, GmbHR 2003, 1271, 1272; *Ziemons*, ZIP 2003, 1913, 1917 dort Fn. 35; *Bayer*, BB 2003, 2357, 2364 f.; a.A. *Koch*, JuS 2004, 755, 756.

846 S. zum Herkunftslandprinzip allgemein *Klinke*, in: Liber Amicorum Kegel, S. 1, 20-26.

847 So tendenziell *Leible/Hoffmann*, RIW 2002, 925, 929; *Fischer*, ZIP 2004, 1477, 1478 f.

848 *Weller*, IPRax 2003, 207, 209 f.; *ders.*, IPRax, 2003, 520, 524; s. vertiefend *ders.*, Europäische Rechtsformwahlfreiheit und Gesellschafterhaftung: zur Anwendung der Existenzvernichtungshaftung auf Scheinauslandsgesellschaften nach „Überseering“ und „Inspire Art“; *Müller*, NZG 2003, 414, 417; *Ulmer*, NJW 2004, 1201, 1204 f.; *Mankovski*, RIW 2004, 481, 486; offenlassend *Borges*, ZIP 2004, 733, 741 f.; eine insolvenzrechtliche Einordnung kritisierend *Schön*, ZHR 168 (2004), 268, 292.

849 *Schanze/Jüttner*, AG 2003, 661, 669; *Zimmer*, NJW 2003, 3583, 3588 f.; wohl auch *Bayer*, BB 2003, 2357, 2365; a.A. überzeugend *Altmeppen*, NJW 2004, 97, 101: „[...]: Die Haftung wegen Existenzvernichtung ist eine spezifisch gesellschaftsrechtlich einzuordnende Haftung, die der BGH

tenzvernichtungshaftung befürwortet[850]. Dass sich hinter einer derartigen kollisionsrechtlichen Behandlung verbergende Motiv, liegt auf der Hand. Im Kern geht es darum, deutsche Stakeholderschutzinstrumente auf ausländische Gesellschaften mit Verwaltungssitz in Deutschland anzuwenden. Zugleich lässt sich dem Bestreben entnehmen, dass ein Konflikt mit der Niederlassungsfreiheit entgangen werdem soll[851]. Um dem

---

streng von der Haftung wegen unerlaubter Handlung, etwa wegen vorsätzlicher sittenwidriger Gläubigerschädigung (§ 826 BGB), getrennt wissen will.“; *Spindler/Berner*, RIW 2004, 7, 11; *Schön*, ZHR 168 (2004), 268, 292.

850 *Weller*, IPRax 2003, 207, 210: „Ferner geriete man bei einem Institut, das man insolvenzrechtlich qualifizieren könnte, nur in geringem Maße in Konflikt mit der Niederlassungsfreiheit, würde man doch gerade nicht auf die *Errichtungsphase* der Gesellschaft abstellen.“; *ders.*, IPRax 2003, 520, 524; *ders.*, DStR 2003, 1800, 1804; *ders.*, IPRax 2004, 412, 414; s. (hilfsweise) auch *Kindler*, NZG 2003, 1086, 1090. *Kindler* befürwortet für eine Reihe von Sachnormen die Mehrfachqualifikation, vgl. *Kindler*, in: FS Jayme, S. 409-418 (anders noch *Kindler*, in: MünchKomm IntGesR, Rdn. 486-494 [Durchgriffshaftung]). Die Auffassung von *Kindler* nach der die *Sitztheorie* europarechtskonform ist, vermochte auch die *Inspire Art*-Entscheidung nicht zu erschüttern. Daher hegt *Kindler* an der Vereinbarkeit nationalen Rechts mit Art. 43, 48 EG keine Bedenken (vgl. *Kindler*, NZG 2003, 1086, 1087); *Leible/Hoffmann*, RIW 2002, 925, 929; dem Statutsdenken verhaftet auch *Horn*, NJW 2004, 893, 899: „In Deutschland sollte man den Begriff des Gesellschaftsstatuts künftig enger auffassen, so dass zum Beispiel die Durchgriffshaftung des Niederlassungsstaats angewendet werden kann.“, zweifelnd offenbar *ders.*, NJW 2004, 893, 901; *Goette*, DStR 2004, 2115; vgl. *Schön*, Der Konzern 2004, 162, 170; *Recq/Hoffmann*, GmbHR 2004, 1070, 1073 f. (zur Überlagerung der deutschen Unternehmensmitbestimmung); *Davis*, S. 125; *Wooldridge*, 14 EBLR 227, 234 (2003); tendenziell auch *Westermann*, GmbHR 2005, 4, 15 f.; dagegen (Um-)Qualifizierungen im Hinblick auf die Reichweite der Niederlassungsfreiheit für nicht erfolgsversprechend erachtend *Spindler/Berner*, RIW 2003, 949, 955; *dies.*, RIW 2004, 7, 9 f.; *Ebke*, in: FS Thode, S. 595, 606; *Schmidt*, ZHR 168 (2004), 793, 498-502 (Plädoyer für eine rechtsformunabhängige Ausgestaltung des nationalen Verkehrssicherungsrechts. Dieser Ansatz überzeugt z.B. für das Haftungsregime einer Gesellschaft nicht. Durch eine rechtsformunabhängige Anknüpfung von Gläubigerschutzkonzepten [so das englische Recht], wie z.B. der Existenzvernichtungshaftung, nimmt man diesen nicht die Gesellschaftsbezogenheit. Dass die Gesellschaftsbeziehungen aber allein vom Gründungs- und nicht vom Verwaltungssitzrecht geregelt werden, gewährleisten die Art. 43, 48 EG [Schutz der Gesellschafts*identität*]. Daher steht auch das englische Gesellschaftsrecht, soweit es um dessen Anwendung auf EU-Auslandsgesellschaften geht, auf dem Prüfstand [so *Lowry*, 63 C.L.J. 331, 342-345; a.A. *Prentice*, 14 EBLR 631, 640 (2003)]); implizit *Schulz/Sester*, EWS 2002, 545, 549; *Schulz/Dörrbecker*, BuW 2003, 990, 994; *Bayer*, BB 2003, 2357, 2364 f.: „[...] über allen delikts- und insolvenzrechtlichen Ersatzanknüpfungen schwebt das Damoklesschwert der Niederlassungsfreiheit.“; *Kieninger*, ZEuP 2004, 685, 696 f.; *Zimmer*, 41 CMLRev. 1127, 1139 (2004); vgl. *Altmeppen/Wilhelm*, DB 2004, 1083, 1084 f. m.w.N. zur Gegenansicht Fn. 17, 1088 f.; *Bitter*, WM 2004, 2190, 2191 f., 2199; *Paefgen*, ZIP 2004, 2253, 2254, 2255.

851 *Borges*, RIW 2000, 167, 178; zurückhaltender *ders.*, ZIP 2004, 733, 740 f.; *Horn*, NJW 2004, 893, 899-901; *Kersting/Schindler*, 4 GLJ 1277, 1290 (2003); tendenziell auch *Mankowski*, RIW 2004, 481, 486; sehr deutlich in Bezug auf das Insolvenzrecht *Ulmer*, NJW 2004, 1201, 1207-1209: „Der „sicherste Hafen“ für die Anwendung inländischer Haftungstatbestände auf Gesellschafter und/oder Geschäftsführer von Scheinauslandsgesellschaften ist erreicht, wenn sich diese Tatbestände als Bestandteile der lex fori concursus i.S. von Art. 4 II EuInsVO qualifizieren lassen und wenn sie schon deshalb als mit der Niederlassungsfreiheit vereinbar anzusehen sind.“; *ders.*, KTS 2004, 291, 292-297 („sichere Bastion“) (zustimmend *Fischer*, ZIP 2004, 1477, 1478 f.; *Geimer*, S. 29; *Weller*, IPRax 2004, 412, 414; *Goette*, DStR 2004, 2115; diese Ansicht überzeugend kritisierend *Bitter*, WM 2004, 2190, 2191 f.; vgl. dazu auch *Westermann*, GmbHR 2005, 4, 15 f.). *Ulmer* entnimmt der EuIns-VO eine rechtmäßige Beschränkung der Reichweite des in Art. 43, 48 EG enthaltenen Beschränkungsverbots auf gesellschaftsrechtliche (organisationsspezifische) Belange.

europarechtlichen Rechtfertigungstest von Beschränkungen zu entgehen, bietet sich nach dieser Auffassung eine konzentrierte Verortung nationaler Gläubigerschutzinstrumente im nationalen Insolvenz- oder Deliktsrecht an[852]. Auf diese Weise erreicht man kollisionsrechtlich die Anwendbarkeit nationalen Rechts.

Das Internationale Insolvenzrecht wurde durch die EuIns-VO harmonisiert und beruft das am gesellschaftlichen Schwerpunkt einer Gesellschaft geltende Insolvenzrecht (Art. 3 i.V.m. Art. EuIns-VO)[853]. Es wird dabei widerleglich vermutet, dass der Schwerpunkt der Geschäftstätigkeit vom Ort des Satzungssitzes ausgeht. Ebenso wird eine deliktsrechtliche Qualifizierung wegen der Anknüpfung an den Handlungsort regelmäßig zur Anwendung inländischen Rechts führen (Art. 40 Abs. 1 EGBGB). Dieser Auffassung zu Folge könnte ein deutsches Gericht die Grundsätze der Existenzvernichtungshaftung ohne europarechtliche Bedenken anwenden. Die deutsche unternehmerische Mitbestimmung als eine weitere „heilige Kuh" des deutschen Unternehmensrechts soll auf gleichem Weg „vom Eis gebracht" werden. Eine gesellschaftsrechtliche Qualifizierung sei keinesfalls zwingend[854].

Einer solchen Vorgehensweise ist zu widersprechen. Zunächst wirkt die Zuordnung der vorgenannten Rechtsinstitute unter einen anderen Systembegriff als den des Gesellschaftsrechts gekünstelt und ergebnisorientiert. Außer Betracht gelassen wird bei einer solchen Vorgehensweise außerdem, dass auch bei kollisionsrechtlicher Auslagerung nationaler Vorschriften aus dem Gesellschaftsstatut diesen nicht ihre tatsächliche Gesellschaftsbezogenheit genommen werden kann. Statute haben allenfalls Modellcharakter, um festlegen zu können, welches Recht einen grenzüberschreitenden Sachverhalt regeln soll. *Spindler/Berner* weisen zutreffend darauf hin, dass alle nationalen Gesellschaftsgläubigerschutzvorschriften „gesellschaftsakzessorisch" sind und „somit unabhängig von ihrer kollisionsrechtlichen Qualifikation als Beschränkung der gemeinschaftsrechtlich garantierten Niederlassungsfreiheit identifiziert sind[855]." Die Qualifizierung einzelner nationaler Rechtsinstitute ist zweifelsohne umstritten[856]. Bei der Diskussion sollte man sich aber immer darüber im Klaren sein, dass der Gerichtshof den in die eine oder andere Richtung betriebenen kollisionsrechtlichen Begründungsaufwand in

852 *Borges*, RIW 2000, 167, 178.

853 Zur Bestimmung der Internationalen Insolvenzzuständigkeit insbesondere bei konzernierten Gesellschaften s. *Weller*, IPRax 2004, 412, 415-417 m.w.N. aus der Rspr.

854 Vgl. hierzu die Ausführungen bei *Zimmer*, S. 137-174.

855 *Spindler/Berner*, RIW 2004, 7, 9 f.; *dies.*, RIW 2003, 949, 955; *Ebke*, in FS Thode, S. 595, 606; *Rehberg*, The European Legal Forum 2004, 1, 8 dort Fn. 56; vgl. auch *Schurig*, in: Liber Amicorum Kegel, S. 199, 220 f.; *Eidenmüller/Rehm*, ZGR 33 (2004), 159, 166, 183; *Brand*, JR 2004, 89, 93; widersprüchlich *Borges*, ZIP 2004, 733, 740 f.; *Sandrock*, S. 33, 52; *N. Hoffmann*, S. 228, 246; vgl. auch *Lowry*, 63 C.L.J. 331, 343 (2004); a.A. z.B. *Fischer*, ZIP 2004, 1477, 1478 f.

856 *Meilicke*, GmbHR 2003, 1271, 1272. *Meilicke* prognostiziert einen Kampf um die Frage, was noch zum Gesellschaftsstatut einer Gesellschaft gehört und welche Vorschriften dem Insolvenzrecht zuzuordnen sind.

seine Entscheidungen nicht mit einfließen lassen wird[857]. Die Auslegung der Grundfreiheiten erfolgt durch den EuGH autonom *auf Ebene des Europarechts.* Anschaulich vermittelt wird die Sichtweise des EuGH im Rahmen der *Überseering*-Entscheidung. Der Gerichtshof hat hierin einzig die beschränkende (negierende) Rechtsfolge der Sitztheorie im Blick, nicht dagegen die Kollisionsnorm selbst[858]. Der EuGH prüft einzig, ob von den kollisionsrechtlich zur Anwendung gebrachten nationalen Vorschriften eine Beschränkung der Niederlassungsfreiheit ausgeht[859]. Diese Prüfung erfolgt davon unabhängig, wo die streitige Norm im nationalen Kollisionsrechtssystem verhaftet ist. Das „Damoklesschwert" der Art. 43, 48 EG hängt demnach über allen öffentlich- und privatrechtlichen Normen des Niederlassungsstaats[860]. Das ist keine neue Erkenntnis, scheint aber in der derzeitig geführten Diskussion hin und wieder in Vergessenheit zu geraten[861]. Die Grundfreiheiten machen keinen Halt vor Kollisionsnormen, sofern die von diesen ausgehenden Rechtsfolgen die Grundfreiheiten beschränken[862]. Normen des Niederlassungsstaats sind daher nicht anwendbar, sofern sie in die Gründungsvorschriften des Herkunftsstaats eingreifen, oder aber das *gesellschaftsrechtliche* „Leben" einer Gesellschaft in nicht gerechtfertigter Weise beschränken oder weniger attraktiv machen[863].

Damit gilt: Liegt aus Sicht des EuGH eine Niederlassungsbeschränkung vor, ist es unerheblich, welchem kollisionsrechtlichen Anknüpfungsgegenstand die beschränkende Norm nach nationalem Verständnis unterliegt. Die Hoffnungen in der Literatur, dass der Rechtfertigungstest milder ausfallen könnte, wenn die beschränkende Norm national kollisionsrechtlich außerhalb des Gesellschaftsrechts eingeordnet wird, sind unbegründet.

---

857 *Ebke*, in: FS Thode, S. 595, 606; *Spindler/Berner*, RIW 2003, 949, 955; implizit *Schurig*, in: Liber Amicorum Kegel, S. 199, 221.

858 *Hofstötter*, ELR 2002, 450, 451; *Baudenbacher/Buschle*, IPRax 2004, 26, 26: „Geurteilt wird in Luxemburg nicht über nationales Recht und dessen Kategorien, und für kollisionsrechtliche Theorien interessieren sich die Richter allenfalls nach Dienstschluss."; *Altmeppen*, NJW 2004, 97, 99; *Schnitger*, IStR, 2002, 818; *Drygala*, ZEuP 2004, 337, 346; *Leible*, ZGR 33 (2004), 531, 534; *Altmeppen/Wilhelm*, DB 2004, 1083, 1084; *Martin-Ehlers*, S. 1, 13 f.; *Großerichter*, in: FS Sonnenberger, S. 369, 373.

859 Vgl. EuGH, Urt. v. 25.7.1991 Rs. C-221/89 (*Factortame II*), Slg. 1991, I-3963 f. (Tz. 17).

860 So auch die *HLGCLE*, Framework for Company Law in Europe, S. 103; *Bayer*, BB 2003, 2357, a.A. *Weller*, DStR 2003, 1800, 1804: „Aus der Fokussierung des EuGH auf gesellschaftsrechtliche Gründungsvorschriften lässt sich ableiten, dass jedenfalls *nicht-gesellschaftsrechtliche Haftungsfiguren*, die im Zusammenhang mit der *Tätigkeit* der Scheinauslandsgesellschaft virulent werden können, durchaus auf letztere übertragen werden können."

861 *Hofstötter*, ELR 2002, 450, 451.

862 Vgl. hierzu auch *W.-H. Roth*, in: FS Lüderitz, S. 635, 638-646.

863 Ebenso *Behrens*, IPRax 2004, 20, 24; a.A. *Altmeppen*, NJW 2004, 97, 99-104.

Es steht indes zu vermuten, dass sich die Überprüfung niederlassungsstaatlichen Rechts auf die Verträglichkeit mit Art. 43, 48 EG außerhalb des Gesellschaftsrechts auf bestimmte Rechtsgebiete konzentrieren wird. Den Marktzugang für Auslandsgesellschaften können z.B. steuerrechtliche Regelungen eher erschweren als das allgemeine Zivilrecht. Das Zivilrecht weist schon aufgrund seiner uniformen Anwendung wenig Beschränkungspotential auf[864]. Das von den Parteien wählbare Vertragsrecht bleibt dabei gänzlich außen vor[865]. Gleichwohl lässt sich das Beschränkungspotenzial auch unterschiedslos angewandter Normen nicht ausschließen. Schließlich wäre andernfalls die Differenzierung zwischen Beschränkungs- und Diskriminierungsverbot obsolet[866]. Trotz des geltenden Beschränkungsverbots, hat eine Gesellschaft die im Niederlassungsstaat geltenden „Standortbedingungen"[867] grundsätzlich hinzunehmen[868]. Die Akzeptanz der Marktbedingungen im Niederlassungsstaat stellt den „Eintrittspreis" dafür dar, den auserkorenen Markt zum Absatz von Produkten und Dienstleistungen fruchtbar zu machen[869]. Die Entscheidung einer Gesellschaft in einen fremden Markt einzutreten, muss die im Niederlassungsstaat vorherrschenden Standortbedingungen (z.B. die geltenden steuerrechtlichen Rahmenbedingungen) stets mit einbeziehen. Im Hinblick auf nicht unmittelbar gesellschaftsbezogene Vorschriften wird das Herkunftslandprinzip daher an seine Grenzen stoßen[870]. Beispielsweise werden im Niederlassungsstaat unterschiedslos geltende Bestimmungen, die augenscheinlich außerhalb des Gesellschaftsrechts beheimatet sind, nicht erfolgreich mit Art. 43, 48 EG anzugreifen sein, weil sie entweder gerechtfertigt sind oder aber bereits aus dem Anwendungsbereich der Niederlassungs-

864 *Halbhuber*, ZEuP 2003, 418, 433.

865 Vgl. dazu S. 206 ff.; 211 ff.

866 Vgl. auch *Schanze/Jüttner*, AG 2003, 661, 667: „In Betracht kommen insoweit gewerberechtliche Genehmigungsvorbehalte oder auch überschießende, extrem formulierte Deliktsnormen."

867 *Forsthoff*, DB 2002, 2471, 2477.

868 Vgl. den Wortlaut von Art. 43 Abs. 1 EG: „[...], um dort eine selbstständige Erwerbstätigkeit nach den für die Staatsangehörigen des Aufnahmemitgliedstaats geltenden Bestimmungen aufzunehmen und auszuüben und [...]. In diese Richtung gehen auch die Schlussanträge von GA *Mischo* in der Rechtssache *Pfeiffer* [Schlussanträge GA *Mischo* v. 7.7.1998 Rs. C-255/97 (*Pfeiffer*), Slg. 1999, I-2835 (Tz. 58)]: „Es wäre nämlich unerträglich, wenn die Mitgliedstaaten nationale Rechtsvorschriften aller Art, wie etwa höhere Gesellschaftssteuern oder Mehrwertsteuersätze als in anderen Ländern [...], als „zwingende Erfordernisse" rechtfertigen müssten, sofern ein Wirtschaftsteilnehmer geltend macht, daß die Niederlassungsfreiheit durch diese Vorschrift weniger attraktiv werde."; *Schanze/Jüttner*, AG 2003, 661, 667; *v. Hase*, BuW 2003, 944, 946; *Everling*, in: GS Knobbe-Keuk, S. 607, 618-625; *Ulmer*, KTS 2004, 291, 292; *Paefgen*, ZIP 2004, 2253, 2255; tendenziell *Halbhuber*, ZEuP 2003, 418, 433.

869 Unter die geltenden Marktbedingungen fallen aber gerade nicht die nationalen Haftungstatbestände für Gesellschaften, weil diese allesamt auf im Innenrecht einer Gesellschaft verankerte Pflichten gründen. Die Ausgestaltung des Innenrechts einer Gesellschaft, d.h. ihre Identität stellt allein das die Gesellschaft schaffende Gründungsrecht auf. Die Niederlassungsfreiheit (Art. 43, 48 EG) gewährleistet den Marktzutritt der *so* gegründeten Gesellschaft (identitätswahrend).

freiheit herausfallen. Hierzu zählt u.a. das Umwelt-, Sozial-, Arbeits- und Verbraucherschutzrecht[871].

Trotz allem ist in diesem Zusammenhang fraglich, ob die Regelungsvorschriften der genannten Rechtsbereiche geeignet sind, den vom EuGH nicht näher konkretisierten Begriff des Marktzugangs für eine Gesellschaft (die Gesellschafter und das Management) weniger attraktiv zu gestalten[872]. Wenn man als Maßstab auf die Standortbedingungen des Herkunftsstaats abstellt, lässt sich eine Beeinträchtigung des Marktzutritts jedenfalls nicht *a priori* ausschließen. Im Kern geht es also um eine nähere Konkretisierung dessen, was man unter der Formulierung des Gerichtshofs - „weniger attraktiv"- zu verstehen hat[873]. Es ist wahrscheinlich, dass sich das hierin zum Ausdruck kommende Beschränkungsverbot allein auf die gesellschaftsrechtliche *Identität* einer Gesellschaft bezieht[874]. Schließlich gewährleistet die Niederlassungsfreiheit Gesellschaften zuvörderst den identitätswahrenden Marktzugang, so wie sie bei natürlichen Personen vor personenbezogenen Eintrittshürden schützt nicht aber vor den im Niederlassungsstaat geltenden Regelungen. Die Gewährleistung einer umfänglichen Behandlung nach dem Gründungsrecht auch außerhalb gesellschaftsrechtlicher Belange, wäre eine weitere Revolution, für die der EuGH mit seinen Entscheidungen *Überseering* und *Inspire Art* den Weg nicht bereitet hat.

Zusammenfassend lässt sich festhalten: Außerhalb des Gesellschaftsrechts liegende Vorschriften des Niederlassungsstaats können auf eine zugezogene Auslandsgesellschaft grundsätzlich angewandt werden, weil sie nicht in die *Identität* (Ausgestaltung und Funktionsweise) des Niederlassungssubjekts eingreifen. Gleichwohl können die auf Auslandsgesellschaften angewandten Regelungen des Niederlassungsstaats nach dem derzeitigen Stand der EuGH-Rechtsprechung niederlassungsbeschränkende Wirkungen entfalten und bedürfen in solchen Fällen der Rechtfertigung.

---

870 Ähnlich *Everling*, in: GS Knobbe-Keuk, S. 607, 625; *Paefgen*, ZIP 2253, 2255.

871 Zu potenziellen Kollisionen des nationalen Strafrechts mit der Niederlassungsfreiheit vgl. *N. Hoffmann*, S. 228, 241-265.

872 Zur Bedeutung des vom EuGH nicht näher konkretisierten Begriffs „Marktzugang" s. *Spaventa*, 41 CMLRev. 743, 756-764 (2004). Der Rspr. des EuGH lässt sich zunehmend entnehmen, dass der Gerichtshof hinsichtlich der Reichweite des Beschränkungsverbots darauf abstellt, ob durch die jeweilige natio-nale Vorschrift der Marktzugang erschwert wird. Damit ist aber nicht viel gewonnen, da zumin-dest außerhalb der Warenverkehrsfreiheit noch nicht geklärt ist, was genau vom Schutzbereich „Marktzugang" erfasst ist. Der Begriff des Marktzugangs wird vom EuGH weit ausgelegt, womit jede nationale Vorschrift potentiell auch geeignet ist, den Marktzugang zu beschränken (vgl. EuGH, Urt. v. 5.10.2004 Rs. C-442/02 [*Caixa Bank France /Ministére de l'Économie, des Finances et de l'Industrie*], [Tz. 12-14] [Niederlassungsfreiheit]; EuGH, Urt. v. 11.7.2002 Rs. C-60/00 [*Carpenter*], Slg. 2002, I-6279 [Tz. 39] [Dienstleistungsfreiheit]; EuGH, Urt. v. 13.5.2003 C-98/01 [*Kommission/Vereinigtes Königreich*], Slg. 2003, I-4641 [Kapitalverkehrsfreiheit]).

873 So tendenziell auch *Zimmer*, 41 CMLRev. 1127, 1136 (2004).

874 Vgl. *Ulmer*, KTS 2004, 291, 293-297.

c) Übertragbarkeit der Keck-Rechtsprechung?

Dagegen ist es nicht angezeigt, die „inländischen Betriebsmodalitäten“ (Standortbedingungen) in Analogie zu den „Verkaufsmodalitäten“ (*selling arrangements*) im Bereich der Warenverkehrsfreiheit bereits im Vorfeld dem Schutzbereich der Niederlassungsfreiheit in ihrer Gestalt als Beschränkungsverbot zu entziehen[875]. Die vom EuGH in der Rechtssache *Keck* vorgenommene Eingrenzung der Reichweite des Beschränkungsverbots lässt sich nicht auf die Niederlassungsfreiheit übertragen[876]. Das Hauptaugenmerk bei der Auslegung der Grundfreiheiten außerhalb der Warenverkehrsfreiheit richtet der Gerichtshof vielmehr auf die Gewährleistung des Marktzugangs[877]. Das

---

875 Gegen eine Übertragung der *Keck*-Rspr. auf die Niederlassungsfreiheit implizit EuGH, Urt. v. 5.10.2004 Rs. C-442/02 (*Caixa Bank France /Ministére de l'Économie, des Finances et de l'Industrie*), (Tz. 12-14, 17-23) (das französisches Verbot der Verzinsung von Sichteinlagen [Girokonten] stellt für ausländische Banken eine nicht zu rechtfgertigende Beschränkung der Niederlassungsfreiheit dar, weil es ausländischen Banken den Marktzugang in den gewachsenen französischen Bankenmarkt erheblich erschwert. Aus der Entscheidung wird deutlich, dass die Marktzugangsgewährung weit über die Gewährleistung des *tatsächlichen* Marktzutritts hinausgeht);; zurückhaltend ebenso *Spindler/Berner*, RIW 2003, 949, 955; *v. Hase*, BuW 2003, 944, 946; *Zimmer*, 41 CMLRev. 1127, 1136 (2004); a.A. tendenziell Schlussanträge GA *Fennelly* v. 16.9.1999 Rs. C-190/98 (*Volker Graf/Filzmoser Maschinenbau GmbH*), Slg. 2000, I-493; Schlussanträge GA *Tizzao* v. 25.3.2004 Rs. 442/02 (*Caixa Bank France/Ministére de l'Économie, des Finances et de l'Industrie*), (Tz. 58-76); offenlassend EuGH, Urt. v. 10.5.1995 Rs. C-384/93 (*Alpine Investments*), Slg. 1995, I-1177 f. (Tz. 36-37); *Randelzhofer/Forsthoff*, in: Grabitz/Hilf vor Art. 39-55 EGV, Rdn. 91 ff.; wohl auch *W.-H. Roth*, in: GS Knobbe-Keuk, S. 729, 737 f. (Beschränkungsverbot erstreckt sich auf den Marktzugang); *Nachbaur*, S. 165-168 (versagt Art. 43 EG selbst nach der *Gebhard*-Entscheidung den Charakter eines Beschränkungsverbots); *Everling*, in: GS Knobbe-Keuk, S. 607, 618-625; tendenziell auch *Schanze/Jüttner*, AG 2003, 661, 666 f. *Schanze/Jüttner* wollen den Anwendungsbereich der Art. 43, 48 EG bei nationalen Vorschriften mit „*uniformer Wirkung*“ nur dann eröffnen, wenn die betroffene Norm zu einer „*wesentlichen Behinderung des Marktzugangs*“ führt; *Habersack*, Rdn. 28; *Eidenmüller/Rehm*, ZGR 33 (2004), 159, 167 f. (Einführung eines *de minimis*-Grundsatzes); *Bitter*, WM 2004, 2190, 2193; *Paefgen*, ZIP 2004, 2253, 2255.

876 *Eidenmüller*, JZ 2004, 24, 26 f.; *Kieninger*, ZEuP 2004, 685, 691; differenzierend *Spindler/-Berner*, RIW 2004, 7, 10 f.; *dies.*, RIW 2003, 949, 955; vgl. EuGH, Urt. v. 13.1.2000 Rs. C-254/98 (*TK-Heimdienst*), Slg. 2000, I-171 (Tz. 29); EuGH, Urt. v. 15.12.1995 Rs. C-415/93 (*Bosman*), Slg. 1995, I-5070 (Tz. 103).; EuGH Urt. v. 13.5.2003 Rs. C-463/00 (*Kommission/-Spanien*), Slg. 2003, I-4631 (Tz. 61) (Kapitalverkehrsfreiheit); vgl. auch EuGH, Urt. v. 5.10.2004 Rs. C-442/02 (*Caixa Bank France /Ministére de l'Économie, des Finances et de l'Industrie*), (Tz. 12-14) (Niederlassungsfreiheit); offenlassend EuGH, Urt. v. 10.5.1995 Rs. C-384/93 (*Alpine Investments*), Slg. 1995, I-1177 (Tz. 37-38); a.A. *Schanze/Jüttner*, AG 2003, 661, 667. *Schanze/-Jüttner* stellen darauf ab, ob von der uniform wirkenden Regelung des Niederlassungsstaats *eine wesentliche Behinderung des Marktzugangs* ausgeht. Ist das der Fall sei der Anwendungsbereich der Art. 43, 48 EG *wieder* eröffnet.

877 Offenlassend EuGH, Urt. v. 10.5.1995 C-384/93 (*Alpine Investments*), Slg. 1995, I-1177 f. (Tz. 37-38). Im Bereich der Warenverkehrsfreiheit ist der EuGH trotz der Kritik von GA *Jacobs* nie von den *Keck*-Grundsätzen abgewichen. GA *Jacobs* hatte zur Beschränkung der Reichweite der *Cassis*-Rspr. den „Marktzugang“ als Abgrenzungskriterium vorgeschlagen (vgl. Schlussanträge GA *Jacobs* v. 24.11.1994 Rs. C-412/93 (*Leclerc-Siplec*), Slg. 1994, I-194 ff., (Tz. 38-55); Schlussanträge GA *Jacobs* v. 17.9.1996 Rs. C-34/95 (*De Agostini*), Slg. 1996, I-3847; vgl. zuvor Schlussanträge GA *Slynn* v. 20.3.1995 verb. Rs. 60 und 61/84 (*Cinéthèque*), Slg. 1985, 2606; s. einen mit

Marktzugangskriterium hat der EuGH im Rahmen seiner zahlreichen *Golden Shares*-Entscheidungen erneut als Maßstab angeführt[878]. Aus den Urteilen wird deutlich, dass der Marktzugang für ausländische Investoren auch durch uniform geltende Vorschriften im Niederlassungsstaat weniger attraktiv gestaltet werden kann. Die ansonsten parallel verlaufende Auslegung der Grundfreiheiten schließt die *Keck*-Grundsätze demnach nicht mit ein. Übertragen auf die Niederlassungsfreiheit von Gesellschaften bedeutet das, dass im Niederlassungsstaat geltende Standortbedingungen nicht *per se* davor gefeit sind, den Marktzugang einer Gesellschaft zu beeinträchtigen. Aufgrund des dehnbaren Begriffs des „Marktzugangs" hat sich der EuGH die Tür für weitreichende Eingriffsmöglichkeit in das mitgliedstaatliche Recht weit offen gelassen.

Um eine sinnvolle Eingrenzung des Beschränkungsverbots vornehmen zu können, müsste vor allem erst einmal die Reichweite der Art. 43, 48 EG feststehen. Das Schicksal der Durchführbarkeit grenzüberschreitender gesellschaftsrechtlicher Gestaltungen, die nicht vom Schutzbereich der Niederlassungsfreiheit erfasst werden, hängt allein von den beteiligten mitgliedstaatlichen Rechtsordnungen ab. Eine Beschränkung kommt in einem solchen Fall dann *a priori* nicht in Betracht. Wie uns vom EuGH unlängst vor Augen geführt wurde, ist das europarechtliche *Case Law* dynamisch. Heute herrscht Gewissheit darüber, dass die Niederlassungsfreiheit nicht nur den Marktzugang gewährleistet, sondern auch die Art und Weise, wie die Zugangsmöglichkeit ausgestaltet sein muss. Unklar ist aber weiterhin, ob die Niederlassungsfreiheit damit bereits ihre volle Entfaltung erreicht hat. Unlängst hat das LG Koblenz dem Gerichtshof die Frage gestellt, ob die Niederlassungsfreiheit auch die grenzüberschreitende Verschmelzung gewährleistet[879].

Hinzu kommt, dass sich eine generelle Begrenzung des Beschränkungsverbots des bitteren Beigeschmacks einer „Bereichsausnahme" kaum entziehen kann. Hinter dem Versuch, die Reichweite des niederlassungsrechtlichen Beschränkungsverbots zu begrenzen, steckt letztlich nichts als der Wunsch nach Schaffung gemeinschaftsrechtsfreier Räume. Jedenfalls aber soll damit die Abschwächung der Niederlassungsfreiheit auf ein bloßes Diskriminierungsverbot erreicht werden. Ein derartiges Szenario will der Gerichtshof aber vermeiden, wie es den Rechtssachen *Gebhard* und *Centros* zu entnehmen ist. Selbst im Bereich der Warenverkehrsfreiheit hat der EuGH in den Entscheidungen nach *Keck* den Anwendungsbereich dieser Rechtsprechung erheblich

---

den *Keck*-Grundsätzen verträglichen und vom EuGH angenommenen Marktzugangsansatz bei GA *Tesauro* (Schlussanträge GA *Tesauro* v. 13.3.1997 Rs. C-368/95 (*Familiapress/Bauer Verlag*), Slg. 1997, I-3694 ff. (Tz. 5-11) (selbst eine unterschiedslose Behandlung kann in bestimmten Fällen eine tatsächliche Marktzugangsbeschränkung bewirken [indirekte Diskriminierung]. Das hat zur Folge, dass die *Keck*-Rspr. keine Anwendung findet).

878 Vgl. z.B. EuGH Urt. v. 13.5.2003 Rs. C-463/00 (*Kommission/Spanien*), Slg. 2003, I-4631 (Tz. 61) (Kapitalverkehrsfreiheit); vgl. auch EuGH, Urt. v. 5.10.2004 Rs. C-442/02 (*Caixa Bank France/-Ministére de l'Économie, des Finances et de l'Industrie*), (Tz. 12-14) (Niederlassungsfreiheit).

eingegrenzt[880]. Dennoch steht nicht zu befürchten, dass wir um alles bangen müssen, was uns lieb und bisweilen auch teuer geworden ist. National beschränkende Regelungen, die auch im Interesse der Gemeinschaft liegen, werden weiterhin auch in europarechtsrelevanten Sachverhalten Anwendung finden können. Darüber was im europäischen Interesse liegt wird letztinstanzlich der Gerichtshof beurteilen. Das ist auf dem Weg zur Umsetzung des Binnenmarktziels auch gut so!

VII. Kein Abschied vom Statutsdenken

Die vorstehenden Überlegungen zur Reichweite der Art. 43, 48 EG dürfen freilich nicht dahingehend verstanden werden, dass diese das gesamte IPR zur Makulatur werden lassen. Klar muss nur sein, dass sich die Rechtsfolgen nationaler Kollisionsnormen am Europarecht messen lassen müssen und nicht umgekehrt[881]. *Überseering* und *Inspire Art* stellen die Anknüpfung von Vertrags-, Delikts- und *c.i.c.*-Statut grundsätzlich nicht in Frage. Durch die Anknüpfung jener Rechtsbereiche wird die niederlassungsrechtlich geschützte Identität einer Gesellschaft nicht angegriffen[882]. Vertrags- und *c.ic.*-Statut lassen sich zudem als potentielle Marktzugangsbeschränkungen von vornherein ausschließen.

1. Vertragsstatut

Das auf einen Vertrag anwendbare Recht ergibt sich aus der Parteivereinbarung[883]. Das harmonisierte Vertragsstatut sieht für schuldrechtliche Verträge die freie Rechtswahl vor

---

879 Vgl. dazu S. 157 ff.

880 Die Tragweite der *Keck*-Rspr. reduziert der EuGH auf zwei Wegen: Erstens entscheidet der EuGH darüber, welche nationale Regelung eine Verkaufsmodalität i.S.d. *Keck*-Rspr. darstellt (vgl. EuGH, Urt. v. 6.7.1995 Rs. C-470/93 [*Verein gegen Unwesen in Handel und Gewerbe/Mars*], Slg. 1995, I-1923; EuGH, Urt. 2.2.1994 v. Rs. C-315/92 [*Clinque*], Slg., 1994, I-317; EuGH, Urt. v. 26.6.1997 C-368/95 [*Familiapress/Bauer Verlag*], Slg. 1997, I-3689; EuGH, Urt. 18.9.2003 v. C-416/00 [*Morellato*]. Zweitens fallen solche Regelungen nicht aus dem Anwendungsbereich von Art. 28 EG, die zwar eine unterschiedslos geltende Verkaufsmodalität zum Gegenstand haben, faktisch aber den Absatz ausländischer Produkte im Inland benachteiligen (*dynamic selling arrangements*), vgl. dazu EuGH, Urt. v. 9.7.1997 verb. Rs. C-34-36/95 (*De Agostini*), Slg. 1997, I-3843; EuGH Urt. v. 23.10.1997 Rs. C-189/95 (*Franzèn*), Slg. 1997, I-5909; EuGH, Urt. v. 8.3.2001 Rs. C-405/98 (*Gourmet International Products*), Slg. 2001, I-1755; EuGH, Urt. v. 13.1.2000 Rs. C-254/98 (*TK-Heimdienst*), Slg. 2000, I-151; EuGH, Urt. v. 11.12.2003 Rs. C-322/01 (*Deutscher Apothekenverband/Doc Morris*); EuGH, Urt. v. 25.3.2004 Rs. C-71/02 (*Karner*); vgl. zu „*selling-arrangements*" i.S.v. Art. 28 EG *Conner*, 54 ICLQ 127-160 (2005).

881 *Ebke*, JZ 2003, 927, 931.

882 I.E. *Schulz*, NJW 2003, 2705, 2708; *Horn*, NJW 2004, 893, 899; *ders.*, MittBl. DAV 2/2003, 23, 26; *Schumann*, DB 2004, 743, 745; vgl. zur *c.i.c.* auch *Trost*, S. 400-402.

883 Vgl. *Ebert/Levedag*, GmbHR 2003, 1337, 1345 f.

(Art. 27, 28 EGBGB)[884]. Die erforderliche Verbindung zum Recht eines ausländischen Staats (Art. 3 Abs. 1 S. 1 EGBGB) wird bereits durch die Wahl des ausländischen Rechts hergestellt (Art. 27 Abs. 1, 3 EGBGB)[885]. Ist deutsches Recht Vertragsstatut, entscheidet das deutsche Stellvertretungsrecht (§§ 164 ff. BGB) darüber, ob die Gesellschaft durch Einschaltung eines Vertreters verpflichtet werden kann. Das Vertragsstatut bestimmt über die Voraussetzungen an eine wirksame Stellvertretung. Die für eine wirksame Stellvertretung erforderliche Vertretungsmacht wird hingegen gesondert nach dem Vollmachtsstatut angeknüpft[886]. Bei rechtsgeschäftlich erteilten Vollmachten bestimmt das dem Vollmachtsstatut zugrunde liegende Sachrecht über den Umfang der Vollmacht[887]. Liegt dagegen organschaftliches Handeln vor, bestimmt sich die Reichweite der Vertretungsmacht gegenüber der Gesellschaft im Innen- und Außenverhältnis nach dem Gesellschaftsstatut[888]. Die aus viktorianischer Zeit stammende *Ultra Vires*-Lehre wurde im Zuge des Beitritts Englands zur EWG aus dem englischen Recht verbannt und existiert heute im Außenverhältnis für Kapitalgesellschaften nicht mehr[889]. Gleiches gilt im Übrigen für das französische Recht[890]. Auslöser hierzu war die 1. RL[891]. Ein Anliegen der Publizitätsrichtlinie ist u.a. die Harmonisierung der organschaftlichen Vertretungsmacht von Kapitalgesellschaften (Art. 9 Publizitäts-RL). Inhaltlich wurde eine deutschem Vorbild entsprechende unbeschränkbare Vertretungsmacht zum Schutze der Gläubiger festgelegt. Die im deutschen Recht vorgesehenen vertraglichen Haftungstatbestände sind im Hinblick auf Art. 43, 48 EG unbedenklich[892].

---

884 „Übereinkommen über das auf Schuldverhältnisse anzuwendende Recht (EVÜ)" v. 19.6.1980, Nr. 80/297/EWG (ABl.EG 1980 L 266, S. 1). Das Abkommen ist am 1.4.1991 in Kraft getreten.

885 *Heldrich*, in: Palandt Anh. zu Art. 3 EGBGB, Rdn. 2.

886 *Leible*, in: Michalski Syst. Darst. 2, Rdn. 96; s. zum Meinungsstand *Mäsch*, in: Bamberger/Roth Anh. zu Art. 10 EGBGB, Rdn. 22 m.w.N.; *Basedow*, RabelsZ 59 (1995), 1, 35 f.; *Heldrich*, in: Palandt Anh. zu Art. 12 EGBGB, Rdn. 13; *Wachter*, DB 2004, 2795, 2797 m.w.N.

887 *Kindler*, in: MünchKomm IntGesR, Rdn. 443; *Leible*, in: Michalski Syst. Darst. 2, Rdn. 96; *Heldrich*, in: Palandt Anh. zu Art. 12 EGBGB, Rdn. 13.

888 BGH JZ 1992, 579; BGHZ 97, 269, 271; BGHZ 32, 256, 258; BGHZ 40, 197; BGHZ 128, 41, 44; *Großfeld*, in: Staudinger InGesR, Rdn. 279 f.; *Leible*, in: Michalski Syst. Darst. 2, Rdn. 95; *Heldrich*, in: Palandt Anh. zu Art. 12 EGBGB, Rdn. 13; *Mäsch*, in: Bamberger/Roth EGBGB Art. 10 Anh., Rdn. 1; *Kindler*, in: MünchKomm IntGesR, Rdn. 443.

889 S. zur Entwicklung der *Ultra Vires*-Lehre in England die ausführliche Darstellung bei *Griffin*, 2 MJSL 1-32 (1998); *Davies*, S. 129-174 (zur nach englischem Recht vorgenommenen Differenzierung zwischen *Ultra Vires*-Transaktionen [Frage nach der *„capacitiy"* einer Gesellschaft für das abzuschließende Rechtsgeschäft] und Mangel der Vertretungsmacht [Frage der *„authority"* eines für die Gesellschaft handelnden Vertreters]); *Micheler*, 52 ICLQ 521, 528 (2003); vgl. auch *Ebke*, in: Aufbruch nach Europa, 197, 207; *Zimmer*, S. 241-244; *ders.*, BB 2000, 1361, 1366; *Leible*, in: Michalski, Syst. Darst. 2, Rdn. 82 ff.; zweifelnd *Lutter*, Unternehmensrecht, S. 102 f.; *Schanze/Jüttner*, AG 2003, 661, 669.

890 *Zimmer*, S. 243 f.

891 1. RL 68/151/EWG v. 9.3.1968 (ABl.EG L 65 v. 14.3.1968, S. 8).

892 Ebenso *Ulmer*, NJW 2004, 1201, 1205; *Schumann*, DB 2004, 743, 745 f.; *Koch*, JuS 2004, 755, 756.

Schließlich ist eine Gesellschaft nicht gezwungen, eine ihr ungünstig erscheinende Rechtsordnung als Vertragsstatut zu wählen.

2. *Deliktsstatut*

Ferner kann auf die Organe und Gesellschafter ausländischer Gesellschaften das nationale Deliktsrecht bei Vorliegen der Voraussetzungen von Art. 40 EGBGB angewandt werden[893]. Das Deliktsstatut umfasst nach h.M. zudem die Haftungszurechnung, also die Frage nach der Haftung der juristischen Person für Verschulden von Organen und Gehilfen[894]. Ein international-privatrechtlicher Gleichlauf der Qualifizierung ist aus dem zwischen Schadensersatzrecht und Zurechnungsrecht bestehenden inneren Zusammenhang geboten[895]. Dieser Ansicht ist im Ergebnis zuzustimmen. Bei organschaftlichem Handeln[896] geht es um die Zurechnung einer zum Schadensersatz verpflichtenden Handlung, die ein verfassungsgemäß berufener Vertreter gegenüber Dritten begangen hat[897], und nicht um die Beziehungen eines Organs zur Gesellschaft im Innenverhältnis. Daher ist § 31 BGB im Falle deliktischen Handelns des Organs, deliktisch und nicht gesellschaftsrechtlich zu qualifizieren[898]. Freilich setzt die Zurechnung nach § 31 BGB voraus, dass die ausländische Gesellschaft der in § 31 BGB genannten Rechtsform dem Wesen nach entspricht[899]. Insoweit ist auch der erweiterte Anwendungsbereich von § 31 BGB auf die „verfassungsmäßig berufenen Vertreter" einer Personenhandelsgesellschaft zu beachten[900].

Bei deliktischem Verhalten sonstiger Hilfspersonen findet regelmäßig keine Verschuldenszurechnung statt, da die Zurechnungsnorm § 278 BGB eine bestehende Sonderverbindung zwischen dem Geschädigten und der juristischen Person voraussetzt. Im Falle deliktischen Verhaltens von Hilfspersonen haftet die Gesellschaft aber möglicherweise aus § 831 Abs. 1 S. 1 BGB. § 831 BGB ist anwendbar, da sich auch das

---

893 *Kieninger*, ZGR 28 (1999), 724, 743 dort Fn. 95; *Bayer*, BB 2003, 2357, 2365; *Zimmer*, ZHR 164 (2000), 23, 37; *Behrens*, IPRax 2003, 193, 206; *Meilicke*, GmbHR 2003, 793, 806; *Schanze/Jüttner*, AG 2003, 30, 33 f.; *Schulz*, NJW 2003, 2705, 2708; *Paefgen*, DB 2003, 487, 488; *Ebert/Levedag*, GmbHR 2003, 1337, 1342; *v. Hase*, BuW 2003, 944, 946; *Wachter*, GmbHR 2003, 1254, 1257; *Borges*, ZIP 2004, 733, 740 f.; *Schumann*, DB 2004, 743, 745 f., 748; *Riegger*, ZGR 33 (2004), 510, 525 f.; *Koch*, JuS 2004, 755, 756; *Ulmer*, KTS 2004, 291, 292.

894 *Großfeld*, in: Staudinger IntGesR, Rdn. 314; *Leible*, in Michalski, Syst. Darst. 2, Rdn. 88; OLG Köln NJW-RR 1998, 756; BGH IPRax 1992, 45; BGH RIW 1992, 435.

895 *Großfeld*, in: Staudinger IntGesR, Rdn. 314.

896 Die Rspr. erweitert den persönlichen Anwendungsbereich des § 31 BGB auf „Repräsentanten" der juristischen Person (vgl. BGHZ 49, 19).

897 *Heinrichs*, in: Palandt § 31 BGB, Rdn. 2.

898 *v. Bar*, IPR Bd. II, Rdn. 641; *Leible*, in: Michalski Syst. Darst. 2, Rdn. 88; *Bayer*, BB 2003, 2357, 2365; *Paefgen*, ZIP 2004, 2253, 2255 dort Fn. 21.

899 OLG Köln NZG 1998, 350.

900 BGH NJW 2003, 1445 (analoge Anwendung von § 31 BGB auf die GbR).

deliktische Verhalten sonstiger Hilfspersonen nach dem Deliktsstatut beurteilt[901]. Das nationale Deliktsrecht trägt damit auch dem Schutz von Deliktsgläubigern ausländischer Gesellschaften Rechnung. Natürlich kann der Deliktsgläubiger einer ausländischen Gesellschaft anders als bei deutschen Körperschaften nicht auf eine bestimmte Haftungssumme vertrauen. Niederlassungsfreiheitsbeschränkende Wirkungen lassen sich durch die Anwendung nationalen Deliktsrechts auf zuziehende Auslandsgesellschaften nicht vollkommen ausschließen[902]. Viel hängt dabei von der derzeit noch nicht feststehenden Reichweite des Beschränkungsverbots der Art. 43, 48 EG ab[903]. In jedem Fall bleibt aber die durch die Niederlassungsfreiheit geschützte Gesellschafts*identität* unversehrt. Die deliktsrechtliche Haftung wird nämlich nicht wegen Verletzung einer im Innenverhältnis der Gesellschaftsorgane bestehenden Pflichtverletzung ausgelöst. Die Haftung gründet allein auf einer Pflichtverletzung im Außenverhältnis.

a) Beschränkung der Niederlassungsfreiheit

Selbst wenn man einer nicht identitätsprägenden Norm wie § 826 BGB eine die Niederlassung im Inland „*weniger attraktiv gestaltende Wirkung*" zusprechen mag, stehen die Aussichten für eine Rechtfertigung gut[904]. § 826 BGB beinhaltet einen Rechtsgedanken, der keiner europäischen Rechtsordnung fremd sein dürfte und daher dem Maßstab eines zwingenden Allgemeinwohlgrunds gerecht wird[905]. Zudem diskriminiert die Vorschrift nicht. Schließlich handelt es sich um eine Norm, die keinen abstrakten Gläubigerschutz vermittelt, sondern deren Anwendung vom Vorliegen eines vom Richter zu beurteilenden *konkreten* Einzelfalls abhängt. Darüber hinaus hat der EuGH in *Centros* den Mitgliedstaaten ausdrücklich vorbehalten, *geeignete* Maßnahmen gegen „Betrügereien" vorzunehmen[906]. *Schön* sieht in dieser Aussage des EuGH eine Konkretisierung des in Art. 46 Abs. 1 EG angelegten Vorbehalts der „öffentlichen Ordnung und Sicherheit"[907]. Ob der EuGH mit dieser Aussage allerdings auch deliktsrechtliche Vorschriften in den Schutzbereich von Art. 46 Abs. 1 EG einbeziehen wollte, ist eher unwahrscheinlich.

---

901 *Heldrich*, in: Palandt Anh. zu Art. 12 EGBGB, Rdn. 14.

902 Ebenso *Schulz/Dörrbecker*, BuW 2003, 990, 994; unklar *Borges*, ZIP 2004, 733, 741.

903 Vgl. dazu S. 202 ff.

904 Auf die Verhältnismäßigkeit i.S.d. „*Cassis*-Formel" solcher deliktsrechtlicher Normen hinweisend *Paefgen*, DB 2003, 487, 488; *Borges*, ZIP 2004, 733, 741; das nationale Deliktsrecht generell als niederlassungsfreiheitsverträglich erachtend *Ulmer*, NJW 2004, 1201, 1205, 1210.

905 Vgl. dazu unten S. 262 ff.

906 EuGH, Urt. v. 3.9.1999 Rs. C-212/97 (*Centros*), Slg. 1999, I-1496 (Tz. 38).

907 *Schön*, in: FS Lutter, S. 685, 695 dort Fn. 49; a.A. wohl *ders.*, EWS 2000, 281, 287.

b) *Deliktische Haftung und Durchgriffshaftung*

Von der nicht zurechenbaren deliktischen Haftung der Gesellschafter einer Kapitalgesellschaft gegenüber Dritten, ist die gesellschaftsrechtliche Durchgriffshaftung zu unterscheiden. Im Falle des Haftungsdurchgriffs findet eine Sanktionierung des Gesellschafters für pflichtwidriges Verhalten gegenüber der Gesellschaft statt. Welche Pflichtverletzungen im Einzelnen bestehen, muss für Zwecke ihrer kollisionsrechtlichen Zuordnung nicht näher untersucht werden. Entscheidend ist allein, in welchem Verhältnis die Pflichtverletzung stattfindet. Dass der originäre Innenanspruch der Gesellschaft gegenüber dem Schädiger (Gesellschafter) einen Anspruch des Dritten begründet (so im Falle der Existenzvernichtungshaftung), ist letztlich eine von der Rechtsprechung entwickelte Fiktion. Die echte Durchgriffshaftung gründet auf der Verletzung gesellschaftsrechtlicher Verhaltenspflichten des Gesellschafters gegenüber der Gesellschaft. Die Verhaltenspflichten ergeben sich aus dem Gesellschaftsvertrag (Satzung). Die gesellschaftsvertraglichen Pflichten der Gesellschafter kann aber alleine das Gründungsrecht vorgeben[908]. Die Existenzvernichtungshaftung ahndet, dass ein Gesellschafter durch einen existenzvernichtenden Eingriff die Stellung außenstehender Gesellschaftsgläubiger derart verschlechtert, dass eine Haftungserstreckung auf das Vermögen des Gesellschafters (§ 128 HGB analog[909]) billig erscheint. Den Schutz des Trennungsprinzips (§ 13 Abs. 2 GmbHG) verwirkt der Gesellschafter in derartigen Fallgestaltungen.

Eine deliktsrechtliche Haftung, mag sie auch bei einem „Organhandeln" über § 31 BGB der Gesellschaft zugerechnet werden, knüpft dagegen an eine unmittelbare Pflichtverletzung gegenüber Dritten an. Daher ist es nicht richtig, die direkte Haftung gegenüber Gläubigern nach § 826 BGB als Durchgriffshaftung zu bezeichnen[910]. Ein Durchgriff über das Gesellschaftsvermögen hinaus auf das Gesellschaftervermögen, findet im Falle einer direkten Pflichtverletzung im Außenverhältnis nicht statt. Nicht auszuschließen ist aber, dass die gesellschaftsvertragliche Pflichtverletzung gegenüber der Gesellschaft mit dem Vorsatz einher geht, außenstehenden Gläubigern Schaden zuzufügen. Damit kann ein und dieselbe Verletzungshandlung einen Anspruch des Dritten aus Existenzvernichtungshaftung und dem Deliktsrecht begründen. Liegen die Voraussetzungen von § 826 BGB vor, tritt dieser Anspruch mit der gesellschaftsrechtlichen Durchgriffshaftung in Anspruchskonkurrenz[911]. Voraussetzung hierfür ist,

---

908 So auch *Zimmer*, S. 351.

909 *Lutter/Banerja*, ZGR 32 (2003), 402, 430.

910 Ebenso *Behrens*, IPRax 2003, 193, 206; implizit *Lutter/Banerja*, ZGR 32 (2003), 402, 408, 429 f.; a.A. *Bayer*, BB 2003, 2357, 2364 f.; *Ulmer*, NJW 2004, 1201, 1208; vgl. zur kollisionsrechlichen Bewertung des Haftungsdurchgriffs *Behrens*, in: Hachenburg Einl., Rdn. 149 f.

911 Vgl. BGH JZ 2002 („KBV"), 1047, 1048 f.; *Schumann*, DB 2004, 743, 749; *Bayer*, BB 2003, 2357, 2365; *Wahl*, GmbHR 2004, 994, 997 f. (insbesondere zur Übertragung der Sperrwirkung von § 93 InsO auf deliktische Ansprüche).

dass das maßgebliche Gesellschaftsstatut einen Durchgriff kennt und die erforderlichen Tatbestandsvoraussetzungen erfüllt sind. Eine Verletzungshandlung löst dann zwei unterschiedliche Haftungsgründe aus[912].

3. *c.i.c.-Statut*

Die Qualifizierung der heute in § 311 Abs. 2 BGB kodifizierten *c.i.c.* ist nach wie vor umstritten[913]. Überwiegend wird eine Qualifizierung unter das Vertragsstatut befürwortet[914]. Nach anderer Auffassung ist indes das Deliktsstatut (Art. 40 EGBGB) maßgeblich[915]. Eine vermittelnde Ansicht qualifiziert die *c.i.c.* dagegen je nach Art der Pflichtverletzung, vertraglich oder deliktisch[916]. Verletzt der Vertreter Aufklärungs- oder Beratungspflichten, so soll eine Qualifizierung unter das Vertragsstatut erfolgen. Die Verletzung von Obhuts- und Erhaltungspflichten soll sich hingegen nach dem Deliktsstatut beurteilen. Das pflichtwidrige Verhalten, das sich unmittelbar auf den zu schließenden Vertrag auswirkt, ist vertraglich einzuordnen. Dafür spricht u.a. die Kodifizierung der *c.i.c.* als vertragsähnliches Schuldverhältnis in § 311 Abs. 2 BGB. Das pflichtwidrige Verhalten eines Organs oder des rechtsgeschäftlich bestellten Vertreters im vorvertraglichen Bereich wird der Gesellschaft zugerechnet und begründet eine Haftung der Gesellschaft gegenüber dem Geschädigten[917]. Die Gesellschaft haftet nach den §§ 280 Abs. 1, 241 II, 311 Abs. 2, 278 BGB, wobei bei Organhandeln streitig ist, ob die Zurechnung über § 31 oder § 278 BGB erfolgt. Eine auf vertragsrechtlichen Wertungen beruhende Haftung betrifft die gesellschaftsrechtlichen Verhältnisse nicht und löst daher keine Beschränkung der Niederlassungsfreiheit aus[918].

Darüber hinaus kann nach deutschem Vertragsrecht ein Verhältnis mit Pflichten aus § 241 Abs. 2 BGB auch zu einer Person entstehen, die selbst nicht Vertragspartei werden soll (§ 311 Abs. 3 BGB). Dritter i.S.v. § 311 Abs. 3 S. 1 BGB kann unter bestimmten Umständen auch der Vertreter der zu verpflichtenden Gesellschaft sein[919].

---

912 S. hierzu *Schanze/Jüttner*, AG 2003, 30, 33 f.

913 Umfassend dazu *Nickl*.

914 Zum Meinungsstand vgl. *Kegel/Schurig*, S. 612 f.; *v. Bar*, IPR Bd. II, Rdn. 558 m.w.N.

915 S. Nachweise bei *Paefgen*, DB 2003, 487, 488 dort Fn. 22.

916 *v. Bar*, IPR Bd. II, Rdn. 558 m.w.N.; *Bernstein*, RabelsZ 41 (1977), 281, 281-298; OLG Frankfurt IPRax 1986, 373, 378; OLG München WM 1983, 1093, 1095.

917 Vgl. BGH ZIP 2002, 1771.

918 *Paefgen*, DB 2003, 487, 488; *Schumann*, DB 2004, 743, 745; *Bayer*, BB 2003, 2357, 2364; a.A. *Spindler/Berner*, RIW 2004, 7, 12: „[...], genügt es festzuhalten, dass auch eine solche Haftung aus der Stellung als Organ einer Gesellschaft resultiert, so dass sie als gesellschaftsakzessorisch zu qualifizieren ist. Ihre Anwendung führt dann zu einer Beschränkung der Art. 43 und 48 EG."

919 Vgl. BGH ZIP 2002, 1771 mit Anm. *Pfeiffer*, EWiR 2003, § 311 BGB 1/03, 13 f. (Haftung des Verhandlungsführers wegen Verschleierung der Rechtsform); vgl. *Paefgen*, ZIP 2004, 2253, 2258 f.

Insbesondere bei Handlungen eines Gesellschafter-Geschäftsführers kann daher Zugriff auf das Gesellschaftervermögen genommen werden. Die Diskussion um die Qualifizierung der „Sachwalterhaftung“ (heute § 311 Abs. 3 BGB) ist ebenfalls im Fluss[920]. Gesichert ist, dass durch eine vertragsähnliche Haftung nach § 311 Abs. 3 BGB nicht in die gesellschaftsrechtlichen Verhältnisse der Gesellschaft (Gesellschaftsidentität) eingegriffen wird und auch keine sonstige Beschränkung der Niederlassungsfreiheit hervorgerufen wird[921]. Eine persönliche Haftung der Gesellschafter kommt also immer dann in Betracht, wenn diese zugleich als Vertretungsorgan der Gesellschaft tätig werden[922].

4. *Stellungnahme*

Damit gilt: Die sich aus schuldrechtlichen Verträgen ergebenden Haftungsfolgen beschränken die Niederlassungsfreiheit der Gesellschaft nicht. Ebenfalls bestehen keine Bedenken, deliktsrechtliches Handeln von Gesellschaftern und Organen gegenüber Dritten nach dem Deliktsstatut (Art. 40 EGBGB) zu beurteilen. Anders verhält es sich in Fällen, in denen ein Gesellschafter für im Gesellschaftsverhältnis begangene Pflichtverletzungen nach außen haften soll. Eine solche Haftung kann nur das maßgebliche Gesellschaftsstatut (als Ausfluss der Art. 43, 48 EG ist das die Gründungsrechtsordnung) vorsehen.

VIII. Bewältigung international-privatrechtlich ausgelöster Schutzlücken

Nicht zu übersehen ist aber auch, dass es aufgrund der Herauslösung einer Gesellschaft aus ihrem angestammten Rechtskreis zu Schutzdefiziten kommen kann. Die im Gründungsrecht verankerten Schutzmechanismen können bei ausschließlicher tatsächlicher Präsenz der Gesellschaft in einem anderen Staat nicht oder jedenfalls nur abgeschwächt wirken[923]. Grund hierfür ist z.B. die auf das Territorium des Gründungsstaats begrenzte

---

920 Zum Meinungsstand s. *v. Bar*, IPR Bd. II, Rdn. 559.

921 *Paefgen*, ZIP 2004, 2253, 2255.

922 *Trost*, S. 401.

923 *Schön*, in: FS Lutter, S. 685, 698: „[...], denn mit Hilfe der Niederlassungsfreiheit erlangt eine Gesellschaft den Zugang zu einem günstigen Rechtsregime, dessen Sanktionen hinter dem Schutzniveau beider beteiligten Rechtsordnungen zurückfällt.“; vgl. hierzu *Geyrhalter*, EWS 1999, 201, 202; *Geyrhalter/Gänßler*, NZG 2003, 409, 411; *dies.*, EWiR 2003, Art. 48 EG 1/03, 569, 570 („Schutzvakuum“); *Niebel*, 161 f.; *Kieninger*, ZGR 28 (1999), 724, 742; *Knobbe-Keuck*, ZHR 154 (1990), 347, 325; *Ulmer*, NJW 2004, 1201, 1202; *Borges*, ZIP 2004, 733, 735; *ders.*, RIW 2000, 167, 177; für das Entstehen von Schutzlücken machen *Ebenroth/Eyles* mit Blick auf das englische Recht u.a. die territorial begrenzte Reichweite des öffentlichen Rechts verantwortlich, dem sie weite Teile des Gläubigerschutzsystems zuschreiben. In diesem Umstand sehen *Ebenroth/Eyles* eine Rechtfertigung der Sitztheorie (vgl. *Ebenroth/Eyles*, DB 1989, 413, 417; ebenso *Niebel*, S.

Reichweite öffentlich-rechtlicher Rechtsnormen. Zu Recht wird darüber hinaus befürchtet, der Herkunftsstaat werde die Kontrolle über eine ausschließlich im Ausland operierende Gesellschaft vernachlässigen[924]. Trotz der vom EuGH für gleichwertig erachteten Schutzsysteme innerhalb der mitgliedstaatlichen Rechtsordnungen, kann dieses Gleichgewicht durch grenzüberschreitende Niederlassungsvorgänge aus den Fugen geraten. Die Folge ist dann eine dem geregelten Wettbewerb widersprechende „Meistbegünstigung“[925]. Auf den ersten Blick scheint die Niederlassungsfreiheit ein derartiges *cherry picking* zu ermöglichen[926].

1. Anwendbarkeit ausländischer Gläubigerschutzinstitute

Der vorbeschriebene Zustand ist allein rechtstatsächlicher Natur. Niederlassungsrechtlich ist es unbedenklich, eine Gesellschaft im Niederlassungsstaat ebenso zu behandeln, wie es ein Gericht des Gründungsstaats an gleicher Stelle tun würde. Aus Sicht der Niederlassungsfreiheit von Gesellschaften spricht nichts gegen die Anwendung englischer Gläubigerschutzinstrumente auf dort inkorporierte Gesellschaften mit Verwaltungssitz in Deutschland[927]. Das ergibt sich bereits aus dem Umstand, dass Art. 43, 48 EG es einer Gesellschaft gestatten, sich *als solche* aus dem Gründungsstaat herauszubewegen. Das auf die Gesellschaft anwendbare Regelwerk bleibt also trotz Grenzüberschreitung erhalten[928]. Gegen die Durchsetzung von Ansprüchen vor deutschen Gerichten, die im englischen *Insolvency Act* verankert sind, kann die englische Gesellschaft daher auch nicht einwenden, sie werde gegenüber deutschen Gesellschaften in der Insolvenz benachteiligt (diskriminiert). Wer sich als Gesellschaftsgründer für eine

---

162; *Ebert/Levedag*, GmbHR 2003, 1337, 1342 [in Bezug auf CDDA]; a.A. mit beachtlichen Gründen *Halbhuber*, S. 193-208 *Halbhuber* wehrt sich zu Recht vehement gegen die These vom „verwaltungsrechtlichen Charakter“ des englischen Gläubigerschutzes, räumt aber im Zusammenhang mit dem englischen CDDA mögliche Schutzlücken ein vgl. *Halbhuber*, S. 206 f.; *Höfling*, S. 197 [maßgebend ist die Funktion der gläubigerschützenden Norm]; *dies.*, DB 1999, 1206, 1208 dort Fn. 25. In der Literatur wird zudem die englische Staatsaufsicht [ss. 431 ff. CA], deren Wirkung bei vollständiger grenzüberschreitender Verlagerung in der Tat nachzulassen droht, überbewertet; s. hierzu *Davies*, S. 467-475 exemplarisch Fn. 24 verweisend auf *DTI*, Company Investigations: Powers for the Twenty-First Century [2001], para. 32; *ders.*, S. 467-475 Fn. 32 verweisend auf *DTI*, Companies in 2001-2002 [2002] Table 2; *Halbhuber*, S. 194-199); vgl. *Riegger*, ZGR 33 (2004), 510, 526 f. Zur Anwendbarkeit des französischen Strafrechts für gesellschaftsrechtliche Verfehlungen der Organe im Ausland s. *Recq/Hoffmann*, GmbHR 2004, 1070, 1074 f.

924 *Niebel*, S. 161.

925 *Schön*, in: FS Lutter, S. 585, 698; vgl. *Riegger*, ZGR 33 (2004), 510, 526 f.

926 Vgl. hierzu *C. Roth*, MittBl. DAV Internationaler Rechtsverkehr 2/2003, 36, 42.

927 Vgl. *Mäsch*, EuZW 2004, „Editorial“, 321; *Riegger*, ZGR 33 (2004), 510, 523; vgl. *Sandrock*, S. 33, 41 f.; wohl auch *Westermann*, GmbHR 2005, 4, 13; vgl. *Goette*, DStR 2004, 2115; a.A. *Altmeppen*, NJW 2004, 97, 99; unter praktischen Gesichtspunkten wohl auch *Ulmer*, NJW 2004, 1201, 1202.

928 Vgl. dazu S. 100 ff.; S. 168 ff.

Gesellschaftsrechtsordnung entscheidet, muss sich auch mit dem für diese Rechtsform geltenden Gläubigerschutzsystem abfinden. Der „Import" ausländischen Gesellschaftsrechts beinhaltet eben auch den „Import" des im Gründungsstaat geltenden Gläubigerschutzsystems[929].

Bei dem derzeit geäußerten Bedauern über die Nichtanwendbarkeit nationaler Regelungen finden Überlegungen zur Nutzbarmachung ausländischer Gläubigerschutzmechanismen viel zu wenig statt. Die Existenz von Schutzvorschriften im ausländischen Recht wird gerne totgeschwiegen oder aber als mit nationalen Standards nicht vergleichbar eingestuft[930]. Wir sollten indes die gemeinschaftsrechtlichen Vorgaben akzeptieren und ausloten, wie inländischen Gläubigern auf niederlassungsrechtlich vereinbare Weise Gläubigerschutz geboten werden kann[931]. Dazu gehört es auch, sich tiefergehend mit anderen Rechtsordnungen zu befassen. Z.B. ist der Haftungsdurchgriff keine rein nationale Rechtsfigur. Das englische *common law* kennt ebenfalls einen Durchgriff auf das Vermögen der Gesellschafter (*piercing the corporate veil*)[932]. Die Aufhebung des Trennungsprinzips (§ 13 Abs. 2 GmbHG) kann bei Vorliegen der Voraussetzungen des englischen Gesellschaftsrechts durch deutsche Gerichte vollzogen werden[933].

Ebenso verhält es sich mit den Haftungsvoraussetzungen für *wrongful trading* (sec. 214 IA)[934]. Selbst die im englischem Recht (CDDA) bestehende Möglichkeit, ein Berufsverbot für Geschäftsleiter (*directors*) auszusprechen[935], könnte durch nationale

929 Vgl. aber zur Warenverkehrsgleichheit EuGH, Urt. v. 20.4.1983 Rs. 59/82 (*Schutzverband/Weinvertriebs-GmbH*), Slg. 1983, 1226 f., (Tz. 8-12); s. hierzu *Halbhuber*, S. 63 dort Fn. 41.

930 Exemplarisch *Altmeppen*, NJW 2004, 97: „Billig GmbHs"; a.A. kritisierend *Sandrock*, BB 2004, 897-901; *Eidenmüller/Rehm*, ZGR 33 (2004), 159, 173; *Schumann*, DB 2004, 743, 744-748; *Bayer*, BB 2003, 2357, 2364; vgl. *Zimmer*, BB 2000, 1361, 1364. Die Autoren verweisen zutreffend auf das Vorliegen ausgefeilter und ausgewogener Rechtsordnungen innerhalb der EU. S. zu den englischen Gläubigerschutzmechanismen *Höfling*, S. 138-197; *Borges*, ZIP 2004, 733, 735 f.; *Schanze/Jüttner*, AG 2003, 661, 670.

931 *Behrens*, IPRax 2003, 193, 206.

932 Eine Durchbrechung ist z.B. im Falle des Rechtsmissbrauchs (*„mere facade concealing the true facts"*) denkbar (*Woolfson v. Strathclyde Regional Council*, [1978] S.L.T. 159, 161). Gleichwohl ist die englische Rspr. äußerst zurückhaltend in der Anwendung der Durchgriffshaftung. Eine Haftung der Gesellschafter wird z.B. in Fällen offenkundiger Unterkapitalisierung (vgl. *Re Olly Peck International plc.* (*in administration*) [1996] 2 All E.R. 442) aber auch im Falle konzernrechtlicher Verflechtungen (*„single economic unit"*) verneint (vgl. *Adams v Cape Industries plc.* [1990] Ch. 433, 544). Vgl. zum *piercing the coporate veil* im *common law*, *Höfling*, S. 173-183; *Borges*, ZIP 2004, 733, 735; *Happ/Holler*, DStR 2004, 730, 734; *Habersack/Verse*, ZHR 168 (2004), 174, 199; *Davies*, S. 184-190. Vgl. grundlegend zum haftungsrechtlichen Trennungsprinzip House of Lords in: *Salomon v. Salomon* [1897] A.C. 22.

933 Ebenso *Schumann*, DB 2004, 743, 747 f.; *Mäsch*, EuZW 2004, „Editorial", 321; die Anwendbarkeit des *wrongful trading* von kollisionsrechtlicher Qualifizierung abhängig machend *Borges*, ZIP 2004, 733, 736 f.; vgl. *Ebert/Levedag*, GmbHR 2003, 1337, 1343.

934 *Mäsch*, EuZW 2004, „Editorial", 321; wohl auch *Bernsau*, „Geschäfte mit Auslandsfirmen können teuer werden", FAZ v. 9.6.2004, S. 25.

935 S. hierzu *Höfling*, S. 183-198; *Davies*, S. 211-224.

Gerichte ausgesprochen und auch vollstreckt werden[936]. Der Verstoß gegen eine *disqualification order* führt zur persönlichen Haftung des disqualifizierten *directors* sec. 15 CDDA. Grund für eine *disqualification order* ist z.B. *wrongful trading* sec. 10 CDDA und kann von dem mit der Schadensersatzklage befassten Gericht als mögliche Sanktion ausgesprochen werden[937]. Aber auch außerhalb eines Verfahrens wegen *wrongful trading* wird die *disqualification order* von *Gerichten* und nicht von *Behörden* ausgesprochen[938]. Weshalb der CDDA dem öffentlichen Recht zuzuordnen ist, ist daher nicht ersichtlich[939]. In England wird eine *directors disqualifiction order* unabhängig vom Gründungsrecht der Gesellschaft, Nationalität und Wohnsitz des *directors* sowie dem Ort der die *disqualification* begründenden Handlungen ausgesprochen[940]. Die hierin zum Ausdruck kommende extraterritoriale Wirkung der *disqualification order* spricht gegen eine verwaltungsrechtliche Qualifizierung des CDDA durch England. Die Verhängung einer *disqualification order* gegenüber dem *director* einer englischen *Ltd.* durch ein nationales Gericht kollidiert danach nicht mit den Grundsätzen des Internationalen Verwaltungsrechts[941]. In diesem Zusammenhang weist *Behrens* zutreffend darauf hin, dass selbst bei einem öffentlich-rechtlich organisierten Gläubigerschutz eine privatrechtliche Nachbildung im inländischen Recht denkbar ist[942].

2. *Rechtstatsächliche Hürden*

Es soll an dieser Stelle nicht geleugnet werden, dass die Umsetzung eines solchen Systems im Hinblick auf die nunmehr 25 in Betracht zu ziehenden Gesellschaftsrechtsordnungen praktisch erhebliche Schwierigkeiten aufwirft[943]. Die Vielfalt der

---

936 *Halbhuber*, S. 206; a.A. *Ebert/Levedag*, GmbHR 2003, 1337, 1341 f. *Ebert/Levedag* halten es wegen des öffentlich-rechtlichen Charakters solcher Maßnahmen für unmöglich, ein vor englischen Gerichten erwirktes Berufsverbot in Deutschland durchzusetzen. Denkbar sei es aber, den CDDA im Wege eines Sekundärinsolvenzverfahrens in England zur Geltung zu verhelfen; *Bernsau*, „Geschäfte mit Auslandsfirmen können teuer werden", FAZ v. 9.6.2004, S. 25. Ein für die Praxis zu überwindendes Hindernis liegt allerdings in dem grundsätzlich beim *Secretary of State* liegenden Recht (sec. 7 CDDA), eine *disqualification order* beim Gericht zu beantragen; *Lanzius*, ZinsO 2004, 296, 299.

937 *Habersack/Verse*, ZHR 168 (2004), 174, 198; vgl. *Fletcher*, S. 717-730.

938 *Davies*, AG 1998, 346, 351; *Halbhuber*, S. 200, 206.

939 Den öffentlich-rechtlichen Charakter des CDDA verneinen *Höfling*, DB 1999, 1206, 1208 dort Fn. 25; *dies.*, Gesellschaftsrecht, S. 197; *Halbhuber*, S. 200, 206. Implizit sprechen sich die Autoren damit für eine gesellschaftsrechtliche Qualifizierung aus, was Zustimmung verdient. A.A. *Lanzius*, ZInsO 2004, 296, 299.

940 S. hierzu *Re Seagull Manufacturing Co Ltd. (No. 2)* [1994] B.C.L.C. 273, 283.

941 *Halbhuber*, S. 206.

942 *Behrens*, IPRax 2003, 193, 206: „Sofern dieser öffentlich-rechtlich (aufsichtsrechtlich) organisiert sein sollte, wäre an eine entsprechende privatrechtliche Nachbildung im inländischen Recht zu denken."

943 Hierauf hinweisend auch *Ulmer*, JZ 1999, 662, 665; *Altmeppen*, NJW 2004, 97, 99.

anwendbaren Gesellschaftsrechtsordnungen mag aus praktischer Sicht bedauerlich sein. Für den Gerichtshof stellt das aber keinen beachtlichen Grund dar, sich erfolgreich gegen die konsequente Umstetzung der Art. 43, 48 EG zur Wehr zu setzen[944]. Im Gegenteil dürften diese für die Mitgliedstaaten misslichen Rechtsfolgen vom EuGH bewusst in Kauf genommen werden, um hierüber den Rechtsangleichungsdruck zu erhöhen. Für die Rechtsprechung der Mitgliedstaaten wirkt es entlastend, dass sich die gewonnene Rechtswahlfreiheit derzeit (noch) auf wenige Gesellschaftsrechtsordnungen konzentriert. Das zeigt die Praxis nach *Überseering*. Ferner sollte nicht übersehen werden, dass sich schon heute u.a. aufgrund der Rechtswahlfreiheit im Vertragsrecht (Art. 27, 28 EGBGB) alle Gerichte in der Sache mit fremden Recht auseinander setzen müssen[945]. Für deutsche Richter ist insoweit auf Art. 293 S. 2 ZPO zu verweisen[946]. Wollten wir uns gegen die strikte Anwendung ausländischen Rechts wehren, würden wir doch letztlich unser gesamtes Kollisionsrecht in Frage stellen. Gleichwohl scheint es unter Praktikabilitätsgesichtspunkten als die beste Lösung, die in vielen Bereichen des Gesellschaftsrechts bisher gescheiterte Harmonisierung voranzutreiben[947]. Mit einer Harmonisierung der Haftungsverfassung, die eine Harmonisierung des Innenrechts von Gesellschaften voraussetzt, ist in absehbarer Zeit nicht zu rechnen[948]. Bleibt die Hoffnung einer rasch voranschreitenden Angleichung im Publizitätsbereich. Gläubigern kapitalmarktorientierter Gesellschaften könnte durch weitere Angleichung im Kapitalmarktrecht ein einheitlicher Schutzstandard vermittelt werden[949].

3. *Bewältigung kollisionsrechtlicher Hürden*

Die Zurückhaltung hinsichtlich der Anwendung ausländischen Rechts auf fremde Gesellschaftsstatute, scheint neben praktischen Gesichtspunkten auch im nationalen „Statutsdenken" begründet zu liegen. Andere Jurisdiktionen handhaben ihr IPR hingegen weitaus großzügiger. Für den englischen Richter ist das IPR nur dann beachtlich, wenn sich eine der am Rechtsstreit beteiligten Parteien auf die Anwendbarkeit des IPR

---

944 So aber *Altmeppen*, NJW 2004, 97, 98 f. Die Verpflichtung zur Anwendung 25 verschiedener Gesellschaftsrechtsordnungen, so *Altmeppen*, laufe auf eine „Unmöglichkeit" hinaus. „Es bedarf ferner keiner näheren Erläuterung, dass das der bare Unsinn ist."; der Ansicht von *Altmeppen* entgegen tretend *Sandrock*, BB 2004, 897, 900; *Paefgen*, ZIP 2004, 2253, 2257 f.; *Eidenmüller/-Rhem*, ZGR 33 (2004), 159, 172 f.

945 *Sandrock*, BB 2004, 897, 900; eingehend *Paefgen*, ZIP 2004, 2253, 2257 f.

946 Vgl. zur Auslegung von § 293 S. 2 ZPO *Kegel/Schurig*, S. 500-503.

947 *Ziemons*, ZIP 2003, 1913, 1920; *Geyrhalter/Gänßler*, DStR 2003, 2167, 2172; zum Harmonisierungsdruck im Wettbewerb der Rechtsordnungen s. *Ebke*, 48 Am. J. Comp. L. 623, 625 (2000); *ders.*, in: FS Thode, S. 595, 615.

948 So auch die Einschätzung von *Wetzler*, GPR 2004, 84, 86.

949 S. hierzu *Ebke*, in: FS Lutter, S. 17, 27 f.; *ders.*, in: Unternehmenskontrolle, S. 7, 21-28; *ders.*, in: Aufbruch nach Europa, S. 197, 207 f.

beruft[950]. Die Folge strenger Verhaftung im „Statutsdenken“ ist das Entstehen von Fällen des *Normenmangels*[951]. Der Grund hierfür ist regelmäßig, dass die für den konkreten Sachverhalt entscheidende Regelung außerhalb des durch die Kollisionsnorm berufenen Rechtsgebiets angesiedelt ist[952].

a) Auftreten eines Normenmangels

Unter Anwendung der *lex fori*-Theorie, die das Qualifikationsstatut nach der Rechtsordnung im Gerichtsstaat bestimmt, ist der Forumstaat dazu berufen, über die auf den Sachverhalt anwenbare Kollisionsnorm zu befinden. Zur Veranschaulichung soll von einem grenzüberschreitend gelagerten Sachverhalt ausgegangen werden, der sich aus *lex fori* Perspektive gesellschaftsrechtlich, aus Sicht einer ebenfalls am Sachverhalt beteiligten Rechtsordnung hingegen insolvenzrechtlich beurteilt. Angenommen der Sachverhalt könnte nach deutschem Recht einen Haftungsdurchgriff auf das Gesellschaftervermögen einer nach englischem Recht gegründeten Gesellschaft begründen. Nach h.M. würde dieser Sachverhalt gesellschaftsrechtlich qualifiziert und damit das Sachrecht zur Anwendung berufen, auf das das Gesellschaftskollisionsrecht verweist. Nach hier vertretener Auffassung bestimmt sich das Gesellschaftsstatut umfänglich nach dem Recht des Gründungsstaats, *in casu* nach englischem Recht. Dogmatisch findet nun aber eine Verweisung ausschließlich auf das englische Gesellschaftsrecht statt. Denn die „Verweisung beschränkt sich auf jenen Teil des materiellen Rechts, der dem Verweisungsbegriff der inländischen Kollisionsnorm funktionell adäquat ist (kanalisierte Verweisung)[953].“ Unterstellt das englische Gesellschaftsrecht stellt nun keinen dem inländischen Gesellschaftsrecht vergleichbares Haftungsinstitut bereit. Ein vergleichbares Institut findet sich dagegen im Insolvenzrecht der ausländischen Rechtsordnung. Dann liegt kollisionsrechtlich gedacht ein *Normenmangel* vor, weil nach der EuIns-VO deutsches Recht Insolvenzstatut ist und damit das englische Insolvenzrecht nicht zur Anwendung gelangt[954].

---

950 Zur Anwendbarkeit ausländischen materiellen Rechts vor englischen Gerichten s. *Ingenhoven*, S. 153-168, insbesondere S. 156 (*fact doctrine*).

951 S. dazu *v. Bar/Mankowski*, IPR Bd. I § 7, Rdn. 256.

952 *Kropholler*, S. 234-238.

953 *Kropholler*, S. 128. S. zum Umfang der Verweisung im Hinblick auf das Gesellschaftsrecht *Höfling*, S. 134-160.

954 *Eidenmüller*, JZ 2004, 24, 28; vgl. *Zimmer*, S. 293-296 (Qualifikation der *action en comblement du passif*); *Borges*, ZIP 2004, 733, 737. Eingehend am Beispiel der Insolvenzverschleppungshaftung und der allgemeinen Geschäftsleiterhaftung *Drygala*, ZEuP 2004, 337, 360-364.

aa) *Rechtliche Behandlung eines Normenmangels*

Fraglich ist in diesem Zusammenhang zweierlei. Zum einen ist fraglich, welcher Rechtsordnung die Zuweisung eines Rechtsinstituts zu einem bestimmten Statut obliegt? Zum anderen ist zu überdenken, ob zur Vermeidung von Fällen des Normenmangels die Verweisung auch auf solche Rechtsinstitute erstreckt werden kann, die nicht im unmittelbaren Anwendungsbereich der Kollisionsnorm liegen? *Trost* überlässt es hinsichtlich der ersten Frage unter Hinweis auf die *lex fori*-Theorie dem Forumstaat darüber zu befinden, welche Regelungsbereiche der ausländischen Rechtsordnung in das von der nationalen Kollisionsnorm berufene Rechtsgebiet fallen[955]. *Trost* gelangt zu dem Ergebnis, dass die Haftung wegen *wrongful trading* (sec. 214 IA) im Gesellschaftsrecht anzusiedeln sei. Daher sei bei Geltung der Gründungstheorie das Gericht des Forumstaats berechtigt, das *wrongful trading* anzuwenden[956]. Darüber, welche Regelungsbereiche innerhalb der englischen Rechtsordnung zum Gesellschaftsrecht zählen, hat aber nicht das Gericht des Forumstaats zu entscheiden. Die Erfahrung zeigt aber, dass die englische Rechtspraxis zur kollisionsrechtlichen Einordnung nicht wirklich Stellung bezieht. Bei der Frage an einen englischen Juristen, ob er *wrongful trading* dem Insolvenz- oder Gesellschaftsstatut zuweisen würde, wird man regelmäßig auf Unverständnis stoßen[957].

Läge die Beurteilung allein beim Forumgericht, könnte bereits die Entstehung eines Normenmangels vermieden werden. Jedenfalls ist die Ansicht von *Trost* nicht unmittelbarer Ausfluss der *lex fori*-Theorie. Nach der *lex fori*-Theorie wird der dem Gericht zu Grunde liegende Lebenssachverhalt nach dem Rechtsverständnis des Gerichtsstaats unter ein bestimmtes Statut qualifiziert. Das ermächtigt das Forumgericht aber nicht zugleich, den Umfang des aufgrund kollisionsrechtlicher Verweisung berufenen Rechtsgebiets zu definieren[958]. Eine abstrakte, vom konkreten Einzelfall losgelöste dogmatisch saubere Vorgehensweise hat aber wenig Aussicht auf Erfolg. Zumal, wie erwähnt, z.B. in England keine genaue international-privatrechtliche Qualifizierung des materiellen Rechts erfolgt[959]. Einigkeit herrscht indes darüber, dass ein Gläubiger nicht deshalb „leer ausgehen“ soll, weil der Sachverhalt einen internationalen Bezug aufweist. Es ist daher reine Geschmackssache, ob man durch entsprechende Qualifizierung der im ausländischen Recht befindlichen Schutzvorschriften unter das Gesellschaftsstatut be-

---

955 *Trost*, S. 410, *Zimmer*, S. 292 dort Fn. 142; so auch *Borges*, ZIP 2004, 733, 739.

956 *Trost*, S. 406-410; so auch *Schümann*, DB 2004, 743, 747 f.; a.A. *Höfling*, S. 225-235.

957 Vgl. hierzu *Höfling*, S. 180-183. Zum Umfang des englischen Gesellschaftsstatuts s. *Höfling*, S. 134-160; a.A. *Lowry*, MittBl. DAV 2/03, 28, 34 insbesondere Fn. 30; vgl. *ders.*, 63 C.L.J. 331, 343 (2004).

958 A.A. *Trost*, S. 410; wohl auch *Kropholler*, S. 128 f. widersprüchlich hierzu scheinen die Ausführungen auf S. 235-238; implizit auch *Mock/Schildt*, ZInsO 2003, 396, 400: „Eine insolvenzrechtliche Qualifizierung hätte einen Normenmangel zur Folge.“

959 Vgl. *Höfling*, S. 180-183.

reits im Vorfeld das Auftreten eines Normenmangels umschifft oder aber nachträglich im Wege der Angleichung (Anpassung)[960] ein angemessenes Ergebnis herbeiführt.

bb) Lösungsansätze in der Literatur

In der Literatur sind unterschiedliche Ansätze entwickelt worden, um international-privatrechtlich ausgelöste Schutzlücken zu schließen. Gemein ist den vertretenen Lösungstechniken, dass sie auf einer Wertentscheidung beruhen. Zur Erlangung des in den beteiligten Rechtsordnungen angelegten Schutzes durchbrechen sie die Systematik des nationalen Verweisungsrechts. Eine Ansicht scheint dabei schon die Entstehung von Normenmängeln eindämmen zu wollen. Sie wendet auch solche Normen des ausländischen Rechts an, die sich außerhalb des kollisionsrechtlich berufenen Gesellschaftsrechts befinden. Voraussetzung sei nur, dass die fremde Norm mit „dem Verweisungsbegriff der inländischen Kollisionsnorm *funktionell* adäquat“ ist[961]. Bei Übereinstimmung von Funktion und Zweck des ausländischen Rechtsinstituts mit der Kollisionsnorm des Forumstaats, wendet diese Auffassung das Rechtsinstitut im Inland an. Die strenge Verweisung auf das durch die Kollisionsnorm berufene materielle Recht wird also aus teleologischen Gesichtspunkten überwunden[962]. Ein bereits eingetretener *Normenmangel* lässt sich durch Anwendung des nationalen oder aber des im ausländischen Rechts befindlichen Rechtsinstituts anpassen. Das kollisionsrechtlich gefundene Ergebnis wird auch in diesem Fall aus Sinn und Zweckmäßigkeitsgesichtspunkten korrigiert. Hierdurch wird die Durchsetzung der hinter beiden Rechtsordnungen stehenden vergleichbaren Wertungsgesichtspunkte auch in einem grenzüberschreitenden Sachverhalt sicher gestellt.

cc) Niederlassungsrechtlich verträgliche „Angleichung“

Für den national kollisionsrechtlichen Angleichungsprozess müssen wiederum die gemeinschaftsrechtlichen Vorgaben beachtet werden. Im Hinblick auf Art. 43, 48 EG verbietet es sich, pauschal nationale Gläubigerschutzinstitute auf ausländische Gesellschaften anzuwenden. Vielmehr ist die Anwendung des Gründungsrechts als Ausfluss der Niederlassungsfreiheit zwingend vorgeschrieben. Nach zutreffender Auffassung des EuGH beurteilen sich sowohl Gründung als auch Existenz einer Gesellschaft nach dem Gründungsrecht. Die Anerkennung als ausländische Gesellschaft im Inland gebietet

960 S. dazu *v. Bar/Mankowski*, IPR Bd. I § 7, Rdn. 249 ff.
961 So etwa *Eidenmüller/Rehm*, ZGR 33 (2004), 159, 175; ähnlich *Sandrock*, S. 41 f.
962 *Kropholler*, S. 128 f.

nicht nur die Akzeptanz ihrer rechtlichen Existenz, sondern eben auch die Behandlung der ausländischen Gesellschaft *als solche* während ihrer Tätigkeitsphase[963]. Das Funktionieren der jeweiligen Gesellschaftsform bestimmt sich aus gesellschaftsrechtlicher Perspektive auch in jedem anderen Mitgliedstaat nach dem Gründungsgesellschaftsrecht.

Wie der EuGH in *Überseering* eindrucksvoll aufgezeigt hat, ist es Aufgabe der Mitgliedstaaten, die „Harmonisierung" nationalen Kollisionsrechts mit den Grundfreiheiten herzustellen. Ausgehend von den Gewährleistungen der Freiheiten im EG-Vertrag beurteilt der Gerichtshof die Konformität nationaler Rechtsfolgen mit den Gewährleistungen des Gemeinschaftsrechts. Kollisionsrechtlich sind die europäischen Vorgaben des EuGH nur schwierig in den Griff zu bekommen. Hierzu trägt vor allem das Auseinanderfallen von Gesellschafts- und Insolvenzstatut bei[964]. Sobald Verwaltungs- und Satzungssitz einer Gesellschaft grenzüberschreitend auseinanderfallen, regieren für die Zeit eines Insolvenzverfahrens zwei unterschiedliche Rechtsordnungen das „Leben" der Gesellschaft. Die unterschiedliche Anknüpfung von Gesellschafts- und Insolvenzstatut ist europarechtlich impliziert und damit auch beachtlich. Einerseits ist die unterschiedliche Anknüpfung Folge der Rechtsprechung des EuGH, andererseits Ausfluss der EuIns-VO. Dieser Umstand erschwert es, die niederlassungsfreiheitsrechtlichen Vorgaben mit dem nationalen kollisionsrechtlichen System in Einklang zu bringen. Rechtspraktisch liegt es in den Händen des zu beurteilenden Gerichts, welchem Statut der Sachverhalt zugewiesen wird. Je nach Qualifizierung kommt deutsches Insolvenzrecht oder aber ausländisches Gesellschaftsrecht zur Anwendung. Beispielhaft seien an dieser Stelle die Insolvenzantrags*pflicht* (§ 64 Abs. 1 GmbHG) und die Existenzvernichtungshaftung genannt. Sieht man einmal von der Tatsache ab, dass auch nationale insolvenzrechtliche Vorschriften niederlassungsfreiheitsbeschränkend sein können[965], wären die genannten Rechtsinstitute abhängig von ihrer Einordnung auf ausländische Gesellschaften anwendbar. Die hieraus resultierende Rechtsunsicherheit ist ein für alle Beteiligten untragbarer Zustand. Gesellschafter und Organe müssen im Vorfeld darüber informiert sein, welcher Rechtsordnung sie die ihnen obliegenden Pflichten zu entnehmen haben, um dementsprechend handeln zu können[966]. Daher ist im Folgenden eine für Gesellschaftsorgane und Gesellschafter transparente Lösung herauszuarbeiten.

---

963 Vgl. dazu oben S. 186 ff.

964 Vgl. zum Auseinanderfallen von Gesellschafts- und Insolvenzstatut *Riedemann*, GmbHR 2004, 345-349.

965 Vgl. dazu S. 202 ff.

966 Erschwerend tritt hinzu, dass nach geltendem Recht (§§ 545 Abs. 1, 560 ZPO) die Anwendung ausländischen Rechts durch den BGH nicht revisibel ist, d.h. mit einheitlicher Rspr. nicht zu rechnen ist. Vgl. dazu *Mäsch*, EuZW 2004, „Editorial", 321.

dd) *Zeitpunkt der Pflichtverletzung*

Bei umfänglicher Anerkennungsverpflichtung ausländischer Gesellschaften im Inland sollte gleichzeitig gewährleistet werden, dass die Gläubiger umfänglich in den Genuss der in der Gründungsrechtsordnung verhafteten Schutzmechanismen gelangen. Es ist nur billig, einem Gläubiger, der sich auf eine bestimmte Gesellschaftsform eingelassen hat, auch den dieser Gesellschaftsform typischen Gläubigerschutz zu garantieren. Hierfür ist eine großzügige Beurteilung des Gesellschaftsstatutsumfangs unerlässlich[967]. Aus niederlassungsrechtlichen und praktischen Gesichtspunkten bietet es sich für die kollisionsrechtliche Beurteilung eines Sachverhalts an, auf den *Zeitpunkt pflichtwidrigen Verhaltens* abzustellen. Als Beispiele seien die deutsche Insolvenzverschleppungshaftung (§ 64 Abs. 2 GmbHG) und das englische *wrongful trading* (sec. 214 IA) genannt. Beide Rechtsinstitute begründen primär eine persönliche Haftung des Geschäftsleitungsorgans gegenüber der Gesellschaft (Innenhaftung)[968].

ee) *Wrongful trading*

Die Haftung wegen *wrongful trading* zieht den Haftungskreis der Adressaten allerdings weitaus größer. Hiernach können unter bestimmten Voraussetzungen auch die Gesellschafter den Status von *directors* (*shadow directors*) einnehmen und damit zur persönlichen Haftung heran gezogen werden[969]. Die Rechtsinstitute *wrongful trading*, die französische *action en comblement du passif*, wie auch die *Insolvenzverschleppungshaftung* sanktionieren allesamt ein Verhalten, das zeitlich *vor* einem Insolvenzverfahren liegt. Teilweise kann das pflichtwidrige Verhalten, wie im Falle des *wrongful trading* gemäß sec. 214 IA, aber erst im Rahmen eines insolvenzbedingten Liquidationsverfah-

---

967 *Zimmer*, S. 292 f., 295; *Mock/Schildt*, ZInsO 2003, 396, 399; *dies.*, DZWIR 2004, 23, 27.

968 A.A. *Schanze/Jüttner* AG 2003, 662, 670. Die Insolvenzverschleppungshaftung sei eine Dritthaftung. Materiell-rechtlich handele es sich aus deutscher Sicht um eine deliktische Haftung nach § 823 Abs. 2 BGB: „wobei das „Schutzgesetz" (der dem § 64 GmbHG entsprechende Normzusammenhang) dem englischen Recht zu entnehmen ist, also s. 214 Insolvency Act 1986 („wrongful trading")." Falls in der ausländischen Rechtsordnung keine Antragspflicht verankert sei, wäre die Anwendung der deutschen Insolvenzantragspflicht (§ 64 Abs. 1 GmbHG) zwar eine Beschränkung, die aber gerechtfertigt sei. *Schanze/Jüttner* ist insoweit Recht zu geben, dass § 823 Abs. 2 BGB eine Dritthaftung (Außenhaftung) darstellt. Dieser Umstand ändert aber nichts an der Tatsache, dass die Dritthaftung (§ 823 Abs. 2 i.V.m. § 64 Abs. 1 GmbHG) eine Innenhaftung nach § 64 Abs. 2 GmbHG voraus setzt. Das Vorliegen einer Innenhaftung ist aber allein vom Gesellschaftsrecht des Gründungsstaats abhängig. Ferner ist die Konstruktion eines ausländischen Gesetzes als Schutzgesetz i.S.v. § 823 Abs. 2 BGB überaus fraglich. S. zur Haftung wegen *wrongful trading* *Zimmer*, S. 285-288; *Höfling*, S. 224-229; *Davies*, AG 1998, 346, 350 f.; *Borges*, ZIP 2004, 733, 735; *Habersack/Verse*, ZHR 168 (2004), 174-215.

969 Vgl. zur Qualifizierung als *shadow director Habersack/Verse*, ZHR 168 (2004), 174, 188-193; *Davies*, S. 197 f..

rens sanktioniert werden[970]. Voraussetzung der Haftung nach sec. 214 IA ist es, dass der *director* vor Eröffnung des *winding up* erkannte oder hätte erkennen müssen (*moment of truth*)[971], dass keine vernünftige Aussicht darauf besteht, eine insolvenzbegründete Liquidation abzuwenden[972]. Hervorzuheben ist, dass *wrongful trading* bereits mit Aufnahme der Geschäfte angenommen werden kann, wenn die Gesellschaft deutlich unterkapitalisiert ist[973]. Die Haftung kann also im Gegensatz zur Insolvenzverschleppungshaftung bereits vor Eintritt der Zahlungsunfähigkeit einsetzen[974]. *Wrongful trading* verfügt demnach jedenfalls theoretisch über ein Sanktionspotenzial, dass über die deutsche Insolvenzverschleppungshaftung weit hinaus reicht[975].

ff) Insolvenzverschleppungshaftung

Die zu einer zivil- und strafrechtlichen[976] Verantwortlichkeit führende Pflichtverletzung liegt im Falle der Insolvenzverschleppungshaftung im Verstreichenlassen der in § 64 Abs. 1 GmbHG angeordneten Dreiwochenfrist. Mithin handelt es sich dabei zweifelsohne um eine Pflichtverletzung, die *vor* Eröffnung eines Insolvenzverfahrens begangen wird. Ob mittlerweile ein Dritter vom Insolvenzantrags*recht* Gebrauch gemacht hat, bleibt für vorliegende Zwecke ohne Bedeutung. Über die Frage, inwieweit eine Unterlassung der Insolvenzantragsstellung sanktioniert wird bzw. eine Insolvenzantrags*pflicht* bei Zahlungsunfähigkeit überhaupt besteht, entscheidet allein das Gründungsrecht[977].

---

970 *Davies*, AG 1998, 346, 352; s. zum *wrongful trading Habersack/Verse*, ZHR 168 (2004), 174, 182; *Davies*, S. 196-200; in Bezug auf die *action en comblement du passif* vgl. *Zimmer*, S. 294 f.; *Habersack/Verse*, ZHR 168 (2004), 174, 202-210. Die Existenzvernichtungshaftung setzt dagegen die formale Durchführung eines Insolvenzverfahrens nicht voraus (vgl. dazu *Schön*, ZHR 168 [2004], 268, 292).

971 Vgl. dazu *Bachner*, 5 EBOR 293, 300-309 (2004).

972 *Habersack/Verse*, ZHR 168 (2004), 174, 183-188. Zu den weiteren Voraussetzungen und Rechtsfolgen des *wrongful trading* s. *Habersack/Verse*, ZHR 168 (2004), 174, 188-198; *Fletcher*, S. 707-712.

973 Im Ergebnis ablehnend *Re Purpoint Ltd* [1991] B.C.L.C. 491, 498; befürwortend *Höfling*, S. 227; ablehnend *Habersack/Verse*, ZHR 168 (2004), 174, 188 m.w.N. Fn. 79.

974 *Habersack/Verse*, ZHR 168 (2004), 174, 175, 178 f.; a.A. *Bachner*, 5 EBOR 293, 297-309 (2004).

975 *Happ/Holler*, DStR 2004, 730, 733; nicht eindeutig sind dagegen die Ausführungen von *Habersack/Verse*, ZHR 168 (2004), 174, 206-215; eingehend *Bachner*, 5 EBOR 293, 294-309 (2004). Durch das Institut *wrongful trading* soll „opportunistischem" Verhalten (besonders risikofreudigem Verhalten) der nur am Erfolg einer Kapitalgesellschaft teilhabenden *directors* vorgebeugt werden. Schließlich stellt die strenge Haftung der *directors* („*ex post control*") ein Kompensat für fehlende Kapitalaufbringungs- und Kapitalerhaltungsvorschriften dar („*ex ante control*"), vgl. dazu *Davies*, AG 1998, 346, 349-354.

976 Zur Anwendbarkeit deutschen Strafrechts auf Organe von Auslandsgesellschaften s. *N. Hoffmann*, S. 228, 241-265; *Spindler/Berner*, RIW 2004, 7, 10, 15.

977 Ebenso *Mock/Schildt*, ZInsO 2003, 396, 399 f.; *Ulmer*, NJW 2004, 1201, 1207; *Schumann*, DB 2004, 743, 746; vgl. *Sandrock*, S. 33, 50 ff.; a.A. *Weller*, IPRax 2003, 520, 522 dort Fn. 27; *Müller*, NZG 2003, 414, 416 f.; *v. Hase*, BuW 2003, 944, 946; *Wachter*, GmbHR 2003, 1254,

Sieht das maßgebliche Gesellschaftsstatut keine Insolvenzantrags*pflicht* vor, kann auch keine Sanktion für das Unterlassen der Insolvenzantragsstellung erfolgen[978]. Die umstrittene Frage, ob es sich im Falle von § 64 Abs. 1 GmbH um eine gesellschafts-, insolvenz- oder deliktsrechtlich zu qualifizierende Vorschrift handelt, müsste bei einer Anknüpfung an den *Zeitpunkt der Pflichtverletzung* jedenfalls nicht geklärt werden.

gg) Existenzvernichtungshaftung und Eigenkapitalersatz

Als weiteres Beispiel ist in diesem Zusammenhang die Existenzvernichtungshaftung anzuführen. Die Existenzvernichtungshaftung tritt bei einem nicht von §§ 30, 31 GmbHG erfassten Entzug von Gesellschaftsvermögen ein[979] und setzt weiter voraus, dass die Pflichtverletzung der Gesellschafter die Zahlungsunfähigkeit der Gesellschaft nach sich zieht[980]. Aus dem Charakter der Existenzvernichtungshaftung ergibt sich, dass die haftungsbegründende Pflichtverletzung dem Insolvenzverfahren zwangsläufig vorgelagert ist. Typisch für Gläubigerschutzinstitute, die den Pflichtverletzer in die persönliche Haftung nehmen, ist die Sanktion für ein Verhalten zu einem bestimmten Zeitpunkt. Hierunter fällt auch der an ordentliche Kaufleute gestellte Pflichtmäßigkeitsmaßstab. Man denke nur an die Eigenkapitalersatzregelungen im GmbHG (§§ 32 a, b GmbHG). Diese verbieten es dem Gesellschafter zwar nicht, der Gesellschaft Fremdkapital zuzuführen. Je nach dem, *zu welchem Zeitpunkt* ein Darlehen gewährt respektive nicht gekündigt wird, findet aber eine Umqualifizierung von Fremd- in Eigenkapital statt, was in der Insolvenz zu einem Rangrücktritt führt. Die §§ 32 a, b GmbHG konkretisieren damit die Anforderungen an das Verhalten von Gesellschaftern und sind damit gesellschaftsrechtlich einzuordnen.

hh) Rechtliche Behandlung

Für die kollisionsrechtliche Einordnung von im Zusammenhang mit der Gesellschaft stehendem Verhalten soll der Rechtssicherheit wegen allein auf den Zeitpunkt der sanktionswürdigen Verfehlung abgestellt werden. Dieser Ansatz berücksichtigt, dass es im Insolvenzrecht vor allem um die *Haftungsrealisierung* geht. Die *Haftungsbegründung* dagegen regelmäßig zeitlich vorgelagert und entscheidend von den gesellschaftsrechtlichen Vorgaben des Gründungsrechts abhängt. Ist das befasste Gericht der Auffassung,

---

1257; *Bayer*, BB 2003, 2357, 2365; *Zimmer*, NJW 2003, 3585, 3589; *ders.*, 41 CMLRev. 1127, 1137 f. (2004); *Borges*, ZIP 2004, 733, 737-739; *Geimer*, S. 29.

978 Ebenso *Mock/Westhoff*, DZWIR 2004, 23, 27.

979 Vgl. hierzu, *Ulmer*, JZ 2002, 1049-1051; *Haas*, WM 2003, 1929, 1931-1935.

980 S. dazu *Lutter/Banerja*, ZGR 32 (2003), 402, 417 f.

dass das Verhalten eines Organs oder Gesellschafters zu einem Zeitpunkt *vor* Eröffnung des Insolvenzverfahrens beanstandungswürdig ist, ist das Gründungsrecht zu überprüfen. Wenn das gerichtlich festgestellte Verhalten in der maßgeblichen Rechtsordnung sanktionsbewährt ist, ist hiernach die im ausländischen Recht angedrohte Sanktion durch das Forumgericht auszusprechen. Die Prüfung des Gründungsrechts erfolgt dann unabhängig vom Standort der gläubigerschützenden Norm in der Gründungsrechtsordnung. Der hier vorgeschlagene Ansatz befreit sich demnach in gewisser Weise von dem in der Literatur stark ausgeprägten „Statutsdenken"[981]. Klargestellt wird durch diesen Ansatz, welche Rechtsordnung den Pflichtenkatalog für Gesellschafter und Organe in gesellschaftsrechtlichen Belangen außerhalb eines Insolvenzverfahrens abschließend festlegt. International-privatrechtlich kann hierin eine *Angleichung* gesehen werden, die das Entstehen von Schutzlücken bei Auseinanderfallen von Gesellschafts- und Insolvenzstatut vermeidet.

ii) Vermeidung von „Exportgesellschaftsrechten"

Erreicht wird hierdurch nicht zuletzt, dass in sich geschlossene Gläubigerschutzsysteme aufrecht erhalten werden[982]. Zur Gewährleistung eines unverzerrten Wettbewerbs der Gesellschaftsrechtsordnungen scheint mir die Wahrung eines einheitlichen Gläubigerschutzsystems zwingend erforderlich. Andernfalls erhielten solche Rechtsordnungen Auftrieb, die minimale Gründungsanforderungen bei gleichzeitiger Beheimatung des Gläubigerschutzes im Insolvenzrecht stellen. Um zu verhindern, dass Rechtsordnungen zum Ausbau eines Gesellschaftsrechts angespornt werden, dass allein die Interessen der Gesellschafter und die des Managements bedient, erscheint es angemessen, den im Insolvenzrecht der Gründungsrechtsordnung angelegten Gläubigerschutz auch bei grenzüberschreitenden Sachverhalten zur Geltung zu verhelfen. Auf diese Weise werden die Gläubiger im Niederlassungsstaat geschützt. Dass die in den Rechtsordnungen angelegten Gläubigerschutzsysteme als gleichwertig zu erachten sind, müssen wir hinnehmen[983].

Schließlich gewährleistet dieser Ansatz die für einen funktionsfähigen Markt erforderliche Rechtssicherheit. Man sollte im Zuge von *Überseering* und *Inspire Art* nicht der Versuchung erliegen, durch Förderung von Rechtsunsicherheit faktische Marktzugsangsbeschränkungen aufzustellen. Das wäre ein Schritt in die falsche

---

981 Beispielhaft *Borges*, ZIP 2004, 733, 739.

982 Zu diesem Aspekt *Mock/Schildt*, ZInsO 2003, 396, 400. *Mock/Schildt* führen diesen Gesichtpunkt als Begründung dafür ins Feld, Gläubigerschutzvorschriften gesellschaftsrechtlich zu qualifizieren.

983 Schlussanträge GA *La Pergola* v. 16.7.1998 (*Centros*), Tz. 21, Slg. 1999, I-1461, 1480 ff.; s. hierzu auch *Schurig*, in: Liber Amicorum Kegel, S. 199, 220 f.; *Riegger*, ZGR 33 (2004), 510, 523; *Sandrock*, S. 33, 63.

Richtung, der zudem über kurz oder lang vom EuGH sanktioniert würde. Gesellschafter und Organe einer grenzüberschreitend agierenden Gesellschaft können hiernach beurteilen, welcher Rechtsordnung die ihnen obliegenden Pflichten zu entnehmen sind. Rechtssicherheit könnte ohne Frage eine harmonisierte Haftungsverfassung am verlässlichsten leisten[984]. Bis dahin ist es aber noch ein langer Weg. Der Gerichtshof hat durch seine jüngsten Entscheidungen das Seinige zu einer Harmonisierung beigesteuert, indem er den Harmonisierungsdruck auf die Mitgliedstaaten merklich erhöht hat. Der EuGH hat nach *Centros* noch einmal deutlich zu verstehen gegeben, dass Rechtsangleichung keine Voraussetzung für den Gebrauch der Grundfreiheiten ist[985]. Bis auf Weiteres gebietet es die Niederlassungsfreiheit, Pflichten von Gesellschaftern und Organen gegenüber der Gesellschaft außerhalb eines Insolvenzverfahrens allein nach dem Gründungsrecht zu beurteilen.

jj) Kollisionsrechtlicher Weg

Freilich gelangt man zu dem gleichen Ergebnis, wenn man die Durchgriffshaftung, die Insolvenzantrags*pflichten* (§§ 64 Abs. 1 GmbHG; § 92 Abs. 2 AktG) und die hierauf beruhende Insolvenzverschleppungshaftung der Geschäftsführer (§§ 64 Abs. 2, 84 Abs. 1 Nr. 2 GmbHG) dem Gesellschaftsstatut zuweist[986]. Gesellschaftsrechtlich überzeugt

---

984 Der Einführung einer harmonisierten Insolvenzverschleppungshaftung steht auch die *Group of German Experts on Corporate Law* offen entgegen. Sie will sich indessen nicht auf die *wrongful trading*-Haftung uneingeschränkt festlegen, sondern befürwortet eine rechtsvergleichende Untersuchung, vgl. *German Experts on Corporate Law*, ZIP 2003, 863, 870, III. 13; vgl. *Bayer*, BB 2003, 2357, 2365 f.

985 *Ebke*, JZ 2003, 927, 933; *ders.*, in: Aufbruch nach Europa, S. 197, 198; *Spindler/Berner*, RIW 2003, 949, 955-957; *Sedemund*, IStR 2002, 816, 817.

986 Überzeugend *Großfeld*, in: Staudinger IntGesR 1998, Rdn. 380: „Die Haftung für Gesellschaftsschulden bleibt ebenfalls beim Gesellschaftsstatut; denn der Konkurs regelt zuerst die Durchsetzung der Haftung, nicht ihren Rechtsgrund. Es können aber daneben Ansprüche nach dem Konkursstatut treten.“; *Leible*, GmbHG Syst. Darst. 2 Rdn. 126; *Kindler*, in: MünchKomm IntGesR, Rdn. 531; *Mock/Schildt*, ZInsO 2003, 396, 399; *Trost*, S. 413; *Eidenmüller/Rehm*, ZGR 33 (2004), 159, 182; *Ulmer*, NJW 2004, 1201, 1207; *ders.*, KTS 2004, 291, 300 f.; *Spindler/Berner*, RIW 2004, 7, 12; *Drygala*, ZEuP 2004, 337, 361-363; *Brand*, JR 2004, 89, 93; *Paefgen*, ZIP 2004, 2253, 2260 f. Die haftungsauslösende Pflichtverletzung ist untrennbar mit denen aus dem Innenrecht einer Gesellschaft bestehenden Pflichten verbunden. Bestimmt sich das Gesellschaftsstatut nach englischem Recht, müssen sich Gesellschafter und Organe gemäß der Gesellschaftsrechtsordnung Englands handeln und nicht nach dem für deutsche Rechtsformen geltenden Pflichtenkatalog. Bei der Qualifizierung von Gläubigerschutzinstrumenten ist auf den Haftungsgrund abzustellen (vgl. *Großfeld*, in: Staudinger IntGesR, Rdn. 380; *v. Bar*, IPR Bd. II, Rdn. 642); a.A. *Hirte*, ZInsO 2003, 833, 837; *Schanze/Jüttner*, AG 2003, 661, 670: „Kollisionsrechtlich ist das Deliktsstatut und nicht etwa das Gesellschaftsstatut oder das Insolvenzstatut einschlägig.“; *Zimmer*, NJW 2003, 3583, 3589 f.: „Zwar sind die Pflichten hier zu Lande in Gesellschaftsrechtsgesetzen geregelt (§ 64 I GmbHG; § 92 II AktG). Sie beziehen sich aber auf das Insolvenzverfahren, sollen zur rechtzeitigen Einleitung eines solchen beitragen.“ Die hiervon ausgehende Niederlassungsfreiheitsbeschränkung sei gerechtfertigt; *Bayer*, BB 2003, 2357, 2365; *Müller*, NZG 2003, 414,

diese Auffassung ohne Einschränkung. Die Insolvenzantrags*pflicht* stellt nämlich nicht das Gebot auf, um jeden Preis den Antrag auf Eröffnung des Insolvenzverfahrens zu stellen. In der Sache geht es vielmehr um das Verbot, die Gesellschaft trotz Zahlungsunfähigkeit weiterzuführen und damit die Gläubiger zu schädigen[987]. Zudem ist die Insolvenzantrags*pflicht* für die Eröffnung eines Insolvenzverfahrens nach Art. 3 Abs. 1 EuIns-VO keine zwingende Voraussetzung, so dass ein Zwang zur Beurteilung nach dem Insolvenzstatut nicht besteht[988]. Wenn kumulativ das innerhalb der ausländischen Rechtsordnung zur Verfügung stehende Gläubigerschutzinstrument gesellschaftsrechtlich qualifiziert wird[989], kommt man schließlich auf kollisionsrechtlichem Wege zu dessen Anwendung. Dennoch ist dieser Weg für den Rechtsverkehr nicht brauchbar. Zu groß ist die bestehende Ungewissheit darüber, wie die Qualifizierung des mit der Rechtssache befassten Instanzgerichts ausfällt.

b) *Konflikt mit dem Insolvenzstatut?*

Nach der EuIns-VO sind die Gerichte des Mitgliedstaats zuständig, in dem der Schuldner den Mittelpunkt seiner hauptsächlichen Interessen hat (Art. 3 Abs. 1 S. 1 EuIns-VO)[990]. Für Gesellschaften gilt dabei die widerlegbare Vermutung, dass dieser Ort mit dem satzungsmäßigen Sitz der Gesellschaft übereinstimmt (Art. 3 Abs. 1 S. 2 EuIns-VO). Diese Vermutung ändert aber nichts an der Tatsache, dass bei Auslandsgesellschaften mit Verwaltungssitz in Deutschland deutsches materielles Insolvenzrecht anzuwenden ist (*lex fori concursus*). Fraglich ist daher, ob die EuIns-VO sich der einheitlichen Bestimmung des Gesellschaftsstatuts nach der Gründungsrechtsordnung in

---

416 f.; *Weller*, IPRax 2003, 520, 522; *Wachter*, GmbHR 2003, 1254, 1257; *Höfling*, S. 262-267; *Borges*, ZIP 2004, 733, 737-739; *ders.*, RIW 2000, 167, 178; *Schanze/Jüttner*, AG 2003, 661, 670; *Bitter*, WM 2004, 2190, 2198 f.; unentschieden *Fischer*, ZIP 2004, 1477, 1481.

987 Vgl. hierzu *Mock/Schildt*, ZInsO 2003, 396, 399 f.; *Mock/Westhoff*, DZWIR 2003, 23, 27; *Schmidt*, ZHR 168 (2004), 493, 498; *Paefgen*, ZIP 2004, 2253, 2260; ebenso, wenn auch zu einem anderen Ergebnis gelangend *Borges*, ZIP 2004, 733, 739; *Ulmer*, KTS 2004, 291, 300 f.

988 *Mock/Westhoff*, DZWIR 2003, 23, 27.

989 Zur gesellschaftsrechtlichen Qualifizierung des *wrongful trading* (sec. 214 IA) s. *Trost*, S. 406-410; *Mock/Schildt*, ZInsO 2003, 396, 400; *dies.*, NZI 2003, 442, 445; *Zimmer*, S. 293; *Halbhuber*, S. 201; *Schumann*, DB 2004, 743, 747 f. Die Stellung der Haftungsnormen im Gesetz kann für die Qualifizierung des Haftungsinstituts keine Rolle spielen. Auch wenn *wrongful trading* (sec. 214 IA) im materiellen englischen Insolvenzrecht geregelt ist, gründet sie doch auf einer Verletzung von *fiduciary duties* eines *directors* gegenüber der Gesellschaft. *Fiduciary duties* sind aber Bestandteil des Gesellschaftsrechts (vgl. hierzu *Höfling*, S. 138-145; *Schmidt*, ZHR 168 (2004), 493, 498; s. umfassend zu den *directors duties Davies*, S. 370-441; zur Entwickung *Ebke*, ZGR 19 [1990], 50, 69-71). A.A. *Drygala*, ZEuP 2004, 337, 363; *Ebert/Levedag*, GmbHR 2003, 1337, 1341. *Ebert/Levedag* wollen Ansprüche gegen die Gesellschafter-Geschäftsführer aus *wrongful trading* (sec. 214 IA) durch Eröffnung eines Sekundärinsolvenzverfahrens vor englischen Gerichten realisieren. Dieser Aussage lässt sich mittelbar entnehmen, dass die Autoren *wrongful trading* insolvenzrechtlich qualifizieren; *Höfling*, S. 224-230.

den Weg stellt. Wie die international-gesellschaftsrechtliche Spaltung in Innen- und Außenrecht oder Errichtungs- und Tätigkeitsphase einer Gesellschaft, reist die unterschiedliche Anknüpfung von Gesellschafts- und Insolvenzrecht auseinander was zusammengehört[991]. Das deutsche Insolvenzrecht ist ungeeignet, fremde Rechtsformen abzuwickeln. Wie soll z.B. § 135 InsO auf eine ausländische Gesellschaft angewandt werden, deren Gesellschaftsstatut keine Eigenkapitalersatzregelung kennt[992]? Die Anfechtung nach § 135 InsO kann - obgleich sie zur in Art. 4 Abs. 2 EuIns-VO aufgeführten Materie zählt - nicht angewandt werden, weil sie einen gesellschaftsrechtlich angeordneten Rangrücktritt kapitalersetzender Darlehen voraussetzt[993]. Nach dem niederlassungsrechtlich ausgelösten Wandel im Gesellschaftskollisionsrecht, ist eine Anpassung der EuIns-VO bezüglich der Bestimmungen zum Internationalen Insolvenzrecht dringend anzuraten[994]. Auf diese Weise könnte der Gleichlauf von materiellem Gesellschafts- und Insolvenzrecht wieder hergestellt werden.

Nun gilt es aber zunächst mit der geltenden Rechtslage auskommen. Zwingen uns die international-privatrechtlichen Bestimmungen der EuIns-VO von dem hier vertretenen Ansatz abzuweichen, nach dem sich Entstehen, Leben und *Vergehen* juristischer Personen ausschließlich nach der Gründungsrechtsordnung bestimmen? Hieran könnte man deshalb zweifeln, weil für die Abwicklung einer Gesellschaft im Rahmen eines Insolvenzverfahrens nach der EuIns-VO ein anderes Recht als das des Gründungsstaats maßgeblich sein kann. Hiergegen ist aber einzuwenden, dass Auflösung und Abwicklung einer Gesellschaft originär gesellschaftsrechtliche Belange sind[995]. In Deutschland sind diese Belange in den Kapitalgesellschaftsgesetzen geregelt[996]. An dieser Qualifizierung ändert sich auch dann nichts, wenn die Gläubiger einer Gesellschaft in einem besonderen Zwangsvollstreckungsverfahren befriedigt werden sollen[997]. Die Einleitung eines Insolvenzverfahrens stellt nach *deutschem* Kapitalgesellschaftsrecht einen Auflö-

---

990 EuIns-VO Nr. 1346/2000 v. 29.5.2000 (ABl.EG L 160 v. 30.6.2000, S. 1).

991 Beklagend auch *Brenner*, EWiR 2003, Art. 3 EuInsVO 4/03, 925, 926.

992 So z.B. das englische Recht vgl. *Salomon v. Salomon* [1987] A.C. 22, 52 f.

993 Vgl. zur gesellschaftsrechtlichen Qualifizierung der §§ 32 a, b GmbHG: *Zimmer*, S. 292 f.; *ders.*, NJW 2003, 3585, 3589; *Müller*, NZG 2003, 414, 417; *Schumann*, DB 2004, 743, 748; *Kindler*, in: MünchKomm IntGesR, Rdn. 531; *Geyrhalter/Gänßler*, NZG 2003, 409, 412; *Meilicke*, GmbHR 2003, 793, 809; *ders.*, GmbHR 2003, 1271, 1272; *Kallmeyer*, DB 2002, 2521, 2522; *Zimmer*, NJW 2003, 3585, 3589; *Schmidt*, ZHR 168 (2004), 493, 497 f.; (*Schmidt* unterscheidet bei der Qualifizierung überzeugend zwischen Abwicklungsmethode einerseits und dem Anspruch selbst andererseits, wobei für die Qualifizierung letzterer entscheidend sei); *Paefgen*, ZIP 2004, 2253, 2261 f.; a.A. *v. Hase*, BuW 2003, 944, 947. *v. Hase* hält die §§ 32 a, b GmbHG auf ausländische Gesellschaften für analog anwendbar. Die Vorschriften hätten deliktsähnlichen Charakter; ebenso *Altmeppen*, NJW 2004, 97, 103; *Kindler*, NZG 2003, 1086, 1090; *Schulz*, NJW 2003, 2705, 2708; *Forsthoff*, DB 2003, 980, 981; *Ulmer*, NJW 2004, 1201, 1207; *ders.*, KTS 2004, 291, 298-300; *Merkt*, AG 2003, 126, 135; *Geimer*, S. 29; s. zum Meinungsstand *Haas*, NZI 2002, 457, 565 f.

994 Ebenso *Meilicke*, GmbHR 2003, 1271, 1272; *Drygala*, ZEuP 2004, 337, 360-364.

995 So auch die Auffassung des EuGH (vgl. oben S. 100 ff.).

996 *Kindler*, in: MünchKomm IntGesR, Rdn. 530 ff.

997 Ähnlich *Schumann*, DB 2004, 743, 746.

sungsgrund dar (§§ 60 Abs. 1 Nr. 4 GmbHG, 262 Abs. 1 Nr. 3 AktG). Das ändert aber nichts an der Tatsache, dass die Auflösung eines Rechtsträgers eine vom Insolvenzverfahren losgelöste rein gesellschaftsrechtliche Angelegenheit ist, die von der Kollisionsnorm in Art. 4 Abs. 2 EuIns-VO nicht mitumfasst ist[998]. Eine Löschung der Gesellschaft aus dem Handelsregister kann ohnehin nur durch den Gründungsstaat selbst vorgenommen werden. Die Verknüpfung der gesellschaftsrechtlichen Auflösung mit der Zahlungsunfähigkeit einer Gesellschaft ist ein Phänomen des deutschen Gesellschaftsrechts. In anderen Rechtsordnungen kann das ganz anders geregelt sein[999]. Demzufolge ist das „Vergehen" einer Gesellschaft allein Frage des Gesellschaftsstatuts, und somit nach dem anwendbaren Gründungsrecht zu beurteilen[1000]. „Demgegenüber richten sich die Auswirkungen des Insolvenzverfahrens auf die Verwaltung der Gesellschaft nach dem Insolvenzstatut[1001]." Vor allem bestimmt das Insolvenzstatut die Vertretungs- und Prozessführungsbefugnis der Gesellschaft in der Insolvenz. Denn die Neuordnung der Verwaltung dient der Verwirklichung des Ziels eines Insolvenzverfahrens[1002]. Insolvenzstatut und Gesellschaftsstatut gelten für die Zeit des Insolvenzverfahrens nebeneinander[1003].

D. *Anknüpfung des Gesellschaftsstatuts nationaler Gesellschaften*

Wie die oben angestellten Erörterungen zu den Wegzugsfällen ergeben haben, darf die Verlegung des Verwaltungssitzes ins EU Ausland keinen *Statutenwechsel* auslösen[1004]. Die durch die Niederlassungsfreiheit geschützte Gesellschaft darf vielmehr statutswahrend sämtliche Geschäftsaktivitäten ins Ausland verlegen. Damit kann die Sitztheorie auch gegenüber inländischen Gesellschaften nicht aufrecht erhalten bleiben. Da gerade die Gründungstheorie die Beibehaltung nationalen Rechts bei tatsächlicher Grenzüberschreitung gewährleistet, kam die Sitztheorie mit dem angeordneten Statutenwechsel ohnehin seit jeher in einen gewissen Begründungsnotstand. Hauptsächlich wird das Ergebnis der Sitztheorie mit der erschwerten Rechtsdurchsetzung im Ausland begründet[1005]. Der tatsächliche Grund dürfte dagegen in der Besteuerung stiller

---

998 *Großfeld*, in: Staudinger IntGesR, Rdn. 373; *Leible*, in: Michalski Syst. Darst. 2, Rdn. 126; *Mock/Schildt*, ZInsO 2003, 396, 401.

999 Sieh zum englischen Recht überblicksartig *Schumann*, DB 2004, 743, 746 f.

1000 *Großfeld*, in: Staudinger IntGesR 1998, Rdn. 380; *Kindler*, in: MünchKomm, IntGesR, Rdn. 531; *Leible*, in: Michalski Syst. Darst. 2, Rdn. 126.

1001 *Kindler*, in: MünchKomm IntGesR, Rdn. 532.

1002 BGHZ 95, 256, 266 = NJW 1985, 2497; *Großfeld*, in: Staudinger IntGesR, Rdn. 378.

1003 Vgl. Erwägungsgrund Nr. 24 EuIns-VO; *Mock/Schildt*, ZInsO 2003, 396, 397 f.; vgl. *Schumann*, DB 2004, 743, 748.

1004 Vgl. dazu S. 137 ff.

1005 *Großfeld*, in: Staudinger IntGesR, Rdn. 622; kritisch *Trost*, S. 423-426.

Reserven liegen[1006]. Die Sitztheorie löst das berechtigte Anliegen, indem sie materiell-rechtlich die Auflösung der Gesellschaft bewirkt und damit die Rechtsfolge von § 11 KStG auslöst. Eine gespaltene Kollisionsnorm, die zwischen im In- und Ausland gegründeten Gesellschaften differenziert, ist niederlassungsrechtlich nicht vereinbar[1007]. Ebenso ist hinsichtlich der Reichweite des Gesellschaftsstatuts keine Differenzierung zwischen Zu- und Wegzug geboten. Eine wegziehende inländische Gesellschaft ist, solange sie existiert, umfassend nach deutschem Gesellschaftsrecht zu behandeln.

E. *Konkretisierung eines geeigneten Anknüpfungspunkts*

Es verbleibt die Aufgabe einen tauglichen Anknüpfungspunkt auszuloten, der verlässlich zum Gründungsrecht der Gesellschaft führt[1008]. Die Anknüpfung verläuft in den Gründungstheoriestaaten nicht einheitlich[1009]. Zudem hat *Hoffmann* in einem Rechtsvergleich herausgearbeitet, dass in keiner der von ihm untersuchten Rechtsordnungen dem Satzungssitz kollisionsrechtliche Bedeutung zugesprochen wird[1010]. Dieser Umstand spricht aber nicht dagegen, den Satzungssitz zur Bestimmung des Gesellschaftsstatuts heranzuziehen. Die europarechtlichen Vorgaben verpflichten uns, die Existenz einer Gesellschaft nach dem Gründungsrecht zu beurteilen. Zum Gründungsrecht registrierungspflichtiger Gesellschaften gelangt man verlässlich, indem man das am Registerort geltende Recht anwendet. Denn mit Eintragung ins Handelsregister wird der Gründungsakt einer Kapitalgesellschaft abgeschlossen. Der Registerort lässt sich durch einen Blick in den Gesellschaftsvertrag (Satzung) leicht ermitteln. Der im Gesellschaftsvertrag genannte Sitz (Satzungssitz) benennt nicht nur in Deutschland den Ort an dem die Gesellschaft ins Handelsregister eingetragen ist und eignet sich daher in der Praxis als taugliches Anknüpfungskriterium zu einer verlässlichen Bestimmung des Gründungsrechts[1011]. Freilich ist dieser Anknüpfungspunkt nicht vor Manipulationen innerhalb der Satzung gefeit[1012].

1006 Ebenso *Eidenmüller/Rehm*, ZGR 33 (2004), 159, 177.

1007 Vgl. dazu oben S. 118 ff.

1008 *Leible/Hoffmann*, RIW 2002, 925, (933); *Paefgen*, WM 2003, 561, 567; vgl. *Wetzler*, S. 143-145, 185 f.

1009 Vgl. zum Meinungsstand *Trost*, S. 319-321; *Hoffmann*, ZVglRWiss 101 (2002), 283-308.

1010 S. hierzu *Hoffmann*, ZVglRWiss 101 (2002), 283-308.

1011 Vgl. *Trost*, S. 16-22; *Behrens*, ZGR 23 (1994), 1, 5. Zu den erforderlichen Nachweisen von Gründung und Existenz einer Gesellschaft vor Gericht vgl. KG DB 2003, 2695; LG Berlin, ZIP 2004, 2382 („*certificate of incorporation*") mit Anm. *Wachter*, DB 2004, 2795, 2799-2803; vgl. auch *Kögel*, DB 2004, 1763-1766.

1012 Vgl. weitere mögliche Anknüpfungskriterien zur Bestimmung des Gründungsrechts bei *Wetzler*, S. 143-145; 185 f.

Die Anforderungen an die europäische Gesellschaftskollisionsnorm stellt Art. 48 Abs. 1 EG auf. Die Kollisionsnorm muss sicher stellen, dass nach dem Recht eines Mitgliedstaats gegründete Gesellschaften (Art. 48 Abs. 1 EG erste Voraussetzung), die zudem *eine* der in Art. 48 Abs. 1 EG genannten Lokalisierungsvoraussetzungen (Art. 48 Abs. 1 EG zweite Voraussetzung) erfüllen, im Inland anerkannt werden[1013]. Das ist unmittelbarer Ausfluss der *Überseering*-Entscheidung. Die Gesellschaftskollisionsnorm sollte vorübergehend noch als Gesamtnormverweisung ausgestaltet werden[1014]. Obgleich die Verlegung des Verwaltungssitzes aus dem Gründungsstaat heraus nicht mit einem Statutenwechsel belegt werden darf, ist bei der Entwicklung einer Gesellschaftskollisionsnorm zu berücksichtigen, dass die (noch) h.M. im Schrifttum wie auch die deutsche Rechtsprechung die Wegzugsfreiheit niederlassungsrechtlich für nicht gewährleistet erachten[1015]. Es ist daher nicht auszuschließen, dass Sitztheoriestaaten ihr Gesellschaftskollisionsrecht für inländische Gesellschaften bis zu einer höchstrichterlichen Klärung der „Wegzugsfreiheit" beibehalten werden. Gesellschaften, denen von ihrem Gründungsstaat bei Verlegung ihres Verwaltungssitzes über die nationalen Grenzen die Existenz entzogen wird, können *als solche* im Niederlassungsstaat nicht anerkannt werden. Anerkennungsfähig sind nur solche Gesellschaften, die aus Sicht des Gründungsstaats bestehen[1016]. Durch eine Gesamtnormverweisung wird das Entstehen von Spaltgesellschaften vermieden.

Der Verweis auf das Sach- und Kollisionsrecht des Gründungsstaats stellt sicher, dass eine Gesellschaft nicht nur wirksam entstanden sondern auch nach erfolgter Grenzüberschreitung in ihrer Gründungsgestalt fortbesteht. Ordnet das Kollisionsrecht des Gründungsstaats als Folge der Verwaltungssitzverlegung einen Statutenwechsel an, verbleibt den Gesellschaftern allein die Neugründung im Niederlassungsstaat. Das auf die Gesellschaft anwendbare Gesellschaftsstatut ist aus der maßgeblichen Sicht des Gründungsstaats betrachtet in diesem Fall das Recht des Niederlassungsstaats. Damit wirderum gilt die Gesellschaft als nach dem falschen Recht gegründet. Im Anschluss an die Ermittlung des für das Gesellschaftsstatut maßgeblichen Sachrechts hat der Richter zu überprüfen, ob die Gesellschaft nach dem kollisionsrechtlich bestimmten Sachrecht wirksam gegründet worden ist und fortbesteht.

1013 *Höfling* geht indessen über den in Art. 48 Abs. 1 EG Vertrag vorhandenen Wortlaut hinaus und fordert die Hauptniederlassung/Verwaltungssitz innerhalb der EU/EWR Staaten (vgl. *Höfling*, S. 245-249).

1014 A.A. *Mankowski*, ZHR 167 (2003), 732, 735: „Nach ihrem gesamten Sinn kann die Gründungstheorie nur eine Sachnormverweisung sein." *Mankowski* geht dabei davon aus, dass die Niederlassungsfreiheit auch die Anwendung der Sitztheorie durch den Gründungsstaat verbietet. Dies ist aber für die Praxis mit der notwendigen Deutlichkeit noch nicht geklärt.

1015 Vgl. dazu oben S. 128 ff.

Eine europäische Gesellschaftskollisionsnorm könnte daher wie folgt lauten: „*Gesamtnormverweisung: Gesellschaften unterstehen hinsichtlich aller Beziehungen, die ihren Ursprung im Gesellschaftsverhältnis haben, der Rechtsordnung, auf die der im Gesellschaftsvertrag enthaltene Satzungssitz verweist, sofern diese Verweisung zu der Rechtsordnung eines Staats führt, der Mitgliedstaat der EU ist.*“

1016 Vgl. dazu oben S. 116 ff.

Fünftes Kapitel: Behandlung von Nicht-EU-Staaten Gesellschaften

Im folgenden Teil soll der Frage nachgegangen werden, ob das europäische Verständnis von Niederlassungsfreiheit auch gegenüber solchen Gesellschaften ausstrahlt, die nicht den Anforderungen von Art. 48 Abs. 1 EG genügen.

§ 11: Allgemeine Erwägungen

Die Niederlassungsfreiheit zwingt uns dazu, im Verhältnis zu EU-Gesellschaften von der bisherigen Anknüpfung im Gesellschaftskollisionsrecht abzuweichen; mittelbar verpflichten Art. 43, 48 EG dazu, das Gesellschaftsstatut nach dem Gründungsrecht zu bestimmen. Auswirkungen auf die gesellschaftskollisionsrechtliche Behandlung von Gesellschaften, die außerhalb eines EU-Mitgliedstaats gegründet werden, ergeben sich hieraus auf den ersten Blick aber nicht. Im Rahmen dieses Kapitels, soll untersucht werden, ob auch nach drittstaatlichem Recht gegründete Gesellschaftsformen in bestimmten Fällen vom neuen Niederlassungsfreiheitsverständnis des EuGH profitieren können. Ein Einfallstor für das gemeinschaftsrechtliche Niederlassungsverständnis können völkerrechtliche Abkommen der Bundesrepublik Deutschland mit Drittstaaten sein, in denen die Anerkennung von Gesellschaften geregelt ist (Art. 3 Abs. 2 EGBGB). Abschließend sollen Überlegungen dazu angestellt werden, ob eine weltweite Hinwendung zur Gründungstheorie rechtspolitisch geboten erscheint.

A. *Status Quo*

Zunächst ist auf die derzeitige kollisionsrechtliche Behandlung von nach drittstaatlichem Recht gegründeten Gesellschaften hinzuweisen. Innerhalb der Rechtsprechung zeichnet sich ein kollisionsrechtlicher Wandel zur Gründungstheorie im Verhältnis zu Drittstaaten, wie in der Literatur verschiedentlich befürwortet, noch nicht ab[1017]. Kurze Zeit vor dem *Überseering*-Urteil des EuGH hatte der II. Zivilsenat des BGH in der bereits angeführten Entscheidung vom 1.7.2002, über die kollisionsrechtliche Behandlung einer nach dem Recht von Jersey gegründeten Gesellschaft mit Verwaltungssitz im Inland zu befinden. Im Rahmen dieses Urteils ist der II. Zivilsenat von der bisher geltenden Rechtsprechung abgerückt[1018]. Der II. Zivilsenat behandelt die ausländische Gesellschaft (eine *private limited company*) als inländische GbR (§ 705 BGB) und schließt

---

1017 Explizit BGH WM 2003, 699 = NZG 2003, 531; KG DB 2003, 2695, 2696; BayObLG DB 2003, 819.

1018 BGHZ 151, 204 = RIW 2002, 877 = DStR 2002, 1678.

sich damit der im Schrifttum entwickelten modifizierten Sitztheorie an[1019]. Dieser Ansicht ist das BayOblG ausdrücklich gefolgt; in der betreffenden Entscheidung wird eine Gesellschaft mit Satzungssitz in Sambia und Verwaltungssitz in Deutschland als inländische Personengesellschaft behandelt[1020].

Bei dieser Vorgehensweise tritt eine Duplizierung der Rechtspersönlichkeit ein, die kollisions-, materiell-, internationalprozess- und vollstreckungsrechtliche Probleme aufwirft, die nicht in den Griff zu bekommen sind[1021]. Daher überzeugen die Entscheidungen des II. Zivilsenats des BGH und die des BayObLG auch im Hinblick auf nicht niederlassungsfreiheitsberechtigte Gesellschaften, wenn überhaupt, nur auf den ersten Blick. Es handelt sich hierbei um eine rein materiell-rechtliche Lösung, die die kollisionsrechtlichen Voraussetzungen und Folgen vollkommen übersieht. Trotz der Kritik im Schrifttum scheint für die Praxis die kollisionsrechtliche Behandlung von Drittstaatengesellschaften damit zunächst geklärt. Die folgenden Ausführungen haben daher wohl eher theoretische Bedeutung. Denn auch aus der später ergangenen Entscheidung des VIII. Zivilsenats des BGH[1022] lässt sich nicht entnehmen, ob dieser bei niederlassungsrechtlich nicht privilegierten Gesellschaften an der klassischen Sitztheorie festhalten würde oder aber dem II. Zivilseant des BGH folgen würde. Der VIII. Zivilsenat hatte sich mit dieser Frage aufgrund eines bestehenden völkerrechtlichen Vertrags nicht zu beschäftigen[1023]. Eine Korrektur der Rechtsprechung des II. Zivilsenats könnte zukünftig allenfalls durch eine Entscheidung des Großen Zivilsenats oder aber eine Abstandnahme des II. Zivilsenats von seiner Entscheidung herbeigeführt werden. Mit einer Vorlage durch den II. Zivilsenat an den Großen Zivilsenat (§ 132 Abs. 2 GVG) ist kaum zu rechnen. Der II. Zivilsenat wird zu Recht argumentieren, dass es sich bei der vom VII. Zivilsenat zu entscheidenden Rechtssache um einen Gemeinschaftssachverhalt handelte, ein echter Drittstaatenfall indes frei von gemeinschaftsrechtlichen Vorgaben gelöst werden könne. Aufgrund nicht vergleichbarer Sachverhalte spricht nichts dagegen, einen Drittstaatenfall rechtlich anders zu behandeln[1024]. Es bleibt die vage Hoffnung, dass ein anderer Zivilsenat des BGH einen Drittstaaten Fall geschäftsplanmäßig zugewiesen bekommt und gewillt ist, entgegen der Rechtsansicht des II. Zivilsenats zu entscheiden. Für diesen Fall wäre die Vorlage an den Großen Zivilsenat geboten (§ 132 Abs. 2 GVG)[1025]. Wahrscheinlicher ist es aber, dass der II. Zivilsenat

---

1019 Vgl. hierzu *v. Halen*, S. 279.

1020 BayObLG DB 2003, 819.

1021 *Walden*, EWS 2001, 256, 257-260; *Ebke*, 48 Am. J. Com. L. 623, 654 (2000); *ders.*, JZ 2003, 927, 928; *Halbhuber*, ZEuP 2003, 418, 430 f.; *Meilicke*, GmbHR 2003, 793, 799 f.; *Heidenhain*, NZG 2002, 1141, (1143); *Gronstedt*, BB 2002, 2033, 2034; *Brand*, JR 2004, 89, 91; vgl. eingehend zum „Rechtsformzwangmodell" *Trost*, S. 137-275. Vgl. dazu oben S. 93 ff.

1022 BGH WM 2003, 699; NZG 2003, 531.

1023 S. dazu unten S. 246 ff.

1024 A.A. offenbar *Meilicke*, GmbHR 2003, 793, 797.

1025 *Ebke*, in: Gesellschaftsrecht, S. 101, 122.

seine Entscheidung als Einzelfallentscheidung im Hinblick auf die damals anstehende Entscheidung des EuGH in der Rechtssache *Überseering* versteht und zur klassischen Sitztheorie zurückkehrt. Die Chancen hierfür stehen nach der Auffassung von *Ebke* nicht schlecht, schließlich sei das Urteil des II. Zivilsenats nur als „Rettungsversuch" der Sitztheorie zu begreifen[1026].

B. Deutsches Verfassungsrecht

Eine Anerkennungsverpflichtung ausländischer Gesellschaften lässt sich aus den Vorschriften im nationalen Verfassungsrecht (Art. 3 Abs. 1 i.V.m. 19 Abs. 3 GG) nicht herleiten. Grundrechte, die ihrem Wesen nach auf juristische Personen anwendbar sind, können ausschließlich inländische juristische Personen für sich in Anspruch nehmen[1027]. Zudem sind Sachverhalte, die Gesellschaften aus einem anderen EU-Staat betreffen, mit Gesellschaften aus Drittstaaten wesentlich ungleich. Das hat zur Folge, dass auch Art. 3 Abs. 1 GG die Gleichbehandlung nicht fordert[1028]. Aus gleichem Grunde ist eine Ungleichbehandlung zwischen Gesellschaften, die nach dem Recht eines Staats gegründet wurden, mit dem die Bundesrepublik bilateral die Niederlassungsfreiheit vereinbart hat, und Gesellschaften aus Staaten mit denen kein Abkommen besteht, verfassungsrechtlich nicht zu beanstanden[1029].

§ 12: Anerkennungsverpflichtung aufgrund völkerrechtlicher Verträge

Aus dem allgemeinen Völkerrecht ergibt sich keine Verpflichtung zur Anerkennung ausländischer Gesellschaften im Inland[1030]. Ob sich eine solche Pflicht z.B. aus Meistbegünstigungsklauseln oder Niederlassungsvereinbarungen internationaler Überein-

---

1026 *Ebke*, in: Gesellschaftsrecht, S. 101, 121; *ders.*, in: FS Thode, S. 595, 612-614, vgl. zu den Motiven des II. Zivilsenats des BGH *Henze*, BB 2003, 2159, 2164.

1027 BVerfGE 100, 313, 364; BVerfGE 21, 207, 208 f.; offenlassend noch BVerfGE 12, 6, 8; BVerfGE 18, 441, 447; vgl. *Ebke*, JZ 2003, 927, 930; das übersehen *Wagner*, GmbHR 2003, 684, 687; *Ahrens*, RNotZ 2003, 388, 390; s. hierzu auch *Meilicke*, GmbHR 2003, 793, 801. *Meilicke* hält die „antiquierte Vorschrift" des Art. 19 Abs. 3 GG mit guten Gründen für europarechtswidrig; ebenso *Guckelberger*, AöR 129 (2004), 618, 630-637; vgl. zu den Voraussetzungen an eine „inländische juristische Person" i.S.v. Art. 19 Abs. 3 GG *Ebenroth/Bippus*, NJW 1988, 2137, 2145 f.; *Ebke/Neumann*, JZ 1980, 652, 654 f.; *Guckelberger*, AöR 129 (2004), 618, 627 f.

1028 *Ebke*, JZ 2003, 927, 930; *ders.*, in: Gesellschaftsrecht, S. 101, 115 f.; *ders.*, in: FS Thode, S. 595, S. 611 f.; *Ahrens*, RNotZ 2003, 388, 390.

1029 *Ebke*, JZ 2003, 927, 930; *ders.*, in: Gesellschaftsrecht, S. 101, 115 f.

1030 *Ebke*, in: Gesellschaftsrecht, S. 101, 113 f., *ders.*, in: 50 Jahre BGH, S. 799, 803 f.; *Niebel*, S. 103-112.

kommen wie dem OECD, GATT oder GATS[1031] ergibt, kann im Rahmen dieser Arbeit nicht erörtert werden[1032]. Ebenso werden die in den „Freundschaftsverträgen“ enthaltenen Niederlassungsvereinbarungen nicht abschließend daraufhin untersucht werden können, ob sie zur Anerkennung der nach dem Recht des Vertragspartners gegründeten Gesellschaften verpflichten[1033]. Besonders Augenmerk ist in diesem Zusammenhang grundsätzlich auf zwei Aspekte zu richten: Haben die Niederlassungsvereinbarungen rein fremden- oder aber eine darüber hinaus gehende kollisionsrechtliche Bedeutung? Zweitens ist klärungsbedürftig, ob aufgrund von Meistbegünstigungsklauseln eine Verpflichtung dazu besteht, Niederlassungs- oder Anerkennungsvereinbarungen entsprechend dem europäischen Verständnis von Niederlassungsfreiheit auszulegen[1034]. Die Reichweite der Art. 43, 48 EG könnte demzufolge - sofern man Meistbegünstigungsklauseln eine Vorgabe zur inhaltsgleichen Auslegung entnimmt[1035] - für Sitztheoriestaaten auch über die EU-Grenzen hinaus relevant werden[1036].

A. *Anknüpfung des Gesellschaftsstatuts von EWR Gesellschaften*

Von der Niederlassungsfreiheit in ihrer Ausprägung nach der Rechtsprechung *Überseering* profitieren auch solche Gesellschaften, die nach dem Recht eines EWR-Staats gegründet werden, der aber nicht zugleich Mitgliedstaat der EU ist. Diese Rechtsfolge ergibt sich aus Art. 31 i.V.m. 34 des EWR-Abkommens[1037] und gilt auch innerhalb der h.L. als unbestritten[1038]. In Deutschland hat die Rechtsprechung diesen Schritt in Wei-

---

1031 Die EG ist Mitglied der WTO. Das GATS ist im Anhang 1 B des Übereinkommens zur Errichtung der Welthandelsorganisation (WTO) enthalten, vgl. ABl.EG 1994 L 336, S. 190, (BGBl. 1994 II, S. 1643).

1032 Vgl. hierzu *Troberg/Tidje*, in: v.d.Groeben/Schwarze vor Art. 43-48 EG, Rdn. 27 ff. 58 ff.; eine Plicht zur Anerkennung aus Art. XXVIII lit. m GATS ablehnend *Lehmann*, RIW 2004, 816-823; offenlassend *Leible*, in: FS Jayme, S. 485, 498 (mögliche Anerkennungspflicht aufgrund Art. XXVIII lit. k GATS); vgl. *ders.*, ZGR 33 (2004), 531, 545; *Meilicke*, GmbHR 2003, 793, 798 f.

1033 Eingehend *Beitzke*, in: FS Luther, S. 1-20.

1034 Befürwortend: *Schanze/Jüttner*, AG 2003, 30, 35; *Großfeld*, NZG 2003, 841, 843; *Mankowski*, RIW 2004, 481, 485; ablehnend dagegen: *Troberg/Tidje*, in: v.d.Groeben/Schwarze vor Art. 43-48 EGV, Rdn. 27 f.

1035 Kritisch *Troberg/Tidje*, in: v.d.Groeben/Schwarze vor Art. 43-48 EGV, Rdn. 27 f. Meistbegünstigungsklauseln erlauben es dem Begünstigten nicht, sich auf Einzelregelungen des EG-Vertrags zu berufen. Der EG-Vertrag ist als Gesamtwerk von Rechten und Pflichten zu begreifen. Es bleibe daher Drittstaaten verwehrt, sich auf Einzelprivilegien zu berufen, die der Vertragspartner gegenüber anderen Mitgliedstaaten einzuräumen verpflichtet ist.

1036 *Großfeld*, NZG 2003, 841, 843.

1037 EWR-Abkommen v. 2.5.1992 (BGBl. 1993 II, S. 266). Das EWR-Abkommen ist am 1.1.1994 in Kraft getreten (BGBl. 1994 II, S. 515).

1038 *Troberg/Tidje*, in: v.d.Groeben/Schwarze vor Art. 43-48 EG, Rdn. 56 f.; *Ebke*, in: FS Thode, S. 595, 608 dort Fn. 63; *Meilicke*, GmbHR 2003, 793, 798; *ders.*, DB 1999, 627, 628; *Höfling*, S. 243 f.; *Sedemund*, BB 2003, 1362, 1363; *ders.*, IStR 2002, 816, 817; *Weller*, DStR 2003, 1800, 1803; *Spindler/Berner*, RIW 2003, 949, 957; *Leible/Hoffmann*, RIW 2002, 925, 927; *Heldrich*, in:

terentwicklung der *Überseering*-Entscheidung des EuGH bereits vollzogen. Das OLG Frankfurt hat eine nach dem Recht des Fürstentums Liechtenstein gegründete AG mit Verwaltungssitz in Deutschland als rechtsfähige liechtensteinische AG anerkannt[1039]. Das OLG Frankfurt verweist in seinen Urteilsgründen darauf, dass Entscheidungen des EuGH für Mitgliedstaaten des EWR zwar nicht unmittelbar verbindlich seien; eine rechtliche Differenzierung zwischen EU- und EWR-Staaten in Anbetracht der eng angeglichenen Rechtslage betreffend der Niederlassungsfreiheit aber nicht gerechtfertigt sei.

Der Auffassung des OLG Frankfurt ist uneingeschränkt zuzustimmen. Hierfür spricht, dass der Wortlaut der im EWR-Abkommen enthaltenen Niederlassungsfreiheit wortgleich mit dem im EG-Vertrag (Art. 43, 48 EG) ist. Ferner sprechen Sinn und Zweck des EWR-Abkommens für eine inhaltsgleiche Auslegung der in den Verträgen enthaltenen Freiheiten[1040]. Der EWR umfasst das Gebiet von EU- und EFTA-Staaten. Allein der EFTA-Staat Schweiz ist dem EWR Übereinkommen nicht beigetreten. Durch den Beitritt einiger EFTA-Staaten zur EU handelt es sich nunmehr noch um drei EFTA-Staaten, die dem EWR, nicht aber zugleich der EU angehören. Damit gilt: Aus Norwegen, Liechtenstein oder Island stammende Gesellschaften gelangen ebenso wie die von Art. 43, 48 EG profitierenden Gesellschaften in den Genuss europäischer Niederlassungsfreiheit. Aufgrund der inhaltlichen Gleichbehandlungsverpflichtung von EFTA/EWR und EU/EWR Staaten handelt es sich bei den erstgenannten auch nicht um Drittstaaten im eigentlichen Sinne[1041].

B. Europäische Menschenrechtskonvention

Im Folgenden werden die Auswirkungen der EMRK[1042] auf die Anerkennungspraxis in den Beitrittstaaten näher untersucht. Die zentrale Frage lautet, ob sich die aus der Sitztheorie resultierenden Rechtsfolgen an den Vorgaben der EMRK messen lassen

---

Palandt Anh. zu Art. 12 EGBGB, Rdn. 6; eingehend *Baudenbacher/Buschle*, IPRax 2004, 26, 29 f.; *Binge/Thölke*, DNotZ 2004, 21, 25; *Wetzler*, GPR 2004, 84, 86; *Mankowski*, RIW 2004, 481, 483; *Geimer*, S. 7; *Paefgen*, ZIP 2004, 2253, 2255; zweifelnd *Zimmer*, ZHR 168 (2004), 355, 365.

1039 OLG Frankfurt a.M. IPRax 2004, 56; a.A. ohne Erwähnung des EWR-Abkommens LG Nürnberg DB 2003, 2765.

1040 Vgl. zur inhaltsgleichen Auslegung von Freiheiten des EG-Vertrags und EWR-Abkommen, EuGH, Urt. v. 23.9.2003 Rs. C-452/01 (*Ospelt*), Slg. 2003, I-9799 (Tz. 29) (vgl. dazu oben Fn. 607); EFTA-Gerichtshof, Urt. v. 14.6.2001, E-5/00.

1041 *Baudenbacher/Buschle*, IPRax 2004, 26, 31; vgl. zur gesellschaftskollisionsrechtlichen Behandlung von „Drittstaaten" S. 249 ff.

1042 Die EMRK ist ein völkerrechtlicher Vertrag, der am 4.11.1950 unterzeichnet und für die damaligen Unterzeichnerstaaten am 3.9.1953 in Kraft trat. Vgl. Zustimmungsgesetz (BGBl II 1952, S. 685). Die Konvention ist gemäß der Bekanntmachung vom 15.12.1953 (BGBl 1954 II, S. 14) am 3.9.1953 für die Bundesrepublik Deutschland in Kraft getreten (Neubekanntmachung der Konvention in der Fassung des 11. Zusatzprotokolls vgl. [BGBl 2002 II, S. 1054]).

müssen[1043]. Sollte die EMRK die Anerkennung ausländischer Gesellschaften im Inland zwingend vorschreiben, könnte die Sitztheorie im Verhältnis zu Gesellschaften aus EMRK-Staaten nicht mehr angewandt werden. In Deutschland steht die EMRK, wie alle völkerrechtlichen Verträge, zwar nur im Rang eines einfachen Gesetzes (Art. 59 Abs. 2 GG)[1044]. Dieser Umstand ändert aber nichts an der völkerrechtlichen Verpflichtung, den Vorgaben der EMRK nachzukommen[1045]. Das BVerfG bezieht daher bei der Auslegung des GG den Inhalt und den Entwicklungsstand der EMRK regelmäßig mit ein[1046]. Insbesondere im Bereich der Verfahrensgarantien, die im GG nicht im Detail ausgestaltet sind, greift das BVerfG als Auslegungshilfe auf Art. 6 und 7 EMRK zurück. Zudem wird die EMRK neben den Grundrechten des GG und den Länderverfassungen zum nationalen *ordre public* gezählt[1047]. Wenn die in der EMRK verbrieften Rechte dem *ordre public* angehören, dann bedeutet das umgekehrt, dass die gewährleisteten Rechte nicht durch die Anwendung des Gesellschaftskollisionsrechts aus den Angeln gehoben werden dürfen. Mithin ist es geboten, die nationalen Gesetze in Konformität mit den Gewährleistungen der EMRK auszulegen[1048]. Auf europäischer Ebene ist diese Ansicht unbestritten. Der Gerichtshof weist der EMRK den Charakter gemeinschaftsrechtlicher Grundrechte zu und hebt sie damit auf höherrangiges Gemeinschaftsrechtsniveau (Art. 6 Abs. 2 EU)[1049]. Dieser Umstand darf auch im Hinblick auf die Einordnung der EMRK auf nationaler Ebene nicht unbesehen bleiben. Schließlich strahlt die Auslegung der EMRK von EuGH und EGMR auf die nationale aus[1050]. Entscheidungen von EuGH und EGMR sind für die nationalen Gerichte bindend[1051].

1043 Zur Ausstrahlung der Grund- und Menschenrechte auf das IPR s. *Looschelders*, RabelsZ 65 (2001), 463-491.

1044 Bestätigend BVerfGE 19, 342, 347; BVerfGE 22, 254, 265; BVerfGE 25, 327, 331; BVerfGE 35, 311, 320; BVerfGE 74, 358, 370; vgl. *Bungert*, EWS 1993, 17, 18 f.

1045 *Looschelders*, RabelsZ 65 (2001), 463, 467.

1046 Eingehend zur Stellung der EMRK im Inland zuletzt BVerfG, Urt. v. 14.10.2004 - 2 BvR 1481/04; vgl. auch BVerfG, Urt. v. 1.3.2004 – 2 BvR 1570/03; BVerfGE 74, 358, 370; BVerfGE 82, 106, 120; s. hierzu *Grabenwarter*, S. 21 ff.

1047 Begründung des Regierungsentwurfs vgl. BT-Drucks. 10/504, S. 44.

1048 BVerfG, Urt. v. 14.10.2004 - 2 BvR 1481/04; *Herdegen*, Rdn 23, 37; *Meilicke*, RIW 1992, 578 f.; *ders.*, BB 1995 Beil. 9 zu Heft 31, 1, 8-14; a.A. *Bungert*, EWS 1993, 17, 22.

1049 EuGH, Urt. v. 14.5.1974 Rs. 4/73 (*Nold/Kommission*), Slg. 1974, 507 (Tz. 13); EuGH, Urt. v. 28.3.2000 Rs. C-7/98 (*Krombach/Bamberski*), Slg. 2000, I-1935.

1050 BVerfG, Urt. v. 14.10.2004 - 2 BvR 1481/04: „Das nationale Recht ist unabhängig von dem Zeitpunkt seines Inkrafttretens nach Möglichkeit im Einklang mit dem Völkerrecht auszulegen." *Herdegen*, Rdn 37, 23: „Problematisch ist die Reichweite dieser Verpflichtung [Anerkennung der EGMR-Urteile] in den Fällen, in denen die festgestellte Konventionsverletzung auf innerstaatlichen Rechtsnormen beruht. Hier dürfte die der verurteilte Mitgliedstaat verpflichtet sein, nicht nur im konkreten Fall dem Urteil nachzukommen, sondern auch seine Rechtsordnung der EMRK im Lichte der Konventionsauslegung durch den Gerichtshof anzupassen."

1051 Vgl. hierzu BVerfG, Urt. v. 14.10.2004 - 2 BvR 1481/04: „Verwaltungsbehörden und Gerichte können sich nicht unter Berufung auf eine Entscheidung des Europäischen Gerichtshofs für Menschenrechte von der rechtsstaatlichen Kompetenzordnung und der Bindung an Gesetz und Recht (Art. 20 Abs. 3 GG) lösen. Zur Bindung an Gesetz und Recht gehört aber auch die Berück-

I. Die Entscheidung der Cour de Cassation

In Deutschland wurde die Vereinbarkeit der Sitztheorie mit der EMRK erstmals im Zuge einer Entscheidung der französischen *Cour de Cassation* diskutiert[1052]. In der zu entscheidenden Rechtssache hatte die Vorinstanz, die *Cour d'Appel de Dijon*, einer liechtensteinischen AG die Klagebefugnis verwehrt. Begründet wurde die Entscheidung mit dem Fehlen eines Dekrets, in dem die Anerkennung der Rechts- und Parteifähigkeit liechtensteinischer AG vor französischen Gerichten geregelt ist. Frankreich hatte sich mit dem Nachbarstaat Belgien - als Folge der Anerkennungsverweigerung einer französischen *SA* durch die belgische *Cour de Cassation*[1053] - im französisch-belgischen Handelsvertrag von 1854 auf die wechselseitige Anerkennung von Aktiengesellschaften der beiden Vertragsparteien verständigt. Frankreich, dass traditionell der Sitztheorie folgt[1054], hat diese Verpflichtung in einem Gesetz aus dem Jahre 1857 umgesetzt[1055]. Für nicht-belgische Gesellschaften bedeuteten Art. 1[1056] und 2[1057] des französischen Gesetzes von 1857 das Ende der seither in Frankreich geltenden automatischen Anerkennung[1058]. Seither wird die Anerkennung ausländischer Gesellschaften von einem diplomatischen Abkommen Frankreichs mit dem Gründungsstaat abhängig gemacht[1059]. Deutlich wird hierbei, dass das französische Gesetz von 1857 keine kollisionsrechtliche Veränderung herbeiführte, sondern allein das Prinzip der automatischen Anerkennung

---

sichtigung der Gewährleistungen der Europäischen Menschenrechtskonvention und der Entscheidungen des Gerichtshofs im Rahmen methodisch vertretbarer Gesetzesauslegung." Einschränkend lässt das BVerfG verlauten: „Deutsche Gerichte haben sich mit der Entscheidung erkennbar auseinanderzusetzen und gegebenenfalls nachvollziehbar zu begründen, warum sie der völkerrechtlichen Rechtsauffassung gleichwohl nicht folgen. Dabei haben sie Auswirkungen auf die nationale Rechtsordnung in ihre Rechtsanwendung einzubeziehen. Das gilt insbesondere dann, wenn es sich um ein in seinen Rechtsfolgen ausbalanciertes Teilsystem des innerstaatlichen Rechts handelt, das verschiedene Grundrechtspositionen miteinander zum Ausgleich bringen will."; kritisch gegenüber der restriktiven Haltung des BVerfG *Pernice*, EuZW 2004, Heft 23, „Editorial"; *Klein*, JZ 2004, 1176-1178.

1052 Cass. (crim.) 12.11.1990, Rev. Sociétés 110 (1992), 39.

1053 Cass. Civ. belge v. 8.2.1848, Pasicrisie 1849, I, 221. Zur Entwicklung *Pohlmann*, S. 100 ff.

1054 Vgl. *Menjucq*, S. 19 ff., 59 ff., 85 ff.; *Pohlmann*, S. 47 ff.; zur Reichweite des Gesellschaftsstatuts (*lex societatis*) in Frankreich s. *Menjucq*, S. 97 ff.; zum Einfluss der europäischen Niederlassungsfreiheit auf das Internationale Gesellschaftsrechts Frankreichs s. *Menjucq*, S. 331 ff.

1055 »Loi du 30 mai 1857 qui autorise les sociétés anonymes et autres associations commerciales, industrielle ou financières, légalement constituées en Belgique, à exercer leurs droits en France«. Dalloz 1902, 1.281. Vgl. dazu *Menjucq*, S. 65 f.; *Beitzke*, in: FS Luther, S. 1, 3 dort Fn. 9.

1056 „Die Sociétés anonymes (Aktiengesellschaften und die anderen Handels-, Industrie- und Finanzgesellschaften), die der Genehmigung der belgischen Regierung unterliegen und diese erhalten haben, können in Frankreich alle ihre Rechte ausüben und vor Gericht auftreten entsprechend den Gesetzen des Kaiserreichs."

1057 „Ein kaiserliches Dekret, das vom Staatsrat erlassen wird, kann die Begünstigung des Art. 1 auf alle anderen Staaten ausdehnen."

1058 *Pohlmann*, S. 102; zur Anerkennung ausländischer Gesellschaften in Frankreich vgl. *Menjucq*, S. 59 ff.

1059 Vgl. hierzu *C. Roth*, MittBl. DAV Internationaler Rechtsverkehr 2/2003, 36, 37 f.

außer Kraft setzt. Neben den gesellschaftskollisionsrechtlichen Voraussetzungen des französischen Kollisionsrechts bedarf es nach dem französischen Gesetz von 1857 eines zusätzlichen Anerkennungsaktes[1060]. Gegenüber Gesellschaften aus den EU-Mitgliedstaaten ist das französische Gesetz nie relevant geworden und konnte daher auch nicht auf die Konformität mit Art. 43, 48 EG überprüft werden[1061]. Höchstrichterlich bleibt es danach bis heute bei der Unvereinbarkeit des französischen Gesetzes mit der EMRK[1062]. Gleichwohl liegt ein Verstoß gegen die Niederlassungsfreiheit auf der Hand. In der französischen Literatur wird seit langem vergebens die Abschaffung des Gesetzes von 1857 gefordert[1063].

Demnach war es nicht das Internationale Gesellschaftsrecht Frankreichs, dass auf dem Prüfstand der *Cour de Cassation* stand[1064]. *In casu* lag freilich weder das nach französischem Recht erforderliche Dekret zur Anerkennung noch ein anderer die Niederlassungsfreiheit regelnder Staatsvertrag mit dem Fürstentum Liechtenstein vor. Dieser Umstand zog die Nichtanerkennung der liechtensteinischen Gesellschaft durch die *Cour d'Appel de Dijon* nach sich[1065]. Wo sich der Verwaltungssitz der Gesellschaft zum Klagezeitpunkt befand, lässt sich dem Urteil nicht zu entnehmen. Gute Gründe sprechen dafür, dass sich der Verwaltungssitz im Fürstentum Liechtenstein befunden haben muss, die Gesellschaft also in Frankreich kollisionsrechtlich anerkennungsfähig war, da andernfalls die *Cour d'Appel de Dijon* nicht auf Art. 2 des Gesetzes von 1857 hätte zurückgreifen müssen, um die „Anerkennung" im Inland zu versagen[1066]. Die liechtensteinische AG trat darauf hin mit der Begründung vor die *Cour de Cassation*, sie sei in ihren Rechten aus Art. 6 Abs. 1 und 14 EMRK i.V.m. Art. 1 Abs. 1, Art. 5 des 1. Zusatzprotokolls vom 20.3.1952 verletzt. Die *Cour de Cassation* bestätigte die Rechtsansicht der Klägerin und bejahte einen Verstoß gegen Art. 6 EMRK[1067].

1060 Vgl. dazu Fn. 48

1061 *C. Roth*, MittBl. DAV Internationaler Rechtsverkehr 2/2003, 36, 37.

1062 *Niebel*, S. 125.

1063 Vgl. *C. Roth*, MittBl. DAV Internationaler Rechtsverkehr 2/2003, 36, 37 f. m.w.N. Fn. 8.

1064 S. hierzu *Ebke*, RabelsZ 62 (1998), 194, 212 f.; *Ebenroth/Auer*, RIW 1992, 998, 1001, *dies.*, GmbHR 1994, 16, 20 f.; *Bungert*, EWS 17, 18 f.

1065 Die Rspr. in Frankreich ist allerdings in der Anwendung des Gesetzes von 1857 nicht einheitlich. In einem Verfahren aus dem Jahre 1963, wurde eine im Fürstentum Liechtenstein gegründete Gesellschaft vor der *Cour d'Appel* und der *Cour de Cassation* als parteifähige liechtensteinische Gesellschaft anerkannt. Vgl. zu diesem Verfahren *Pohlmann*, S. 104 f.

1066 Vgl. *Großfeld*, in: Staudinger IntGesR, Rdn. 145; *Großfeld/Boin*, JZ 1993, 370, 371; *Bechtel*, S. 25.

1067 Seither ständige Rspr. der *Cour de Cassation*. Vgl. zuletzt Cass. (com.) Urt. v. 8.7.2003, Dalloz 2003, Actualité Nr. 29.

1. Diskussion in der Literatur

Der im Schrifttum herrschende Streit um die Auswirkungen der Entscheidung der *Cour de Cassation* auf die Sitztheorie hatte seinerzeit *Meilicke* angeregt[1068]. *Meilicke* erkannte damals als einziger Vertreter im Schrifttum einen Verstoß der Sitztheorie u.a. gegen Art. 6 Abs. 1 EMRK und damit deren Ende als Kollisionsnorm vorgezeichnet. In Literatur[1069] und Rechtsprechung[1070] wird diese Einschätzung bis heute weit überwiegend nicht geteilt. Nach der nur kurze Zeit zuvor ergangenen *Daily Mail*-Entscheidung war man sich innerhalb der Literatur darüber einig, dass die Sitztheorie sowohl mit Art. 43, 48 EG als auch mit Art. 6 Abs. 1 EMRK vereinbar ist. Bei der geführten Diskussion fällt auf, dass in Bezug auf Art. 43, 48 EG und Art. 6 Abs. 1 EMRK im Wesentlichen parallel argumentiert wird. Art. 6 Abs. 1 EMRK gewährleiste i.V.m. Art. 1 Abs.1 und Art. 5 des 1. Zusatzprotokolls, wie die europäische Niederlassungsfreiheit, zwar auch juristischen Personen Rechtsschutz[1071]. Über das Vorliegen einer juristischen Person entscheide aber das Internationale Gesellschaftsrecht der *lex fori*[1072]. Hieran bestünden deshalb keine Zweifel, weil die EMRK weder die „juristische Person" definiere noch eine das nationale Recht verdrängende Kollisionsnorm enthalte. Schließlich seien die bestehenden Unterschiede in den Gesellschaftskollisionsrechten der Beitrittsstaaten bei der Ausarbeitung der EMRK allseits bekannt gewesen und deren Rechtsfolgen auch akzeptiert worden[1073]. Was die EMRK verbiete, sei lediglich die fremdenrechtliche Benachteiligung ausländischer international-privatrechtlich anerkannter Gesellschaften[1074].

2. Stellungnahme

Die Argumentation, die hier nicht in allen Facetten nachgezeichnet werden soll, erinnert stark an die Begründung, nach der lange Zeit die Sitztheorie für mit der Niederlassungsfreiheit vereinbar erklärt wurde. Als niederlassungsfreiheitsberechtigt wurden Gesellschaften im Inland nur dann angesehen, so sie im Niederlassungsstaat nach der Anwendung des nationalen Kollisionsrechts *als solche* existierten[1075]. Diese Auslegung hat der

1068 *Meilicke*, RIW 1992, 578 f.; *ders.*, BB 1995 Beil. 9 zu Heft 31, 1, 8-14.

1069 S. hierzu *Ebenroth/Auer*, RIW 1992, 998, 1000-1002; *dies.*, GmbHR 1994, 16, 20 f.; *Großfeld/Boin*, JZ 1993, 370, 370-372; *Heldrich*, in: Palandt Anh. zu Art. 12 EGBGB, Rdn. 9; *Großfeld*, in Staudinger IntGesR, Rdn. 142-147; *Niebel*, S. 124 f.

1070 Zuletzt AG Heidelberg NZG 2000, 927, 928.

1071 Zurückhaltender *Großfeld/Boin*, JZ 1993, 370, 372; *Bungert*, EWS 1993, 17, 20 („entsprechende Anwendung auf juristische Personen").

1072 *Großfeld/Boin*, JZ 1993, 370, 372.

1073 *Großfeld*, in: Staudinger IntGesR, Rdn. 145 ff.; *Großfeld/Boin*, JZ 1993, 370, 371 f.

1074 *Ebenroth/Auer*, RIW 1992, 998, 1001.

1075 Vgl. dazu oben S. 76 ff.

EuGH in seiner *Überseering*-Entscheidung in aller Deutlichkeit kassiert[1076]. Das nationale Kollisionsrecht darf nach Auffassung des Gerichtshofs in seiner Rechtsfolge nicht dazu führen, dass einer nach mitgliedstaatlichem Recht gegründeten und existenten Gesellschaft im Inland die Anerkennung versagt wird. Die Entscheidung, ob eine Gesellschaft in den Genuss europäischer Niederlassungsfreiheit gelangt, bestimmen *autonom* die Art. 43, 48 EG.

Selbst unter Berücksichtigung der Tatsache, dass die *Cour de Cassation* in ihrer Entscheidung einer fremdenrechtlichen Norm die Anwendung versagt hat, ist es wahrscheinlich, dass der EGMR oder ein beliebiges anders an die EMRK gebundenes Gericht im Zeitalter von *Überseering* auch vor den Internationalen Gesellschaftsrechten keinen Halt machen wird. Es steht zu erwarten, dass die zur Entscheidung berufenen Gerichte nicht auf den Rechtscharakter der beschränkenden nationalen Norm abstellen werden. Entscheidend sind allein die von den Vorschriften der *lex fori* ausgehenden Rechtsfolgen für die Durchsetzung völkerrechtlicher Verträge. Vermutlich werden die Gerichte ähnlich argumentieren, wie der EuGH in seiner *Überseering*-Entscheidung[1077]. Weder das EG-Recht noch die EMRK lassen sich durch nationales Recht umschiffen und damit ihrer Wirkung berauben. Völkerrechtliche Verträge würden stark an Bedeutung einbüßen, wenn die Durchsetzbarkeit ihres Kerngehalts wiederum von durch das nationale Recht aufgestellte Bedingungen abhängig gemacht werden könnte[1078]. Das nationale Gesellschaftsrecht ist in diesen Fällen nicht frei darüber zu entscheiden, ob ein eine juristische Person (Rechtsträger) überhaupt vorliegt[1079]. Die Begriffe in der EMRK sind, wie die des EG-Vertrags, *autonom* auszulegen. In der Entscheidung *Überseering* ist der EuGH anders als noch GA *Colomer* in seinen Schlussanträgen[1080] nicht auf Friktionen der Sitztheorie mit der EMRK eingegangen. Das überrascht nicht, hatte der Gerichtshof doch die Vereinbarkeit der international-privatrechtlich ausgelöste Nichtan-

---

1076 EuGH, Urt. v. 5.11.2002 Rs. C-208/00 (*Überseering*), Slg. 2002, I-9965 (Tz. 59). Vgl. zum Inhalt der Niederlassungsfreiheit oben S. 64 ff.; S. 92 ff.

1077 Vgl. EGMR, Urt. v. 21.2.1975, Serie A Nr. 18 (*Golder/Vereinigtes Königreich*); EGMR, Urt. v. 28.5.1985, Serie A Nr. 93 (*Ashingdane/Vereinigtes Königreich*). Auch der EuGH hat bereits mehrfach entschieden, dass die Gewährleistung des Zugangs zu den Gerichten ein elementares aus Art. 6 EMRK ableitbares Recht darstellt. Es ist kaum vorstellbar, dass der EuGH einer natürlichen Personen gleichgestellten Gesellschaft (Art. 48 EG) dieses Recht absprechen wird, wenn diese aufgrund des Internationalen Gesellschaftsrechts im Forumstaat nicht als rechts- und damit parteifähig anerkannt ist. Vgl. zuletzt EuGH, Urt. v. 25.7.2002 Rs. C-50/00 (*Unión de Pequeños Agricultores/Rat*), Slg. 2002, I-6692 (Tz. 39); Schlussanträge GA *Jacobs* v. 21.3.2002 Rs. C-50/00 (*Unión de Pequeños Agricultores/Rat*), Slg. 2002, I-6637 (Tz. 39); zuvor EuGH, Urt. v. 15.5.1986 Rs. 222/84 (*Johnston/Chief Constable of the Royal Ulster Constabulary*), Slg. 1986, 1682 (Tz. 18), EuGH, Urt. v. 27.11.2001 Rs. C-424/99, (*Kommission/Österreich*), Slg. 2001, I-9317 (Tz. 45).

1078 I.E. ebenso aber ohne Begründung *Baudenbacher/Buschle*, IPRax 2004, 26, 27.

1079 Vgl. *Meilicke*, BB 1995 Beil. zu Heft 31, 1, 9.

1080 Schlussanträge GA *Colomer* v. 4.12.2001 Rs. C-208/00 (*Überseering*), Slg. 2002, I-9938 f. (Tz. 57-59).

erkennung mit Art. 43, 48 EG zu überprüfen. Allein diese Frage war Gegenstand der Vorlagefragen des VII. Zivilsenats des BGH.

II. Konformität der Sitztheorie

Die Vereinbarkeit nationalen Rechts mit Art. 6 Abs. 1 EMRK wird bei einem ersten Blick auf die Vorschrift bereits hergestellt, wenn man ausländischen Gesellschaften Zugang zu nationalen Gerichten verschafft. Auslandsgesellschaften muss nach Art. 6 Abs. 1 EG die Fähigkeit zugesprochen werden, in einem Prozessrechtsverhältnis Rechte vor Gericht geltend machen zu können[1081]. In Deutschland ist parteifähig, wer rechtsfähig ist (§ 50 Abs. 1 ZPO). Die Frage der Rechtsfähigkeit von Gesellschaften klärt bei Vorliegen eines grenzüberschreitenden Sachverhalts in einem ersten Schritt das Internationale Gesellschaftsrecht, indem es die anwendbare Gesellschaftsrechtsordnung bestimmt. Die klassische Sitztheorie würde einer in einem EMRK-Staat gegründeten Gesellschaft mit Verwaltungssitz in Deutschland die Rechtsfähigkeit und damit die Parteifähigkeit gemäß § 50 Abs. 1 ZPO absprechen[1082]. Nur schwer ließe sich daher die klassische Sitztheorie gegenüber Gesellschaften aus EMRK-Staaten aufrecht erhalten. Voraussetzung hierfür wäre jedenfalls, dass man § 50 ZPO teleologisch dahingehend reduziert, dass auch eine in einem EMRK-Staat gegründete Gesellschaft, die trotz Verwaltungssitzes in Deutschland, als *aktiv* und *passiv* parteifähig angesehen wird. Dass eine solche Auslegung nicht vollkommen aus der Luft gegriffen ist, verdeutlicht ein Blick auf die geltende Praxis. Unter Herrschaft der klassischen Sitztheorie wird solchen Gesellschaften die *passive* Parteifähigkeit zugesprochen, um Gesellschaftsgläubigern den Zugriff auf das Gesellschaftsvermögen zu ermöglichen[1083]. Unterdessen wird die durch die ausländische Rechtsordnung verliehene Rechtsfähigkeit der Gesellschaft nicht anerkannt. Auf diese Konstruktion wird noch näher einzugehen sein[1084]. Nach dem modernen Sitztheorieverständnis könnte man sich auf den Standpunkt stellen, dass eine teleologische Reduktion von § 50 Abs. 1 ZPO nicht erforderlich ist, da eine zuziehende Auslandsgesellschaft im Inland heute als (teil-)rechtsfähige GbR behandelt wird, die nach Ansicht des II. Zivilsenats des BGH parteifähig ist[1085].

1081 Vgl. *Niebel*, S. 124 f.

1082 A.A. *Altmeppen*, DStR 2001, 1062, 1062.

1083 Vgl. *Ebke*, ZGR 16 (1987), 245, 254; *v.Bar/Mankowski*, IPR Bd. I, Rdn. 86 ff.

1084 S. dazu S. 251 ff.

1085 BGHZ 146, 341 „ARGE Weißes Ross“ = BB 2001, 374 = DStR 2001, 310. Der BGH weist zugleich, darauf hin, dass die GbR nicht als juristische Person zu verstehen ist. (vgl. BGHZ 146, 341, 347; BGH NJW 2002, 368).

Bei näherer Betrachtung der Gewährleistungen der EMRK ergibt sich aber, dass ihr allein mit Einräumung der Parteifähigkeit nicht Genüge getan wird. Es stellt sich doch die berechtigte Frage, welche Rechte die Gesellschaft in einem Gerichtsverfahren geltend machen soll, wenn nicht die, die in ihrer Eigenschaft als ausländisches Rechtssubjekt entstanden sind[1086]. Der Wortlaut von Art. 6 Abs. 1 EMRK bekräftigt den hier vertretenen Standpunkt: „Jede Person hat ein Recht darauf, dass über *Streitigkeiten in Bezug auf ihre zivilrechtlichen Ansprüche und Verpflichtungen* oder über eine gegen sie erhobene strafrechtliche Anklage von einem unabhängigen und unparteiischen, auf Gesetz beruhenden Gericht in einem fairen Verfahren, öffentlich und innerhalb angemessener Frist verhandelt wird." Hieraus resultierend müssen im Ergebnis Partei- *und* Rechtsfähigkeit ausländischer Gesellschaften anerkannt werden[1087]. Wenngleich die EMRK die Rechtsfähigkeit nicht explizit anspricht, setzt sie die Anerkennung der Rechtsfähigkeit doch voraus. Demnach sind die Rechtsfolgen der Sitztheorie in beiden Ausprägungen nicht vereinbar mit Art. 6 Abs. 1 EMRK[1088]. Die EMRK setzt voraus, dass eine aus einem EMRK Staat stammende rechtsfähige Gesellschaft die *ihr* entstandenen Ansprüche vor ausländischen Gerichten geltend machen kann. Das setzt aber voraus, dass auch die Rechtsfähigkeit der Auslandsgesellschaft im Inland anerkannt wird[1089]. Aber auch unabhängig von einer völkervertraglichen Pflicht zur Anerkennung der Rechtsfähigkeit muss man sich ernsthaft fragen, welchen Nutzen eine Gesellschaft generiert, spricht man ihr die Parteifähigkeit, nicht aber zugleich die Rechtsfähigkeit zu. Einem rechtlich verselbständigten Subjekt reicht man damit „Steine statt Brot"[1090], weil Klagen dieser Gesellschaft zwar nicht unzulässig, regelmäßig aber unbegründet sind.

1086 Vgl. *Meilicke*, GmbHR 2003, 793, 799; ausführlich *ders.*, BB 1995 Beil. 9 zu Heft 31, 1, 8-14; *Ebke*, in: Gesellschaftsrecht, S. 101, 114 f.; *Stieb*, GmbHR 2002, R 473, R 474; *ders.*, GmbHR 2003, 529, 530; wohl auch *Baudenbacher/Buschle*, IPRax 2004, 26, 27; a.A. *Bungert*, EWS 1993, 17, 21.

1087 Ebenso *Ebke*, in: Gesellschaftsrecht, S. 101, 114 f.; *ders.*, in: FS Thode, S. 595, 610 f.; *Niebel*, S. 125: „Soweit die Gesellschaft als Zurechnungsendpunkt für die Wahrnehmung dieser Rechte benötigt wird, präjudiziert die EMRK den Status der Gesellschaften." *Niebel* will also die Rechtsfähigkeit nur für den Bereich der Wahrnehmung von Vermögensinteressen zusprechen, was dogmatisch allerdings bedenklich erscheint.

1088 A.A. ohne Begründung *Heldrich*, in: Palandt Anh. zu Art. 12 EGBGB, Rdn. 9.

1089 I. E. ebenso Schlussanträge GA *Colomer* v. 4.12.2001 Rs. C-208/00 (*Überseering*), Slg. 2002, I-9938 f. (Tz. 57-59).

1090 *Ebke*, in: Gesellschaftsrecht, S. 101, 115; a.A. wohl *Altmeppen*, DStR 2000, 1061, 1062 f.: „Der Umstand, dass das deutsche Recht auf Grund der „Sitztheorie" einer ausländischen Kapitalgesellschaft mit effektivem Verwaltungssitz in Deutschland die eigene Rechtspersönlichkeit absprechen mag, besagt andererseits noch nichts über ihre Parteifähigkeit i.S. der Eigenschaft, vor einem deutschen Gericht eine Klage erheben zu können."

Dagegen könnte das über die Rechts- und Parteifähigkeit hinausgehende Gesellschaftsstatut einer Gesellschaft weiterhin nach der Sitztheorie bestimmt werden[1091]. Welche Vorschriften die klassische Sitztheorie für die Innen- und Außenbeziehungen bestimmt, ist allerdings ungewiss, da die Rechtsfolge vornehmlich in der Nichtanerkennung der zuziehenden Gesellschaft besteht. Nach klassischem Verständnis der Sitztheorie wird eine zuziehende Gesellschaft als juristisches *nullum* ohne jedwede gesellschaftsrechtliche Struktur behandelt[1092]. Diese Sanktion verstößt gegen die EMRK. Die nicht ausgegorenen Rechtsfolgen der Sitztheorie sind seit jeher dogmatischer Hauptangriffspunkt[1093]. Die modifizierte Sitztheorie würde dagegen das deutsche Personengesellschaftsrecht auf die Auslandsgesellschaft anwenden, bzw. die zuziehende Gesellschaft als Personengesellschaft inländischen Rechts behandeln. Wie bereits dargestellt, würde aber auch die modifizierte Stitztheorie den Vorgaben der EMRK nicht gerecht, weil sie anders als die Überlagerungstheorie einen neuen Rechtsträger schafft, nicht aber das bestehende ausländische Rechtssubjekt anerkennt. Infolgedessen wäre gesellschaftskollisionsrechtlich allein ein Überlagerungsmodell tauglich, den Vorgaben der EMRK gerecht zu werden. Die Überlagerungtheorie führt im Ergebnis zu einer Abkopplung des Rechtsfähigkeitsstatut vom Gesellschaftsstatut. Ob es rechtstechnisch möglich und zudem praktikabel ist, eine Gesellschaft hinsichtlich ihrer Rechtsfähigkeit als Gründungsgesellschaft anzuerkennen, ihr aber im Übrigen ein nationales Rechtskleid überzuwerfen, dass sowohl Innen- als auch Außenrecht der Gesellschaft regeln soll, ist nur schwer vorstellbar. Die Überlagerung des gesamten Innen- und Außenrechts einer Gesellschaft im Inland, zieht, wie bereits angesprochen, die unsägliche Folge nach sich, dass Gesellschaft, Gesellschafter und Organe gesellschaftsrechtlich nunmehr zwei Jurisdiktionen unterliegen[1094]. Eine isolierte Rechtsfähigkeit gibt es nicht[1095]. Die Verleihung eigener Rechtspersönlichkeit wird von den Rechtsordnungen stets an ein bestimmtes Regelwerk gekoppelt, das wir als Gesellschaftsstatut bezeichnen[1096]. Der Existenz gebende Staat wird daher, solange die Gesellschaft existiert, das an die Rechtsfähigkeit gekoppelte Regelwerk anwenden, womit es bei einer Überlagerung durch den Aufnahmestaat zu einer Verdopplung von Innen- und Außenrecht kommt[1097].

1091 Hierzu tendiert offenbar *C. Roth*, MittBl. 2/2003, 36, 38 m.w.N. Fn. 8.

1092 Vgl. dazu oben S. 37 ff.. Hilfsweise befürwortet *Großfeld* die Anwendung des nationalen Personengesellschaftsrechts (*Großfeld*, in: Staudinger, IntGesR, Rdn. 435-445).

1093 Vgl. hierzu *Behrens*, IPRax 2003, 193, 194-196.

1094 *Koppensteiner*, S. 111-114; *Ebke*, 36 Int'l Law. 1015, 1027 (2001). Vgl. dazu oben S. 187 ff.

1095 *Wiedemann*, in: FS Kegel (1977), S. 187, 198; *Ebenroth/Eyles*, DB 1988, Beil. 2/88, 1, 10; *Koppensteiner*, S. 105 ff.; *Kruse*, S. 236.

1096 *Wiedemann*, in: FS Kegel (1977), S. 187, 198; *Ebenroth/Eyles*, DB 1988, Beil. 2/88, 1, 10.

1097 Vgl. dazu S. 187 ff.

Es ist das Gesellschaftsstatut, nicht die verliehene Rechtsfähigkeit, das einer Gesellschaft Identität verschafft. Erst das gesamte Regelwerk einer juristischen Person macht sie von anderen unterscheidbar. Daher ist es widersinnig, die durch eine andere Rechtsordnung verliehene Rechtsfähigkeit isoliert anzuerkennen. Das Kollisionsrecht würde mit den Wertungen des materiellen Gesellschaftsrechts brechen. Anerkennungsfähig ist nur die bestehende zuziehende körperschaftliche Struktur und dies ist nun einmal die Gesellschaft in der Form, wie sie die Gründungsrechtsordnung hat entstehen lassen[1098]. Für andere Rechtsordnungen hat *diese* Gesellschaft zwar keine Existenz, weil sie im *numerus clausus* der Gesellschaftsrechte fremder Rechtsordnungen nicht enthalten ist. Gleichwohl ist sie *als solche* auf dem Gebiet außerhalb des Gründungsstaats anerkennungsfähig. Der Begriff der Anerkennung im kollisionsrechtlichen Sinn bezieht sich nach geltender Rechtslage richtigerweise auf das gesamte Gesellschaftsstatut und nicht bloß auf die Rechtsfähigkeit[1099]. Wie bereits untersucht, verbieten es jedenfalls die Art. 43, 48 EG aufgrund der nach diesen Vorschriften erforderlich werdenden Wahrung der Gesellschaftsidentität, eine Spaltung von Rechtsfähigkeitsstatut und Gesellschaftsstatut vorzunehmen[1100]. Aufgrund fehlender dogmatischer Überzeugungskraft des Überlagerungsmodells kommt für nach dem Recht eines EMRK-Staats gegründete Gesellschaften kollisionsrechtlich einzig die Gründungstheorie in Betracht[1101]. Der Spielraum für partielle Überlagerungen des Gründungsrechts mit Vorschriften des Niederlassungsstaats ist im Vergleich zu Gesellschaften nach Art. 48 EG aber weitaus größer. Der von der Niederlassungsfreiheit ausgehende Zwang zur umfänglichen Anerkennung der Gesellschafts*identität* der ausländischen Gesellschaft lässt sich Art. 6 Abs. 1 EMRK in der Form nicht entnehmen[1102].

C. *Bilaterale Abkommen*

Eine Anerkennungspflicht ausländischer Gesellschaften im Inland kann sich schließlich auch aus bilateralen Staatsverträgen ergeben. Die Bundesrepublik Deutschland hat in der Vergangenheit eine Vielzahl solcher Verträge abgeschlossen[1103]. Vereinzelt enthalten die Verträge Bestimmungen darüber, wie Gesellschaften der Vertragspartner im

---

1098 Vgl. dazu Fn. 48.S. zum europäischen Anerkennungsverständnis S. 92 ff.

1099 *Beitzke*, AWD 1968, 91, 95. Heftig diskutiert wurde der Begriff der Anerkennung und deren Reichweite im Zusammenhang mit Art. 6 des Übereinkommens über die Anerkennung von Gesellschaften und juristischen Personen (vgl. hierzu *Drobnig*, AG 1973, 125-131). Vgl. auch oben Fn. 11.

1100 Vgl. dazu oben S. 168 ff.

1101 *Meilicke*, GmbHR 2003, 793, 799; *Stieb*, GmbHR 2002, R 473, R 474; *ders.*, GmbHR 2003, 529, 530.

1102 *Ebke*, in: Gesellschaftsrecht, S. 101, 115; *C. Roth*, MittBl. DAV 2/2003, 36, 38.

1103 Beispiele finden sich bei *Kindler*, in: MünchKomm IntGesR, Rdn. 238.

jeweiligen Vertragspartnerstaat zu behandeln sind. Unklar bleibt in den Verträgen allerdings oft die Natur der hierin enthaltenen Anerkennungs- und Niederlassungsvereinbarungen. Neben dem fremdenrechtlichen kommt grundsätzlich auch ein kollisionsrechtliches Verständnis solcher Regelungen in Betracht. Nach Art. 3 Abs. 2 Satz 1 EGBGB gehen Regelungen in völkerrechtlichen Vereinbarungen, sofern sie unmittelbar anwendbares innerstaatliches Recht geworden sind, den Vorschriften des nationalen IPR vor. Das gilt auch für im EGBGB nicht kodifizierte Regelungsbereiche. Dogmatisch stellt sich auch in diesem Zusammanhang wieder die Frage, ob die in Staatsverträgen enthaltenen Anerkennungs- und Niederlassungsfreiheitsvereinbarungen selbst Kollisionsnormen darstellen oder aber allein die Rechtsfolgen des nationalen IPR, wie für den Fall von Art. 43, 48 EG festgestellt, an den Vorgaben höherrangigen Rechts standhalten müssen[1104]. Im Ergebnis wird das national geltende Kollisionsrecht jedenfalls verdrängt.

I. Deutsch-amerikanischer Freundschaftsvertrag

Ein prominentes Beispiel für bestehende Auslegungsschwierigkeiten bietet Art. XXV Abs. 5 S. 2 FHSV[1105], der folgenden Wortlaut enthält: „Gesellschaften, die gemäß den Gesetzen und sonstigen Vorschriften des einen Vertragsteils in dessen Gebiet errichtet sind, gelten als Gesellschaften dieses Vertragsteils; ihr rechtlicher Status wird in dem Gebiet des anderen Vertragsteils anerkannt." Seit langem wird in der Literatur darüber gestritten, ob diese Regelung die Sitztheorie gegenüber in den USA gegründeten Gesellschaften zu Gunsten der Gründungstheorie verdrängt[1106]. Weite Teile des Schrifttums weisen der in Art. XXV Abs. 5 S. 2 FHSV enthaltenen Anerkennungsvereinbarung

---

1104 Vgl. hierzu die Diskussion um den Normcharakter von Art. 48 EG S. 75 ff.

1105 Deutsch-amerikanischer FHSV v. 29.10.1954 (BGBl. 1956 II, S. 487).

1106 Zu diesem Ergebnis gelangen: *Beitzke*, in: FS Luther, 1, 10; *Ebenroth/Bippus*, NJW 1988, 2137-2146; *Kindler*, MünchKomm IntGesR, Rn. 241 ff.; *Sandrock*, BB 1999, 1337, 1341; *Knobbe-Keuk*, ZHR 154 (1990), 325, 330; *v. Bar*, IPR Bd. II, Rdn. 629; *Zimmer*, in: FS Lutter, S. 231, 242 f.; nur hinsichtlich der Anknüpfung von Rechts- und Parteifähigkeit *Bungert*, ZVglRWiss 93 (1994), 117, 139-146; ebenso *Dammann*, RabelsZ 68 (2004), 607, Die Möglichkeit, durch völkervertragliche Vereinbarung vom geltenden Kollisionsrecht abzuweichen, sieht Art. 3 Abs. 2 EGBGB ausdrücklich vor. Für die Verankerung der Gründungstheorie innerhalb der kollisionsrechtlich verstandenen Anerkennungsvereinbarung in Art. XXV Abs. 5 S. 2 FSHV spricht zumindest der Wortlautvergleich mit Vorschriften aus anderen Freundschaftsverträgen. Während Art. VI des Niederlassungs- und Schiffahrtsvertrags zwischen der Bundesrepublik Deutschland und der Französischen Republik (BGBl. 1957 II, S. 1661, 1664) wie auch Art. 33 des deutsch-italienischen Freundschafts-, Handels- und Schiffahrtsvertrags (BGBl. 1959 II, S. 95, 96) für die Anerkennung neben der ordnungsgemäßen Gründung verlangen, dass sich der Verwaltungssitz im Gründungsstaat befindet, fehlt eine solche Vorgabe im deutsch-amerikanischen FHSV.

dagegen aus guten Gründen rein fremdenrechtliche Bedeutung zu[1107]. Nach dieser Auslegung reduziert sich der Bedeutungsgehalt von Art. XXV Abs. 5 S. 2 FHSV darauf, dass es eines über die international-privatrechtliche Anerkennung hinausgehenden fremdenrechtlichen Anerkennungsakts nicht bedarf. Damit wäre allein die Gleichbehandlung von in- und *anerkannten* ausländischen Gesellschaften sicher gestellt (Inländerbehandlung). Im Falle rein fremdenrechtlichen Gehalts hätte die Vorschrift aus deutscher Sicht heute freilich nur noch deklaratorischen Charakter, da es in Deutschland neben der international-gesellschaftsrechtlichen Anerkennung keines zusätzlichen Anerkennungsakts fremdenrechtlicher Natur mehr bedarf. Von den mit dieser Rechtsfrage befassten Oberlandesgerichten wurde der Bedeutungsgehalt von Art. XXV Abs. 5 S. 2 FSHV bisher ebenfalls nicht einheitlich beurteilt[1108]. In jüngerer Vergangenheit hatte sich erstmals der BGH mit der Frage zu beschäftigen. Sowohl der VIII.[1109], der XI.[1110] (allerdings ohne jede Begründung) als auch jüngst der II.[1111] und I.[1112] Zivilsenat verstehen Art. XXV Abs. 5 S. 2 FHSV kollisionsrechtlich und entnehmen dem Wortlaut die Festschreibung der Gründungstheorie[1113]. Diese Auffassung hat stringent fortentwickelt

---

1107 *Note*, 74 Harv. L. Rev. 1429, 1450 (1960); *Kegel/Schurig*, S. 588 f.; *Ebke*, RabelsZ 62 (1998), 194, 211 f. (Vertrag enthält keine Regelung zur Anerkennung des rechtlichen Status einer Gesellschaft nach Sitzverlegung); *ders.*, 36 Int'l Law. 1015, 1019 (2001); *ders.*, RIW 2004, 740-742; *Großfeld*, in: Staudinger IntGesR, Rdn. 210; *Walden*, S. 163 f.; *Jestädt*, WuB 2003, II N. Art. XXV FHSV 1.03, S. 636-638.

1108 Art. XXV Abs. 5 Satz 2 FHSV hat rein fremdenrechtlichen Charakter: OLG Düsseldorf 15 U 173/96 (nicht veröffentlicht); i.E. ohne jedoch auf den FHSV einzugehen OLG München ZIP 2002, 2132; OLG Hamm OLGR-Hamm 2003, 9; a.A. die vorstehende Regelung habe kollisionsrechtlichen Gehalt: OLG Düsseldorf WM 1995, 808 = NJW RR 1995, 1124; OLG Zweibrücken NJW 1987, 2168; OLG Celle WM 1992, 1703; OLG Naumburg 7 U 146/95 (nicht veröffentlicht).

1109 BGH WM 2003, 699; mit Anm. *Bungert*, DB 2003, 1043-1046; vgl. auch BFH GmbHR 2003, 722, 724 f.

1110 BGH WM 2002, 2286.

1111 BGH ZIP 2004, 1449 (geurteilt wurde in dieser Entscheidung, dass sich neben der Rechts- und Parteifähigkeit auch die Haftungsverfassung einer Gesellschaft nach dem Gründungsrecht beurteilt, BGH ZIP 2004, 1449, 1450). S. dazu *Sinewe*, „Amerikanisches Gesellschaftsrecht auf deutschem Boden", FAZ v. 27.10.2004, S. 23.

1112 BGH DB 2004, 2571 = BGH BB 2004, 2595 („staatsvertragliche Kollisionsnorm") mit Anm. *Goette*, DStR 2004, 2115.

1113 Der Rspr. des BGH folgt i.E. auch der BFH (BFH GmbHR 2003, 722, 723 f.). Der BFH hat seine Urteilsgründe allerdings auf Art. 24 Abs. 4 DBA-USA 1989 gestützt und Art. XXV Abs. 5 S. 2 FHSV nur ergänzend herangezogen. *Kindler* weist Art. XXV Abs. 5 S. 2 FHSV kollisionsrechtliche Bedeutung zu, hält aber einen *genuine link* der US-Gesellschaften mit ihrem Gründungsstaat für erforderlich (*Kindler*, in: MünchKomm IntGesR, Rdn. 250 ff.; *Bungert*, RIW 1999, 109, 111). Damit sollen *„pseudo-foreign-corporations"* nicht von Art. XXV Abs. 5 S. 2 FHSV profitieren. Für die mit der Rechtssache befassten BGH-Senate scheint ein *genuine link* kein erforderliches Kriterium zu sein (a.A. zuletzt BGH DB 2004, 2571 = BGH BB 2004, 2595). Jedenfalls wird in den Urteilen des VIII. und XI. Zivilsenats mit keiner Silbe auf ein *genuine link*-Erfordernis hingewiesen (offenlassend BGH ZIP 2004, 1449, 1450 [II. ZS]; dagegen eine geringe Betätigung im Herkunftsstaat für erforderlich erachtend BGH DB 2004, 2571 = BGH BB 2004, 2595 [I. ZS]). Zudem wäre ein *genuine link*-Erfordernis der Rechtssicherheit nicht zuträglich: Wann wird die Schwelle zum *genuine link* überschritten? Für die Praxis taugt ein solches Kriterium jedenfalls nicht. Quasi durch die Hintertür würde ein *genuine link*-Erfordernis die für Art. XXV Abs. 5 S. 2

aber auch Auswirkungen auf nationale Gesellschaften, die ihren Verwaltungssitz in die USA verlegen. Im Falle der Aberkennung der verliehenen Rechtspersönlichkeit durch den Grünungsstaat Deutschland könnten sich Gesellschaften auf Art. XXV Abs. 5 S. 2 FSHV berufen. Es sei denn, die Gerichte würden Art. XXV Abs. 5 S. 2 FSHV allein die Verpflichtung zur Anerkennung bestehender US-amerikanischer Gesellschaften im Inland entnehmen (Zuzugsfall), nicht aber zugleich die Verpflichtung zur Beibehaltung der verliehenen Rechtspersönlichkeit deutscher Gesellschaften bei Verwaltungssitzverlegung in die USA (Wegzugsfall). Im Falle dieser Auslegung wäre in Art. XXV Abs. 5 S. 2 FSHV allein die Anerkennung zuziehender - nach dem Gründungsrecht bestehender - Vertragsstaatgesellschaften vereinbart; nicht hingegen eine Vorgabe zur kollisionsrechtlichen Bestimmung des Gesellschaftsstatuts nationaler Gesellschaften enthalten. Einen derartigen Schluss zieht ein Teil des Schrifttums für den Geltungsbereich von Art. 43, 48 EG im Zuge der *Überseering*-Entscheidung. Von der Geltung der Gründungstheorie im Verhältnis zwischen Deutschland und den USA kann dann aber keine Rede sein. Vielmehr bestünde eine Anerkennungspflicht nur für den Fall, dass die zuziehende Gesellschaft von ihrem existenzverleihenden Gründungsstaat trotz Verwaltungssitzverlegung ins Ausland weiterhin als solche akzeptiert wird.

Als weiterer Gesichtspunkt, der für eine Anerkennungsverpflichtung US-amerikanischer Gesellschaften im Inland spricht, wird vor dem Hintergrund der *Überseering*-Entscheidung die im deutsch-amerikanischen FHSV enthaltene Meistbegünstigung (vgl. Art. V Abs. 5, Art. VII Abs. 4 FHSV) angeführt[1114]. Hiernach dürfen US-amerikanische Gesellschaften in Deutschland nicht schlechter gestellt werden als Gesellschaften irgendeines dritten Staats (Art. XXV Abs. 4 FHSV). Nachdem Gesellschaften i.S.v. Art. 48 EG im Vertragsstaat Deutschland anerkannt werden müssen, könnten sich US-Gesellschaften auf die Gleichbehandlung mit nach mitgliedstaatlichem Recht gegründeten Gesellschaften berufen. Die Einschlägigkeit der Meistbegünstigungsklausel soll an dieser Stelle ebenso dahinstehen wie die Frage nach der Inhaltsgleichheit von im FHSV vereinbarter Niederlassungsfreiheit (Art. VII Abs. 1 FHSV) und EG-rechtlicher (Art. 43, 48 EG)[1115]. Für die Praxis ist der Streit geklärt. Gesellschaften, die nach dem Gesell-

---

FSHV angenommene kollisionsrechtliche Bedeutung stark relativieren; ablehnend auch *Schanze/Jüttner*, AG 2003, 661, 664 dort Fn. 48; a.A. *Sinewe*, „Amerikanisches Gesellschaftsrecht auf deutschem Boden", FAZ v. 27.10.2004, S. 23; BGH DB 2004, 2571 = BGH BB 2004, 2595: „Soweit mit dem Begriff des „genuine link" zur Anerkennung der Rechtspersönlichkeit einer US-amerikanischen Gesellschaft deren wirtschaftliche Anknüpfung an den Gründungsstaat zu fordern ist, genügt bereits eine geringe Betätigung." (Leitsatz).

1114 *Schanze/Jüttner*, AG 2003, 30, 35; *Großfeld*, NZG 2003, 841, 843; *Ziemons*, ZIP 2003, 1913, 1918; *Heldrich*, in: Palandt Anh. zu Art. 12 EGBGB, Rdn. 23; *Dammann*, RabelsZ 68 (2004), 607, 629-631, 640; s. zur Auslegung von Meistbegünstigungsklauseln in völkerrechtlichen Verträgen s. *Beitzke*, S. 53-55.

1115 Vgl. dazu, *Ebke*, in: Gesellschaftsrecht, S. 101, 109 f.

schaftsrecht eines der US-Bundesstaaten gegründet worden sind, sind in Deutschland *als solche* anzuerkennen.

II. Deutsch-spanischer Niederlassungsvertrag

Als ein weiterer völkerrechtlicher Vertrag mit kollisionsrechtlichem Gehalt wird der deutsch-spanische Niederlassungsvertrag angesehen[1116]. Ob in Art. 15 Abs. 2 S. 1 vom geltenden Gesellschaftskollisionsrecht beider Vertragsstaaten abweichend die Gründungstheorie als vereinbart gilt, ist ebenso wie die Bedeutung von Art. XXV Abs. 5 S. 2 FHSV umstritten[1117]. Der Gewährleistungsgehalt des in Rede stehenden Art. 15 Abs. 2 S. 1 hat aber aufgrund des Beitritts Spaniens im Jahre 1986 zur EG jedenfalls für die Praxis keine Relevanz mehr. Eine Anerkennungsverpflichtung der beiden Vertragsparteien ergibt sich gegenüber spanischen Gesellschaften heute aus Art. 43, 48 EG, die gegenüber Art. 15 Abs. 2 S. 1 des deutsch-spanischen Niederlassungsvertrags vorrangig sind[1118]. Die europäische Niederlassungsfreiheit verdrängt die Regelung in Art. 15 Abs. 2 S. 1 des deutsch-spanischen Niederlassungsvertrags[1119]. Deutlich wird aber, dass bestehende völkerrechtliche Verträge, die u.a. die Niederlassungsfreiheit von Gesellschaften beinhalten, eine enorme Rechtsunsicherheit erzeugen. Denn es ist keinesfalls immer klar, welcher Natur die Niederlassungsregelung geartet ist. Den Bedeutungsgehalt solcher Regelungen müssen dann die Gerichte klären, was für die Rechtssicherheit alles andere als zuträglich ist.

§ 13: Nicht privilegierte Staaten: Rechtssicherheit um jeden Preis?

Aus der vorstehenden Untersuchung ergibt sich, dass es eine Reihe von Staaten außerhalb des EWR gibt, deren Gesellschaften wir unabhängig vom Ort ihres Verwaltungssitzes *als solche* im Inland anzuerkennen haben. Eine Abkehr von der Sitztheorie ist gegenüber EMRK Beitrittsstaaten und solchen Staaten unausweichlich, mit denen bilateral die Anerkennungspflicht als vereinbart gilt. Wie wir dagegen das Gesellschaftsstatut von Gesellschaften bestimmen, die keinem niederlassungsrechtlich begünstigten

---

1116 Vgl. hierzu *Kruse*, S. 234 f.; *Ebenroth/Bippus*, NJW 1988, 2137, 2144 f.

1117 Für einen kollisionsrechtlichen Charakter: *Ebenroth/Bippus*, NJW 1988, 2137, 2144 f.; zweifelnd *v. Bar*, IPR Bd. II, Rdn. 629; a.A. *Grothe*, S. 44.

1118 Zu Vertragskollisionen zwischen dem EG-Vertrag und völkerrechtlichen *inter-se*-Abkommen der Mitgliedstaaten s. *Petersmann/Spennemann*, in: v.d.Groeben/Schwarze, Art. 307 EG, Rdn. 7. Vertragskollisionen sind nach den allgemeinen Grundsätzen des Völkerrechts und des Europarechts zu beurteilen.

1119 EuGH, Urt. v. 27.2.1962 Rs. 10/62 (*Kommission/Italien*), Slg. 1962, 23: „Der EWG-Vertrag geht auf den von ihm geregelten Gebieten den vor seinem Inkrafttreten zwischen den Mitgliedstaaten geschlossenen Übereinkünften vor; [...].“

Staat entstammen, ist eine rechtspolitische Frage[1120]. Dem allgemeinen Völkerrecht lässt sich eine Verpflichtung zur Anerkennung ausländischer Gesellschaften im Inland nicht entnehmen[1121]. In der Bestimmung des Anknüpfungspunkts im Gesellschaftskollisionsrecht sind wir daher frei. Für eine weltweite Anknüpfung des Gesellschaftsstatuts nach dem Satzungssitz spricht zweifelsohne die hierdurch gewonnene Rechtssicherheit[1122]. Das Gesellschaftsstatut ließe sich vergleichsweise leicht bestimmen. Vertragspartner von Gesellschaften müssten dann nicht mit der Unsicherheit leben, ob die kontrahierte Gesellschaft tatsächlich auch Vertragspartner geworden ist.

Liegt der Verwaltungssitz einer ausländischen Gesellschaft in Deutschland, wäre diese nach der klassischen Sitztheorie als juristisches *nullum* zu behandeln. Der in Folge der Sitztheorie im Inland nicht anerkannte Rechtsträger kann durch einen geschlossenen Vertrag nicht verpflichtet worden sein. Zwar beurteilt sich das Zustandekommen des Vertrags nach dem Vertragsstatut. Die Rechtsfähigkeit des Vertragspartners wird aber gesondert nach dem Gesellschaftsstatut angeknüpft. Ein die Gesellschaft verpflichtender vertraglicher Anspruch entsteht nicht, weil das Gesellschaftsgebilde nicht selbständiges Zuordnungsobjekt von Rechten und Pflichten ist[1123]. Wer statt des vermeintlichen Vertragspartners verpflichtet wird oder aber zumindest haftet (§ 179 BGB)[1124], bestimmt das anwendbare Vertragsstatut[1125]. Ein Zugriff auf die nach dem Gründungsrecht rechtlich verselbständigte Vermögensmasse ist ausgeschlossen. Aber auch ein der Gesellschaft zurechenbarer (§ 31 BGB) deliktischer Anspruch kann daher nicht entstehen. Den für die Praxis misslichen Rechtsfolgen der Sitztheorie sind sich auch deren Verfechter bewusst.

1120 *Ebke*, JZ 2003, 927, 930; *ders.*, in: Gesellschaftsrecht, S. 101, 128; *Eidenmüller*, JZ 2003, 526, 528; *Grothe*, S. 83 f.; *Schmidt*, ZGR 28 (1999), 20, 24; *Kindler*, NJW 1999, 1993, 1995; *Zimmer*, BB 2000, 1361, 1365; *Forsthoff*, DB 2000, 1109, 1110; *Leible/Hoffmann*, RIW 2002, 925, 933; *Knapp*, DNotZ 2003, 85, 91; *Kropholler*, S. 566; *v. Halen*, S. 275-280.

1121 Vgl. zur Anerkennungspflicht aus Völkergewohnheitsrecht und allgemeinen Rechtsgrundsätzen *Ebke*, in: 50 Jahre BGH, 799, 803 f.; *Niebel*, S. 103-112.

1122 Für ein weltweit einheitliches Gesellschaftskollisionsrecht plädieren: *Sandrock*, BB 1999, 1337, 1341 (das Kollisionsrecht darf nicht zu einem „intellektuellen Glasperlenspiel" werden); *ders.*, zitiert nach Rehberg, IPRax 2003, 175, 178; *Eidenmüller*, JZ 2003, 526, 528; *Meilicke*, GmbHR 2003, 793, 799; *Paefgen*, WM 2003, 561, 570; *Leible/Hoffmann*, ZIP 2003, 925, 930; *dies.*, RIW 2002, 925, 935; *Geyrhalter*, EWS 1999, 201, 203; tendenziell jetzt auch *Großfeld*, NZG 2003, 841, 843; abweichend *Ebke*, JZ 2003, 927, 930: „Es sprechen daher durchaus Gründe dafür, gegenüber Gesellschaften aus dem Bereich außerhalb der EU an der Sitztheorie festzuhalten."; *Schurig*, in: Liber Amicorum Kegel, S. 198, 214; *Kegel/Schurig*, S. 572-581; *Bayer*, BB 2003, 2357, 2364; *Heldrich*, in: Palandt Anh. zu Art. 12 EGBGB, Rdn. 9, 20; *Großerichter*, DStR 2003, 159, 168; wohl auch *Spindler/Berner* RIW 2003, 949, 957; anders *Binge/Thölke*, DNotZ 2004, 21, 28-30 (Plädoyer für eine „Entstehungssitztheorie" vgl. hierzu eingehend *Thölke*.

1123 Ebenso *Großfeld*, in: Staudinger IntGesR, Rdn. 427.

1124 LG Stuttgart IPRax 1991, 118, 119.

1125 Zu weiteren Anspruchsgrundlagen für die Handelndenhaftung vgl. *Großfeld*, IntGesR, Rdn. 443-445; zur analogen Anwendung von § 179 BGB *Zimmer*, S. 299; *Heldrich*, in: Palandt Anh. zu Art. 12 EGBGB, Rdn. 20 (§ 128 analog).

Im Zuge dieser Erkenntnis wurde ausländischen Gesellschaften die *passive* Parteifähigkeit zugestanden[1126]. Die *passive* Parteifähigkeit soll Gläubigern einer im Inland nicht anerkannten Gesellschaft Schutz vermitteln[1127]. Nur nützt die Einräumung *passiver* Parteifähigkeit einer im Inland nicht anerkannten Gesellschaft alleine nichts. Materiellrechtlich muss die Gesellschaft verpflichtet worden sein, um der Klage nicht nur zur Zulässigkeit, sondern auch zu ihrer Begründetheit zu verhelfen[1128]. Es ist im Ergebnis daher erforderlich, eine nicht anerkannte Gesellschaft im Passivprozess als *Rechtsträger* zu behandeln[1129]. Der Gesellschaft im Passivprozess *Rechtsfähigkeit* zuzusprechen, wäre dagegen nicht in Einklang damit zu bringen, dass man die Klage der gleichen Gesellschaft im Aktivprozess aufgrund fehlender Rechts- und Parteifähigkeit als unzulässig zurückgeweisen würde (§ 50 Abs. 1 ZPO).

I. Rechtsträgerschaft und Rechtsfähigkeit

Nicht rechtsfähigen Personengesellschaften hat der Gesetzgeber in § 124 HGB u.a. die Fähigkeit zugesprochen, Träger von Rechten und Pflichten zu sein. Ausländischen Gesellschaften mit Verwaltungssitz im Inland könnte dem Rechtsgedanken von § 124 HGB folgend nun ebenfalls die Rechtsträgerschaft (Teilrechtsfähigkeit) zugesprochen werden, um den Gesellschaftsgläubigern zu einem Schuldner (die Gesellschaft) zu verhelfen. Die Unterscheidung in *Rechtsfähigkeit* und *Rechtsträgerschaft* wirkt aber gekünstelt. Wie bereits erwähnt, drängt sich die Frage auf, was einer Gesellschaft die Zuerkennung isolierter Rechtsträgerschaft bringt, wenn es ihr gleichzeitig verwehrt bleibt, wohlerworbene Rechte in einem Prozess geltend zu machen. Aus eben diesem Grunde verleiht § 124 HGB der OHG und der KG (§§ 161 Abs. 2 i.V.m. 124 HGB) die Fähigkeit vor Gericht zu klagen und verklagt zu werden. Aus § 50 Abs. 1 ZPO kann eine Personengesellschaft die Parteifähigkeit nicht herleiten, weil sie nicht juristische Person und damit auch nicht rechtsfähig ist[1130]. Räumt man einer ausländischen

---

1126 *Großfeld*, in: Staudinger IntGesR, Rdn. 446-448; vgl. dazu OLG Düsseldorf, JZ 2000, 203.

1127 BGHZ 97, 269; OLG Nürnberg WM 1985, 259: „[...], denn die Beklagte *gilt für den vorliegenden Rechtsstreit* als rechts- und parteifähig und ist passiv legitimiert."

1128 So auch *Grasmann*, Rdn. 833; *Großfeld*, in Staudinger IntGesR, Rdn. 446; *Eidenmüller/Rehm*, ZGR 26 (1997), 89, 92.

1129 Eine vergleichbare Konstruktion findet sich in § 50 Abs. 2 ZPO. Aus Gläubigerschutzgründen wurde dem nicht rechtsfähigen Verein die passive Parteifähigkeit eingeräumt. Gleichzeitig wird dem nicht rechtsfähigen Verein im Passivprozess die Stellung eines rechtsfähigen Vereins eingeräumt. § 50 Abs. 2 ZPO: „Ein Verein, der nicht rechtsfähig ist, kann verklagt werden; in dem Rechtsstreit hat der Verein die Stellung eines rechtsfähigen Vereins."

1130 Der BGH scheint dies in seiner Entscheidung „ARGE-Weißes Ross" anders zu sehen. Der BGH entnimmt die Parteifähigkeit aus § 50 Abs. 1 ZPO (BGH NJW 2001, 1056, 1058 „ARGE-Weißes

Gesellschaft mit Verwaltungssitz in Deutschland die *Rechtsträgerschaft* ein, ohne dieser Gleichzeitig die Fähigkeit zuzusprechen diese Rechte auch gerichtlich geltend machen zu können, würde man ihr Steine statt Brot reichen. Dogmatisch ließe sich im Wege der Differenzierung in *Rechtsfähigkeit* und *Rechtsträgerschaft* allerdings die zunächst willkürlich erscheinende Behandlung ausländischer juristischer Personen im Passivprozess rechtfertigen. Die Ergebnisorientiertheit dieser Konstruktion lässt sich aber kaum verhelen.

II. Anwendung von Rechtsscheinsgrundsätzen

Schließlich bieten die Rechtsscheinsgrundsätze dogmatisch eine Möglichkeit, die Gesellschaft trotz fehlender Rechtsfähigkeit Dritten gegenüber zu verpflichten. Die Rechtsfähigkeit wird in diesen Fällen fingiert. Die Haftung für einen im Rechtsverkehr gesetzten Rechtsschein hat das OLG Nürnberg aufgegriffen und eine Verpflichtung der Gesellschaft aus den Rechtsscheingrundsätzen hergeleitet[1131]. Zu einem ähnlichen Ergebnis gelangt man, wenn man der ausländischen Gesellschaft es im Passivprozess versagt, sich auf ihre fehlende Rechtsfähigkeit zu berufen. Eine dahingehende Einlassung der Gesellschaft (rechtshindernde Einwendung) wird als unzulässiges *venire contra factum proprium* verstanden[1132]. Beide Ansichten fingieren letztlich eine nach internationalgesellschaftsrechtlichen Maßstäben nicht bestehende Rechtsfähigkeit der Auslandsgesellschaft.

III. Stellungnahme

Keine der vorstehend genannten Möglichkeiten, die passive nicht aber zugleich die aktive Parteifähigkeit der Auslandsgesellschaft zu bejahen überzeugt. Wird der Gesellschaft die passive Parteifähigkeit zugesprochen, kommt man, um wirksamen Gläubigerschutz zu generieren, nicht umhin, auch die Rechtsfähigkeit anzuerkennen. In diesem Fall lässt sich dogmatisch aber nur äußerst schwer begründen, weshalb die Rechtsfähig-

---

Ross" [„Erkennt man die Fähigkeit der GbR an, Träger von Rechten und Pflichten zu sein, kann ihr die Parteifähigkeit im Zivilprozess, die gem. § 50 ZPO mit der Rechtsfähigkeit korrespondiert, nicht abgesprochen werden."]). Gleichzeitig weist der II. Zivilseant darauf hin, dass die GbR nicht juristische Person ist (BGH NJW 2001, 1056 unter Hinweis auf § 14 Abs. 2 BGB; NJW 2002, 368; vgl. BGHZ 146, 341, 347). Dogmatisch ist die Auffassung des II. Zivilsenats angreifbar. Die Parteifähigkeit einer GbR hätte systematisch über § 124 HGB oder aber § 50 Abs. 2 ZPO analog konstruiert werden müssen.

1131 OLG Nürnberg WM 1985, 259; OLG Koblenz RIW 1988, 803; befürwortend *Großfeld*, in: Staudinger IntGesR, Rdn. 447; kritisierend *Trost*, S. 108 f.

1132 *Großfeld*, in: Staudinger IntGesR, Rdn. 240.

keit im Aktivprozess negiert werden kann. Dogmatisch spricht daher einiges für eine Hinwendung zur Gründungstheorie. Zumal die Einräumung aktiver Parteifähigkeit der Auslandsgesellschaft auch aus gläubigerschützenden Erwägungen ratsam ist. Bei fehlender Klagebefugnis im Inland kann die Gesellschaft bestehende Forderungen nicht gerichtlich durchsetzen. Hierdurch werden mittelbar wiederum die Gesellschaftsgläubiger benachteiligt. Die Praxis sieht bisweilen aber (noch) anders aus. Die Gerichte können weiterhin von *passiver* Parteifähigkeit sprechen, auch wenn sie der Gesellschaft damit stillschweigend jedenfalls auch die *Rechtsträgerschaft* zuerkennen. Durch die Anwendung der geltenden Sitztheorie wird den Gläubigern daher nicht die Schuldnerin entzogen[1133]. Mittelbar wird die Gläubigerposition allerdings dadurch geschwächt, dass die Gesellschaft ausstehende Forderungen gegenüber Dritten gerichtlich nicht durchsetzen kann[1134]. Andererseits ist es nach dem „Informationsmodell" des EuGH[1135] Gläubigern zumutbar, sich im Vorfeld über die rechtliche Existenz des Vertragspartners im Inland zu informieren.

B. Rechtspolitische Erwägungen

In der Literatur findet die Drittstaatendiskussion zur Zeit allenfalls am Rande statt[1136]. Wie Eingangs erwähnt scheint aber darüber Einigkeit zu herrschen, dass rein rechtlich betrachtet ein Anpassungsdruck im Internationalen Gesellschaftsrecht auch nach der Entscheidung *Überseering* nicht besteht.

I. Argumente für eine Hinwendung zur Gründungstheorie

Neben die bereits angesprochene Rechtsunsicherheit[1137] tritt die in einer globalisierten Welt zunehmend schwerer werdende Feststellung des effektiven Verwaltungssitzs[1138] als ein weiterer Aspekt, der für eine weltweite Hinwendung zur Gründungstheorie spricht. Nicht überzeugend ist dagegen das Argument, eine „gespaltene Kollisionsnorm" sei zu kompliziert und undurchschaubar[1139], für den nicht kollisionsrechtlich versierten

1133 A.A. *Behrens*, IPRax 2003, 193, 206.
1134 Vgl. *Behrens*, IPRax 2003, 193, 206.
1135 Zum „Informationsmodell" s. oben Fn. 737.
1136 Eingehend zur Behandlung von Drittstaaten aber *Ebke*, JZ 927, 929 f.; *ders.*, in: Gesellschaftsrecht, S. 101, 109-128.
1137 Vgl. *Bayer*, BB 2003, 2357, 2358; *Kieninger*, ZEuP 2004, 685, 699 f.
1138 Exemplarisch OLG Frankfurt a.M. NZG 1999, 1097.
1139 *Sandrock*, BB 1999, 1337, 1342 spricht in diesem Zusammenhang von einem „intellektuellen Glasperlenspiel".

Rechtsanwender[1140]. Weiteres Rechtsunsicherheitspotenzial schlummert in den zahlreichen bilateralen Abkommen der Bundesrepublik Deutschland mit Drittstaaten. Es lässt sich nicht ausschließen, dass diese Verträge Niederlassungsvereinbarungen beinhalten, denen die Gerichte eines Tages kollisionsrechtliche Bedeutung entnehmen werden. Weiterer Druck geht von den angesprochenen Meistbegünstigungsklauseln in völkerrechtlichen Verträgen aus[1141]. Hier lohnt insbesondere ein Blick in die Investitionsförderungsverträge der Bundesrepublik mit Entwicklungsländern[1142]. Am Beispiel von Art. XXV Abs. 5 S. 2 FSHV und weiteren Vertragsbestimmungen des deutsch-amerikanischen Vertrags wird deutlich, dass derartige Regelungen weit davon entfernt sind, einheitlich ausgelegt zu werden. In diesem Zusammenhang ist ferner Art. 24 Abs. 4 DBA-USA zu nennen[1143]. Das hierin enthaltene Diskriminierungsverbot hat aufgrund der *Überseering*-Entscheidung für die Anwendung der Sitztheorie im Steuerrecht eine neue Qualität erfahren[1144]. Aus steuerrechtlicher Sicht kann sich über den EU-Bereich hinausgehend eine Anerkennungspflicht aus in DBA enthaltenen Diskriminierungsverboten ergeben[1145]. Der BFH deutet in seiner Entscheidung an, dass Diskriminierungsverbote eine Meistbegünstigungsklauseln vergleichbare Stellung einnehmen[1146]. Zudem ließe sich für eine generelle Anknüpfung an das Gründungsrecht ins Feld führen, dass die Zahl der in „Oasenstaaten“, wie den Caymans, Bahamas oder Panama, gegründeten Gesellschaften mit Verwaltungssitz in der Bundesrepublik sehr gering sein dürfte. Jedenfalls dürften die Auswirkungen solcher Gesellschaften auf den heimischen Markt kaum ins Gewicht fallen.

II. Argumente für die Beibehaltung des status quo

Andererseits ist anzunehmen, dass wir die Tatsache, dass sich in Deutschland derzeit verhältnismäßig wenige in „Oasenstaaten“ gegründete Gesellschaften schwerpunktmäßig betätigen, gerade der Sitztheorie zu verdanken haben. Die general präventive Sitztheorie entfaltet erhebliches Abschreckungspotenzial, ohne das die Anzahl der Gesellschaften aus „Oasenstaaten“ mit Verwaltungssitz im Inland sehr wahrscheinlich

---

1140 Ebenso *v. Halen*, S. 275 f.

1141 *Großfeld*, NZG 2003, 841, 843.

1142 Zahlreiche Beispiele bei *Beitzke*, in: FS Luther, S. 1, 6-8 (Kapitalschutzabkommen).

1143 Abkommen zwischen der Bundesrepublik Deutschland und den Vereinigten Staaten von Amerika zur Vermeidung der Doppelbesteuerung und zur Vermeidung der Steuerkürzung auf dem Gebiet der Steuern vom Einkommen und vom Vermögen und einiger anderer Steuern v. 29.8.1989 (DBA-USA 1989).

1144 Vgl. BFH GmbHR 2003, 722; vgl. zur Wirkung der DBA allgemein *Beitzke*, in: FS Luther, S. 1, 6.

1145 S. hierzu *Sedemund*, BB 2003, 1362-1364.

1146 Vgl. BFH GmbHR 2003, 722, 723 f.

deutlich höher läge[1147]. Ferner sollte bei aller durch den EuGH ausgelösten Liberalitätseuphorie nicht unbesehen bleiben, dass selbst die als äußerst liberal geltende niederländische Gesellschaftsrechtsordnung ein Schutzgesetz gegen „Scheinauslandsgesellschaften" parat hält. Für die Einführung des WFBV in den Niederlande werden gute Gründe gesprochen haben[1148]. Ebenso wie in England und den USA werden in den Niederlande ausländische Gesellschaften bei überwiegender Tätigkeit im Inland mit nationalem Recht überzogen. Ziel dabei ist es, das nationale Verständnis von Stakeholderschutz flächendeckend aufrecht zu halten. Nichts anderes ist im Übrigen auch das Ansinnen der Sitztheorie.

Hinzu kommt, dass wir auf das andernorts praktizierte Überlagerungsmodell in Deutschland derzeit (noch) nicht vorbereitet sind[1149]. Aus eigener Erfahrung wissen wir nicht einmal, wie es um die Praktikabilität eines Überlagerungsmodells bestimmt ist. Die dogmatischen Bedenken bezüglich eines Überlagerungsmodells wurden bereits eingehend geschildert[1150]. Der Hinweis aus der Literatur, Kontrolle über Auslandsgesellschaften mittels nationalem *ordre public* herzustellen[1151], ruft keinesfalls weniger Rechtsunsicherheit hervor als deren Nichtanerkennung. Welche Regelungen des Gründungsrechts und welche des Niederlassungsstaats Anwendung finden sollen, ist in Deutschland derzeit noch völlig unklar. Insofern ist die Begründung derjenigen, die für eine einheitliche Kollisionsnorm plädieren, nicht stichhaltig. Die geäußerten Vorbehalte dieser Ansicht gegenüber einer gespaltenen Kollisionsnorm, müssen sie letztlich auch dem eigenen Lösungsansatz zuschreiben. Aufgrund der jahrzehnte lang praktizierten Sitztheorie haben wir mit ausländischen Gesellschaften, deren Tätigkeitsschwerpunkt im Inland liegt, keinerlei Erfahrung. Um Überlagerungen überhaupt erst zu ermöglichen, müssten sowohl neue Gesetze erlassen als auch alte rechtsformbezogene Gesetze angepasst werden.

III. Plädoyer für die Sitztheorie

Selbst für den Fall, dass sich das Überlagerungsmodell als das Zukunftsmodell für drittstaatliche Gesellschaften herauskristallisieren sollte, sollte bis zur Sicherstellung der Funktionsfähigkeit eines derartigen Überlagerungsmodells an der Sitztheorie uneinge-

1147 *Kieninger* weist hinsichlich des „Oasenstaaten" - Arguments darauf hin, dass dieses in einer Zeit in der Deutschland völkerrechtlich verpflichtet ist, Gesellschaften aus Delaware und Liechtenstein ungeachtet der Begelgenheit des Verwaltungssitzes im Inland anzuerkennen, erheblich an Überzeugung eingebüßt hat (s. *Kieninger*, ZEuP 2004, 685, 700).

1148 Vgl. dazu oben S. 170 ff.

1149 *Bayer*, BB 2003, 2357.

1150 Vgl. dazu S. 244 ff.

1151 So *Paefgen*, WM 2003, 561, 570.

schränkt festgehalten werden[1152]. Die hier vertretene Ansicht bekräftigt der Hinweis von *Heldrich*, dass außerhalb Europas einem „*race to the bottom*“ nicht durch Harmonisierung entgegengewirkt werden könne[1153]. Ferner verbleibt darauf zu verweisen, dass die Anerkennungsfrage ausländischer Gesellschaften jederzeit im Rahmen bilateraler Abkommen abweichend vom geltenden IPR geregelt werden kann (Art. 3 Abs. 2 S. 1 EGBGB)[1154]. Schließlich sollte bei den Überlegungen zur weltweiten Einführung der Gründungstheorie der marktpsychologische Aspekt nicht außer Acht gelassen werden. Es ist viel Zeit verstrichen, ehe der Missbrauch mit Aktiengesellschaften („Aktienschwindel“) durch den Gesetzgeber und die Gerichte weitgehend eingedämmt werden konnte und das enttäuschtes Vertrauen des Markts in beschränkt haftende Gesellschaften wieder gewonnen werden konnte[1155]. Nun wird der äußerst sensible Markt auf ein neue Probe gestellt. Seit der *Überseering*-Entscheidung des EuGH müssen wir EU-Gesellschaften und eine Reihe anderer Gesellschaftsformen anerkennen. Es ist davon auszugehen, dass auch diese Revolution nicht ohne Enttäuschungen für Stakeholder auskommen wird. Der Faktor Zeit wird hierbei eine entscheidende Rolle spielen. Die Kräfte des Markts benötigen geraume Zeit, um zu wirken. An erster Stelle gilt es, den durch einen Paukenschlag des EuGH erforderlich gewordenen Wandel zahlreicher mitgliedstaatlicher Gesellschaftsrechtsordnungen in den Griff zu bekommen. Das Vertrauen in die Funktionsfähigkeit des Markts sollte nicht unnötig überstrapaziert werden, indem wir sämtlichen Rechtsformen dieser Welt kompromisslosen Zugang zum heimischen Markt verschaffen; zumal wir mit einem Überlagerungsmodell nicht über hinreichende Erfahrung verfügen. Misserfolge durch den Auftritt unseriöser „Oasengesellschaften“ können wir uns nicht leisten. Wie sensibel Kapitalmärkte reagieren, lehrt uns die jüngere Vergangenheit. Die Investorengemeinschaft sollte nicht zu oft enttäuscht werden, das wirkt sich letztlich negativ auf den gesamten Markt aus.

1152 *Ebke*, JZ 2003, 927, 930; *Mankowski*, RIW 2004, 481, 485; *Heldrich*, in: Palandt Anh. zu Art. 12 EGBGB, Rdn. 9, 20; a.A. *Sandrock* zitiert nach Rehberg, IPRax 2003, 175, 178; *Behrens*, IPRax 2003, 193, 205 f. (Verfechter eines Sonderanknüpfungsmodells); *Eidenmüller*, ZIP 2002, 2233, 2244; *Paefgen*, WM 2003, 561, 570; *Hüffer*, § 1 AktG Rdn. 32 (Schutzinteressen ließen sich durch den *ordre public* verwirklichen); *Meilicke*, GmbHR 793, 799; *Lutter/Drygala*, § 1 UmwG, Rdn. 8 f.

1153 *Heldrich*, in: Palandt Anh. zu Art. 12 EGBGB, Rdn. 9; *Mankowski*, RIW 2004, 481, 485; *Lutter/Drygala*, § 1 UmwG, Rdn. 8 f.

1154 *Ebke*, JZ 2003, 927, 930.

1155 Zur geschichtlichen Entwicklung des Aktienrechts und seiner Reformen s. *Semler*, in: MünchKomm AktG, Einl., Rdn. 16 ff.: „Die Geschichte des Aktienrechts ist geprägt durch den Kampf des Gesetzgebers gegen Mißbräuche.“, *Vagts*, ZGR 24 (1994), 230 f.

Für den Wegzug nationaler Gesellschaften in Drittstaaten können die vorgenannten Argumente nicht überzeugen. Für die Beibehaltung der Sitztheorie spricht allein die in der überwiegenden Zahl der Fälle erschwerte Vollstreckung erstrittener Urteile im neuen Verwaltungssitzstaat[1156]. Was innerhalb Europas trotz bestehender Anerkennungs- und Vollstreckungsabkommen noch immer mit Schwierigkeiten behaftet ist, gilt erst Recht gegenüber Drittstaaten. Ob einem Gläubiger allerdings mit der Auflösung der Gesellschaft an der Landesgrenze geholfen ist, darf bezweifelt werden. Jedenfalls aber wird die inländische Gesellschaft, um die durch den Statutenwechsel ausgelöste materiellrechtliche Auflösung zu verhindern, gehalten sein von einer Verwaltungssitzverlegung ins Ausland abzusehen. Insofern dürfte die Abschreckungsfunktion der Sitztheorie ihren Dienst leisten.

Von vorstehenden Erwägungen ausgenommen bleibt der Umzug von Gesellschaften in Drittstaaten, mit denen völkervertraglich die Gründungstheorie vereinbart ist[1157]. Was der VIII. Zivilsenat für den Zuzug einer in den USA inkorporierten Gesellschaft nach Deutschland entschieden hat, muss „konsequent zu Ende gedacht" bedeuten, dass die Verlegung des Verwaltungssitzes einer deutschen Gesellschaft in die USA aus Sicht des deutschen Kollisionsrechts zu keinem Statutenwechsel führt[1158]. Gleiches gilt nach h.M. in der Literatur grundsätzlich bei Verwaltungssitzverlegungen nationaler Gesellschaften in Gründungstheoriestaaten. Aufgrund der Sitztheorie als Gesamtnormverweisung kommt es in diesem Fall zu einer Rückverweisung (Art. 4 Abs. 1 S. 2 EGBGB)[1159]. Ein Statutenwechsel, der den materiellen Auflösungsgrund für die nationale Gesellschaft darstellt[1160], findet dann nicht statt.

1156 Vgl. *Großfeld*, in: Staudinger IntGesR, Rdn. 629, 618, 666 f.; vgl. *Drygala*, ZEuP 2004, 337, 352.

1157 So z.B. im Verhältnis zu den USA, s. hierzu *Ebke*, in: Gesellschaftsrecht, S. 101, 109-113; *ders.*, RIW 2004, 740, 743 f.; *Bungert*, RIW 1999, 109, 111-114; *Jestädt*, WuB 2003, II N. Art. XXV FHSV 1.03, S. 636, 637.

1158 *Ebke*, in: Gesellschaftsrecht, S. 101, 110-113; *ders.*, RIW 2004, 740, 743 f. Vgl. dazu auch oben S. 246 ff.

1159 S. dazu *Hausmann*, in: GS Blomeyer, S. 580, 587-590; *Weitnauer*, EWS 1992, 165, 166.

1160 A.A. *Hausmann*, in: GS Blomeyer, S. 589, 587 f. (Auflösungsgrund wird sachrechtlich, durch den Beschluss des zuständigen Gesellschaftsorgans zur Verlegung des tatsächlichen Verwaltungssitzes ins Ausland ausgelöst).

Sechstes Kapitel: Schranken der Niederlassungsfreiheit

Im letzten Kapitel werden die vom Gemeinschaftsrecht eingezogenen Schranken der Niederlassungsfreiheit untersucht. Unter bestimmten Voraussetzungen können mitgliedstaatliche Beschränkungen der Art. 43, 48 EG gerechtfertigt werden. Die Anforderungen sollen im folgenden Abschnitt konkretisiert und schließlich am Beispiel der deutschen Unternehmensmitbestimmung fallbezogen umgesetzt werden.

§ 14: Gerechtfertigte Eingriffe in die Niederlassungsfreiheit

Die europarechtlichen Grundfreiheiten sind tatbestandlich sehr weit gefasst; schrankenlos sind sie indes nicht. Das Korrektiv für den weiten Tatbestand befindet sich auf der Rechtfertigungsebene. Die geschriebenen und ungeschriebenen Rechtfertigungsgründe im Gemeinschaftsrecht können Eingriffe in die Grundfreiheiten rechtfertigen, sofern sie verhältnismäßig sind[1161].

A. *Rechtfertigungsgründe*

Im Hinblick auf die für vorliegende Zwecke allein interessierende Niederlassungsfreiheit ist an erster Stelle auf die Beschränkungsmöglichkeit nach Art. 46 EG zu verweisen. Hiernach sind Verwaltungsvorschriften, die Sonderregelungen für Ausländer vorsehen, anwendbar, sofern sie aus Gründen der öffentlichen Ordnung, Sicherheit oder Gesundheit gerechtfertigt sind. Diese Vorschrift findet über Art. 48 Abs. 1 EG grundsätzlich auch auf Gesellschaften entsprechend Anwendung[1162]. Als ein weiterer Rechtfertigungsgrund sind die nicht kodifizierten zwingenden Allgemeinwohlgründe zu nennen. Der Rechtfertigungsgrund wurde zunächst für die Warenverkehrsfreiheit entwickelt. Mittlerweile lassen sich Beschränkungen sämtlicher Grundfreiheiten des EG-Vertrags mit zwingenden Allgemeinwohlgründen rechtfertigen[1163]. Das ist aus Gründen der einheitlichen Auslegung der Grundfreiheiten auch geboten[1164]. Für die Rechtfertigung einer Beschränkung reicht die Absicherung eines zwingenden Allgemeinwohlgrunds alleine aber nicht aus. Die beschränkende Norm oder Maßnahme muss ferner sicherstel-

---

1161 Vgl. *Streinz*, Rdn. 703.

1162 *Brödermann*, S. 151-153; vgl. die extensive Auslegung von Art. 46 Abs. 1 EG auf Gesellschaften *Forsthoff*, EWS 2001, 59, 62-65.

1163 Für die Übertragung des für die Warenverkehrsfreiheit entwickelten Rechtfertigungsgrunds auf die Niederlassungsfreiheit bereits *Ebke*, ZGR 16 (1987), 245, 258 f.

1164 Vgl. dazu EuGH, Urt. v. 30.11.1995 Rs. C-55/94 (*Gebhard*), Slg. 1995, I-4197 f. (Tz. 37). Zur einheitlichen Dogmatik der Grundfreiheiten s. *Mühl*.

len, dass sie (1) in nicht diskriminierender Weise angewandt wird, (2) zur Erreichung des verfolgten Ziels geeignet und (3) über das zur Erreichung des Ziels Erforderliche nicht hinausgeht[1165]. Hiervon streng zu unterscheiden ist die Rechtfertigung nach Art. 46 Abs. 1 EG. Alle beschränkenden nationalen Maßnahmen müssen *geeignet* und *erforderlich* sein, das mit ihnen verfolgte Ziel zu erreichen[1166]. Erst dann ist der Eingriff verhältnismäßig. *Diskriminierende* Wirkung dürfen hingegen nur solche Maßnahmen entfalten, die vom Anwendungsbereich des Art. 46 Abs. 1 EG erfasst sind[1167]. Als weiterer selbständiger Rechtfertigungsgrund wird verschiedentlich der Missbrauch der Niederlassungsfreiheit ins Feld geführt[1168]. Im Folgenden sollen die Anwendungsvoraussetzungen der genannten Rechtfertigungsgründe vertieft werden.

I. Geschriebene Rechtfertigungsgründe (Art. 46 EG)

Im Rahmen der seit langem geführten Diskussion um die Vereinbarkeit des deutschen Gesellschaftskollisionsrechts mit der Niederlassungsfreiheit hat Art. 46 Abs. 1 EG zu Recht immer nur eine untergeordnete Rolle gespielt. Ob sich der durch den Statutenwechsel ausgelöste Eingriff in Art. 43, 48 EG mit Art. 46 Abs. 1 EG rechtfertigen lässt, wurde zu keinem Zeitpunkt ernsthaft in Erwägung gezogen[1169]. Der EuGH hat in seiner *Centros*-Entscheidung die Auffassung Dänemarks, nach der Art. 46 Abs. 1 EG als Rechtfertigungsgrundlage für das zur „Anwendungbringen" nationaler Mindestkapitalbestimmungen herangezogen werden könne, mit einem Satz verworfen[1170]. In der

---

1165 *Ebke*, 48 Am. J. Comp. L. 623, 642 f. (2000); *ders.*, ZGR 16 (1987), 245, 258. Vgl. EuGH, Urt. v. 30.11.1995 Rs. C-55/94 (*Gebhard*), Slg. 1995, I-4197 f. (Tz. 37) (Niederlassungsfreiheit natürlicher Personen); EuGH, Urt. v. 31.3.1993 Rs. C-19/92 (*Kraus*), Slg. 1993, I-1697 (Tz. 32) (Dienstleistungsfreiheit).

1166 EuGH, Urt. v. 11.5.1999 Rs. C-255/97 (*Pfeiffer*), Slg. 1999, I-2860 f. (Tz. 19); EuGH, Urt. v. 30.11.1995 Rs. C-55/94 (*Gebhard*), Slg. 1995, I-4197 f. (Tz. 37); *Borchardt*, Rdn. 746; *Müller-Graff*, in: Streinz Art. 46 EG, Rdn. 16.

1167 *Ebke*, 48 Am. J. Comp. L. 623, 641 f. (2000); sehr deutlich auch EuGH, Urt. v. 9.3.1999 Rs. C-212/97 (*Centros*), Slg. 1999, I-1495 (Tz. 34); *Stork*, S. 203; *Paefgen*, GmbHR 2004, 463, 470; missverständlich hingegen *Sandrock*, ZVglRWiss 102 (2003), 447, 465: „Diese Schranken [Verbot der Diskriminierung, Eignung, Übermaßverbot] gelten ohne Rücksicht darauf, ob der Eingriff in die Niederlassungsfreiheit auf Art. 46 EG, auf einem Mißbrauch der Niederlassungsfreiheit oder auf „*zwingende Gründe des Gemeinwohls*" gestützt wird."; *Forsthoff*, EWS 2001, 59.

1168 *Sandrock*, ZVglRWiss 102 (2003), 447, 461-464; *Schanze/Jüttner*, AG 2003, 661, 663.

1169 A.A. *Forsthoff*, EWS 2001, 59, 64 f.; *Randelzhofer/Forsthoff*, in: Grabitz/Hilf Art. 48 EGV, Rdn. 43-49. *Forsthoff* hält die Anwendung inländischen Rechts auf eine ausländische Gesellschaft, dann durch Art. 46 Abs. 1 EG gerechtfertigt, wenn die ausländische Gesellschaft ausschließlich im Inland tätig ist („Scheinauslandsgesellschaft"). Die Gleichstellung mit einer nach inländischem Recht gegründeten Gesellschaft sei dann mit der Niederlassungsfreiheit vereinbar. Diese Auffassung ist nach der *Überseering* Entscheidung des EuGH nicht mehr vertretbar. So bereits *Behrens*, IPRax 1999, 323, 327; *Brödermann*, Rdn. 274-276; *Stork*, S. 203-208.

1170 EuGH, Urt. v. 9.3.1999 Rs. C-212/97 (*Centros*), Slg. 1999, I-1495 (Tz. 34); ebenso Schlussanträge GA *La Pergola*, v. 16.7.1998, Slg. 1999, I-1470 f. (Tz. 14); vgl. insoweit auch Schlussanträge GA

Rechtssache *Inspire Art* hat der Gerichtshof ebenfalls nicht mehr als einen Satz auf den Rechtfertigungsgrund nach Art. 46 Abs. 1 EG verwendet[1171]. Deutlicher kann man eine Absage nicht treffen[1172]. Im Fall *Überseering* wurde Art. 46 Abs. 1 EG von den Parteien erst gar nicht vorgetragen und ist daher erwartungsgemäß vom EuGH auch nicht thematisiert worden.

Nach der Rechtsprechung des Gerichtshofs fällt der Gläubigerschutz als Schutz wirtschaftlicher Interessen nicht unter die Begriffe der *öffentlichen Ordnung* oder *Sicherheit* i.S.v. Art. 46 Abs. 1 EG[1173]. Ebenso verhält es sich mit Beschränkungen der Niederlassungsfreiheit, die zum Schutz von Minderheitsgesellschaftern und Arbeitnehmern in den mitgliedstaatlichen Rechtsordnungen enthalten sind. Deutlich wird hierbei, dass der gemeinschaftsrechtliche Begriff der *öffentlichen Ordnung* nach Art. 46 Abs. 1 EG nicht mit dem nationalen international-privatrechtlichen *ordre public* Art. 6 EGBGB gleichzusetzen ist, sondern eher dem nationalen polizeirechtlichen Verständnis von *öffentlicher Ordnung* entspricht[1174]. Die knappen Ausführungen des EuGH zu Art. 46 Abs. 1 EG überraschen daher nicht. Der europäische „*ordre-public*-Vorbehalt" in Art. 46 Abs. 1 EG ist Grundlage für die Ein- und Ausreise natürlicher Personen. Art. 46 EG bezieht sich auf mitgliedstaatliche ausländerpolizeiliche Regelungen, die es zum Schutz der in Art. 46 Abs. 1 EG genannten Schutzgüter zulassen, EU-Ausländern die Einreise oder den Aufenthalt zu versagen[1175]. Demnach rechtfertigt Art. 46 EG solche Niederlassungsbeschränkungen, die im persönlichen Verhalten eines EG-Staatsangehörigen begründet liegen[1176]. Da Maßnahmen wie ein Einreiseverbot oder die Aufenthaltsverweigerung gegenüber Staatsangehörigen nach innerstaatlichem Recht ausgeschlossen sind, kann es zu einer Diskriminierung von EU-Ausländern gegenüber Inländern kommen. Eine solche Diskriminierung ist bei Vorliegen der Tatbestandsvoraussetzungen von Art. 46 Abs. 1 EG aber gerechtfertigt. Von im Ausland gegründeten Gesellschaften geht indes *per se* keine konkrete und auch keine abstrakte Gefahr für die öffentliche Sicherheit oder Ordnung aus. Der EG-Vertrag beruht, ebenso wie unser nationales IPR[1177], auf der Annahme inhaltlicher Gleichwertigkeit aller mitgliedstaatlichen Rechtsordnungen. Damit sind auch die Gläubigerschutzvorschriften als gleich-

---

Albert v. 30.1.2003 Rs. C-167/01 (*Inspire Art*), Slg. 2003, I-10185 (Tz. 113 f.); EuGH, Urt. v. 10.7.1986 Rs. 79/85 (*Segers*), Slg. 1986, 2388 (Tz. 17).

1171 EuGH, Urt. v. 30.9.2004 Rs. C-167/01 (*Inspire Art*), Slg. 2003, I-10228 (Tz. 113).

1172 *Eidenmüller/Rehm*, ZGR 33 (2004), 159, 170 f.

1173 Zuletzt EuGH, Urt. v. 30.9.2003 Rs. C-167/01 (*Inspire Art*), Slg. 2003, I-10226 ff. (Tz. 106-117, Tz. 131).

1174 *Brödermann*, Rdn. 275; *Stork*, S. 207; vgl. *Müller-Graff*, in: Streinz Art. 46 EGV, Rdn. 2 ff.

1175 *Randelzhofer/Forsthoff*, in: Grabitz/Hilf Art. 46 EGV, Rdn. 2; vgl. *Brand*, JR 2004, 89, 91.

1176 *Borchardt*, Rdn. 744.

1177 Vgl. dazu *Sandrock*, S. 40 (unter Hinweis auf die Lehre von *Savigny*). Dagegen zwischen *inhaltlicher* und *formaler* Gleichwertigkeit differenzierend *Klinke*, in: Liber Amicorum Kegel, S. 1, 4, 23.

wertig anzuerkennen[1178]. „Die doppelte Kontrolle [*dual burden*] durch Regelungen des Herkunfts- und Aufnahmestaats wird als unverhältnismäßige Beschränkung angesehen[1179]."

Zur Einschränkung der selbstständigen Erwerbstätigkeit natürlicher Personen ist Art. 46 Abs. 1 EG vom EuGH noch nie herangezogen worden. Es sind *a priori* nur sehr wenige Berufe denkbar, von denen EG-Angehörige wegen ihrer Ausländereigenschaft aus Gründen der öffentlichen Ordnung, Sicherheit oder Gesundheit im Inland ausgeschlossen werden müssten[1180]. Entsprechendes muss aber auch gelten, wenn die Tätigkeiten von juristischen Personen ausgeübt werden (Art. 48 Abs. 1 EG). Art. 46 Abs.1 EG ist demnach rechtstatsächlich nur für natürliche Personen von Bedeutung. Die Verweigerung des Marktzutritts in Form der Nichtanerkennung ist mit Art. 46 Abs. 1 EG ebenso wenig zu rechtfertigen wie die Anwendung nationaler Gläubigerschutzvorschriften auf zuziehende Auslandsgesellschaften.

II. Ungeschriebene Rechtfertigungsgründe

Beschränkungen der Niederlassungsfreiheit sind immer dann gerechtfertigt, wenn die beschränkende Norm ihrerseits gerechtfertigt ist, d.h. die nationale Vorschrift der Verwirklichung europäscher Ziele dient. Das ist Ausfluss der EuGH-Rechtsprechung in der Rechtssache *Gebhard*[1181]. Im *Gebhard*-Urteil hat der Gerichtshof die zur Warenverkehrsfreiheit (*Cassis de Dijon*-Entscheidung) entwickelten Rechtfertigungsvoraussetzungen auf die Niederlassungsfreiheit natürlicher Personen übertragen und diese Kriterien zugleich als allgemeinen Rechtfertigungsstandard für die Beschränkung sämtlicher Grundfreiheiten eingeführt[1182]. Dem Rechtfertigungstest wird künftig eine enorme Bedeutung zukommen, weil sich jede die Niederlassungsfreiheit beschränkende oder weniger attraktiv machende Norm des Niederlassungsstaats dem europäischen Rechtfertigungstest unterziehen muss[1183]. Durch den Wandel der Grundfreiheiten von Diskriminierungsverboten zu Beschränkungsverboten hat sich der EuGH die Möglichkeit eröffnet, weite Teile des mitgliedstaatlichen Rechts auf Gemeinschaftsrechtsver-

---

1178 Vgl. andeutungsweise die Schlussanträge GA *La Pergola* v. 16.7.1998 (*Centros*), Slg. 1999, I-1480-1482 (Tz. 21); *Eidenmüller*, JZ 2004, 24, 28; *Kieninger*, ZGR 28 (1999), 724, 742 f.; *Schurig*, in: Liber Amicorum Kegel, S. 198, 215, 219; *Blaurock*, ZEuP 1998, 460, 482; vgl. *Sandrock*, S. 37-40.

1179 *Kieninger*, ZGR 28 (1999), 724, 742; *Basedow*, RabelsZ 59 (1995), 1, 22 f.

1180 Vgl. *Everling*, in: GS Knobbe-Keuk, S. 607, 619.

1181 EuGH, Urt. v. 30.11.1995 Rs. C-55/94 (*Gebhard*), Slg. 1995, I-4165; EuGH, Urt. v. 15.5.1997 Rs. 250/95 (*Futura Participations und Singer*), Slg. 1997, I-2500 (Tz. 26).

1182 So schon *Ebke*, ZGR 16 (1987), 245, 258 f.

1183 Vgl. dazu oben S. 202 ff.

träglichkeit zu überprüfen[1184]. Daher wird zunehmend der Ruf nach einer entsprechenden Übertragung der zur Warenverkehrsfreiheit ergangenen *Keck*-Rechtsprechung[1185] auf die Niederlassungsfreiheit lauter. Inwieweit der EuGH von dieser in *Keck* vorgenommenen Tatbestandsbeschränkung Gebrauch machen wird, ist derzeit noch offen[1186].

1. Zwingende Allgemeinwohlgründe

Die Rechtfertigung einer Beschränkung setzt zuvörderst das Vorliegen eines anerkannten zwingenden Allgemeinwohlgrunds voraus. Bei der Bestimmung, welche Regelungsbereiche innerhalb der mitgliedstaatlichen Rechtsordnungen im Allgemeinwohlinteresse stehen, sind die Mitgliedstaaten nicht frei[1187]. In letzter Instanz obliegt es dem Gerichtshof, darüber zu urteilen, was in Europa als zwingendes Allgemeinwohlinteresse anerkennungsfähig ist[1188]. Das gilt insbesondere für die Fälle, in denen sich die national verfolgten Interessen in Widerspruch zu den EG-vertraglichen Zielen setzen. Insofern kommt der Anwendungsvorrang des Gemeinschaftsrechts voll zum Tragen[1189]. Wären die Mitgliedstaaten frei, darüber zu bestimmen, welche nationalen Regelungen im zwingenden Allgemeinwohlinteresse stehen, würde die Verwirklichung eines ‚gelebten' Binnenmarkts in weite Ferne rücken. Jeder Mitgliedstaat könnte unter dem „Deckmantel" zwingender nationaler Allgemeinwohlinteressen durchsetzen, was nach nationalem Interesse für zwingend erforderlich erachtet wird. Aus diesem Grund scheint eine Machtverschiebung vom europäischen Gesetzgeber, der in vielen Bereichen durch Harmonisierung auf unterschiedliche Regelungsniveaus innerhalb der Mitgliedstaaten Einfluss nehmen kann, hin zur Judikativen gerechtfertigt. Der Gerichtshof prüft im

1184 Kritisch zur Weite der *Gebhard* Rspr. *Everling*, in: GS Knobbe-Keuk, S. 607, 619 f.; kritisch auch *Schön*, ZHR 160 (1996), 221, 246-249.

1185 EuGH, Urt. v. 24. 11.1993 verb. Rs. 267/91 und 268/91 (*Keck und Mithourd*), Slg. 1993, I-6097.

1186 Vgl. Dazu oben S. 204 ff.

1187 A.A. *Dammann*, 8 Fordham J. Corp. & Fin. L. 607, 664-666 (2003).

1188 *Klinke*, in: Liber Amicorum Kegel, S. 1, 28; *Heldrich*, in: Palandt Anh. zu Art. 12 EGBGB, Rdn. 8; *Bayer*, AG 2004, 534, 537.

1189 EuGH, Urt. v. 28.2.1991 Rs. C-312/89 (*Conforama u.a.*), Slg. 1991, I-1025 (Tz. 10-12); EuGH, Urt. v. 28.2.1991 Rs. C-332/89 (*Marchandise u.a.*), Slg. 1991, I-1027 (Tz. 10-12); EuGH, Urt. v. 20.9.1988 Rs. 302/86 (*Kommission/Dänemark*), Slg. 1988, 4629-4632 (Tz. 6-22); sehr deutlich EuGH, Urt. v. 26.11.1985 Rs. 182/84 (*Miro*), Slg. 1985, 3744 (Tz. 14): „Wenn eine nationale Regelung im Interesse zwingender Erfordernisse, *die das Gemeinschaftsrecht anerkennt*, Behinderungen des fundamentalen Grundsatzes des freien Warenverkehrs mit sich bringt, muss sie die durch das Gemeinschaftsrecht gesetzten Grenzen einhalten. Es ist Sache des Gerichtshofes, der in letzter Instanz für die Auslegung des Gemeinschaftsrechts zuständig ist, und der nationalen Gerichte, die auf der Grundlage dieser Auslegung entscheiden, über diese Einhaltung zu wachen."; vgl. auch EuGH, Urt. v. 23.11.1989 Rs. 145/88 (*Torfaen Bourough Council/B & Q PLC*), Slg. 1989, 3888 f. (Tz. 13). *Everling*, in: GS Knobbe-Keuk, S. 607, 621; *Bleckmann*, EuR 22 (1987), 28, 47; *Borchardt*, Rdn. 766; eingehend *Ahlfeld*, S. 237 ff.; *Stork*, S. 208; vgl. *Klinke*, in: Liber Amicorum Kegel, S. 1, 27 f.

Rahmen einer staatsübergreifenden Betrachtung das national vorgetragene Allgemeinwohlinteresse unter Berücksichtigung der EG-vertraglichen Zielsetzungen. Der vom EuGH angelegte Maßstab ist ein europäischer, kein nationaler[1190]. Bis heute hat die Rechtsprechung bereits eine Vielzahl europäisch anerkannter Allgemeinwohlgründe hervorgebracht[1191]. Mit der gleichen Begründung entscheidet der Gerichtshof letztinstanzlich auch über die *Geeignetheit* und *Erforderlichkeit* einer beschränkenden Vorschrift. Die EuGH-Rechtsprechungspraxis zeigt, dass sich der Gerichtshof schwerpunktmäßig mit der *Erforderlichkeit* auseinander setzt[1192]. Das hat insbesondere der Fall *Centros* eindrucksvoll veranschaulicht[1193].

a) Gesellschaftsgläubigerschutz

In der *Centros*-Entscheidung hat der EuGH den Gläubigerschutz als zwingenden Allgemeinwohlgrund anerkannt. Das ergibt sich mittelbar aus der Tatsache, dass der Gerichtshof in *Centros* direkt auf die *Geeignetheit* der nationalen Gläubigerschutzvorschrift eingegangen ist[1194]. In der *Überseering*-Entscheidung hatte sich der EuGH dagegen mit der Rechtfertigung von Beschränkungen erst gar nicht zu beschäftigen, da die Nichtanerkennung der Überseering BV in Deutschland eine Negierung der Niederlassungsfreiheit darstellt. Wie der Gerichtshof erläutert, ist eine Negierung keinesfalls rechtfertigungsfähig. *Obiter* hat der EuGH in einem Satz gleichwohl angemerkt, dass es nicht auszuschließen ist, dass zwingende Gründe des Allgemeinwohls, wie u.a. der Schutz der Gläubigerinteressen, unter bestimmten Umständen Beschränkungen der Niederlassungsfreiheit rechtfertigen können. Nach den Entscheidungen *Centros* und *Über-*

1190 *Ebke*, JZ 2003, 927, 931; *Hammen*, WM 1999, 2487, 2494; *Leible/Hoffmann*, RIW 2002, 925, 929 („gemeinschaftsrechtlich anerkannter Schutzinteressen"); *Sandrock*, ZVglRWiss 102 (2003), 447, 496; restriktiver *Everling*, in: GS Knobbe-Keuk, S. 607, 621 f. Im Hinblick auf den derzeitigen Stand des Gemeinschaftsrechts dürfen bei der staatsübergreifenden Wertung die „besonderen Traditionen, Interessen und Strukturen" der jeweiligen Mitgliedstaaten nicht außer acht gelassen werden. A.A. *v. Halen*, WM 2003, 571, 577; *Knobbe-Keuck*, ZHR 154 (1990), 325, 348 (deutsches ‚Allgemeininteresse'); *Bayer*, AG 2004, 534, 537.

1191 Vgl. Beispiele bei *Randelzhofer/Forsthoff*, in: Grabitz/Hilf vor Art. 39-55 EGV, Rdn. 161.

1192 *Ahlfeld*, S. 240 ff.; *Eidenmüller/Rehm*, ZGR 33 (2004), 159, 173-175.

1193 Vgl. EuGH, Urt. v. 9.3.1999 Rs. 212/97 (*Centros*), Slg. 1999, I-1495 (Tz. 36); a.A. *Everling*, in: GS Knobbe-Keuk, S. 607, 622.

1194 EuGH, Urt. v. 9.3.1999 Rs. 212/97 (*Centros*), Slg. 1999, I-1495 (Tz. 35); vgl. auch EuGH, Urt. v. 16.3.1999 Rs. C-222/97 (*Trummer und Mayer*), Slg. 1999, I-1680 (Tz. 30); Schlussanträge GA *Colomer* v. 4.12.2001 Rs. C-208/00 (*Überseering*), Slg. 2002, I-9936 (Tz. 50); EuGH, Urt. v. 5.11.2002 Rs. C-208/00 (*Überseering*), Slg. 2002, I-9974 (Tz. 92); Schlussanträge GA *Albert* v. 30.1.2003 Rs. C-167/01 (*Inspire Art*), Slg. 2003, I-10188 (Tz. 126); wohl auch EuGH, Urt. v. 30.9.2003 Rs. C-167/01 (*Inspire Art*), Slg. 2003, I-10233 f. (Tz. 132-135).

seering spricht daher einiges dafür, dass der Gesellschaftsgläubigerschutz als zwingender Allgemeinwohlgrund anerkannt ist[1195].

b) Möglicher Wandel in der EuGH-Rechtsprechung

Ein Wandel in der Rechtsprechung des EuGH scheint sich indes in der *Inspire Art*-Entscheidung abzuzeichnen[1196]. Der Gerichtshof weist im Hinblick auf die in dieser Rechtssache in Rede stehenden Mindestkapitalvorschriften des WFBV darauf hin, dass der Rechtsverkehr bereits durch den Auftritt der Inspire Art Ltd. in der Rechtsform einer *Ltd.* hinreichend darüber unterrichtet ist, dass die Gesellschaft anderen Vorschriften unterliegt als nationale Rechtsformen[1197]. Ferner seien die Gläubiger durch die Schutzvorschriften der 4. und 11. RL geschützt. Der EuGH bringt damit zum Ausdruck, dass aus seiner Sicht dem Gesellschaftsgläubigerschutz sekundärrechtlich ausreichend Rechnung getragen wird. Hiernach wäre für nationale Beschränkungen zum Schutz von Gläubigerinteressen kein Raum mehr. In einem harmonisierten Rechtsgebiet besteht *per se* kein Anwendungsfeld für Beschränkungen, die sich ihrerseits mit zwingenden Allgemeinwohlinteressen rechtfertigen lassen.

Die Rechtfertigung mit zwingenden Allgemeinwohlgründen wird weiter dadurch erschwert, dass durch die Auferlegung bestimmter nationaler Gläubigerschutzinstrumente in die Organisationsstruktur einer Gesellschaft eingegriffen wird und damit die Identität einer Gesellschaft im Niederlassungsstaat zumindest nicht umfänglich anerkannt wird. Ferner spricht die Anerkennung aller europäischen Gesellschaftsformen als gleichwertige Rechtssubjekte dafür, dass auch die dahinter stehenden Gesellschaftsrechtsordnungen als ebenbürtig anerkannt werden müssen[1198]. Der Gesellschaftsgläubigerschutz als zwingender Allgemeinwohlgrund gerät demnach immer mehr ins Wanken und wird sich langfristig nicht behaupten können. Jedenfalls aber werden es die Niederlassungsstaaten unter Berücksichtigung der vorgenannten Gesichtspunkte regelmäßig für nicht *erforderlich* halten dürfen, nationale Gläubigerschutzvorschriften auf ausländische Gesellschaften mit Verwaltungssitz im Inland anzuwenden[1199]. Zumal es

1195 So auch *Bayer*, BB 2003, 2357, 2364.

1196 Tendenziell, wenn auch bedauernd *Kersting/Schindler*, RdW 2003, 621, 623; offenlassend *Ebke*, in: FS Thode, S. 595, 606; i.E. auch *Sandrock*, BB 2004, 897, 898; a.A. *Altmeppen/Wilhelm*, DB 2004, 1083, 1088.

1197 EuGH, Urt. v. 30.9.2003 Rs. C-167/01 (*Inspire Art*), Slg. 2003, Slg. 2003, I-10234 (Tz. 135); mit gleicher Begründung EuGH, Urt. v. 9.3.1999 Rs. C-212/97 (*Centros*), Slg. 1999, I-1495 (Tz. 36); Schlussanträge GA *La Pergola* v. 16.7.1998 Rs. C-212/97 (*Centros*), Slg. 1999, I-1480 (Tz. 21); die Argumentation des EuGH bezogen auf unfreiwillige Gläubiger (z.B. aus unerlaubter Handlung) kritisierend *Spindler/Berner*, RIW 2003, 949, 954; zustimmend dagegen *Sandrock*, S. 33, 60.

1198 So auch *Sandrock*, BB 2004, 898, 899; *Blaurock*, ZEuP 1998, 460, 482.

1199 In diese Richtung auch *Spindler/Berner*, RIW 2003, 949, 954; *Eidenmüller/Rehm*, ZGR 33 (2004), 159, 173-175. *Eidenmüller/Rehm* sehen eine Durchsetzung nationaler Gläubigerschutzvorschriften

Vertragspartnern unbenommen bleibt, sich vertraglich abzusichern. Ausreichende Information hinsichtlich des Vertragspartners wird durch den (teilweise) sekundärrechtlich harmonisierten Publizitätsstandard in allen Mitgliedstaaten sichergestellt[1200].

2. *Missbrauch*

Als ein weiterer Rechtfertigungsgrund für Beschränkungen wird die Bekämpfung des Missbrauchs ins Feld geführt. In den nationalen Rechtsordnungen spielt der Rechtsmissbrauch seit jeher eine bedeutende Rolle. Ein Großteil missbräuchlichen Verhaltens liegt in der Umgehung nationaler Vorschriften begründet. Es überrascht daher kaum, dass die Umgehung als eine Form des Missbrauchs Gegenstand unzähliger Gerichtsentscheidungen war und ist. Das Streben, der Regelungswirkung von Vorschriften zu entgehen, ist menschlich. Ebenso verhält es sich mit dem Streben, in den Anwendungsbereich begünstigender Normen zu gelangen[1201]. Andererseits kann die damit verbundene Verwässerung von hinter einer Rechtsordnung stehenden demokratisch legitimierten Wertentscheidungen nicht hingenommen werden.

a) *Missbrauch des Gemeinschaftsrechts*

Das Gemeinschaftsrecht verleiht dem Missbrauch eine neue Dimension. In einem reinen Inlandsachverhalt sind die Mitgliedstaaten in nicht harmonisierten Rechtsgebieten in ihrer Rechtsgestaltung weitgehend frei. Bei Sachverhalten, die dagegen einen grenzüberschreitenden Bezug aufweisen, verhält es sich anders. Nationale Regelungen, die die Grundfreiheiten in nicht gerechtfertigter Weise beschränken, können auf EU-Sachverhalte nicht angewandt werden. Die Folge ist meist die Ungleichbehandlung von In- und Ausländern. Da die Diskriminierung von Inländern sowohl nach europäischem

---

gegenüber einem ausländischen Gesellschaftsstatut aus europäischer Sicht für wenig erfolgsversprechend an, weil die Erforderlichkeit solcher Sonderanknüpfungen regelmäßig nicht gegeben ist; tendenziell *W.-H. Roth*, IPRax 2003, 117, 125 (Ein Rückgriff auf nationales Recht ist nur für den Fall fehlenden Gläubigerschutzes im Gründungsrecht gerechtfertigt.); a.A. *Ulmer*, NJW 2004, 1201, 1208 f.; *Borges*, ZIP 2004, 733, 740-742; *Eidenmüller*, JZ 2004, 24, 27 f.; *Leible/Hoffmann*, EuZW 2003, 672, 682. Für Beschränkungen zum Schutze deliktischer Gesellschaftsgläubiger habe der EuGH in der Entscheidung *Centros* noch ein gewisses Rechtfertigungspotenzial anerkannt, vgl. EuGH, Urt. v. 9.3.1999 Rs. C-212/97 (*Centros*), Slg. 1999, I-1496 (Tz. 37). Das überzeugt nicht. Richtig ist, dass ein auf Information beruhender Gläubigerschutz bei unfreiwilligen Gläubigern nicht greift. Jedoch trägt das Risiko an einen vermögenslosen Rechtsträger zu geraten, sei sie nun eine *natürliche* oder *juristische*, jedenfalls in unserer Rechtsordnung grundsätzlich allein der Deliktsgläubiger (mit gleicher Begr. *Sandrock*, S. 33, 60).

1200 *Kieninger*, ZGR 28 (1999), 724, 741.

1201 *Fleischer* spricht treffend von „Normenflucht und Normenerschleichung", vgl. *Fleischer*, JZ 2003, 865, 869.

Recht als auch nach nationalem Verfassungsrecht (noch) zulässig ist[1202], sind die Rechtssubjekte bestrebt, sich in eine Lage zu manövrieren, die sie vom Regelungsgehalt des Gemeinschaftsrechts profitieren lässt. In der „künstlichen" Schaffung eines europarechtsrelevanten Sachverhalts wird gemeinhin das Missbrauchpotenzial gesehen, dass im folgenden Beispiel veranschaulicht werden soll. Ein EU-Bürger verlässt seinen Herkunftsstaat allein aus dem Grund, um bei der bereits im Vorfeld geplanten Rückkehr einem EU-Ausländer gleich behandelt werden zu müssen (*U-turn-construction*)[1203]. Es geht demnach um das zweckgerichtete Ausnutzen des zwischen den Mitgliedstaaten bestehenden Regelungsgefälles.

Über den Begriff des Missbrauchs und noch mehr über die Konstellationen, die einen Missbrauch begründen, herrscht trotz zahlreicher mit Missbrauchsproblematik befasster EuGH-Entscheidungen ein erhebliches Maß an Rechtsunsicherheit[1204]. Hierzu trägt wesentlich die etwas nebulös anmutende nicht immer einheitliche Terminologie des EuGH bei. Der Gerichtshof spricht von „Betrügereien", „Missbrauch", „Betrug" und „Umgehung"[1205]. Daher ist es an erster Stelle erforderlich, nicht am Wortlaut des EuGH zu haften. Vielmehr sind die Sachverhaltskonstellationen näher zu analysieren, in denen der EuGH einen Missbrauch der Grundfreiheiten angenommen hat[1206]. Dabei gilt es erneut zu beachten, den Missbrauch autonom europarechtlich auszulegen. Ein Vertreter der deutschen Regierung hat in der mündlichen Verhandlung zur Rechtssache *Inspire Art* den Gerichtshof - offenbar unter Verkennung der Kompetenzen des EuGH - aufgefordert, aufzuzeigen, „wie die Mitgliedstaaten der als Missbrauch der Niederlassungsfreiheit verdächtigen Gründung von Briefkastenfirmen entgegenwirken könnten[1207]." Diese Aussage zeugt von einer gewissen Hilflosigkeit im Umgang mit der fundamental veränderten Rechtslage in Deutschland[1208]. Die nachstehenden Erörterungen werden sich vornehmlich auf Missbrauchskonstellationen im Bereich der Niederlassungsfreiheit von Gesellschaften beschränken und in diesem Zusammenhang insbesondere die als *U-turn-construction* bezeichneten Missbrauchsfälle in Bezug auf Kapitalgesellschaften untersuchen.

1202 Vgl. dazu oben Fn.476.

1203 *Kjellgren*, 11 EBLR 179 (2000).

1204 *Schulz/Dörrbecker*, BuW 2003, 990, 990, 994; s. zum Rechtsmissbrauch im europäischen Recht *Kjellgren*, 11 EBLR 179-194 (2000); *Schön*, in: FS Wiedemann, S. 1271-1295; *Fleischer*, JZ 2003, 865-874; *Rehberg*, The European Legal Forum 2004, 1, 2-8; *Dammann*, 8 Fordham J. Corp. & Fin. L. 607, 633-644 (2003) (Umgehung der unternehmerischen Mitbestimmung durch Gründung im Ausland).

1205 S. zur Strukturierung dieser Begriffe *Kjellgren*, 11 EBLR 179-194 (2000); *Schön*, in: FS Wiedemann, S. 1271, 1277-1289; *Fleischer*, JZ 2003, 865, 869-874; *Rehberg*, The European Legal Forum, 1, 2-8; *Eidenmüller/Rehm*, ZGR 33 (2004), 159, 180.

1206 Vgl. hierzu *Halbhuber*, S. 96-105.

1207 Zitiert nach den Schlussanträgen des GA *Alber* v. 30.1.2003 Rs. C-167/01 (*Inspire Art*), Slg. 2003, I-10187 (Tz. 122).

1208 *Kleinert/Probst*, MDR 2003, 1265, 1268.

Ebenso soll die dogmatische Verortung des Rechtsmissbrauchs nicht näher beleuchtet werden. Gesagt sei nur so viel: In Betracht kommt eine Verankerung auf Tatbestands- oder Rechtfertigungsebene. Bei Verortung des Missbrauchs auf Tatbestandsebene würde dem Sachverhalt ein europarechtlicher Bezug versagt und die Grundfreiheit damit erst gar nicht zur Anwendung gelangen[1209]. Ein festgestellter Missbrauch hätte in diesem Fall tatbestandausschließende Wirkung[1210]. Verhaftet man den Missbrauch dagegen auf der Rechtfertigungsebene, erweist sich der Missbrauch als Rechtfertigungsgrund für einen mitgliedstaatlichen Eingriff in die Grundfreiheit. Zur letztgenannten Ansicht scheint auch der Gerichtshof in seinen jüngeren Entscheidungen zu tendieren. Das Urteil *Inspire Art* bleibt dabei allerdings nicht frei von Widersprüchen[1211]. Auswirkungen auf das Ergebnis dürfte die unterschiedliche Einordnung des Missbrauchs aber aus folgendem Grund nicht haben: In jedem Fall ist eine Verhältnismäßigkeitsprüfung der umgangenen Vorschrift vorzunehmen. Nur für den Fall, dass die nationale Vorschrift ihrerseits mit europäischen Zielen vereinbar ist, kann eine von dieser ausgehende Beschränkung des Gemeinschaftsrechts mit dem Vorliegen eines Missbrauchs gerechtfertigt werden[1212].

Desweiteren ist fraglich, ob es sich beim Missbrauch um (1) einen selbstständigen Rechtfertigungsgrund handelt[1213], (2) die Missbrauchsbekämpfung „nur" einen anerkannnten zwingenden Allgemeinwohlgrund darstellt[1214] oder aber (3) der Missbrauch als nähere Ausgestaltung des in Art. 46 EG anerkannten Schutzes der „öffentlichen Sicherheit oder Ordnung" zu sehen ist[1215]. Richtigerweise handelt es sich bei der

---

1209 Ablehnend *Epiney*, S. 276 f.

1210 Mit diesem Verständnis der EuGH in seinen frühen Entscheidungen, vgl. EuGH, Urt. v. 3.12.1974 Rs. 33/74 (*Van Binsbergen/Bedrisjevereniging Metaalnijverheid*), Slg. 1974, 1299; aber auch EuGH, Urt. v. 9.3.1999 Rs. C-212/97 (*Centros*), Slg. 1999, I-1493 (Tz. 25): „[...], um ihnen gegebenenfalls die Berufung auf das einschlägige Gemeinschaftsrecht zu verwehren;[...]."

1211 Vgl. EuGH, Urt. v. 30.9.2003 Rs. C-167/01 (*Inspire Art*), Slg. 2003, I-10233 ff. (Tz. 132, Tz. 139 a.E.); *Randelzhofer/Forsthoff*, in: Grabitz/Hilf Art. 48 EGV, Rdn. 55: „Der Mißbrauchseinwand läßt nicht die Anwendbarkeit der Freiheiten entfallen. Sanktionsebene ist das mitgliedstaatliche Recht."; unter Hinweis auf die uneinheitliche Spruchpraxis des EuGH offenlassend *Spindler/-Berner*, RIW 2004, 7, 8 dort Fn. 12; vgl. *Brand*, JR 2004, 89, 92; *N. Hoffmann*, S. 228, 234 f.

1212 EuGH, Urt. v. 9.3.1999 Rs. C-212/97 (*Centros*), Slg. 1999, I-1493 (Tz. 25): „[...]; sie haben jedoch bei der Würdigung eines solchen Verhaltens die Ziele der fraglichen Bestimmungen zu beachten."

1213 Vgl. *Sandrock*, ZVglRwiss 102 (2003), 447, 461-464, *Hirte*, EWS 2003, 521, 522; *Brand*, JR 2004, 89, 91; *Geimer*, S. 20; wohl auch *Fleischer*, JZ 2003, 865, 870 f.

1214 Ebenso Schlussanträge GA *Albert* v. 30.1.2003 Rs. C-167/01 (*Inspire Art*), Slg. 2003, I-10188 (Tz. 126); EuGH, Urt. v. 30.9.2003 Rs. C-167/01 (*Inspire Art*), Slg. 2003, I-10233 (Tz. 132).

1215 So könnte man den EuGH in seiner Entscheidung *Segers* verstehen, vgl. EuGH, Urt. v. 10.7.1986 Rs. 79/85 (*Segers*), Slg. 1986, 2388 (Tz. 17); *Schön*, in: FS Lutter, S. 685, 695 f. dort Fn. 49: „Der Hinweis des Gerichtshofs [in Centros] auf die Möglichkeit der Mitgliedstaaten, „Betrügereien" zu bekämpfen, läßt sich verstehen als Konkretisierung des in Art. 46 Abs. 1 EG angelegten Vorbehalts der „öffentlichen Ordnung und Sicherheit."

Verortung des Missbrauchs auf Rechtfertigungsebene um einen anerkannten zwingenden Allgemeinwohlgrund[1216]. Eine abschließende Beurteilung fällt indes schwer, da die vom EuGH verwandte „Missbrauchsterminologie“ ebenso vage ist wie die bisher entschiedenen Missbrauchskonstellationen selbst. Der Missbrauch, so scheint es zumindest, kann in unterschiedlicher Gestalt auftreten und ist daher nicht eindeutig zuordnungsfähig. Im Ergebnis kommt es für vorliegende Zwecke auf die genaue Verhaftung aber auch nicht an. Wie bereits angesprochen, müssen die missbrauchsbekämpfenden Maßnahmen in jedem Fall dem europäischen Verhältnismäßigkeitsgrundsatz gerecht werden.

c) *Dienstleistungsfreiheit*

Für den Bereich der Niederlassungsfreiheit von Gesellschaften hat der EuGH in seinen Entscheidungen *Segers*, *Centros* und *Inspire Art* den Missbrauch zwar angesprochen, aber in keinem der Fälle als einschlägig erachtet. In *Centros* konstatiert der EuGH: Ein Mitgliedstaat soll berechtigt sein, „Maßnahmen zu treffen, die verhindern sollen, dass sich einige seiner Staatsangehörigen unter Ausnutzung der durch den Vertrag geschaffenen Möglichkeiten in missbräuchlicher Weise der Anwendung des nationalen Rechts entziehen[1217].“ Die „mißbräuchliche oder betrügerische Berufung auf Gemeinschaftsrecht“ sei „nicht gestattet“[1218]. Die Missbrauchsbekämpfung, so fügt der Gerichtshof im Fall *Centros* hinzu, rechtfertigt aber nicht die Eintragungsversagung einer Zweigniederlassung durch den Niederlassungsstaat[1219].

aa) *TV 10*

Aus dem die Dienstleistungsfreiheit betreffenden EuGH-Urteil *TV 10* wird deutlich, dass der Gerichtshof das niederländische Mediengesetz (*Mediawet*), dessen Geltung sich die Gründer von TV 10 im Wege der Generierung eines grundfreiheitenrelevanten Sachverhalts zu entziehen versucht hatten, auf seine Europarechtskonformität hin überprüft[1220]. Die nationale grundfreiheitenbeschränkende Norm muss das Ziel verfolgen, einen anerkannten zwingenden Allgemeinwohlgrund in verhältnismäßiger Weise durch-

---

1216 Ebenso *Eidenmüller/Rehm*, ZGR 33 (2004), 159, 169 f.
1217 EuGH, Urt. v. 9.3.1999 Rs. C-212/97 (*Centros*), Slg. 1999, I-1492 (Tz. 24).
1218 EuGH, Urt. v. 9.3.1999 Rs. C-212/97 (*Centros*), Slg. 1999, I-1492 (Tz. 24).
1219 EuGH, Urt. v. 9.3.1999 Rs. C-212/97 (*Centros*), Slg. 1999, I-1496 (Tz. 38).
1220 EuGH, Urt. v. 5.10.1994 Rs. C-23/93 (*TV 10*), Slg. 1994, I-4832 (Tz. 18-19); ebenso EuGH, Urt. v. 3.2.1993, Rs. C-148/91 (*Veronica Omeroep Organisatie*) Slg. 1993, I-518 f. (Tz. 9-14).

setzen zu wollen[1221]. Das *Mediawet* hat zum Ziel, ein pluralistisches und nicht kommerzielles Hör- und Fernsehwesen zu schaffen. Der Gerichtshof hatte bereits in früheren Entscheidungen darauf hingewiesen, dass das durch das *Mediawet* verfolgte kulturpolitische Anliegen im europäischen Allgemeininteresse liegt[1222]. Im weiteren Verlauf der *TV 10*-Entscheidung nimmt der EuGH Bezug auf die Rechtsprechung im Fall *van Binsbergen*[1223]. Hierin hatte der Gerichtshof festgestellt, dass „einem Mitgliedstaat nicht das Recht zum Erlaß von Vorschriften abgesprochen werden kann, die verhindern sollen, daß der Erbringer einer Leistung, dessen Tätigkeit ganz oder vorwiegend auf dem Gebiet dieses Staats ausgerichtet ist, sich die durch Artikel 59 garantierte Freiheit zunutze macht, um sich den Berufsregelungen zu entziehen, die auf ihn Anwendung fänden, so er auf dem Gebiet dieses Staats niedergelassen wäre[1224].“ In einem derartigen Fall kann, so folgert der EuGH in *TV 10*, ein Mitgliedstaat nicht daran gehindert werden, „eine nach den Rechtsvorschriften eines anderen Mitgliedstaats gegründete und in diesem Staat niedergelassene Sendeanstalt, deren Tätigkeit aber ganz oder vorwiegend auf das Gebiet des ersten Mitgliedstaats ausgerichtet ist, einer inländischen Sendeanstalt gleichzustellen, wenn diese Niederlassung erfolgt ist, um es dieser Anstalt zu ermöglichen, sich den Regelungen zu entziehen, die auf sie anwendbar wären, wenn sie im Gebiet des ersten Staates niedergelassen wäre[1225].“

Der Rechtssache *TV 10* liegt eine dreistufige Prüfung zugrunde[1226]. In einem ersten Schritt wird die Anwendbarkeit der Vorschriften über die Dienstleistungsfreiheit geprüft[1227]. Hierzu führt der EuGH aus: „Der Umstand, daß sich die Klägerin nach Auffassung des vorlegenden Gerichts zu dem Zweck im Großherzogtum Luxemburg niedergelassen hat, sich den niederländischen Rechtsvorschriften zu entziehen, schließt es nicht aus, daß ihre Sendungen als Dienstleistungen im Sinne des Vertrages angesehen werden[1228].“ Diese Frage unterscheidet sich von der Frage, welche Maßnahmen ein

---

1221 Ähnlich *Halbhuber*, S. 99-103.

1222 EuGH, Urt. v. 3.2.1993, Rs. C-148/91 (*Veronica Omeroep Organisatie*), Slg. 1993, I-518 (Tz. 9). In der Entscheidung *Veronica* sah der EuGH eine vom niederländischen *Mediavet* (Art. 57 Abs. 1 *Mediavet*) ausgehende Beschränkung der Dienstleistungsfreiheit zur Erreichung eines zwingenden Allgemeinwohlgrunds als gerechtfertigt an. Im Gegensatz zur Entscheidung *TV 10* wurde im Fall *Veronica* die Beschränkung einer inländischen Gesellschaft bei Erbringung einer Dienstleistung in einem anderen Mitgliedstaat (Luxemburg) als gerechtfertigt anerkannt. Im Fall *TV 10* ging es um die Beschränkung eines ausländischen Dienstleistungserbringers bei Erbringung einer Dienstleistung im Inland. S. auch EuGH, Urt. v. 25.7.1991 C-288/89 (*Collectieve Antennevooriening Gouda*), Slg. 1991, I-4043 (Tz. 22-23); EuGH, Urt. v. 25.7.1991 Rs. C-353/89 (*Kommission/-Niederlande*), Slg. 1991, 4090, 4096-4098 (Tz. 3, 29-36).

1223 EuGH, Urt. v. 3.12.1974 Rs. 33/74 (*Van Binsbergen/Bedrisjevereniging Metaalnijverheid*), Slg. 1974, 1299.

1224 EuGH, Urt. v. 3.12.1974 Rs. 33/74 (*Van Binsbergen/Bedrisjevereniging Metaalnijverheid*), Slg. 1974, 1309 (Tz. 13)

1225 EuGH, Urt. v. 5.10.1994 Rs. C-23/93 (*TV 10*), Slg. 1994, I-4834 (Tz. 26).

1226 A.A. *Halbhuber*, S. 98-100.

1227 EuGH, Urt. v. 5.10.1994 Rs. C-23/93 (*TV 10*), Slg. 1994, I-4830 f. (Tz. 12-16).

1228 EuGH, Urt. v. 5.10.1994 Rs. C-23/93 (*TV 10*), Slg. 1994, I-4831 (Tz. 15).

Mitgliedstaat ergreifen darf, um einen in einem anderen Mitgliedstaat niedergelassen Erbringer von Dienstleistungen an der Umgehung seiner internen Rechtsvorschriften zu hindern[1229]." Mittelbar verneint der EuGH damit zugleich das Vorliegen eines Missbrauchs auf Tatbestandsebene. In einem zweiten Schritt wird die im *Mediavet* enthaltene Vorschrift, um deren „Umgehung" es im konkreten Fall geht, auf ihre Europarechtsvereinbarkeit hin untersucht[1230]. Eine solche Prüfung ist erforderlich, weil sich eine Grundfreiheitenbeschränkung nicht mit der Sicherung gemeinschaftswidriger Normen begründen lässt[1231]. Schließlich wird den Niederlanden im *TV 10*-Urteil das Recht zugesprochen, den ausländischen Dienstleistungserbringer so zu behandeln, als sei er im Inland ansässig[1232]. Damit konnte das *Mediawet* auf den ausländischen Dienstleistungserbringer *TV 10* angewandt werden, ohne dabei gegen Art. 49, 55 i.V.m. 48 EG zu verstoßen.

bb) Beurteilung der Entscheidung TV 10

Der letzte Schritt (Anwendbarkeit des nationalen Gesetzes auf einen ausländischen Dienstleistungserbringer) ist nur eine notwendige Folge des zweiten. Wenn aber, wie der EuGH prüft, bereits die für Inländer geltenden Vorschriften im zwingenden Allgemeininteresse stehen müssen, um gegenüber EU-Ausländern zur Anwendung gebracht werden zu können, stellt sich die Frage, worin der eigene Bedeutungsgehalt des zwingenden Allgemeinwohlgrunds *„Bekämpfung des Missbrauchs"* begründet liegt. Wird eine nationale Norm dem europäischen Allgemeinwohlstandard gerecht, kann sie im Falle grundfreiheitenbeschränkender Wirkung unabhängig vom Vorliegen eines Missbrauchs zur Anwendung gebracht werden. Nichts anderes ist Inhalt der Entscheidung *Cassis de Dijon*[1233]. Umgekehrt kann aber die einem Sachverhalt innewohnende Umgehungskomponente *allein* nie der nationalen Vorschrift zur gerechtfertigten Anwendung gegenüber Grundfreiheitsträgern verhelfen. Schließlich hat die im Fall *TV 10* vorgetragene Umgehungskomponente nicht bereits dazu geführt, dass der TV 10 SA die Eröffnung des Anwendungsbereichs der Dienstleistungsfreiheit versagt blieb. Allenfalls kann sie dann auf der Rechtfertigungsebene wirken. Aber auch auf der Rechtfertigungsebene hat der Missbrauch in Umgehungsfällen keine selbständige Bedeutung.

1229 Vgl. *Wattel*, 32 CMLRev. (1995), 1257, 1267.

1230 EuGH, Urt.v. 5.10.1994 Rs. C-23/93 (*TV 10*), Slg. 1994, I-4831 f. (Tz. 17-19).

1231 *Kjellgren*, 11 EBLR 179, 191 (2000); *Halbhuber*, S. 99 f.

1232 EuGH, Urt. v. 5.10.1994 Rs. C-23/93 (*TV 10*), Slg. 1994, I-4830 (Tz. 20-22). S. in diesem Zusammenhang auch EuGH, Urt. v. 3.10.1990 Rs. C-61/89 (*Bouchoucha*), Slg. 1990, I-3551; EuGH, Urt. v. 10.1.1985 Rs. 229/83 (*Leclerc/Au Blé Vert*), Slg. 1985, 1; EuGH, Urt. v. 26.11.1975 Rs. 39/75 (*Coenen/Sociaa-Ecconomische Raad*), Slg. 1975, 1547.

1233 Vgl. EuGH, Urt. v. 20.2.1979, Rs. 120/78 (*Cassis de Dijon*), Slg. 1979, 694 (Tz. 14).

Auf das Wesentliche reduziert lässt sich der Sachverhalt der *TV 10*-Entscheidung wie folgt darstellen: Ein Dienstleistungserbringer (eine nach luxemburgischen Recht gegründete Aktiengesellschaft [*SA*]), die aufgrund grenzüberschreitender Tätigkeit in den Genuss EG-rechtlicher Grundfreiheiten gelangt, wird bei Erbringung ihrer Leistung in einem anderen Mitgliedstaat teilweise den Regelungen unterworfen, die im Dienstleistungsstaat für die dort ansässigen Dienstleistungserbringer gelten. Hierin ist aber nichts anderes zu sehen, als eine gerechtfertigte Beschränkung aufgrund zwingender Allgemeinwohlgründe[1234]. Eine luxemburgische Fernsehanstalt, die auf ihrem angestammten Markt sendet, könnte bei Ausstrahlung in die Niederlande ebenso den dort geltenden Vorschriften unterworfen werden wie eine Sendeanstalt, die von Beginn an ausschließlich in das niederländische Gebiet überträgt. Im Fall *TV 10* gab daher nicht die Umgehungskomponente den Ausschlag dafür, dass die Sendeanstalt *TV 10* durch die Niederlande so behandelt werden darf, als sei sie im Inland ansässig. Entscheidend war vielmehr das Vorliegen des zwingenden Allgemeinwohlgrunds (Kulturpolitik), der durch das niederländische *Mediawet* geschützt werden soll[1235]. Die vorgetragene Umgehungskomponente, Gründung in Luxemburg für Zwecke der Umgehung inländischer Normen, hat der EuGH dagegen nicht als Rechtfertigung akzeptiert. Die in Luxemburg wirksam gegründete TV 10 SA ist nach dem EG-Vertrag Trägerin der Dienstleistungsfreiheit (Art. 49, 55 i.V.m. 48 EG).

d) Niederlassungsfreiheit

Überträgt man das zur Dienstleistungsfreiheit ergangene Urteil *TV 10* auf die Niederlassungsfreiheit, hat das zur Folge, dass der Niederlassungsstaat solche Normen auf ausländische Gesellschaften im Inland anwenden darf, die der Förderung eines zwingenden Allgemeinwohlgrunds dienen. Diese Möglichkeit des Niederlassungsstaats hat aber mit einem Missbrauch der Niederlassungsfreiheit nichts gemein. Die hier aufgestellte These, nach der Missbrauch in den „Umgehungskonstellationen" auf der Rechtfertigungsebene keine eigenständige Bedeutung hat, soll für die Niederlassungsfreiheit näher untersucht werden. Wann liegt ein Missbrauch der Art. 43, 48 EG bzw. ein missbräuchliches Berufen auf die Niederlassungsfreiheit vor, das eine Beschränkung *aus diesem Grunde* rechtfertigen würde?

1234 Ähnlich *Schön*, in: FS Wiedemann, S. 1271, 1290-1294; *Dammann*, 8 Fordham J. Corp. & Fin. L. (2003), 607, 641-644; a.A. wohl GA *Gleelhoed*, Schlussanträge v. 27.2.2003 Rs. C-109/01 (*Akrich*), Slg. 2003, I-9640 (Tz. 98).

1235 Vgl. hierzu auch Schlussanträge GA *Gleelhoed* v. 27.2.2003 Rs. C-109/01 (*Akrich*), Slg. 2003, I-9640 f. (Tz. 101); *Schön*, in: FS Wiedemann, S. 1271, 1294; *Dammann*, 8 Fordham J. Corp. & Fin. L. 607, 641-644 (2003).

GA *La Pergola* hatte sich in *Centros* aufgrund des Parteivortrags eingehend mit dem Missbrauch der Niederlassungsfreiheit beschäftigt. Als Ausgangspunkt seiner Überlegungen greift *La Pergola* die durch den französischen Privatrechtler *Planiol* geprägte Formel auf, wonach „das Recht dort aufhört, wo der Missbrauch beginnt („Le droit cesse où l'abus commence."). *La Pergola* zieht hieraus die überzeugende Schlussfolgerung, dass für die Frage des Missbrauchs die *inhaltliche Reichweite der subjektiven Rechtsposition entscheidend* ist: „Die Prüfung, ob die konkrete Ausübung eines Rechts missbräuchlich ist oder nicht, bedeutet mit anderen Worten nichts anderes, als die inhaltliche Tragweite des Rechtes selbst zu bestimmen[1236]." Die Bestimmung der Reichweite kann dadurch erfolgen, dass man auf das durch die Niederlassungsfreiheit verfolgte Ziel abstellt[1237]. Ziel der Niederlassungsfreiheit ist es, Gesellschaften i.S.v. Art. 48 EG zu ermöglichen, in einem anderen Mitgliedstaaten tätig zu werden[1238]. Ebenso argumentierte der EuGH in den Entscheidungen *Centros* und *Inspire Art*[1239]. Dabei fügte der Gerichtshof noch hinzu, dass auch die Tatsache, Geschäftstätigkeit ausschließlich über eine Zweigniederlassung abzuwickeln, kein missbräuchliches Verhalten begründet[1240].

Worin liegt nun aber das von den Parteien in den Rechtssachen *Segers*, *Centros* vorgetragene Missbrauchsmoment begründet? Der Gerichtshof und die Beklagten der angeführten Rechtstreits[1241], die ein die Niederlassungsfreiheit missbrauchendes Verhalten der Kläger annehmen, legen ihren Rechtsansichten unterschiedliche Sachverhalte zugrunde. Die Befürworter einer Missbrauchskonstellation in *Segers* und *Centros* beziehen das Verhalten und die Motivation der Kläger in den Sachverhalt mit ein[1242]. Im Fall *Centros* reisten die *Centros*-Gründer unbestritten mit der Intension nach England, die in Dänemark geltenden Mindestkapitalvorschriften zu umgehen. Dort gründeten sie eine Gesellschaft englischen Rechts. Von Beginn an stand dabei für die Gesellschaftsgründer fest, dass die Gesellschaft unter dem „Deckmantel" einer Zweigniederlassung ausschließlich in Dänemark aktiv werden sollte. Der EuGH bezog die Motivation der

---

1236 Schlussanträge GA *La Pergola* v. 16.7.1998 Rs. C-212/97 (*Centros*), Slg. 1999, I-1477 (Tz. 20).

1237 EuGH, Urt. v. 30.9.2003 Rs. C-167/01 (*Inspire Art*), Slg. 2003, I-10234 (Tz. 137); vgl. hierzu *Schön*, in: FS Wiedemann, S. 1271, 1290.

1238 Schlussanträge GA *La Pergola* v. 16.7.1998 Rs. C-212/97 (*Centros*), Slg. 1999, I-1477 f. (Tz. 20).

1239 EuGH, Urt. v. 9.3.1999 Rs. C-212/97 (*Centros*), Slg. 1999, I-1493 (Tz. 26); EuGH, Urt. v. 30.9.2003 Rs. C-167/01 (*Inspire Art*), Slg. 2003, I-10234 f. (Tz. 136-139); ebenso Schlussanträge GA *Gleelhoed* v. 27.2.2003 Rs. C-109/01 (*Akrich*), Slg. 2003, I-9640 (Tz. 100): „Insbesondere darf sich die Beschränkung nicht auf ein Element beziehen, das der Ausübung einer durch den EG-Vertrag garantierten Freiheit inhärent ist, [...]."

1240 EuGH, Urt. v. 10.7.1988 Rs. 79/85 (*Segers*), Slg. 1988, 2388 (Tz. 16); EuGH, Urt. v. 9.3.1999 Rs. C-212/97 (*Centros*), Slg. 1999, I-1494 (Tz. 29); EuGH, Urt. v. 30.9.2003 Rs. C-167/01 (*Inspire Art*), Slg. 2003, I-10235 (Tz. 139).

1241 *Bestuur van de Bedrifsvereniging voor Bank- en Verzekeringswezen, Groothandel en Vrije Beoepen* (im Fall *Segers*) und *Erhvervs- og Selskabsstyrelsen* (im Fall *Centros*).

1242 Vgl. dazu EuGH, Urt. v. 10.7.1986 Rs. 79/85 (*Segers*), Slg., 1986, 2386 (Tz. 10); EuGH, Urt. v. 9.3.1999 Rs. C-212/97 (*Centros*), Slg. 1999, I-1490 (Tz. 16).

Centros-Gründer in seine Entscheidung dagegen nicht ein: Ausgangspunkt seiner Prüfung ist es, dass einer in einem EU-Mitgliedstaat wirksam gegründeten *Gesellschaft*, die Eintragung einer Zweigniederlassung in einem anderen EU-Mitgliedstaat versagt wird. Im Fall *Segers* prüfte der EuGH, ob es mit der Niederlassungsfreiheit vereinbar ist, den Geschäftsführer einer englischen *Limited* in den Niederlande im Verhältnis zu Geschäftsführern niederländischer Gesellschaften ungleich zu behandeln.

aa) Einschaltung einer Kapitalgesellschaft

Die Prüfung des Gerichtshofs überzeugt. In beiden Fällen geht es nicht um die Niederlassungsfreiheit der Gründungs-*Gesellschafter*, sondern die der *Gesellschaft*[1243]. Die Centros Ltd. ist mit wirksamer Gründung nach englischem Gesellschaftsrecht *als solche* Niederlassungsfreiheitssubjekt. Die Umgehungsabsicht der Gesellschaftsgründer im Zusammenhang mit der Gesellschaftsgründung können sich daher einzig im Gründungsstadium auswirken. Mit Eintragung der Gesellschaft ins Register „verpuffen" die Motive der Gesellschaftsgründer. Gründungstheoriestaaten sehen es - anders als Sitztheoriestaaten - nicht als missbräuchlich an, sich nach ihrem Recht zu gründen, in der Folge aber ausschließlich im Ausland zu agieren[1244]. Diejenigen, die die aus nationaler Sicht bestehende missbrauchsbegründende Absicht der Gesellschafter in den zu entscheidenden Sachverhalt einbeziehen wollen, verschließen sich der Trennung zwischen der Niederlassungsfreiheit natürlicher und juristischer Personen.

bb) TV 10 und Inspire Art

Die Sachverhalte *Centros*, *Inspire Art*, *Segers* und auch *TV 10* stellen keine *„U-turn-constructions"* dar[1245]. Es handelt sich hierbei lediglich um grenzüberschreitende Geschäftsverlagerungen von Gesellschaften bzw. die Erbringung einer Dienstleistung über die Staatsgrenze hinaus. Um bei den Anglizismen zu bleiben, handelt es sich in diesen Fällen um *„straight-on-constructions"*[1246]. Die Trennung zwischen der Niederlassungsfreiheit natürlicher und juristischer Personen nimmt der EG-Vertrag in Art. 48 EG

1243 Ebenso *Rehberg*, The European Legal Forum 2004, 1, 4 f.

1244 *Schurig*, in: Liber Amicorum Kegel, S. 198, 219.

1245 So auch *Rehberg*, The European Legal Forum 2004, 1, 8; dies übersieht *Kindler*, NZG 2003, 1086, 1088; a.A. *Looijestijn-Clearie*, 5 EBOR 389, 409-414 (2004).

1246 Anders wäre der Sachverhalt möglicherweise dann zu beurteilen, wenn die juristische Person ihre Geschäftstätigkeiten mit der Absicht in einen anderen Mitgliedstaat verlegt, den Verwaltungssitz kurz darauf wieder in den Gründungsstaat zurückzuverlegen, um auf diesem Wege nationale Regelungen an der Niederlassungsfreiheit überprüfen zu lassen. Vgl. zu diesem Gedanken auch *Rehberg*, The European Legal Forum 2004, 1, 4.

ausdrücklich vor. Weshalb hätte der Gerichtshof in seinen Entscheidungen *Segers*, *Centros* und *Inspire Art* den Gründungsvorgang in den Sachverhalt mit einbeziehen sollen? In der Gründungsphase, d.h. bis zur Entstehung eines selbständigen Niederlassungssubjekts ist die Ausübung der Niederlassungsfreiheit der Gesellschaftsgründer betroffen. Ob es sich bei den Gründern um natürliche oder juristische Personen handelt, hat dabei keine Bedeutung. Gemeinschaftsrechtlich besehen ist der Gründungsvorgang vom Niederlassungssachverhalt der Gesellschaft losgelöst. Die Trennung zwischen juristischer und natürlicher Person gilt es auch im Europarecht zu akzeptieren[1247]. Die Aufspaltung von Gesellschaftsgründung und den Niederlassungsvorgang der bestehenden Gesellschaft als „formal" zu bezeichnen[1248], leugnet diesen Umstand. Es geht vorliegend nicht um die Spaltung eines einheitlichen Sachverhalts. Vielmehr liegen zwei voneinander getrennte Sachverhalte vor.

Die Umgehungsabsicht der Gründer kann der juristischen Person auch dann nicht zugerechnet werden, wenn die Gesellschafter neben ihrer Gesellschafterstellung auch als Organ der Gesellschaft fungieren. Die Centros Ltd. trat mit Eintragung ins englische Handelsregister unbelastet ins „Leben". Die Absicht der Gesellschaftsgründer, nationale Gründungsvoraussetzungen zu umgehen, wirkt sich weder nachteilig auf die rechtlich verselbständigte Gesellschaft aus, noch vermochte sie die Gründung selbst zu beeinflussen[1249]. Ferner sind die Umgehungsintensionen der *Centros*-Gründer der Centros Ltd. nicht zurechenbar. Dem *Centros*-Sachverhalt fehlt es mithin sowohl an einem subjektiven als auch an einem objektiven Missbrauchsmoment. Das Ziel der Art. 43, 48 EG wird u.a. durch die Gründung einer Sekundärniederlassung in einem anderen Mitgliedstaat erreicht. Es ist aber nicht zu übersehen, dass durch die Einschaltung einer juristischen Person die Möglichkeit besteht, Umgehungsabsichten der Gründer „reinzuwaschen"[1250]. Ob sich die gleiche Konstruktion mit Personengesellschaften verwirklichen lässt, wofür der Wortlaut von Art. 48 EG spricht, ist nicht Gegenstand der Untersuchung. Die Verweigerung der Nichteintragung der Zweigniederlassung im Fall *Centros* hätte demnach nur noch mit einem anderen zwingenden Allgemeinwohlgrund gerechtfertigt werden können. Der vorgetragene Gläubigerschutz konnte den EuGH aber nicht überzeugen.

1247 *Dammann*, 8 Fordham J. Corp. & Fin. L. 607, 642-644 (2003); a.A. *Looijestijn-Clearie*, 5 EBOR 389, 409-414 (2004).

1248 So aber *Schön*, in: FS Wiedemann, S. 1271, 1293; *Rehberg*, The European Legal Forum 2004, 1, 4 f.. Der GA *Lenz* hatte in seinen Schlussanträgen in der Rechtssache *TV 10* ebenfalls darauf hingewiesen, dass die Gründung der juristischen Person im Ausland als Teil des Umgehungsmanövers anzusehen sei (vgl. Schlussanträge GA *Lenz* v. 16.6.1994 Rs. C-23/93 [*TV 10*], Slg. 1994, I-4814 f. [Tz. 64]: „Andererseits ist nicht zu verkennen, daß in einem Fall potentieller Gesetzesumgehung bereits die Errichtung einer juristischen Person Teil des Umgehungsmanövers sein kann.").

1249 Vgl. *Schön*, in: FS Wiedemann, S. 1271, 1293.

1250 Vgl. auch *Wattel*, 32 CMLRev. (1995), 1257, 1264; die "starke Einschränkung des Missbrauchsgedankens" bedauernd *Rehberg*, The European Legal Forum 2004, 1, 4 f.

cc) Segers

In der *Segers*-Entscheidung stellte der EuGH ebenso die als missbräuchlich angesehene Absicht des späteren Geschäftsleiters und Alleingesellschafters einer in England gegründeten - aber ausschließlich in den Niederlande operierenden Gesellschaft - nicht in seine Erwägungen ein. Herr *Segers* konnte als Selbstständiger nicht Mitglied in der Angestellten-Krankenversicherung (*Bedrijfsvereniging*) werden. Um gleichwohl in den Genuss der Leistungen der Krankenversicherung zu gelangen, kaufte Herr *Segers* sämtliche Geschäftsanteile einer englischen *Limited* und übertrug seinen Geschäftsbetrieb auf diese Gesellschaft. In der Folge bestellte er sich als Geschäftsführer der *Slenderose Ltd.* und erlangte damit den Status eines Angestellten. Gegen die Ungleichbehandlung von Geschäftsführern ausländischer Gesellschaften durch das niederländische Krankenversicherungsgesetz setzte sich *Segers* vor dem EuGH erfolgreich zur Wehr. Der Gerichtshof konzentrierte sich auch in diesem Fall ausschließlich auf das Vergleichspaar in- und ausländische Kapitalgesellschaft und hielt eine die Niederlassungsfreiheitsbeschränkung der *Slenderose Ltd.* für gegeben.

dd) Beurteilung

Mit der vom EuGH in den Entscheidungen *Centros* und *Segers* angeführten Begründung ließe sich auch der in der Sache erfolglose Missbrauchseinwand in den Rechtssache *TV 10* entkräften. *TV 10* firmiert als luxemburgische *SA.* Von dieser im Fürstentum Luxemburg domizilierten Gesellschaft ging auch eine Geschäftstätigkeit aus, womit ein gemeinschaftsrechtsrelevanter Sachverhalt vorlag[1251]. Anders als bei der Niederlassungsfreiheit liegt es in der Natur der Dienstleistungsfreiheit, dass ein tatsächlicher Transfer von Dienstleistungen über die Grenze hinweg stattfinden muss. Andernfalls wäre die Tätigkeit im Inland als Niederlassung zu qualifizieren, und damit die Niederlassungsfreiheit betroffen. Mit der Gründung war *TV 10* Trägerin der Dienstleistungsfreiheit. Folglich lag *TV 10* eine den Rechtssachen *Centros* und *Segers* vergleichbare Konstellation zugrunde. Der Unterschied zwischen *Segers* auf der einen und *Centros*, *TV 10* auf der anderen Seite besteht allein darin, dass in *Segers* eine inländergleiche Behandlung angestrebt wurde. Hingegen verfolgten die Gründer von *Centros* und *TV 10* die Absicht, bestehende Vorschriften am angestrebten Tätigkeitsort zu umgehen. Abschließend ist anzumerken, dass der vom *Mediawet* vermittelte Schutz für den heimischen Markt in der Rechtssache *TV 10* vom EuGH als gerechtfertigte Beschränkung der Dienstleistungsfreiheit anerkannt wurde. Dagegen konnte die Ungleichbehandlung in *Segers*, wie auch die Versagung der Eintragung einer Zweigniederlassung im Fall

Centros, mangels im Allgemeininteresse stehenden mitgliedstaatlichen Rechts nicht gerechtfertigt werden[1252].

ee) Fazit

Der Missbrauch als zwingender Allgemeinwohlgrund entfaltet keine eigenständige Bedeutung[1253]. Die Ausführungen hierzu haben zu der Erkenntnis geführt, dass der Missbrauch der Niederlassungsfreiheit in den Umgehungsfällen nur angelehnt ist. Die Anerkennung eines Missbrauchsfalls hat der EuGH stets davon abhängig gemacht, ob die umgangene nationale Norm im Falle beschränkender Wirkung ihrerseits den europäischen Rechtfertigungstest besteht. Besteht für die Durchsetzung der national als zwingend erachteten Norm auch ein europäisches Bedürfnis, kann die nationale Vorschrift angewandt werden. Ist dieses Kriterien erfüllt, kann die nationale Regelung aber auch auf EU-Ausländern gleichgestellte Inländer angewandt werden[1254]. Die Beschränkung der Grundfreiheit gilt in diesem Fall als gerechtfertigt. Einer zusätzlichen Missbrauchskomponente bedarf es für die Anwendung nationalen Rechts nicht. Zusammenfassen lässt sich: Durch Einschaltung einer juristischen Person können Umgehungsabsichten natürlicher Personen neutralisiert werden. Verhindert wird im Ergebnis das Entstehen einer „*U-turn-construction*". Aber auch ohne das Zwischenschalten einer juristischen Person, hat der Missbrauch keine eigenständige Bedeutung, weil die umgangene nationale Norm ihrerseits immer gemeinschaftsrechtskonform sein muss. Erfüllt sie diese Anforderung, kann sie aber auch gegenüber allen natürlichen Personen unabhängig vom Vorliegen von Missbrauchsmotiven zur Anwendung gebracht werden.

e) Erörterung vermeintlicher Missbrauchskonstellationen

Die abstrakten Erwägungen zum Missbrauch, sollen nunmehr auf die in der Literatur diskutierten Missbrauchskonstellationen übertragen werden. Im Zusammenhang mit Gesellschaftsgründungen wird regelmäßig die Umgehung im Inland bestehender Gläu-

1251 *Wattel*, 32 CMLRev. (1995), 1257, 1267.

1252 *Wattel*, 32 CMLRev. 1257, 1265 (1995).

1253 I.E. ebenso *Ebke*, in: Gesellschaftsrecht, S. 101, 104; *Hofstötter*, ELR 2003, 421, 424: „[...]: die Missbrauchskeule ist morsch geworden (stumpf war sie schon immer); [...]."; *Spindler/Berner*, RIW 2004, 7, 9; *dies.*, RIW 2003, 949, 954; vgl. zum Missbrauch der Niederlassungsfreiheit vgl. *Sandrock*, ZVglRWiss 102 (2003), 447, 461-464; *Leible/Hoffmann*, EuZW 2003, 677, 681; *Baudenbacher/Buschle*, IPRax 2004, 26, 28.

1254 Ausgenommen hiervon sind Sachverhaltskonstellationen, in denen der EuGH bereits die Anwendbarkeit des Europarechts verneint. Vgl. *Wattel*, 32 CMLRev. 1257, 1267-1270 (1995).

bigerschutz- und Mitbestimmungsregelungen als missbräuchlich ins Feld geführt[1255]. Zur Bekämpfung des Missbrauchs seien die Rechtsfolgen der Sitztheorie zumindest in Bezug auf die Tätigkeitsausübungsphase einer Gesellschaft gerechtfertigt. Diese Auffassung beruht auf der unzutreffenden Prämisse, dass die Gläubigerschutzmechanismen anderer Rechtsordnungen hinter dem nationalen Niveau zurück bleiben. Jedenfalls findet diese nationale Wertung beim EuGH kein Gehör. Die Motivation der Gesellschaftsgründung begründet unter Berücksichtigung des Ziels der Niederlassungsfreiheit keinen Missbrauchstatbestand, wie der Gerichtshof in der Entscheidung *Inspire Art* erneut hervorhebt. Es werde lediglich davon Gebrauch gemacht, was durch die Art. 43, 48 EG gewährleistet sei[1256]. Ohne das Kind beim Namen zu nennen, verdeutlicht der EuGH zutreffend, dass er die Gesellschaften und nicht die dahinter stehenden Gesellschafter als Ausgangspunkt niederlassungsrechtlicher Erwägungen begreift.

aa) Ausnutzen von Schutzlücken

Von *Hirte* wird der angesprochene Missbrauchsgesichtspunkt dahingehend erweitert, dass bei grenzüberschreitenden Verwaltungssitzverlegungen über die Ausschaltung der im Inland geltenden Gründungsvoraussetzungen hinaus auf ein vergleichsweise milderes Insolvenzrecht abgezielt werde[1257]. Abstrakt betrachtet erachtet *Hirte* es für missbräuchlich, international-privatrechtlich ausgelöste Schutzlücken (Fälle des Normenmangels) bewusst auszunutzen. Auf eine weitere materiell-rechtlich ausgelöste Schutzlücke weist *Kieninger* hin. Durch die Verlegung des Verwaltungssitzes aus dem Gründungsstaat heraus, könnte die im englischen Gesellschaftsrecht verankerte gläubigerschützende Staatsaufsicht wegen ihrer territorial begrenzten Reichweite nicht ausgeübt

---

1255 *Gyrhalter/Gänßler*, NZG 2003, 409, 413; *v. Halen*, WM 2003, 571, 576; *Großerichter*, DStR 2003, 159, 168; *Zimmer*, BB 2003, 1, 4; *Forsthoff*, DB 2002, 2471, 2477; *Hirsch/Britain*, NZG 2003, 1100, 1103; AG Hamburg NJW 2003, 2835, 2836: „Das Gericht bewertet bereits die alleinige Tatsache der fehlenden tatsächlichen Kapitalausstattung einer Gesellschaft bei gleichzeitiger Haftungsbeschränkung der Gesellschafter eines ausschließlich in Deutschland operierenden, nach ausländischem Recht gegründeten Unternehmens als Indiz für eine Rechtsmiss-bräuchlichkeit. [...] Letztlich kann diese Frage aber offen bleiben."; auf die Entscheidung des AG Hamburg eingehend *Sandrock*, ZVglRWiss 102 (2003), 447, 463 f.; *Geyrhalter/Gäßler*, DStR 2003, 2167, 2171; die Entscheidung zu Recht kritisierend *Weller*, IPRax 2003, 520, 521-524; *Brenner*, EWiR 2003, Art. 3 EuInsVO 4/03, 925 f.

1256 Dieser Ansicht hat der EuGH in *Inspire Art* erneut eine klare Absage erteilt (EuGH, Urteil v. 30.9.2003 Rs. C-167/01 [*Inspire Art*], Slg. 2003, I-10235 [Tz. 138]; vgl. insoweit bereits EuGH, Urt. v. 3.9.1999 Rs. C-212/97 [*Centros*], Slg. 1999, I-1493 [Tz. 27]; EuGH, Urt. v. 10.7.1986 Rs. 79/85 [*Segers*], Slg. 1986, 2388 [Tz. 16]); zustimmend *Hofstötter*, ELR 2003, 421, 424 *Hofstötter* spricht treffend vom „Missbrauch des Missbrauchsarguments"; *Kersting/Schindler*, RdW 2003, 621, 623 f.; *Geyrhalter/Gänßler*, DStR 2003, 2167, 2169; a.A. dennoch AG Hamburg NJW 2003, 2835, 2836.

1257 *Hirte*, EWS 2003, 521, 522; bedauernd *v. Hase*, BuW 2003, 944, 948; vgl. *Schön*, Der Konzern 2004, 162, 170.

werden[1258]. Solche kollisionsrechtlichen Schutzlücken sind hausgemacht und können im Wege einer *Angleichung* geschlossen werden[1259]. Zudem wird der Stellenwert der englischen Staatsaufsicht erheblich überbewertet[1260]. Das vorrangige Gemeinschaftsrecht nimmt auf die im nationalen Kollisionsrecht beheimateten Konflikte keine Rücksicht. Der EuGH hat schon in seiner *Centros* Rechtsprechung darauf hingewiesen, dass der Ausnutzung unterschiedlicher Regelungsniveaus allein durch Harmonisierung, nicht aber durch Annahme eines Missbrauchs ein Riegel vorgeschoben werden kann[1261]. Die Grundfreiheiten dürfen trotz etwaig entstehender Schutzlücken nicht im Vorfeld in ihrer Reichweite beschnitten werden.

bb) Umgehung von Berufsverboten

Eine weitere Missbrauchskonstellation wollen Teile des Schrifttums[1262] wie auch einige Instanzgerichte[1263] in folgendem Sachverhalt sehen: Eine im Inland aufgrund verwaltungsrechtlicher Entscheidung mit einem Berufsverbot (§ 35 Abs. 1, 8 GewO) belegte natürliche Person gründet im Ausland eine Kapitalgesellschaft und bestellt sich als Geschäftsführungsorgan dieser Gesellschaft. Gleiches Spiel kann auch durch eine im Inland wegen einer Insolvenzstraftat nach §§ 283-283 d StGB rechtskräftig verurteilten Person getrieben werden. In beiden Fällen wäre die Bestellung zum Geschäftsführer einer deutschen GmbH für einen bestimmten Zeitraum aus Verkehrsschutzgründen unmöglich (§ 6 Abs. 2 GmbHG).

Die Gründung einer ausländischen Kapitalgesellschaft durch eine im Inland mit Berufsverbot belegten natürlichen Person, die sich als Organ der ausländischen Gesellschaft bestellen lässt, wird als Missbrauch der Art. 43, 48 EG angesehen[1264]. Zur Lösung dieses Problems gilt es einmal mehr, zwischen der Niederlassungsfreiheit der Gesellschaft und der natürlicher Personen zu unterscheiden. Ausgangspunkt der Sachverhaltsbeurteilung ist erneut die im Ausland wirksam gegründete Gesellschaft. Die Bestellung der in Deutschland mit einem Geschäftsführungsverbot belegten Person zum Organ der

---

1258 *Kieninger*, ZGR 28 (1999), 724, 742 f. *Kieninger* bezweifelt indes, dass ein solches Argument Gehör beim EuGH finden wird.

1259 Vgl. dazu oben S. 219 ff.

1260 Vgl. dazu oben Fn. 923.

1261 EuGH, Urt. v. 9.3.1999 Rs. C-212/97 (*Centros*), Slg. 1999, I-1493 (Tz. 28): „Es bleibt dem Rat jederzeit überlassen, aufgrund der ihm durch Art. 54 Abs. 3 Lit. g EG-Vertrag überlassenen Befugnisse diese Harmonisierung zu vervollständigen."

1262 *Knapp*, DNotZ 2003, 85, 89; *Hirte*, EWS 2003, 521, 522; *Schanze/Jüttner*, AG 2003, 661, 669; *Eidenmüller*, JZ 2004, 24, 26; *Eidenmüller/Rehm*, ZGR 33 (2004), 159, 179 f.; *Behrens* zitiert nach Rehberg, IPRax 2003, 175, 177; differenzierend *Rehberg*, The European Legal Forum 2004, 1, 6; *Brand*, JR 2004, 89, 92.

1263 OLG Zweibrücken GmbHR 530, 532; LG Trier NZG 2003, 778.

1264 *Knapp*, DNotZ 2003, 85, 89; zweifelnd *Wymeersch*, in: Liber Amicorum Buxbaum, S. 629, 646 f.

ausländischen Gesellschaft bestimmt sich nach dem anwendbaren Gründungsrecht und ist im Niederlassungsstaat hinzunehmen[1265]. Mit der Funktion als *Gesellschafter* einer mit einem Berufsverbot belasteten Person hat von wenigen Ausnahmen abgesehen im Übrigen trotz der weitreichenden Weisungsbefugnisse der Gesellschafterversammlung auch das deutsche Recht keine Probleme[1266]. Die Auslandsgesellschaft ist als wirksam nach dem Recht eines Mitgliedstaats gegründete Gesellschaft Trägerin der Niederlassungsfreiheit. Insoweit kann auf die oben geführte Diskussion verwiesen werden[1267]. Geht man von der Lokalisierung des Missbrauchs auf Tatbestandsebene aus, so kann der *Gesellschaft* die Berufung auf Art. 43, 48 EG wegen Missbrauchs nicht versagt werden. Ebenso wenig ließe sich nach meiner Einschätzung die Nichtanerkennung der Gesellschaft mit dem zwingenden Allgemeinwohlgrund „Missbrauchsbekämpfung" rechtfertigen[1268]. Eine derartige Sanktion würde zwar mittelbar auch die mit Umgehungsabsicht handelnde natürliche Person treffen. Zuvorderst aber die Gesellschaft selbst. Da die Nichtanerkennung der Gesellschaft die Niederlassungsfreiheit der Gesellschaft nicht nur beschränkt, sondern negiert ist eine Rechtfertigung bereits ausgeschlossen.

Eine ganz andere Frage ist es dagegen, ob der Gesellschaft mit Verwaltungssitz in Deutschland aufgegeben werden kann, eine nationalen Anforderungen genügende Person als Vertretungsorgan zu bestellen. Hierfür müsste, da es sich auch hierbei um eine Beschränkung der Niederlassungsfreiheit der Gesellschaft handelt, das mit den §§ 6 Abs. 2 GmbHR, 76 Abs. 3 S. 3 und 4 AktG verfolgte Ziel durch einen zwingenden Allgemeinwohlgrund gedeckt sein. Das Anliegen, den Rechtsverkehr vor nicht qualifizierten Organen zu schützen, ist ein legitimes und zudem ein auch in anderen europäischen Rechtsordnungen verankertes Bedürfnis. Damit stehen die Chancen einer Rechtfertigung des geschilderten Eingriffs in die Niederlassungsfreiheit der Gesellschaft gut. Zumal durch die Beschränkung nicht gleichzeitig in die *Identiät* der Gesellschaft eingegriffen wird.

1265 Ebenso *Wymeersch*, in: Liber Amicorum Buxbaum, S. 629, 646. Wünschenswert wäre ein europäisches Register, in das alle Berufsverbote einzutragen sind. Eine Bestellung zum Geschäftsführungsorgan einer juristischen Person könnte auf diese Weise bereits verhindert werden. Hieran besteht auch ein grenzüberschreitendes Interesse, da Geschäftsführungsverbote wohl europaweit Bestandteil nationaler Rechtsordnungen sind. Als Beispiel sei der *CDDA* in England genannt.

1266 S. dazu *Ziemons*, ZIP 2003, 1913, 1917.

1267 Vgl. dazu oben S. 271 ff.

1268 Tendenziell so auch *Wymeersch*, in: Liber Amicorum Buxbaum, S. 629, 647; i.E. auch *Ziemons*, ZIP 2003, 1913, 1917.

cc) *Existenzvernichtungshaftung als Sanktion*

Ferner überzeugt es nicht, die Anwendung der deutschen Existenzvernichtungshaftung mit Missbrauchserwägungen zu rechtfertigen[1269]. Es wird insoweit vertreten, dass die Durchbrechung des Trennungsprinzips (§ 13 Abs. 2 GmbHG) als Sanktion für einen Rechtsformmissbrauch europarechtlich gerchtfertigt sei. Die Geltung der Existenzvernichtungshaftung für Auslandsgesellschaften mit Verwaltungssitz im Inland soll demnach rechtstechnisch neben der kollisionsrechtlichen Qualifizierung unter das Insolvenz-[1270] oder Deliktsstatut[1271] nunmehr auch unter dem Gesichtspunkt einer gemeinschaftsrechtlich zulässigen Missbrauchsbekämpfungsmaßnahme erzwungen werden[1272]. Obgleich die Anwendung der Existenzvernichtungshaftung weniger einschneidende Rechtsfolgen verursacht als die Nichtanerkennung der Gesellschaft im Niederlassungsstaat, so haben die in der Literatur angesellten Erwägungen mit dem vom EuGH angesprochenen Missbrauch der Art. 43, 48 EG nichts gemein. Vielmehr spielt die im Schrifftum angeführte Argumentation allein auf materiell-rechtlicher Ebene.

Missbräuchlich ist es, sich die Haftungsbeschränkung einer Gesellschaft zielgerichtet zum Nachteil der Gläubiger zu Nutze zu machen. Dieses Phänomen ist aber allgemeingültig und gilt für alle Gesellschaften mit eigener Rechtspersönlichkeit. Ein Kausalzusammenhang mit der Niederlassungsfreiheit besteht nicht[1273]. Mit einer deutschen juristischen Person kann ebenso „Schindluder" betrieben werden wie mit einer im Ausland gegründeten Gesellschaft, die Geschäfte im Inland betreibt. Der EuGH erkennt die Bekämpfung des Missbrauchs als zwingenden Allgemeinwohlgrund hingegen nur für die Fälle an, in dem die Niederlassungsfreiheit *selbst* missbräuchlich oder betrügerisch in Anspruch genommen wird. Der Rechtsformmissbrauch, der in Deutschland mit dem Wegfall der Haftungsbeschränkung sanktioniert wird, knüpft aber gerade nicht an ein Verhalten an, dass im Zusammenhang mit dem Gebrauch der Art. 43, 48 EG steht[1274]. Der Rechtsformmissbrauch knüpft an ein pflichtwidriges Verhalten von

---

1269 So *Zimmer*, NJW 2003, 3585, 3589; *G. Roth*, NZG 2003, 1081, 1085; *Kindler*, NZG 2003, 1086, 1089 f.; *Weller*, DStR 2003, 1800, 1803 f.; *ders.*, IPRax 2003, 207, 209; *Sandrock*, ZVglRWiss 102 (2003), 447, 464; *Drygala*, EWiR Art. 43 EG 4/03, 1029, 1030; *ders.*, ZEuP 2004, 337, 347; *Karsten*, NJ 2003, 122, 123; zurückhaltender *Schulz/Dörrbecker*, BuW 2003, 990, (994): „Anhaltspunkte für einen *Missbrauch der Niederlassungsfreiheit* können sich auch in den Fällen der Durchgriffshaftung ergeben."; *Horn*, NJW 2004, 893, 899; *Eidenmüller*, ZIP 2002, 2233, (2242); *Horn*, NJW 2004, 893, 899; missverständlich *Borges*, ZIP 2004, 733, 742; a.A. *Eidenmüller*, JZ 2004, 25, 26; *Spindler/Berner*, RIW 2004, 7, 9; wohl auch *Behrens*, JZ 2004, 20, 25; *Sandrock*, ZVglRWiss 102 (2003), 447, 463 f., 482-484; *Kersting/Schindler*, RdW 2003, 621, 624 f.; überzeugend *Kieninger*, ZEuP 2004, 685, 697-699.

1270 *Weller*, IPRax 2003, 207, 209.

1271 *Schanze/Jüttner*, AG 2003, 661, 669.

1272 Vgl. *Kindler*, NZG 2003, 1086, 1089; *Drygala*, ZEuP 2004, 337, 347 dort Fn. 55; *Horn*, NJW 2004, 893, 899; *Eidenmüller*, JZ 2003, 526, 529.

1273 Vgl. *Kieninger*, ZEuP 2004, 685, 697-699.

1274 Vgl. *Kieninger*, ZEuP 2004, 685, 697-699.

Gesellschaftern gegenüber einem rechtlich verselbständigen Rechtssubjekt an. Eine Zweckentfremdung der Niederlassungsfreiheit ist in einem solchen Fall nicht gegeben[1275].

Ebenso verhält es sich in dem vom AG Hamburg entschiedenen Fall. Dem der Entscheidung zu Grunde liegenden Sachverhalt wurde zu Unrecht ein Missbrauch der Niederlassungsfreiheit entnommen[1276]. Zudem verkennt das AG Hamburg, dass für die Frage, wann ein Rechtsformmissbrauch vorliegt und welche Sanktion dieser nach sich zieht, das Gründungsrecht zu befragen ist[1277]. Es obliegt der Rechtsordnung, die die Gesellschaft hat entstehen lassen, darüber zu befinden, ob das Privileg der Haftungsbeschränkung missbraucht wurde. Eine solche Entscheidung trifft das nationale Gesellschaftsrecht für im Inland gegründete Gesellschaften, nicht aber für zugezogene EU-Kapitalgesellschaften. In der Ausgestaltung des Innenrechts einer Gesellschaft, dem letztlich jeder gesellschaftsrechtliche Haftungsgrund zu entnehmen ist, sind die Mitgliedstaaten frei. Eingriffe sind im Bereich des gesellschaftsrechtlichen Gläubigerschutzes nicht rechtfertigungsfähig, weil sie regelmäßig nicht *erforderlich* im Sinne des „Vier-Faktoren-Tests" sind[1278]. Freilich kommt in dem vom AG Hamburg entschiedenen Fall eine Haftung der Gesellschafter nach § 826 BGB in Betracht. Hierbei handelt es sich aber nicht um eine Durchgriffshaftung[1279].

III. Nichtdiskriminierung, Geeignetheit und Erforderlichkeit

Neben dem Vorliegen eines zwingenden Allgemeinwohlinteresses darf die nationale Regelung keine *diskriminierende* Wirkung entfalten[1280]. Ferner muss sie *geeignet* und

---

1275 Ebenso *Eidenmüller/Rehm*, ZGR 33 (2004), 159, 178-180 (fehlender Rechtswidrigkeitszusammenhang).

1276 Zur Entscheidung des AG Hamburg vgl. oben S. 182 ff. Dem AG Hamburg hinsichtlich des festgestellten Missbrauchs zustimmend *Sandrock*, ZVglRWiss 102 (2003), 447, 463, 474; grundsätzlich auch *Gyerhalter/Gänßler*, DStR 2003, 2167, 2171; *Rehberg*, The European Legal Forum 2004, 1, 6; tendenziell *Eidenmüller*, JZ 2004, 24, 26; *Brand*, JR 2004, 89, 92; *Ulmer*, NJW 2004, 1201, 1203; *Kindler*, in: FS Jayme, S. 409, 413 f.; zweifelnd *Eidenmüller/Rehm*, ZGR 33 (2004), 159, 179 f.; ablehnend *Weßling/Romswinkel*, GmbHR 2003, R 441, 442.

1277 In diese Richtung auch *Rehberg*, The European Legal Forum 2004, 1, 6; *Kersting/Schindler*, 4 GLJ 1277, 1289 (2003); a.A. *Eidenmüller*, ZIP 2002, 2233, 2242; *Hirte*, EWS 2002, 573, 574; *Lutter*, BB 2003, 7, 10; *Weller*, DStR 2003, 1800, 1803; *Paefgen*, DB 2003, 487, 488; *Schulz*, NJW 2003, 2705, 2706.

1278 *Eidenmüller/Rehm*, ZGR 33 (2004), 159, 173-175; tendenziell auch *Heldrich*, in: Palandt Anh. zu Art. 12 EGBGB, Rdn. 8 a.E.; a.A. *Weller*, IPRax 2003, 207, 209; *Schulz*, NJW 2003, 2705, 2708; vorsichtiger *Sandrock*, ZVglRWiss 102 (2003), 447, 485 f.

1279 Vgl. dazu oben S. 210 ff.

1280 Eine Ausnahme von diesem Grundsatz stellen die vom EuGH entschiedenen „Umweltfälle" dar (vgl. z.B. EuGH, Urt. v. 13.3.2001 Rs. C-379/98 [*Preussen Elektra*], Slg. 2001, I-2099; EuGH, Urt. v. 13.12.2001 Rs. C-324/99 [*Daimler Chrysler*], Slg. 2001, I-9897). In diesem Fall hat es der EuGH vermieden, zur Frage der vorliegenden Diskriminierung nationaler Regelungen Stellung zu

erforderlich sein, das von ihr verfolgte Ziel zu erreichen. Gegen das hierin zum Ausdruck kommende Verhältnismäßigkeitsprinzip wird bei *pauschaler* Anwendung *generalpräventiver* Maßnahmen, wie etwa der Oktroyierung eines Kapitalaufbringungs- und Kapitalerhaltungsrechts, verstoßen. Das Verhältnismäßigkeitsprinzip fordert dazu auf, die Notwendigkeit der Anwendung nationaler Normen im *konkreten Einzelfall* nachzuweisen[1281]. In der *Centros*-Entscheidung hat der Gerichtshof der Mindestkapitalausstattung gleich aus zwei Gründen eine Absage erteilt. Zum einen seien solche Maßnahmen im konkreten Fall nicht *geeignet* das erfolgte Ziel zu erreichen[1282], zum anderen sei die Maßnahme unverhältnismäßig, d.h. nicht *erforderlich*, weil ein milderes Mittel zur Verfügung stehe[1283].

1. Diskriminierung

Die Überlagerung fremder Gesellschaftsstatute mit nationalen Vorschriften werden dem Rechtsgedanken der Sitztheorie folgend nur bei solchen Auslandsgesellschaften vorgenommen, deren effektiver Verwaltungssitz im Inland belegen ist. Nur in einem solchen Fall ist nach der Sitztheorie der Statutenwechsel gerechtfertigt. Inwieweit dieses Abgrenzungskriterium im Sinne des europäischen Rechtfertigungstests *geeignet* ist, wird sogleich zu erörtern sein. Jedenfalls dürfte in einem solchen Vorgehen keine Diskriminierung ausländischer Gesellschaften mit Verwaltungssitz im Inland gegenüber solchen Auslandsgesellschaften zu sehen sein, deren Verwaltungssitz im Ausland beheimatet ist. Das Diskriminierungsverbot untersagt es lediglich, ausländische Gesellschaften im Inland gegenüber inländischen Gesellschaften schlechter zu stellen. Eine Auslandsgesellschaft mit Verwaltungssitz in Deutschland kann sich nicht auf eine Diskriminierung gegenüber einer Gesellschaft berufen, die im Inland lediglich eine nach nationalem Verständnis bestehende Zweigniederlassung unterhält.

---

beziehen. Statt dessen scheint der EuGH unmittelbar auf den ungeschriebenen Rechtfertigungsgrund „zwingende Allgemeinwohlgründe" abzustellen. Der Grund hierfür dürfte in der „Angst" des EuGH vor schwindender Kontrollmöglichkeit über mitgliedstaatliches Recht zu sehen sein. In der Tat ist bei einer Akzeptanz des Umweltschutzes als neue Kategorie i.S.d. Art. 30, 46 EG damit zu rechnen, dass die nationalen Gerichte bei Diskriminierungen, die sich mit dem Umweltschutz rechtfertigen lassen, von Vorlagen an den EuGH absehen werden.

1281 *Behrens*, IPRax 2003, 195, 203 (Nachweis der Schutzbedürftigkeit im Einzelfall erforderlich); ähnlich *Ziemons*, ZIP 2003, 1913, 1917.

1282 EuGH, Urt. v. 9.3.1999 Rs. C-212/97 (*Centros*), Slg. 1999, I-1495 (Tz. 35).

1283 Zudem stellt die Einräumung von Sicherheiten für öffentliche Gläubiger nach Ansicht des Gerichtshofs ein milderes Mittel dar [EuGH, Urt. v. 9.3.1999 Rs. C-212/97 (*Centros*), Slg. 1999, I-1496 (Tz. 37)].

In *Centros* argumentiert der EuGH, dass die Eintragung der Zweigniederlassung nach dänischem Recht erfolgt wäre, wenn die Centros Ltd. im Gründungsstaat Geschäftsaktivität entfaltet hätte. In diesem Fall wären aber die dänischen Gläubiger ebenso gefährdet gewesen. Das Mindestkapitalerfordernis davon abhängig zu machen, ob im Gründungsstaat der Gesellschaft Geschäfte betrieben werden oder nicht, überzeugt aus dem Grund nicht, weil der hiermit intendierte Gläubigerschutz nicht konsequent verfolgt wird[1284]. Im Hinblick auf diese Passage des *Centros*-Urteils wirft *Timmermans* die Frage auf, ob eine Überlagerung mit nationalem Recht überhaupt nur dann gerechtfertigt sein kann, wenn die überlagernde Vorschrift unterschiedslos für alle Auslandsgesellschaften mit Niederlassung im Inland gilt, also unabhängig davon, ob die Gesellschaft im Inland eine Niederlassung oder ihren Verwaltungssitz unterhält[1285]. Wäre der dänische Ableger der Centros Ltd. aus dänischer Sicht als Zweigniederlassung qualifiziert worden, wäre eine Eintragung als solche ohne weiteres erfolgt. Dazu hätte es aus dänischer Sicht einer Geschäftstätigkeit in England bedurft, was nicht zugleich bedeutet, dass dort auch der Verwaltungssitz der Centros Ltd. hätte belegen sein müssen. Über ein gläubigerschützendes Mindesthaftkapital hätte die Centros Ltd. dann aber auch in diesem Fall nicht verfügt. Aus diesem Grund sah der Gerichtshof die gläubigerschützende Maßnahme Dänemarks, als nicht *geeignet* an.

Die Argumentation des Gerichtshofs in der Rechssache *Centros* lässt sich ebenso auf Sitztheoriestaaten übertragen[1286]. Die Folge wäre, dass gläubigerschützende Maßnahmen hinsichtlich des *Geeignetheits*-Erfordernisses auf alle Gesellschaften angewandt werden müssten, die im Inland über eine Betriebsstätte verfügen[1287]. Der Verwaltungssitz als Differenzierungskriterium der Sitztheorie dürfte damit aus Sicht des Gemein-

---

1284 Vgl. EuGH, Urt. v. 9.3.1999 Rs. C-212/97 (*Centros*), Slg. 1999, I-1495 (Tz. 35).

1285 *Timmermans*, in: Europäisches Wirtschaftsrecht Nr. 132, 2003, S. 21. *Timmermanns* lässt die Frage offen. Seines Erachtens ist dies zumindest nicht die einzig mögliche Lesart der *Centros*-Entscheidung an dieser Stelle; vgl. zu diesem Aspekt auch *Sandrock*, S. 33, 61 f.

1286 Im Anschluss an die *Centros*-Entscheidung noch zweifelnd *Kieninger*, ZGR 28 (1999), 724, 741. *Kieninger* hält die Übertragbarkeit der Argumentation des EuGH in *Centros* auf einen gleichgelagerten Fall, mit Zuzug in einen Sitztheoriestaat, für nicht zwangsläufig gegeben. Vielmehr führten die Rechtsfolgen der Sitztheorie zumindest zu einem konsequenteren Schutz der Gläubiger. Nach der Sitztheorie wären inländische Gläubiger „erst dann mit Verbindlichkeiten konfrontiert, für die dann nur die *company limited* haftet, wenn sich auch der tatsächliche Sitz im Gründungsstaat befindet." Das dänische Recht fordere diesbezüglich lediglich irgend eine Geschäftstätigkeit im Gründungsstaat. Dennoch sei nicht zu übersehen, „daß die Differenz in der Schutzzielverwirklichung nur eine graduelle ist." Schließlich verwirft *Kieninger* überzeugend diese Differenzierung, weil sie dazu führen würde, dass die europarechtsfreundlichere Regelung des dänischen Rechts europarechtswidrig, die Art. 43, 48 EG weit mehr beschränkende Sitztheorie hingegen gemeinschaftsrechtskonform wäre.

1287 Vgl. dazu *Sandrock*, S. 33, 61-64.

schaftsrechts *ungeeignet* sein[1288]. Von einer Zweigniederlassung im Inland mit zahlreichen Angestellten geht keine geringere Gefahr für den heimischen Rechtsverkehr aus als von einem kleinen Handwerksbetrieb, dessen Unternehmensträger in England gegründet wurde und fortan ausschließlich in Deutschland tätig wird[1289]. Sollte für eine überlagernde, gläubigerschützende Maßnahme deutschen Rechts überhaupt noch Raum bestehen, muss sie unterschiedslos auf jede Betriebsstätte ausländischer Gesellschaften im Inland angewandt werden. Erst in diesem Fall ist damit zu rechnen, dass der Gerichtshof einer nationalen Vorschrift die Geeignetheit zuspricht, das von dieser anvisierte Ziel zu erreichen. *Geeignet* scheinen zudem nur solche Beschränkungsnormen, die inhaltlich das Vorliegen einer *konkreten* Gefahr voraussetzen.

3. Erforderlichkeit

Im Rahmen der Erforderlichkeit prüft der EuGH, ob nicht die EG-Freiheiten weniger stark belastende Mittel zur Verfügung stehen, um den nationalen Regelungszweck gerecht zu werden[1290]. In seine Prüfung stellt der Gerichtshof regelmäßig mit ein, inwieweit dem Schutz des zwingenden Allgemeininteresses bereits durch die Gründungsrechtsordnung nachgekommen wird[1291]. Im Hinblick auf den Gläubigerschutz wird vom EuGH darauf verwiesen, dass Gläubiger sich durch Bestellung vertraglicher Sicherheiten gegen mangelnden gesetzlichen Gläubigerschutz absichern könnten, zumal bestehende Publizitätspflichten mögliche Gläubigerschutzrisiken für den Rechtsverkehr hinreichend erkennbar machten[1292]. Aus diesem Grund werden letztlich alle Überlagerungsversuche im Bereich des Gesellschaftsgläubigerschutzes an der Erforderlichkeit scheitern[1293].

1288 *Meilicke* GmbHR 2000, 693, 694; vgl. *Sandrock*, S. 33, 61 f.

1289 A.A. *Eidenmüller*, JZ 2004, 24, 28: „Daß ein Mitgliedstaat Sonderanknüpfungen auf Scheinauslandsgesellschaften beschränkt, läßt sich mit dem von diesen ausgehenden erhöhten Gefährdungspotenzial für Inlandsgläubiger und mit der Rücksicht auf andere Rechtsordnungen bei „echten" Auslandsgesellschaften rechtfertigen."

1290 Vgl. dazu EuGH, Urt. v. 31.3.1993 Rs. C-19/92 (*Kraus*), Slg. 1993, I-1697 (Tz. 32); EuGH, Urt. v. 30.11.1995 Rs. C-55/94 (*Gebhard*), Slg. 1995, I-4197 f. (Tz. 37).

1291 EuGH, Urt. v. 4.12.1986 Rs. 205/84 (*Kommission/Deutschland*), Slg. 1986, 3802 f., 3808 (Tz. 27, 47); *Kieninger*, ZGR 28 (1999), 724, 742 m.w.N.: „Die doppelte Kontrolle durch Regelungen des Herkunfts- und Aufnahmestaats wird als unverhältnismäßige Beschränkung gewertet."; *Behrens*, IPRax 2004, 20, 21, 25; *Sandrock*, ZVglRWiss 102 (2003), 447, 486; vgl. auch *Zimmer*, S. 295.

1292 EuGH, Urt. v. 30.9.2003 Rs. C-167/01 (*Inspire Art*), Slg. 2003, I-10234 (Tz. 135); Vgl. EuGH, Urt. v. 9.3.1999 Rs. C-212/97 (*Centros*), Slg. 1999, I-1495 (Tz. 35); kritisch hierzu *Eidenmüller*, JZ 2004, 24, 27 f.; vgl. *Merkt*, RIW 2004, 1, 5-7.

1293 Vgl. *Brand*, JR 2004, 89, 93; *Eidenmüller/Rehm*, ZGR 33 (2004), 159, 173-175.

Eingriffe in die Niederlassungsfreiheit werden in der Literatur nicht selten mit dem nationalen *ordre public* gerechtfertigt. Nachfolgend soll der Bedeutungsgehalt des *ordre public* in gemeinschaftsrechtsrelevanten Sachverhalten skizziert werden. Unter dem *ordre public* versteht man diejenigen Gerechtigkeitsvorstellungen und guten Sitten, deren Beachtung selbst bei Anwendbarkeit fremden Rechts unverzichtbar sind; der *ordre public* umfasst danach die wesentlichen Grundsätze der deutschen Rechtsordnung[1294]. Inhaltlich wird der nationale *ordre public* dabei auch von den geltenden fundamentalen Rechtsnormen und Rechtsgrundsätzen der EU geprägt. Diese werden in den nationalen *ordre public* mit einbezogen[1295]. Dass für die vorliegende Untersuchung das Verhältnis zwischen nationalem *ordre public* und dem Europarecht von Bedeutung ist, liegt auf der Hand. Wäre dem nationalen *ordre public* uneingeschränkt Vorrang einzuräumen, könnte das durch den EG-Vertrag definierte Ziel der europäischen Integration wesentlich beeinträchtigt werden. Mit Hilfe eines durch die Mitgliedstaaten frei bestimmbaren *ordre public* ließen sich die Grundfreiheiten außer Gebühr und vor allem ohne eine gemeinschaftsrechtliche Kontrollmöglichkeit beschränken[1296]. Das nationale Bestreben nach Bereichsausnahmen kann in Europa auch nicht mit der „Keule" des *ordre public* durchgesetzt werden. Denn Ziel der EG ist es schließlich auch eine rechts- und sozialpolitische „Wertegemeinschaft" darzustellen. Nationale Alleingänge sind diesem Ansinnen alles andere als dienlich[1297].

1294 *Sonnenberger*, in: MünchKomm IPR Einl., Rdn. 184.

1295 *Sonnenberger*, in: MünchKomm IPR Einl., Rdn. 67; *Klinke*, in: Liber Amicorum Kegel, S. 1. 26.

1296 Auf die Gefahren eines im europäischen Kontext national frei bestimmbaren *ordre public* weist *Drobnig* schon im Zusammenhang mit Art. 9 EWG-Übereinkommen von 1968 hin. Vgl. *Drobnig*, AG 1973, 125, 129: „Die Gefahr dieser Grenzüberschreitung liegt darin, daß damit die Vorschrift des EWG-Vertrages über die Schranken der öffentlichen Ordnung unterlaufen wird."; s. auch die Schlussanträge GA *Reischl* v. 21.9.1978 Rs. 15/78 (*Société Générale Alsacienne de Banque/Koestler*), Slg. 1978, 1987 (Tz. 4): „[...] Allerdings möchte ich darauf hinweisen, dass die nationalen Gerichte bei der Anwendung ihres nationalen Rechts und des Internationalen Privatrechts zu einem „vertragsfreundlichen Verhalten" verpflichtet sind. So könnte z.B. eine überdehnte und damit unangemessene Auslegung des Grundsatzes des ordre public im Ergebnis eine Verletzung des EWG-Vertrages darstellen, [...]."; *Martiny*, in: Gemeinschaftsrecht, S. 227; *Darsch*, S. 341 f.; *W.-H. Roth*, RabelsZ 55 (1991), 623, 661 f.; a.A. *ders.*, IPRax 2003, 117, 125 (Bezüglich der unternehmerischen Mitbestimmung); *Sonnenberger*, in: MünchKomm IPR Einl., Rdn. 188 ff.; wohl auch *Behrens* zitiert nach Rehberg, IPRax 2003, 175, 177; *Schumann*, DB 2004, 743, 745.

1297 *Sandrock*, AG 2004, 57, 62.

1. Funktionsweise von Art. 6 EGBGB

Der *ordre public* Vorbehalt ist im deutschen IPR negativ formuliert (Art. 6 EGBGB). Nach heute h.M. hat der *ordre public* eine rein abwehrende Funktion[1298]. Fremden materiellen Recht kann hiernach die Geltung im Inland immer dann versagt werden, wenn die Wirkung der kollisionsrechtlich berufenen ausländischen Norm, mit wesentlichen Grundsätzen des nationalen Rechts offensichtlich unvereinbar ist. Die Nichtanerkennung EU-ausländischer Gesellschaften im Inland ist jedoch nicht möglich, weil hierdurch die Niederlassungsfreiheit negiert würde. Die Anwendung nationalen Rechts zur Lückenfüllung ist nach Art. 6 EGBGB nur unter engen Voraussetzungen denkbar[1299]. Art. 6 EGBGB könnte demnach konstruktiv nur dann zur Anwendung nationaler Vorschriften führen, wenn man beispielsweise ausländische meist nicht bestehende Mitbestimmungsregelungen nicht anerkennt und im Zuge dessen den nationalen Vorschriften zur Geltung verhilft[1300]. Eine solche Vorgehensweise entspricht aber nicht dem Wesen von Art. 6 EGBGB, der seinem Wesen nach im ausländischen Recht existierenden Vorschriften die Anwendung versagen will. Die punktuelle Durchsetzung nationalen Rechts wird heute daher auf kollisionsrechtlicher Ebene durch *Sonderanknüpfungen* erzielt[1301]. Im harmonisierten Internationalen Vertragsrecht[1302] ist z.B. eine

---

1298 *Heldrich*, in: Palandt Anh. zu Art. 6 EGBGB, Rdn. 3: „Dagegen wird durch Art. 6 nicht die unbedingte Anwendung bestimmter zwingender Vorschriften des deutschen oder eines anderen Rechts gesichert (positive Funktion des *ordre public*).“; *Martiny*, in: MünchKomm IPR Art. 34 Rdn. 31; *Sandrock*, ZVglRWiss 102 (2003), 447, 488 f.; *ders.*, BB 2004, 897, 898; *Weller*, IPRax 2003, 1800, 1804; *Sonnenberger*, IPRax 2003, 104, 107; *Lorenz*, in: Bamberger/Roth Art. 6 Rdn. 3; *Kropholler*, S. 242-258; *Koppensteiner*, S. 140 f.; a.A. *Paefgen*, WM 2003, 487, 489; *ders.*, ZIP 2004, 2253, 2258; *Schulz/Dörrbecker*, BuW 2003, 990, 994; *Kegel/Schurig*, S. 516-520; *Schulz*, NJW 2003, 2705, 2707; *Veit/Wichert*, AG 2004, 14, 16 f.; *Ulmer*, JZ 1999, 662, 663, 665. *Ulmer* argumentiert, dass bei einem Verstoß gegen den nationalen *ordre public* - zudem er auch die Grundsätze der Durchgriffshaftung zählt - das Trennungsprinzip der ausländischen Gesellschaft nicht anzuerkennen sei und damit eine persönliche Haftung der Gesellschafter begründet werde. Eine solche Sicht greift zu kurz. Denn ein solches Vorgehen setzt die vorherige *positive* Anwendung nationalen Rechts voraus. Das setzt wiederum voraus, dass die materiell-rechtlichen Voraussetzungen der nationalen Durchgriffshaftung vorliegen, um dann der ausländischen Gesellschaft die beschränkte Haftung zu versagen. Noch deutlicher wird die *positive* Anwendung nationaler Normen im Zusammenhang mit der unternehmerischen Mitbestimmung. Um Gesellschaften die unternehmerische Mitbestimmung auferlegen zu können, müssen die nationalen Vorschriften *positiv* zur Anwendung gebracht werden; so tendenziell *Trost*, S. 353 f.

1299 Vgl. *Kropholler*, S. 252 f.; *Lorenz*, in: Bamberger/Roth Art. 6 EGBGB Rdn. 16 ff.

1300 *Sandrock*, AG 2004, 57, 58, 62.

1301 *Martiny*, in: MünchKomm IPR, Art. 34 Rdn. 89; vgl. *Koppensteiner*, S. 140 f.

1302 Für das Internationale Gesellschaftsrecht stellt Art. 34 EGBGB keine *Öffnungsklausel* dar (vgl. *Sandrock*, ZVglRWiss 102 [2003], 447, 489; vgl. *Heldrich*, in: Palandt Anh. zu Art. 6, Rdn. 4; a.A. *Großfeld*, in: Staudinger IntGesR, Rdn. 510. Die unternehmerische Mitbestimmung könne analog Art. 34 EGBGB auf eine ausländische Gesellschaft überlagert werden.). Umgekehrt hindert das aber nicht *per se* daran, nationale Normen im vermittelt durch *Sonderanknüpfungen* zur Geltung zu bringen; *Henssler*, in: GS Heinze, S. 333, 346 f.

Öffnungsklausel verankert (Art. 34 EGBGB[1303], Art. 7 II EVÜ), die das Prinzip der Durchbrechung der einheitlichen Anknüpfung legitimiert. Sie eröffnet die Möglichkeit, national zwingende Normen (Eingriffsnormen) entgegen dem Vertragsstatut zur Geltung zu bringen[1304]. Insoweit kommt Art. 34 EGBGB, ohne dabei selbst als Sonderanknüpfung zu fungieren[1305], im Gegensatz zu Art. 6 EGBGB eine *positive* Funktion zu[1306].

Steht die Überlagerung ausländischen Rechts in Rede, sollte man demnach von *Sonderanknüpfungen* und nicht von *positiver* Funktion des *ordre public* sprechen[1307]. Eine solche Begrifflichkeit verwirrt, weil man sie unweigerlich mit dem in Art. 6 EGBGB genannten *ordre public* verbindet[1308]. Die Anwendung national für unabdingbar erachteter Normen oder Rechtsinstitute kann nicht auf Art. 6 EGBGB gestützt werden, sondern müssen *qua* Sonderanknüpfung zur Geltung gebracht werden[1309]. Aber auch dann, wenn man dem *ordre public* eine über den Wortlaut hinaus gehende *positive* Funktion beimisst, stellt der *ordre public* keinen Freibrief dafür dar, nationale dem *ordre public* zugehörige Normen auf europäische Sachverhalte uneingeschränkt anzuwenden[1310]. Die Grundfreiheiten sind wesentlicher Bestandteil des vorrangigen Gemeinschaftsrechts und daher als Begrenzung des nationalen *ordre public* zu verstehen[1311].

1303 Nach h.L. stellt Art. 34 EGBGB eine bloße *Öffnungsklausel* mit Hinweisfunktion („berührt nicht") und keine Ermächtigungsklausel mit kollisionsrechtlichem Charakter dar, die unmittelbar die Anwendung inländischen Eingriffsrechts begründet („zwingende Bestimmungen sind anzuwenden"). S. hierzu *Sonnenberger*, IPRax 2003, 104-116; *ders.*, in: MünchKomm, IPR Einl., Rdn. 54, 56.; *Martiny*, in: MünchKomm IPR, Art. 34 EGBGB, Rdn. 89 ff.; *v. Bar/Mankowski*, IPR Bd. I § 7, Rdn. 275.

1304 S. hierzu ausführlich *Sonnenberger*, IPRax 2003, 104-116. *Sonnenberger* verweist hierin explizit auf die Grundfreiheiten als Anwendungsschranke für inländisches Eingriffsrecht (*Sonnenberger*, IPRax 2003, 104, 113).

1305 *Sonnenberger*, IPRax 2003, 104, 112.

1306 *Kegel/Schurig*, S. 516.

1307 *Kropholler*, S. 242 f.; *v. Bar/Mankowski*, IPR Bd. I § 7, Rdn. 275. Die früher vertretene *Schuldstatutstheorie* ist abzulehnen (vgl. *Martiny*, in: MünchKomm IPR Art. 34 EGBGB, Rdn. 89; *Ebke*, Devisenrecht, S. 318 ff.); a.A. wohl *Henssler*, in: GS Heinze, S. 333, 346.

1308 Ähnlich *Windbichler/Bachmann*, in: FS Bezzenberger, 797, 802.

1309 A.A. *Veit/Wichert*, AG 2004, 14, 16 f.

1310 *v. Hase*, BuW 2003, 944, 949: „Kein Allheilmittel wäre es, das deutsche Mitbestimmungsmodell zum Bestandteil des deutschen *ordre public* (Art. 6 EGBGB) zu erklären. Eine solche behauptete Einordnung würde den EuGH nicht hindern, seinen Maßstab für die Rechtfertigung von Zuzugsbehinderungen anzulegen. EU-Recht ist unmittelbar vorrangig auch gegenüber dem deutschen *ordre public*-Vorbehalt aus Art. 6 EGBGB."; *Sandrock*, ZVglRWiss 102 (2003), 447, 489 f.; *ders.*, BB 2004, 897, 898; missverständlich *ders.*, AG 2004, 57, 57-59.

1311 Vgl. EuGH, Urt. v. 23.11.1999 Rs. C-369/96 und C-376/96 (*Arblade*), Slg. 1999, I-8512 (Tz. 30-31): „Die Tatsache, daß nationale Vorschriften zur Kategorie der Polizei- und Sicherheitsgesetze gehören, nimmt sie nicht von der Beachtung der Bestimmungen des Vertrages aus, andernfalls würde der Vorrang und die einheitliche Auslegung des Gemeinschaftsrechts missachtet. Die Motive, die derartigen nationaler Rechtsvorschriften zugrunde liegen, können vom Gemeinschaftsrecht nur als Ausnahme von den im Vertrag ausdrücklich vorgesehenen Gemeinschaftsfreiheiten und gegebenenfalls als zwingende Gründe des Allgemeininteresses berücksichtigt werden." *Heldrich*, in: Palandt Anh. zu Art. 12 EGBGB, Rdn. 8: „Wesentliche Grundsätze des deutschen Gesellschaftsrechts können zwar auch über die Vorbehaltsklausel des ordre public gemäß Art. 6 durchgesetzt werden; wegen des Vorrangs der durch den EGV gewährleisteten Niederlassungs-

Andernfalls könnten die Grundfreiheiten von den Mitgliedstaaten auf unkontrollierbare Weise ausgehöhlt werden. Der Verwirklichung des Binnenmarkts würde ein solches Vorgehen diametral entgegen laufen[1312]. Aus diesem Grund sind die Mitgliedstaaten auch nicht befugt abschließend darüber zu befinden, was im europäischen Allgemeininteresse liegt[1313]. Bei der systematischen Einordnung des Verhältnisses zwischen nationalem *ordre public* und Europarecht eröffnen sich methodisch zwei Wege.

2. *Maßstab des nationalen ordre public*

Zum einen könnte der nationale *ordre public* durch die Wertungen des Europarechts in seiner Gestalt soweit beeinflusst sein, dass nicht mehr von einem nationalen, sondern einem gemeinschaftsrechtlich modellierten *ordre public* gesprochen werden müsste[1314]. Vorzugswürdig erscheint es indes, das Konkurrenzverhältnis zwischen nationalem und europäischen Recht wie folgt zu begreifen: Die Mitgliedstaaten sind in der Umfangsbestimmung ihres nationalem *ordre public* frei. Die Durchsetzung solcher nationaler Wertungen, die auf die Ebene des *ordre public* gehoben werden, können internationalprivatrechtlich durch *Sonderanknüpfungen* verwirklicht werden. Ergeben sich hieraus aber Friktionen mit dem höherrangigen EG-Recht, müssen diese dann entweder durch Art. 46 Abs. 1 EG oder mit zwingenden Gründen des Allgemeinwohls gerechtfertigt sein[1315]. Beide Ansätze werden aus dem Grund zu gleichen Ergebnissen führen, weil es letztinstanzlich dem EuGH obliegt, den Umfang des *europäischen ordre public* zu definieren, respektive darüber zu entscheiden, welche Beschränkungen sich mit *zwingenden Allgemeinwohlgründen* rechtfertigen lassen.

Dogmatisch ist allerdings die hier vorgeschlagene zweistufige Prüfung vorzugswürdig, weil der nationale *ordre public* nur dann der europäischen Kontrolle unterliegt, wenn das Gemeinschaftsrecht auch tatsächlich anwendbar ist[1316]. Bei Inlandssach-

---

freiheit beschränkt sich die Anwendung von Art. 6 aber auf zwingende Gründe des Gemeinwohls i.S. der Rspr. des EuGH."

1312 *Hammen*, WM 1999, 2487, 2494; a.A. wohl *Knobbe-Keuk*, ZHR 154 (1990), 325, 348.

1313 Vgl. dazu oben S. 262 ff.

1314 Hierzu *Martiny*, in: Gemeinschaftsrecht, S. 211, 213, 227-232; *Ebke*, JZ 2003, 927, 931; *Heldrich*, in Palandt, Anh. zu Art. 12 EGBGB, Rdn. 8; *Sonnenberger*, in: MünchKomm IPR Einl., Rdn. 188 f. (nationaler *ordre public* gemeinschaftsrechtlicher Prägung); *Basedow*, RabelsZ 59 (1995), 1, 19-25; *Klinke*, in: Liber Amicorum Kegel, S. 1, 26; *W.-H. Roth*, RabelsZ 55 (1991), 623, 661 f.; *Schumann*, DB 2004, 743, 745; *Riegger*, ZGR 33 (2004), 510,519, f.

1315 Mit diesem Verständnis wohl, *v. Hase*, BuW 2003, 944, 949; i.E. auch *Heldrich*, in: Palandt Anh. zu Art. 12 EGBGB, Rdn. 8: „[...]; wegen des Vorrangs der durch den EG gewährleisteten Niederlassungsfreiheit beschränkt sich die Anwendung von Art. 6 EGBGB aber auf zwingende Gründe des Gemeinwohls *im Sinne der Rechtsprechung des EuGH.*"; *Sandrock*, ZVglRWiss 102 (2003), 447, 489 f.

1316 Vgl. grundlegend EuGH, Urt. v. 15.7.1964 Rs. 6/64 (*Costa/ENEL*), Slg. 1964, 1251; zum Vorrang des EG-Rechts vor nationalem Recht *Everling*, DVBl. 1985, 1201-1206.

verhalten und solchen mit ausschließlichem Drittstaatenbezug sind die Mitgliedstaaten vorbehaltlich völkerrechtlicher Verträge in der Definition betreffend zwingender Normen und Wertvorstellungen frei. Das hier präferierte zweistufige Modell trennt zwischen der nationalen kollisionsrechtlichen und der gemeinschaftsrechtlichen Ebene. Letztgenannte soll funktional allein die Durchsetzung der Grundfreiheiten sicherstellen. Die zweistufige Prüfung stellt lediglich eine Verbindung zwischen zwei wesensverschiedenen Systemen her; belässt jedes System aber in seinem ursprünglichen Zustand. Nicht zuletzt wegen der heute 25 Rechtsordnungen innerhalb der EU ist es notwendig, das Europarecht von der national staaatlichen Ebene zu trennen und nicht den Versuch einer Vereinigung zu starten[1317]. Ein auf die deutsche Rechtsordnung angepasstes Modell, ist mit der Rechtsordnung eines anderen Mitgliedstaats möglicherweise unvereinbar. Zugleich wird damit der Vorrangigkeit des Gemeinschaftsrechts sowie der Grundfreiheitendogmatik des EuGH im erforderlichen Maße genüge getan. Der Gerichtshof kennt als Beschränkungsgründe der Niederlassungsfreiheit nur Art. 46 EG und die zwingenden Allgemeinwohlgründe. Die Beschränkung von Grundfreiheiten zur Sicherstellung des nationalen *ordre public* ist dem Gerichtshof dagegen wenigstens in dieser Terminologie fremd. Obgleich zuzugeben ist, dass die aufgrund des *ordre public* ausgelösten mitgliedstaatlichen Beschränkungen wohl meist auf nationalen zwingenden Allgemeinwohlgründen beruhen werden, die ihrerseits durch den Gerichtshof auf das Vorliegen eines anerkannten Allgemeinwohlgrunds hin überprüft werden. Als Vorteilhaft erweist es sich weiter, dass die Mitgliedstaaten an ihren angestammten *ordre public* Bestimmungen festhalten können, sofern nicht ein europarechtlich bedeutsamer Sachverhalt im Raum steht. Es wäre unglaubwürdig, den Umfang des nationalen *ordre public* vom jeweils vorliegenden Sachverhalt abhängen zu lassen. Dass sich der nationale *ordre public* bei Vorliegen eines Gemeinschaftssachverhalts nicht durchsetzen lassen wird, stellt die nationale Sicht vom Umfang des *ordre public* dagegen nicht in Frage.

B. Überlagerung der Unternehmensmitbestimmung

Nachdem sich in Folge der EuGH-Entscheidungen *Überseering* und *Inspire Art* im Schrifttum überwiegend die Einsicht durchzusetzen scheint, dass den nationalen Gläubigerschutzbestimmungen auch im Wege von Sonderanknüpfungen nicht zur Geltung verholfen werden kann, fokussiert sich die Diskussion zunehmend auf Anwendbarkeit der unternehmerischen Mitbestimmung. Neben dem Gläubigerschutz ist die unternehmerische Mitbestimmung als Bestandteil des internen *Corporate Govern-*

1317 Vgl. dazu in anderem Zusammenhang oben S. 83 ff.

ance Systems[1318] seither stärkstes Argument für die Rechtfertigung der von der Sitztheorie ausgehenden Rechtsfolgen[1319]. Aber auch den Vertretern der Gründungstheorie ist die unternehmerische Mitbestimmung seit jeher sakrosankt[1320]. Dieser Auffassung zufolge sollte die unternehmerische Mitbestimmung durch Überlagerung des Gesellschaftsstatuts gerettet werden[1321]. Die Frage nach der niederlassungsrechtlichen Vereinbarkeit der deutschen Mitbestimmungsvorschriften gilt in Literatur als ungeklärt[1322]. Eine Klärung durch den EuGH steht noch aus.

1318 *Hopt*, in: FS Wiedemann, S. 1013, 1022 f.: „Eine plausible Hypothese geht dahin, dass die Arbeitnehmermitbestimmung hilft, Konflikte innerhalb der Belegschaften eines Unternehmens zu lösen, und als ein Frühwarnsystem für soziale Unruhe funktioniert."; *Windbichler/Bachmann*, in: FS Bezzenberger, S. 797, 805.

1319 *Großfeld/Jasper*, RabelsZ 53 (1989), 52, 56; *Großfeld*, in: Staudinger IntGesR, Rdn. 133 ff.; a.A. heute *ders.*, NZG 2003, 841, 843 f. Die bei Einführung des MitbestGes bestehenden verfassungsrechtlichen Bedenken, hielt das Bundesverfassungsgericht in einer Grundsatzentscheidung v. 1.3.1979 für unbegründet, vgl. BVerfGE 50, 290.

1320 Erst in der jüngeren Vergangenheit wird öffentlich Kritik an der unternehmerischen Mitbestimmung geäußert (vgl. *Ulmer*, ZHR 166 [2002], „Editorial", 271-277; *Sandrock*, ZVglRWiss 102 [2003], 447, 490-493; *ders.*, BB 2002, 1601-1603; *Schiessl*, ZHR 167 [2003], 235, 240 f.; *Kaden*, „Der deutsche Weg", Manager Magazin 4/03, S. 86-90; *Rudizo*, „Aufsichtsrat auf Abwegen", DIE ZEIT, v. 3.4.2003 Nr. 15, S. 26; *o.V.*, „Er trage einen großen Namen und lasse mich in Frieden", FAZ v. 28.8.2004, S. 13).

1321 *Knobbe-Keuk*, ZHR 154 (1990), 325, 347-349.

1322 Die Europarechtskonformität der Überlagerung des Gesellschaftsstatuts mit den deutschen Mitbestimmungsregelungen jedenfalls *de lege ferenda* mit unterschiedlichen Begründungen bejahend: *Knobbe-Keuk*, ZHR 154 (1990), 325, 348 f. („kein Zweifel"); *v. Halen*, WM 2003, 571, 577; *ders.*, S. 267 ff.; *Kieninger*, ZGR 28 (1999), 724, 744 f.; *Blaurock*, ZEuP 1998, 460, 483; *Höfling*, DB 1999, 1206, 1208; *Dorr/Stukenborg*, DB 2003, 647, 649; *Stork*, S. 228; *Grundmann/Möslein*, ZGR 32 (2003), 317, 350 f.; *Dammann*, 8 Fordham J. Corp. & Fin. L. 607, 665 ff., 687 f. (2003); *Zimmer*, NJW 2003, 3585, 3590 f. (*Zimmer* rät wegen den Schwierigkeiten bei der Implementierung der Mitbestimmung in monistisch strukturierte Gesellschaften von einer Überlagerung ab; zweifelnd insoweit noch *ders.*, BB 2000, 1361, 1365); *Bayer*, BB 2003, 2357, 2365; *ders.*, AG 2004, 524, 538; *Kindler*, NJW 2003, 1073, 1079; *Schanze/Jüttner*, AG 2003, 661, 668; *dies.*, AG 2003, 30, 34 f. (Ein „gemeinschaftsrechtskonformer Ansatz findet sich im von der *Davignon*-Sachverständigengruppe für die Europäische Aktiengesellschaft (SE) erarbeiteten Mitbestimmungsmodell."; so auch *Thüsing*, ZIP 2004, 381, 388; *Kersting*, NZG 2003, 9, 10 mit diesem Vorschlag bereits *G. Roth*, ZIP 1999, 861, 864; ablehnend *Binz/Mayer*, GmbHR 2003, 249, 257; *Veit/Wichert*, AG 2004, 16, 19); *W.-H. Roth*, 52 ICLQ 177, 199 f. (2003); *ders.*, IPRax 2003, 117, 125 (mit Zweifeln an der Praktikabilität der Implementierung des deutschen Mitbestimmungsmodells); ebenso *G. Roth*, ZIP 1999, 861, 864; unentschieden *Halbhuber*, ZEuP 2003, 418, 435 („gewisses Rechtfertigungspotential"); *Forsthoff*, DB 2002, 2471, 2477; *ders.*, DB 2000, 1109, 1114; *Micheler*, 52 ICLQ 521, 528 (2003); *HLGCLE*, Framework for Company Law in Europe, S. 105 (Die *HLGCLE* sieht eine Überlagerung aber nur dann als gerechtfertigt an, wenn mehr als 50 % der Arbeitnehmer im mitbestimmungspflichtigen Land beschäftigt sind), *Straube/Ratka*, ÖZW 2003, 34, 43 mit wenig überzeugendem Verweis auf EuGH, Urt. v. 3.2.1982 verb. Rs. 62 und 63/81 (*Seco/EVI*), Slg. 1982, 236 (Tz. 14); *Hirsch/Britain*, NZG 2003, 1100, 1103 (Wahl einer ausländischen Rechtsform zur Umgehung der Mitbestimmung sei unzulässig); *de lege ferenda* auch *Müller-Graff*, ZHR 168 (2004), 1, 3 [mit Verweis auf EuGH, Urt. v. 27.3.1990 Rs. C-113/89 (*Rush Portuguesa*), Slg. 1990, I-1445 (Tz. 18-19)]; *Thüsing*, ZIP 2004, 381, 384-387; *Kamp*, BB 2004, 1496, 1499 f.; *Leible*, ZGR 33 (2004), 531, 552 f.; *Altmeppen/Wilhelm*, DB 2004, 1083, 1089; *Henssler*, in: GS Heinze, S. 333, 347-355. Tendenziell die Europarechtskonformität einer Überlagerung des Gesellschaftsstatuts verneinend: *Gyrhalter/Gänßler* NZG 2003, 409, 412; *Schulz/Dörrbecker*, BuW 2003, 990, 994. *Schulz/Dörrbecker* sind der Ansicht, dass die im

Die unternehmerische Mitbestimmung ist in der Unternehmensverfassung aufgehängt und gehört somit nach kollisionsrechtlichen Verständnis dem Gesellschaftsstatut an[1323]. Wenig überzeugend ist allerdings der Hinweis aus dem Schrifttum, dass die Mitbestimmungsvorschriften schon deshalb Teil des Gesellschaftsstatuts seien, weil § 1 MitbestG an die Rechtsform anknüpft[1324]. Die Frage des Anwendungsbereichs und die Qualifizierung eines Rechtsinstituts unter kollisionsrechtlichen Gesichtspunkten sind voneinander unabhängig. Mit Einführung der Bestimmungen zur paritätischen Besetzung des Aufsichtsrats durch Arbeitnehmer- und Arbeitgebervertreter sowie die Einführung eines Arbeitsdirektors im Vorstand wurde in die Besetzung des Kontroll- und Leitungsorgans nachhaltig eingegriffen. Im Hinblick auf die GmbH löst die unternehmerische Mitbestimmung außerdem einem Strukturwandel aus. Mit Erreichen der mitbestimmungsrelevanten Arbeitnehmeranzahl, ist ein ansonsten fakultativer Aufsichtsrat § 52 GmbHG (§ 77 BetrVG) zu installieren. Auf gemeinschaftsrechtlicher Ebene lässt sich die

---

europäischen Vergleich weitreichendste Form der Mitbestimmung im Aufsichtsrat dem vom EuGH entwickelten Verhältnismäßigkeitstest genügt", für „nicht wahrscheinlich"; *Drygala*, EWiR Art. 43 EG 4/03, S. 1029, 1030; *v. Hase*, BuW 2003, 944, 948 f.; *Schulz/Sester*, EWS 2002, 545, 551; *Schiessl*, ZHR 167 (2003), 235, 256; *Horn*, NJW 2004, 893, 900; *Eidenmüller/Rehm*, 159, 185; *Recq/Hoffmann*, GmbHR 2004, 1070, 1174; *Martin-Ehlers*, S. 1, 30 f. Ausdrücklich die Gemeinschaftsrechtskonformität einer Überlagerung des Gesellschaftsstatuts mit der Mitbestimmung verneinend: *Ebke*, JZ 2003, 927, 931; *ders.*, BB 2003, Heft 1, „Die erste Seite"; *Meilicke*, GmbHR 2003, 793, 805; *ders.*, RIW 1990, 449, 451 f.; *Hammen*, WM 1999, 2487,2493; *Eidenmüller*, JZ 2004, 24, 28 f.; *ders.*, ZIP 2002, 2233, 2242; *Binz/Mayer*, GmbHR 2003, 249, 257; *Ziemons;* ZIP 2003, 1913, 1917 f.; *Kallmeyer*, DB 2002, 2521, 2522; *Kersting/Schindler*, 4 GLJ 1277, 1285-1288 (2003); *Veit/Wichert*, AG 2004, 14, 16-20; *Bücker*, FAZ v. 8.10.2003, S. 21; *Müller-Bonanni*, GmbHR 2003, 1235, 1237-1239; *Sandrock*, ZVglRWiss 102 (2003), 447, 486-496; *ders.*, S. 33, 75 f.; *Paefgen*, DB 2003, 487, 491 f.; *Ebert/Levedag*, GmbHR 2003, 1337, 1346; *Wachter*, GmbHR 2004, 88, 92; *Herdegen*, Rdn. 318; bedauernd *Geyerhalter/Gänßler*, EWiR 2003, Art. 43 EG 2/03, S. 570, 571; *Schwark*, AG 2004, 173, 177 f.; *o.V.*, „Konzerne können die deutsche Mitbestimmung umschiffen", FAZ v. 21.1.2003, S. 11; *Berliner Netzwerk Corporate Governance*, Thesenpapier v. 5.12.2003 (4. These) = AG 2004, 200, 200 f.; *Brand*, JR 2004, 89, 95; *Säcker*, BB 2004, 1462; *Riegger*, ZGR 33 (2004), 510, 518-522; tendenziell *Wetzler*, S. 157-159.

1323 Vgl. hierzu *Ebke*, 31 Int'l Law. 961, 967 f. (1997); *Däubler*, RabelsZ 39 (1975), 444, 453 f. m.w.N.; *Rehberg*, The European Legal Forum 2004, 1, 6 f.; *Kropholler*, S. 567; *Junker*, NJW 2004, 728, 729; *v. Bar*, IPR Bd. II, Rdn. 445, 644; *Behrens*, in: Hachenburg Einl., Rdn. 153; *Grasman*, Rdn. 1069-1071 ("Innenverhältnisse"); *Leible*, in: Michalski Syst. Darst. 2, Rdn. 115; *Großfeld*, in: Staudinger IntGesR, Rdn. 510*; v. Bar*, IPR Bd. II, Rdn. 445, 644; *G. Roth*, ZIP 1999, 861, 864; *Hammen*, WM 1999, 2487, 2493; *Eidenmüller*, ZIP 2002, 2233, 2237; *Müller-Bonanni*, GmbHR 2003, 1235, 1237; *Kindler*, in: MünchKomm IntGesR, Rdn. 451, 456; *Riegger*, ZGR 33 (2004), 510, 518; *Windbichler/Bachmann*, in: FS Bezzenberger, S. 797, 803; *Meilicke*, GmbHR 2003, 793, 805; *Bälz/Baldwin*, 3 GLJ D. I. 2. [25] (2002); a.A. *Zimmer*, S. 146-174 insbesondere S. 150 (Abkopplung vom Gesellschaftsstatut); *Dammann*, 8 Fordham J. Corp. & Fin. L. 607, 636 m.w.N. (2003); *Davies*, S. 125. Nachweise aus der Rspr.: BGH NJW 1982, 933, 934 = BGH, IPRax 1983, 70, 71; OLG Stuttgart NJW-RR 1995, 1067, 1069 = OLG Stuttgart WM 1995, 928, 930; LG Stuttgart, BB 1993, 1541, 1542.

1324 *Windbichler/Bachmann*, in: FS Bezzenberger, S. 797, 803.

unternehmerische Mitbestimmung als ein *identitäts*prägender Bestandteil einer Gesellschaft begreifen. Die Implementierung der unternehmerischen Mitbestimmung in das Gesellschaftsstatut, das die Einbeziehung der Arbeitnehmer auf „Leitungsebene" nicht kennt, stellt einen Eingriff in die *Identität* dar, der unabhängig davon, wie das Instrument international-gesellschaftsrechtlich zu würdigen ist, der Rechtfertigung bedarf. Aus diesem Grunde kann durch Abkopplung der unternehmerischen Mitbestimmung vom Gesellschaftsstatut, wie namentlich von *Zimmer* befürwortet[1325], dem europäischen Rechtfertigungstest nicht entgangen werden. Immerhin ist die nationale kollisionsrechtliche Einordnung der Unternehmensmitbestimmung aber für die Verwaltungssitzverlegung nationaler Gesellschaften ins Ausland („Wegzugsfälle") von Bedeutung[1326].

II. Unmittelbare Anwendung

Das MitbestG wählt als Anknüpfungspunkt die Rechtsform und hat daher einen auf die von § 1 MitbestG erfassten nationalen Gesellschaftsformen beschränkten Geltungswillen[1327]. Weitere Anwendungsvoraussetzung als Ausprägung des Territorialitätsprinzips ist die Belegenheit des Verwaltungssitzes im Inland[1328]. Diese Anforderung wird durch die international-gesellschaftsrechtlichen Bestimmungen sichergestellt. Die Verlegung des Verwaltungssitzes einer nach § 1 MitbestG mitbestimmungspflichtigen Gesellschaft ins Ausland führt nach der für die Wegzugsfälle (noch) geltenden Sitztheorie aufgrund des eintretenden Statutenwechsels materiell-rechtlich zur Auflösung der Gesellschaft. Die Flucht aus der Mitbestimmung durch Verwaltungssitzverlegung ins Ausland ist nach h.L. damit nicht möglich. Was mit der Mitbestimmung bei Verlagerung der Geschäftstätigkeit ins Ausland unter Zugrundelegung der Gründungstheorie

---

1325 *Zimmer*, S. 146-174.

1326 Vgl. dazu unten S. 315 ff.

1327 BT-Drucks. 7/4845, S. 4; *Ebke*, in: FS Thode, S. 595, 607;*Leible*, in: Michalski Syst. Darst. 2, Rdn. 115; *Mankowski*, RIW 2004, 481, 483; zweifelnd, aber i.E. ebenso *Zimmer*, S. 159-161.

1328 Der Geltungswille des MitbestG ist auf das nationale *Territorium* begrenzt (*Territorialitätsprinzip*). Unabhängig vom anwendbaren Gesellschaftsstatut, soll die Mitbestimmung nur für solche Unternehmen gelten, die ihren *Verwaltungssitz* im Inland haben. Der Gesetzgeber könnte dabei allerdings die Prämisse zugrunde gelegt haben, dass aufgrund der Wirkungen der *Sitztheorie a priori* überhaupt nur inländische Gesellschaftsformen in Betracht kommen. Insoweit gilt einmal mehr, dass die Sitztheorie das materiell-rechtliche Anliegen der nationalen Rechtsordnung auf kollisionsrechtlicher Ebene sicherstellt. Die Mitbestimmung endet an der Grenze. Das bedeutet, dass die Mitbestimmung bezogen auf ausländische Niederlassungen inländischer mitbestimmungspflichtiger Gesellschaften nicht gilt (vgl. hierzu *Leible*, in: Michalski Syst. Darst. 2, Rdn. 117; *Koppensteiner*, S. 135). Die Sitztheorie verhilft dem MitbestG im Gegensatz zur Gründungstheorie kollisionsrechtlich zur Durchsetzung seines materiellen Geltungswillen. Das wiederum verhelfe der Sitztheorie zu einem gewissen Rechtfertigungspotenzial (vgl. *Großfeld/Jasper*, RabelsZ 53 [1989], 52, 56; *Großfeld*, in: Staudinger IntGesR, Rdn. 133 ff.).

geschieht, wird noch Gegenstand der Erörterung sein[1329]. Ebenso bestand zur Zeit der Einführung des MitbestG für den Gesetzgeber im Hinblick auf ausländische Gesellschaften kein Handlungsbedarf. Die bis zur *Überseering*-Entscheidung geltende Sitztheorie versagte zuziehenden Gesellschaften die Anerkennung ihrer Rechtsfähigkeit im Inland. Eine Umschiffung der Mitbestimmungsregelungen durch Einschaltung einer ausländischen Gesellschaftsform war daher unmöglich, sobald sich der Verwaltungssitz der Auslandsgesellschaft im Inland befand. Auf eine in Deutschland nicht anerkannte juristische Person können die Mitbestimmungsvorschriften mangels Vorliegens einer körperschaftlichen Struktur nicht angewandt werden[1330].

Die Sitztheorie verhilft demnach auf kollisionsrechtlicher Ebene dem im MitbestG angelegten Geltungswillen zur Umsetzung. Einzig durch die Etablierung „echter" Zweigniederlassungen ausländischer Gesellschaften im Inland konnte die Mitbestimmung „umgangen" werden. Der Terminus der „Umgehung" scheint an dieser Stelle aber verfehlt, denn das deutsche MitbestG will auf ausländische Gesellschaften mit Verwaltungssitz im Ausland keine Wirkung entfalten[1331]. Eine Umwandlung ausländischer Zweigniederlassungen in inländische mitbestimmungspflichtige Kapitalgesellschaften bei Erreichen mitbestimmungsrelevanter Größen[1332] kann jedenfalls Gesellschaften i.S.v. Art. 48 EG nicht aufgegeben werden[1333]. Denn ein solches Vorgehen würde die sekundäre Niederlassungsfreiheit der Gesellschaft in nicht gerechtfertiger Weise beschränken. Das hat der EuGH in anderem Zusammenhang bereits in seiner Entscheidung *Kommission/Frankreich* („avoir fical") judiziert[1334]. Die sekundäre Niederlassungsfreiheit (Art. 43 Abs. 2 S. 2 i.V.m. Art 48 EG), so der Gerichtshof, gewährleistet *alternativ* die Gründung von Agenturen, Zweigniederlassungen und Tochtergesellschaften. Eine Verpflichtung zur Gründung einer Tochtergesellschaft verstößt demnach gegen Art. 43, 48 EG. Ob der damalige Gesetzgeber in seine Gesetzesbegründung die international-gesellschaftsrechtlichen Auswirkungen bewusst mit einbezogen hat und daher auf die Erstreckung der unternehmerischen Mitbestimmung auf ausländische Gesellschaftsformen mit Verwaltungssitz im Inland verzichtet hat, kann dahin gestellt bleiben. Jedenfalls widerspricht die unmittelbare Anwendung der Mitbestimmungsvor-

---

1329 S. dazu S. 315 ff.

1330 Deutlich tritt an dieser Stelle aber die Schwäche der Sitztheorie auf der Rechtsfolgenseite hervor. Man schien im Hinblick auf die abschreckende Wirkung der Sitztheorie darauf zu vertrauen, dass ausländische Gesellschaften ihren Verwaltungssitz erst gar nicht ins Inland verlegen würden. Wie nun aber ein Unternehmensgebilde zu behandeln ist, das sich „gewagt" hat die Grenze in kollisionsrechtlich relevanter Weise zu überschreiten, wird durch die Sitztheorie nicht befriedigend geklärt.

1331 Hieran zweifelnd *Zimmer*, S. 151-153.

1332 So früher *Großfeld*, in: Staudinger IntGesR, 515 ff., 518 ff.

1333 Eingehend *Schön*, EWS 2000, 281-291; *Hammen*, WM 1999, 2487, 2493; *Leible*, in: Michalski Syst. Darst. 2, Rdn. 117; ablehnend auch *Kindler*, in: MünchKomm IntGesR, Rdn. 455 f.; *Paefgen*, DB 2003, 487, 492; *Veit/Wichert*, AG 2004, 14, 18.

1334 EuGH, Urt. v. 28.1.1986 Rs. 270/83 (*Kommission/Frankreich*), Slg. 1986, 305 (Tz. 22).

schriften auf ausländische Gesellschaftsformen dem eindeutigen Wortlaut von § 1 MitbestG[1335].

III. Analoge Anwendung

In der Literatur wird von Vertretern der Gründungstheorie teilweise die entsprechende Anwendung des MitbestG auf ausländische Gesellschaften befürwortet, wenn diese mit einer der in § 1 MitbestG genannten Rechtsformen vergleichbar sind[1336]. Vom Standpunkt der Sitztheorie aus betrachtet, stellt sich die Frage einer analogen Anwendung des MitbestG dagegen nicht[1337]. Die analoge Anwendung der Mitbestimmung auf Auslandsgesellschaften mit *Verwaltungssitz im Inland* und die damit verbundenen Anpassungsfragen sollen im Folgenden nicht näher erörtert werden[1338]. Denn bevor man damit

1335 *Ebke*, in: FS Thode, S. 595, 607; *Müller-Bonanni*, GmbHR 2003, 1235, 1237; *Mankowski*, RIW 2004, 481, 483; *Henssler*, in: GS Heinze, S. 333, 343; *Zimmer*, in: GS Heinze, S. 1123, 1128.

1336 *Zimmer*, S. 161-174. (Vorzugswürdig erscheint *Zimmer* indessen eine Abkopplung vom Gesellschaftsstatut verbunden mit einer Gesetzesänderung, die auch die Erstreckung auf ausländische Gesellschaftsformen mit Sitz im Ausland ermöglichen würde. Vgl. *Zimmer*, S. 164 f.); unter Aufgabe seiner bisherigen Ansicht *Zimmer*, NJW 2003, 3585, 3590 dort Fn. 56; *Forsthoff*, DB 2000, 1109, 1114; *ders.*, EWS 2001, 59, 65; *Ulmer*, in: Hanau/Ulmer Einl., Rdn. 40, § 1 MitbestG, Rdn. 8, 33; *Knobbe-Keuk*, ZHR 154 (1990), 325, 348 f.; *Kruse*, S. 239-241; a.A. mit beachtlichen Gründen *Meilicke*, GmbHR 2000, 693, 695 f.; nunmehr auch *Raiser*, MitbestG § 1 Rdn. 10, 14 f.; *Kallmeyer*, DB 2004, 636, 638; *Thüsing*, ZIP 2004, 381, 382.

1337 Zu den Rechtsfolgen der Sitztheorie (Nichtanerkennungsmodell und Rechtsformzwangsmodell) in Bezug auf die Anwendbarkeit des MitbestG vgl. *Trost*, S. 120-126; a.A. *Zimmer*, S. 161-163.

1338 S. hierzu die Vorschläge von *Grothe*, S. 318 f.; *Kindler*, NJW 2003, 1073, 1079; *Kruse*, S. 240 f.; *Zimmer*, S. 167-169; a.A. nunmehr *ders.*, NJW 2003, 3585, 3591; kritisch zur Möglichkeit der Implementierung deutscher Mitbestimmung in monistischen Leitungsstrukturen seit jeher *Ebke*, 31 Int'l Law. 961, 971 (1997); *Großfeld*, in: Staudinger IntGesR, Rdn. 133; *Meilicke*, RIW 1990, 449, 451 f.; *ders.*, GmbHR 2000, 693, 695 f.; *ders.*, GmbHR 2000, 693, 695 f.; *Thüsing*, ZIP 2004, 381, 383; *Veit/Wichert*, AG 2004, 14, 18; *W.-H. Roth*, IPRax 2003, 117, 125; *Kamp*, BB 2004, 1496, 1499; zu den auftretenden Konflikten bei Implementierung der Mitbestimmung in eine monistisch strukturierte SE vgl. *Gruber/Weller*, NZG 2003, 297, 298 f.; *Davies*, S. 124 f. Unter der Prämisse, dass der EuGH es mit Art. 43, 48 EG vereinbar hielte, die deutsche unternehmerische Mitbestimmung in der geltenden Form auf ausländische Gesellschaften anzuwenden, stellt sich die Frage, ob die Mitgliedstaaten niederlassungsrechtlich dazu verpflichtet sind, neben einer monistisch strukturierten Unternehmensverfassung auch ein dualistisches Leitungsmodell zur Verfügung zu stellen, um damit ihren Gesellschaften den Wegzug nach Deutschland zu ermöglichen (in diese Richtung wohl *Bayer*, AG 2004, 534, 538). In Frankreich und Italien besteht für Gesellschaftsgründer ein solches Wahlrecht schon heute. Allgemein wirft das die Frage auf, ob im Falle einer gemeinschaftsrechtlich gerechtfertigten Beschränkung der beschränkende Mitgliedsstaat (Niederlassungsstaat) oder der Herkunftsstaat (Gründungsstaat) die Voraussetzungen dafür schaffen muss, um einen Umzug in den Niederlassungsstaat tatsächlich zu ermöglichen. Es spricht aber vieles dafür, dass der Zuzugsstaat, der der Gesellschaft die gerechtfertigte Beschränkung auferlegt, auch für deren Implementierung Sorge tragen muss.

beginnt über Lösungsansätze *de lege lata* oder aber auch *de lege ferenda* nachzudenken, gilt es in einem ersten Schritt die Hürde der Art. 43, 48 EG zu überwinden[1339].

Zur analogen Anwendung des MitbestG sei nur soviel gesagt. Sollte der deutsche Gesetzgeber von 1976 das geltende Gesellschaftskollisonsrecht bewusst zur Grundlage seines Gesetzes gemacht haben oder aber ihm die Regelungsbedürftigkeit hinsichtlich ausländischer Rechtsformen vollkommen unerkannt geblieben sein[1340], ist unter geltungszeitlicher Betrachtung eine analoge Anwendung zumindest nicht ausgeschlossen[1341]. In beiden angenommenen Fällen ist durch den Wegfall der flankierenden Sitztheorie heute eine Situation eingetreten, die dem Entstehen einer nachträglichen Regelungslücke entspricht[1342]. Der Verweis auf die Gesetzgebungsmaterialien[1343], wonach der Gesetzgeber ausschließlich deutsche Gesellschaften erfasst haben wollte, überzeugt daher dann nicht, wenn die Domizilierung des Verwaltungssitzes ausländischer Gesellschaften im Inland aufgrund damals geltenden Rechts von vornherein ausgeschlossen war[1344].

IV. Anwendbarkeit des MitbestG de lege ferenda

Für vorliegende Zwecke interessiert indes allein, ob ein durch Sonderanknüpfung ausgelöster *Identitäts*eingriff niederlassungsrechtlich zu rechtfertigen ist. Ist eine Rechtfertigung aufgrund europarechtlicher Vorgaben *a priori* ausgeschlossen, erübrigen sich sämtliche Überlegungen zu einer analogen Anwendung, aber auch zu einer Lösung *de lege ferenda.*

1. Beschränkung der Niederlassungsfreiheit

Das „Aufpfropfen" deutscher Mitbestimmungsregelungen führt zu einer *Identitäts*veränderung der zuziehenden Gesellschaft. Nach der *Überseering*-Entscheidung wissen

---

1339 *Ebke*, in: FS Thode, S. 595, 607. Praktikabel scheint in Anbetracht des geltenden MitbestG allein die von *Großfeld* erwogene Zwangsumwandlung in eine inländische Tochtergesellschaft. Für niederlassungsberechtigte Gesellschaften kommt diese Lösung aber nicht in Betracht. Vgl. dazu implzit EuGH, Urt. v. 28.1.1986 Rs. 270/83 (*Kommission/Frankreich*), 305 (Tz. 22); s. zu weiteren Hindernissen *Zimmer*, S. 163 f.; *Junker*, NJW 2003, 728, 729.

1340 So die Vermutung von *Ulmer*, in: Hanau/Ulmer § 1 MitbestG, Rdn. 6 a, 33.

1341 Vgl. *Henssler*, in: GS Heinze, S. 333, 344 f.; a.A. *Mankowski*, RIW 2004, 481, 483.

1342 *Hirsch/Britain*, NZG 2003, 1100, 1103; *Kamp*, BB 2004, 1496, 1498; *Henssler*, in: GS Heinze, S. 333, 344 f.; *Zimmer*, in: GS Heinze, S. 1123, 1128 f.; a.A. *Veit/Wichert*, AG 2004, 14, 17; *Mankowski*, RIW 2004, 481, 483.

1343 Bericht des Ausschusses für Arbeit und Sozialordnung zum Entwurf des MitbestG, BT-Drucks. 7/4845, S. 4.

wir, dass EU-Gesellschaften sämtliche Geschäftsaktivitäten grenzüberschreitend unter Beibehaltung ihrer Eigenschaft *als Gründungsgesellschaft* verlagern dürfen. Daher ist bereits im Eingriff in die Unternehmensverfassung, eine erhebliche Beschränkung der Niederlassungsfreiheit der *Gesellschaft* zu sehen[1345]. Zumal die Einschnitte in die Ausgestaltung und Zusammensetzung der Gesellschaftsorgane mit einem bedeutenden Machtverlust der Gesellschafter einhergehen, der mittelbar wiederum die Niederlassungsfreiheit der *Gesellschaft* betrifft. Jedenfalls hatte der Gerichtshof in der *Segers*-Entscheidung außer Zweifel gelassen, dass sich auch die Diskriminierung des Geschäftsführungsorgans auf die Niederlassungsfreiheit der *Gesellschaft* auswirkt[1346]. Die von den Gesellschaftern getroffene Entscheidung, den Verwaltungssitz nach Deutschland zu verlegen, wird durch das im Inland geltende MitbestG weniger attraktiv gestaltet. Zum einen wird das Leitungsorgan einer Gesellschaft bei paritätischer Besetzung des Aufsichtsorgans nicht mehr allein durch die Anteilseignerbank überwacht (§ 111 Abs. 1 AktG). Hinzu kommt, dass die Vornahme von Leitungsaufgaben in Form von Zustimmungserfordernissen des Aufsichtsorgans (§ 111 Abs. 4 S. 2 AktG; 90 AktG) durch die Mitbestimmung zu Lasten der Anteilseigner verschoben wird[1347]. Schließlich greift die geltende Mitbestimmung in die Zusammensetzung des Vertretungsorgans ein. Die einschlägigen Mitbestimmungsgesetze sehen die Bestellung eines dem gesetzlichen Vertretungsorgan gleichstehenden Arbeitsdirektors vor (§ 33 MitbestG, § 13 Montan-MitbestG)[1348]. Der Arbeitsdirektor, dessen Aufgaben das Gesetz nicht ausdrücklich benennt, hat bei Entscheidungen und Planungen des Vertretungsorgans insbesondere die Interessen der Arbeitnehmerschaft zu berücksichtigen[1349]. Abschließend sei bemerkt: Durch Überlagerung deutscher Mitbestimmungsgesetze auf Auslandsgesellschaften mit Verwaltungssitz im Inland, wird für ausländische mit der Mitbestimmung nicht

---

1344 Vgl. *Zimmer*, in: GS Heinze, S. 1123, 1128; a.A. *Trost*, S. 355 f.; *Mankowski*, RIW 2004, 481, 483; ebenso bezugnehmend auch das östArbVG *Straube/Ratka*, ÖZW 2003, 34, 44.

1345 *Meilicke*, GmbHR 2003, 793, 805; *ders.*, GmbHR 2000, 693, 695; *Müller-Bonanni*, GmbHR, 2003, 1235, 1237; *Thüsing*, ZIP 2004, 381, 384; *Drygala*, ZEuP 2004, 337, 348; *Brand*, JR 2004, 89, 95; *Wetzler*, S. 158.

1346 EuGH, Urt. v.10.7.1986 Rs. 79/85 (*Segers*), Slg. 1986, 2375.

1347 Dies gilt insbesondere für die Mitbestimmung nach dem MontanMitbestG. Im Gegensatz zum MitbestG (§ 29 Abs. 2, 31 Abs. 4 MitbestG) hat hier der Aufsichtsratsvorsitzende (in der Praxis wird dies wegen § 27 Abs. 2 MitbestG immer ein Aufsichtratsvertreter der Anteilseigner sein) bei einem Patt kein doppeltes Stimmrecht.

1348 Vgl. zur Rechtsstellung des Arbeitsdirektors *Raiser*, § 33 MitbestG, Rdn. 24 ff. Das Montan-MitbestG schreibt im Vergleich zum MitbestG aus Anteilseignersicht hinsichtlich der Bestellung des Arbeitsdirektors eine ungünstigere Regelung vor. Nach § 13 Abs. 1 S. 2 MontanMitbestG kann der Arbeitsdirektor nicht gegen die Stimmenmehrheit der Arbeitnehmervertreter im Aufsichtsrat berufen werden.

1349 *Raiser*, § 33 MitbestG, Rdn. 16.

vertraute Investoren faktisch eine Marktzugangsbeschränkung geschaffen. Diese stellt in der Dogmatik der Grundfreiheiten eine Beschränkung der Niederlassungsfreiheit dar[1350].

2. *Rechtfertigung des Eingriffs*

Selbst ein Eingriff in die Unternehmensverfassung dürfte nicht von vornherein einer Rechtfertigungsmöglichkeit entzogen sein[1351]. Dafür spricht jedenfalls, dass erst die vollkommene Nichtanerkennung einer Gesellschaft im Niederlassungsstaat eine nicht rechtfertigungsfähige Negierung der Niederlassungsfreiheit nach sich zieht. Gleichwohl dürfte die Messlatte für Rechtfertigungen im Bereich des Eingriffs in die Unternehmensverfassung sehr hoch liegen, wie uns die Entscheidung *Inspire Art* mit Nachdruck verdeutlicht. Ebenso entgeht man der Rechtfertigungsprüfung aber auch dann nicht, wenn man die Mitbestimmungsgesetze zum nationalen *ordre public* erhebt[1352]. Als Rechtfertigungsgrund ist allein der Schutz zwingender Allgemeinwohlinteressen in Betracht zu ziehen[1353]. Eine Rechtfertigung der Mitbestimmung nach Art. 46 Abs. 1 EG scheidet dagegen aus[1354].

1350 *Ulmer*, JZ 1999, 662, 663, *Zimmer*, BB 2000, 1361, 1365 f.; *Dammann*, 8 Fordham J. Corp. & Fin. L. 607, 629-631 (2003); i.E. *Henssler*, in: GS Heinze, S. 333, 348 f.; *W.-H. Roth*, in: GS Heinze, S. 709, 718 f.

1351 I.E. ebenso *Müller-Bonanni*, GmbHR, 2003, 1235, 1237; *Davies*, S. 125 dort Fn. 38; a.A. *Meilicke*, GmbHR 2003, 793, 805 (Rechtfertigung ausgeschlossen); unentschieden *Schulz/-Dörrbecker*, BuW 2003, 990, 994.

1352 *v. Hase*, BuW 2003, 944, 949; widersprüchlich *Sandrock*, ZVglRWiss 102 (2003), 447, 489 f.: Eine Qualifizierung der „mitbestimmungsrechtlichen Regelungen als Teil des deutschen „ordre public" kann dahingestellt bleiben. „Denn ihr kommt jedenfalls unter europarechtlichen Gesichtspunkten keine derartige Bedeutung zu. Denn Europarecht bricht bekanntlich deutsches Kollisionsrecht, auch wenn das deutsche Kollisionsrecht deutsche Normen von gesellschafts- und rechtspolitischem Schwergewicht, d.h. „Eingriffsnormen" zur Anwendung beruft." S. andererseits aber *Sandrock*, AG 2004, 57, 57 f., 65: „Ihre [die deutschen Mitbestimmungsregelungen] Anwendung könnte daraus folgen, dass diese Regelungen zum deutschen *ordre public* gehören. Würden sie in dieser Weise materiellrechtlich qualifiziert, so wäre ihre Geltung in der Tat unabweisbar." Dagegen wiederum: „Dennoch hat bereits vor etwa 25 Jahren der Generalanwalt beim EuGH darauf hingewiesen, dass der Maßstab des *ordre public* im Verhältnis zu den EG-angehörigen Staaten abgemildert werden muss, wenn es um die Verwirklichung der Grundfreiheiten des EGV geht." (vgl. *Sandrock* AG 2004, 57, 62). Vgl. dazu oben S. 285 ff.

1353 Ebenso *Sandrock*, ZVglRWiss 102 (2003), 447, 494; *ders.*, AG 2004, 57, 58 f. Der in Art. 46 EG-artikulierte *ordre public* Vorbehalt, kommt nicht in Betracht. Er ist deutlich enger gefasst als der nationale *ordre public*.

1354 Vgl. hierzu *Dammann*, 8 Fordham J. Corp. & Fin. L. 607, 644-647 (2003); *Sandrock*, AG 2004, 57, 65.

a) *Mitbestimmung Teil des nationalen ordre public?*

Mit der Einführung der Unternehmensmitbestimmung im Jahre 1976[1355] wurden erhebliche verfassungsrechtliche Bedenken laut, die schließlich das BVerfG klärte[1356]. Das BVerfG hatte in seinem Mitbestimmungsurteil die Allgemeinwohlbezogenheit der Mitbestimmung „ungeachtet ihrer Ausgestaltung im Einzelnen“ zumindest dem Grunde nach bejaht[1357]. Trotz der politischen Umstrittenheit der Mitbestimmungsgesetze wurde die Mitbestimmung im Schrifttum und in der Rechtsprechung fortan zum *wirtschaftsrechtlichen ordre public* erhoben[1358].

aa) *Fragmentarischer Charakter des MitbestG*

Gegen den Charakter einer im öffentlichen Interesse stehenden Regelung lassen sich aus aus heutiger Sicht gewichtige Gründe anführen. Ins Auge fällt zunächst der fragmentarische Charakter des MitbestG, das an bestimmte Rechtsformen anknüpft und zudem das Überschreiten gewisser Beschäftigungszahlen erfordert[1359]. Die hinter dem MitbestG stehende „Konzeption der Verteilungsgerechtigkeit“ wird demnach nicht flächendeckend durchgehalten[1360]. Vielmehr liegt dem MitbestG eine bewusste Selbstbeschränkung zugrunde. Mit der Beschränkung auf bestimmte Rechtsformen nimmt das MitbestG die partielle Schwächung inländischer Arbeitnehmerinteressen in Kauf[1361]. Dieser Umstand wird auch mit Blick auf den deutsch-amerikanischen FSHV deutlich[1362]. Entnimmt man der Norm, wie nunmehr auch die höchstrichterliche Rechtsprechung in Deutschland[1363], kollisionsrechtliche Bedeutung, dann gilt im Verhältnis zu den USA völkerrechtlich die Gründungstheorie als vereinbart. In den USA gegründete Gesellschaften mit Verwaltungssitz in Deutschland sind danach von der Mitbestim-

---

1355 Zur gesellschaftspolitischen Motivation vgl. die Zusammenfassung bei *Junker*, NJW 2004, 728 f.

1356 BVerfGE, 50, 290.

1357 BVerfGE, 50, 290, 351.

1358 BGHZ 83, 106, 110 = AG 1982, 218 (*Siemens*); zweifelnd BGH ZIP 1982, 172, 174 (*Hoesch-Hoogovens*); früher *Ulmer*, in: Hanau/Ulmer MitbestG Einl., Rdn. 40, *Großfeld*, in: Staudinger IntGesR, Rdn. 510; *Hüffer*, § 241 AktG, Rdn. 18, 22 f.; *Stork*, S. 209; *v. Halen*, WM 2003, 571, 576; *Kieninger*, ZGR 28 (1999), 724, 744; *Hammen*, WM 1999, 2487, 2495; *Forsthoff*, DB 2002, 2471, 2477; *Henssler*, in: GS Heinze, S. 333, 346 f.

1359 *Forsthoff*, DB 2002, 2471, 2477. Dies ist für *Forsthoff* der entscheidende Aspekt, die Allgemeinwohlbezogenheit zu verneinen; vgl. *Riegger*, ZGR 33 (2004), 510, 519.

1360 *Eidenmüller*, ZIP 2002, 2233, 2237; *v. Hase*, BuW 2003, 944, 949; *Mankowski*, RIW 2004, 481, 483.

1361 *W.-H. Roth*, BB 2000, 1361, 1366; *v. Hase*, BuW 2003, 944, 949; *Ziemons*, ZIP 2003, 1913, 1918; vgl. in anderem Zusammenhang auch *Basedow*, RabelsZ 59 (1995), 1, 23 f.

1362 Zum deutsch-amerikanischen FSHV vgl. oben S. 246 ff.

1363 Vgl. dazu oben S. 246 ff.

mung befreit[1364]. Es sei denn man entnähme dem FSHV unter grundsätzlicher Anerkennung der Rechtsfähigkeit von US-Gesellschaften die Möglichkeit, die Mitbestimmung zu überlagern[1365]. Die Praxis sieht insoweit aber anders aus[1366].

bb) Bestehende Gestaltungsmöglichkeiten

Ferner ist auf die seither bestehenden Gestaltungsmöglichkeiten hinzuweisen, die sich gerade aufgrund der Rechtsformbezogenheit des MitbestG ergeben[1367]. Bestehende Umgehungsmöglichkeiten, wie die Gründung von Holding-Gesellschaften im Ausland oder aber die Einschaltung einer ausländischen Kapitalgesellschaft als Komplementärin einer inländischen KG, eignen sich aber weniger gut als Argument gegen das Vorliegen eines zwingenden Allgemeinwohlgrunds[1368]. Denn für eine rechtsformgebundene Anknüpfung lassen sich gute Gründe anführen. Zu Recht hat der Gesetzgeber aufgrund völkerrechtlicher Grundsätze davor zurück geschreckt, fremden Rechtsformen die unternehmerische Mitbestimmung deutscher Prägung aufzubürden. Hierdurch würde eine völkerrechtlich nicht vereinbare extraterritoriale Geltung nationalen Rechts begründet[1369]. Die Ausgestaltung der Rechtsform insbesondere der Innenbeziehungen obliegt dem Staat, der die Gesellschaft „ins Leben" ruft. Aufgrund dieser Tatsache kann auch dann nichts anderes gelten, wenn sich der *Verwaltungssitz im Inland* befindet. Schutz vor Mitbestimmungsumgehungen durch den Einsatz ausländischer Gesellschaften mit *Verwaltungssitz im Inland* leistete seither die Sitztheorie[1370]. Diejenigen Vertreter im Schrifttum, die auf eine rechtsformunabhängige Mitbestimmung pochen und eine solche Lösung als sakrosankt anpreisen[1371], können theoretisch, nicht aber praktisch überzeugen. Es ist demnach dem Gesetzgeber nicht vorwerfbar, dass *de lege lata* durch Einschaltung mitbestimmungsfreier Holding-Gesellschaften der Mitbestimmungsein-

---

1364 *W.-H. Roth*, RabelsZ 55 (1991), 623, 650 f.; *ders.*, in: GS Heinze, S. 709, 719-723 (*W.-H. Roth* kommt zu dem Ergebnis, dass eine Überlagerung der Mitbestimmungsregelungen auf zuziehende EG-Auslandsgesellschaften gegen den gemeinschaftsrechtlichen Grundsatz der Meistbegünstigung verstößt, da eine Überlagerung gegenüber US-Gesellschaften aufgrund des deutsch-amerikanischen FSHV nicht stattfinden darf.); *Knobbe-Keuk*, ZHR 154 (1990), 325, 330; diesen folgend *Kruse*, S. 230; *Schwark*, AG 2004, 173, 175.

1365 So z.B. *Dammann*, RabelsZ 68 (2004), 607, 631-641; a.A. *W.-H. Roth*, in: GS Heinze, S. 709, 722 f.

1366 Vgl. *Schwark*, AG 2004, 173, 175. *Schwark* weist darauf hin, dass die US-amerikanischen Gesellschaften *Dow Chemical*, *United Parcel Service* und *Ramada* ihr Deutschlandgeschäft in der Rechtsform einer US-amerikanischen *corporation* betreiben, die *de facto* nicht mitbestimmt sind.

1367 *Zimmer*, S. 150 f.; *ders.*, NJW 2003, 3585, 3591.

1368 Tendenziell auch *Dammann*, 8 Fordham J. Corp. & Fin. L. 678 (2003); a.A. *Zimmer*, BB 2000, 1361, 1366.

1369 Ebenso *Thüsing*, ZIP 2004, 381, 382 f.

1370 *Großfeld*, in: Staudinger IntGesR, Rdn. 136.

1371 *Forsthoff*, DB 2000, 1009, 1114; *Zimmer*, BB 2000, 1361, 1366; *ders.*, Gesellschaftsrecht, S. 164-174; a.A. nunmehr *ders.*, NJW 2003, 3585, 3590 f.

fluss im Konzern aufgeweicht werden kann[1372]. Der schwindende Einfluss hängt vor allem damit zusammen, dass das Organ der Auslandsgesellschaft bei Vorliegen eines Beherrschungsvertrags dem Vorstand der abhängigen inländischen Gesellschaft weisungsbefugt ist (§ 308 Abs. 1 AktG)[1373]. Die Mitbestimmung erstreckt sich bei einer derartigen Konzernstruktur allein auf die deutsche Kapitalgesellschaft mit Verwaltungssitz in Deutschland[1374]. Ebenso verhält es sich mit den weiteren Umgehungsmöglichkeiten, wie beispielsweise die Auslagerung arbeitnehmerintensiver Bereiche auf eine Gesellschaft mit Verwaltungssitz im Ausland.

cc) Schutz der Arbeitnehmerinteressen

In der Literatur wird der Schutz der Arbeitnehmerinteressen durch die deutschen Mitbestimmungsgesetze bisweilen auch deshalb verneint, weil die Mitbestimmung nicht die Arbeitnehmerinteressen des einzelnen Arbeitnehmers im Auge habe. Vielmehr sei sie Ausdruck eines national verteilungspolitisch motivierten Ziels[1375]. Folgerichtig wird dem MitbestG die Qualität eines im nationalen Allgemeininteresse stehenden Gesetzes abgesprochen. Dieser Aspekt wird dadurch gestärkt, dass auf der Arbeitgeberbank nicht nur Beschäftigte des Unternehmens, sondern zu einem Drittel unternehmensfremde Gewerkschaftsvertreter Platz nehmen. Ob Gewerkschaftsvertreter aber stets Interessen der im Unternehmen Beschäftigten wahrnehmen, darf bezweifelt werden[1376]. Es steht zu vermuten, dass die Gewerkschaftsinteressen bei Aufsichtsratssitzungen keine unerhebliche Bedeutung einnehmen. Richtig ist aber auch, dass in § 1 MitbestG kein individuelles *subjektives* Recht verbrieft ist[1377]. Die Einräumung *subjektiver* Rechte scheint jedoch für die Anerkennung eines national zwingenden Allgemeinwohlgrunds nicht erforderlich[1378]. Aus europäischer Sicht mag dies anders sein. Durch das MitbestG sollte primär eine in Deutschland herrschende sozialpolitische Wertevorstellung umgesetzt

---

1372 Hierzu *Zimmer*, S. 150 f.; *Schwark*, AG 2004, 173, 175; *Henssler*, in: GS Heinze, S. 333, 340 f.

1373 Kritisch in Anbetracht des schwindenden Mitbestimmungsrechts *Däubler*, RabelsZ 39 (1975), 444, 466-473.

1374 OLG Stuttgart ZIP 1995, 1004; a.A. erstinstanzlich das LG Stuttgart (ZIP 1993, 1406 ff.). Das LG Stuttgart hatte den Antrag auf Bildung eines mitbestimmten Aufsichtsrats in der deutschen Tochtergesellschaft zurückgewiesen, weil sie nur die Stellung einer Zwischen-Holding - ohne Einflussnahme auf die Geschäftsführung der im Ausland domizilierten Konzerngesellschaften - habe. § 5 Abs. 3 MitbestG sei im zu entscheidenden Fall nicht einschlägig. Vgl. *Henssler*, in: GS Heinze, S. 333, 341 f.

1375 *Eidenmüller*, ZIP 2002, 2233, 2242; *Veit/Wichert*, AG 2004, 14, 17; *v. Hase*, BuW 2003, 949, 949; a.A. *W.-H. Roth*, IPRax 2003, 117, 125: „Dies tut der aber der Anerkennung als Allgemeininteresse keinen Abbruch."

1376 Vgl. hierzu *Schweickart*, WHU Quarterly 2003 Nr. 1, S. 3, 4 f.

1377 *Raiser*, § 1 MitbestG, Rdn. 46.

1378 *W.-H. Roth*, IPRax 2003, 117, 125.

werden. Reflexartig wird hierdurch auch die Position eines jeden Arbeitnehmers gestärkt.

dd) MitbestG und Corporate Governance

Überzeugender ist zumindest auf den ersten Blick ein der *Corporate Governance* Diskussion entsprungenes Argument. Die in der Wissenschaft und Praxis artikulierte Kritik an der Arbeit des Aufsichtsrats wird zunehmend lauter. Das geschieht zu Recht, wie die öffentlich gewordenen Fälle von Aufsichtsratsversagen eindrucksvoll belegen[1379]. Für das Versagen des Kontrollorgans wird u.a. auch die Unternehmensmitbestimmung gemacht[1380]. Auf politischer Ebene wird hingegen die Mitbestimmungsfrage weiterhin als „Tabuthema" behandelt. Bezeichnend hierfür ist die angewiesene Aussparung der Mitbestimmung bei der durch die Bundesregierung eingesetzten Kommission zur Verbesserung der *Corporate Governance*[1381]. Dabei scheint der Hinweis des BVerfG an den Gesetzgeber in Vergessenheit geraten zu sein, dort korrigierend einzugreifen, wo die mit dem MitbestG verbundenen positiven Erwartungen durch die spätere Entwicklung nicht eintreten[1382]. Das Versagen des Aufsichtsrats bei Durchführung seiner gesetzlichen Aufgaben wird von den Kritikern überwiegend in der paritätischen Besetzung *in concreto* dem unterschiedlichen Selbstverständnis der Gruppenrepräsentanten des Aufsichtsrats gesehen[1383]. Empirisch gilt ein solcher Nachweis aber derzeit noch nicht als erbracht[1384]. Gleiches gilt im Übrigen für den Nachweis eines Kausalzusammenhangs zwischen Mitbestimmung und Unternehmenswachstum[1385] sowie für die

---

1379 S. zur Überwachungseffizienz der Unternehmensmitbestimmung *v. Werder*, AG 2004, 166-1172.

1380 Vgl. *Säcker*, BB 2004, 1462-1464; *Hundt/Rogowski*, „Die Europa AG wird zugrunde geregelt", FAZ v. 31.8.2004, S. 12; a.A. *Freyberg*, „Die deutsche Mitbestimmung ist ein Standortvorteil", FAZ v. 1.9.2004, S. 12.

1381 Hierauf hinweisend der Vorsitzende der *Corporate Governance* Komission *Baums*, Company Law Reform in Germany, Arbeitspapier Nr. 100, S. 6 internet: http://www.uni-frankfurt.de/fb01/baums/ (Stand: September 2004).

1382 Vgl. BVerfGE 50, 334 ff., 351 ff.

1383 *Ulmer*, ZHR 166 (2002), 271, 276; *Meilicke*, GmbHR 2003, 793, 809; *v. Petersdorff*, „Friedlich Ineffizient", Frankfurter Allgemeine Sonntagszeitung v. 26.10.2003, Nr. 43, S. 37; *Schilling*, „Mitbestimmung und Corporate Governance", FAZ v. 26.11.2001, S. 25; *ders.*, „Der Aufsichtsrat ist für die Katz", FAZ v. 27.8.1994, S. 11. In Anwesenheit der Arbeitnehmervertreter insbesondere der Gewerkschaftsvertreter könne weder über Personalfragen noch über strategische Planungen frei geredet werden; *Kaden*, „Der deutsche Weg", Manager Magazin 4/03, S. 86-90; *Rudizo*, „Aufsichtsrat auf Abwegen", DIE ZEIT, v. 3.4.2003, Nr. 15, S. 26; *c.V.*, „Er trage einen großen Namen und lasse mich in Frieden", FAZ v. 28.8.2004, S. 13.

1384 *Baums*, Company Law Reform in Germany, Arbeitspapier Nr. 100, S. 6 http://www.uni-frankfurt.-de/fb01/baums/ (Stand: September 2004): „To date, there have been no undisputed econometric studies on the (negative or positive) correlation between Co-determination and company performance."; *Thüsing*, ZIP 2004, 381, 381.

1385 S. dazu eine Zusammenfassung und Bewertung der bisher veröffentlichen empirischen Studien zu Auswirkung der Mitbestimmung unterschiedliche Unternehmensparameter bei *Sadowski/Junkes/*

vergleichsweise niedrige Börsenkapitalisierung deutscher Publikumsgesellschaften[1386]. Im Fehlen des empirischen Nachweises liegt sicher eine erhebliche Schwachstelle dieses Arguments[1387]. *Ulmer* lässt aus diesem Grunde dahingehende Erwägungen in seiner Analyse außen vor. Gleichwohl kommt *Ulmer* zu dem Ergebnis, dass die unternehmerische Mitbestimmung in der bestehenden Form nicht mehr ‚zeitgemäß' ist[1388]. Außer Zweifel dürfte stehen, dass die Unabhängigkeit des Aufsichtsrats durch Gewerkschafter und Arbeitnehmervertreter nicht gewährleistet ist. Interessenkonflikte sind insbesondere in wirtschaftlich angespannten Zeiten vorprogrammiert, in denen Arbeitsplatzabbau auf der Tagesordnung steht[1389]. Gleiches gilt im Hinblick auf die Qualifikation von Aufsichtsratsmitgliedern. Es ist fraglich, ob Arbeitnehmervertreter den originären Aufgaben des Aufsichtsrats gewachsen sind[1390]. Der Mitbestimmung aufgrund negativer Auswirkungen auf die *Corporate Governance* den Allgemeinwohlcharakter zu versagen, überzeugt aber selbst bei unterstellter Richtigkeit des Ursachenzusammenhangs nicht[1391]. Ziel der Mitbestimmung ist es, die Arbeitnehmer in die Entscheidungsprozesse des Unternehmens einzubinden, nicht hingegen die Verbesserung der *Corporate Governance*. Die *Corporate Governance* ist für die Beurteilung der vorliegend interessierenden Frage daher der falsche Maßstab.

ee) Konsens der Sozialpartner

Umgekehrt ist aber auch das *für* die Mitbestimmung eingebrachte Argument der „Konsensstärkung" kaum greifbar und wenig stichhaltig. Zum einen dürfte es erhebliche Schwierigkeiten bereiten, die durch die Mitbestimmung erreichte Konsensförderung

---

Lindenthal, ZGR 30 (2001), 110, 127-132. Die Verfasser gelangen zu dem Ergebnis, dass sich aus der Summe der vorliegenden Studien die Effizienzwirkungen der Mitbestimmung im Aufsichtsrat bisher nicht empirisch geklärt sind; vgl. *Sadowski/Junkes/Lindenthal*, ZGR 31 (2002), 110, 132; a.A. *v. Werder*, AG 2004, 166, 166-171.

1386 Vgl. dazu *Roe*, in: Comparative Corporate Governance, S. 361-372; *Freyberg*, „Die deutsche Mitbestimmung ist ein Standortvorteil", FAZ v. 1.9.2004, S. 12.

1387 So wohl auch *Thüsing*, ZIP 2004, 381, 386.

1388 *Ulmer*, ZHR 166 (2002), 271-277; i.E. ebenso *Sandrock*, ZVglRWiss 102 (2003), 447, 490-493; *ders.*, BB 2002, 1601, 1602; *ders.*, AG 2004, 57, 60-64: „Diese Mängel schließen es aus, jene Regelungen als „staatstragend" zu bezeichnen und ihnen damit zu einer „international zwingenden" Geltung zu verhelfen."; *Schiessl*, ZHR 167 (2003), 235, 240 f.; *Wiesner*, ZIP 2004, 243.

1389 Vgl. zum Interessenkonflikt von Gewerkschaftsvertretern im Aufsichtsrat *Bender*, „Auch Gewerkschaftler im Aufsichtsrat müssen Kodex befolgen", FAZ v. 9.7.2003, S. 17 („Fall Frank Bsirske"); dagegen zum Interessenkonflikt auf Seiten der Aktionärsvertreter im Aufsichtsrat, *Freyberg*, „Die deutsche Mitbestimmung ist ein Standortvorteil", FAZ v. 1.9.2004, S. 12.

1390 Vgl. zu den rechtlichen Anforderungen an Qualifikation und Unabhängigkeit von Aufsichtsratsmitgliedern und deren Auswirkungen auf die Arbeitnehmermitbestimmung *Säcker*, AG 2004, 180-186.

1391 Ähnlich *W.-H Roth*, in: GS Heinze, S. 709, 724; a.A. *Sandrock*, AG 2004, 57, 60-62.

empirisch zu belegen[1392]. Zum anderen wird der von allen Sozialpartnern anerkannten Schutzbedürftigkeit der Arbeitnehmerinteressen bereits auf betrieblicher Ebene nachgekommen[1393].

ff) Fazit

Insgesamt zeigt die Untersuchung, dass große Zweifel daran bestehen, dem MitbestG den Status der Unverzichtbarkeit beizumessen. Folglich ist auch die Erforderlichkeit der Absicherung der hinter der Mitbestimmung stehenden Wertungen durch den *ordre public* mehr als fraglich[1394]. Ausreichenden Anlass zum Zweifeln bietet bereits der fragmentarische Charakter des MitbestG. Anhaltspunkte für einen als zwingend empfundenen Wesensgehalt lassen sich den Vorschriften des MitbestG nicht entnehmen. Zum anderen lassen sich aber auch Zweifel an der Funktionsfähigkeit und an der geltungszeitlichen Legitimität des MitbestG unter besonderer Berücksichtigung der Globalisierung nicht ausräumen[1395]. Negativ beurteilt sich in diesem Zusammenhang vor allem das fehlende aktive und passive Wahlrecht im Ausland beschäftigter Arbeitnehmer[1396]. Die Interessen von im Ausland Beschäftigten sind meist anders geartet als diejenigen inländischer Arbeitnehmer. Besonders brisant stellt sich die Situation in den Fällen, in denen die überwiegende Zahl der Arbeitnehmer an im Ausland belegenen Standorten beschäftigt ist. Schließlich führt die zunehmende grenzüberschreitende Konzernierung von Unternehmen als Folge der Globalisierung zu einer erheblichen Einschränkung des Anwendungsbereichs der Mitbestimmung im Konzern. Der schrump-

---

1392 *Ulmer*, ZHR 166 (2002), 271, 273; a.A. *Freyberg*, „Die deutsche Mitbestimmung ist ein Standortvorteil", FAZ v. 1.9.2004, S. 12.

1393 *Eidenmüller*, JZ 2004, 24, 29; *ders.*, ZIP 2002, 2233, 2242; *Mankowski*, RIW 2004, 481, 483.

1394 Ebenso *Windbichler/Bachmann*, in: FS Bezzenberger, S. 797, 803 f.; *Windbichler*, AG 2004, 190, 191; *Ebke*, JZ 2003, 927, 931; *Paefgen*, DB 2003, 487, 491 f.; *Sandrock*, AG 2004, 57, 59-62; *ders.*, ZVglRWiss 102 (2003), 447, 488-490; *Schwark*, AG 2004, 173, 175; zweifelnd *Junker*, NJW 2003, 728, 729; *Trost*, S. 338 f. (Arbeitnehmer seien nicht schutzwürdig, weil sie selbst darüber bestimmen könnten, für welchen Arbeitgeber sie tätig werden; ähnlich *Kersting/Schindler*, 4 GLJ 1277, 1287 [2003] [diese Begründung sei Umsetzung des Informationsmodells des EuGH.]); ablehnend insoweit *Spindler/Berner*, RIW 2003, 949, 954; die Argumentation in Zeiten hoher Arbeitslosigkeit als gerade zu zynisch erachtend *Drygala*, ZEuP 2004, 337, 348]; implizit *Säcker*, BB 2004, 1462; a.A. z.B. *Thüsing*, ZIP 2004, 381, 385-387; *Dorr/Stukenborg*, DB 2003, 647, 649; *Eidenmüller/Rehm*, ZGR 33 (2004), 159, 184; *Hüffer*, § 1 AktG, Rdn. 44; *Kamp*, BB 2004, 1496, 1500; *Bayer*, AG 2004, 534, 537; *Henssler*, in: GS Heinze, S. 333, 346 f.

1395 Vgl. *Baums*, Company Law Reform in Germany, Arbeitspapier Nr. 100, S. 6 f. http://www.uni-frankfurt.de/fb01/baums/ (Stand: Juli 2004). *Baums*, betrachtet Sinn und Zweck des MitbestG unter dem Gesichtspunkt des seit Inkrafttreten stattgefundenen politischen und ökonomischen Wandels in Europa und der Welt.

1396 Vgl. hierzu *Däubler*, RabelsZ 39 (1975), 444, 451-458.

fende Anwendungsbereich ist für *Schwark* wiederum ein Grund dafür, den Geltungsanspruch der Mitbestimmung insgesamt in Frage zu stellen[1397].

b) *Mitbestimmung als Allgemeinwohlgrund*

Wie bereits mehrfach erläutert, reicht die nationale Klassifizierung eines Gesetzes als im zwingenden Allgemeininteresse stehend alleine nicht aus, um eine Beschränkung der Niederlassungsfreiheit zu rechtfertigen. Notwendig ist vielmehr die Anerkennung des Vorliegens eines „europäischen Allgemeinwohlgrunds" durch den EuGH[1398].

aa) *Überseering*

In der *Überseering*-Entscheidung stellt der Gerichtshof hierzu fest: Es ist nicht auszuschließen, dass „zwingende Gründe des Allgemeinwohls", wie u.a. der Schutz der Interessen von *Arbeitnehmern* es ausnahmsweise rechtfertigen können, die Niederlassungsfreiheit zu beschränken[1399]. Selbst wenn man dieser Aussage entnehmen will, dass das Arbeitnehmerinteresse generell einen auf europäischer Ebene anerkannten Allgemeinwohlgrund darstellt[1400], ist damit keinesfalls zugleich beantwortet, ob die unternehmerische Mitbestimmung in ihrer deutschen Ausprägung vom gemeinschaftsrechtlichen Allgemeinwohlgrund „Arbeitnehmerinteresse" getragen wird[1401]. Die hinter der Mitbestimmung stehenden Motive rechtfertigen es noch nicht, jedwede Ausgestaltungsform der Verwirklichung jener Ziele als vom zwingenden Allgemeinwohlgrund umfasst anzusehen[1402]. Die Urteile, in denen der Gerichtshof die Arbeitnehmerinteressen als im Allgemeinwohl stehend qualifizierte, betrafen allesamt Fragen zum vorübergehenden grenzüberschreitenden Einsatz von Arbeitnehmern. Zumal die Formulierung des EuGH,

---

1397 *Schwark*, AG 2004, 173, 174.

1398 Vgl. dazu oben S. 262 ff., S. 285 ff.

1399 EuGH, Urt. v. 5.11.2002 Rs. C-208/00 (*Überseering*), Slg. 2002, I-9974 (Tz. 92).

1400 So *Schindler*, RdW 2003, 122, 124. Ein vom EuGH anerkanntes Allgemeininteresse ist der Schutz der Arbeitnehmer und insbesondere der „soziale Schutz der Arbeitnehmer", vgl. z.B. EuGH, Urt. v. 17.12.1981 Rs. 179/80 (*Webb*), Slg. 1981, 3325 (Tz. 19); EuGH, Urt. v. 23.11.1999 Rs. C-369/96 und C-376/96 (*Arblade u.a.*), Slg. 1999, I-8514 (Tz. 36); EuGH, Urt. v. 15.3.2001 Rs. C-165/98 (*Mazzoleni*), Slg. 2001, I-2222 (Tz. 27).

1401 Ähnlich *v. Hase*, BuW 2003, 944, 949; wohl auch *Kersting/Schindler*, 4 GLJ (2003), 1277, 1287; *Riegger*, ZGR 33 (2004), 510, 520; a.A. *Bayer*, BB 2003, 2357, 2365; *Straub/Ratka*, ÖZW 2003, 34, 43; *Kindler*, NJW 2003, 1073, 1079; *Thüsing*, ZIP 2004, 381, 385; *Dammann*, 8 Fordham J. Corp. & Fin. L. 607, 641-670 (2003); *Henssler*, in: GS Heinze, S. 350-353; *Zimmer*, in: GS Heinze, S. 1123, 1127 f.

1402 A.A. *Dammann*, 8 Fordham J. Corp. & Fin. L. 607, 641-670 (2003). *Dammann* stellt hinsichtlich des Vorliegens eines zwingenden Allgemeinwohlgrunds auf die hinter der Mitbestimmung stehen-

wonach es *„nicht auszuschließen“* sei, hinreichend zum Ausdruck bringt, dass der Gerichtshof die vorgetragenen Allgemeinwohlgründe nicht einmal im Ansatz beurteilt hat. Es ist anzunehmen, dass der EuGH durch die Aufzählung der im *Überseering*-Urteil genannten Allgemeinwohlgründe lediglich zum Ausdruck bringen wollte, dass Beschränkungen im Gegensatz zu Negierungen grundsätzlich rechtfertigungsfähig sind. Mit einer Rechtfertigungsprüfung hatte sich der EuGH in der Sache nicht zu beschäftigen.

bb) Mitbestimmung in Europa

Bei der Frage, ob die unternehmerische Mitbestimmung den Anforderungen an einen gemeinschaftsrechtlichen Allgemeinwohlgrund genügt, wird der EuGH den Blick rechtsvergleichend auf sämtliche Mitgliedstaaten werfen[1403]. Denn nationale Besonderheiten können auf dem Weg zu einem Binnenmarkt, wenn überhaupt, nur in engen Grenzen Berücksichtigung finden[1404]. Die Notwendigkeit der Einbeziehung von Arbeitnehmervertretern in die unternehmerische Entscheidungsfindung wird europaweit höchst unterschiedlich beurteilt. Dabei nimmt Deutschland mit Blick auf das Maß an unternehmerischer Mitbestimmung im europäischen Vergleich eine „Sonderstellung“ ein[1405]. Die bestehenden Dissonanzen im Hinblick auf die Mitbestimmung auf Unter-

---

den Wertvorstellungen ab („Protection of Human Dignity“, „The Democratization of the Workplace as a Goal Per Se“; „Limitiation of Entrepreneurial Power“).

1403 Ähnlich *Knobbe-Keuk*, ZHR 154 (1990), 325, 347; *W.-H. Roth*, ZGR 2000, 311, 332; *Drygala*, ZEuP 2004, 337, 348; a.A. *Stork*, S. 211; *Thüsing*, ZIP 2004, 381, 386; *Bayer*, AG 2004, 534, 537: „Dass Beschränkungen der Niederlassungsfreiheit generell nur in Betracht kommen sollen, wenn das zwingende Allgemeininteresse in allen (oder jedenfalls in der Mehrzehl aller) Mitgliedstaaten als solches anerkannt ist, kann der bisherigen Rechtsprechung des EuGH - entgegen anderslautender Behauptungen - nicht entnommen werden.“

1404 Auf nationale regionale, soziale und kulturelle Besonderheiten ist der EuGH allerdings in einer Entscheidung aus dem Jahre 1989 eingegangen (sonntägliche Verkaufsgebote als Verstoß gegen Art. 28 EG, vgl. EuGH, Urt. v. 23.11.1989 Rs. 145/88 [*Torfaen Bourough Council/B & Q PLC*], Slg. 1989, 3889 [Tz. 14]; vgl. auch EuGH, Urt. v. 11.7.1985 verb. Rs. 60 und 61/84 [*Cinéthèque SA u. a./Fédération Nationale des Cinémas Français*], Slg. 1985, 2605). Hätte der EuGH erneut über die Konformität des unterschiedslos angewandten sonntäglichen Verkaufsverbots mit Art. 28 EG zu entscheiden, würde er mit Blick auf die *Keck*-Rspr. heute bereits die Anwendbarkeit von Art. 28 EG verneinen (vgl. hierzu EuGH, Urt. v. 2.6.1994 verb. Rs. C-401 und 402/92 [*Tankstation 't Heukske und Boermans*], Slg. 1994, I-2199).

1405 *Ebke*, 31 Int'l Law. 961, 967 f. (1997); *Heinze*, ZGR 28 (1999), 54, 58-61; *Schiessl*, ZHR 167 (2003), 235, 254; *Schulz/Dörrbecker*, BuW 2003, 990, 994; vgl. den rechtsvergleichenden Überblick bei *Zimmer*, S. 137-143; *Sonnenberger*, RIW 1999, 721, 732: „[...] kann man natürlich nicht übersehen, dass bisher die Mitbestimmungsfrage aus der Sicht der deutschen Gewerkschaften ein wesentliches Hindernis für die europaweite Lösung der gesellschaftsrechtlichen Fragen war.“; s. zur deutschen Mitbestimmung auf Unternehmensebene im europäischen und internationalen Vergleich *Schwark*, AG 2004, 173, 173 f. m.w.N. Fn. 1 („singuläre Stellung“); *Schiessl*, ZHR 167 (2003), 235, 237, 239-241. S. eine rechtsvergleichende Darstellung zur Unternehmens Mitbestimmung in den EU-Mitgliedstaaten bei *Baums/Ulmer*, S. 11-157.

nehmensebene wurden bereits im Rahmen der gescheiterten 5. RL über die Harmonisierung der Struktur von Aktiengesellschaften deutlich[1406]. Aber auch das zögerliche Vorankommen in Bezug auf die 14. RL zur grenzüberschreitenden Sitzverlegung, der geplanten RL zur Verschmelzung von Kapitalgesellschaften (Fusions-RL)[1407] und schließlich das lange Scheitern der SE-VO gründet auf einem gemeinschaftsweit nicht verfestigten Verständnis von Inhalt und Umfang der Arbeitnehmermitbestimmung auf Unternehmensebene[1408].

Damit steht aber zugleich fest, dass sich die unternehmerische Mitbestimmung deutscher Prägung bisher nicht zum Status eines europäischen Allgemeinwohlgrundes verfestigen konnte[1409]. Bekanntlich konnte die SE mit Blick auf die Mitbestimmungsfrage nur durch einen „faulen" Kompromiss[1410] auf den Weg gebracht werden[1411]. Überwiegend gelten die derzeit geplanten sekundärrechtlichen Maßnahmen als am deutschen Sonderweg gescheitert oder sind, wie das Beispiel der SE-VO verdeutlicht, vom deutschen System gezeichnet[1412]. Letzteres ist aber allein Ausdruck des politischen Einflusses Deutschlands innerhalb der EU[1413]. *Wiesner* kritisiert, dass die Kommission offenbar zur Vermeidung eines erneuten Konflikts mit der deutschen Bundesregierung in Bezug auf Mitbestimmungsfragen das Mitbestimmungsmodell der SE als einen von mehreren Standards etablieren wird[1414]. Indes darf man gespannt sein, ob sich auch der

---

1406 Erster Vorschlag einer 5. RL (Strukturrichtlinie) KOM (72) 887 (ABl.EG C 131 v. 13.12.1972, S. 49). Letzter geänderter Vorschlag v. 20.11.1991 (ABl.EG C 34 v. 12.12.1991, S. 9) abgedruckt bei *Lutter*, Unternehmensrecht, S. 176-195; s. hierzu *Ebke*, 31 Int'l Law. 961, 975 f. (1997): „In my view, the Commission has not really succeeded in developing a comprehensive body of corporate law rules that are truly European in nature." Zuvor waren schon Vorschläge für eine Richtlinie über Informations- und Konsultationsrechte der Arbeitnehmer (Vrdeling-RL) auf erbitterten Widerstand in einigen Mitgliedstaaten gestoßen. Sie gilt seither als gescheitert. Vgl. Richtlinienvorschlag v. 23.10.1983 (ABl.EG C 297 v. 15.11.1980, S. 3); geänderter Vorschlag v. 8.7.1983 (ABl.EG C 217 v. 12.8.1983, S. 3).

1407 S. dazu Vorschlag v. 18.11.2003 (KOM 2003, 703); zur Mitbestimmungsfrage *Wiesner*, DB 2005, 91-94; vgl. *o.V.*, „EU verhindert Export der deutschen Mitbestimmung", FAZ v. 26.11.2004, S. 15 (Deutschland kann sich im Hinblick auf das zukünftig geltende Maß der Mitbestimmung in grenzüberschreitend fusionierten Gesellschaften nicht durchsetzen).

1408 *Drygala*, ZEuP 2004, 337, 340 f.; a.A. *Dammann*, 8 Fordham J. Corp. & Fin. L. 607, 647-651 (2003); *Kamp*, BB 2004, 1496, 1500; *Henssler*, in: GS Heinze, S. 333, 351 f.

1409 *Ebke*, JZ 2003, 927, 931; *ders.*, 31 Int'l Law. 961, 976 f. (1997); *ders.*, in: Unternehmenskontrolle, S. 9, 16 ff.; *Großfeld*, in: Staudinger, IntGesR, Rdn. 134; *Zimmer*, BB 2000, 1361, 1365 f.; *Wiesner*, DB 2005, 91, 92-94; a.A. *v. Hase*, BuW 944, 949. Die Ergänzungsrichtlinie v. 8.10.2001 erkenne die erworbenen Rechte der Arbeitnehmer über die Beteiligung an Unternehmensentscheidungen „als fundamentalen Grundsatz der Europäischen Union an."; *Bayer*, BB 2003, 2357, 2365; *Grundmann/Möslein*, ZGR 32 (2003), 317, 350 f.; *Kindler*, NJW 2003, 1073, 1079; *Thüsing*, ZIP 2004, 381, 385 f.

1410 Ergänzungs-RL zum Statut für die Europäische Aktiengesellschaft (SE) über die Beteiligung der Arbeitnehmer VO Nr. 2157/2001 v. 8.10.2001 (ABl.EG L 294 v. 10.11.2001, S. 1). Zur Umsetzung der SE-RL in Deutschland vgl. *Henssler*, in: GS Heinze, S. 333, 335-341.

1411 *Kersting*, NZG 2003, 9, 10.

1412 *Ebke*, 31 Int'l Law. 961, 976-984 (1997), *Schwark*, AG 2004, 173, 176.

1413 Das übersieht *Thüsing*, ZIP 2004, 381, 387.

1414 *Wiesner*, ZIP 2004, 243.

Gerichtshof vom deutschen Sonderweg beeindrucken lässt und die Unternehmensmitbestimmung deutscher Prägung als zwingenden Allgemeinwohlgrund anerkennt[1415]. Die Aussichten hierfür stehen aus den oben angeführten Gründen schlecht[1416]. Im Gegensatz dazu scheint die Mitbestimmung auf betrieblicher Ebene in Europa konsensfähig. Das zeigt die im Jahre 1994 erlassene RL zur Einsetzung eines europäischen Betriebsrats[1417]. Da die bisherige Spruchpraxis gezeigt hat, dass der Gerichtshof sich mit der Frage des Vorliegens eines zwingenden Allgemeinwohlgrunds bisweilen weniger intensiv beschäftigt und statt dessen unmittelbar auf die weiteren Voraussetzungen des „Vier-Faktoren-Tests" eingeht, soll die Mitbestimmung nunmehr auf das Vorliegen der weiteren Anforderungen abgeklopft werden.

3. *Diskriminierung*

Auf der Grundlage des Rechtfertigungstests dürfen ausländische Gesellschaften gegenüber inländischen Gesellschaften nicht diskriminiert werden. Im Hinblick auf die Erfüllung dieser Voraussetzung bestehen *de lege lata* erhebliche Bedenken[1418]. Zunächst ließe sich eine Diskriminierung ausländischer Kapitalgesellschaften gegenüber inländischen Personengesellschaften begründen, die nach Art. 1 MitbestG mitbestimmungs-

---

1415 Kritisch auch *Wiesner*, ZIP 2004, 243: „Der Versuch der EU-Kommission, mit ihrem rückwärts gewandten Mitbestimmungsvorschlag diese Entwicklung [den durch die EuGH-Entscheidungen ausgelösten Wettbewerb der Rechtsordnungen] aufzuhalten, ist zum Scheitern verurteilt."

1416 Gegen die Qualifizierung der Unternehmensmitbestimmung als im zwingenden europäischen Allgemeinwohlinteresse stehend *Hammen*, WM 1999, 2487, 2494 f; *Ebke*, JZ 2003, 927, 931; *Eidenmüller*, ZIP 2002, 2233, 2242; implizit *Hüffer*, § 1 AktG, Rdn. 44; *Veit/Wichert*, AG 2004, 14, 17; *Meilicke*, GmbHR 2000, 693, 695 f.; *Ziemons*, ZIP 2003, 1913, 1917 f.; i.E. heute auch *Großfeld* zitiert nach Rehberg, IPRax 2003, 175, 179 anders noch *ders.*, in: Staudinger, IntGesR, Rdn. 133, 221 f. Unternehmensmitbestimmung „ist Teil des *ordre public* und entspricht dem europarechtlichen *Cassis de Dijon-Prinzip.*"; unentschieden *v. Hase*, BuW 2003, 944, 949; wohl auch *Horn*, NJW 2004, 893, 900; *Kallmeyer*, DB 2002, 2521, 2522; *Schwark*, AG 2004, 173, 175, 178; *Windbichler*, AG 2004, 190, 191; *Zimmer*, NJW 2003, 3585, 3590 f.; *Kersting/Schindler*, RdW 2003, 621, 624; *Zimmer*, BB 2000, 1361, 1365; *ders.*, NJW 2003, 3585, 3590 f.; a.A., dabei teilweise von einem national geprägten Allgemeinwohlverständnis ausgehend *v. Halen*, WM 2003, 572, 577; *W.-H. Roth*, IPRax 2003, 117, 125; *ders.*, 52 Int'l & Comp.L.Q. (2003), 177, 199; *ders.*, ZGR 29 (2000), 311, 333; *ders.*, in: GS Heinze, S. 709, 723; *Kieninger*, ZGR 28 (1999), 724, 744 f.; *Steindorff*, JZ 1999, 1140, 1142; *Bayer*, BB 2003, 2357, 2365; *ders.*, AG 2004, 534, 537; *Group of German Experts on Corporate Law*, ZIP 2003, 863, 877; *Müller-Graff*, ZHR 168 (2004), 1, 3; *Schanze/Jüttner*, AG 2003, 30, 32; *dies.*, AG 2003, 661, 668; *Thüsing*, ZIP 2004, 381, 386 f.; *Wymeersch*, in: Liber Amicorum Buxbaum, S. 629, 640, 653; *Dammann*, 8 Fordham J. Corp. & Fin. L. 607, 641-670 (2003); *Drygala*, ZEuP 2004, 337, 348; *Kamp*, BB 2004, 1496, 1500; *Henssler*, in: GS Heinze, S. 333, 350-353; *Zimmer*, in: GS Heinze, S. 1123, 1127 f.

1417 RL 94/45/EG v. 22.9.1994 (ABl.EG L 254 v. 30.9.1994, S. 64) über die Einsetzung eines Europäischen Betriebsrats oder die Schaffung eines Verfahrens zur Unterrichtung und Anhörung der Arbeitnehmer in gemeinschaftsweit operierenden Unternehmen und Unternehmensgruppen. Vgl. die hierzu ergangene Rspr.: EuGH, Urt. v. 29.3.2001 Rs. C-62/99 (*Bofrost*), Slg. 2001, I-2579, EuGH, Urt. v. 13.1.2004 Rs. C-440/00 (*Kühne&Nagel*).

1418 A.A. *Kersting/Schindler*, 4 GLJ 1277, 1286 (2003); *Henssler*, in: GS Heinze, S. 333, 350.

frei sind. Insoweit wird es entscheidend darauf ankommen, inwieweit der EuGH eine Differenzierung der genannten Gesellschaftstypen anerkennt. Nur im Falle einer beachtlichen Unterscheidung lägen wesentlich ungleiche Sachverhalte vor, die eine unterschiedliche Behandlung rechtfertigen könnten. Ausgehend von der für vorliegende Zwecke maßgeblichen Definition des Gesellschaftsbegriffs in Art. 48 Abs. 2 EG erscheint eine Anerkennung ungleicher Sachverhalte durch den EuGH allerdings unwahrscheinlich. Art. 48 Abs. 2 EG nennt als Gesellschaften, die bei Erfüllung der in Art. 48 Abs. 1 EG genannten Voraussetzungen natürlichen Personen niederlassungsrechtlich gleichgestellt sind: „Gesellschaften des bürgerlichen Rechts und des Handelsrechts einschließlich der Genossenschaften und die sonstigen juristischen Personen des öffentlichen und privaten Rechts [...]". Eine Unterscheidung zwischen juristischen Personen und Personengesellschaften mitgliedstaatlicher Gesellschaftsrechtsordnungen trifft der EG-Vertrag offenbar nicht[1419]. Demnach stehen „[...] *mit Ausnahme derjenigen* [Gesellschaften], *die keinen Erwerbszweck verfolgen*" niederlassungsrechtlich grundsätzlich alle Gesellschaftsformen gleich.

Der *Überseering*-Entscheidung ist ebenfalls keine Differenzierung zwischen Personen- und Kapitalgesellschaften in Bezug auf die Reichweite der Niederlassungsfreiheit zu entnehmen. Durchweg verwendet der EuGH in seinem Urteil den Begriff der *Gesellschaft* und hält sich damit an den in Art. 48 Abs. 1 EG verwandten Terminus. *Leible/Hoffmann* verweisen indes auf den Wortlaut der englischen Urteilsfassung, sowie den englischen Wortlaut von Art. 48 Abs. 1 EG[1420]. Obgleich die englische Fassung von Art. 48 Abs. 1 EG von „*companies* and *firms*" spreche[1421], sei in der englischen Fassung des *Überseering* Urteils ausdrücklich nur von „*companies*" die Rede[1422]. Hieraus lasse sich der Schluss ziehen, dass nur juristische Personen in den Genuss der Niederlassungsfreiheit kämen[1423]. Die Argumentation überzeugt nicht. In der Entscheidung *Überseering* ging es um eine juristische Person, mithin eine „*company*" i.S.v. Art 48 Abs. 1 EG. Weshalb hätte der EuGH also von „*companies and firms*" sprechen sollen, wenn es

---

1419 Vgl. auch die englische Fassung von Art. 48 EG: *Companies or firms* formed in accordance with the law of a Member State and having their registered office, central administration or principal place of business within the Community shall, for the purposes of this Chapter, be treated in the same way as natural persons who are nationals of Member States. "Companies or firms" means companies or firms constituted under civil or commercial law, including cooperative societies, and other legal persons governed by public or private law, save for those which are non-profit-making.

1420 A.A. *Leible/Hoffmann*, RIW 2002, 925, 933 f.

1421 Der gleiche Wortlaut findet sich in Art. 293 Spiegelstr. 3 Fall 1 EG (englische Fassung).

1422 *Leible/Hoffmann*, RIW 2002, 925, 933 f. Ferner passe die Argumentation des EuGH, die Gesellschaft hätte, „jenseits der nationalen Rechtsordnung, die ihre Gründung und Existenz regelt, keine Realität", nicht auf Personengesellschaften. Diesem Argument ist zu wiedersprechen. Unabhängig vom Vorliegen einer juristischen Person oder Personengesellschaft gilt, dass diese Subjekte des Gründungsstaats sind, die in anderen Rechtsordnungen der Mitgliedstaaten nicht existieren. Freilich sind sie als Gesellschaften des Gründungsstaats in allen anderen Staaten anerkennungsfähig, wozu die Niederlassungsfreiheit verpflichtet.

1423 *Leible/Hoffmann*, RIW 2002, 925, 933.

in casu um eine *company* ging? In der deutschen Fassung des EG-Vertrags findet eine Differenzierung des in Art. 48 Abs. 1 EG genannten Oberbegriffs *Gesellschaft* ebenso wie in Art. 293 Spiegelstr. 3 Fall 1 EG nicht statt. Eine nähere Konkretisierung blieb dem EuGH demnach in der deutschen Urteilsfassung verwehrt.

Entgegen der Auffassung von *Leible/Hoffmann* wird aus den Urteilsübersetzungen eines deutlich: Der EuGH hält sich eng an den Wortlaut der Bestimmungen des EG-Vertrags[1424]. Dass Art. 48 EG aber nicht nur juristische Personen, sondern auch Personengesellschaften erfasst, wird bei einem Blick in Art. 48 Abs. 2 EG hinreichend deutlich. Wenn auch der EuGH in *Überseering* explizit nur zu körperschaftlich strukturierten Gesellschaften zu entscheiden hatte, ist nicht damit zu rechnen, dass er zu einer Personengesellschaft anders entscheiden wird. Eine unterschiedliche Beurteilung stünde im Widerspruch zum Wortlaut von Art. 48 Abs. 2 EG. Zusammenfassend spricht *de lege lata* mithin einiges für eine diskriminierende Wirkung der unternehmerischen Mitbestimmung. Eine Diskriminierung ließe sich wohl nur durch ein rechtsformunabhängiges Mitbestimmungsmodell umschiffen[1425].

Zudem läge eine Diskriminierung gegenüber monistisch strukturierten Auslandsgesellschaften vor, wenn man die Mitbestimmung mangels Aufsichtsrats im *board* der zuziehenden Gesellschaft aufhängen würde. Durch Implementierung der Mitbestimmung im *board of directors* könnten die Arbeitnehmervertreter stärker auf das operative Geschäft einwirken als bei einer Verortung im Aufsichtsrat einer dualistisch geprägten Gesellschaft[1426]. Gegenüber nationalen mitbestimmungspflichtigen Gesellschaftsformen würden monistisch verfasste Auslandsgesellschaften diskriminiert[1427]. Hingegen geht vom Umstand, dass die unternehmerische Mitbestimmung an den Verwaltungssitz im Inland anknüpft, kein Diskriminierungspotenzial aus. Die Ungleichbehandlung ausländischer Gesellschaften mit Verwaltungssitz im Inland und solchen mit einem als Zweigniederlassung anerkannten Gebilde ist europarechtlich unbedenklich. Schließlich findet hierdurch keine Diskriminierung ausländischer gegenüber inländischen Gesellschaften statt.

Auf einen weiteren Diskriminierungsaspekt weist *Meilicke* hin[1428]. Ein Wahlrecht zur Wahl von Delegierten, die die Arbeitnehmervertreter im Aufsichtsrat wählen, steht nur den Beschäftigten inländischer Betriebe zu[1429]. Die Ursache hierfür kann bei nicht

---

1424 A.A. *Leible/Hoffmann*, RIW 2002, 925, 933.

1425 So auch *Müller-Graff*, ZHR 168 (2004), 1, 3; wohl auch *Schwark*, AG 2004, 173, 178.

1426 Vgl. dazu *Hundt/Rogowski*, „Die Europa AG wird zugrunde geregelt“, FAZ v. 31.8.2004, S. 12; kritisch zur Mitbestimmung im Verwaltungsrat einer SE *Henssler*, in: GS Heinze, S. 333, 337-340.

1427 *Dammann*, 8 Fordham J. Corp. & Fin. L. 607, 625-628 (2003).

1428 *Meilicke*, GmbHR 2003, 793, 805; *Säcker*, BB 2004, 1462, 1463.

1429 Kritisierend *Däubler*, RabelsZ 39 (1975), 444, 451-458; vgl. auch *Raiser*, § 5 MitbestG, Rdn. 29; *Ulmer*, ZHR 166 (2002), 271, 274; *Sandrock*, ZVglRWiss 102 (2003), 447, 492; *Schiessl*, ZHR 167 (2003), 235, 251; *Paefgen*, DB 2003, 487, 492; *o.V.*, „Konzerne können deutsche Mitbestimmung umschiffen“ FAZ v. 21.1.2003, S. 11; *Wiesner*, ZIP 2004, 243.

rechtlich verselbständigten Zweigniederlassungen im Ausland jedenfalls nicht im Territorialitätsprinzip begründet liegen[1430]. Den Ausschlag hierfür scheinen vielmehr Praktikabilitätsgesichtpunkte zu geben. Anders verhält es sich indes bei ausländischen Tochtergesellschaften, die ausschließlich dem ausländischen Organisationsrecht unterliegen. Hier lässt sich ein Eingriff in das Territorialitätsprinzip schon eher begründen, wollte man die dort beschäftigten an der Wahl des Aufsichtsrats der Mutter beteiligen[1431]. Zu bedenken ist aber, dass streng genommen auch in dieser Konstellation nicht in das geltende Recht der Tochtergesellschaft eingegriffen wird. Schließlich geht es um den Aufsichtrat der Muttergesellschaft. Nach Auffassung von *Meilicke* statuiert die Beschränkung des Wahlrechts auf inländische Arbeitnehmer einen Verstoß gegen das Diskriminierungsverbot[1432]. Eine nähere Untersuchung dieses Aspekts ist für vorliegende Zwecke nicht erforderlich, denn eine Diskriminierung ausländischer *Gesellschaften* liegt in der Beschränkung des Wahlrechts auf inländische Arbeitnehmer nicht vor. Abschließend ist festzuhalten, dass die unternehmerische Mitbestimmung in ihrer geltenden Fassung erhebliches Diskriminierungspotenzial aufweist.

4. Geeignetheit

Aber auch hinsichtlich der Geeignetheit der Mitbestimmungsvorschriften sind gemeinschaftsrechtliche Bedenken nicht von der Hand zu weisen. Insoweit steht die Frage im Zentrum, ob der von der Mitbestimmung definierte Schutzzweck erreicht wird. Erneut ist daher die Anknüpfung an den Verwaltungssitz, einer kritischen Prüfung zu unterziehen. Denn es ist damit zu rechnen, dass der EuGH im Rahmen einer Entscheidung zur Mitbestimmung an seine in *Centros* entwickelte Rechtsauffassung anknüpfen wird.

a) Verwaltungssitz als Anknüpfungskriterium

Zur Erinnerung: In *Centros* hatte der Gerichtshof sinngemäß argumentiert, dass die dänischen Gesellschaftsgläubiger einer „echten“ und damit nach dänischem Recht eintragungsfähigen Zweigniederlassung im Inland ebenso vielen potentiellen Gefahren

---

1430 Eingehend *Däubler*, RabelsZ 39 (1975), 444, 451-458; *Raiser*, § 5 MitbestG, Rdn. 29.

1431 *Schwark*, AG 2004, 173, 174; a.A. *Raiser*, § 5 MitbestG, Rdn. 29.

1432 *O.V.*, FAZ v. 21.1.2003, S. 11; *Sandrock*, AG 2004, 57, (66); *Meilicke*, GmbHR 2003, 793, 805: „Außerdem hat die Mitbestimmung ausschließlich inländischer Arbeitnehmer im Aufsichtsrat hat dieselbe Wirkung wie eine Goldene Aktie und verstößt deshalb gegen die Kapitalverkehrsfreiheit.“ Vgl. auch *Däubler*, RabelsZ 39 (1975), 444, 451-458. In der Tat können die mitbestimmungsrechtlichen Regelungen bei Übernahmen die Wirkung von *„poison pills“* entfalten (vgl. hierzu *Adams*, AG 1990, 243, 250).

ausgesetzt sind, wie bei Belegenheit der einzigen Niederlassung im Inland[1433]. Im letzteren Fall hat das dänische Recht eine Eintragung als Zweigniederlassung aber bekanntlich versagt. Die Aussagen des EuGH zum dänischen Recht lassen sich ohne weiteres auf das deutsche Recht übertragen. Denn unter Geltung der Sitztheorie ist eine Zweigniederlassungseintragung von ausländischen Gesellschaften nur dann möglich, wenn der Verwaltungssitz der betreffenden Gesellschaften im Gründungsstaat domiziliert ist. Hingegen verlangt das dänische Recht nur eine „gewisse Geschäftstätigkeit" im Gründungsstaat. Umgekehrt lässt sich der Argumentation des Gerichtshofs entnehmen, dass um Stakeholderinteressen in *geeigneter* Weise nachzukommen, die Erstreckung inländischer Schutzmechanismen auf sämtliche inländische Betriebsformen erfolgen muss[1434].

Eine rechtlich überzeugende Unterscheidung zwischen *Gesellschaftsgläubigern* und *Arbeitnehmern*, die einer Übertragung der in *Centros* vorgenommenen Argumentation des EuGH entgegen gehalten werden könnte, lässt sich nicht ausmachen. Arbeitnehmer sind Gläubiger der Gesellschaft[1435]. Dass sie mit der Gesellschaft eine *besondere* schuldrechtliche Beziehung verbindet[1436], ändert an ihrer Stellung als außenstehende Gläubiger nichts. Die Interessen der Arbeitnehmer werden zwar unter bestimmten Voraussetzungen im Aufsichtsrat vertreten; Teil der Unternehmensverfassung i.S. eines Organs sind die einzelnen Arbeitnehmer der Gesellschaft deshalb aber nicht. Unter Berücksichtigung der angeführten Gesichtspunkte erscheint es jedenfalls nicht abwegig, dass der EuGH die in *Centros* gefundenen Argumente auf die Mitbestimmungsregelungen überträgt und damit mittelbar den Verwaltungssitz als Anknüpfungspunkt für Stakeholderschutzinstrumente insgesamt für ungeeignet erachtet[1437]. Zuzugeben ist aber, dass es schwer sein wird, die unternehmerische Mitbestimmung so auszugestalten, dass ihr auch aus gemeinschaftsrechtlicher Perspektive das Prädikat „geeignet" zugesprochen werden kann. Unabwendbar wird es meiner Einschätzung nach hierfür sein, sich von der Vorstellung zu lösen, Mitbestimmung könne nur im Aufsichtsrat erfolgen. Beispielsweise könnte die Mitbestimmung der Arbeitnehmer auch auf „Leitungsebene" einer inländischen Zweigniederlassung erfolgen[1438]. Als ein weiteres Handicap der derzeit gel-

---

1433 EuGH, Urt. v. 9.3.1999 Rs. C-212/97 (*Centros*). Slg. 1999, I-1495 (Tz. 35).

1434 Tendenziell so auch *Zimmer*, BB 2000, 1361, 1366; *Stork*, S. 221 f.; *Kersting/Schindler*, 4 GLJ 1277, 1287 (2003); a.A. *Thüsing*, ZIP 2004, 381, 386.

1435 Zur Stellung der Arbeitnehmer in der Gesellschaft vgl. *v. Bonin*, S. 176, 345 f.

1436 Zum Schutz der Ineressen der Arbeitnehmer vgl. *v. Bonin*, S. 347-349.

1437 Eine Anknüpfung an den *Verwaltungssitz* hat sich in auch in anderem Zusammenhang als europarechtswidrig entpuppt. Vgl. hierzu EuGH, Urt. v. 21.9.1999 Rs. C-307/97 (*Saint Gobain ZN*), Slg. 1999, I-6161; EuGH, Urt. v. 28.1.1986 Rs. 270/83 (*Kommission/Frankreich*), Slg. 1986, 299.

1438 A.A. *Kindler*, in: MünchKomm IntGesR, Rdn. 464.

tenden Mitbestimmungsregelungen könnte sich das Erfordernis einer bestimmten Beschäftigtenzahl erweisen[1439].

b) *Fragmentarischer Charakter des MitbestG*

Um die Rechtsprechung des Gerichtshofs vorweg zu nehmen, muss man europäisch, nicht national denken. In Anbetracht der Argumentationsweise des EuGH stellen die bestehenden „Fluchtwege" in nationale mitbestimmungsfreie Gesellschaftsformen einen weiteren Angriffspunkt gegen die geltenden Mitbestimmungsgesetze dar. Dieser Aspekt lässt sich ebenso unter dem Gesichtspunkt mangelnder Geeignetheit zur Erreichung des von der Mitbestimmung erklärten Ziels vortrefflich diskutieren[1440]. Ob sich der EuGH im Rahmen der Geeignetheitsprüfung mit der vom Gesetzgeber bewusst vorgenommen „Selbstbeschränkung" abfinden wird, ist zweifelhaft, denn auch bei der Prüfung der *Geeignetheit* scheint der Gerichtshof den Mitgliedstaaten keinen Ermessensspielraum einzuräumen[1441]. Eng verbunden hiermit sind die tatsächlichen Implementierungsschwierigkeiten der Mitbestimmung in dem MitbestG unbekannte Organisationsstrukturen, die bis heute als keineswegs gelöst betrachtet werden können[1442]. Eine Anpassung lässt sich selbst im Wege der Abkopplung der Mitbestimmung von der Rechtsform nicht ohne weiteres bewerkstelligen[1443]. Schließlich wird auch durch eine dahingehende Änderung des MitbestG[1444] immer noch nicht die vom MitbestG vorausgesetzte dualistische Organisationsstruktur gewährleistet.

c) *Corporate Governance*

Zudem wird in der Literatur mehr denn je bezweifelt, dass der Aufsichtsrat seine ihm originär zugeschriebenen Aufgaben ordnungsgemäß erfüllt, woran auch die paritätische Besetzung im Aufsichtsrat mit verantwortlich sei. Beispielsweise werde der Überwachungsfunktion des Aufsichtsrats u.a. deshalb nur mangelhaft nachgekommen, weil die Arbeitnehmerbank im Aufsichtsrat ihr Interesse auf personal- und sozialpolitische

---

1439 Zu diesem Aspekt vgl. *Dammann*, 8 Fordham J. Corp. & Fin. L. 607, 670-679 (2003).

1440 In diese Richtung auch *Ziemons*, ZIP 2003, 1913, 1918.

1441 A.A. tendenziell *Eidenmüller*, JZ 2004, 24, 28 f. „Denn dieser Selbstbeschränkung mögen legitime Kosten/Nutzen-Erwägungen zugrunde liegen."

1442 A.A. tendenziell *Thüsing*, ZIP 2004, 381, 383.

1443 So heute *Zimmer*, NJW 2003, 3585, 3591; a.A. noch *ders.*, Gesellschaftsrecht, S. 164-174; *Bayer*, BB 2003, 2357, 2365.

1444 Ein Formulierungsvorschlag findet sich bei *Zimmer*, S. 165 f.

Fragen reduziere[1445]. Die originäre Kontrolltätigkeit gehe dabei verschütt. Weiter wird argumentiert, dass die Unabhängigkeit des Aufsichtrats durch die Arbeitnehmervertreter gefährdet werde. Hinzu kämen Qualifikationsdefizite von Arbeitnehmervertretern. Derartige Argumente überzeugen, wie bereits zuvor bei der Frage nach dem zwingenden Charakter des MitbestG, aber nicht. Vorliegend geht es ausschließlich um die Frage, inwieweit die deutsche unternehmerische Mitbestimmung im Aufsichtsrat einer Gesellschaft *geeignet* ist, die Schutzinteressen der Arbeitnehmer wirksam zu verfolgen. Das wird man der Mitbestimmung kaum absprechen können[1446]. Dass sich die Kontrolle durch die Aufsichtsratsmitglieder aus dem Arbeitnehmerlager am Arbeitnehmerinteresse und nicht am Aktionärsinteresse orientiert, ist als natürliche Folge hinzunehmen und spricht keineswegs gegen die Geeignetheit der Mitbestimmung als solche. Das Gegenteil ist der Fall. Schließlich sind die mitbestimmungsrechtlichen Regelungen zur Erreichung ihres Ziels aber deshalb nicht geeignet, weil im Ausland beschäftigte Arbeitnehmer an den Wahlen ihrer Repräsentanten nicht beteiligt werden[1447].

5. *Erforderlichkeit*

Es bleibt die Frage nach der Erforderlichkeit der unternehmerischen Mitbestimmung, d.h. inwieweit auch ein *milderes* - die Niederlassungsfreiheit weniger stark beeinträchtigendes Mittel - ersichtlich ist, um die Zielsetzungen des MitbestG zu erreichen. Einigkeit scheint heute insoweit zu herrschen, dass eine Überlagerung nationaler Mitbestimmungsvorschriften dann nicht erforderlich ist, wenn das Gesellschaftsstatut der zuziehenden Auslandsgesellschaft eine Arbeitnehmermitbestimmung auf Unternehmensebene in irgendeiner Form vorschreibt[1448]. Es ist festzustellen, dass sich die Arbeit der Arbeitnehmerbank zunehmend auf Personal- und Sozialthemen konzentriert („Vertrieblichung")[1449]. Dem berechtigten Anliegen der Arbeitnehmer zur Mitsprache in Personalfragen kann und wird aber bereits auf betrieblicher Ebene nachgekommen, was an der Erforderlichkeit der Mitbestimmung im Aufsichtsrat zweifeln lässt[1450]. Aufgrund des

1445 Hierzu etwas überspitzt *Sandrock*, BB 2002, 1601-1603; *ders.*, ZVglRWiss 102 (2003), 447, 490 f.; *Ulmer*, ZHR 166 (2002), 271-278, *Schiessl*, ZHR 167 (2003), 235, 254. Die Autoren sprechen von einer „Vertrieblichung" der Mitbestimmung.

1446 Vgl. *Thüsing*, ZIP 2004, 381, 387; *Bayer*, AG 2004, 534, 538.

1447 *Sandrock*, AG 2004, 57, 66.

1448 *Eidenmüller*, JZ 2004, 24, 29; s. zum rechtsvergleichenden Überblick der unternehmerischen Mitbestimmung *Zimmer*, S. 137-243; *Schwark*, AG 2004, 173, 173 f.; *W.-H. Roth*, in: GS Heinze, S. 709, 729.

1449 *Sandrock*, ZVglRWiss 102 (2003), 447, 490 f.; *Schiessl*, ZHR 167 (2003), 235, 254; vgl. *Zimmer*, in: GS Heinze, S. 1123, 1131 f.

1450 *Eidenmüller*, ZIP 20002, 2232, 2242; *Zimmer*, in: GS Heinze, S. 1123, 1131 (mit Verweis auf den Wirtschaftsausschuss § 106 BetrVG); a.A. *Thüsing*, ZIP 2004, 381, 387; *Bayer*, AG 2004, 534, 538; *Henssler*, in: GS Heinze, S. 333, 354 f. (*Henssler* plädiert im Hinblick auf die „Erforderlich-

sich in der Praxis andeutenden Schwunds des Interesses an strategischer Mitbestimmung muss zudem über den Geltungsanspruch des MitbestG auf Ebene des Kontrollorgans nachgedacht werden. Zumal die Einbeziehung von Arbeitnehmervertretern in strategischen Unternehmensangelegenheiten auch außerhalb des Aufsichtsrats erfolgen könnte[1451]. Anhörungs- und Mitspracherechte der Arbeitnehmervertreter zur strategischen Ausrichtung von Unternehmen ist in einem gesonderten Gremium vorstellbar[1452]. Es lässt sich indes nicht ausschließen, dass die Einführung der Mitbestimmung in einem neu geschaffenen Gremium Veränderungen der geltenden Unternehmensverfassung von Kapitalgesellschaften in Deutschland nach sich zieht. Eine derartige Strukturveränderung hätte allerdings den Vorteil, dass sie kompatibel auf alle innerhalb Europas bestehenden Unternehmensverfassungen zugeschnitten werden könnte. Zudem würde - anders als bei den derzeit bestehenden Implementierungsversuchen der nationalen Mitbestimmung in ausländische Gesellschaftsformen - die Unternehmensverfassung zuziehender Gesellschaften auf oberster Ebene unberührt bleiben.

Schließlich bleibt es nicht auszuschließen, dass der EuGH sein „Informationsmodell" auf die Mitbestimmung überträgt und unter dem Aspekt der Erforderlichkeit wie in *Inspire Art* darauf verweisen wird, dass Arbeitnehmer sich über die Gesellschaftsstruktur potentieller Arbeitgeber im Vorfeld informieren können[1453]. Mithin sprechen gute Gründe dafür, dass die deutschen Mitbestimmungsregelungen die Erforderlichkeitsprüfung nicht überstehen werden[1454]. Insgesamt hat die Untersuchung aufgezeigt, dass *de lege lata* eine Überlagerung der deutschen Mitbestimmung keine Aussicht auf Erfolg verspricht. Aber auch *de lege ferenda* liegen die Anforderungen an eine etwaige Sonderanknüpfung enorm hoch.

---

keit" für die generelle Einführung der für die SE gefundenen Verhandlungslösung); *W.-H. Roth*, in: GS Heinze, S. 709, 725 f.

1451 *Ulmer*, ZHR 166 (2002), 271, 277: „Und für die Geltendmachung ihrer [Arbeitnehmer] berechtigten Mitsprachewünsche auf Unternehmensebene bliebe, selbst bei völligem Verzicht auf Repräsentanz im Aufsichtsrat, im Rahmen der geltenden Betriebsverfassung genügend Raum."

1452 Vgl. *Schiessl*, ZHR 167 (2003), 235, 254; *Zimmer*, in GS Heinze, 1123, 1131 f. Anders würde sich die *Erforderlichkeit* freilich dann beurteilen, wenn man Sinn und Zweck der Mitbestimmungsregelungen gerade in der Beteiligung der Arbeitnehmer an den Aufgaben des Aufsichtsrats sehen würde. So offensichtlich *Gruber/Weller*, NZG 2003, 297, 300.

1453 *Trost*, S. 338 f.; *Kersting/Schindler*, 4 GLJ 1277, 1287 (2003); offenlassend *Eidenmüller*, JZ 2004, 24, 28; *Martin-Ehlers*, S. 1, 30 f (der ‚verständige Gläubiger').

1454 I.E. auch *Kersting/Schinder*, 4 GLJ 1277, 1287 (2003); *Martin-Ehlers*, S. 1, 30 f.; a.A. *Dammann*, 8 Fordham J. Corp. & Fin. L. 607, 679 f.; eine dahingehende Argumentation als zynisch kritisierend *Drygala*, ZEuP 2004, 337, 348; *Bayer*, AG 2004, 534, 538; *Henssler*, in: GS Heinze, S. 333, 353; *W.-H. Roth*, in: GS Heinze, S. 709, 725 f.

V. Verwaltungssitzverlegung nationaler Gesellschaften ins Ausland

Am Ende der Bearbeitung soll der Blick auf nationale mitbestimmungspflichtige Gesellschaften gerichtet werden, die ihren Verwaltungssitz über die Grenzen hinaus in einen anderen Mitgliedstaat verlegen. Niederlassungsrechtlich ist der Gründungsstaat nach der hier vertretenen Auffassung dazu verpflichtet, den nach seinem Recht gegründeten Gesellschaften den Umzug über die Grenze identitätswahrend zu gewährleisten. Einer Sitzverlegungs-RL bedarf es für die identitätswahrende Verwaltungssitzverlegung nicht[1455]. Diese kann allenfalls auf politischer Ebene absegnen, was die Rechtsprechung des EuGH bereits vollzogen hat.

1. Kollisionsrechtliche Betrachtung

Unter kollisionsrechtlichen Gesichtspunkten treten bei einer Anknüpfung des Gesellschaftsstatuts an den Gründungsakt keine Veränderungen auf. Die unternehmerische Mitbestimmung ist Bestandteil des Gesellschaftsstatuts. Nach der Gründungstheorie findet bei Verwaltungssitzverlegungen kein Statutenwechsel statt, so dass die unternehmerische Mitbestimmung auch für den Fall einer Schwerpunktverlagerung der Geschäftstätigkeit ins Ausland unangetastet bleibt[1456].

2. Sachrechtliche Betrachtung

Auf sachrechtlicher Ebene sind zwei Fragen zu beantworten. Erstens ist klärungsbedürftig, inwieweit die Mitbestimmung nach dem derzeitigen Regelwerk Anwendung findet, wenn der Verwaltungssitz einer mitbestimmungspflichtigen inländischen Gesellschaft ins Ausland verlegt wird. Das ist eine Konstellation, die der deutsche Gesetzgeber von 1976 wegen der damals international-gesellschaftsrechtlichen Rechtslage in Deutschland kaum berücksichtigt haben wird. Zweitens wird man sich damit beschäftigen müssen, ob es im Hinblick auf den eingetretenen Wettbewerb der Gesellschaftsrechtsordnungen ratsam ist, an der Mitbestimmung festzuhalten.

1455 Vgl. dazu oben S. 145 ff.

1456 Ebenso *v. Hase*, BuW 2003, 944, 948; *Drygala*, ZEuP 2004, 337, 352; *W.-H. Roth*, in: GS Heinze, S. 709, 712.

Nach h.M. fallen Unternehmen mit *Verwaltungssitz im Ausland* nicht unter das MitbestG[1457]. Als Begründung hierfür wird auf § 1 MitbestG verwiesen, der ausschließlich deutsche Gesellschaftsformen erfasst. Ferner wird der Wille des Gesetzgebers[1458] und die territoriale Reichweitenbeschränkung nationaler Gesetze angeführt[1459]. Trägt diese Begründung auch für nationale Gesellschaften mit *Verwaltungssitz im Ausland?* Die Folge wäre, dass inländische mitbestimmungspflichtige Kapitalgesellschaften durch Verlegung ihrer Geschäftsführung ins Ausland der Mitbestimmung entkommen könnten. Die Frage ist zu verneinen. Vielmehr ist den vorgebrachten Begründungen zu entnehmen, dass der Fall einer Verwaltungssitzverlegung eines inländischen Unternehmens ins Ausland überhaupt nicht Gegenstand der Betrachtung war[1460]. Nach der bei Entstehung des MitbestG uneingeschränkt geltenden Sitztheorie konnte ein derartiger Fall gar nicht eintreten. Der Verlegung des Verwaltungssitzes einer nationalen Gesellschaft ins Ausland folgte kollisionsrechtlich einen Statutenwechsel, der materiell-rechtlich die Auflösung der Gesellschaft nach sich zog. Aufgrund des durch Art. 43, 48 EG ausgelösten Wandels im Gesellschaftskollisionsrecht ist auch die Anknüpfung der Mitbestimmung an den Verwaltungssitz zur Herstellung eines Gleichlaufs von Sach- und Kollisionsrecht nicht mehr erforderlich. Unterstützend kommt hinzu, dass als ein Hauptargument für die ausschließliche Geltung der Mitbestimmung im Inland die beschränkte Reichweite des nationalen Gesetzgebers genannt wird. Solche Bedenken sind für den Fall der Implementierung der Mitbestimmung in ausländische Gesellschaftsformen gerechtfertigt. Anders verhält es sich im Fall des Wegzugs nationaler Gesellschaftsformen, deren Existenz und Ausgestaltung allein von der Rechtsordnung des Gründungsstaats bestimmt wird.

Wie sich aus der vorliegenden Untersuchung ergibt, hat sich jedenfalls für den Raum der EU/EWR-Staaten gemeinschaftsrechtlich ein Wandel vollzogen, der ein Festhalten an der Sitztheorie für aus- und inländische Gesellschaften unmöglich macht. Rechtsmethodisch ist damit eine nachträgliche Regelungslücke eingetreten[1461]. Die für

---

1457 *Wißmann*, in: MünchHandbArbeitsR § 377, Rdn. 2; *Heinze*, ZGR 28 (1999), 54, 59; *Raiser*, § 1 MitbestG, Rdn. 13; *Ulmer*, in: Hanau/Ulmer § 1 MitbestG, Rdn. 6, 33; LG Düsseldorf DB 1979, 1451; zuletzt OLG Stuttgart ZIP 1995, 1004.

1458 BT-Drucks. 7/4845, S. 4.

1459 *Raiser*, § 1 MitbestG, Rdn. 13.

1460 Exemplarisch für dieses Verständnis die Aussage von *Wißmann*, in: MünchHandbArbeitsR § 377, Rdn. 2: „Dieser Ausschluss [für Unternehmen mit Sitz im Ausland] betrifft allein Unternehmen ausländischen Rechts, da nach deutschem Recht gegründete Unternehmen ihren Sitz in Deutschland haben müssen."

1461 Vgl. *Henssler*, in: GS Heinze, S. 333, 344 f. (in Bezug auf Auslandsgesellschaften mit Verwaltungssitz im Inland); a.A. *Thüsing*, ZIP 2004, 381, 382. Zum Entstehen einer nachträglichen Regelungslücke *Larenz/Canaris*, S. 199-201.

eine Analogie erforderliche vergleichbare Interessenlage[1462] ist gegeben. Ein Unternehmen, das ausschließlich die Geschäftsführung grenzüberschreitend verlagert hat, ist mit dem Inland insbesondere durch die dort belegenen Betriebsstätten weiterhin stark verwurzelt. Das Ziel der Unternehmensmitbestimmung - Schutz der inländischen Arbeitnehmerinteressen - kann durch die Mitbestimmung weiterhin erreicht werden. Die Beurteilungsgrundlage für das Vorliegen einer vergleichbaren Interessenlage ändert sich, sobald der Verwaltungssitzverlagerung eine Verlagerung der Arbeitsplätze ins Ausland nachfolgt[1463]. Bei einem Abschmelzen der im Inland befindlichen Arbeitsplätze auf unter 50 %, wird man *de lege lata* über die Erhaltung der Mitbestimmung auf Unternehmensebene nachdenken müssen, und das auch für den Fall, dass für die Mitbestimmung relevanten Schwellen im Inland noch überschritten werden[1464]. Andernfalls würden allein deutsche Arbeitnehmer und Gewerkschaftsvertreter im Aufsichtsrat mitbestimmen, wohingegen die Interessen der überwiegenden Zahl der Mitarbeiter im Ausland nicht gehörig berücksichtigt würden. Das *Territorialitätsprinzip* spricht ebenfalls nicht gegen die Aufrechterhaltung der Mitbestimmung bei Verlegung des Verwaltungssitzes ins Ausland[1465]. Die unternehmerische Mitbestimmung ist als Teil der Unternehmensverfassung deutscher Großunternehmen im Zuge der *Überseering*-Entscheidung von den anderen Mitgliedstaaten anzuerkennen. Aus rechtlicher Perspektive ist die unternehmerische Mitbestimmung als Bestandteil der *Corporate Governance* bei einer Verlagerung des Verwaltungssitzes ins Ausland nicht betroffen. Dies gilt sowohl aus kollisionsrechtlicher als auch sachrechtlicher Perspektive[1466].

4. *Unternehmerische Mitbestimmung im Wettbewerb*

Abschließend stellt sich die Frage nach der Zukunft der deutschen Mitbestimmung in den mitbestimmungspflichtigen Gesellschaftsformen. Inwieweit sich die Mitbestimmung im Wettbewerb der Rechtsordnungen behaupten kann, wird die Zeit zeigen. Die Diskussion um die durch die Mitbestimmung ausgelösten vermeintlichen Standortvorteile wird durch den nunmehr liberalisierten Markt der Gesellschaftsrechte praktisch

1462 Zum Schließen einer Regelungslücke im Wege der Analogie s. *Larenz/Canaris*, S. 202 ff.

1463 Gegen die Mitbestimmungspflicht bei überwiegender Beschäftigung der Arbeitnehmer außerhalb Deutschlands *Schweickart*, WHU Quarterly, 3, 4 f.

1464 Die *HLGCLE* hat einen 50 % Schwellenwert für Zuzugsfälle angenommen, d.h. für solche Fälle in denen ausländische Gesellschaften aufgrund ihrer Geschäftsaktivität im Inland den Mitbestimmungsregelungen unterworfen werden sollen. Die Europarechtskonformität einer Überlagerung wird hier verneint. Gleichwohl erscheint der von der *HLGCLE* genannte Schwellenwert von 50 % für den ‚Wegzugsfall'als geeignet.

1465 In diese Richtung aber in anderem Zusammenhang (Wahlrecht von in ausländischen Zweigniederlassungen und Tochtergesellschaften beschäftigter Arbeitnehmer) *Raiser*, § 5 MitbestG, Rdn. 29; *Däubler*, RabelsZ 39 (1975), 444, 451-458.

1466 I.E. auch *W.-H. Roth*, in: GS Heinze, 709, 712 f.; a.A. *Stork*, S. 289.

relevant und ist in der Rechtswissenschaft und der Politik bereits im vollen Gange[1467]. Die Frage nach der Abschaffung oder der Reformierung der unternehmerischen Mitbestimmung ist politischer, nicht rechtlicher Natur. Neuerdings wird angeregt, die Mitbestimmung aus dem Aufsichtsrat auszugliedern und in einem „Konsultationsrat" anzusiedeln[1468]. Die vorliegende Arbeit, die sich mit den kollisionsrechtlichen Auswirkungen der *Überseering*-Entscheidung beschäftigt, kann an dieser Stelle nur Fragen aufwerfen. Insbesondere wird die Attraktivität deutscher Gesellschaftsformen bei der Bildung einer SE auf den Prüfstand gestellt werden. Die bis *dato* vorliegenden Stellungnahmen äußern sich skeptisch hinsichtlich den Beteiligungschancen deutscher Gesellschaftsformen bei der Entstehung supranationaler Rechtsformen[1469]. Zu Recht, denn die unternehmerische Mitbestimmung hat bei ausländischen Investoren ein nicht zu leugnendes schlechtes Image[1470]. Hierzu trägt nicht zuletzt der starke Einfluss der Gewerkschaften bei[1471]. Der durch die Mitbestimmung ausgelöste Eingriff in die Entscheidungsfreiheit der Eigenkapitalgeber wird nachvollziehbarerweise vor allem im angelsächsischen Rechtskreis mit Argwohn betrachtet. Der Einsicht, dass in einem Wettbewerb der Gesellschaftsrechtsordnungen, der in der fehlenden Harmonisierung des internen *Corporate Governance* wurzelt, die Märkte Recht machen, sollten wir uns zum Wohle der nationalen Wirtschaft nicht verschließen[1472]. Dabei sollten wir nicht zu sehr auf den politischen Einfluss Deutschlands in der EU vertrauen. Vermochte sich Deutschland hinsichtlich der Mitbestimmungsfrage im Rahmen der SE-VO noch weitgehend durchzusetzen, so

---

1467 Vgl. dazu *Meilicke*, GmbHR 2003, 793, 809; *Säcker*, BB 2004, 1462-1464; *Mankowski*, RIW 2004, 481, 483; *Wiesner*, RIW 2005, 91, 93 f.; *Hundt/Rogowski*, „Die Europa AG wird zugrunde geregelt", FAZ v. 31.8.2004, S. 12; *Freyberg*, „Die deutsche Mitbestimmung ist ein Standortvorteil", FAZ v. 1.9.2004, S. 12; *oV.*, „Streit über die Vor- und Nachteile der Mitbestimmung wird schärfer", FAZ v. 19.10.2004, S. 11.

1468 *Grobys*, NJW 2003, Heft 34, Editorial; *Müller-Graff*, ZHR 168 (2004), 1, 3; Berliner Netzwerk Corporate Governance, Thesenpapier v. 5.12.2003 (2. These) = AG 2004, 200, 200 f.; *v. Werder*, AG 2004, 166, 171 f.; *Kirchner*, AG 2004, 197-200; *Williamson*, „Debate over workers' board role grips Germans", FT v. 11.11.2004, S. 8; *o.V.*, „Koalition verteidigt Mitbestimmung", FAZ v. 10.11.2004, S. 16; *Fickinger*, „Mehr Freiheit für die Mitbestimmung", FAZ v. 10.11.2004, S. 13; *Brüderle*, „Mitbestimmung ist Teil einer Illusion", FAZ v. 3.11.2004, S. 12; *o.V.*, „BDI und BDA nehmen auch die betriebliche Mitbestimmung ins Vesier", FAZ v. 2.11.2004, S. 11.

1469 *Ulmer*, ZHR 166 (2002), 271, 275; *Heinze*, ZGR 31 (2002), 66, 92-95; so auch die Einschätzung der Spitzenverbände der deutschen Industrie, der Banken, des Handels und der Versicherungswirtschaft in einer gemeinsamen Stellungnahme v. 11.6.2003; *Wiesner*, ZIP 2004, 243; *o.V.*, „Europa AG kommt für deutsche Firmen nicht in Betracht", FAZ v. 17.6.2003, S. 18; *Säcker*, BB 2004 1462-1464; *Hundt/Rogowski*, „Die Europa AG wird zugrunde geregelt", FAZ v. 31.8.2004, S. 12; *o.V.*, „Die Europa AG scheint kein Renner zu werden", FAZ v. 3.2.2005, S. 23.

1470 *Hundt/Rogowski*, „Die Europa AG wird zugrunde geregelt", FAZ v. 31.8.2004, S. 12; a.A. *Freyberg*, „Die deutsche Mitbestimmung ist ein Standortvorteil", FAZ v. 1.9.2004, S. 12; vgl. *o.V.*, „EU verhindert Export der deutschen Mitbestimmung", FAZ v. 16.11.2004, S. 15; *Wiesner*, RIW 2005, 91, 93 f.

1471 *Schweickart*, WHU Quarterly 2003 Nr. 1, S. 3, 5. *Schweickart* verweist auf den bestehenden Interessenkonflikt bei Gewerkschaftsvertretern im Aufsichtsrat von Unternehmen; s. auch *Bender*, „Auch Gewerkschafter im Aufsichtsrat müssen Kodex befolgen", FAZ v. 9.7.2003, S. 17.

1472 *Ebke*, in: FS Lutter, S. 17-30.

gilt die Einführung eines entsprechenden Mitbestimmungsniveaus in die Fusionsrichtlinie als am Widerstand der Mehrheit der Mitgliedstaaten gescheitert[1473]. Unabhängig davon hat die vorliegende Untersuchung gezeigt, dass die Grundfreiheiten des EG-Vertrags für den Markt Wege aufweisen, nationale Hürden rechtmäßig zu umgehen, und das ohne auf Deutschland als Absatzmarkt verzichten zu müssen. Dieser Tatsache muss in der derzeit stattfindenden Diskussion ausreichend Rechnung getragen werden.

1473 S. dazu *o.V.*, „EU verhindert Export der deutschen Mitbestimmung", FAZ v. 16.11.2004, S. 15; *o.V.*, „Die Europa AG scheint kein Renner zu werden", FAZ v. 3.2.2005, S. 23; *Wiesner*, DB 2005, 91, 92-94.

Schlussbetrachtung

Der von *La Pergola* in der Rechtssache *Centros* angekündigte Wettbewerb der Gesellschaftsrechtsordnungen als zwangsläufige Folge fehlender Harmonisierung bei gleichzeitiger uneingeschränkter Geltung der Niederlassungsfreiheit ist innerhalb Europas Realität geworden[1474]. Trotz der frühzeitig mahnenden Worte aus der Literatur, hat es Deutschland verpasst, sich auf den vor der Tür stehenden Wettbewerb entsprechend einzustellen[1475]. Im Gegenteil scheint der bestehende Wettbewerb nicht einmal von allen Beteiligten realisiert zu werden, jedenfalls wird der Wettbewerb von einigen Vertretern im Schrifttum beharrlich ignoriert. Dass fehlender Aktionismus in einer Wettbewerbssituation fatale Auswirkungen nach sich ziehen kann, muss nicht weiter erörtert werden. Dass die Wettbewerbsregeln auch in einem Wettbewerb der Gesellschaftsrechtsordnungen gelten, zeigt das Beispiel *Daleware*. Nachahmungsversuche des im US-Bundesstaat *Delaware* geltenden Gesellschaftsrechts sind gescheitert. Trotz der Bemühungen anderer US-Bundesstaaten um ein gründerfreundliches Gesellschaftsrecht, war und ist der Erfolg von *Delaware* offensichtlich nicht reproduzierbar[1476]. *Delaware* verfügt als einen nicht einholbaren Wettbewerbsvorteil über eine Fülle an gesellschaftsrechtlicher Rechtsprechung („*the Mother Court of corporate law*"), die von auf das Gesellschaftsrecht spezialisierten Richtern gepflegt wird, und weist damit eine für Investoren enorm wichtige Rechtssicherheit auf[1477]. Von einem uneingeschränkten Wettbewerb zwischen den US-Bundesstaaten kann daher keine Rede (mehr) sein. Der Wettbewerb ist zumindest deutlich abgeflacht. Faktisch hat die Gesellschaftsrechtsordnung von *Delaware* eine Monopolstellung eingenommen. In Europa zeichnet sich eine vergleichbare Entwicklung jedenfalls im Gesellschaftsrecht (noch) nicht ab.

1474 Schlussanträge GA *La Pergola* v. 16.7.1998 Rs C-212/97 (*Centros*), Slg. 1999, I-1476 ff. (Tz. 20-21).

1475 *Ebke* hatte den sich mit der *Centros*-Entscheidung abzeichnenden Wandel im Internationalen Gesellschaftsrecht im Zuge der zweitinstanzlichen Entscheidung in der Rs. *Überseering* für sehr wahrscheinlich gehalten und angemahnt, sich auf nachhaltige Veränderungen vorzubereiten (vgl. *Ebke*, JZ 2000 203, 204 f.; *ders.*, BB 2001, Heft 8, „Die erste Seite"; *ders.*, in: FS Lutter, S. 17, 26 f.; *ders.*, in: 50 Jahre BGH, S. 799, 821; *ders.*, 48 Am. J. Com. L. 631, 651-655 (2000); zustimmend *Straube/Ratka*, ÖZW 2003, 34, 44; *Holst*, 8 Coum J. Eur. L. 323, 332 (2002). Vergeblich, wie die derzeitige Situation offenbart. Weder Politik noch Gewerkschaften haben die Zeichen der Zeit erkannt; sie stehen nunmehr vor einem Scherbenhaufen. Während andere Mitgliedstaaten dabei sind, ihre Gesellschaftsrechte wettbewerbsfähig zu gestalten, befindet sich Deutschland noch in einem eher ‚lethargischen' Zustand.

1476 *Ebke*, 38 Int'l Law 813, 852 dort Fn. 314 (2004).

1477 *Ebke*, 38 Int'l Law 813, 852 dort Fn. 314 (2004); *v. Bonin*, S. 209; zu den Vorzügen des von Investoren bevorzugten Gesellschaftsrechts des Bundesstaats *Delaware* vgl. auch *Bälz/Baldwin*, 3 GLJ D. II. [35] (2002).

A. *Frisst die Revolution ihre Kinder?*

In Deutschland scheint die Bereitschaft zur konsequenten Umsetzung des EG-Vertrags im Bereich der Niederlassungsfreiheit noch nicht vorzuliegen. Zu stark scheinen viele Wirtschaftsteilnehmer aus den unterschiedlichsten Beweggründen nationalen gesellschaftsrechtlichen Strukturen verbunden. Die Bereitschaft verschiedene Bereiche des nationalen Gesellschaftsrechts auf den Prüfstand zu stellen, macht sich derzeit noch nicht breit. Dieser Umstand wird einmal mehr durch den in der Literatur derzeit betriebenen Aufwand verdeutlicht, Rechtfertigungsgründe für beschränkende Maßnahmen zu konstruieren.

I *Nationale Zurückhaltung*

Allem voran ist in diesem Zusammenhang das vergebliche Unterfangen zu nennen, die deutsche unternehmerische Mitbestimmung zu retten. Gleiches gilt hinsichtlich der nationalen Gläubigerschutzinstrumente. Zwar wird vor dem Hintergrund des bestehenden Wettbewerbs der Gesellschaftsrechte in der Literatur zunehmend auf notwendige Reformen im deutschen Kapitalgesellschaftsrecht hingewiesen[1478]. Beim Gesetzgeber stoßen derartige Reformvorschläge derzeit aber noch auf taube Ohren[1479]. Äußerst reformunwillig zeigen sich auch die Gewerkschaften und die Notarschaft, die um ihre erworbenen Pfründe zu bangen scheinen. Dabei ist die Anpassung des deutschen GmbH- und Aktienrechts von immenser Bedeutung für den Wirtschaftsstandort Deutschland[1480]; an dessen Prosperität doch alle Interessenvertreter ein ureigenstes

1478 Vgl. die Reformvorschläge von *Hirte*, FAZ v. 22.1.2003, S. 19 „Der Anfang vom Ende der GmbH droht"; *Haarmann*, BB 2003 Heft 16 „Die erste Seite"; *Kallmeyer*, GmbHR 2003, R 93; *ders.*, GmbHR 2004, 377-383; s. zur Forderung der Deregulierung des deutschen Gesellschaftsrechts vor dem Hintergrund der Wettbewerbsfähigkeit, *Kleinert/Probst*, DB 2003, 2217, 2218; *Kulms*, ZVglRWiss 102 (2003), 272-287; *Meilicke*, GmbHR 2003, 793, 807-809; *ders.*, GmbHR 2003, 1271, 1273; *Schön*, Der Konzern 2004, 162-170; *Noack*, „Das GmbH-Recht braucht eine Runderneuerung", FAZ v. 26.11.2003, S. 25; *o.V.*, „Kapitalerhaltung gerät unter Druck", FAZ v. 21.1.2004, S. 23; insbesondere zur Abschaffung des Beurkundungserfordernisses *Kögel*, GmbHR 2003, 1225-1230; *Kleinert/Blöse/Xylander*, GmbHR 2003, 1230-1235; *Hirte*, GmbHR 2003, 2003, R 421; *Kübler*, ZHR 167 (2003), 222, 230 f.; *Eidenmüller/Rehm*, ZGR 33 (2004), 159, 18; *Schall/Westhoff*, GmbHR 2004, R 381 (die Autoren plädieren für die Einführung einer neuen am englischen Gesellschaftsrecht angelehnten Gesellschaftsform „FlexCap"); vgl. *Happ*, ZHR 169 (2005), 6-34.

1479 Hierauf verweist *Hirte*, GmbHR 2003, R 421; *Kanzleiter*, DNotZ 2003, 885, 886 f.

1480 *Kübler*, ZHR 167 (2003), 222-234; vgl. zutreffend *Lehmann* zitiert nach Schiessl, ZHR 167 (2003), 235, 236: „Von zwei geldgebenden Staaten hat derjenige einen Vorsprung im internationalen Finanzierungsgeschäft, der die meisten Möglichkeiten und Bequemlichkeiten der Gründung von Aktiengesellschaften kennt. [...]. Ähnlich liegt es bei geldnehmenden Ländern, zu denen heute Deutschland gehört. Hier besteht, wie die letzten Jahre zeigen, ein gewisses Bedürfnis, sich den Rechtsformen der geldgebenden Länder anzunähern, um den ausländischen Kapitalisten bei der

Interesse haben sollten. Der Einsicht, dass in einer Wettbewerbssituation letztlich die Märkte Recht machen, sollte man sich nicht länger verschließen[1481]. Die Chance durch Schaffung attraktiver Marktbedingungen Investitionen im Inland auszulösen, gilt es zu nutzen und nicht leichtsinning aufs Spiel zu setzen[1482]. Die Verbesserung rechtlicher Rahmenbedingungen kann im Bestreben um Wiederherstellung der wirtschaftlichen Bedeutung des Standorts Deutschlands einen nicht unerheblichen Beitrag leisten. Das gilt freilich nicht nur für den Bereich des Gesellschaftsrechts. Zumindest ist das ein Faktor, der sich in einem überschaubaren Zeitraum verwirklichen lassen dürfte.

Der Gerichtshof hat einmal mehr als außenstehender Initiator den Weg bereitet, über nationale Besonderheiten kritisch nachzudenken[1483]. Diese Chance sollten wir nutzen[1484]. Man sollte meinen, dass sich Konsensfähigkeit bei Bestehen eines „Drucks von Außen" leichter herstellen lassen wird, als bei Initiativen „von Innen heraus"[1485]. Das gilt auch und insbesondere für eine nachhaltige Reform im Steuerrecht. Anstatt über die niedrigen Unternehmenssteuersätze in einigen neuen Mitgliedstaaten zu klagen, sollte Deutschland handeln. Nur durch nachhaltige Reformen im Inland kann die langfristige Attraktivität des Standorts Deutschland hergestellt werden. In einer solchen Umbruchsphase ist klassisches Besitzstandsdenken fehl am Platze. Mit Schützenhilfe vom EuGH ist jedenfalls nicht zu rechnen. Die von den Mitgliedstaaten in steuerrechtlich gelagerten Fällen regelmäßig angeführte Wahrung des Kohärenzprinzips[1486] als Rechtfertigungsgrund für Grundfreiheitenbeschränkungen wurde in der kürzlich entschiedenen Rechtssache *Hughes de Lasteyrie du Saillant* erneut als nicht einschlägig erachtet[1487]. Der Gerichtshof bringt in dieser Entscheidung sehr deutlich zum Ausdruck, dass er nicht gewillt ist, einem sich abzeichnenden Steuerwettbewerb entgegen zu treten. Einmal mehr scheint der EuGH durch Förderung des Wettbewerbs mittelbar Angleichungsdruck auf die Mitgliedstaaten ausüben zu wollen.

Emission diejenigen Reize bieten zu können, die ihnen die Emission des eigenen Landes oder anderer Länder geben können."

1481 *Ebke*, in: FS Lutter 2000, S. 17-31.

1482 Ebenso *Hundt/Rogowski*, „Die Europa AG wird zugrunde geregelt", FAZ v. 31.8.2004, S. 12; *Wiesner*, RIW 2005, 91, 93 f.

1483 *Sandrock*, BB 2003, 2588, 2589; *Geimer*, S. 24.

1484 *Micklitz*, EWS 2002, Heft 12, „Editorial"; vgl. *Holst*, 8 Colum. J. Eur. L. 323, 339-341 m.w.N. Fn. 114-117 (2002) („*local capture*").

1485 Vgl. *Ebke*, in: Aufbruch nach Europa, S. 197, 198, 205 f.

1486 S. dazu EuGH, Urt. v. 28.1.1992 Rs. C-204/90 (*Bachmann*), Slg. 1992, I-249; EuGH, Urt. v. 28.1.1992 Rs. C-300/90 (*Kommission/Belgien*), Slg. 1992, I-305.

1487 EuGH, Urt. v. 11.3.2004 Rs. C-9/02 (*Hughes de Lasteyrie du Saillant/Ministère de l'Èconomie, des Finances et de l'Industrie*) = DB 2004, 686 = ZIP 2004, 662; vgl. auch Schlussanträge GA *Mischo* v. 13.3.2003 Rs. C-9/02 (*Hughes de Lasteyrie du Saillant/Ministère de l'Èconomie, des Finances et de l'Industrie*); *Richter*, IStR 2003, 157-159; zum Kohärenzprinzip vgl. auch Schlussanträge GA *Maduro* v. 7.4.2005 Rs. C-446/03 (*Marks & Spencer plc*), (Tz. 65-81).

Während andere Rechtskreise die Zeichen der Zeit längst erkannt haben[1488] und dabei sind, nationale Gesellschaftsformen auf Wettbewerbsfähigkeit im Binnenmarkt zu trimmen[1489], sucht man eine derartige Entwicklung in Deutschland vergebens. Im Gegenteil: Der BGH erschwert die Mantelverwendung und fördert damit indirekt den Einsatz ausländischer Transaktionsvehikel bei nationalen und internationalen Finanztransaktionen[1490]. Bezeichnend für die gegenwärtig eingenommene abwehrende Haltung in Deutschland ist in diesem Zusammenhang auch das an die Landesjustizverwaltungen gerichtete Schreiben des Bundesjustizministeriums vom 18.11.2002. Hierin wird die Auffassung vertreten, dass der Fall „*Überseering*" nicht als „endgültige Absage" an die bisher vertreten Sitztheorie verstanden werden könne[1491]. Der Deutsche Gewerkschaftsbund fürchtet indes um sein liebstes Kind und ruft nach der Verabschiedung eines Gesetzes, das klarstellen soll, dass „in Unternehmen und Betrieben, die in Deutschland tätig sind, auch das deutsche Recht - einschließlich der Mitbestimmung - gilt"[1492]. Auch im juristischen Schrifttum wird an der falschen Front gekämpft. Die auf rein nationalem Rechtsverständnis beruhenden ausgefeilten dogmatischen Ansätze, die Auswirkungen der revolutionären *Überseering*-Entscheidung so gering als möglich ausfallen zu lassen, sind zum scheitern verurteilt[1493]. Erfolgsversprechender erscheint es, darüber nachzusinnen, wie in den Gründungsrechtsordnungen verhaftete Gläubigerschutzbestimmungen im Niederlassungsstaat fruchtbar gemacht werden können. Wichtig erscheint in

1488 *Ebke*, JZ 2003, 927, 932 f.; *Leible/Hoffmann*, EuZW 2003, 677, 682.

1489 Zur spanischen Gesellschaftsrechtsreform *Vietz*, GmbHR 2003, 26-28; *dies.*, GmbHR 523 f.; *Mankowski*, RIW 2004, 481, 486; zur französischen Gesellschaftsrechtsreform in Bezug auf die S.A.R.L. »Loi pour l'Initiative Economique« v. 1.8.2003 (Loi No. 2003-721) s. *Becker*, GmbHR 2003, 706-708; *Wachter*, GmbHR 2003, R 377 f.; *Mankowski*, RIW 2004, 481, 486; die französische S.A.R.L. mit der deutschen GmbH vergleichend *Recq/Hoffmann*, GmbHR 2004, 1070-1077; s. weitere Nachweise für gesellschaftsrechtliche Reformen in England bei *Kulms*, ZVglRWiss 102 (2003), 272 dort Fn. 3. Das Vereinigte Königreich hat in jüngerer Vergangenheit die noch in *Daily Mail* für niederlassungsfreiheitskonform gehaltene steuerliche Wegzugsbeschränkung aufgehoben. Es verbleibt die Anzeigepflicht des Wegzugs bei der britischen Finanzverwaltung (*Inland Revenue*) nach sec. 130 *Finance Act 1988*. Der Wegzug kann aber zu einer Besteuerung eines Veräußerungsgewinns führen (sec. 185 Taxation of Capital Gains Act 1992), vgl. hierzu *Triebel*, BB 2003, Heft 36, „Die erste Seite"; *Ebert/Levedag*, GmbHR 2003, 1337, 1344.

1490 BGH BB 2003, 324; vgl. hierzu *Meilicke*, BB 2003, 857-860; liberaler zeigt sich dagegen die Rspr. des BGH neuerdings zu Fragen des Beurkundungserfordernisses. In einer Entscheidung v. 30.6.2003 (BGH GmbHR 2003, 1062) gestattet der BGH das bestimmte Übertragungsvorgänge bereits in der ursprünglichen Satzung vorab abgesegnet werden können, wodurch das Beurkundungserfordernis für das konkrete Abtretungsgeschäft entfällt. S. hierzu *Kleinert/Blöse/Xylander*, GmbHR 2003, 1230-1235.

1491 Zur Bedeutung der Rechtsentwicklung im Europarecht (*in casu* die *Centros*-Entscheidung) für das nationale Recht vgl. die frühere Justizministerin *Däubler-Gmelin*, „Wir brauchen ein einheitliches Gesellschaftsrecht schneller als wir dachten", FAZ v. 13.8.1999, S. 31.

1492 DGB-Pressemitteilung v. 1.10.2003.

1493 Vgl. dazu S. 198 ff.

diesem Zusammenhang der Aufruf an die Instanzgerichte, das ausländische Gesellschaftsrecht gegebenenfalls auch tatsächlich anzuwenden[1494].

II. Europa in der Weltwirtschaft

Möglicherweise erklärt sich die skeptische Einstellung gegenüber EU-Gesellschaften aber auch mit dem fehlenden Bewusstsein darüber, wie bedeutend eigentlich die Funktionsfähigkeit des europäischen Wirtschaftsraums in einer globalisierten Welt ist. Wie *Großfeld* überzeugend anmahnt, sollten wir unseren Blick auf die wirklichen Wettbewerber - die großen Machtblöcke China und die USA - richten, als innereuropäisch nationale Interessen im Gesellschafts- und Unternehmensrecht durchsetzen zu wollen[1495]. Die wachsende EU bietet gute Chancen, im Wettbewerb mit derartig großen Volkswirtschaften zu bestehen. Dies setzt aber notwendig auch die tatsächliche Umsetzung des EG-Vertrags voraus. Der Binnenmarkt muss „gelebt" werden. Gesellschaftsrechtlicher Protektionismus unter dem Vorwand von Gemeinwohlinteressen ist in einem Binnenmarkt fehl am Platz. Der Fall *Überseering* hat einmal mehr gezeigt, dass wir vom gelebten Binnenmarkt noch weit entfernt sind. Den Nagel auf den Kopf trifft die Bemerkung von *Dyrberg*: „If this case [Überseering] reflects the sort of legal harassment that citizens and companies have to go through when moving across borders, one may wonder how Member States will succeed in their aim to make the European Economy the most competitive in the world[1496]."

Zur Verwirklichung eines funktionierenden Binnenmarkts lohnt es sich, gewisse „Risiken" einzugehen[1497]. Bei aller Skepsis sollte man nicht vergessen, dass es sich bei den Mitgliedstaaten der EU nicht um undurchsichtige, korrupte „Bananenrepublikstaaten" handelt. Im Gegenteil haben die EU-Mitgliedstaaten die Funktionsfähigkeit ihrer Gesellschaftsrechte ebenso eindrucksvoll über einen langen Zeitraum demonstriert wie die Bundesrepublik Deutschland. Darauf, dass es innerhalb Europas keine „verfehlten Rechtsordnungen" gibt, weist der EuGH in seiner *Centros*-Entscheidung deutlich hin. *Schulz/Sester* weisen zutreffend darauf hin, dass die Niederlassungsfreiheit und der Respekt der einzelnen Rechtsordnungen voreinander es gebieten, andere Rechtsord-

---

1494 So auch *Mäsch*, EuZW, 2004, „Editorial", 321. *Mäsch* kritisiert mit Recht, dass die Ansicht des Berufungsgerichts über den Inhalt des von diesem angewandten ausländischen Rechts nach §§ 545 Abs. 1, 560 ZPO nicht revisibel ist, sondern ungeprüft seiner Revisionsentscheidung zu Grunde legen muss (diese Vorschriften als „der Justiz unwürdig" kritisierend *Kropholler*, S. 628).

1495 *Großfeld* zitiert nach Rehberg, IPRax 2003, 175, 179.

1496 *Dyrberg*, ELRev. 2003, 528, 537.

1497 *Großfeld*, RIW 2002 Heft 12 „Die erste Seite".

nungen innerhalb der EU als gleichwertig anzuerkennen[1498]. Die europäische Vorgabe fremde Gesellschaftsformen im Inland anzuerkennen bedeutet, ihre Wesenszüge zu akzeptieren. Mit dem hierfür erforderlichen Vertrauen in andere Rechtssysteme sollten wir zum Wohle Europas nicht geizen. Die gleichwohl festzustellende Skepsis einiger juristischer Autoren gegenüber Gesellschaftsformen unserer europäischen Nachbarn ist bedauerlich.

B. Ausblick

Die Weichen für einen Wettbewerb der Gesellschaftsrechtsordnungen hat der Gerichtshof durch seine *Überseering*-Entscheidung endgültig gestellt. Die Entscheidung darüber, ob sich die dieser Tage viel beachtete englische *Limited* auf dem deutschen Markt behaupten wird, wird der Markt fällen[1499]. Es ist offen, inwieweit sich potenzielle Vertragspartner in Deutschland auf ausländische Gesellschaftsformen einlassen werden[1500]. Die Möglichkeit, unabhängig vom Ort der Geschäftstätigkeit einer Gesellschaft zwischen den auf dem europäischen Markt angebotenen Gesellschaftsformen frei zu wählen, ist nur eine Seite der Medaille. Bei der Suche nach einer für das angestrebte Unternehmen geeigneten Rechtsform ist zu beachten, dass für jede Gesellschaftsform das Gründungsrecht vollumfänglich anwendbar ist. Im Zusammenhang mit der Gründung einer *Limited* englischen Rechts wird als entscheidender Vorteil stets die nicht vorhandene Mindestkapitalregelung heraus gestellt. Bei aller Euphorie für die englische *Limited*[1501] sollten sich die Gesellschafter und vor allem das Geschäftsführungsorgan einer englischen *Limited* aber auch mit dem weitreichenden Pflichtenkatalog vertraut machen, der auch bei Geschäftstätigkeit in Deutschland nicht an Geltung verliert[1502]. Die Kehrseite einer Gesellschaftsgründung in England liegt demnach nicht nur in den erhöhten Rechtsberatungs- und sonstigen periodisch anfallenden Gesellschaftskosten[1503], sondern auch in den für die *directors* geltenden Geschäftsleiterpflichten. Die

---

1498 *Schulz/Sester*, EWS 2002, 545, 550; vgl. ebenso *Schumann*, DB 2004, 743, 745; *Riegger*, ZGR 33 (2004), 510,523: „Denn den Grundfreiheiten des EG-Vertrages liegt der Gedanke zugrunde, dass nationale Schutzvorschriften grundsätzlich als gleichwertig gegenseitig anzuerkennen sind."

1499 *Helms*, FAZ v. 9.7.1999, S. 22; *Geyrhalter/Gänßler*, DStR 2003, 2167, 2172.

1500 Vgl. *Kanzleiter*, DNotZ 2003, 885, 886 f.

1501 So ein erster Erfahrungsbericht der deutsch-britischen Handelskammer in London, vgl. *Gehrmann*, DIE ZEIT v. 12.2.2004 (Nr. 8), S. 22.

1502 S. zu den gesellschaftsrechtlichen Pflichten des *directors* einer englischen Limited, *Maul/Schmidt*, BB 2003, 2297, 2298 f.

1503 Nach einer Schätzung von *Ulmer* beziffern sich die laufenden Kosten in einen Zeitraum von zehn Jahren immerhin auf € 25000, vgl. *Ulmer*, NJW 2004, 1201, 1201 dort Fn. 6; *Happ/Holler*, DStR 2004, 730, 734-736.

Verletzung solcher Pflichten kann zu einer persönlichen Haftung führen[1504]. Insgesamt lässt sich auch ohne einen tiefschürfenden Rechtsvergleich erkennen, dass die im englischen Recht fehlenden Mindestkapitalanforderungen durch einen strengen, vor allem an die Geschäftsführung gerichteten Pflichtenkatalog kompensiert wird (*ex post*-Sanktionierung von Fehlverhalten statt Prävention)[1505]. Hinzu tritt die in Deutschland unbekannte Staatsaufsicht über Gesellschaften. Aus der Perspektive der Gesellschafter und insbesondere der des Managements lohnt deshalb ein Blick auf die Gesellschaftsrechtsordnungen der US-Bundesstaaten, die z.B. keine persönliche Haftung der Geschäftsleiter im Falle der Insolvenzverschleppung vorsehen[1506]. Hervorzuheben ist die im Bundesstaat *Delaware* geltende Gesellschaftsrechtsordnung[1507]. Die Wahlmöglichkeit eines US-Gesellschaftsstatuts hat nicht der EuGH, sondern der VIII. Zivilsenat des BGH eröffnet. Hierin weist der VIII. Zivilsenat der im deutsch-amerikanischen FHSV enthaltenen Anerkennungsvereinbarung kollisionsrechtliche Bedeutung zu. Das hat zur Folge, dass US-Gesellschaften in ihrer Gründungsgestalt in Deutschland anerkannt werden müssen[1508].

Es bleibt zu hoffen, dass die nationalen Gerichte die in den Gründungsrechtsordnungen verankerten Stakholderschutz Vorkehrungen gegenüber den Auslandsgesellschaften im Inland anwenden. Andernfalls könnte der Wettbewerb in der Tat verzerrt werden, indem Schutzlücken bewusst ausgenutzt werden[1509]. Welche Gesellschaftsformen sich langfristig in Europa durchsetzen werden, bleibt abzuwarten. Eine abwartende Haltung ist dem nationalen Gesetzgeber zum Wohle des hiesigen Markts aber keinesfalls anzuraten. Er ist aufgerufen, die nationalen Gesellschaftsformen auf den Prüfstand zu stellen. Die Chance, national verkrustete Strukturen neu zu überdenken, ist einmalig. Der bestehende Wettbewerb kann als überzeugendes Argument gegenüber den

---

1504 Auf die Unattraktivität des englischen Rechts verweisen: *Hirsch/Britain*, NZG 2004, 1100, 1102-1104; *Wachter*, GmbHR 2003, 1254, 1257; *ders.*, GmbHR 2004, 88, 91-95; *Kallmeyer*, DB 2003, 636-639; tendenziell auch *Ebert/Levedag*, GmbHR 2003, 1337, 1346; *v. Bernstorff*, RIW 2004, 498, 501 f.; *Priester*, „Zu früh fürs Totenglöckchen", FAZ v. 31.3.2004, S. 25; *Happ/Holler*, DStR 2004, 730-736; vgl. *Holler*, ZHR 169 (2005) 6-34; zur Vorsicht bei der Gründung mahnend auch *Drygala*, ZEuP 2004, 337, 356; dagegen das „Aus" für die deutsche GmbH prognostizierend *Triebel*, BB 2003, Heft 36, „Die erste Seite"; *Hirte*, GmbHR 2003, R 421.

1505 S. dazu *Fleischer*, RIW 2005, 92, 96 f.

1506 Zu den Gründen vgl. *Fleischer*, RIW 2005, 92, 95.

1507 Tendenziell auch *Happ/Holler*, DStR 2004, 730, 731. Zum teils streng gehandhabten Haftungsdurchgriff auf das Vermögen der Gesellschafter am Beispiel der US-amerikanischen *limited liability company* vgl. *Kulms*, ZVglRWiss 102 (2003), 272, 276-281; *Sinewe*, „Amerikanisches Gesellschaftsrecht auf deutschem Boden", FAZ v. 27.10.2004, S. 23; a.A. *Hirsch/Britain*, NZG 2003, 1100, 1103 f. Die Autoren gehen davon aus, dass seit Ratifizierung des FHSV mit den USA im Jahre 1954 die Gründung in *Delaware* möglich gewesen ist und die Gesellschaft im Inland anerkennungspflichtig gewesen sei. Solche Gesellschaften hätten in den vergangenen 50 Jahren die GmbH keineswegs verdrängt. Vgl. auch *Westermann*, GmbHR 2005, 4, 13. Zum Gläubigerschutz im Recht der Delaware corporation s. *Fleischer*, RIW 2005, 92-97.

1508 Vgl. dazu oben S. 246 ff.

1509 Vgl. *Riegger*, ZGR 33 (2004), 510, 529.

Reformunwilligen dienen. Mittel- bis langfristig bleibt die Hoffnung auf eine fortschreitende Harmonisierung im Gesellschafts- und Unternehmensrecht. Für den hierzu notwendigen Harmonisierungsdruck hat der EuGH bereits gesorgt. Gleichzeitig hat der Gerichtshof mit seiner Rechtsprechung zur Niederlassungsfreiheit von Gesellschaften einen unschätzbaren Beitrag zur Verwirklichung des Binnenmarkts geleistet, der die im Bereich des Gesellschaftsrechts bis heute erfolgte Harmonisierung in den Schatten zu stellen scheint.

Literaturverzeichnis

Adams, Michael, Was spricht gegen eine unbehinderte Übertragbarkeit der in Unternehmen gebundenen Ressourcen durch ihre Eigentümer, AG 1990, 243-252

Adensamer, Nicolaus/ Bervoets, Cécile, Nationaler Gläubigerschutz auf dem Prüfstand, RdW 2003, 617-620

Ahlfeld, Martin, Zwingende Erfordernisse im Sinne der Cassis - Rechtsprechung des Europäischen Gerichtshofs zu Art. 30 EGV, Baden-Baden 1997

Altmeppen, Holger, Parteifähigkeit, Sitztheorie und „Centros", DStR 2000, 1061-1063

- Schutz vor „europäischen" Kapitalgesellschaften, NJW 2004, 97-104

Altmeppen, Holger/Wilhelm, Jan, Gegen die Hysterie um die Niederlassungsfreiheit der Scheinauslandsgesellschaften, DB 2004, 1083-1089

Arens, Claus, Quo vadis, societate? Das Internationale Gesellschaftsrecht auf dem Prüfstand der EG-Niederlassungsfreiheit, RNotZ 2003, 32-42

- Quo vadis, societas?, RNotZ 2003, 388-391

Bachner, Thomas, Wrongful Trading - A New European Model for Creditor Protection?, 5 EBOR 293-318 (2004)

Bälz, Kilian/Baldwin, Teresa, The End of the Real Seat Theory (*Sitztheorie*): the European Court of Justice Decision in Überseering of 5 November 2002 and its Impact on German and European Company Law, 3 GLJ Dezember Ausgabe (2002)

Bamberger, Heinz Georg/Roth, Herbert (Hrsg.), Kommentar zum Bürgerlichen Gesetzbuch, Bd. 3 §§ 1297-2385 EGBGB CISG, München 2003

v. Bar, Christian, Internationales Privatrecht, Bd. II, Besonderer Teil, München, 1991

v. Bar, Christian/Mankowski, Peter, Internationales Privatrecht, Bd. I, Allgemeine Lehren, 2. Aufl., München 2003

Basedow, Jürgen, Die Vergemeinschaftung des Kollisionsrechts nach dem Vertrag von Amsterdam, in: Dauner Lieb (Hrsg.), Systemwechsel im europäischen Kollisionsrecht, München 2002, 19-46

- Der kollisionsrechtliche Gehalt der Produktfreiheiten im europäischen Binnenmarkt, favor offerentis, RabelsZ 59 (1995), 1-57

Baudenbacher, Carl/Buschle, Dirk, Niederlassungsfreiheit für EWR-Gesellschaften nach *Überseering*, IPRax 2004, 26-31

Baums, Theodor/Ulmer, Peter (Hrsg.), Unternehmens-Mitbestimmung der Arbeitnehmer im Recht der EU-Mitgliedstaaten, ZGR 2004 Beiheft 72

Bayer, Walter, Schrankenabbau und Harmonisierung - aktueller Fortschritt auf dem Weg zu einem modernen Europäischen Gesellschaftsrecht EuGH und Kommission wetteifern um die Vorreiterrolle der Modernisierung des Europäischen Gesellschaftsrechts, BB 2003, Heft 30, „Die erste Seite"

- Die EuGH-Entscheidung „Inspire Art" und die deutsche GmbH im Wettbewerb der europäischen Rechtsordnungen, BB 2003, 2357-2366

- Auswirkungen der Niederlassungsfreiheit nach den EuGH-Entscheidungen Inspire Art und Überseering auf die deutsche Unternehmensmitbestimmung, AG 2004, 534-538

Bechtel, Wolfram, Umzug von Kapitalgesellschaften unter der Sitztheorie, Frankfurt a.M. 1999

- Parteifähigkeit trotz Verlegung des Gesellschaftssitzes nach Deutschland, NZG 2001, 21-23

Becker, Patricia, Grenzüberschreitende Sitzverlegung: Internet-Umfrage von der Europäischen Kommission, GmbHR 2004, R 145-R-147

- Baldiges neues Gründungsverfahren in Frankreich: Die französische „Blitz-S.A.L.R.“, GmbHR 2003, 706-708

Behrens, Peter, Identitätswahrende Sitzverlegung einer Kapitalgesellschaft von Luxemburg in die Bundesrepublik Deutschland, RIW 1986, 590-594

- Niederlassungsfreiheit und Internationales Privatrecht, RabelsZ 52 (1988), 498-525
- Die grenzüberschreitende Sitzverlegung von Gesellschaften in der EWG, IPRax 1989, 354-361
- Die Konvergenz der wirtschaftlichen Freiheiten im europäischen Gemeinschaftsrecht, EuR 27 (1992), 145-162
- Die Umstrukturierung von Unternehmen durch Sitzverlegung oder Fusion über die Grenze im Licht der Niederlassungsfreiheit im Europäischen Binnenmarkt (Art.52 und 58 EWG), ZGR 23 (1994), 1-25
- Das Internationale Gesellschaftsrecht nach dem Centros-Urteil des EuGH, IPRax 1999, 384-390
- Reaktionen mitgliedstaatlicher Gerichte auf das Centros-Urteil des EuGH, IPRax 2000, 323-331
- EuGH entscheidet über Sitzverlegung von Gesellschaften, EuZW 2000, Heft 13, „Editorial“, 385
- EuGH klärt Niederlassungsfreiheit von Gesellschaften, EuZW 2002 Heft 24, „Editorial“, 737
- Das Internationale Gesellschaftsrecht nach dem Überseering-Urteil des EuGH und den Schlussanträgen zu Inspire Art, IPRax 2003, 193-207
- Gemeinschaftsrechtliche Grenzen der Anwendung inländischen Gesellschaftsrechts auf Auslandsgesellschaften nach *Inspire Art*, IPRax 2004, 20-26

Beitzke, Günther, Juristische Personen im Internationalprivatrecht und Fremdenrecht, München, Berlin 1938

- Anerkennung und Sitzverlegung von Gesellschaften und juristischen Personen im EG-Bereich, ZHR 127 (1964/65), 1-47
- Zur Anerkennung von Handelsgesellschaften im EG-Bereich, AWD 1968, 91-96
- Einige Bemerkungen zur Rechtsstellung ausländischer Gesellschaften in deutschen Staatsverträgen, in: Otto Arndt Glossner und Walter Reimers (Hrsg.), FS für Martin Luther, München 1976, 1-20

Berliner Netzwerk Corporate Governance, Corporate Governance und Modernisierung der Mitbestimmung, Thesenpapier v. 5.12.2003 (*Kirchner/Säcker/Schwalbach/Schwark/v. Werder/Windbichler*), AG 2004, 200-201

Berndt, Joachim, Die Rechtsfähigkeit US-amerikanischer Kapitalgesellschaften im Inland, JZ 1996, 187-191

Bernstein, Herbert, Kollisionsrechtliche Fragen der Culpa in Contrahendo, RabelsZ 41 (1977), 281-298

v. Bernstorff, Christoph, Das Betreiben einer englischen Limited in Deutschland, RIW 2004, 498-502

Beul, Carsten René, Urteilsanmerkung zu LG Koblenz, Vorlagebeschl. v. 16.9.2003, 4 HK. T 1/03, IStR 2004, 737-738
Binge, Christoph/Thölke, Ulrich, „Everything goes!"? - - Das deutsche Internationale Gesellschaftsrecht nach "Inspire Art", DNotZ 2004, 21-31
Binz, Mark/Mayer, Gerd, Die ausländische Kapitalgesellschaft & Co. KG im Aufwind?, GmbHR 2003, 249-257
Birk, Dieter, Zuzug und Wegzug von Kapitalgesellschaften - Zu den körperschaftsteuerrechtlichen Folgen der Überseeringentscheidung des EuGH -, IStR 2003, 469-473
Bitter, Gerorg, Flurschäden im Gläubigerschutz durch „Centros & Co."? - Eine Zwischenbilanz, WM 2004, 2190-2200
Blaurock, Uwe, Europäisches und deutsches Gesellschaftsrecht - Bilanz und Perspektiven eines Anpassungsprozesses, ZEuP 6 (1998), 460-483
Bleckmann, Albert, Die umgekehrte Diskriminierung (discrimination à rebours) im EWG-Vertrag, RIW 1985, 917-921
- Europarecht, 6. Aufl., Köln Berlin Bonn München, 1997
- Zu den Auslegungsmethoden des EuGH, NJW 1982, 1177-1182
- Die Ausnahmen der Dienstleistungsfreiheit nach dem EWG-Vertrag, EuR 22 (1987), 28-50
v. Bonin, Gregor, Die Leitung der Aktiengesellschaft zwischen Shareholder Value und Stakeholder-Interessen, Baden-Baden 2004
Borchardt, Klaus-Dieter, Europäische Union, 2. Aufl., Heidelberg 2002
- Der sozialrechtliche Gehalt der Unionsbürgerschaft, NJW 2000, 2057-2061
- Richterrecht durch den Gerichtshof der Europäischen Gemeinschaften, in: Albrecht Randelzhofer u.a. (Hrsg.), GS für Eberhard Grabitz, 29-43
Brand, Oliver, Das Kollisionsrecht und die Niederlassungsfreiheit von Gesellschaften, JR 2004, 89-96
Brenner, Barbara, Urteilsanmerkung zu AG Hamburg, Beschl. v. 14.5.2003 - 67g IN 358/02 EWiR 2003, Art. 3 EuInsVO 4/03, 925-926
Brödermann, Eckart/Iversen, Holger, Europäisches Gemeinschaftsrecht und Internationales Privatrecht, Tübingen 1994
Borges, Georg, Gläubigerschutz bei ausländischen Gesellschaften mit inländischem Sitz, ZIP 2004, 733-744
- Die Sitztheorie in der Centros - Ära: Vermeintliche Probleme und unvermeidliche Änderungen, RIW 2000, 167-178
Bungert, Hartwin, Internationales Gesellschaftsrecht und Europäische Menschenrechtskonvention, EWS 1993, 17-22
- Deutsch-amerikanisches internationales Gesellschaftsrecht, Staatsvertragliche Festschreibung der Überlagerungstheorie?, ZVglRWiss 93 (1994), 117-176
- Rechtliche Auswirkungen der „domestication" einer deutschen GmbH in den USA nach deutschem Gesellschaftsrecht, RIW 1999, 109-114
- Sitzanknüpfungen für Rechtsfähigkeit von Gesellschaften gilt auch nicht mehr im Verhältnis zu den USA, DB 2003, 1043-1046
Buxbaum, Richard, The Origins of the American »Internal Affairs« Rule in the Corporate Conflict of Laws, in: Hans-Joachim Musielak und Klaus Schurig (Hrsg.), FS für Gerhard Kegel, Stuttgart 1987, 75-94

Cerioni, Luca, The "Überseering" Ruling: The Eve of a "Revolution" for the Possibilities of Companies' Migration throughout the European Community?, 10 Colum. J. Eur. L. 117-137 (2003)

Conner, Tim, Accentuating the Positive: The 'Selling Arrangement', the first Decade, and beyond, 54 ICLQ 127-160 (2005)

Craig, Paul/De Búrca, Gráinne, EU Law Text, Cases and Material, Third Edition, Oxford 2003

Däubler, Wolfgang, Mitbestimmung und Betriebsverfassung im Internationalen Privatrecht, RabelsZ 39 (1975), 444-477

Dammann, Jens, The Future of Codetermination after Centros: Will German Corporate Law Move Closer to the U.S. Model?, 8 Fordham J. Corp. & Fin. L. 607-686 (2003)

- Amerikanische Gesellschaften mit Sitz in Deutschland, RabelsZ 68 (2004), 607-652

Dautzenberg, N., Urteilsanmerkung zu EuGH, Urt. v. 9.3.1999, Rs. C-212/97 (*Centros*), FR 1999, 451-453

Davis, Paul, Legal Capital in Private Companies in Great Britain, AG 1998, 346-354

- Gower and Davies' Principles of Modern Company Law, 7. Aufl., London 2003

Deininger, Rainer, Körperschaftsteuerrechtliche Auswirkungen der Überseering-Entscheidung des EuGH, IStR 2003, 214-216

Deville, Rainer, Urteilsanmerkung zu BayObLG, Beschl. v. 18.7.1985 - BReg. 3 Z 62/85, RIW 1986, 298-299

Dietrich, Holger, Sitzverlegung im Binnenmarkt und ihre Besteuerung, Frankfurt a.M. 2001

Dorr, Robert/Stukenborg, Gabriela, „Going to the Chapel": Grenzüberschreitende Ehen im Gesellschaftsrecht - Die ersten transnationalen Verschmelzungen nach dem UmwG (1999), DB 2003, 647-653

Drasch, Wolfgang, Das Herkunftslandprinzip im internationalen Privatrecht, Baden-Baden 1997

Drobnig, Ulrich, Haftungsdurchgriff bei Kapitalgesellschaften, Frankfurt a.M. Berlin 1959

- Kritische Bemerkungen zum Vorentwurf eines EWG-Übereinkommens über die Anerkennung von Gesellschaften, ZGR 129 (1966/67), 93-120
- Das EWG Übereinkommen über die Anerkennung von Gesellschaften und juristischen Personen, AG 1973, 125-131
- Gemeinschaftsrecht und internationales Gesellschaftsrecht Daily Mail und die Folgen, in: Christian v. Bar (Hrsg.), Europäisches Gemeinschaftsrecht und Internationales Privatrecht, Köln Berlin Bonn München 1990, 185-206

Drury, Robert, The Regulation and Recognition of Foreign Corporations: Responses to the "Delaware Syndrome", 57 C.L.J. 165-194 (1998)

Drygala, Tim, Niederlassungsfreiheit, Internationales Gesellschaftsrecht / „Inspire Art", EWiR 2003 Art. 43 EG 4/03, 1029-1030

- Stand und Entwicklung des europäischen Gesellschaftsrechts, ZEuP 2004, 337-365

Dubovizkaja, Elena, "Überseering" - Rechtsprechung: Gerichtliche Klarstellung zur Niederlassungsfreiheit von Gesellschaften, GmbHR 2003, 694-698

Dyrberg, Peter, Full Free Movement of Companies in the European Community at Last, ELRev. 2003, 528-537

Ebenroth, Carsten/Auer, Thomas, Urteilsanmerkung zu BayObLG, Urt. v. 7.5.1992 - 3 Z BR 14/92, JZ 1993, 374-376
- Körperschaftsteuerfähigkeit ausländischer Gesellschaften mit inländischem Ort der Geschäftsleitung?, RIW 1992, 998-1012
- Die Vereinbarkeit der Sitztheorie mit europäischem Recht, GmbHR 1994, 16-27

Ebenroth, Carsten/Eyles, Uwe, Die identitätswahrende Verlegung des Gesellschaftssitzes als Ausfluss der Niederlassungsfreiheit? DB 1989, 363-372; 413-417
- Die Beteiligung ausländischer Gesellschaften an einer inländischen Kommanditgesellschaft, BB 1988 Beil. Nr. 2/88, 1-20

Ebenroth, Carsten/Bippus, Birgit, Die Anerkennungsproblematik im Internationalen Gesellschaftsrecht - Am Beispiel des Freundschafts-, Handels- und Schiffahrtsvertrages zwischen der Bundesrepublik Deutschland und den Vereinigten Staaten von Amerika vom 29. 10. 1954, NJW 1988, 2137-2146

Ebenroth, Carsten/Wilken, Oliver, Entwicklungstendenzen im deutschen Internationalen Gesellschaftsrecht - Teil I, JZ 1991, 1014-1023

Ebert, Sabine, Das anwendbare Konzernrecht der europäischen Aktiengesellschaft, BB 2003, 1854-1859
- European Union: Company Law - Freedom of Establishment, ICCLR 2003, N51-N52

Ebert, Sabine/Levedag, Christian, Die zugezogene "private company limited by shares (Ltd.)" nach dem Recht von England und Wales als Rechtsformalternative für in- und ausländische Investoren in Deutschland, GmbHR 2003, 1337-1346
- Die zugezogene niederländische B.V. als Rechtsformalternative zur deutschen GmbH für in- und ausländische Investoren, GmbHR 2004, 880-890

Ebke, Werner, Die „ausländische Kapitalgesellschaft & Co. KG" und das europäische Gemeinschaftsrecht, ZGR 16 (1987), 245-270
- The Limited Partnership and Transnational Combinations of Business Forms: "Delaware Syndrome" versus European Community Law, 22 Int'l Law. 191-205 (1988)
- Interlocking Directorates, ZGR 19 (1990), 50-106
- Internationales Devisenrecht, Heidelberg, 1991
- Urteilsanmerkung zu BayObLG, Beschl. v. 7.5.1992 3 Z BR 14/92, WuB 1992, II C. § 3 GmbHG 1.92, 1293-1296
- Unternehmenskontrolle durch Gesellschafter und Markt, in: Otto Sandrock und Wilhelm Jäger (Hrsg.), Internationale Unternehmenskontrolle und Unternehmenskultur, Tübingen 1994, 7-35
- Company Law and the European Union: Centralized Versus Decentralized Lawmaking, 31 Int'l Law. 961-986 (1997)
- Das Schicksal der Sitztheorie nach dem Centros - Urteil des EuGH, JZ 1999, 656-661
- Unternehmensrecht und Binnenmarkt - E pluribus unum?, RabelsZ 62 (1998), 195-242
- Centros - Some Realities and Some Mysteries, 48 Am. J. Comp. L. 623-660 (2000)

- Das Internationale Gesellschaftsrecht und der Bundesgerichtshof, in: Andreas Heldrich und Klaus Hopt (Hrsg.), 50 Jahre Bundesgerichtshof, Bd. II. Handels- und Wirtschaftsrecht Europäisches und Internationales Recht, München 2000, 799-824
- Urteilsanmerkung zu OLG Düsseldorf, Urt. v. 10.9.1998 - 5 U 1/98, JZ 2000, 203-205
- Märkte machen Recht - auch Gesellschafts- und Unternehmensrecht!, in: Uwe Schneider u.a. (Hrsg.), FS für Marcus Lutter, Köln 2000, 17-30
- Ein Gesellschaftsrecht für Europa?, in: Aufbruch nach Europa, 75 Jahre Max-Planck-Institut für Privatrecht, 2001, 197-213
- The "Real Seat" Doctrine in the Conflict of Corporate Laws, 36 Int'l Law. 1015-1037 (2002)
- Die Würfel sind gefallen: Die Sanktionen der Sitztheorie sind europarechtswidrig!, BB 2003, Heft 1/2, „Die erste Seite"
- Überseering: „Die wahre Liberalität ist Anerkennung", JZ 2003, 927-933
- *Überseering* und *Inspire Art*: Auswirkungen auf das Internationale Gesellschaftsrecht aus der Sicht von Drittstaaten, in: Otto Sandrock und Christoph Wetzler (Hrsg.), Deutsches Gesellschaftsrecht im Wettbewerb der Rechtsordnungen, Heidelberg 2004, 101-128
- Gesellschaften aus Delaware auf dem Vormarsch: Der BGH macht es möglich, RIW 2004, 740-744
- Überseering und Inspire Art: Die Revolution im Internationalen Gesellschaftsrecht und ihre Folgen, in: Rolf Kniffka u.a. (Hrsg.), FS für Reinhold Thode, (im Erscheinen), 595-615
- The European Conflict-of-Corporate-Laws Revolution: *Überseering*, *Inspire Art* and Beyond, 38 Int'l Law 813-853 (2004)

Ebke Werner/Neumann, Renate, Urteilsanmerkung zu BGH, Urt. v. 28.2.1980 - III ZR 165/78, JZ 1980, 652-655

Ebke Werner/Traub, Mathias, Urteilsanmerkung zu EuGH, Urt. v. 4.6.2002 Rs. C-367/98 (Kommission/Portugal), EWS 2002, 335-338

Eidenmüller, Horst, Wettbewerb der Gesellschaftsrechte in Europa, ZIP 2002, 2233-2245
- Anmerkung zu den Schlussanträgen des GA *Colomer* Rs. C-208/00 (*Überseering*), ZIP 2002, 82-84
- Urteilanmerkung zu BGH, Urt. v. 13.3.2003 - VII ZR 370/98, JZ 2003, 526-529
- Mobilität und Restrukturierung von Unternehmen im Binnenmarkt, JZ 2004, 24-33

Eidenmüller, Horst/Rehm, Gebhard, Gesellschafts- und zivilrechtliche Folgeprobleme der Sitztheorie, ZGR 26 (1997), 89-114
- Niederlassungsfreiheit versus Schutz des inländischen Rechtsverkehrs: Konturen des Europäischen Internationalen Gesellschaftsrechts, ZGR 33 (2004), 159-188

Emde, Raimond, Urteilsanmerkung zu OLG Düsseldorf, Beschl. v. 26.3.2001 - 3 Wx 88/01, BB 2001, 902-904

Epiney, Astrid, Umgekehrte Diskriminierungen, Köln Berlin Bonn München 1995

Everling, Ulrich, Zum Vorrang des EG-Rechts vor nationalem Recht, DVBl. 1985, 1201-1206

- Das Niederlassungsrecht in der Europäischen Gemeinschaft, DB 1990, 1853-1859
- Zur Begründung der Urteile des Gerichtshofs der Europäischen Gemeinschaften, EuR 29 (1994), 127-143
- Das Niederlassungsrecht in der EG als Beschränkungsverbot, in: Wolfgang Schön (Hrsg.), GS für Brigitte Knobbe-Keuk, Köln 1997, 607-625
- Das Europäische Gesellschaftsrecht vor dem Gerichtshof der Europäischen Gemeinschaften, in: Uwe Schneider u.a. (Hrsg.), FS für Marcus Lutter, Köln 2000, 31-45

Eyles, Uwe, Das Niederlassungsrecht der Kapitalgesellschaften in der Europäischen Gemeinschaft, Baden-Baden 1990

Fastenrath, Ulrich, Inländerdiskriminierungen, JZ 1987, 170-178

Fischer, Michael, Die Verlagerung des Gläubigerschutzes vom Gesellschafts- in das Insolvenzrecht nach „Inspire Art", ZIP 2004, 1477-1486

Fleischer, Holger, Der Rechtsmißbrauch zwischen Gemeinschaftseuropäischem Privatrecht und Gemeinschaftsprivatrecht, JZ 2003, 865-874
- Gläubigerschutz im Recht der Delaware corporation, RIW 2005, 92-97

Fletcher, Ian, The Law of Insolvency, 3. Aufl., London 2002

Forsthoff, Ulrich, Niederlassungsrecht für Gesellschaften nach dem *Centros* - Urteil des EuGH: Eine Bilanz", EuR 35 (2000), 167-196
- Rechts- und Parteifähigkeit ausländischer Gesellschaften mit Verwaltungssitz in Deutschland? - Die Sitztheorie vor dem EuGH, DB 2000, 1109-1114
- Die Tragweite des Rechtfertigungsgrundes aus Art. 46 Abs. 1 EG für die Niederlassungsfreiheit, die Dienstleistungsfreiheit und für Gesellschaften, EWS 2001, 59-65
- EuGH fördert Vielfalt im Gesellschaftsrecht, DB 2002, 2471-2477
- Abschied von der Sitztheorie, BB 2003, 318-321
- Gründungstheorie - jetzt wird es ernst!, DB 2003, Heft 9, „Editorial"
- Internationales Gesellschaftsrecht im Umbruch, DB 2003, 979-981

Franz, Theresa, Berührt „Hughes de Lasteyrie du Saillant" die durch den Wegzug veranlasste Besteuerung von Kapitalgesellschaften in Deutschland?, EuZW 2004, 270-272

Freitag, Robert, Der Wettbewerb der Rechtsordnungen im Internationalen Gesellschaftsrecht, EuZW 1999, 267-270

Frenz, Walter/Grande, Inés, Die Rechtspersönlichkeit ausländischer Gesellschaften: Sitztheorie und Niederlassungsfreiheit, GewArch 2003, 177-182
- Versteckte Diskriminierungen am Schnittpunkt von Niederlassungs- und Dienstleistungsfreiheit, EWS 2002, 555-560

Garcia-Riestra, Manuel, The Transfer of Seat of the European Company v Free Establishment Case-Law, 15 EBLR 1295-1323 (2004)

Geimer, Reinhold, Gesellschaften und juristische Personen auf Wanderschaft in Europa, in: Gerte Reichelt (Hrsg.) Ludwig Boltzmann Institut für Europarecht, Vorlesungen und Vorträge, Heft 20, Wien 2004

Geyrhalter, Volker, Niederlassungsfreiheit contra Sitztheorie - Good Bye „Daily Mail"? Die „Centros" - Entscheidung des EuGH, EWS 1999, 201-203

Geyrhalter, Volker/Gänßler, Peggy, Perspektiven nach Überseering - wie geht es weiter?, NZG 2003, 409-414
- „Inspire Art" - Briefkastengesellschaften „on the Move", DStR 2003, 2167-2172
- Anmerkung zu EuGH, Schlussanträge GA *Albert* v. 30.1.2003 Rs. C-167/01 (*Inspire Art*), EWIR 2003, Art. 43 EG 2/03, 569-570

Goette, Wulf, Urteilsanmerkung zu BGH, Urt. v. 1.7.2001 - II ZR 380/00, DStR 2002, 1679-1680
- Urteilsanmerkung zu BGH, Urt. v. 13.10.2004, I ZR 245/01, DStR 2004, 2115

Görk, Stefan, Das EuGH-Urteil in Sachen „Centros" vom 9. März 1999: Kein Freibrief für Briefkastengesellschaften!, GmbHR 1999, 793-800

Göttsche, Max, Das Centros - Urteil des EuGH und seine Auswirkungen - Eine Bestandsaufnahme aus gesellschafts-, handels- und steuerrechtlicher Sicht, DStR 1999, 1403-1408

Grabenwarter, Christoph, Europäische Menschenrechtskonvention, München, Wien 2003

Grabitz, Eberhard/Hilf, Meinhard (Hrsg.), Das Recht der Europäischen Union, Kommentar, Bd. I, Loseblattsammlung Stand: Januar 2004, München 2003

Graser, Alexander, Eine Wende im Bereich der Inländerdiskriminierung? Zur Entscheidung des EuGH in der Rechtssache *Lancry*, EuR 33 (1998), 571-578

Grasmann, Günther, System des Internationalen Gesellschaftsrechts, Herne Berlin 1970

Griffin, Stephen, The Rise and Fall of the *Ultra Vires* Rule in Corporate Law, 2 MJLS 1-32 (1998)

v. der Groeben, Hans/Thiesing, Jochen/Ehlermann, Claus Dieter (Hrsg.), Kommentar zum Vertrag über die Europäische Union und zur Gründung der Europäischen Gemeinschaft, Bd. 1 Art. 1-53 EUV/Art. 1-80 EGV, 5. Aufl., Baden-Baden 1997

v. der Groeben, Hans/Schwarze Jürgen (Hrsg.), Kommentar zum Vertrag über die Europäische Union und zur Gründung der Europäischen Gemeinschaft, Bd. 1 Art. 1-53 EUV/Art. 1-80 EGV, 6. Aufl., Baden-Baden 2003
- Kommentar zum Vertrag über die Europäische Union und zur Gründung der Europäischen Gemeinschaft, Bd. 4 Art. 189-314 EGV, 6. Aufl., Baden-Baden 2003

Grobys, Marcel, Societas Europaea - Deutsche Mitbestimmung quo vadis? NJW 2003, Heft 34, „Editorial"

Großfeld, Bernhard, Die Entwicklung der Anerkennungstheorien im Internationalen Gesellschaftsrecht, in: Wolfgang Hefermehl u.a. (Hrsg.), FS für Harry Westermann, Karlsruhe 1974, 199-222
- Zur Geschichte der Anerkennungsproblematik bei Aktiengesellschaften, RabelsZ 38 (1974), 344-371
- Die „ausländische juristische Person & Co. KG", IPRax 1986, 351-355
- Die Sitztheorie in der Europäischen Union - ein mutiger Schritt des EuGH, RIW 2002, Heft 12, „Die erste Seite"
- Rechnungslegung als Unternehmensverfassung, NZG 2003, 841-849

Großfeld, Bernhard/Boin, Kai, Urteilsanmerkung zu Cour de Cassation (crim.), Urt. v. 12.11.1990, JZ 1993, 370-372

Großfeld, Bernhard/Jasper, Dieter, Identitätswahrende Sitzverlegung und Fusion von Kapitalgesellschaften in der Bundesrepublik Deutschland, RabelsZ 53 (1989), 52-71

Großfeld, Bernhard/König, Thomas, Das Internationale Gesellschaftsrecht in der Europäischen Union, RIW 1992, 433-439
Großerichter, Helge, Ausländische Kapitalgesellschaften im deutschen Rechtsraum: Das deutsche Internationale Gesellschaftsrecht und seine Perspektiven nach der Entscheidung „Überseering", DStR 2003, 159-169
- Vom Umgang mit ausländischen Zivilrechtslagen im Bereich EG-vertraglicher Grundfreiheiten: Eine Zwischenbilanz der Diskussion um Niederlassungsfreiheit und Sitzanknüpfung, in: Michael Coester u.a. (Hrsg.) Privatrecht für Europa, FS für Hans Jürgen Sonnenberger, München 2004, 369-388
Gronstedt, Sebastian, Urteilsanmerkung zu BGH, Urt. v. 1.7.2002 - II ZR 380/00, BB 2002, 2033-2034
Grothe, Helmut, Die ausländische Kapitalgesellschaft & Co., Köln u.a. 1989
Group of German Experts on Corporate Law, Zur Entwicklung des Europäischen Gesellschaftsrechts: Stellungnahme der Arbeitsgruppe Europäisches Gesellschaftsrecht (Group of German Experts on Corporate Law) zum Report of the High Level Group of Company Law Experts on a modern Regulatory Framework for Company Law in Europe, ZIP 2003, 863-880
Gruber, Johannes/Weller, Marc-Phillipe, Societas Europaea: Mitbestimmung ohne Aufsichtsrat?, NZG 2003, 297-301
Grundmann, Stefan, Information und ihre Grenzen im Europäischen und neuen englischen Gesellschaftsrecht, in: Uwe Schneider u.a. (Hrsg.), FS für Marcus Lutter, Köln 2000, 61-82
- Wettbewerb der Regelgeber im Europäischen Gesellschaftsrecht - jedes Management hat seine Struktur, ZGR 30 (2001), 783-832
- Ausbau des Informationsmodells im Europäischen Gesellschaftsrecht, DStR 2004, 232-236
- Die Struktur des Europäischen Gesellschaftsrechts von der Krise zum Boom, ZIP 2004, 2401-2412
Grundmann, Stefan/Möslein, Florian, Die Goldene Aktie, ZGR 32 (2003), 317-366
Guckelberger, Annette, Zum Grundrechtsschutz ausländischer juristischer Personen, AöR 129 (2004), 618-638

Haack, Stefan, Urteilsanmerkung zu EuGH, Urt. v. 5.11.2002 Rs. C-208/00 (*Überseering*), MDR 2003, 96-98
Haarmann, Wilhelm, BB 2003, Heft 16 „Die erste Seite"
Haas, Ulrich, Die Gesellschafterhaftung wegen „Existenzvernichtung", WM 2003, 1929-1941
- Aktuelle Rechtsprechung zum Kapitalersatzrecht, NZI 2002, 457-466
Habersack, Mathias, Europäisches Gesellschaftsrecht, 2. Aufl., München 2003
Habersack, Mathias/Verse, Dirk, Wrongful Trading - Grundlage einer europäischen Insolvenzverschleppungshaftung?, ZHR 168 (2004), 174-215
Hachenburg, Max (Begr.), Gesetz betreffend der Gesellschaft mit beschränkter Haftung (GmbHG), 8. Aufl., Erster Bd. §§ 1-34, Berlin New York 1992
Halbhuber, Harald, Limited Company statt GmbH? Europarechtlicher Rahmen und deutscher Widerstand, Baden-Baden 2001
- Das Ende der Sitztheorie als Kompetenztheorie - Das Urteil des Europäischen Gerichtshofs in der Rechtssache C-208/00 (*Überseering*), ZEuP 2003, 418-437

- National Doctrinal Dtructures and European Company Law, 38 CMLRev. 1385-1421 (2001)
v. Halen, Curt Christian, Das Gesellschaftsstatut nach der Centros - Entscheidung des EuGH, Heidelberg 2001
- Der Streit um die Sitztheorie vor der Entscheidung?, EWS 2002, 107-115
- Das internationale Gesellschaftsrecht nach dem Überseering-Urteil des EuGH, WM 2003, 571-578
Hammen, Horst, Zweigniederlassungsfreiheit europäischer Gesellschaften und Mitbestimmung der Arbeitnehmer auf Unternehmensebene, WM 1999, 2487-2495
Hanau, Peter/Ulmer, Peter (Hrsg.), Mitbestimmungsgesetz, München 1981
Happ, Wilhelm, Deregulierung der GmbH im Wettbewerb der Rechtsformen, ZHR 169 (2005), 6-34
Happ, Wilhelm/Holler, Lorenz, „Limited" statt GmbH?, DStR 2004, 730-736
v. Hase, Karl, Überseering und Inspire Art - EuGH formt das Gesellschaftsrecht der Zukunft, BuW 2003, 944-950
Hausmann, Rainer: Der Renovi im deutschen internationalen Gesellschaftsrecht nach „Überseering" und „Inspire Art", in: Rüdiger Krause u.a. (Hrsg.), GS für Wolfgang Blomeyer, Berlin 2004, 580-596
Heidenhain, Martin. Ausländische Kapitalgesellschaften mit Verwaltungssitz in Deutschland, NZG 2002, 1141-1143
Heinze, Meinhard, Arbeitsrechtliche Probleme bei der grenzüberschreitenden Sitzverlegung in der europäischen Union, ZGR 28 (1999), 58-74
- Die Europäische Aktiengesellschaft, ZGR 31 (2002), 66-95
Heiss, Helmut, „Überseering": Klarschiff im internationalen Gesellschaftsrecht?, ZfRV 2003, 90-97
Henssler, Martin, Mitbestimmungsrechtliche Konsequenzen einer Sitzverlegung innerhalb der Europäischen Union - Inspirationen durch „Inspire Art" -, in: Alfred Söllner u.a. (Hrsg.) GS für Meinhard Heinze, München 2005, 333-355
Henze, Hartwig, Europäisches Gesellschaftsrecht in der Rechtsprechung des Bundesgerichtshofs, DB 2003, 2159-2166
Herdegen, Matthias, Europarecht, 6. Aufl., München 2004
High Level Group of Company Law Experts, Final Report of the Group on a Modern Regulatory Framework for Company Law in Europe to EU Commissioner Frits Bolkenstein, Jaap Winter, Jose Maria Garrido Garcia, Klaus J. Hopt, Jonathan Rickford, Guido Rossi, Jan Schans Christensen, Joëlle Simon, Brussels, 4 November 2002
Hirsch, Alexander/Britain, Richard, Artfully Inspired - Werden deutsche Gesellschaften englisch?, NZG 2004, 1100-1104
Hirte, Heribert, Urteilsanmerkung zu EuGH, Urt. v. 5.11.2002 Rs. C-208/00 (*Überseering*), EWS 2002, 573-574
- Urteilsanmerkung zu EuGH, Urt. v. 30.9.2003 Rs. C-167/01 (*Inspire Art*), EWS 2003, 521-522
- Wettbewerb der Rechtsordnungen nach „Inspire Art": Auch das Beurkundungserfordernis für GmbH-Anteilsübertragungen steht zur Disposition, GmbHR 2003, R 421
- Die organisierte „Bestattung" von Kapitalgesellschaften: Gesetzgeberischer Handlungsbedarf im Gesellschafts- und Insolvenzrecht, ZInsO 2003, 833-844

- Die Entwicklung des Unternehmens- und Gesellschaftsrechts in Deutschland in den Jahren 2000 bis 2002 - 1. Teil: Allgemeines Unternehmensrecht und Aufsichtsrecht, NJW 2003, 1090-1096

Hirte, Heribert/Mock, Sebastian, Anmerkung zu OGH, Beschl. v. 20.3.2003 - 6 Ob 283/02i, EWIR 2003, § 2 öUmwG 1/03, 595-596

Hoffmann, Jochen, Das Anknüpfungsmoment der Gründungstheorie, ZVglRWiss 101 (2002), 283-308

Hoffmann, Niels, Reichweite der Niederlassungsfreiheit bis in das Strafrecht?, in: Otto Sandrock und Christoph Wetzler (Hrsg.), Deutsches Gesellschaftsrecht im Wettbewerb der Rechtsordnungen, Heidelberg 2004, 227-265

Höfling, Barbara, Die Centros - Entscheidung des EuGH - auf dem Weg zu einer Überlagerungstheorie für Europa, DB 1999, 1206-1208

- Das englische internationale Gesellschaftsrecht, Heidelberg 2002

Hofstötter, Michael, Vom Missbrauch des Missbrauchsarguments: Beschränkungen der Niederlassungsfreiheit für Gesellschaften als Schrecken ohne Ende?, ELR 2003 421-424

- Die Sitztheorie negiert die Niederlassungsfreiheit, ELR 2002, 450-452

Holst, Cathrine, European Company Law after Centros: Is the EU on the Road to Delaware?, 8 Colum. J. Eur.L. 323-341 (2002)

Horn, Norbert, Die Rechtsprechung des EuGH zur Niederlassungsfreiheit (Inspire Art, Überseering, Centros) - eine Einführung aus deutscher Sicht, MittBl. DAV Internationaler Rechtsverkehr 2/03, 23-27

- Deutsches und europäisches Gesellschaftsrecht und die EuGH-Rechtsprechung zur Niederlassungsfreiheit - Inspire Art, NJW 2004, 893-901

Hopt, Klaus, Europäisches Gesellschaftsrecht - Krise und neue Anläufe, ZIP 1998, 96-106

- Gesellschaftsrecht im Wandel, in: Rolf Wank u.a. (Hrsg.), FS für Herbert Wiedemann, München 2002, 1013-1032

Hüffer, Uwe, Aktiengesetz, 6. Aufl., München 2004

Hülk, Fabian/Timme, Michael, Das Ende der Sitztheorie im internationalen Gesellschaftsrecht, JA 2003, 765-768

Ingenhoven, Thomas, Grenzüberschreitender Rechtsschutz durch englische Gerichte, Baden-Baden 2001

Jaecks, Jörg/Schönborn, Christoph Ansgar, Die Europäische Aktiengesellschaft, das Internationale und das deutsche Konzernrecht, RIW 2003, 254-265

Jaeger, Gerold, Kapitalgesellschaften in der EU - dauerhaft Niederlassungsberechtigte zweiter Klasse?, NZG 2000, 918-923

Jestädt, Guido, Anerkennung der Rechts- und Parteifähigkeit US-amerikanischer Gesellschaften vor deutschen Gerichten aufgrund des deutsch-amerikanischen Freundschaftsvertrages, WuB 2003, II N. Art. XXV FHSV 1.03, 636-638

Junker, Abbo, Sechsundsiebzig verweht - Die deutsche Mitbestimmung endet in Europa, NJW 2004, 728-730

Kallmeyer, Harald, Tragweite des Überseering-Urteils des EuGH v. 5.11.2002 zur grenzüberschreitenden Sitzverlegung, DB 2002, 2521-2522

- Das Eigenkapitalersatzrecht vor dem Hintergrund von Centros und Überseering, GmbHR 2003, R 93
- Vor- und Nachteile der englischen Limited im Vergleich zur GmbH oder der GmbH & Co. KG, DB 2004, 636-639
- Bereinigung der Finanzverfassung der GmbH Vorschlag für eine GmbH-Reform, GmbHR 2004, 377-383

Kamp, Marcus, Die Unternehmerische Mitbestimmung nach „Überseering" und „Inspire Art", BB 2004, 1496-1500

Kanzleiter, Rainer, „Inspire Art" - die Konsequenzen, DNotZ 2003, 885-888

Karsten, Frederik, Limiteds - Rechtsfähigkeit, Gründung und Gläubigerschutz, NJ 2003, 122-123

Kegel, Gerhard, Es ist was faul im Staate Dänemark ..., EWS 1999, Heft 8, „Die erste Seite"

Kegel, Gerhard/Schurig, Klaus (Hrsg.), Internationales Privatrecht 9. Aufl., München, 2004

Kersting, Christian, Rechtswahlfreiheit im Europäischen Gesellschaftsrecht nach Überseering, NZG 2003, 9-13
- Corporate Choice of Law - A Comparison of the United States and European Systems and a Proposal for a European Directive, 28 Brook. J. Int'l L. 1-75 (2002)

Kersting, Christian/Schindler, Phillip, The ECJ's *Inspire* Art Decision of 30 September 2003 and its Effects on Practice, 4 GLJ 1277-1291 (2003)
- Die EuGH-Entscheidung "Inspire Art" und ihre Auswirkungen auf die Praxis, RdW 2003, 621-625

Kewenig, Wilhelm, Niederlassungsfreiheit, Freiheit des Dienstleistungsverkehrs und Inländerdiskriminierung, JZ 1990, 20-24

Kieninger, Eva Maria, Niederlassungsfreiheit als Rechtswahlfreiheit, ZGR 28 (1999), 724-749
- Anmerkung zu OLG Düsseldorf, Beschl. v. 26.3.2001, NZG, 2001 610-612
- Internationales Gesellschaftsrecht nach „Centros", Überseering" und „Inspire Art": Antworten, Zweifel und offene Fragen, ZEuP 2004, 685-704

Kindler, Peter, Niederlassungsfreiheit für Scheinauslandgesellschaften?, NJW 1999, 1993-2000
- Internationales Gesellschaftsrecht am Scheideweg, RIW 2000, 649–653
- „Anerkennung" der Scheinauslandsgesellschaft und Niederlassungsfreiheit, IPRax 2003, 41-44
- Urteilsanmerkung zu BGH, Urt. v. 29.1.2003 - VII ZR 155/02, BB 2003, 812
- Auf dem Weg zur europäischen Briefkastengesellschaft?, NJW 2003, 1073-1079
- „Inspire Art" - Aus Luxemburg nichts Neues zum internationalen Gesellschaftsrecht, NZG 2003, 1086-1090
- Die „Aschenputtel" - Limited und andere Fälle der Mehrfachqualifkation im Schnittfeld des internationalen Gesellschafts-, Delikts- und Insolvenzrechts, in: Heinz-Peter Mansel u.a. (Hrsg.), FS für Erik Jayme, München 2004, 409-418

Kirchner, Christian, Grundstruktur eines neuen institutionellen Designs für die Arbeitnehmermitbestimmung auf Unternehmensebene, AG 2004, 197-200

Kjellgren, Anders, On the Border of Abuse - The Jurisprudence of the European Court of Justice on Circumvention, Fraud and other Misuses of Community Law, 11 EBLR 179-194 (2000)

Klein, Eckhart, Urteilsanmerkung zu BVerfG, Urt. v. 14.10.2004 - 2 BvR 1481/04, JZ 2004, 1176-1178

Kleinert, Jens/Probst, Peter, Endgültiges Aus für Sonderanknüpfungen bei (Schein-) Auslandsgesellschaften, DB 2003, 2217-2218

- Schein-Auslandsgesellschaften - Erneute Betonung der Niederlassungsfreiheit durch den EuGH, MDR 2003, 1265-1268

- Endgültiges Aus für steuerrechtliche Wegzugsbeschränkungen bei natürlichen und juristischen Personen, DB 2004, 673-675

Kleinert, Jens/Blöse, Jochen/Xylander, Hans-Harald, Erfüllung der Formerfordernisse gemäß § 15 Abs. 3 und 4 S. 1 GmbHG durch antizipierte Satzungsklauseln - ein Gestaltungsvorschlag, GmbHR 2003, 1230-1235

Klinke, Ulrich, Europäisches Unternehmensrecht und EuGH - Die Rechtsprechung in den Jahren 1991-1992, ZGR 22 (1993), 1-40

- Kollisionsnormen und Gemeinschaftsrecht Zur Architektur des europäischen Vaterhauses, in: Hilmar Krüger und Heinz-Peter Mansel (Hrsg.), Liber Amicorum Gerhard Kegel, München 2002, 1-32

Knapp, Andreas, Überseering: Zwingende Anerkennung von ausländischen Gesellschaften?, DNotZ 2003, 85-92

Knobbe-Keuk, Brigitte: Niederlassungsfreiheit: Diskriminierungs- oder Beschränkungsverbot?, DB 1990, 2573-2584

- Umzug von Gesellschaften in Europa, ZHR 154 (1990), 325-356

Koblenzer, Thomas, Die Auswirkungen der „Centros“ - Entscheidung des EuGH auf das deutsche Körperschaftsteuerrecht, EWS 1999, 418-421

Koch, Jens, Die europäische Niederlassungsfreiheit als Herausforderung für das deutsche Gesellschaftsrecht, JuS 2004, 755-757

Koch, Steffen/Köngeter, Matthias, Grenzüberschreitende Sitzverlegung von Gesellschaften innerhalb der EG - (k)ein Ende der Kontroverse?, Jura 2003, 692-699

Kögel, Steffen, Formalien der GmbH-Gründung - ein Musterbeispiel für zuviel Staat, GmbHR 2003, 1225-1229

- Gründung einer ausländischen Briefkastenfirma: Wann ist eine Zweigniederlassung in Deutschland eine Zweigniederlassung?, DB 2004, 1763-1766

Koppensteiner, Hans-Georg, Internationale Unternehmen im deutschen Gesellschaftsrecht, Frankfurt a.M. 1971

- Die Sitzverlegungsrichtlinie nach Centros, in: Uwe Schneider u.a. (Hrsg.), FS für Marcus Lutter, Köln 2000, 141-156

Kornblum, Udo, Gesellschaften in Bewegung, BB 2004 Heft 25, „Die erste Seite“

Kraft, Gerhard/Müller, Marcus, Schlussfolgerungen aus der EuGH-Entscheidung zur französischen Wegzugsbesteuerung (Saillant) für die internationale Steuerberatungspraxis aus deutscher Sicht, RIW 2004, 366-371

Kropholler, Jan (Hrsg.), Internationales Privatrecht, 5. Aufl., Tübingen 2004

Kruse, Viola: Sitzverlegung von Kapitalgesellschaften innerhalb der EG, Köln u.a.1997

- Noch immer keine Niederlassungsfreiheit für Gesellschaften, EWS 1998, 444-447

Kübler, Friedrich, Leitungsstrukturen der Aktiengesellschaft und die Umsetzung des SE-Statuts, ZHR 167 (2003), 222-234
Kulms, Rainer, Die US-amerikanische Limited Liability Company - Vorbild für eine deregulierte GmbH?, ZVglRWiss 102 (2003), 272-287

Lange, Knut Werner, Urteilsanmerkung zu EuGH, Urt. v. 9.3.1999 Rs. C-212/97 (*Centros*), DNotZ 1999, 599-607
Lanzius, Tim, Die Directors Disqualification des englischen Rechts – ein Baustein zum Schutz des deutschen Rechtsverkehrs vor Scheinauslandsgesellschaften, ZInsO 2004, 296-302
Larenz, Karl (Begr.), *Canaris, Claus-Wilhelm* (Hrsg.), Methodenlehre der Rechtswissenschaft, 3. Aufl., Berlin u.a. 1995
Lehmann, Matthias, Fällt die Sitztheorie jetzt auch international?, RIW 2004, 816-823
Leible, Stefan, Urteilsanmerkung zu EuGH, Urt. v. 9.3.1999 Rs. C-212/97 (*Centros*), NZG 1999, 300-302
- Parteiautonomie im IPR - Allgemeines Anknüpfungsprinzip oder Verlegenheitslösung?, in: Heinz-Peter Mansel u.a. (Hrsg.), FS für Erik Jayme, München 2004, 485-503
- Niederlassungsfreiheit und Sitzverlegungsrichtlinie, ZGR 33 (2004), 531-558.

Leible, Stefan/Hoffmann, Jochen, Vom „Nullum" zur Personengesellschaft - Die Metamorphose der Scheinauslandsgesellschaft im deutschen Recht, DB 2002, 2203-2207
- Überseering und das (vermeintliche) Ende der Sitztheorie, RIW 2002, 925-936
- „Überseering" und das deutsche Gesellschaftskollisionsrecht, ZIP 2003, 925-931
- Urteilsanmerkung zu LG Frankenthal, Urt. v. 6.12.2002 - 1 HK.T 9/02, BB 2003, 543-544
- Die Grundbuchfähigkeit der Scheinauslandsgesellschaft: (teilweise) Aufgabe der Sitztheorie, NZG 2003, 259-260
- Wie inspiriert ist „Inspire Art"?, EuZW 2003, 677-683

Leisle, Marcus, Transnationale Verschmelzungen im Binnenmarkt: Gelebte Rechtswirklichkeit wird kodifiziert, The European Legal Forum 2004, 153-158
Lipstein, Kurt, The Law Relating to the Movement of Companies in the European Community, in: Heinz-Mansel u.a. (Hrsg.), FS für Erik Jayme, München 2004, 527-531
Looschelders, Dirk, Die Ausstrahlung der Grund- und Menschenrechte auf das Internationale Privatrecht, RabelsZ 65 (2001), 463-491
Looijestijn-Clearie, Anne, Have the Dikes Collapsed? Inspire Art a Further Breakthrough in the Freedom of Establishment of Companies?, 5 EBOR 389-418 (2004)
Lowry, John, The ECJ on Conflict of Laws of Companies (Überseering/Inspire Art) and English Law, MittBl. DAV Internationaler Rechtsverkehr 2/03, 28-35
- Eliminating Obstacles to Freedom of Establishment: The Competitive Edge of UK Company Law, 63 C.L.J. 331-345 (2004)

Lüer, Hans-Jochem, Sitzverlegung einer inländischen Aktiengesellschaft ins Ausland, in: Hilmar Krüger und Heinz-Peter Mansel (Hrsg.), Liber Amicorum Gerhard Kegel, München 2002, 83-109
Lutter, Marcus, „Überseering" und die Folgen, BB 2003, 7-10

- Perspektiven eines europäischen Unternehmensrechts - Versuch einer Summe, ZGR 21 (1992), 435-451
- Perspektiven des Gesellschaftsrechts in Deutschland und Europa, BB 2004, Heft 1, „Die erste Seite“

Lutter, Marcus/Winter, Martin (Hrsg.), Umwandlungsgesetz Kommentar, Bd. I, §§ 1-137, 3. Aufl., Köln 2004
- Europäisches Unternehmensrecht, 4. Aufl., Berlin u.a. 1996

Lutter, Marcus/Banerja, Nirmal Robert, Die Haftung wegen Existenzvernichtung, ZGR 32 (2003), 402-440

Mankowski, Peter, Rezension, Babara Sabine Höfling, Das englische internationale Gesellschaftsrecht, ZHR 167 (2003), 732-736
- Anmerkung zu LG Koblenz, Beschl. v. 16.9.2003 - 4 HK.T 1/03, EWiR 2003, § 1 UmwG 1/04, 139-140
- Anmerkung zu KG, Beschl. v. 18.11.2003 - 1 W 444/02, EWiR 2004, § 13d HGB 1/04, 185-186
- Entwicklungen im Internationalen Privat- und Prozessrecht 2003/2004 (Teil 1), RIW 2004, 481-497

Martin-Ehlers, Andrés, Gemeinschaftsrechtliche Aspekte der Urteile von Centros bis Inspire Art: Der „verständige Gläubiger“, in: Otto Sandrock und Christoph Wetzler (Hrsg.) Deutsches Gesellschaftsrecht im Wettbewerb der Rechtsordnungen, Heidelberg 2004, 1-31

Martiny, Dieter, Gemeinschaftsrecht, ordre public, zwingende Bestimmungen und Exklusivnormen, in: Christian v. Bar (Hrsg.), Europäisches Gemeinschaftsrecht und Internationales Privatrecht, Köln 1991, S. 211-242

Mäsch, Gerald, Die Rolle des BGH im Wettbewerb der Rechtsordnungen oder: Neue Nahrung für den Ruf nach der Revisibilität ausländischen Rechts, EuZW 2004, „Editorial“, 321

Maul, Silja/Schmidt, Claudia, Inspire Art - Quo Vadis Sitztheorie?, BB 2003, 2297-2300

Meilicke, Wienand, Sitztheorie und EWG-Vertrag nach Handels- und Steuerrecht, RIW 1990, 449-452
- Vereinbarkeit der Sitztheorie mit der Europäischen Menschenrechtskonvention, RIW 1992, 578-579
- Zur Vereinbarkeit der Sitztheorie mit der Europäischen Menschenrechtskonvention und anderem höherrangigem Recht, BB 1995, Beil. 9 zu Heft 31, 1-19
- Urteilsanmerkung zu EuGH, Urt. v. 9.3.1999 Rs. C-212/97 (*Centros*), DB 1999, 627-628
- Auswirkungen der „Centros - Entscheidung“ auf die 14. EU-Sitzverlegungs-Richtlinie, GmbHR 1999, 896-897
- Sitztheorie versus Niederlassungsfreiheit?, GmbHR 2000, 693-698
- Im Blickpunkt: BGH-Rechtsprechung zur Mantelverwendung von Vorratsgesellschaften, BB 2003, 857-860
- Die Niederlassungsfreiheit nach „Überseering“ Rückblick und Ausblick nach Handelsrecht und Steuerrecht, GmbHR 2003, 793-809
- Urteilsanmerkung zu EuGH, Urt. v. 30.9.2003 Rs. C-167/01 (*Inspire Art*), GmbHR 2003, 1271-1273

- Urteilsanmerkung zu EuGH, Urt. v. 13.3.2004 Rs. C-9/02 (*Hughes de Lasteyrie du Saillant*), GmbHR 2004, 511-512
Menjucq, Michel, Droit international et européen des sociétés, Paris 2001
- Liberté d'établissement et rattachement des sociétés: du nouveau dans la continuité de l'arrêt *Centros*, JCP II 10 032 (2003), 362-365
Merkt, Hanno, Zum Verhältnis von Kapitalmarktrecht und Gesellschaftsrecht in der Diskussion um die Corporate Governance, AG 2003, 126-136
- Die Gründungstheorie gewinnt an Einfluss, RIW 2003, 458-460
- Das Informationsmodell ist weiter auf dem Vormarsch Stehen sich Informations- und Kapitalschutz wirklich unversöhnlich gegenüber?, RIW 2003, Heft 12, „Die erste Seite"
- Die Pluralisierung des europäischen Gesellschaftsrechts, RIW 2004, 1-7
- Das Europäische Gesellschaftsrecht und die Idee des »Wettbewerbs der Gesetzgeber«, RabelsZ 59 (1995), 545-568
Michalski, Lutz (Hrsg.), Michalski Kommentar zum GmbH Gesetz, Bd. I, Systematische Darstellung 1-7, §§ 1-34, München 2002
Micheler, Eva, Recognition of Companies Incorporated in Other EU Member States, 52 ICLQ 521-529 (2003)
Micklitz, Hans-Wolfgang, Überseering die geschenkte Chance, EWS 2002, Heft 12, „Editorial"
Mock Sebastian/Schildt, Charlotte, Insolvenz ausländischer Kapitalgesellschaften mit Sitz in Deutschland, ZInsO 2003, 396-402
- Urteilsanmerkung zu AG Hamburg, Beschl. v. 14.5.2003 - 67g IN 358/02, NZI 2003, 442-445
Mock, Sebastian/Westhoff, André, Verwendung ausländischer Kapitalgesellschaften bei Akquisitionsfinanzierungen, DZWIR 2004, 23-29
Mühl, Axel, Diskriminierung und Beschränkung. Grundsätze einer einheitlichen Dogmatik der wirtschaftlichen Grundfreiheiten des EG-Vertrages, Berlin 2004
Mülbert, Peter/Schmolke, Klaus, Die Reichweite der Niederlassungsfreiheit von Gesellschaften - Anwendungsgrenzen der Artt. 43 ff EGV bei kollisions- und sachrechtlichen Niederlassungshindernissen, ZVglRWiss 100 (2001), 233-274
Müller, Hans-Friedrich, Insolvenz ausländischer Kapitalgesellschaften mit inländischem Verwaltungssitz, NZG 2003, 414-418
Müller-Bonanni, Thomas, Unternehmensmitbestimmung nach „Überseering" und „Inspire Art", GmbHR 2003, 1235-1239
Müller-Freienfels, Wolfram, Zur Lehre vom „Durchgriff" bei der juristischen Person im Privatrecht, AcP 156 (1957), 522-543
Müller-Graff, Peter-Christian, Wandel des Europäischen Wirtschaftsverfassungsrechts?, ZHR 168 (2004), 1-7 „Editorial"
Münchener Handbuch zum Arbeitsrecht, Bd. 3, Kollektives Arbeitsrecht, 2. Aufl., München 2000
Münchener Kommentar zum Bürgerlichen Gesetzbuch: Bd. 10, Internationales Privatrecht, Art. 1-38 EGBGB, 3. Aufl., München 1998
- Bd. 11, Internationales Handels- und Gesellschaftsrecht, Einführungsgesetz zum Bürgerlichen Gesetzbuch (Art. 50-237), 3. Aufl., München 1998
Münchener Kommentar zum Aktiengesetz, Bd. 1, §§ 1-53, 2. Aufl., München 2000

Nachbaur, Andreas, Niederlassungsfreiheit, Baden-Baden 1999

Nettesheim, Martin, Der Grundsatz der einheitlichen Wirksamkeit des Gemeinschaftsrechts, in: Albrecht Randelzhofer u.a. (Hrsg.), GS für Eberhard Grabitz, München 1995, 447-468

Neye, Hans-Werner, Urteilsanmerkung zu EuGH, Urt. v. 5.11.2002 Rs. C-208/00 (*Überseering*), EWiR 2002, Art. 43 EG 1/02, 1003-1004

Nickl, Ulrich, Die Qualifikation der culpa in contrahendo im Internationalen Privatrecht, Frankfurt a.M. 1992

Niebel, Rembert, Der Status der Gesellschaften in Europa, Stuttgart u.a. 1998

Note, The „Nationality" of International Corporations Under Civil Law and Treaty, 74 Harv. L. Rev. 1429-1451 (1960)

Paefgen, Walter, Gezeitenwechsel im Gesellschaftskollisionsrecht, WM 2003, 561-570

- Auslandsgesellschaften und Durchsetzung deutscher Schutzinteressen nach „Überseering", DB 2003, 487-492
- Urteilsanmerkung zu BGH, Urt. v. 13.3.2003 - VII ZR 370/98, BGH EWiR 2003, Art. 48 EG 1/03, 571-572
- Umwandlung über die Grenze - ein leichtes Spiel?, IPRax 2004, 132-137
- Umwandlung, europäische Grundfreiheiten und Kollisionsrecht, GmbHR 2004, 463-476
- Wider die gesellschaftsrechtliche Ausländerphbie, ZIP 2004, 2253-2262

Palandt, Otto (Begr.), Kommentar zum Bürgerlichen Gesetzbuch, 64. Aufl., München 2005

Pernice, Ingolf, BVerfG, EGMR und die Rechtsgemeinschaft, EuZW 2004, Heft 23, „Editorial", 705

Pfeiffer, Thomas, Urteilsanmerkung zu BGH, Urt. v. 13.6. 2002 - VII ZR 30/01, EWiR 2003, § 311 BGB 1/03, 13-14

Pluskat, Sorika, Die Zulässigkeit des Mehrfachsitzes und die Lösung der damit verbundenen Probleme, WM 2004, 601-609.

Pohlmann, Jens, Das französische Internationale Gesellschaftsrecht, Berlin 1988

Prentice, Dan, The Incorporation Theory - The United Kingdom, 14 EBLR 631-641 (2003)

Recq, Jean-Gabriel/Hoffmann, Sven, Die französische S.A.R.L. als GmbH-Ersatz?, GmbHR 2004, 1070-1077

Rehberg, Markus, Internationales Gesellschaftsrecht im Wandel: Das Überseering-Urteil des EuGH und seine Folgen (Tagungsbericht), IPRax 2003, 175-181

- Inspire Art - Europäische Niederlassungsfreiheit zwischen „Missbrauch" und nationalem Regelungsanspruch, The European Legal Forum 2004, 1-8

Reher, Tim, Gesellschaftsrecht in Gemeinsamen Märkten, Baden-Baden1997

Richter, Dirk, Die französische Wegzugsbesteuerung auf dem EuGH-Prüfstand, IStR 2003, 157-159

Riedemann, Susanne, Das Auseinanderfallen von Gesellschafts- und Insolvenzstatut, GmbHR 2004, 345-349

Riegger, Bodo, Centros - Überseering - Inspire Art: Folgen für die Praxis, ZGR 33 (2004), 510-530

Ries, Peter, Urteilsanmerkung zu LG Berlin, Urt. v. 22.6.2004 - 102 T 48/04, ZIP 2004, 2382-2383
Robertson, Dominic, Nailing the Coffin on Sitztheorie, 24 Comp. Law. 184-185 (2003)
Roe, Mark, German Co-Determination and German Securities Markets, in: Klaus Hopt u.a. (Hrsg.), Comparative Corporate Governance, Oxford 1998, 361-372
- Delaware's Competition, 117 Harv. L. Rev. 588-644 (2003)
Roth, Christian, The ECJ on Conflict of Laws of Companies (Überseering/Inspire Art) and French Law, MittBl. DAV Internationaler Rechtsverkehr 2/03, 36-42
Roth, Günter, Gründungstheorie: Ist der Damm gebrochen?, ZIP 1999, 861-867
- Gläubigerschutz durch Existenzschutz, NZG 2003 1081-1085
Roth, Günter/Altmeppen, Holger (Hrsg.), Gesetz betreffend die Gesellschaften mit beschränkter Haftung (GmbHG), 4. Aufl., München 2003
Roth, Wulf-Henning: Der Einfluß des Europäischen Gemeinschaftsrechts auf das Internationale Privatrecht, RabelsZ 55 (1991), 623-673
- Die Freiheiten des EG-Vertrages und das nationale Privatrecht, ZEuP 2 (1994), 5-33
- Die Niederlassungsfreiheit zwischen Beschränkungs- und Diskriminierungsverbot, in: Wolfgang Schön (Hrsg.), GS für Brigitte Knobbe-Keuk, Köln 1997, 726-742
- Die Grundfreiheiten und das Internationale Privatrecht - das Beispiel Produkthaftung, in: Haimo Schack (Hrsg.), GS für Alexander Lüderitz, München 2000, 635-657
- "Centros": Viel Lärm um Nichts? ZGR 29 (2000), 311-338
- Die Sitzverlegung vor dem EuGH, ZIP 2000, 1597-1602
- Der Einfluss der Grundfreiheiten auf das Internationale Privat- und Verfahrensrecht, in: Dauner-Lieb (Hrsg.), Systemwechsel im europäischen Kollisionsrecht, München 2002, 47-63
- Internationales Gesellschaftsrecht nach *Überseering*, IPRax 2003, 117-127
- From *Centros* to *Überseering*: Free Movement of Companies, Private International Law, and Community Law, 52 ICLQ (2003), 177-208
- Unternehmensmitbestimmung und internationales Gesellschaftsrecht, in: Alfred Söllner u.a. (Hrsg.) GS für Meinhard Heinze, München 2005, 709-729

Sachs, Michael (Hrsg.), Sachs Grundgesetz Kommentar, 3. Aufl., München 2003
Säcker, Franz Jürgen, Rechtliche Anforderungen an die Qualifikation und Unabhängigkeit von Aufsichtsratsmitgliedern, AG 2004, 180-186
- Corporate Governance und Europäisches Gesellschaftsrecht - Neue Wege in der Mitbestimmung, BB 2004, 1462-1464
Sadowski, Dieter/Junkes, Joachim/Lindentahl, Sabine, Gesetzliche Mitbestimmung in Deutschland: Idee, Erfahrungen und Perspektiven aus ökonomischer Sicht, ZGR 30 (2001), 110-145
Sandrock, Otto, Die multinationalen Kooperationen im Internationalen Privatrecht, in: International rechtliche Probleme multinationaler Korporationen, Berichte der Deutschen Gesellschaft für Völkerrecht Heft 18, Heidelberg u.a. 1977, 169-261
- Ein amerikanisches Lehrstück für das Kollisionsrecht der Kapitalgesellschaften, RabelsZ 42 (1978), 227-267

- Die Konkretisierung der Überlagerungstheorie in einigen zentralen Einzelfragen, in: Otto Sandrock (Hrsg.), FS für Günther Beitzke, Berlin u.a. 1979, 669-696
- „Centros: ein Etappensieg für die Überlagerungstheorie, BB 1999, 1337-1345
- Deutschland als gelobtes Land des Kapitalgesellschaftsrechts? BB 2002, 1601-1603
- Die Schrumpfung der Überlagerungstheorie - Zu den zwingenden Vorschriften des deutschen Sitzrechts, die ein fremdes Gründungsstatut überlagern können -, ZVglRWiss 102 (2003), 447-504
- Nach Inspire Art - Was bleibt vom deutschen Sitzrecht übrig?, BB 2003, 2588-2589
- Gehören die deutschen Regelungen über die Mitbestimmung auf Unternehmensebene wirklich zum deutschen ordre public?, AG 2004, 57-66
- Sitztheorie contra Savigny?, BB 2004, 897-901
- Was ist erreicht? Was bleibt zu tun? Eine kollisions- und materiellrechtliche Bilanz, in: Otto Sandrock und Christoph Wetzler (Hrsg.), Deutsches Gesellschaftsrecht im Wettbewerb der Rechtsordnungen, Heidelberg 2004, 33-100

Sandrock, Otto/Austmann, Andreas, Das Internationale Gesellschaftsrecht nach der Daily Mail Entscheidung des EuGH: Quo Vadis?, RIW 1989, 249-254

Schäfer, Carsten, Das Gesellschaftsrecht (weiter) auf dem Weg nach Europa - am Beispiel der SE-Gründung, NZG 2004, 785-791

Schall, Alexander/Westhoff, André, Warum Deutschland eine neue Kapitalgesellschaftsform braucht, GmbHR 2004, R 381-R382

Schanze, Erich/Andreas Jüttner, Anerkennung und Kontrolle ausländischer Gesellschaften - Rechtslage und Perspektiven nach der Überseering-Entscheidung des EuGH, AG 2003, 30-36

- Die Entscheidung für Pluralität: Kollisionsrecht und Gesellschaftsrecht nach der EuGH-Entscheidung „Inspire Art", AG 2003, 661-671

Schiessl, Maximilian, Leitungs- und Kontrollstrukturen im internationalen Wettbewerb, ZHR 167 (2003), 235-256

Schilling, Theodor, Gleichheitssatz und Inländerdiskriminierung, JZ 1994, 8-17

Schindler, Clemens Philipp, Überseering und Societas Europaea: Vereinbar oder nicht vereinbar, das ist hier die Frage, RdW 2003, 122-125

- Hughes de Lasteyrie du Saillant als Ende der (deutschen) Wegzugsbesteuerung?, IStR 2004, 300-310

Schlenker, Anette, Gestaltungsmodelle einer identitätswahrenden Sitzverlegung von Kapitalgesellschaften über die Grenze, Konstanz 1998

Schmidt, Karsten, Sitzverlegungsrichtlinie, Freizügigkeit und Gesellschaftsrechtspraxis ZGR 28 (1999), 20-35

- Gesellschaftsrecht, Köln u.a. 2002
- Verlust der Mitte durch „Inspire Art"? - Verwerfungen im Unternehmensrecht durch Schreckreaktionen der Literatur -, ZHR 168 (2004), 493-502

Schnichels, Dominik, Reichweite der Niederlassungsfreiheit: Dargestellt am Beispiel des deutschen Internationalen Gesellschaftsrechts, Baden-Baden 1995

Schnitger, Arne, Urteilsanmerkung zu EuGH, Urt. v. 5.11.2002, Rs. C-208/00 (*Überseering*), IStR 2002, 818 und 824

Schnyder, Anton, Europa und das internationale Gesellschaftsrecht der Schweiz, SZW 1993, 9-16

- Europäisierung des Internationalen Privat und Zivilverfahrensrechts - Herausforderung auch für die Schweiz, in: u.a. Heinz-Peter Mansel u.a. (Hrsg.), FS für Erik Jayme, München 2004, 823-835
Schön, Wolfgang, Die Niederlassungsfreiheit von Kapitalgesellschaften im System der Grundfreiheiten, in: Uwe Schneider u.a. (Hrsg.), FS für Marcus Lutter, Köln 2000, 685-706
- Mindestharmonisierung im europäischen Gesellschaftsrecht, ZHR 160 (1996), 221-249
- Freie Wahl zwischen Zweigniederlassung und Tochtergesellschaft - ein Grundsatz des Europäischen Unternehmensrechts, EWS 2000, 281-291
- Europäische Kapitalverkehrsfreiheit und nationales Steuerrecht, in: Wolfgang Schön (Hrsg.), GS für Brigitte Knobbe-Keuk, Köln 1997, 743-777
- Der „Rechtsmissbrauch" im Europäischen Gesellschaftsrecht, in: u.a. Rolf Wank, (Hrsg.), FS für Herbert Wiedemann, München 2002, 1271-1295
- Besteuerung im Binnenmarkt - die Rechtsprechung des EuGH zu den direkten Steuern, IStR 2004, 289-300
- Die Zukunft der Kapitalaufbringung/-erhaltung, Der Konzern 2004, 162-170
- Zur „Existenzvernichtung" der juristischen Person, ZHR 168 (2004), 268-297
Schumann, Alexander, Die englische Limited mit Verwaltungssitz in Deutschland: Kapitalaufbringung, Kapitalerhaltung und Haftung bei Insolvenz, DB 2004, 743-749
Schulz, Martin, (Schein-) Auslandsgesellschaften in Europa - Ein Schein-Problem?, NJW 2003, 2705-2708
Schulz, Martin/Sester, Peter, Höchstrichterliche Harmonisierung der Kollisionsregeln im europäischen Gesellschaftsrecht: Durchbruch der Gründungstheorie nach „Überseering", EWS 2002, 545-552
Schulz, Martin/Dörrbecker, Alexander, Neues zur Rechtswahlfreiheit im europäischen Gesellschaftsrecht, BuW 2003, 990-995
Schurig, Klaus, Unilateralistische Tendenzen im europäischen Gesellschaftskollisionsrecht, oder: Umgehung als Rechtsprinzip, in: Hilmar Krüger und Heinz-Peter Mansel (Hrsg.), Liber Amicorum Gerhard Kegel, 2002, 199-221
Schuster, Gunnar/Binder, Jens-Hinrich, Die Sitzverlegung von Finanzdienstleistern innerhalb der Europäischen Gemeinschaft, WM 2004, 1665-1675
Schwander, Ivo, Das Statut der internationalen Gesellschaft, SZIER 2002, 57-78
Schwark, Eberhard, Globalisierung, Europarecht und Unternehmensmitbestimmung im Konflikt, AG 2004, 173-180
Schwarz, Günter Christian, Anmerkung zu OLG Hamm, Beschl. v. 01.02.2001, NZG 2001, 613-615
Schweickart, Nikolaus, Corporate Governance: Wer setzt die Maßstäbe? WHU Quarterly, Signale Nr. 1, März 2003, 3-6
Sedemund, Jan, Urteilsanmerkung zu EuGH, Urt. v. 5.11.2002, Rs. C-208/00 (*Überseering*), IStR 2002, 816-817
- Der BFH verabschiedet sich von der Sitztheorie im Steuerrecht, BB 2003, 1362-1364
Seifert, Bernd, „Daily Mail", „Centros", „Überseering", „Inspire Art" ... und kein Ende in Sicht!, GewArch 2003, 18-20
Semler, Johannes/Stengel, Arndt (Hrsg.), Umwandlungsgesetz, München 2003

Serick, Rolf, Rechtsform und Realität juristischer Personen, Berlin 1955

Sonnenberger, Jürgen/Großerichter, Helge, Konfliktlinien zwischen internationalem Gesellschaftsrecht und Niederlassungsfreiheit, RIW 1999, 721-732

Sonnenberger, Jürgen, Eingriffsrecht - Das trojanische Pferd im IPR oder notwendige Ergänzung?, IPRax 2003, 104-116

Spaventa, Eleanor: From *Gebhard* to *Carpenter*: Towards a (Non-)Economic European Constitution, 41 CMLRev. 743-773 (2004)

Spindler, Gerald/Berner, Olaf, „Inspire Art - Der europäische Wettbewerb um das Gesellschaftsrecht ist endgültig eröffnet, RIW 2003, 949-957

- Der Gläubigerschutz im Gesellschaftsrecht nach Inspire Art, RIW 2004, 7-16

Stapperfend, Thomas, Der Einfluß der Grundfreiheiten und der Diskriminierungsverbote des EG-Vertrags auf die inländische Besteuerung, FR 2003, 165-174

Staudinger, Julius v. (Begr.), Kommentar zum Bürgerlichen Gesetzbuch, Internationales Gesellschaftsrecht, 13. Aufl., Berlin 1998

Steindorff, Ernst, Centros und das Recht auf die günstigste Rechtsordnung, JZ 1999, 1140-1143

Stieb, Stephan, Die Erledigung von Unerledigtem: Sitzverlegung von Gesellschaften innerhalb der Europäischen Gemeinschaft, GmbHR 1992, R 25

- Der Anfang vom Ende der Sitztheorie - EuGH untersagt die Entrechtung von Auslandsgesellschaften! GmbHR 2002, R 473- R 474
- Urteilsanmerkung zu BGH, Urt. v. 13.3.2003 - VII ZR 370/98, GmbHR 2003, 529-530
- Urteilsanmerkung zu BayObLG, Beschl. v. 11.2.2004 - 3Z BR 175/03, GmbHR 2004, 492-494

Stork, Stefan, Sitzverlegung von Kapitalgesellschaften in der Europäischen Union, Frankfurt a.M. 2003

Stoller, Antje, Sitztheorie und Niederlassungsfreiheit von Kapitalgesellschaften, JuS 2003, 846-848

Straube, Manfred/Ratka, Thomas, Das „Herkunftslandprinzip" im EU-Gesellschaftsrecht nach der ‚Überseering' - Entscheidung, ÖZW 2003, 34-44

Streinz, Rudolf (Hrsg.), EUV/EGV Vertrag über die europäische Union und Vertrag zur Gründung der europäischen Gemeinschaft, München 2003

- Europarecht, 6. Aufl., Heidelberg 2003

Teichmann, Christoph, Minderheitenschutz bei Gründung und Sitzverlegung der SE, ZGR 32 (2003), 367-401

- The European Company - A Challange to Academics, Legislatures and Practioners, 4 GLJ 309-331 (2003)

Terlau, Matthias, Das Internationale Privatrecht der Gesellschaft bürgerlichen Rechts, Berlin 1999

Thölke, Ulrich, Die Entstehungssitztheorie: Die Rechtsfolgen der Verwaltungssitzverlegung in das Inland und in das Ausland - zugleich ein Beitrag vom Statutenwechsel, Berlin 2003

Thoma, Ioanna, The Überseering ruling: a tale of serendipity, 11 ERPL 545-554 (2003)

Thömmes, Otmar, Tatbestandsmäßigkeit und Rechtfertigung steuerlicher Diskriminierungen nach EG-Recht, in: Wolfgang Schön (Hrsg.), GS für Brigitte Knobbe-Keuk, Köln 1997, 785-834

Thorn, Karsten, Das Centros-Urteil des EuGH im Spiegel der deutschen Rechtsprechung, IPRax 2001, 102-110
Thüsing, Gregor, Deutsche Unternehmensmitbestimmung und europäische Niederlassungsfreiheit, ZIP 2004, 381-388
Timmerman, Levinus, Das niederländische Gesellschaftsrecht im Umbruch, in: Uwe Schneider u.a. (Hrsg.), FS für Marcus Lutter, Köln 2000, 173-186
Timmermans, Christiaan, Die europäische Rechtsangleichung im Gesellschaftsrecht, RabelsZ 48 (1984), 1-44
- Methods and Tools for Integration, in: Richard Buxbaum u.a. (Hrsg.), European Business Law: Legal and Economic Analyses on Integration and Harmonization, Berlin 1991, 129-148
- Neue Rechtsprechung des Gerichtshofs der EG zum europäischen Gesellschaftsrecht, in: Zentrum für europäisches Wirtschaftsrecht Vorträge und Berichte Nr. 132 (2003)
Travers, Stephan, Der Beweis des Anknüpfungskriteriums „tatsächlicher Sitz der Hauptverwaltung“ im Internationalen Gesellschaftsrecht, Frankfurt a.M. 1998
Triebel, Volker, Nach Überseering (und demnächst Inspire Art): Verdrängen die englische Ltd. und PLC die deutsche GmbH und AG? Das komplizierte und unflexible deutsche Kapitalgesellschaftsrecht verliert im internationalen Wettbewerb, BB 2003, Heft 36, „Die erste Seite“
Triebel, Volker/ v. Hase, Karl, Wegzug und grenzüberschreitende Umwandlungen deutscher Gesellschaften nach „Überseering“ und „Inspire Art“, BB 2003, 2409-2417
Trost, Annette, Faktische Sitzverlegung unter Sitz- und Gründungstheorie im Vergleich, Frankfurt a.M. 2003

Ulmer, Peter, Schutzinstrumente gegen die Gefahren aus der Geschäftstätigkeit inländischer Zweigniederlassungen von Kapitalgesellschaften mit fiktivem Auslandssitz, JZ 1999, 662-665
- Paritätische Arbeitnehmermitbestimmung im Aufsichtsrat von Großunternehmen- noch zeitgemäß?, ZHR 166 (2002), 271-277
- Urteilsanmerkung zu BGH, Urt. v. 24.6.2002 - II ZR 300/00 („KVB“), JZ 2002, 1049-1052
- Gläubigerschutz bei Scheinauslandsgesellschaften, NJW 2004, 1201-1210
- Insolvenzrechtlicher Gläubigerschutz gegenüber Scheinauslandsgesellschaften ohne hinreichende Kapitalausstattung?, KTS 2004, 291-304

Vagts, Detlev, Wohin mit der beschränkten Haftung der Aktionäre? Neue Strömungen im amerikanischen Gesellschaftsrecht, ZGR 24 (1994), 227-236
Veit, Martin/Wichert, Joachim, Unternehmerische Mitbestimmung bei europäischen Kapitalgesellschaften mit Verwaltungssitz in Deutschland nach „Überseering“ und „Inspire Art“, AG 2004, 14-20
Vietz, Nadja, Die neue „Blitz-GmbH“ in Spanien, GmbHR 2003, 26-28
- Verabschiedung des Gesetzes über die neue „Blitz-GmbH“ in Spanien, GmbHR 2003, 523-524

Wachter, Thomas, Errichtung, Publizität, Haftung und Insolvenz von Zweigniederlassungen nach „Inspire Art“, GmbHR 2003, 1254-1257

- Frankreich: Die „Ein-Euro-GmbH“ ab 2004, GmbHR 2003, R 377-R 378
- Auswirkungen des EuGH-Urteils in Sachen Inspire Art Ltd. auf Beratungspraxis und Rechtsprechung, GmbHR 2004, 88-105
- Ende der Wegzugsbeschränkungen in Europa, GmbHR 2004, R 161-R 162
- Handelsregisteranmeldung der inländischen Zweigniederlassung einer englischen Private Limited Company, MDR 2004, 611-619
- Existenz- und Vertretungsnachweise bei der englischen Private Limited Company, DB 2004, 2795-2803

Wagner, Klaus, „Überseering“ und Folgen für das Steuerrecht, GmbHR 2003, 684-693

Wahl, Axel, Die Haftung für „existenzvernichtende Eingriffe“ in der instanzgerichtlichen Rechtsprechung, GmbHR 2004, 994-999

Walden, Daniel, Niederlassungsfreiheit, Sitztheorie und der Vorlagebeschluss des VII. Zivilsenats des BGH v. 30.3.2000, EWS 2001, 256-263
- Das Kollisionsrecht der Personengesellschaften im deutschen, europäischen und US-amerikanischen Recht, Baden-Baden 2001

Wassermeyer, Franz, Überseering aus der Sicht des Steuerrechts, EuZW 2003, Heft 9, „Editorial“, 257

Wattel, Peter, Urteilsanmerkung zu EuGH, Urt. v. 5.10.1994 C-23/93 (*TV 10 SA/Commissariaat voor de Media*), 32 CMLRev. 1257-1270 (1995)
- *Köbler, CILFIT* and *Welthgrove*: We can't go on Meeting like this, 41 CMLRev. 177-190 (2004)

Weitnauer, Wolfgang, Die europäische grenzüberschreitende Gesellschaft, EWS 1992, 165-173

Weller, Marc-Phillipe, Scheinauslandsgesellschaften nach Centros, Überseering und Inspire Art: Ein neues Anwendungsfeld für die Existenzvernichtungshaftung, IPRax 2003, 207-210
- Das Internationale Gesellschaftsrecht in der neuesten BGH-Rechtsprechung, IPRax 2003, 324-328
- „Inspire Art“: Weitgehende Freiheiten beim Einsatz ausländischer Briefkastengesellschaften, DStR 2003, 1800-1804
- Einschränkung der Gründungstheorie bei missbräuchlicher Auslandgründung? IPRax 2003, 520-524
- Zum identitätswahrenden Wegzug deutscher Gesellschaften, DStR 2004, 1218-1220
- Forum Shopping im Internationalen Gesellschaftsrecht?, IPRax 2004, 412-417
- Europäische Rechtsformwahlfreiheit und Gesellschafterhaftung: zur Anwendung der Existenzvernichtungshaftung auf Scheinauslandsgesellschaften nach „Überseering“ und „Inspire Art“, Köln u.a. 2004

v. Werder, Axel, Überwachungseffizienz und Unternehmensmitbestimmung, AG 2004, 166-172

Werlauff, Erik, Ausländische Gesellschaft für inländische Aktivität, ZIP 1999, 867-876

Wernicke, Thomas, Urteilsanmerkung zu EuGH, Urt. v. 5.11.2002 - Rs. C 208/00 (*Überseering*), EuZW 2002, 758-761

Wertenbruch, Johannes, Der Abschluss des „Überseering“ - Verfahrens durch den BGH - Folgerungen, NZG 2003, 618-620

Weßling, Johannes/Romswinkel, Marco, Wehret den Anfängen - Keine Diskriminierung ausländischer Gesellschaften nach EuGH „Inspire Art", GmbHR 2003, R 441-R 442

Westermann, Harm Peter, Die GmbH in der nationalen und internationalen Konkurrenz der Rechtsformen, GmbHR 2005, 4-16

Wetzler, Christoph, Nationales Gesellschaftsrecht im Wettbewerb, GPR 2004, 84-86

- Rechtspolitische Herausforderungen, in: Otto Sandrock und Christoph Wetzler (Hrsg.), Deutsches Gesellschaftsrecht im Wettbewerb der Rechtsordnungen, Heidelberg 2004, 129-198

Wiedeman, Herbert, Gesellschaftsrecht, Bd. I: Grundlagen, München 1980

- Internationales Gesellschaftsrecht, in: Alexander Lüderitz und Jochen Schröder (Hrsg.), FS für Gerhard Kegel, Frankfurt a.M. 1977, 187-211

Wiegand, Wolfgang, Die Konsequenzen der Entscheidungen „Überseering" und „Inspire Art" aus der Sicht der Schweiz, MittBl. DAV Internationaler Rechtsverkehr 2/2003, 43-45

Wiesner, Peter, Mitbestimmungsexport durch grenzüberschreitende Fusion?, ZIP 2004, 243

- Die grenzüberschreitende Verschmelzung und der neue Mitbestimmungskompromiss, RIW 2005, 91-94

Wilhelm, Jan, Umgehungsverbote im Recht der Kapitalaufbringung, ZHR 167 (2003), 520-545

Windbichler, Christine, Arbeitnehmerinteressen im Unternehmen und gegenüber dem Unternehmen - Eine Zwischenbilanz, AG 2004, 190-196

Windbichler, Christine/Bachmann, Gregor, Corporate Governance und Mitbestimmung als „wirtschaftsrechtlicher ordre public" in: H.P. Westermann und Klaus Mock (Hrsg.), FS für Gerold Bezzenberger, Berlin u.a. 2000, 797-805

Wooldridge, Frank, Überseering: Freedom of Establishment of Companies Affirmed, 14 EBLR 227-235 (2003)

Wouters, Jan, European Company Law: *Quo Vadis?*, 37 CMLRev. 257-301 (2000)

Wymeersch, Eddy, The Transfer of the Company's Seat in the European Company Law, 40 CMLRev. 661-695 (2003)

- *Centros:* A Landmark Decision in European Company Law, in: Theodor Baums u.a. (Hrsg.), Corporations, Capital Markets and Business in the Law, Liber Amicorum Richard Buxbaum, London u.a. 2000, 629-654

Ziemons, Hildegard, Freie Bahn für den Umzug von Gesellschaften nach Inspire Art?!, ZIP 2003, 1913-1920

Zimmer, Daniel, Internationales Gesellschaftsrecht, Heidelberg 1996

- Internationales Gesellschaftsrecht und Niederlassungsfreiheit: Das Rätsel vor der Lösung?, BB 2000, 1361-1366
- Von Debraco bis DaimlerChrysler: Alte und neue Schwierigkeiten bei der internationalgesellschaftsrechtlichen Sitzbestimmung, in: Theodor Baums u.a. (Hrsg.), Corporations, Capital Markets and Business in the Law, Liber Amicorum Richard Buxbaum, London u.a. 2000, 655-667
- Mysterium „Centros" - von der schwierigen Suche nach der Bedeutung eines Urteils des Europäischen Gerichtshofes, ZHR 164 (2000), 23-42

- Internationales Gesellschaftsrecht im 21. Jahrhundert, in: Uwe Schneider u.a. (Hrsg.), FS für Marcus Lutter, Köln 2000, 231-247
- Wie es Euch gefällt? Offene Fragen nach dem Überseering-Urteil des EuGH, BB 2003, 1-7
- Ein Internationales Gesellschaftsrecht für Europa, RabelsZ 67 (2003), 298-317
- Nach „Inspire Art“: Grenzenlose Gestaltungsfreiheit für deutsche Unternehmen?, NJW 2003, 3585-3592
- Grenzüberschreitende Rechtspersönlichkeit, ZHR 168 (2004), 355-368
- Urteilsanmerkung zu EuGH, Urt. v. 30.9.2003 Rs. C-167/01 (Inspire Art), 41 CMLRev. 1127-1140 (2004)
- Unternehmerische Mitbestimmung bei Auslandsgesellschaften mit Inlandssitz?, in: Alfred Söllner u.a. (Hrsg.) GS für Meinhard Heinze, München 2005, 1123-1133